SYMPATEX® IST QUALITÄT, AUF DIE SIE SICH IMMER VERLASSEN KÖNNEN.

Sympatex® ist absolut wind- und wasserdicht und garantiert atmungsaktiv.

Sympatex ist wasserdicht.

Sympatex ist winddicht.

Sympatex ist atmungsaktiv.

Sympatex ist eine hauchzarte Klima-Membrane, die unsichtbar in Kleidung, Schuhe, Handschuhe und Hüte eingearbeitet wird. Dank seiner besonderen Eigenschaften ist Sympatex der perfekte Wetterschutz. Denn Sympatex ist absolut wind- und wasserdicht. Gleichzeitig aber auch angenehm atmungsaktiv. So schützt Sympatex nicht nur vor Kälte, Wind und Wetter, sondern sorgt zugleich für ein Super-Klima beim Tragen.

Darüber hinaus ist Sympatex äußerst strapazierfähig. Denn Sympatex ist scheuerfest und knickstabil. Sympatex ist auch leicht zu pflegen. Es läßt sich problemlos waschen und chemisch reinigen. Alles ist bis ins Detail exakt verarbeitet. Nähte und Verschlüsse halten dicht.

Das alles gibt Ihnen die Sicherheit: Sympatex ist Qualität, auf die Sie sich immer verlassen können.

SympaTex
Die Klima-Membrane.
Wasserdicht.
Winddicht.
Atmungsaktiv.

AKZO
Unternehmensbereich Fasern und Polymere
® eingetragenes Warenzeichen der Enka

DSV-ATLAS
URLAUB IN DEN BERGEN

DEUTSCHER SKIVERBAND

Fink-Kümmerly+Frey

Impressum

Herausgeber:
Deutscher Skiverband, München

© Fink-Kümmerly + Frey Verlag
Zeppelinstr. 29–31
D-7302 Ostfildern 4
© des Kartenteils:
Kümmerly + Frey, Bern

Autoren und Redaktion:
Albert Allgaier, Jochen Bernay,
Gerd Dörr, Tilman Gaebler,
Claus Gürtler, Karin Müller,
Josef Ritz

Lektorat: Josef Ritz

Geographische Planung:
Tilman Gaebler, Josef Ritz

Konzeption und Chefredaktion:
Rolf Lohberg

Redaktionsbüro Lohberg
Postfach 11 55
D-7038 Holzgerlingen
Telefon 0 70 38/40 31
Telex 7 265 832
Telefax 0 70 38/40 34

Umschlaggestaltung:
Atelier Seufferle, Stuttgart

Umschlagfotos:
IFA-Bilderteam, Österreichische
Fremdenverkehrswerbung,
Walter Storto

ISBN 3-7718-0592-9

Printed in Spain
Dep. Legal B. 9953-1989
EMEGE, Industrias Gráficas, S.A.
Barcelona

Panorama-Karten:
Bauer, Bergmann Druck, Berann,
Berann – © Brügger,
Bieder, Dankl, Gejer, Gloggnitzer,
Hausamann, Jost, Kettler, Koller,
Krabichler, Lohmann, Matthias,
Möbo, Nedo, Oberbacher,
Oberlohr, Oberschneider,
Pateisky, Sitour, Stummvoll,
Thoma, Werbetourist Toblach

Im DSV-Sommeratlas »Urlaub in
den Bergen«, 5. Aufl., werden
Panoramakarten aus unterschiedlichen Quellen verwendet. Sollte
der Verlag dabei in einem Einzel-
fall unwissentlich fremde Rechte
in Anspruch nehmen, so ist er
gern bereit, dies nachträglich zu
klären.

Anzeigenalleinverkauf:
Kommunalplan KG Dr. Herbst
Arabellastr. 4/XII
D-8000 München 81
Telefon 0 89/92 80 960
Teletex 17 898 397 (komver)
Telefax 0 89/92 80 96 20
Anzeigensachbearbeitung:
Ulrike Schnadel
Buchhaltung:
Ilse Scholz

**Offizieller Atlas
des Deutschen Skiverbandes**

Mit dem DSV-Atlas »Urlaub in den Bergen« möchte der Deutsche Skiverband die schönsten Feriengebiete im Alpenraum und beliebte Urlaubsziele in den deutschen Mittelgebirgen vorstellen.

Der DSV kommt mit diesem Buch den zahlreichen Wünschen von Skifahrern nach, die es auch im Sommer in die Gegenden zieht, die ihnen vom Wintersport bekannt und vertraut sind. »Urlaub in den Bergen« soll Anregungen vermitteln, Informationen bieten und auf viele Besonderheiten und Eigenarten aufmerksam machen, die auf den ersten Blick nicht ins Auge fallen.

Für Hinweise, Ergänzungen, Vorschläge unserer Leser sind wir – wie immer – dankbar und aufgeschlossen.

Josef Ertl
Präsident
des Deutschen Skiverbandes

Inhalt: D    A

Deutschland			**Österreich**				
Einleitung		9	Einleitung		71	A-31 Heiligenblut – National-	
Übersichtskarte der			Übersichtskarte		74	park Hohe Tauern	176
Mittelgebirge im Norden		12	A-1	Der Bregenzer Wald	76		
D-1	Der Harz	14	A-2	Das Laternser Tal	80		
D-2	Die Eifel	18	A-3	Das Großwalsertal	82		
D-3	Der Vogelsberg	20	A-4	Das Kleinwalsertal	84		
D-4	Die Rhön	22	A-5	Das Brandnertal	87		
			A-6	Das Montafon	90		
			A-7	Reutte und Umgebung	96		
			A-8	Das Tannheimer Tal	98		
			A-9	Das Paznauntal	100		
Übersichtskarte der			A-10	Oberes Inntal und			
Mittelgebirge im Süden		24		Kaunertal	106		
D-5	Der Odenwald	26	A-11	Nauders	110		
D-6	Das Fichtelgebirge	28	A-12	Das Pitztal	112		
D-7	Der Bayerische Wald	30	A-13	Das Innerötztal	114		
D-8	Der Schwarzwald	34	A-14	Das Obsteig-Mieminger			
D-9	Die Schwäbische Alb	38		Plateau	120		
			A-15	Seefeld und Leutasch	122		
			A-16	Das Stubaital	124		
Übersichtskarte des			A-17	Am Achensee	127		
Alpenraums		42	A-18	Das Zillertal	130		
D-10	Oberstdorf, Sonthofen		A-19	Das Tuxertal	136		
	und die Hörnergruppe	44	A-20	Gerlos	140		
D-11	Mittenwald	48	A-21	Am Wilden Kaiser	142		
D-12	Das Werdenfelser Land	51	A-22	Die Kitzbüheler Alpen	146		
D-13	Schliersee und		A-23	Das Defereggental	150		
	Spitzingsee	54	A-24	Saalbach und Hinter-			
D-14	Das Tegernseer Tal	57		glemm	152		
D-15	Bayrischzell	60	A-25	Der Oberpinzgau	154		
D-16	Oberaudorf und Kiefers-		A-26	Am Zeller See	158		
	felden	62	A-27	Das Gasteiner Tal	162		
D-17	Chiemsee und Priental	64	A-28	Das Großarltal	166		
D-18	Das Berchtesgadener		A-29	Die Radstädter Tauern	168		
	Land	66	A-30	Die Dachstein-Tauern-			
				Region	174		

CH

I

Schweiz		
Einleitung		179
Übersichtskarte		182
	Das Wallis	184
CH-1	Die Vier Täler	186
CH-2	Das Val d'Hérens	188
CH-3	Crans-Montana	190
CH-4	Das Val d'Anniviers	192
CH-5	Leukerbad	194
CH-5	Das Lötschental	196
CH-6	Das Mattertal	198
CH-7	Zermatt	200
CH-8	Im Saastal	206
CH-9	Am Simplon	210
CH-10	Das Aletschgebiet	212
CH-11	Das Obergoms	218
CH-12	Gstaad und Saanenland	219
CH-13	Lenk	222
CH-14	Kandersteg	224
CH-15	Am Thuner See	226
CH-16	Die Jungfrau-Region	228
CH-17	Am Brienzer See	232
CH-18	Sörenberg	234
CH-19	Meiringen-Hasliberg	236
CH-20	Melchsee-Frutt	240
CH-21	Engelberg	242
CH-22	Am Vierwaldstätter See	244
CH-23	Die Region Ybrig	248
CH-24	Flumserberg	250
CH-25	Die Wanderregion Oberalp	252
CH-26	Lenzerheide und Valbella	254
CH-27	Klosters	256
CH-28	Davos	258
CH-29	Das Unterengadin	262
CH-30	Samnaun	264
CH-31	Das Oberhalbstein	266
CH-32	Das Oberengadin	268

Italien		
Einleitung		273
Übersichtskarte		276
	Südtirol	278
I-1	Der Vinschgau	280
I-2	Das Ortlergebiet	284
I-3	Das Schnalstal	288
I-4	Meran und Umgebung	290
I-5	An der Südtiroler Weinstraße	294
I-6	Bozen und Ritten	296
I-7	Gossensass und die Großgemeinde Ratschings	298
I-8	Tauferer-Ahrntal	301
I-9	Meransen	304
I-10	Die Crontour-Orte	306
I-11	Das Gsiesertal	312
I-12	Das Grödnertal	314
I-13	Schlerngebiet und Seiser Alm	316
I-14	Klausen u. Umgebung	319
I-15	Alta Badia/Hochabteital	320
I-16	Das Val di Sole	324
I-17	Das Fassatal	326
I-18	Cortina d'Ampezzo	328
I-19	Livigno	330

Informationen des Deutschen Skiverbandes 335

Die Seiten zum Nachschlagen

Jugoslawien	332
Überblick weitere Urlaubsregionen	343
(sind in den Übersichtskarten mit grünen Punkten gekennzeichnet)	
Ortsregister	347
Kartenteil	353

Panoramakarten
Vorsatz: Nationalpark Bayerischer Wald
Nachsatz: Schruns
Umschlag Rückseite: Seefeld in Tirol

Informationen über Reisezugverbindungen bekommen Sie unter der Telefonnummer 1 94 19 in folgenden Städten: Essen, Frankfurt, Hamburg, Hannover, Karlsruhe, Köln, München, Nürnberg, Saarbrücken und Stuttgart.

Deutsche Bundesbahn

Tips und Hinweise zum DSV-Sommeratlas Urlaub in den Bergen

Dieses Buch hilft Ihnen bei der Planung Ihres Sommerurlaubs. Die wichtigsten Bergregionen werden detailliert vorgestellt.
Panoramakarten und charakteristische Bilder zeigen Ihnen auf den ersten Blick, wie das Gebiet beschaffen ist. Ein erläuternder Text sagt Ihnen, woran Sie sind. Zusätzlich finden Sie bei jedem Gebiet einen Informationskasten. Er enthält konzentriert die wichtigsten Angaben – vor allem die Adressen und Telefonnummern, bei denen Sie weitere Einzelheiten erfahren können. Dieser Informationskasten wird alljährlich kurz vor Druckbeginn aktualisiert und auf den neuesten Stand gebracht – mit Unterstützung der Fremdenverkehrs-Spezialisten in den einzelnen Orten.
Zahlen im Informationskasten, die wir ohne weitere Bezeichnung abgedruckt haben, sind stets Telefonnummern. Das erkennen Sie auch an der mit einer 0 beginnenden Vorwahl, die in Klammern steht. Diese Vorwahl gilt für den Telefonverkehr innerhalb des betreffenden Landes. Wenn Sie von anderen Ländern dort anrufen wollen, müssen Sie die 0 am Anfang der Vorwahl weglassen und folgende Nummer vorauswählen:

Aus Deutschland
nach Österreich　　　00 43
in die Schweiz　　　　00 41
nach Italien　　　　　00 39

Aus Österreich
nach Deutschland　　　0 60
in die Schweiz　　　　0 50
nach Italien　　　　　04 04

Aus der Schweiz
nach Deutschland　　　00 49
nach Österreich　　　00 43
nach Italien　　　　　00 39

Aus Italien
nach Deutschland　　　00 49
nach Österreich　　　00 43
in die Schweiz　　　　00 41

Fakten, Zahlen und Daten in diesem Buch sind nach bestem Wissen wiedergegeben.
Eine Garantie können wir – das werden Sie verstehen – nicht übernehmen.
Bei vielen Gebieten finden Sie, vom redaktionellen Text getrennt, Anzeigen ortsansässiger Betriebe.

**Offizieller Atlas
des Deutschen Skiverbandes**

Urlaub in den Bergen

Urlaub in den Bergen besteht zum Teil darin, daß man auf diese Berge hinaufsteigt. Aber nur zum Teil. Manche wollen gar nicht so hoch hinaus. Auch in den Tälern ist allerlei geboten: Seen und Sehenswürdigkeiten, Bade- und Tennisplätze, Volksmusik und Bauerntheater.
In diesem Buch haben wir an beide gedacht: an die Wanderer in den Bergen wie an die Sommerfrischler im Tal.

*

Wo liegt der Unterschied zwischen einem Spaziergang und einer Tour, zwischen Wandern und Bergsteigen? Auf den folgenden Seiten kommen diese Begriffe vor.
Ein Spaziergang ist die unkomplizierte Methode, sich auf guten, gebahnten Wegen zu ergehen. Für jeden zumutbar, ungefährlich und in jedem denkbaren Schuhwerk. Eine Wanderung im Flachland? Nichts anderes als ein ausgedehnter Spaziergang – aber in einer Gegend, die stabiles Schuhwerk verlangt.
Bergwanderungen können steil sein, können bis an 3000 Meter Höhe heranführen und sehr lange dauern. Auch sie folgen markierten Wegen. Doch sie können auch mal an einem steilen Abgrund entlangführen. Zwar ist dort meist ein Drahtseil oder ein Geländer angebracht. Aber Bergwanderungen sind keine Sonntag-Nachmittag-Spaziergänge mehr.
Es gibt zahllose solcher Bergwanderungen. Die alpinen Fremdenverkehrsorte haben mit viel Liebe, mit Wegweisern und roter Markierungsfarbe Bewundernswertes für ihre Gäste getan.
Manche Wanderungen, die in diesem Buch beschrieben werden, tragen Zusätze wie »für Wanderer mit Kondition« oder sogar »mit guter Kondition«. Das heißt nur, daß man sich stärker anstrengen muß als bei einem zweistündigen Gang im Flachland. Wer fleißig unterwegs ist, erwirbt sich diese Kondition in einer einzigen Ferienwoche.
Zuweilen wenden wir uns auf den folgenden Seiten an »erfahrene« oder »routinierte« Bergwanderer. Das geschieht meist bei Touren, die über 2000 oder gar in 3000 Meter Höhe hinaufgehen. Dort oben ist es gut zu wissen: Soll man bei unsicherem Wetter rechtzeitig den Rückweg nehmen? Kann man ein Schneefeld ohne technische Hilfsmittel überqueren? Unerfahrene sollten solche Touren nicht alleine gehen.
Hier und da ist von »Trittsicherheit« die Rede. Die ist nötig, wenn ein Wanderweg – weil er, beispielsweise, schmal an steilen Felspartien entlangführt – Konzentration und Körperbeherrschung verlangt.
Manchmal sprechen wir vom »Bergsteigen«. Damit ist nicht das alpine Klettern gemeint. (Wir geben in diesem Buch keine Ratschläge, die Pickel, Seil und Steigeisen voraussetzen. Das wäre nicht zu verantworten. Wer Bergerlebnisse dieser Art haben möchte, wende sich an die örtliche Alpinschule.)
Nein: Bergsteigen bedeutet nur, daß man auch abseits markierter Wege wandert; daß man mit topografischen Karten und dem Wetter Bescheid wissen sollte; daß man in Situationen kommen kann, die eine wohlabgewogene Entscheidung verlangen: Weiter aufwärts? Oder lieber abwärts?
Einem Wandersmann mit Kondition bringt Bergsteigen keine Probleme. Vorausgesetzt, er hat Erfahrung. Oder einen Bergführer dabei, der ihm die Entscheidungen abnimmt.

*

Viele Anfänger in den Bergen denken, bergab ginge es leichter als bergauf. Sie fahren mit der Bergbahn hoch und steigen zu Fuß ab. Das ist keineswegs leichter. Es ist anstrengender.
Denn erstens muß man beim Abstieg konzentriert auf den Weg achten. Zweitens werden die Gelenke stark beansprucht, weil sie bei jedem Schritt das volle Körpergewicht abbremsen müssen. Drittens müssen die Muskeln ruckartige Bewegungen machen, die fast unvermeidlich zum Muskelkater führen.
Beim Aufstieg ist das anders. Gelenke und Muskeln werden gleichmäßig belastet. Man kann, weitgehend unbesorgt um den Weg, in die Runde blicken. Und der Organismus wird besser und gleichmäßiger trainiert als beim Abstieg. Abgesehen davon, daß die Talfahrt mit der Seilbahn oft billiger ist.

*

Gibt es eine Kleiderordnung für Bergwanderer?
Was die Fußbekleidung betrifft, so war früher unter Sportlern alles sehr viel eindeutiger. Die Gymnastiker hatten Turnschläppchen, die Wassersportler Segelschuhe, die Bergwanderer Lederstiefel – je schwerer, desto besser.
Heute? Da geht es verwirrend zu. Ernstzunehmende Bergsteiger turnen in Tennisschuhen hurtig auf 4000 Meter Höhe. Harmlose Gletscherwanderer strapazieren dicke Plastikstiefel auf den mit Geröll übersäten Wegen. Es gibt Bergschuhe mit steifer und mit weicher Sohle. Die einen sind mit Leder gefüttert, andere mit Filz, dritte sogar mit Pelz. Wer kennt sich da noch aus? Kaum jemand. Jeder Schuh hat seine Eigenarten. Turnschuhe tragen eine so dünne Sohle, daß man bald jeden Stein am Wege spürt. Ledersohlen sind rutschig. Halbschuhe geben dem Knöchel keinen Halt. Und alle zusammen halten den Fuß hinten nicht fest. Beim Absteigen stoßen die Zehen vorne an und tun alsbald weh.

Denen, die dieses Buch gekauft haben, wollen wir es einfach machen. Für fast alle Wandervorschläge, die wir anbieten, kommt man mit einer einzigen Sorte Wanderschuh aus – mit der, die eine flexible Weichtritt-Zwischensohle hat, außerdem Lederfutter und eine weiche Knöchelpolsterung. Diese Schuhe sind als »Trekking-Modelle« bekannt; sie kosten zwischen 150 und 250 Mark. Hochtouren, von denen in diesem Buch zuweilen auch die Rede ist, verlangen allerdings oft andere Schuhe. Aber Hochtouren wird der Unerfahrene ohnedies nur mit einem Bergführer machen. Und der weiß Rat.
Für alle anderen Kleidungsstücke muß man weit weniger ausgeben, als in den Schaufenstern der Sportgeschäfte angeschrieben ist. Es sei denn, man will besonders zünftig aussehen; das wird teuer. Sonst aber: Was Hemd und Hose hermachen, welcher Art Pullover, Hut und Strümpfe sind – das hat auf den Spaß am Wandern weit weniger Einfluß, als die alpine Haute Couture zu glauben pflegt.

Josef Ritz

Anzeige

Ich fahr' auf Nummer Neckermann:

Denn bei Neckermann Neckermann kommt der Familien-Urlaub zum Zug.

NECKERMANN REISEN

MIT BAHN ODER AUTO

Ferien in den Bergen. Mit der ganzen Familie. Zu Preisen, bei denen Sie aus dem Häuschen geraten. Weil hohe Kinder-Ermäßigungen bei uns nicht die Ausnahme, sondern die Regel sind. Dies oft während der gesamten Saison, und teilweise auch sogar für 2 Kinder. Wer im Urlaub wirklich Urlaub machen will, der geht auf Nummer Neckermann. Und überläßt die Vorbereitungsarbeiten den Experten von Neckermann Reisen. Sie haben auch in diesem Jahr wieder zahlreiche außergewöhnliche Angebote in den Bergen zusammengestellt. Vor allem für die preisbewußte Familie. In den Prospekten **Neckermann Urlaub in Hotels und Pensionen** und **Neckermann Urlaub in der Ferienwohnung.** Beratung und Buchung in allen NUR TOURISTIC-REISEBÜROS, KARSTADT-Reisebüros, den NECKERMANN KatalogWelten+Reisebüros sowie bei Volksbanken und allen NUR TOURISTIC-PARTNERN.

Für die kostbarsten Wochen des Jahres – auf Nummer Neckermann

URLAUB IN DEN BERGEN
DEUTSCHLAND

Deutschlands Anteil an den Alpen ist handtuchschmal. So wurde, ganz selbstverständlich, das Wenige bis in den letzten Winkel erschlossen. Und es wird natürlich bestens besucht. Die Glanzpunkte wie Königssee und Wendelstein, Zugspitze und Oberstdorf sind zu bestimmten Zeiten überaus voll. Solche Zeiten sind vor allem die Wochenenden. Dann kommen zu den Urlaubern noch die Ausflügler aus dem südlichen Süddeutschland. Gewisse Engpässe treten dann an Bergbahnen und in Restaurants auf, vor allem aber auf den Zufahrtsstraßen und Parkplätzen. Wer sich jedoch auf den Weg macht, die Bergwelt zu Fuß zu erobern, der findet auch an überfüllten Wochenenden noch genug Platz. Die Bergeinsamkeit ist allerdings unwiederbringlich vorbei. Dafür bietet ein perfekt ausgebautes Wegenetz viel Sicherheit. Und eine stattliche Zahl von Berggasthäusern und Berghütten sorgt dafür, daß das Rasten nicht zu kurz kommt.
Allerdings ist es an solchen betriebsamen Tagen nicht lustig, beispielsweise den Heilbronner Weg zu machen, den bekanntesten Allgäuer Höhenweg, der von der Rappenseehütte zur Kemptener Hütte führt. Tunlichst vermeidet man auch, am Samstag oder Sonntag die Königsschlösser Neuschwanstein oder Linderhof zu besichtigen. An diesen Tagen gibt es lange Wartezeiten. Und wenn man dann im Schloß ist, wird man im Galopp durch die Räume geschubst. Wenn es nicht sein muß, spart man an solchen Tagen auch die Zugspitze aus. Und eine Bootsfahrt auf dem Königssee kann man sich ebenfalls schenken.
Anders an den Tagen zwischen den Wochenenden. Da lassen sich auch in den Alpen viele Freizeit-, Besichtigungs- und Unterhaltungsangebote gut nutzen. Aber es müssen ja nicht unbedingt die Alpen sein. Ein Dutzend deutscher Mittelgebirge bieten die besten Voraussetzungen für Bergwanderungen. Der Harz ist dafür ein exemplarisches Beispiel. Über 3000 km Wanderwege durchziehen die waldreiche Berglandschaft, 75 Häuser sorgen außerhalb der Ortschaften für Verpflegung und Unterkommen. Hier kann man auch noch seine eigenen Wege gehen, ohne ständig den Nachbarn auf die Füße zu treten.
Eigenwillige Attraktionen sind auch die Maare in der Eifel, Überreste lange erloschener Vulkane und heute Ziele der Wanderer. Der Hunsrück ist am originellsten mit dem Planwagen zu durchqueren, auf den Spuren des Schinderhannes, dem sagenumwobenen Räuberhauptmann.
Ganz anders ist es im Sauerland. Diese Ansammlung mehrerer kleinerer Mittelgebirge wird zusätzlich durch seinen Wasserreichtum geprägt. Speicherseen im Dutzend bieten Wassersportmöglichkeiten in Hülle und Fülle. Taunus, Rhön und Vogelsberg zeigen überwiegend flache Hügellandschaften mit Wanderwegen in schier unendlicher Länge. Im Fichtelgebirge sind riesige Granitbrocken und Felsenlabyrinthe eindrucksvolle Zeugnisse einer bewegten Vergangenheit. Die bekannteste Felsenansammlung, die Luisenburg, dient im Sommer als Festspieltheater.
Der Schwarzwald, unser berühmtester Wald mit 23 000 km Wanderwegen, ist ins Gerede gekommen. Zuerst mit dem Waldsterben, das dort tatsächlich schlimme Auswüchse zeigt. Und dann, im Fernsehen, mit der »Schwarzwaldklinik«. Es ist nicht auszuschließen, daß deren Werbeeffekt die Waldschäden zumindest finanziell ausgleicht.
Der Bayerische Wald ist seit eh und je als preiswerte Urlaubsregion bekannt. Inzwischen wurde dieses größte zusammenhängende Waldgebiet Europas mit der Errichtung des ersten deutschen Nationalparks spürbar aufgewertet. Auch sonst hat sich im Ferienland Bayerischer Wald einiges getan. Geblieben ist, daß es Platz in Hülle und Fülle gibt, zum Parken wie zum Wandern.

J.R.

Deutschlands Berge – berühmte Leute sind hier schon gewandert, von den Dichtern Adalbert Stifter und Heinrich Heine bis zum Bundespräsidenten Karl Carstens. Es gibt attraktive Mittelgebirge – Schwarzwald, Harz, Rhön, Eifel und ein halbes Dutzend andere – sowie einen schmalen Streifen Alpenlandschaft, der auch Höhenwanderungen möglich macht.

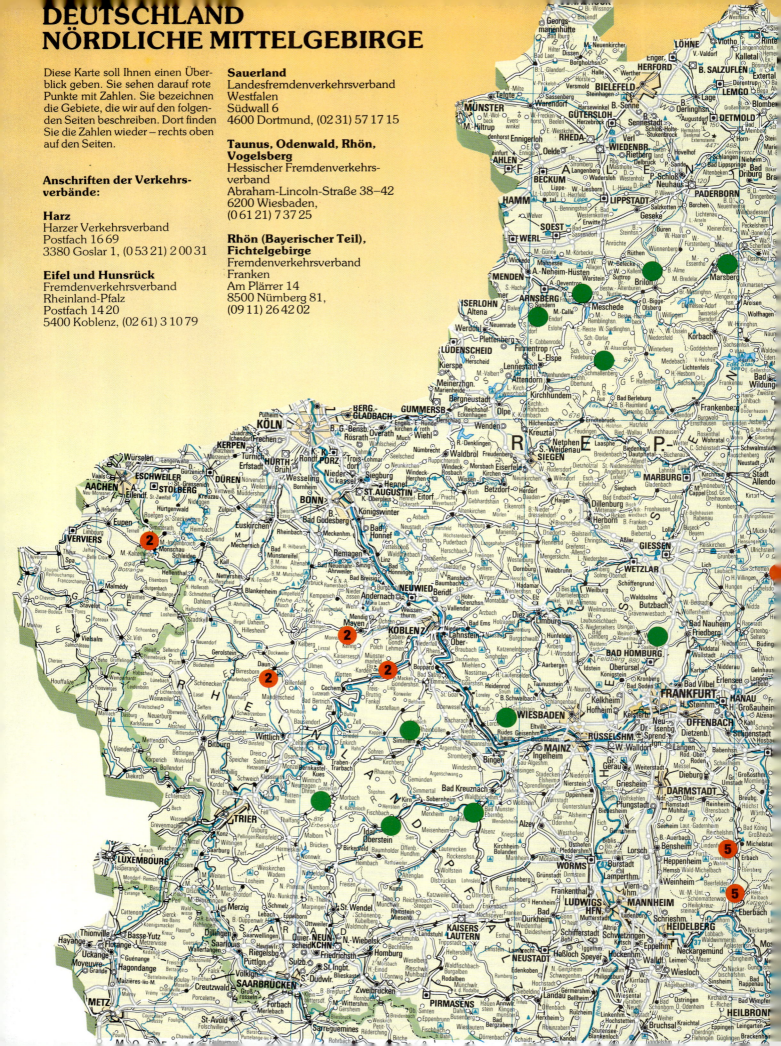

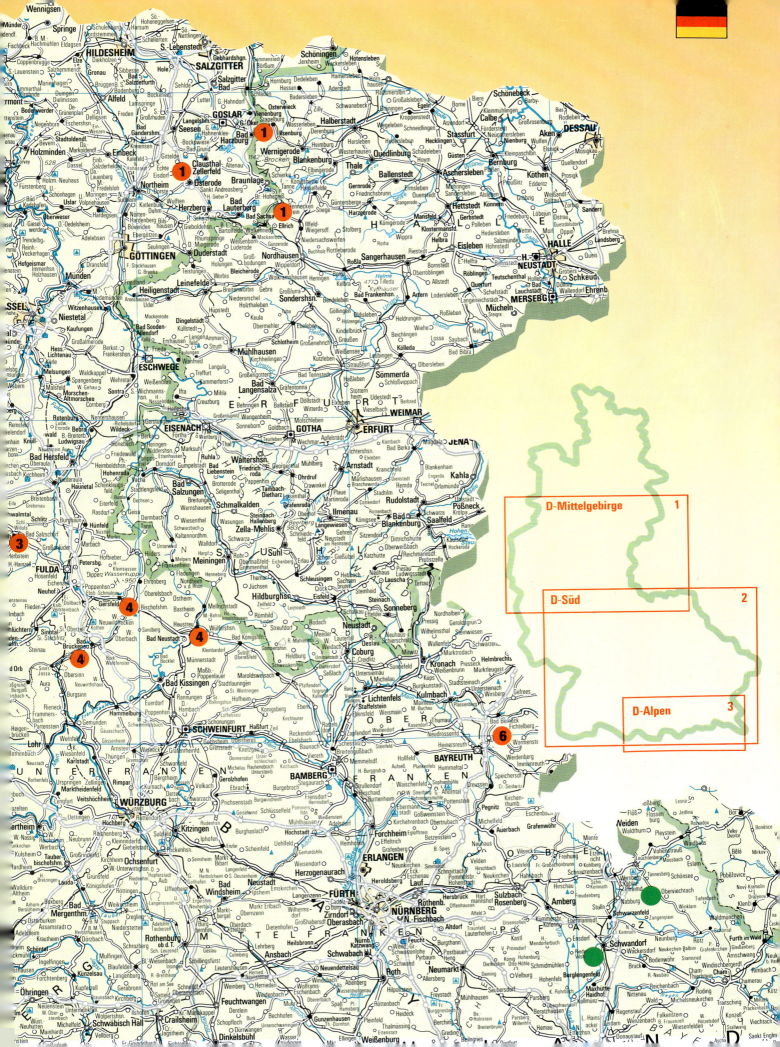

DER HARZ
Niedersachsen

Unvermittelt erheben sich die dicht bewaldeten Berge des Harzes aus der Norddeutschen Tiefebene.

KÜNSTLICHE SEEN – JAHRHUNDERTE ALT

Deutschlands nördlichstes Mittelgebirge, über 1100 Meter hoch, ist ein abwechslungsreiches Wander- und Freizeitland.

Weite Hochflächen wechseln mit dichten Wäldern, tief eingeschnittene Schluchten mit sanften Tälern und alten Stauseen. Die wurden schon vor ein paar hundert Jahren angelegt und dienten vorwiegend der Energiegewinnung zum Betrieb der Bergbauanlagen. Heute sind diese Stauseen Zentren für Wassersport und Freizeitgestaltung. Sie versorgen auch Großflächengebiete in der Norddeutschen Tiefebene mit Trinkwasser, außerdem drei VW-Werke. Doch in erster Linie soll man an den vielen größeren und kleineren Seen und Teichen seinen Spaß haben. Beispielsweise am Okerstausee, dem größten Stausee im Oberharz. Man kann dort surfen und segeln, an warmen Tagen natürlich auch baden. Auch der Granestausee, der Stausee des Flüßchens Innerste, der Oderstausee und der Sösestausee sind Ziele für Wanderer und Wassersportler. Dazu kommen die vielen kleinen Teiche – beispielsweise rund um Clausthal-Zellerfeld oder um Hahnenklee.

Aus den einst ärmlichen Siedlungen der Holzfäller und Bergwerkarbeiter, die im Inneren des Harzes nach Erz suchten, sind heute schmucke Fremdenverkehrsorte geworden. In ihrer Umgebung ist eine große Zahl von Freizeiteinrichtungen entstanden – von Reitsportanlagen bis zu Tennishallen, von Golfplätzen bis zu Seilbahnen. Eine solche Bahn erschließt beispielsweise bei Braunlage den 971 m hohen Wurmberg, die höchste Erhebung des Harzes auf dem Gebiet der Bundesrepublik.

Oben: Der Oderstausee von Bad Lauterberg.

St. Andreasberg

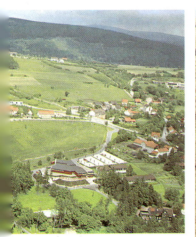

SANKT ANDREASBERG
Bergstadt Sankt Andreasberg im Oberharz

Staatlich anerkannter heilklimatischer Kurort, Schroth-Kurort und Wintersportplatz. DAS WANDERPARADIES im Naturpark Harz. 600–900 m Höhe.

● Über 200 km Wanderwege ● viele geführte Wanderungen ● je nach Saison zusätzlich geführte Kräuter-, Förster-, Bergbau-, Hirschbrunft- und Wildfütterungswanderungen ● interessante WANDER-PAUSCHAL-ANGEBOTE ● 550 m lange Super-Rutschbahn ● Hallenbad mit Ozon-Wasserpflege und 27°C ● histor. Silberbergwerk »Grube Samson« ● 3000 Gästebetten, davon 1000 in Ferienwohnungen

Info: Städtisches Kur- und Verkehrsamt, Kennwort: dsv, 3424 St. Andreasberg, Telefon (0 55 82) 8 03 36

DER HARZ
Niedersachsen

Von ihm hat man einen weiten Blick über den Harz und zum nahen Brocken, dem mit 1142 m höchsten Berg des Gebirges. Seilbahnen führen auch von Hahnenklee auf den Bocksberg (727 m) und von Bad Harzburg auf den Burgberg (483 m). Wer den Harz erleben will mit seinen weiten Wäldern und den einsamen Tälern, durch die oft noch nicht einmal Straßen führen – der muß ihn erwandern. 3000 km lang ist das Wanderwegenetz, das vom Harzclub angelegt und unterhalten wird. Von jedem Ort kann man lohnende Wanderungen unternehmen; auch Touren, bei denen man unterwegs übernachtet. So gibt es beispielsweise eine sechstägige Wanderung »Das Oberharzer Wanderding«, bei der Hoteliers das Gepäck von Etappe zu Etappe vorausbringen. In über 75 Gasthäusern und bewirtschafteten Quartieren können Wanderer auch außerhalb der Orte im Harz einkehren.

Der Harz entstand vermutlich vor 300 bis 400 Millionen Jahren. Durch Erosion sind die heute bewaldeten Bergrücken abgerundet (unten).

Ort	Höhe	Einwohner	Gästebetten insgesamt	in Hotels	in Gasth./ Pensionen	in Chalets/ Ferienwhg.	in Privath./ Bauernhäus.	Camping/ Stellplätze	Ferien- lager
Altenau	450–928 m	3000	6500	400	1000	4200	900	1/50	1 JH
Bad Grund	350 m	3200	1149	204	537	173	146	1/50	1 JH
Bad Harzburg	300–600 m	25000	3550	1500	800	1000	250	2/1000	1 JH
Bad Lauterberg	300–450 m	14500	3820	771	420	528	329	4/600	1 JH
Braunlage	560 m	7000	6260	2300	1780	1430	750	1/300	1 JH
Clausthal-Zellerf.	600 m	16000	1500	280	120	375	140	3/1200	1 JH
Hahnenklee	600 m	1500	5600	1680	1120	2240	560	1	1 JH
St. Andreasberg	600–894 m	3000	2847	462	295	865	152	–	–

Altenau
Kurgeschäftsstelle, Schultal 5, 3396 Altenau, (0 53 28) 8 02 22, Tx 9 53 718.
Schwimmen in 1 Stausee (Ausflugsfahrten mit dem Schiff), 2 Freibädern (1 beh.), 1 Hallenbad (Wellenbad). **Angeln.** Fahrradverleih. **Tennis:** 3 Plätze. Eissporthalle (Mai–Sept. Freizeithalle).
Veranstaltungen: Karsamstag: Osterfeuer. Mai: Finkenwettstreit. 24. Juni: Johannistag. Juli: Sommerfest. Aug.: Harzer Musiktreffen.
Pauschalangebote: Das Oberharzer WanderDing – Wandern ohne Gepäck (7-Tage-Pauschalangebot).

Bad Grund
Kurbetriebsgesellschaft mbH, Postfach 67, Clausthaler Str. 38, 3362 Bad Grund, (0 53 27) 20 21.
Schwimmen in 1 Freibad, 1 Sole-Hallenbad. **Angeln** in Seen. **Tennis:** 2 Plätze.
Gesundheit: Moorheilbad. **Indikationen:** Rheumatische Erkrankungen, Erkrankungen des Bewegungsapparates, Frauenleiden.
Veranstaltungen: 30. Apr.: Walpurgis. Juni bzw. Juli: Marktfest. 24. Juni: Johannisfest. **Pauschalangebote:** »Erlebnisfahrt ins Blaue«: 3 Tage Angebot mit Aktivitäten.

Bad Harzburg
Kurbetriebsgesellschaft mbH, Postfach 127, 3388 Bad Harzburg, (0 53 22) 30 44.
Schwimmen in 1 Freibad, 1 Hallenbad, 1 Thermalbad. **Angeln** in Seen. Fahrradverleih. **Reiten** im Gelände, Schule, Halle. **Schießen:** Tontauben. **Tennis:** 10 Plätze, 1 Halle/4 Plätze, Schule. **Golf:** Platz mit 9 Loch. **Unterhaltung:** Haus der Natur, Spielbank. **Gesundheit:** Heilklimatischer Kurort und Solbad. **Indikationen:** Atemwegserkrankungen, Herz- und Kreislauferkrankungen, Erkrankungen der Verdauungsorgane und Stoffwechselstörungen, Altersbeschwerden und Zivilisationsschäden, Rheumatische Erkrankungen, Frauenleiden, Entwicklungsstörungen im Kindesalter. **Veranstaltungen:** 30. Apr.: Walpurgisfeier. Mai bzw. Juni: Schützenfest. Mitte–Ende Juni: Harzburger Musiktage. Mitte Juli: Galopp-Rennwoche. Ende Aug.: Salzfest/Lichterfest. Anf. Sept.: Harzüberquerung. **Pauschalangebote:** 7-Tage-Urlaubs-Programm. Wochenend-Erlebnis.

Nahe der Iberger Tropfsteinhöhle: das Parkschwimmbad Wildemann.

Ort	Wandern			Beförderung		Sessellifte	Hütten		Abzeichen
	Wege mark.	Rundwege	geführte Wanderungen	Kabinenbahnen groß	klein		bewirt.	Abstand	
Altenau	200 km	3/22 km	2× wöch.				3	2 Std.	Wandernadel Oberharzer »WanderDing«
Bad Grund	40 km	5/25 km	2× wöch.				2	1–2 Std.	Wandernadel »Grundinchen«
Bad Harzburg	200 km		5× wöch.	1					Wanderabzeichen
Bad Lauterberg	150 km	12/60 km	3× wöch.			1			Wandernadeln, Harzer Wanderdreieck
Braunlage	220 km		6× wöch.		1		9	1 Std.	Wanderabzeichen
Clausthal-Zellerf.	145 km		2× wöch.						Wandernadel Oberharzer »WanderDing«
Hahnenklee	165 km	4/65 km	2× wöch.	1			1		Wandernadeln
St. Andreasberg	220 km	1/18 km	4× wöch.			2	2	1 Std.	Wandernadeln, Stoffwappen, Urkunde

Außerdem: Anschluß an Fernwanderweg E 6. **Beförderung:** Bus, Bahn. **Ferner interessant:** botanische Lehrpfade, Forstlehrpfad, geologische Lehrpfade, Naturpark Harz, Naturschutzgebiete: Butterberg, Rehberg, Sonnenberg. Wildgehege, Iberger Tropfsteinhöhle, Wasserfälle, Bergwerksmuseen, Uhrenmuseum (Bad Grund). **Unterhaltung:** Heimat-, Hüttenabende, Bauerntheater, Kinderfeste, Gästekindergärten, Märchengärten, Gartenschach, Konzerte, Film- u. Diavorträge. **Gesundheit:** Trimmpfade, Kneippanlagen, Fitness-Zentren, Kur- u. Bäderbetrieb.

Bad Lauterberg
Kurverwaltung, Haus des Kurgastes, 3422 Bad Lauterberg, (0 55 24) 40 21.
Schwimmen in 1 See, 1 Stausee, 3 Freibädern (1 beh.), 1 Hallenbad (Wellenbad). **Angeln** in Flüssen und Seen. Tauchen. Fahrradverleih. **Reiten** im Gelände, Pferdeverleih, Schule, Halle. **Tennis:** 6 Plätze, 1 Halle/3 Plätze.
Gesundheit: Kneipp-Heilbad, Schrothkurort. **Indikationen:** Herz- und Gefäßerkrankungen, vegetative Funktionsstörungen, Verdauungskrankheiten, hormonale Störungen, allgemeine Schwächezustände, Stoffwechselerkrankungen.
Hobbykurse und Aktivangebote: Bemalen und Kleben von Steinen, Basteln von Hexen und Puppen, Morgengymnastik, Yoga, Ferientanzstunde.
Veranstaltungen: 30. Apr.: Walpurgisfeier. Juli/Aug.: Kurparkillumination, Schützenfest, Burgfest. Aug.: Musiktage.
Pauschalangebote: Kneippkur- und Schrothkurpauschalen, Wochenendpauschalen.

Braunlage
Kurverwaltung, Elbingeröder Str. 17, 3389 Braunlage, (0 55 20) 10 54, auch für Hohegeiß.
Schwimmen in 1 Stausee, 2 beh. Freibädern, 1 Hallenbad. **Angeln** in künstl. Anlagen. Fahrradverleih. **Reiten** im Gelände, Pferdeverleih, Halle. **Schießen:** Luftgewehr. **Tennis:** 5 Plätze, 1 Halle/2 Plätze. Kunsteisstadion. **Veranstaltungen:** 14. Juni: Harzer Heimattag. Juli: Volks- u. Schützenfest. Mitte Aug.: Int. Eishockey Wurmberg Pokal. Sept.: Nordwestdeutsche Mattenschanzentournee.

Clausthal-Zellerfeld
Kurgeschäftsstelle, Bahnhofstr. 5 A, 3392 Clausthal-Zellerfeld, (0 53 23) 70 24, Tx 9 53 718.
Schwimmen in 60 Seen, 1 Freibad, 1 Hallenbad. **Angeln** in Seen. Fahrradverleih. **Reiten:** 1 Halle.
Schießen: Bogen. **Tennis:** 4 Plätze, 1 Halle/2 Plätze. **Unterhaltung:** Theater-Gastspiele.

Veranstaltungen: 30. Apr.: Walpurgisfeier. Mai bzw. Juni: Finkenwettstreit. Oberharzer Heimattreffen. Sept. bzw. Okt.: Mineralien- u. Fossilienbörse.
Pauschalangebote: Das Oberharzer WanderDing – Wandern ohne Gepäck. 7-Tage-Pauschalangebote.

Hahnenklee
Kur- u. Fremdenverkehrsgesellschaft, Rathausstr. 16, 3380 Goslar 2 – Hahnenklee, (0 53 25) 20 14/16.
Schwimmen in 12 Seen, 2 Freibädern (1 beh.), 2 Hallenbädern. **Angeln** in Seen. **Ausrüstungsverleih:** Ruder-, Tretboote. **Tennis:** 4 Plätze.
Hobbykurse und Aktivangebote: Basteln mit Kurgästen. **Veranstaltungen:** 30. Apr.: Walpurgis. Mitte Aug.: Schützenfest.

St. Andreasberg
Kur- u. Verkehrsamt, Am Glockenberg 12, 3424 St. Andreasberg, (0 55 82) 10 12.
Schwimmen in 1 See, 1 Stausee, 1 Hallenbad. **Angeln** in Seen. Pferdeverleih. **Schießen:** Luftgewehr, Kleinkaliber. **Tennis:** 2 Plätze, 1 Halle/1 Platz. Grasski. Super-Rutschbahn. **Hobbykurse und Aktivangebote:** Töpferkurs, Bastelkurs, Kräuterwanderung, Andreaskoffer (10 Aktivangebote).
Veranstaltungen: Osterfeuer. 30. Apr.: Walpurgis. 24. Juni: Johannisfest. Aug.: Schützenfest. Anf. Sept.: Straßenfest. **Pauschalangebote:** Wanderwochen.

Heilklimatische Kurorte
Indikationen: Atemwegserkrankungen, allgemeine Schwächezustände, Rekonvaleszenz, Herz- und Gefäßkrankheiten.
3424 **St. Andreasberg**, (0 55 82) 10 12.
3396 **Altenau**, (0 53 28) 8 02 22, Tx 9 53 718.
3423 **Bad Sachsa**, (0 55 23) 80 15.
3389 **Braunlage**, (0 55 20) 10 54.
3389 **Hohegeiß**, (0 55 83) 2 41, 2 42.
3392 **Clausthal-Zellerfeld**, (0 53 23) 70 24.
3380 **Goslar 2 – Hahnenklee**, (0 53 25) 20 14.
3426 **Wieda**, (0 55 86) 6 30.

Wer die Bergwelt von innen erleben will, kann dies in zwei Höhlen tun: in der Iberger Tropfsteinhöhle bei Bad Grund und der Einhornhöhle bei Scharzfeld. Aber auch Angler haben im Harz reiche Auswahl: an den Flüssen, Teichen und Stauseen stehen 3500 Angelplätze zur Wahl. Zu einer besonderen Attraktion ist die 560 m lange Riesenrutschbahn bei St. Andreasberg geworden, wo ein Lift hilft, zum Ausgangspunkt hinaufzufahren. Aber auch Segelflieger haben im Harz Möglichkeiten, ihren Sport auszuüben. Eishallen bieten im Sommer die Möglichkeit zum Schlittschuhlaufen.
Für die Kinder haben drei Harzorte Teile ihres Forstes in einen Märchenwald verwandelt. Wer auch mal ohne seine Kinder auf Wanderungen gehen will, kann an fast allen Harzorten Kinderangebote in Anspruch nehmen. In denen werden die Kleinen tagsüber betreut. Dies gilt besonders für einige Ferienparks, die nahezu alle Freizeit- und Unterhaltungsmöglichkeiten auf engstem Raum bieten.
Im Reizklima des Mittelgebirges ist eine Reihe von heilklimatischen Kurorten entstanden. Sie dürfen sich so nennen, weil das Klima besondere Anforderungen an Sonnenscheindauer, Nebelarmut und staubfreie Luft erfüllt. Wer unter Erkrankungen der Atemwege leidet, Herz- und Gefäßkrankheiten hat oder einen Schwächezustand beheben will, ist an solchen Kurorten gut aufgehoben.
In den Tälern des Harzes, besonders am Rand des Gebirges, kommen heiße Quellen aus dem Inneren der Erde. Aus diesem Grund gibt es im Harz über ein halbes Dutzend Heilbäder mit besonderen medizinischen Einrichtungen und zahlreiche heilklimatische Kurorte. Diese Bäder verfügen zusätzlich über alle Freizeiteinrichtungen, so daß die Verbindung zwischen Kur und Erholung in der Mittelgebirgslandschaft des Harzes besonders leicht möglich ist.

Foto links: Die Altstadt von Bad Lauterberg.
Mit der Gondelbahn geht's von Hahnenklee hinauf zum Gipfel des Bocksbergs (Bild rechts).
Altenau und Schulenberg liegen am Okerstausee.

DIE EIFEL
Nordrhein-Westfalen/Rheinland-Pfalz

Im Herzen Europas und doch weit ab von den großen Verkehrsströmen erhebt sich ein einsames, eigenwilliges Gebirge: die Eifel. Dort brodelten vor Jahrmillionen mächtige Vulkane. Längst sind sie erloschen.

WILD UND WASSER

Doch sind die wassergefüllten Krater und die Basaltsäulen aus geschmolzenem und erkaltetem Gestein nach wie vor Attraktionen für Naturfreunde.

Wo bei den Vulkanausbrüchen riesige Mengen an Sand und Gestein aus dem Erdinneren geschleudert wurden, entstanden beim Erlöschen der vulkanischen Tätigkeit große Vertiefungen. Sie haben sich im Lauf der Zeit mit Wasser gefüllt. »Maare« nennt man diese fast kreisrunden Seen. Neun davon liegen im Zentrum der Südeifel, die sich deshalb auch »Vulkaneifel« nennt. Das größte, das Meerfelder Maar, hat Birnenform, ist 750 m lang und 420 m breit. Fast kreisrund ist das Pulvermaar, das 675 m Durchmesser hat. Aber auch die anderen Maare in der Umgebung von Daun, Gillenfeld, Manderscheid und Ulmen lohnen eine Tour. Fast überall bestehen Möglichkeiten zum Schwimmen, Bootfahren und Angeln. Im Freibad von Mayen ist die 140 m lange Wasserrutschbahn die große Attraktion. An einigen der Maare sind Freizeitzentren mit Liegewiesen und Campingplätzen entstanden, beispielsweise am Schalkenmehrener Maar.

In Steinbrüchen stehen die Basaltsäulen oft wie Orgelpfeifen. Um sie zu finden, muß man in den meisten Fällen die Straßen verlassen und auf Wanderwegen in die Natur ziehen.

Die weiten Hochflächen der Eifel, an deren Hänge Buchen- und Eichenwälder wachsen, werden immer wieder von schroffen Kalkfelsen unterbrochen. Eine reichhaltige Flora bietet Heimat für Hirsche, Rehe, Wildschweine und Dachse sowie für seltene Vogelarten wie Falken und Reiher. Aus diesem Grund wurde in der Vulkaneifel eine Touristenstraße »Deutsche Wildstraße« getauft. Sie ist 158 km lang und führt nicht nur durch das wildreiche Gebiet der Eifel, sondern auch zu Wildparks. Da gibt es den Hirsch- und Saupark Daun mit 120 Rothirschen, 100 Damhirschen und 100 Wildschweinen, dann den Adler- und Wolfspark Kasselburg bei Pelm/Gerolstein mit 20 verschiedenen Greifvogelarten und Raubtieren sowie den Bärenpark bei Gondorf, wo neben zahlreichen anderen Tierarten auch Bären gehalten werden.

Im nördlichen Teil der Eifel hat man in einer Reihe von Stauseen die Möglichkeit zu Wassersport – beispielsweise am Rursee. Von

Ort	Höhe	Einwohner	Gästebetten insgesamt	in Hotels	in Gasth./ Pensionen	in Chalets/ Ferienwhg.	in Privath./ Bauernhäus.	Camping/ Stellplätze	Ferienlager
Daun	450 m	8200	2250	600	150	900	200	3/100	1 JH
Maria-Laach	290 m	ca. 124	90	90	–	–	–	1/170	1 JH
Mayen	234–527 m	20500	605	396	124	35	50	–	1 JH
Monreal	300 m	850	60	25	35	–	–	–	–
Monschau	350–670 m	12000	1230	670	50	190	320	3/113	2 JH
Münstermaifeld	240 m	2400	45	24	21	–	–	–	–

Daun
Verkehrsamt, Leopoldstr. 14, 5568 Daun, (0 65 92) 7 14 77.
Schwimmen in 3 Seen, 2 Freibädern, 1 Hallenbad. **Angeln** in Seen. **Ausrüstungsverleih:** Surfen, Rudern, Tretboote. **Segeln.** Segel-, Motorfliegen. **Rundflüge** mit Segel- u. Motorflugzeug. **Reiten** im Gelände, 500 km Wege, Pferdeverleih, Schule, Halle. **Schießen:** Luftgewehr, Vorderlader kurz. **Tennis:** 12 Plätze, 2 Hallen/3 Plätze, Schule. Sommerbobbahnen.
Gesundheit: Trimmpfade, Kneippanlagen, Fitness-Zentrum. Mineralheilbad, Kneippkurort. Heilklimatischer Kurort. **Indikationen:** Herz- und Gefäßerkrankungen, Vegetative Funktionsstörungen, Verdauungskrankheiten, Hormonale Störungen, Allgemeine Schwächezustände, Rekonvaleszenz, Stoffwechselerkrankungen.
Hobbykurse und Aktivangebote: Seniorengymnastik, Yoga, Gymnastik für Frauen, Coronarsport, Lauf-Treff, Freizeit-Sport-Spiele.
Veranstaltungen: Anf. Aug.: Laurentiuskirmes.
Pauschalangebote: Rundwanderungen ohne Gepäck. Juni: Ferienwanderwoche. Sept.: Pilzseminar.

Maria-Laach
Verbandsgemeinde Brohltal, 5476 Niederzissen (Maria-Laach), (0 26 36) 87 30.
Schwimmen in 1 See. **Angeln** im See. Surfen, Segeln. **Ausrüstungsverleih:** Ruder-, Tretboote.
Veranstaltungen: 30. Apr.: Maibaumsetzen. Mitte Aug.: Vulkanfest. Mitte Sept.: Kirmes.

Mayen
Städt. Verkehrsamt, Altes Rathaus am Markt, 5440 Mayen, (0 26 51) 8 82 60-1.
Schwimmen in 1 beh. Freibad mit Riesenrutsche, 1 Hallenbad. **Angeln** in Flüssen. Fahrradverleih. **Reiten** im Gelände, Halle, Schule. **Schießen:** Luftgewehr, Tontauben, Kleinkaliber. **Tennis:** 6 Plätze, 1 Halle/4 Plätze, Schule. Trimmpfade.
Veranstaltungen: Anf. Mai: Int. Trödelmarkt. Juni: Kirmes u. Schützenfest. Mitte-Ende Juni: Burgfestspiele. Juli bzw. Aug.: Stein- u. Burgfest (Folklore- u. Heimatfest). Mitte Okt.: Lukasmarkt.
Pauschalangebote: Wandern ohne Gepäck. Sieben Tage – Land und Leute. Mitte–Ende Juni: Burgfestspiele. April–Juni, Mitte Aug.–Mitte Okt.: Wochenendpauschale: Tolle Tour für alle Clubs.

Monreal
Verkehrs- u. Verschönerungsverein, 5441 Monreal, (0 26 51) 58 51 und 33 71.
Angeln in künstl. Anlagen. **Reiten** im Gelände, 20 km Wege, Pferdeverleih.
Veranstaltungen: Sommernachtsfest, Junggesellenfest. Letztes Aug.-Wochenende: Historischer Wochenmarkt.

In der Altstadt von Mayen.

Anzeigen

Maria Laach

NATURKUNDEMUSEUM MARIA LAACH
Tel.: 0 26 52/47 85
Auf über 1000 m² Ausstellungsfl. sehen Sie
• Säugetiere, Vögel u. Schmetterl. aus aller Welt
• einheim. Säuget., Vögel u. Insekten
• Sammlungen v. Steinen u. Mineralien a. d. Laacher See-Gebiet
Fuß- u. Zufahrtswege sind ausgesch. Auto- u. Busparkplatz dir. am Haus.
Geöffnet tägl. v. 9.30 bis 18.00 Uhr

Seehotel Maria Laach
D-5471 Maria Laach
Tel.: 0 26 52/58 40
Direkt am Laacher See, neben dem berühmten Kloster Maria Laach gelegen. Tagungen, Seminare und Konferenzen finden bei uns in ruhigen, separat gelegenen Räumlichkeiten statt. Platz für 10–120 Teilnehmer.
Hallenbad, Terrasse, Liegewiese.

Mayen

Mayen/Eifel 240–530 m im Vulkangebiet zwischen Nürburgring und Laacher See. Mittelalterliche Baudenkmäler, Genovevaburg (Abb.) mit Eifeler Landschaftsmuseum und Theaterfestspielen. Beh. Gartenbad mit 140 m langer Rutsche, Ozon-Hallenbad, Wanderwege, herrliche Ausflugsziele wie Maria Laach, Burg Eltz und Schloß Bürresheim.
Info: Verkehrsamt D-5440 Mayen, Telefon: (0 26 51) 8 82 60.

Problemlos telefonieren

Wenn Sie von anderen Ländern dort anrufen wollen, müssen Sie die 0 am Anfang der Vorwahl weglassen und folgende Nummer vorauswählen:

Aus Deutschland:
nach Österreich 0043
in die Schweiz 0041
nach Italien 0039

Aus Österreich:
nach Deutschland 060
in die Schweiz 050
nach Italien 040

D-2 🇩🇪

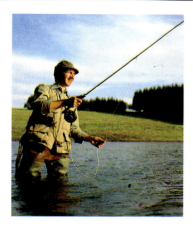

Rechts: Im Hohen Venn.

Ort	Wandern				Beförderung	
	Wege insg.	Wege mark.	Rundwege	geführte Wanderungen	Bus	Bahn
Daun	1000 km	600 km	14/140 km	2× wöch.	x	x
Maria-Laach			3/38 km			x
Mayen	75 km	40 km	5/40 km	2× wöch.	x	x
Monreal	50 km	50 km	10/50 km		x	x
Monschau	600 km	480 km	35/289 km	nach Vereinb.	x	
Münstermaifeld	25 km	20 km	1/5 km		x	

Monschau

Verkehrsamt, Stadtstr. 1, 5108 Monschau, (0 24 72) 33 00 und 8 11.
Schwimmen in 1 Hallenbad. **Angeln** in Flüssen u. künstl. Anlagen. Kanu-/Kajakfahren (Ausrüstungsverleih). **Wildwasser:** 21 km befahrbare Strecke. 140 km Radwanderwege. **Reiten** im Gelände, 350 km Wege, Halle. Kutsch- und Planwagenfahrten. **Tennis:** 4 Plätze, 1 Halle. Grasski. Sommerbobbahn. **Gesundheit:** Trimmpfade, Fitness-Zentrum. **Hobbykurse und Aktivangebote:** Bauernmalerei, Handweben. **Veranstaltungen:** Apr./Mai: Int. Kanu-Slalom; Int. Wildwasser-Rennen. Anf. Aug.: Marathon-Lauf; Reitturnier. Mitte Aug.: Woche der Volksmusik. Mitte Sept.: Kirmes. Erntedankzug. **Pauschalangebote:** Erholungswoche. Radwandern. Reiterurlaub. Seniorenurlaub. Single-Wochenende. Wanderwoche. Wandern und Radwandern. Fitnesswochenende. Wanderreiten. Tennisurlaub. Angebote für Gruppen.

Münstermaifeld

Verbandsgemeindeverwaltung Maifeld, Marktplatz 4, 5444 Polch, (0 26 54) 4 02-37 für 5401 Münstermaifeld.
Schwimmen in 1 beh. Freibad. **Reiten** im Gelände, Halle. **Tennis:** 2 Plätze. **Veranstaltungen:** Mitte Mai: Blumenmarkt. Juni/Juli: Vereinsfeste. Anf. Sept.: Kirmes.

Ferner interessant: geologische und botanische Exkursionen (Daun). Naturschutzgebiete »Dauner Maare«, »Maria Laach«, »Gebirgsbach Rur«, Naturparks (Daun, Monschau). Wildgehege (Daun, Monschau). Höhlen (Daun). Wasserfälle (Münstermaifeld). **Unterhaltung:** Heimatabende, Gästekindergarten (Daun, Monreal). Daun: Gartenschach (auch in Mayen), Konzerte, Dia-Vorträge (auch in Monschau). Dorfabende (Monschau).
Tourist-Information Vulkaneifel (WFG), Postfach 13 71, 5568 Daun, (0 65 92) 1 72 00.

Heilbäder und Kurorte

Thermal-Mineralheilbad, 5582 **Bad Bertrich,** (0 26 74) 3 13-4. **Indikationen:** Rheumatische Erkrankungen, Gelenkveränderungen, Bewegungsstörungen, Magen-, Darm-, Leber- und Gallenwegserkrankungen, Stoffwechselstörungen.
Kneippheilbad, Postfach 1240, 5358 **Bad Münstereifel,** (0 22 53) 5 05-182. **Indikationen:** Herz- und Gefäßerkrankungen, Vegetative Funktionsstörungen, Verdauungskrankheiten, Hormonale Störungen, Allgemeine Schwächezustände.
Mineralheilbad, Postfach 109, 5483 **Bad Neuenahr-Ahrweiler,** (0 26 41) 80 10. **Indikationen:** Stoffwechselerkrankungen, Herz- und Gefäßerkrankungen, Degenerative Erkrankungen der Wirbelsäule. Postfach 5, 5562 **Manderscheid,** (0 65 72) 7 71 + 23 77. **Indikationen:** Atemwegserkrankungen, Allgemeine Schwächezustände, Rekonvaleszenz, Herz- und Gefäßkrankheiten.

Kneippkurorte

Indikationen: Herz- und Gefäßerkrankungen, Vegetative Funktionsstörungen, Verdauungskrankheiten, Hormonale Störungen, Allgemeine Schwächezustände.
5524 **Kyllburg,** (0 65 63) 20 07.
5372 **Schleiden-Gemünd,** (0 24 44) 20 12.

Hier scheint die Zeit stehengeblieben zu sein: einer der romantischen Höfe bei Monschau.

der wechselvollen Geschichte dieses Grenzgebietes zwischen Deutschland, den Niederlanden und Frankreich erzählen zahlreiche Burgen und Schlösser – so die Burg Lissingen, die Ruinen Bad Bertrich und Daun, Gerolstein, Kerpen, Manderscheid, Mürlenbach, Neroth, Ulmen und die Kasselburg bei Pelm.
Für den Familienurlaub gibt es in der Eifel verstreut viele Bauernhöfe, aber auch Ferienwohnungen und Ferienhäuser. Einige Bauernhöfe bieten Möglichkeiten zum Ponyreiten.
Kulinarische Spezialitäten der Eifel sind Eifeler Schinken und Brot, Hausmacherwurst, Fisch- und Wildgerichte. Außerdem gibt es die köstlichen Dauner Morcheln. Nach alten Rezepten werden da und dort noch Eifeler Graupen- oder Wurstsuppe, Schinken in Brotteig, Eifeler Räucherforellen, Spießbraten oder Schwenkbraten zubereitet und angeboten.
Wer die Eifel auf ausgedehnten Rundwanderungen kennenlernen will, ohne Gepäck mitzuschleppen, kann an siebentägigen Touren durch die Eifeltäler Lieser, Salm und Kyll teilnehmen.

— Anzeigen

Reisen mit der Bahn

Mit der Bahn in die Eifel.

Wenn Ihr Wanderurlaub von Anfang an streßfrei sein soll, reisen Sie am besten mit der Bahn an. Gerolstein oder Daun im Herzen der Eifel erreichen Sie ab Köln direkt mit vielen Schnellzügen, oder Sie reisen ab Andernach (Koblenz) über Mayen nach Daun. Schnell und bequem auf jeden Fall.

Deutsche Bundesbahn

DER VOGELSBERG
Hessen

Fast kreisrund erhebt sich das Mittelgebirge des Vogelsbergs aus den Ebenen der Wetterau.

ALTE KUNST UND FACHWERK

Mit einem Durchmesser von 60 Kilometern gehört das Massiv des Vogelsbergs zu den größten erloschenen Vulkanen der Erde. Heute erstreckt sich auf 2500 Quadratkilometern ein vielfältiges Freizeitland.

Der zentrale Bereich des Vogelsbergs wird von einem 600 bis 700 m hohen Plateau gebildet, über das sich eine Reihe von Kuppen erhebt. Es gibt ausgedehnte Wandermöglichkeiten, aber auch mehrere Erholungszentren bei hübschen Seen und Teichen – beispielsweise am Nieder-Moser-Teich, am Gederner See und am Nidda-Stausee bei Schotten.

Die Städtchen und Orte am Vogelsberg sind durch eine Fülle von Kunstdenkmälern, mittelalterlichen Bauten, Burgen und Schlössern geprägt. Man sieht besonders viele kostbare Fachwerkbauten. Selbst in kleinsten Gemeinden findet man Fachwerkkirchen, die be-

Die anmutige und freundliche Landschaft des Vogelsbergs läßt kaum ahnen, daß hier vor Jahrtausenden Vulkane kochten. Schotten (auf dem Bild oben) ist eines der typischen Vogelsberg-Städtchen mit regem Fremdenverkehr. Unten sehen Sie Herbstein.

Anzeigen

Gedern

Schotten

Schotten - das Herz des Vogelsberges

Luftkurort und Wintersportplatz im **Naturpark Hoher Vogelsberg** 160–773 m.

Eine historische Altstadt mit Fachwerkbauten aus dem 14.–18. Jahrhundert und eine reizvolle Landschaft mit den markanten Ausflugszielen Hoherodskopf, Taufstein und Nidda-Stausee bieten zu jeder Jahreszeit einen abwechslungsreichen Ferienaufenthalt.

Verkehrsamt D-6479 Schotten, Telefon: 0 60 44/66-51

Hotel-Restaurant-Haus Sonnenberg D-6479 Schotten 1, Inh.: Heinz Mangold Tel.: (06044) 771-773
Unser Hotel bietet Ihnen einen erhols. Urlaub. Zi. m. Bad/Du/WC, Tel., autom. Weckanlage. **Hauseig. Freizeiteinrichtungen:** Hallenb., Sol., Sauna, Kegelbahnen, Tennisplätze. Ideal f. Tagungen, Gruppenreisen und Fam.-Feiern.
Unter gleicher Leitung: Bergrasthaus Herchenheiner Höhe. Tel.: 06644/7077

D-3

Sportlich aktiv geht es vor allem an den Seen des Vogelsbergs zu. Es gibt aber auch Tennisplätze und andere Sportanlagen.

achtliche Kunstschätze bergen. Als Meisterwerk der Fachwerk-Baukunst gilt das Rathaus in Alsfeld, das 1512 errichtet und seitdem kaum verändert wurde. Aus Stein sind die Mauern und Türme, die manches Städtchen im Vogelsberg vor Jahrhunderten schützen sollten.

Zu den Möglichkeiten des Aktiv- und Hobbyurlaubs gehören das Reiten in abwechslungsreicher Landschaft, das Segeln auf den verschiedenen Stauseen, das Angeln in Flüßchen und Seen sowie das Segelfliegen auf freien, windgünstigen Hochplateaus. Wanderungen im Vogelsberg haben nicht den Charakter von schwierigen Gebirgstouren, sondern eher von ausgedehnten Spaziergängen. Für Familien mit Kindern gibt es Ferien auf Bauernhöfen, wo oft Ponys oder Pferde für die Gäste zur Verfügung stehen. Und der Vogelsberg-Expreß ist kein Schnellzug, sondern eine Pferdekutsche mit Planwagen, die Gäste spazierenfährt.

Ort	Höhe	Einwohner	Gästebetten insgesamt	in Hotels	in Gasth./ Pensionen	in Chalets/ Ferienwhg.	in Privath./ Bauernhäus.	Camping/ Stellplätze	Ferienlager
Gedern	305–540 m	7000	420	–	146	258	16	1/1000	Feriendörfer
Herbstein	450 m	5000	570	–	116	40	50	–	Feriendörfer
Schotten	160–773 m	10000	546	257	163	86	40	1/238	2 JH

Wandern: Gedern: 220 km markierte Wege. 16 Rundwanderwege, 200 km. Herbstein: 17 km Wege (4 km markiert). 2 Rundwanderwege, 6 km. Schotten: 340 km Wege (119 km markiert). **Geführte Wanderungen:** nach Bedarf. **Ferner interessant:** Naturpark »Hoher Vogelsberg«. Botanische Lehrpfade, Naturschutzgebiet (Biotope) (Herbstein, Schotten).

Gedern
Verkehrsbüro, Postfach 1150, 6473 Gedern, (0 60 45) 3 33.
Schwimmen in 1 See, 1 Hallenbad. **Angeln** im See. **Ausrüstungsverleih:** Ruder- u. Tretboote. Segelfliegen. **Reiten:** 1 Halle. **Tennis:** 4 Plätze. **Veranstaltungen:** Mai: Wandertage. Juli/Aug.: Sommernachtsfest am Gederner See. Mitte Aug.: Gassemäärt. **Pauschalangebote:** Juli/Aug.: Anglerseminare.

Herbstein
Verkehrsamt, Marktplatz 7, 6422 Herbstein, (0 66 43) 2 21.
Schwimmen in 1 Hallenbad, Thermalbad. **Angeln** in künstl. Anlagen. 20 km Radwege. **Reiten** im Gelände, 20 km Wege. **Schießen:** Luftgewehr. **Gesundheit:** Kur- u. Bäderbetrieb.

Unterhaltung: Heimatabende, Gästekindergarten. **Veranstaltungen:** Frühlingsfest. Vereinsfeste (Jubiläen). Mitte Juli: Sommerkirmes. Anf. Nov.: Wurstkirmes.

Schotten
Verkehrsamt, Vogelbergstr. 184, 6479 Schotten, (0 60 44) 66-0.
Schwimmen in 1 See, 1 Stausee, 2 Freibädern. **Angeln** in Seen u. künstl. Anlagen. Surfen (Ausrüstung, Schule). Segeln. Tretboote (Ausrüstung). Segel- u. Motorfliegen. **Rundflüge** mit Segel- u. Motorflugzeug. **Reiten** im Gelände, Halle, Schule. **Schießen:** Luftgewehr, Kleinkaliber. **Tennis:** 6 Plätze. **Golf:** Platz mit 9 Loch. **Unterhaltung:** Kinderfeste. Sommerrodelbahn. **Veranstaltungen:** Frühlingsfest, zahlreiche Backhausfeste, Märkte, Kirmesveranstaltungen, Vereinsfeste.

Für Urlauber gibt es auch viele Reitmöglichkeiten.

Oben und großes Foto links: das ist Herbstein.

DIE RHÖN
Hessen/Bayern

Weite, offene Basaltkuppen, Hochmoore und bewaldete Hänge sind die Kennzeichen der Röhn.

HIER KAM DER SEGELFLUG ZUR WELT

Zwischen Hessen und Bayern gelegen, nimmt die Rhön in der Vielfalt deutscher Mittelgebirge einen besonderen Platz ein.

Freie Kuppen prägen das Bild der Hohen Rhön (die deshalb auch Kuppenrhön genannt wird). Hier schläft der Wind so gut wie nie. Darum ist es nicht verwunderlich, daß auf der 952 m hohen Wasserkuppe, dem höchsten Berg der Rhön, das erste Segelflugzeug startete. Heute findet man neben Segelfliegern auch zahlreiche Drachensegler auf den Hängen und Kuppen. Wer auf einem der markierten Wanderwege (es gibt 3500 km) über die bewaldeten Hänge in die Täler absteigt, erlebt eine ganz andere Rhön. Da sind seltsame Naturgebilde mit Namen wie »Hohe Hölle«, »Teufelsmühle« oder »Wildweibstein«. Markante und bizarre Lavagebilde, an die 500 Schlote, aus denen einst glutflüssiges Gestein aus dem Erdinneren drang, formten das Bild der Rhön. Die Kuppen sind erloschene Vulkankerne, die Basaltbrüche

Anzeigen

Fulda

...mach' mal einen Stop in Fulda...

die Stadt des heiteren Barocks lädt dazu ein - günstige Verkehrslage - 2 BAB-Anschlüsse - Bundesbahnknotenpunkt - Intercity-Station

Auskünfte und Informationsmaterial erhalten Sie gerne über das Städtische Verkehrsbüro - 6400 Fulda Schloßstr. 5 Telefon direkt: (0661) 102346

Gersfeld

Hotel Gersfelder Hof
D-6412 Gersfeld/Rhön
Tel.: 06 654/7011
Der **Gersfelder Hof** liegt im Naturpark Rhön. Großzügige Zimmer m. Bad, Du/WC, Telefon, TV, Radio, Balkon. Das Restaurant bietet Spezialitäten für den verwöhnten Gaumen. Beliebter Treffpunkt nach einer herrlichen Wanderung ist d. gemütl. Ofenstube (Brotzeit). Hausbar. Hallenbad, Sauna, Solarium, Tennis.

Bad Kissingen

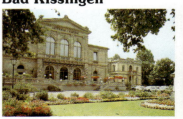

Bayerische Spielbank
Bad Kissingen

In der Tradition eines Weltbades. Roulette an 6 Tischen, Blackjack, Spielautomaten mit Gewinnen bis zu 40 000,– DM.
Täglich ab 15.00 Uhr.

die Spalten, durch die Lava aus den Hexenkesseln der Vulkane drang. Beim Erkalten formte sich der Basalt zu runden oder kantigen Säulen, manchmal senkrecht stehend, oft schräg oder waagerecht liegend und in Steinbrüchen so angeschnitten, daß der Wanderer das Bild einer überdimensionalen Bienenwabe hat. Charakteristisch für die Hochrhön sind auch die Moore. In den streng unter Naturschutz stehenden Feuchtgebieten wachsen seltene Pflanzen, beispielsweise das Wollgras oder der fleischfressende Sonnentau. Von den Kuppen der Hochrhön hat man einen prächtigen Blick auf den nahen Thüringer Wald jenseits der DDR-Grenze, von der die Rhön durchschnitten wird. Man bietet drei verschiedene Touren »Wandern ohne Gepäck« an. Bei einer Tagesleistung von etwa 20 km geht es eine Woche lang rund um die Hohe Rhön, wobei Höhenunterschiede zwischen 300 und 950 m überwunden werden.

Eine andere Möglichkeit: im Bereich der Täler und um die schwarzen Berge der südlichen Rhön, entlang der Fränkischen Saale und der Sinn. Wer zwei Wochen Zeit hat und 250 km wandern will, marschiert quer durch die Rhön und erlebt dabei große Teile der beiden anderen Wanderstrecken.

Die einen gehen auf der Rhön in die Luft, die anderen bleiben auf dem Boden; wieder andere mögen das Wasser. Sie können mit dem Paddelboot auf der fränkischen Saale oder auf der Sinn wandern. Seen sind selten, Schwimmbäder selbstverständlich. In den Bächen darf geangelt werden.

Rund um die Rhön gibt es eine Reihe von Heilbädern und Kurorten mit Thermalquellen, mit Moor und heilkräftigen Mineralquellen. Jedes dieser Bäder hat seine eigene Note – vom glanzvollen Weltbad bis zum verschwiegenen Badeschlößchen.

D-4

Ort	Höhe	Einwohner	Gästebetten insgesamt	in Hotels	in Gasth./ Pensionen	in Chalets/ Ferienwhg.	in Privath./ Bauernhäus.	Camping/ Stellplätze	Ferienlager
Bad Brückenau	310 m	6500	957	715		137	99	–	1 JH
Bad Neustadt	234 m	14000	2000	120	560	95	120	–	–
Bischofsheim	347–928 m	5000	1300	100	550	500	100	1/200	1 JH
Gersfeld	500–950 m	6000	1100	470	440	90	150	1/200	1 JH

Ort	Wandern Wege mark.	Rundwege	geführte Wanderungen	Beförderung Bus	Bahn	Abzeichen	Außerdem: Anschluß an Fernwanderweg Saar–Schlesien. Ferner interessant: Naturpark »Rhön«, Naturschutzgebiete, Wildgehege. Naturkundlicher Lehrpfad (Bischofsheim). Geologischer Lehrpfad (Gersfeld).
Bad Brückenau	200 km		2× wöch.	×		Wandernadeln	
Bad Neustadt	300 km	15/180 km	2× wöch.			Wandernadeln	
Bischofsheim	170 km	11/80 km	2× wöch.			Bischofsheimer Wanderpaß u. -nadel	
Gersfeld	190 km	7/95 km	1× wöch.	×		Wanderpaß u. -nadel	

Bad Brückenau
Städt. Kurverwaltung, Rathausplatz 1, 8788 Bad Brückenau, (0 97 41) 80 40. **Schwimmen** in 1 Freibad, 1 Hallenbad. **Angeln** in Flüssen. **Rundflüge** mit Segelflugzeug. Fahrradverleih. **Schießen:** Luftgewehr. **Tennis:** 6 Plätze. **Unterhaltung:** Bauerntheater, Gästekindergarten, Gartenschach, Konzerte, Dia- u. Filmvorträge. **Gesundheit:** Trimmpfade, Kneippanlagen, Kur- u. Bäderbetrieb. Mineral- u. Moorbad. **Indikationen:** Erkrankungen der Harnwege, Frauenleiden, rheumatische Erkrankungen, Stoffwechselleiden, Magen- und Darmkrankheiten. **Veranstaltungen:** Anf. Juni: Großes Stadtfest.

Bad Neustadt
Städt. Verkehrsamt, Am Hohntor, 8740 Bad Neustadt, (0 97 71) 9 10 60. **Schwimmen** in 1 beh. Freibad, 2 Hallenbädern (Sole-Bewegungsbad, Sole-Wellenbad). **Angeln** in Flüssen. Segelfliegen (Schule). Motorfliegen. **Rundflüge** mit Segel- u. Motorflugzeug. 60 km Radwege, Fahrradverleih. **Reiten** im Gelände, Halle, Schule. **Schießen:** Luftgewehr, Luftpistole, Sportpistole. **Tennis:** 2 Plätze, 1 Halle/2 Plätze, Schule. **Unterhaltung:** Heimatabende, Bauerntheater, Vorträge, Konzerte, Märkte, Sommerfeste. **Gesundheit:** Trimmpfade, Kur- u. Bäderbetrieb. Sole- u. Moorbad, Postfach 1360, Tel. 40 74. **Indikationen:** Herz- und Gefäßerkrankungen, Magen- und Darmstörungen, Lebererkrankungen, Stoffwechselleiden, rheumatische Erkrankungen, Bewegungsstörungen, Frauenleiden. **Hobbykurse und Aktivangebote:** Pflanzenkundliche Lehrwanderungen, Bastelabende. **Veranstaltungen:** 30. Apr.: Maibaum-Aufstellung. Mai: Stadtfest. Juni: Städtisches Bläsertreffen. Volks- u. Schützenfest. **Pauschalangebote:** Fröhliches Wochenende in der Rhön. Fröhliche Urlaubstage in der Rhön. Urlaub auf einem »Bayerischen Bauernhof« in der Rhön.

Bischofsheim
Verkehrsverein, Am Kirchplatz 4, 8743 Bischofsheim, (0 97 72) 14 52. **Schwimmen** in 1 Freibad, 1 Hallenbad. **Angeln** in Flüssen u. künstl. Anlagen. **Reiten:** 1 Halle, Pferdeverleih. **Schießen:** Luftgewehr, Kleinkaliber. **Tennis:** 2 Plätze, 1 Halle/2 Plätze, Schule. Fahrradverleih. Trimmpfade. **Unterhaltung:** Heimat-, Hüttenabende, Bauerntheater, Kindergarten auch für Gästekinder. **Veranstaltungen:** Juni/Aug.: Vereins-, Musik- und Sportfeste, Int. Missio-Camp. Okt./Nov.: Kirchweihfeste. **Pauschalangebote:** ganzjährig: Tennis-Intensiv-Training. Nebensaison: Tennis-Partner-Pauschale. Juni–Sept.: Wandervogelwochen.

Gersfeld
Kurverwaltung, 6412 Gersfeld, (0 66 54) 70 77. **Schwimmen** in 2 beh. Freibädern, 1 Hotelhallenbad. **Angeln** in künstl. Anlagen. **Unterricht:** Drachenfliegen, Segel-, Motorfliegen. **Rundflüge** mit Segel- u. Motorflugzeug. Fahrradverleih. **Tennis:** 3 Plätze. **Unterhaltung:** Heimatabende, Kinderfeste, Volks- und Sommerfeste. **Gesundheit:** Anerkannter Kneippkurort. Kneipp- u. Mooranwendungen, naturgemäße Ganzheitsbehandlung. **Indikationen:** Herz- und Gefäßerkrankungen, vegetative Funktionsstörungen, Verdauungskrankheiten, hormonale Störungen, allgemeine Schwächezustände. **Pauschalangebote:** Mai u. Sept.: Rhönwanderwochen. Ganzjährig: Spinnkurse.

Heilbäder und Kurorte
Mineral- und Moorbad, 8733 **Bad Bocklet**, (0 97 08) 2 17. **Indikationen:** Herz- und Gefäßkrankheiten, rheumatische Erkrankungen, Erkrankungen des Nervensystems.

Mineral- und Moorbad, Am Kurgarten 1, 8730 **Bad Kissingen**, (0 97 1) 8 04 80. **Indikationen:** Magen-, Darm-, Leber- und Gallenwegserkrankungen, Stoffwechselstörungen, rheumatische Erkrankungen, Frauenleiden.

Heilbad, 8742 **Bad Königshofen**, (0 97 61) 8 27. **Indikationen:** Magen-, Darm- und Gallenwegserkrankungen, Erkrankungen der Bauchspeicheldrüse.

Was die Rhön so anziehend macht, sind ihre Gegensätze: altertümliche Städte (oben Mellrichstadt), Basaltsteinbrüche, Wasserfälle, Hochmoore.

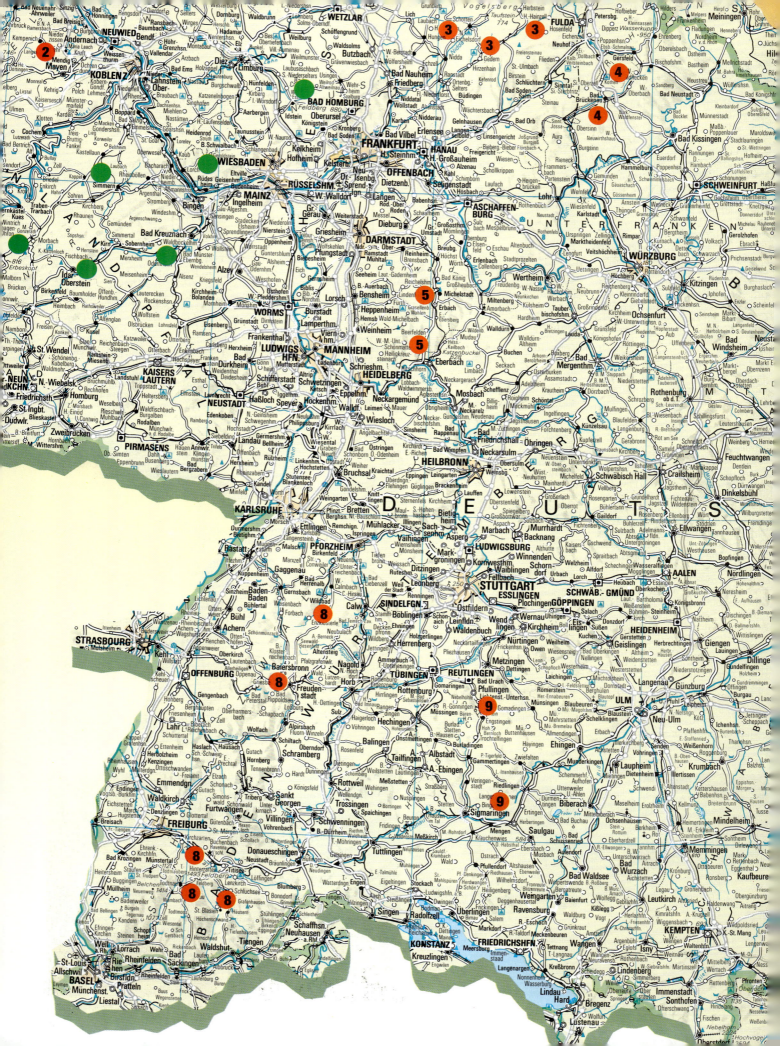

DER ODENWALD
Hessen/Baden-Württemberg

Steil steigt die erste Kette der Odenwaldberge, oft von Burgen oder Ruinen gekrönt, aus der Oberrheinischen Tiefebene auf.

WO DIE NIBELUNGEN JAGTEN

Hinter den Bergen erstrecken sich weite, häufig bewaldete Höhenzüge, offene Kuppen und tief eingeschnittene Täler.

Die heute noch ausgedehnten, einstmals fast undurchdringlichen Wälder waren das bevorzugte Jagdgebiet der Nibelungen, die vor 1500 Jahren ihr kurzlebiges Burgunderreich mit der Hauptstadt Worms hier errichtet hatten. Zahlreiche Namen erinnern an die Gestalten der Nibelungensage. Mehrere Quellen tragen beispielsweise den Namen »Siegfriedsquelle«, weil hier der schmucke Siegfried meuchlings von dem finsteren Hagen erdolcht worden sein soll. Charakteristisch für den vorderen Odenwald, der aus steilen, zusammenhängenden Bergkuppen besteht, sind die lichten Mischwälder und ausgedehnten Felsenmeere. Eines der größten erstreckt sich in der Nähe von Lautertal-Reichenbach und wird durch mehrere Rundwanderwege erschlossen. Zwei Stunden erfordert die anspruchsvolle Tour über den großen Felsenmeerweg, die vom Parkplatz direkt zu den Natur- und Steindenkmälern führt. Dort liegen noch riesige, bearbeitete Granitbrocken herum, die von der römischen Granitindustrie aus dem zweiten bis vierten Jahrhundert übriggeblieben sind.

Im Herzen des Odenwalds fließt die Mümling von Süden nach Norden. Sie entspringt mitten in dem kleinen Städtchen Beerfelden in einem 12-Röhren-Brunnen. Rund um Beerfelden erstrecken sich über 400 Kilometer Wanderwege, von denen 350 Kilometer markiert sind. Wöchentlich gibt es geführte Touren. Von den Höhen oberhalb Beerfeldens reicht der Blick weit über die bewaldeten Rücken des hinteren Odenwalds, der sich im Gegensatz zum vorderen Odenwald aus Buntsandstein aufbaut und deshalb flache Höhenzüge bildet.

Eine besondere touristische Attraktion in Beerfelden ist der größte und am besten erhaltene historische Galgen, der 1597 errichtet wurde. Drei schlanke Sandsteinsäulen von sechs Meter Höhe, in einem Dreieck aufgestellt, bildeten das Hochgericht. 1804 wurde dort zum letzten Mal ein Urteil vollstreckt. Heute ist der Galgen nicht nur ein Ausflugsziel, sondern auch Ausgangspunkt einer Reihe von Rundwanderungen, beispielsweise zur Liederbachquelle mit einem hübschen Grillplatz. Für weitere Aktivitäten stehen rund um Beerfelden ein Waldschwimmbad, Tennisplätze und

---

Anzeigen

Beerfelden

Beerfelden,

die »Stadt am Berge«, bietet ideale Voraussetzungen für Wanderungen durch die eindrucksvolle Odenwaldlandschaft. Vorbei an herrlichen Mischwäldern und Tälern hat Beerfelden mit seinen Stadtteilen über 300 km markierte Wanderwege mit Ruhebänken, Schutzhütten und Rastplätzen. Gemütliche Gaststätten und Pensionen laden zum Verweilen ein und garantieren einen erholsamen Aufenthalt.

Stadtverwaltung, D-6124 Beerfelden, Telefon 0 60 68/20 71

Blick über die Höhenzüge des Odenwaldes

D-5

ein beheiztes Freibad zur Auswahl – aber auch eine Sommer-Skilanglaufloipe. Sie besteht aus Kunststoff und ist 1,8 Kilometer lang.

Mitten im Odenwald liegt im Tal der Mümling die 11 500 Einwohner große Kreisstadt Erbach. Der Wanderwald der Umgebung ist durch 150 Kilometer Wege erschlossen. Vor allem ist Erbach wegen einer Handwerkskunst berühmt, die man im Odenwald überhaupt nicht erwartet: die Elfenbeinschnitzerei. Sie wurde im 18. Jahrhundert von Graf Franz I. eingeführt und hat sich bis heute erhalten. Das Elfenbeinmuseum in der Festhalle gibt einen eindrucksvollen Überblick über die historische, die zeitgenössische und auch die außereuropäische Elfenbeinschnitzkunst.

Die zweite Sehenswürdigkeit in Erbach ist das 1730 erbaute Schloß Erbach, in dem neben einer Antiken- und Gewehrsammlung eine umfangreiche Jagdtrophäenschau mit 70 der schönsten Hirschgeweihe der Welt zusammengetragen wurde. Erbachs Freizeit- und Aktivangebot entspricht dem einer munteren Kleinstadt: beheiztes Freibad, Hallenbad, Reit- und Tennismöglichkeiten einschließlich -schule. Angelmöglichkeiten finden Sie in den Flüssen des Odenwalds. Und natürlich können Sie auch Elfenbeinschnitzwerkstätten und Töpfereien besichtigen.

Kein Bildband über Deutschland, in dem nicht der Marktplatz von Michelstadt mit seinen winzigen, auf hölzernen Ständern stehendem Fachwerkrathaus abgebildet wäre. Tausende von Besuchern kommen jährlich nach Michelstadt, um die mittelalterliche Bilderbuchkleinstadt zu besichtigen oder Wanderungen in die waldreiche Mittelgebirgslandschaft zu unternehmen. Eine besondere Attraktion für Wanderer ist das Wildschweingehege in der Nähe des 10 Kilometer entfernten Ortes Würzberg. Dort versammeln sich in einem ausgedehnten Gelände täglich zwischen 16 und 18 Uhr 300 bis 400 Wildschweine zur Fütterung. Sie fressen den Besuchern, die ihnen Mais hinhalten, sogar aus der Hand – aber die Wildhüter sehen das nicht gern, weil die Verletzungsgefahr für die Finger zu groß ist.

Wer den Odenwald aus der Vogelperspektive erleben will, kann Rundflüge im Motorsegler unternehmen oder auch mit Segelflugzeugen an den Start gehen.

Ort	Höhe	Einwohner	Gästebetten					Camping/ Stellplätze	Ferienlager
			insgesamt	in Hotels	in Gasth./ Pensionen	in Chalets/ Ferienwhg.	in Privath./ Bauernhäus.		
Beerfelden	450 m	7000	790	130	400	60	200	3/60	–
Erbach	220–560 m	11500	426	84	188	67	87	1/140	1 JH
Michelstadt	200–545 m	15200	1523	229	698	372	224	–	–

Ort	Wandern				Beförderung		
	Wege insg.	Wege mark.	Rundwege	geführte Wanderungen	Bus	Bahn	
Beerfelden	400 km	350 km		1× wöch.	×	×	
Erbach	150 km	80 km	8/23 km	laut Plan	×	×	
Michelstadt	410 km	410 km		2× wöch.	×	×	

Außerdem: Anschluß an Fernwanderwegenetz Rhein-Main-Neckar. **Ferner interessant:** Naturparks. Wildgehege, Elfenbeinmuseum (Erbach). Wildgehege, Odenwald-, Spielzeugmuseum, Elfenbeinkunstkabinett (Michelstadt).

Beerfelden
Stadtverwaltung, Verkehrsbüro, 6124 Beerfelden, (0 60 68) 20 71 mit Airlenbach, Etzean, Falken-Gesäß, Gammelsbach, Hetzbach, Olfen.
Schwimmen in 1 Stausee, 1 beh. Freibad, 1 Waldschwimmbad (Quellspeisung). **Tennis:** 6 Plätze.
Schießen: Luftgewehr. Sommer-Kunststoff-Loipe (1,8 km). Trimmpfad.
Unterhaltung: Dia-Vorträge, Vogelstimmenwanderungen.
Veranstaltungen: Mitte Mai–Anf. Sept.: Grill- und Sommerfeste. Mitte Juli: Pferde-, Fohlen- und Zuchtviehmarkt (Volksfest, Jahrmarkt, Reit- und Springturnier, Ausstellung, Zuchtviehschau). Ende Aug./Anf. Sept.: Int. Wandertag.

Erbach
Odenwald-Information, Neckarstr. 3, 6120 Erbach, (0 60 62) 64 39.
Schwimmen in 1 beh. Freibad, 1 Hallenbad. **Angeln** in Flüssen. **Reiten:** 1 Halle. **Tennis:** 8 Plätze, 1 Halle/ 3 Plätze, Schule. **Unterhaltung:** Theater, Konzerte.
Veranstaltungen: letztes Juli-Wochenende: Erbacher Wiesenmarkt (Volksfest).

Michelstadt
Verkehrsamt, Marktplatz 1, 6120 Michelstadt, (0 60 61) 7 41 46 mit Rehbach, Steinbach, Steinbuch, Stockheim, Vielbrunn, Weiten-Gesäß, Würzberg.
Schwimmen in 2 beh. Freibädern, 1 Hallenbad. **Angeln** in Flüssen. **Reiten** im Gelände, 40 km Reitwege. **Tennis:** 6 Plätze, 1 Halle/1 Platz. **Segel-, Motorfliegen,** Unterricht. **Rundflüge** mit Motorsegler u. Motorflugzeug. Trimmpfad.
Unterhaltung: Heimatabende, Platzkonzerte, Dia-Vorträge, Stadtführungen (mittwochs).
Veranstaltungen: 2 Wochen vor Ostern: Int. Ostereier-Markt. Pfingsten: Bienenmarkt (9 Tage Volksfest). Aug.: Waldfest, Altstadtfest. Aug./Sept.: Elobil-Rennen auf dem Festplatz. 1. Wochenende im Okt.: Flohmarkt zum Kirchweihfest.

Links: das Schloß in Erbach. Sehenswert sind der Rittersaal, die Hirschgalerie, die Gewehrkammer und das römische Zimmer.

Problemlos telefonieren

Wenn Sie von anderen Ländern dort anrufen wollen, müssen Sie die 0 am Anfang der Vorwahl weglassen und folgende Nummer vorauswählen:

Aus Deutschland:
nach Österreich	0043
in die Schweiz	0041
nach Italien	0039

Aus Österreich
nach Deutschland	060
in die Schweiz	050
nach Italien	040

DAS FICHTELGEBIRGE
Ostbayern

»Scheitel Germaniens« wird das Fichtelgebirge in alten Chroniken genannt.

AUF DER SUCHE NACH KOSTBAREN STEINEN

Tatsächlich gehört dieses zentrale Massiv am Zusammentreffen von Thüringer Wald, Erzgebirge und Bayerisch-Böhmischem Wald zu den ältesten Gebirgen Europas. Kein Wunder, daß Wanderer hier seltene Steine und Mineralien finden können.

Landschaftliche Höhepunkte dieses Berglandes sind die vielen Felsenlabyrinthe, Granitbrocken und steinernen Meere. 2500 Kilometer markierte Wanderwege führen durch die eindrucksvollen Landschaften, in denen Saale, Eger, Naab und Main entspringen. Die einmalige Felsszenerie der Luisenburg beeindruckt im Sommer nicht nur die Wanderer, sondern auch die Kunstfreunde, die sich dort die Luisenburg-Festspiele ansehen. Dies alles sind die Reste eines Urgebirges, das einst mehrere tausend Meter hoch war. Heute messen die höchsten Erhebungen, der Ochsenkopf und der Schneeberg, noch knapp über 1000 m: die meisten anderen Berge haben um die 900 m.

Doch sie haben es in sich. Seit Jahrhunderten sucht man dort schon – teilweise durchaus erfolgreich – nach Gold, Edelmetallen und Edelsteinen. Zwar lohnt sich der Bergbau heute nicht mehr,

Oben: der Rotherfelsen.

Ort	Höhe	Einwohner	Gästebetten insgesamt	in Hotels	in Gasth./ Pensionen	in Chalets/ Ferienwhg.	in Privath./ Bauernhäus.	Camping/ Stellplätze	Ferienlager
Bad Berneck	370–400 m	5000	1450	370	544	167	336	–	–
Bischofsgrün	700 m	2300	2000	400	560	240	800	–	–
Fichtelberg	641–801 m	2900	1382	144	291	634	–	1/100	2/161
Marktredwitz	539 m	19000	521	338	117	43	30	–	1 JH
Mehlmeisel	630–835 m	1800	323	–	131	69	123	4/110	–
Warmensteinach	550–1024 m	3050	3000	420	1050	189	976	–	mehrere
Weißenstadt	630 m	4000	726	48	219	360	99	1/80	4

Bad Berneck
Städt. Kurverwaltung, 8582 Bad Berneck, (0 92 73) 89 16.
Schwimmen in 1 Hallenbad. **Angeln** in Flüssen. **Drachenfliegen** am Geseeser Berg (Ausrüstungsverleih). **Rundflüge** mit Motorflugzeug. 25 km Radwege. **Reiten** im Gelände, Pferdeverleih. **Schießen:** Luftgewehr. **Tennis:** 2 Plätze.
Unterhaltung: Heimatabende, Bauerntheater, Kurkonzerte, Tanzveranstaltungen.
Gesundheit: Trimmpfade, Kneippanlagen, Kur- u. Bäderbetrieb. Kneippheilbad u. Luftkurort. **Indikationen:** Herz- und Gefäßerkrankungen, Vegetative Funktionsstörungen, Verdauungskrankheiten, Hormonale Störungen, Allgemeine Schwächezustände.
Veranstaltungen: Mitte/Ende Mai: Blütenfest. Anf. Juli: Wiesenfest. Anf. Aug.: Sommernachtsfest.
Pauschalangebote: 7-Tage-Angelurlaub.

Bischofsgrün
Verkehrsamt, 8583 Bischofsgrün, (0 92 76) 12 92.
Schwimmen in 1 beh. Freibad. Fahrradverleih.
Tennis: 2 Plätze.

Gesundheit: Kneippanlagen, Kur- u. Bäderbetrieb. **Unterhaltung:** Heimatabende, Bauerntheater, Konzerte, Dia-Abende.
Veranstaltungen: Sommer-Skispringen. Juli: Sommerfest. Ende Sept.: Kirchweih mit Jahrmarkt.

Fichtelberg
Verkehrsamt, 8591 Fichtelberg, (0 92 72) 3 53.
Schwimmen in 1 See, 1 Freibad, 1 Hallenbad. **Angeln. Ausrüstungsverleih:** Ruderboote. **Reiten** im Gelände, 12 km Wege, Pferdeverleih, Halle, Schule. **Gesundheit:** Kur- und Bäderbetrieb.
Unterhaltung: Heimatabende, Dia-Vorträge.
Veranstaltungen: Sonntag vor Christi Himmelfahrt: Frühjahrskirchweih mit Jahrmarkt. Mitte Aug.: öffentliches Brotbacken. 2. Sonntag im Sept.: Herbstkirchweih mit Jahrmarkt. Ende Sept.: Oktoberfest.
Pauschalangebote: Okt.–Apr. (außer Ostern und Weihnachten): Familienurlaub.

Marktredwitz
Städt. Fremdenverkehrsbüro, 8590 Marktredwitz, (0 92 31) 50 11 28.

Anzeigen

Bischofsgrün

Auf ins Wanderparadies
Bischofsgrün
im Naturpark Fichtelgebirge
Höhe 650–1050 m
Mit Freunden reden, wandern, feiern...
wo Urlaub zum Erlebnis wird.
Verkehrsamt
8583 Bischofsgrün
Postfach 20 · Telefon 0 92 76-12 92

Die Sommer- und Winter-Sprungschanze in Bischofsgrün.

D-6

Malerisch zieht sich der alte Stadtkern von Bad Berneck (links) einen bewaldeten Hang hoch. Die Neue Kolonnade in den Kuranlagen der kleinen Stadt entstand im letzten Jahrhundert in klassizistischem Stil (oben).
Auf dem See bei Weißenstadt (rechts) kann man auch segeln und surfen.

Ort	Wandern			Beförderung			Abzeichen
	Wege mark.	Rundwege	geführte Wanderungen	Bus	Bahn	Sessellifte	
Bad Berneck	80 km	3/26 km	1× wöch.				Wandernadeln
Bischofsgrün	100 km	1/10 km	1–2× wöch.	×		1	–
Fichtelberg	70 km	1/6 km		×			–
Marktredwitz	80 km	7/51 km	auf Anfrage				–
Mehlmeisel	75 km	4/65 km		×			Wandernadeln
Warmensteinach	120 km	10/75 km	4× wöch.			1	Goldener Rucksack
Weißenstadt	200 km	4/30 km	auf Anfrage				Wandernadel

Schwimmen in 1 Freibad, 1 Hallenbad. **Angeln** in Flüssen u. Seen. **Reiten** im Gelände, Pferdeverleih, Halle, Unterricht. **Schießen. Tennis:** 9 Plätze, 1 Halle/2 Plätze. **Squash:** 6 Courts. Trimmpfad.
Unterhaltung: Konzerte, Theateraufführungen.
Veranstaltungen: März: Matthias-Jahrmarkt. April: Walburga-Jahrmarkt. Mai/Juni: Brückenfest. Juni: Birklfest. Rawetzer Volks- u. Schützenfest. Bartholomäus-Jahrmarkt. Aug.: Klatzenfest, Siedler- u. Kinderfest.

Mehlmeisel

Verkehrsamt, 8591 Mehlmeisel, (0 92 72) 2 62.
Gesundheit: Trimmpfade, Kneippanlagen.
Unterhaltung: Heimatabende, Gartenschach.
Veranstaltungen: Mitte Aug.: Frauentag (Markt).

Warmensteinach

Verkehrsamt, 8581 Warmensteinach, (0 92 77) 14 01.
Schwimmen in 1 Freibad, Waldmoorbad. **Angeln** in Seen. **Rundflüge** mit Motorflugzeug. **Reiten:** Pferdeverleih. **Tennis:** 2 Plätze.
Gesundheit: Trimmpfade, Kneippanlagen.
Unterhaltung: Heimatabende, Gartenschach, Konzerte, Dia-Abende. **Hobbykurse:** Bauernmalerei.
Veranstaltungen: Anf. Juli: Wiesenfest.

Weißenstadt

Fremdenverkehrsamt, Kirchplatz 1, 8687 Weißenstadt, (0 92 53) 7 11.
Schwimmen in 1 See, 1 Freibad. **Angeln** im See. **Ausrüstungsverleih:** Ruder-, Tretboote. **Unterricht:** Surfen, Segeln. Fahrradverleih. **Reiten:** 1 Halle. **Tennis:** 3 Plätze, Unterricht. Trimmpfade.
Unterhaltung: Heimatabende, Diavorträge.
Veranstaltungen: Ostermarkt. Maibaumfest. Pfingsten: Seefest. Markt. Mitte Juli: Sommermarkt, Volks- u. Wiesenfest. Angelwettbewerbe. Surf- u. Segelmeisterschaften. **Pauschalangebote:** Wandern ohne Gepäck, Angeln.

Heilbäder und Kurorte

Mineral- und Moorbad, Postfach 2, 8591 **Bad Alexandersbad**, (0 92 32) 22 75 + 26 34. **Indikationen:** Herz- und Gefäßkrankheiten, funktionelle Kreislaufstörungen, rheumatische Erkrankungen, degenerative Veränderungen der Wirbelsäule.

doch kann man als Wanderer auf vielen Routen noch Bergkristalle, Rauchquarze, Topase und Turmaline finden – wenn man sich von einem ortskundigen Führer begleiten läßt oder einen Blick dafür hat. Auch die Reste von Gold- und Zinnbergwerkstollen sind noch zu finden. In einem Besucherbergwerk unterhalb des Ochsenkopfes kann man den Bergbau sogar aus nächster Nähe studieren.
Nicht nur Wanderer, sondern auch Wassersportler reisen gerne ins Fichtelgebirge. Schwimmen kann man in mehreren Seen und natürlich auch in den Frei- und Hallenbädern; auf den größeren Wasserflächen ist Segeln und Windsurfen möglich. Außerdem stehen Sportarten wie Reiten, Tennis, Radfahren und in einigen Orten sogar Squash zur Auswahl. An einigen Stellen der teilweise freien Hänge sind Segelflugplätze entstanden. Ein sportliches Vergnügen bietet die Sommerrodelbahn am Ochsenkopf, zu der man mit dem Sessellift auffahren und von halber Höhe dann in vielen Kurven und Schwingungen zum Tal abfahren kann.
Wer sich im Urlaub gerne handwerklich betätigt, kann an vielen Orten Hobbykurse belegen: Bauernmalerei, Handweben, Zinngießen, Töpfern oder Modellieren mit Wachs.

Außerdem: Anschluß an Fernwanderwege 3 (Atlantik–Böhmen) und 6 (Ostsee–Adria). **Ferner interessant:** Naturpark »Fichtelgebirge«. Botanische Lehrpfade (Bischofsgrün, Warmensteinach). Wildgehege, Freizeitpark (Mehlmeisel). Wildpark (Bischofsgrün). Silbereisen-Besucherbergwerk (Fichtelberg).

Der Naturpark Fichtelgebirge mit dem Fichtelsee.

DER BAYERISCHE WALD
Ostbayern

Dem Namen nach ist der Bayerische Wald eines der bekanntesten deutschen Mittelgebirge. Doch nur wenige waren wirklich dort.

HIER KANN MAN DURCH DEN URWALD SPAZIEREN

Dabei bietet das größte zusammenhängende Waldgebiet Europas mit seinen 60 Berggipfeln über 1000 Metern Höhe Urlaubsmöglichkeiten ganz eigener Art.

Das über 500 Millionen Jahre alte Gebirge aus Granit und Gneisgestein erstreckt sich zwischen Donau und tschechischer Grenze im östlichen Zipfel Bayerns. In diesen seit jeher einsamen Grenzbergen waren Bären, Luchse und Wölfe länger als anderswo zu Hause. Das ist auch der Grund, weshalb dort der erste deutsche Nationalpark eingerichtet wurde. Mit 13 000 Hektar Fläche hat dieser Park drei Aufgaben. Einmal dient er dem Naturschutz. Nur ganz behutsam dürfen hier Veränderungen von menschlicher Hand vorgenommen werden. Normalerweise bleibt alles so, wie es wächst und fällt. Zweitens dient der Nationalpark auch dem Studium der Natur, seltener Pflanzen und Tiere. Und drittens hat er die Aufgabe, zur Erholung der Menschen beizutragen. Hier erleben Wanderer und Besucher in zahlreichen Tiergehegen Wölfe und Wisente, Bären und Biber, Luchse und Füchse sowie viele andere einheimische Arten. Da gibt es waldgeschichtliches Wandergebiet, Waldlehrpfade, eine Felswanderzone, Moore und Bergwiesen sowie 36 markierte Wanderwege mit Rastplätzen und

Der Kleine Arbersee mit seinen schwimmenden Inseln im Lamer Winkel zwischen Osser und Arber.

Anzeigen

Lamer Winkel

Ferien im LAMER WINKEL

Lamer Winkel
Dort, wo man die meisten »Tausender« unter den Waldbergen des Bayerischen Waldes findet, im Gebiet zwischen Gr. Arber und Osser, liegt der **Lamer Winkel**.
300 km markierte Wanderwege, Freibad, Tennisplätze, Tennishallen u.v.m.
Quartiere für jeden Geldbeutel!

Auskunft:
V.A. D-8496 Lam, Tel.: (09943) 1081
V.A. D-8491 Lohberg, Tel.: (09943) 3460
V.A. D-8491 Arrach, Tel.: (09943) 1035.

Zwiesel

ZWIESEL LUFTKURORT
Naturpark Bayerischer Wald

«Wanderzentrum»
Im Herzen des Bayerischen Waldes
- günstige Sommer- u. Winterpauschalen
- Glaszentrum des Bayerischen Waldes
- zahlreiche weitere Freizeitaktivitäten

Auskünfte:
Ortsprospekt erhalten Sie
Kurverwaltung Zwiesel
Stadtplatz
D-8372 Zwiesel
Tel.: 09922/1308 od. 9623

Problemlos telefonieren

Wenn Sie von anderen Ländern dort anrufen wollen, müssen Sie die 0 am Anfang der Vorwahl weglassen und folgende Nummer vorauswählen:

Aus Deutschland
nach Österreich 0043
in die Schweiz 0041
nach Italien 0039

Aus Österreich
nach Deutschland 060
in die Schweiz 050
nach Italien 040

D-7

Anzeigen

Mit der Bahn in den Bayerischen Wald.

Wenn Ihr Wanderurlaub von Anfang an streßfrei sein soll, reisen Sie am besten mit der Bahn an. Der Fern-Express „Bayerischer Wald" bringt Sie aus dem Ruhrgebiet nach Zwiesel. Dort haben Sie Anschluß nach Bodenmais. Schnell und bequem.

Deutsche Bundesbahn

Bischofsmais

Bischofsmais im Naturpark Bayer. Wald
Sommer und Winter

Staatlich anerkannter Erholungsort und Wintersportzentrum

- Natur- und Wandergebiet im Herzen des Bayerischen Waldes
- Heilklimatische Wirkung bei Herz- u. Kreislaufbeschwerden u. Erkrankungen d. Atmungsorgane
- föhn- und nebelfreie Mittelgebirgslage
- günstige Sommer- und Winterpauschalen.
  Fordern Sie noch heute unseren Urlaubskatalog an!

Verkehrsamt
D-8379 Bischofsmais,
Postfach 47 - Tel. 09920/13 80
und Anrufbeantworter

Grafenau

31

DER BAYERISCHE WALD
Ostbayern

Schutzhütten, die kreuz und quer durch diesen Nationalpark führen. Der höchste Berg des Bayerischen Waldes ist der Arber. Aber auch von vielen anderen Gipfeln hat der Wanderer einen weiten Blick über das Waldmeer und das Donaugebiet, an klaren Tagen ist das Silberband des großen Stroms deutlich erkennbar. Bei bestimmten Wetterlagen ist über dem Dunst der Ebenen sogar die Kette der Alpen zu erkennen.

Das Angenehme am Bayerischen Wald ist, daß auch die hohen Gipfel leicht zu besteigen sind. Nur selten gibt es Steilwände. So ist die Besteigung des hohen Arber eher ein ausgedehnter Spaziergang. Wer vom Lamer Winkel aus auf diesen Berg steigt, kann »an einem Tag über acht Tausender« wandern.

Immer wieder erreicht man im Bayerischen Wald echte Urwaldgebiete, wo nichts, aber auch gar nichts von Menschenhand verändert wird. Mächtige Tannen und Fichten, Buchen, Ahorne und Ulmen, Moose und Farne, Pilze und Beeren säumen die Wege bei Wanderungen. Eine Anzahl von Sesselliften erleichtern den Aufstieg aus den Orten im Tal zu den Höhenwanderwegen.

Über die eindrucksvollsten Routen verläuft der Europäische Fernwanderweg E 6, der teilweise identisch mit dem nördlichen Hauptwanderweg Bayerischer Wald ist. Die Strecke ist 180 km lang und kann von Wanderern mittlerer Kondition in sieben Tagen bewältigt werden.

Ausgangspunkt ist Furth im Wald. Von hier führt als Markierung ein grünes Dreieck über den Kleinen und Großen Arber, den Arbersee, den Großen Falkenstein, den Großen Rachel und den Rachelsee zum Dreisessel. Übernachtet wird in bewirtschafteten Berghütten. Doch ist auch der Abstieg zu Hotels in den Orten im Tal möglich.

Der südliche Hauptwanderweg ist 105 km lang und erfordert einen

Ort	Höhe	Einwohner	Gästebetten insgesamt	in Hotels	in Gasth./ Pensionen	in Chalets/ Ferienwhg.	in Privath./ Bauernhäus.	Camping/ Stellplätze	Ferienlager
Bischofsmais	700 m	2750	2500	182	379	486	208	–	1 JH/77
Bodenmais	700 m	3400	4925	1553	1386	853	1038	–	1 JH
Furth	410 m	9198	1293	270	344	291	266	2/je 30	1 JH
Lam	570 m	3000	2500	700	775	400	625	1/30	1 JH
Lohberg	550 m	1870	1515	89	825	185	306	–	–
Neukirchen b. Hl. Blut	490 m	3800	1071	–	429	369	223	1/29	50
Waldmünchen	512 m	7180	970	170	255	335	210	1/260	1 JH
Zwiesel	570–750 m	10200	3077	432	1039	746	790	2/850	1 JH

Bischofsmais
Verkehrsamt, 8379 Bischofsmais, (0 99 20) 13 80.
Schwimmen in 1 Freibad, 2 Hallenbädern. **Angeln** in Flüssen. 10 km Radwege, Fahrradverleih. **Reiten** im Gelände, 5 km Wege. **Tennis:** 4 Plätze, 1 Halle/1 Platz. **Gesundheit:** Trimmpfade. Kneippanlage, Fitness-Zentrum, Kur- u. Bäderbetrieb. **Unterhaltung:** Kinderfeste, Gästekindergarten, Gartenschach. **Hobbykurse und Aktivangebote:** Bastel-, Malkurse, tier- u. pflanzenkundliche Wanderungen. **Veranstaltungen:** 10. u. 24.8.: St. Hermann-Kirchweih. 15.8.: Geißkopfkirchweih. Mitte Aug.: Heimatfest. **Pauschalangebote:** ganzjährig: Gesundheits-, Fitness- u. Schönheitswoche. Sommer: Buswoche, Wanderwoche.

Bodenmais
Kur- und Verkehrsamt, Bergknappenstr. 10, 8373 Bodenmais, (0 99 24) 70 01, Tx 69 103.
Schwimmen in 2 Seen, 1 Stausee, 1 beh. Freibad, 1 Hallenbad. **Angeln** in Flüssen u. Seen. Ruder-, Tretboote. 35 km Radwege. **Reiten** im Gelände, 2 km Wege, Pferdeverleih, Schule, Halle. **Schießen:** Luftgewehr, Luftpistole. **Tennis:** 11 Plätze, 1 Halle, Schule. Sommerrodelbahn am Silberberg. **Gesundheit:** Trimmpfade, Kneippanlagen, Fitness-Zentrum, Kur- u. Bäderbetrieb. **Unterhaltung:** Gästekindergarten, Gartenschach, Dia-Vorträge, Filmvorführungen. **Hobbykurse und Aktivangebote:** Heilkräuterführungen, Bauernmalerei, Holzschnitzen. **Veranstaltungen:** Juni: St. Benno-Volksfest. Juli: Heimatfest. Aug.: Knappenfest. Okt.: Hoagart'n. **Pauschalangebote:** 10. 1.–31. 5., 1. 10.–20. 12.: 7-Tage-Pauschalen.

Auch die Landschaft hat viel zu bieten. Beispielsweise die Wanderung zum Kleinen Arber, wo die Gruppe links den Wanderpaß für den Erwerb der Bodenmaiser Wandernadel stempelt.

Zeitaufwand von etwa fünf Tagen. Er führt von Rattenberg über den Predigtstuhl, Rusel und Lalling bis Kalteneck. Auch hier wird in Berghütten und Berghäusern übernachtet. Über ein Dutzend solcher bewirtschafteten Häuser, teils privat, teils in Besitz des bayerischen Waldvereins, stehen zur Verfügung.

Eindrucksvolle Tagestouren sind von nahezu jedem Ort des Bayerischen Waldes möglich. Von Zwiesel aus beispielsweise über das Scheuereck, die Höllbachgspreng, den Großen und Kleinen Falkenstein zum Zwieseler Waldhaus und zurück nach Zwiesel. Oder in der Nähe von Heiligenblut, wo die Hohenbogen-Sesselbahn zum Ausgangspunkt von über 70 km markierten Wanderwegen hinaufführt. Neben dem soll nicht übersehen werden, daß die vielen Städtchen und Orte zusätzliche Sport- und Freizeitangebote geschaffen haben. Beispielsweise Reitställe, wo man Pferde für kurze oder auch tagelange Ritte mieten kann. Eine ganze Anzahl von Flüßchen, Teichen, Bächen und Baggerseen sind mit Fischen besetzt; mit den nötigen Papieren darf man dort angeln. Viele Hotels und Orte verfügen über Tennisplätze, Wildgehege und Modellflugplätze. Nicht nur im Nationalpark, sondern auch an vielen anderen Orten gibt es Wildgehege mit einheimischem Rot-, Dam- und Muffelwild. Wildwasserfahrten kann man auf der Ilz bei Tittling und auf einigen anderen Flüßchen machen. Zum Surfen und Segeln steht eine Anzahl von Seen zur Verfügung.

Die Bewohner des Bayerischen Waldes, Jahrhunderte weitab vom Schuß, haben altes Brauchtum bis heute lebendig erhalten. So gibt

Ferienaktivitäten in Bayerisch Eisenstein: Schwimmen im Wellenhallenbad (Foto oben), eine gemütliche Runde Minigolf, Tennisspielen oder Sportfischen.

D-7

Ort	Wandern			Beförderung			Abzeichen
	Wege mark.	Rund- wege	geführte Wanderungen	Bus	Bahn	Sessel- lifte	
Bischofsmais	85 km	3/22 km	3× wöch.	×		1	Wandernadeln
Bodenmais	136 km	9/50 km	5× wöch.	×	×	2	Bodenmaiser Wandernadel, Wandermedaille, Wanderkristall
Furth	238 km			×			Further Wanderabzeichen
Lam	150 km	5/80 km	2× wöch.	×	×	2	Lamer Wandernadel u. -schuh, Leistungsnadel »Osser-Riese«
Lohberg	250 km	5/60 km	nach Bedarf	×			Wandernadeln
Neukirchen b. Hl. Blut	120 km	11/84 km	nach Bedarf	×		1	
Waldmünchen	200 km	20/160 km	1× wöch.	×	×		Wandernadeln
Zwiesel	120 km	9/40 km	3× wöch.	×	×	1	Zwieseler Wandernadel

Außerdem: Anschluß an Fernwanderweg E 6 Ostsee–Adria. **Hochtouren:** 3; 7–10 Std. Dauer, 2 Führer (Zwiesel), 3 Führer (Lam). **Hüttentouren:** 3 bewirt. Hütten im Abstand von 1/2–4 Std. (Bischofsmais). 3 bewirt., 2 unbewirt. Hütten im Abstand von 7 Std. (Zwiesel). 6 bewirt. Hütten im Abstand von 1–3 Std. (Neukirchen). **Ferner interessant:** geologische und botanische Lehrpfade, Naturparks, Naturschutzgebiete, Wildgehege, Mineralien, Klammen, Wasserfälle, Freizeitpark, Märchengarten, nostalgische Bahnfahrten. Glashütten, stillgelegtes Erzbergwerk im Silberberg (Bodenmais). **Unterhaltung:** Heimat-, Hüttenabende, Bauerntheater.

Furth im Wald

Verkehrsamt, Schloßplatz 1, 8492 Furth i. Wald, (0 99 73) 38 13.
Schwimmen in 1 beh. Freibad, 1 Hallenbad. **Angeln** in Flüssen. Fahrradverleih. **Reiten** im Gelände, Schule, Halle. **Schießen:** Luftgewehr. **Tennis:** 8 Plätze, 1 Halle/2 Plätze, Schule. **Golf:** Platz mit 9 Loch.
Unterhaltung: Gartenschach, Freilichttheater, Kinderfeste.
Hobbykurse und Aktivangebote: Hinterglas-, Bauernmalerei, Holzschnitzen, Batikarbeiten, Gewürzsträuße.
Veranstaltungen: Ostermontag: Leonhardiritt (Pferdeprozession) mit Feldmesse. Mitte Mai: Frühlingsfest des FC. Juni: Waldfest. Gaisriegel-Bergfest. Mitte Juli: Fischerfest. Mitte Aug.: Drachenstich-Festwoche.
Pauschalangebote: ganzjährig: Tenniswochen.

Lamer Winkel

Verkehrsamt Arrach, 8491 Arrach, (0 99 43) 10 35
Verkehrsamt Lam, 8496 Lam; (0 99 43) 10 81, 34 66
Verkehrsamt Lohberg, Rathausweg 1, 8491 Lohberg, (0 99 43) 34 60.
Schwimmen in 4 Seen, 3 Freibäder, 2 Hallenbädern. **Angeln** in Flüssen. Fahrradverleih. **Schießen:** Luftgewehr. **Tennis:** 9 Plätze, 1 Halle/2 Plätze, Schule, Trimmpfade. **Reiten** im Gelände.
Gesundheit: Trimmpfade, Kur- u. Bäderbetrieb.
Unterhaltung: Kinderfeste, Diavorträge, Gartenschach, Konzerte.
Pauschalangebote: Apr.: Frühjahrspauschale. 1. Mai: Maibaumaufstellen. Mitte Juli: Pfarrfest im Biergarten. Ende Juli: Sommernachtsfest. Mitte Aug.: Holzhauerwettbewerb. Aug. bzw. Sept.: Seefest. Sept.: »An einem Tag über acht Tausender« – Wanderwochen.

Neukirchen b. Hl. Blut

Verkehrsamt, 8497 Neukirchen b. Hl. Blut, (0 99 47) 3 30 und 3 34.
Angeln in Flüssen. **Reiten,** Pferdeverleih, Schule. **Tennis:** 2 Plätze, Schule. **Schießen:** Luftgewehr. **Drachenfliegen** am Hohen Bogen. Sommerbobbahn. Trimmpfade. **Veranstaltungen:** Juni: Kinderfest. Aug.: Waldfest der Bergwacht. Aug.: IVV-Wandertag in Mais. Sept.: Hohen Bogen Kirchweih.
Pauschalangebote: Mai, Mitte Sept.–Mitte Okt.: Wanderwochen mit geführten Wanderungen.

Waldmünchen

Verkehrsamt, 8494 Waldmünchen, (0 99 72) 262.
Schwimmen in 1 Stausee, 1 Freibad, 1 Hallenbad. **Angeln** in Flüssen. Surfen, Segeln. **Ausrüstungsverleih:** Ruder-, Tretboote. Fahrradverleih, 30 km Radwege. **Reiten** im Gelände, Halle, Schule. **Tennis:** 5 Plätze, Kurse. **Schießen:** Luftgewehr, Kleinkaliber, Pistolen. Trimmpfad. **Hobbykurse und Aktivangebote:** Lauf-Treff, Schwimmkurse, Erwerb des Sportabzeichens, Topfgucker-Küche, Töpfern, Hinterglasmalerei, kreatives Gestalten.
Veranstaltungen: Juni–Aug.: Garten- u. Waldfeste. Juli: Heimatfest (10 Tage Volksfest mit Ausstellung, Umzügen). Juli/Aug.: Historisches Freilichtfestspiel.
Pauschalangebote: Sonderangebote der Gastronomie. Für wenig Geld – viel Waldmünchen (Angebot für Herbsturlauber). Sonderangebote für Gruppen.

Zwiesel

Kurverwaltung, Rathaus, 8372 Zwiesel, (0 99 22) 13 08 und 96 23, Tx 69 172.
Schwimmen in 1 See, 1 beh. Freibad, 1 Hallenbad, 1 Moorbad. **Wildwasser:** 12 km befahrbare Strecke. **Angeln** in Flüssen. Fahrradverleih. **Schießen:** Luftgewehr. **Tennis:** 1 Halle/2 Plätze, Schule. Kneippanlage. **Unterhaltung:** Konzerte, Glashüttenbesichtigung, -abende. **Hobbykurse und Aktivangebote:** Töpfern. **Veranstaltungen:** Anf. Juni: Frühlingsfest. Juli: Grenzlandfest. **Pauschalangebote:** Ende April: Zwiesel zum Kennenlernen. Mai, Mitte Sept.–Mitte Okt.: Wanderwochen.

es alljährlich den Kötztinger Pfingstritt, der auf das Jahr 1492 zurückgehen soll. Damals mußte der Pfarrer zu einem Bauern reiten, um ihm die Sterbesakramente zu spenden. Zum Schutz gegen räuberisches Gesindel begleiteten Kötztinger Burschen den Geistlichen. Alljährlich treten nun am Pfingstmontag über 500 Reiter zu einer festlichen Pferdeprozession an, um jenen Ritt zu wiederholen. Seit über 500 Jahren wird in der Grenzstadt Furth im Wald der »Drachenstich« aufgeführt, einer der größten historischen Festzüge Ostbayerns mit 1100 Kostümierten und 200 Pferden. Aus der Legende vom Kampf des Ritters mit dem Drachen hat sich ein farbenfrohes Volksschauspiel entwickelt. Die Drachenstich-Festwoche findet alljährlich Mitte August statt. Im Juni und Juli geht es auf der Burg Falkenstein her: In einem bunten Bilderreigen wird bei den Burgfestspielen die Geschichte der Festung erzählt.
In Waldmünchen erinnert sich die Bevölkerung im Juli und August an die Plünderungen eines Obristen während des österreichischen Erbfolgekriegs. Damals blieb das Städtchen verschont, weil die Waldmünchener 50 Dukaten zusammenkratzten.
Unter einer ganzen Reihe von Heimat- und Spezialmuseen sollte das Mineralienmuseum in Lam hervorgehoben werden, das 10 000 Einzelstücke von mehr als 1000 Mineralienarten enthält. Auf Burg Falkenstein befindet sich ein Jagdmuseum, bei Furth im Wald eine historische Hammerschmiede.
Zum Urlaub im Bayerischen Wald gehören auch die glanzvollen Städte an der Donau. Da ist beispielsweise die 2000jährige Stadt Passau mit ihren Türmen und Kirchen am Zusammenfluß von Donau, Inn und Ilz. Oder das ebenso prächtige Regensburg. Aber auch das mittelalterliche Cham bietet eine ganze Anzahl alter, sehenswerter Baudenkmäler.

Einsame Natur, dichte, menschenleere Wälder – das ist der Bayerische Wald. Links am Kleinen Osser (1271 m) bei Lam, rechts am Bergbach in der Nähe von Bodenmais.

DER SCHWARZWALD
Baden-Württemberg

Im Schwarzwald wurde zwar nicht das Wandern, aber doch das Wandern ohne Gepäck erfunden. Diese inzwischen internationale Idee wurde vor einem Dutzend Jahren am Feldberg zum erstenmal verwirklicht.

WÄLDER, WANDERWEGE UND WEINPROBEN

Neueste Ferienmöglichkeit dieser Art ist das Radwandern ohne Gepäck – und im Winter das Skiwandern von Hotel zu Hotel. Mit Wandern hat man im deutschen Renommier-Mittelgebirge fast immer zu tun.

Fürs Wandern sorgt schon der Schwarzwaldverein, der älteste Deutsche Wanderverein. Er hat inzwischen zusammen mit den Forstverwaltungen 23 000 Kilometer Wanderwege markiert und betreut sie. Dazu gehört auch der Schwarzwald-Westweg, einer der schönsten, aber auch bekanntesten Wanderwege. Er führt als Höhenweg über den Hauptkamm des Schwarzwaldes von Pforzheim im Norden bis nach Basel im Süden. Dabei berührt er die höchsten Erhebungen: im Nordschwarzwald die Hornisgrinde (1164 m), im Südschwarzwald den Feldberg (1493 m). Außerdem kommt man zu einer ganzen Reihe von Aussichtsbergen – etwa zum Belchen (1414 m). Besonders eindrucksvoll am Westweg (der auch »Höhenweg 1« heißt) sind die Panoramablicke, die man unterwegs immer wieder hat. Eine Wanderung über den Schwarzwald-Westweg ist kein Spaziergang, sondern ein größeres Unternehmen. Das war schon so, als der Weg im Jahr 1900 angelegt und beschildert

Vom engen Enztal in Wildbad (420 m) führt eine Seilbahn auf den 350 Meter höher gelegenen Sommerberg.

Ort	Höhe	Einwohner	Gästebetten insgesamt	in Hotels	in Gasth./ Pensionen	in Chalets/ Ferienwhg.	in Privath./ Bauernhäus.	Camping/ Stellplätze	Ferienlager
Baiersbronn	560–1150 m	14000	13000	3200	3200	2600	4000	1/100	–
Freudenstadt	700–1000 m	20000	6700	1800	2000	200	2200	1/12000 qm	1 JH
Wildbad	426 m	11000	5656	1528	1380	–	1823	3/600	

Baiersbronn
Kurverwaltung, Postfach 1249, 7292 Baiersbronn, (0 74 42) 25 70.
Schwimmen in 5 beh. Freibädern, 14 Hallenbädern.
Angeln in Flüssen. 30 km Radwege, Fahrradverleih.
Reiten: Schule, Halle. **Tennis:** 5 Plätze, 1 Halle/ 2 Plätze, Schule.
Gesundheit: Trimmpfade, Kneippanlagen, Kur- u. Bäderbetrieb.
Veranstaltungen: Mitte Mai: Eröffnung der Sommersaison. Anf. Juli: Int. Musiktage. Mitte Juli: Flecke-Fescht.
Pauschalangebote: Jan.–Okt.: Kurzreise (3 oder 6 ÜF). März: Puppenwoche. Ende Aug./Sept./Okt.: Wanderwochen.

Freudenstadt
Städtische Kurverwaltung, Promenadenplatz 1, Postfach 440, 7290 Freudenstadt, (0 74 41) 86 40.
Schwimmen in 2 beh. Freibädern, 3 Hallenbädern, Fichtennadel-Bewegungsbad. **Angeln** in Flüssen u. künstl. Anlagen. Segelfliegen (Schule). Rundflüge mit Segelflugzeug. 80 km Radwege, Fahrradverleih.
Reiten im Gelände, Pferdeverleih, Schule, Halle.
Schießen: Luftgewehr. **Tennis:** 24 Plätze, 2 Hallen/ 4 Plätze, Schule. **Golf:** Platz mit 9 Loch.
Unterhaltung: Theater-Gastspiele, heimatgeschichtliche Vorträge, Filmvorführungen.
Gesundheit: Trimmpfade, Kneippanlagen, Fitness-Zentrum, Kur- u. Bäderbetrieb. **Heilklimatischer Kurort.**
Hobbykurse und Aktivangebote: Einführung in die Wetterkunde, Bauernmalerei, Kränze aus Trockenblumen, Gewürzsträußchen, Strumpfblumen, Blumenstecken, Hobby-Schleifkurse, Schach für Anfänger.
Veranstaltungen: Mai/Juni: Tanzturnier. Mitte Juni: Sonnwendfeuer. Juli: Sommernachtsfest.
Pauschalangebote: FDS-Kostprobe. Schwarzwaldwoche. Seniorenwoche. Schönheitswoche. Anti-Streß-Woche. Reitwoche. Wanderwoche. Tenniswoche. Fahrradwoche. Golfwoche.

Wildbad im Schwarzwald
Verkehrsbüro, Postfach 104, 7547 Wildbad, (0 70 81) 1 02 80, Tx 7 245 122 und Kurverwaltung, Postfach 240, Tel. 1 42 50.
Schwimmen in 1 Thermalhallen- und -freibad.
Wildwasser: 5 km befahrbare Strecke.

Anzeigen

Münstertal

Münstertal

Der **staatlich anerkannte Luftkurort** im Südschwarzwald, zwischen Belchen und Schauinsland gelegen, bietet dem Gast Ruhe und Erholung zu jeder Jahreszeit.
Rund 200 km Wanderwege mit Höhenunterschieden bis zu 1.000 m erstrecken sich in und um das **Münstertal**.
Sehenswert ist die Barockkirche St. Trudpert sowie das ehemalige Silberbergwerk "Teufelsgrund" mit der Asthmatherapiestation. Neben dem Bienenkunde- und Waldmuseum lädt auch die Schnitzerstube sowie eine Töpferwerkstatt zu einem Besuch ein. Einem der letzten Köhler des Schwarzwaldes kann in bestimmten Wochen des Jahres bei seiner Arbeit zugeschaut werden.
Hervorragende Gastronomie und reichhaltiges Veranstaltungsprogramm.
Im Winter stehen Ihnen ca. 80 km gespurte Langlaufloipen sowie 8 Skilifte mit verschiedenen Schwierigkeitsgraden zur Verfügung.

Auskunft: Kurverwaltung Münstertal
7816 Münstertal
Tel.: (0 76 36) 7 07 30 + 7 07 40.

Der Heilklimatische Kurort Freudenstadt (links) hat einen fast quadratischen Marktplatz, der von arkadengeschmückten Häusern gesäumt ist. Im Zentrum: das Stadthaus.

Ort	Wandern				Beförderung		
	Wege insg.	Wege mark.	Rundwege	geführte Wanderungen	Bus	Bahn	Sessellifte
Baiersbronn	1000 km	890 km	96/480 km	4× wöch.	×	×	1
Freudenstadt	500 km	500 km	100 km	2× wöch.	×		
Wildbad	405 km	405 km	50/240 km	2–3× wöch.	×	×	

Außerdem: Anschluß an Fernwanderwege Ost u. West. 1 Bergbahn (Wildbad). **Abzeichen:** Wanderpaß, -medaille (Freudenstadt). Wandernadeln (Wildbad). **Ferner interessant:** botanische Lehrpfade, Naturschutzgebiete, Wildgehege. Wasserfälle (Baiersbronn). Vogel- und Gewässerschutzlehrpfad (Wildbad).

Angeln in Flüssen u. künstl. Anlagen. Fahrradverleih. **Reiten** im Gelände, unbegrenzte Wege, Pferdeverleih, Schule, Halle. **Schießen:** Bogen- und Sportschießen. **Tennis:** 10 Plätze, 1 Halle/3 Plätze, Schule. **Unterhaltung:** Kinderbetreuung. **Gesundheit:** Trimmpfade, Kneippanlagen, Kur u. Bäderbetrieb, Kurmittelzentrum. **Indikationen:** rheumatische Erkrankungen, Gelenkveränderungen, Bewegungsstörungen, Unfallverletzungen, Lähmungen, Nachbehandlung nach Operationen. **Hobbykurse und Aktivangebote:** Kreatives Gestalten. **Veranstaltungen:** Juli: Enzanlagenbeleuchtung. Anf. Sept.: Kinder- u. Heimatfest. Aug./Sept.: Calmbacher Fleckenfest. Int. Militärkonzert. **Pauschalangebote:** Frohe Ostertage in Calmbach. Calmbacher Seniorenwochen. Ganzjährig: Versucherle. Gesundheitsberatung »Achte auf Deinen Rücken«. Gesundheitsferien. Mime-Pantomime-Wochen. Sommerberg-Fitnesswochen.

Heilbäder und Kurorte

Thermalbad und Heilklimatischer Kurort, 7506 **Bad Herrenalb,** (0 70 83) 79 33. **Indikationen:** Atemwegserkrankungen, allgemeine Schwächezustände, Rekonvaleszenz, Herz- und Gefäßkrankheiten, rheumatische Erkrankungen, Magen- und Gallenwegserkrankungen.
Thermalbad, Postfach 1260, 7263 **Bad Liebenzell,** (0 70 52) 40 87 50. **Indikationen:** rheumatische Erkrankungen, Gefäßleiden, Frauenleiden, Stoffwechselerkrankungen.
Mineral- und Moorbad, 7605 **Bad Peterstal-Griesbach,** (0 78 06) 10 76 + 81 19. **Indikationen:** Herz- und Gefäßerkrankungen, Erkrankungen des Nervensystems, Frauenleiden, rheumatische Erkrankungen.
Mineralbad, 7624 **Bad Rippoldsau-Schapbach,** (0 74 40) 8 01. **Indikationen:** Herz- und Gefäßerkrankungen, Erkrankungen der Atmungsorgane, rheumatische Erkrankungen, Stoffwechselleiden.
Mineralheilbad, Postfach 26, 7264 **Bad Teinach-Zavelstein,** (0 70 53) 84 44. **Indikationen:** Herz- und Gefäßkrankheiten, funktionelle Kreislaufstörungen, Erkrankung der ableitenden Harnwege.

Heilklimatische Kurorte

Indikationen: Atemwegserkrankungen, allgemeine Schwächezustände, Rekonvaleszenz, Herz- und Gefäßkrankheiten.
7580 **Bühlerhöhe,** (0 72 26) 2 11.
7290 **Freudenstadt,** (0 74 41) 60 74.
7542 **Schömberg,** (0 70 84) 71 11.

wurde, und das hat sich bis heute nicht geändert. Zwar ist der Weg seit damals auf vielen Teilstrecken besser geworden, doch nicht kürzer: insgesamt mißt er 275 Kilometer. Geübte Wanderer schaffen ihn in elf Tagen – bei Tagesleistungen von 21 bis 32 Kilometern. Dafür braucht man jeweils sechs bis neun Stunden.
Am Weg liegen nur wenige Orte. Wer unterwegs ist, übernachtet in Wanderheimen oder Berghäusern, von denen manche allerdings inzwischen zu komfortablen Berghotels geworden sind. »Wandern ohne Gepäck« ist auf dem Schwarzwald-Westweg nicht möglich. Zwischen den Unterkünften gibt es meist nur den Weg, keine direkten Straßen. Fast alle Abschnitte des Weges sind für jeden Straßenverkehr gesperrt. Der Wirt müßte riesige Umwege fahren, um das Gepäck zum nächsten Übernachtungsziel zu transportieren.
Hier müssen Sie also nach alter Sitte Ihr Gepäck im Rucksack mittragen. Oder Sie organisieren mit Freunden einen Fahrdienst: Immer ein Mitglied der Wandergruppe fährt mit dem Wagen und dem Gepäck zum nächsten Ziel.
Neben diesem sportlichen Weg besteht aber auch die Möglichkeit, in Tagestouren oder beim Wandern ohne Gepäck alles viel gemütlicher anzugehen. Solche Arrangements gibt es sowohl im nördlichen als auch im südlichen Schwarzwald: der Wirt bringt Ihr großes Gepäck mit dem Wagen zum nächsten Etappenziel. Wer lieber jede Nacht im gleichen Bett schläft, trotzdem aber viel wandern möchte, sollte sich einer der Wanderwochen anschließen. Sie

Oben: vom Hasenhorn über die Todtnauer Ferienregion.

DER SCHWARZWALD
Baden-Württemberg

Wohl ist der Schwarzwald von Wegen durchzogen und für den Wanderer erschlossen, doch gibt es immer wieder fast urwaldartige, wilde Schluchten. Das Bild entstand in der Nähe von Hinterzarten.

boote kann man auf zahlreichen Schwarzwaldgewässern mieten. Auch Anglerferien an Seen und Flüssen werden angeboten. Skilauf ist für den Winter da; im Sommer wird Grasski gelaufen. Etwa in Dobel im Nordschwarzwald oder in Herrischried am südlichen Schwarzwaldhang. Hier findet man einen weiteren Sommersport: Abfahrten mit Slopern. Das sind niedrige Wagen. Man läßt sich in ihnen mit dem Lift den Hang hochziehen und donnert dann in Schußfahrt oder im Slalom wieder zu Tal. Die Slopers sind lenkbar und können nicht umstürzen.
Die Zahl der Hotels mit Tennisplätzen ist kaum mehr zu zählen. Dazu gibt es spezielle Tennispauschalen. Reiterhöfe mit angeschlossenem Reitstall und Koppel stehen in allen Teilen des Schwarzwaldes zur Auswahl, meist mit Reitstunden und Reitkursen. Wer sich mehr mit der Erde und dem Erdinnern beschäftigen will, sollte in Donaueschingen einen der siebentägigen Geologie-Hobbykurse buchen. Oder in die alten Silberbergwerke von Münstertal und Neubulach einfahren.
Enzklösterle hat sich einen besonderen Namen gemacht: hier treffen sich Gäste zu Tanzkursen oder Ferientanzwochen, zu Erlebnis-

enthalten neben der Unterkunft in der gewählten Kategorie immer auch eine Reihe von geführten Wanderungen, ohne daß der Gast in strenge Programme eingebunden ist.
Mit rund 400 Hotels, die eigene Hallenbäder haben, und zahlreichen öffentlichen Frei-, Hallen- und Thermalbädern gehört der Schwarzwald zu den deutschen Ferienlandschaften, die auch auf diesem Gebiet am meisten entwickelt sind. Besonders erwähnenswert ist das Höhenwellenbad in Schömberg, wo man sich in der kräftigen Brandung künstlicher Wellen austoben kann.
Wassersport mit Boot und Surfbrett – dazu gibt es die Seen, an erster Stelle den größten, den Schluchsee. Hier liegen Segelboote und Surfausrüstungen zum Vermieten bereit. Auch der Segelschein A kann hier erworben werden. Wochenend-Surfkurse bietet man in Seewald-Besenfeld an der Nagold-Talsperre an, und Ruder-

Ort	Höhe	Einwohner	Gästebetten insgesamt	in Hotels	in Gasth./ Pensionen	in Chalets/ Ferienwhg.	in Privath./ Bauernhäus.	Camping/ Stellplätze	Ferienlager
Feldberg	900–1500 m	2000	4300	1394	–	937	248	–	2 JH
Hinterzarten	900 m	2200	3000	770	210	911	386	3	1 JH
Todtmoos	800–1263 m	2500	3500	740	665	1561	534	–	1 JH
Todtnau	600–1490 m	5200	3750	450	950	850	1500	2/150	1 JH
Schluchsee	950 m	2500	4000	1000	–	–	1800	1/300	1 JH

Feldberg
Kurverwaltung, Kirchgasse 1, 7828 Feldberg, (0 76 55) 80 19.
Schwimmen in 1 See, 1 Freibad, 1 Hallenbad. **Angeln** in Seen. **Ausrüstungsverleih:** Surfen, Rudern. Surf-Schule. Fahrradverleih. **Reiten** im Gelände. **Tennis:** 5 Plätze.
Unterhaltung: Vorträge.
Hobbykurse und Aktivangebote: Glas-, Hinterglas-, Bauernmalerei, Glasblasen, Schwarzwälder Kirschtortenkurs.
Veranstaltungen: siehe 14tägig erscheinende Kurzeitung. **Pauschalangebote:** Frühjahr und Herbst: Angeln pauschal. Fit in den Sommer. Glasbläser am Feldberg. Gipfelpauschale.

Hinterzarten
Kur- und Verkehrsamt, 7824 Hinterzarten, (0 76 52) 15 01, Tx 7 721 942.
Schwimmen in 9 Hotelhallenbädern. **Angeln** und **Segeln** im Titisee. Fahrradverleih. **Reiten** im Gelände, Pferdeverleih. **Tennis:** 11 Plätze, 1 Halle/2 Plätze, Schule. **Unterhaltung:** Kurkonzerte, Theatergastspiele, Kinderprogramme.
Hobbykurse und Aktivangebote: Ikonen-, Öl-, Hinterglasmalerei, Gästegymnastik, Waldläufe.
Veranstaltungen: Juli: Bergfest. Aug.: Sommerfest. Ende Aug.: Int. Sommer-Skispringen (Mattenschanze). Ende Sept.: Int. Wandertag.
Pauschalangebote: Kunstschule-Pauschalen.

Todtmoos
Kurverwaltung, Postfach 30, 7865 Todtmoos, (0 76 74) 5 34 und 5 36, Ttx 7 67 410.
Schwimmen in 1 Freibad. **Wildwasser:** 5 km befahrbare Strecke. Fahrradverleih. **Reiten** im Gelände. **Tennis:** 4 Plätze, 1 Halle/1 Platz, Schule.
Hobbykurse und Aktivangebote: Konditionstraining, Lauftreff, Kurgymnastik, Mit dem Förster durch den Wald.
Veranstaltungen: Sommerfeste. Juli: Straßenfest, Gästetennisturnier. **Pauschalangebote:** Ende Sept., Anf. Okt.: Wanderwochen.

Todtnau
Kurdirektion, Todtnauer Ferienland, 7868 Todtnau, (0 76 71) 6 49 und 3 75 mit den Ortsteilen Todtnauberg, Aftersteg, Muggenbrunn, Präg-Herrenschwand, Brandenberg-Fahl, Geschwend, Schlechtau.
Schwimmen in 2 beh. Freibädern, 6 Hallenbädern. **Angeln** in Flüssen. Drachenfliegen. **Tennis:** 5 Plätze, Schule.
Hobbykurse und Aktivangebote: Morgengymnastik. Mit dem Förster in den Wald. Speckseminare.
Veranstaltungen: Städtlifest, Waldfest, Dorfhocks, Volkswanderung. **Pauschalangebote:** Mai/Juni: Radtouristik-Wochen. Ende Juni/Anf. Juli: Fitness-Wochen, Sommerwanderwoche. Sept.: Sternwanderung im Süd-Schwarzwald. Sept./Okt.: Per Pedes durch den Hohen Schwarzwald.

Anzeigen

Feldberg

Wintersportort und Ferienparadies Feldberg im Hochschwarzwald
1290—1495 m

KUR UND SPORTHOTEL
- seit 1865 -
FELDBERGER HOF

75 Komforthotelzimmer ● 73 Ferienwohnungen ● Wanderparadies ● Hallenbad ● Sauna ● Bäderabteilung ● Tagungsräume ● Tiefgarage ● Ladenpassage ● Kinderbetreuung ● Restaurants ● Kaminbar ● Tanzbar ● Kegelbahn

7828 Feldberg 3, Tel.: (0 76 76) 3 11; Tx.: 7721124 — Die Urlaubs-Idee

Titisee-Neustadt

Ältestes Gasthaus in Titisee-Neustadt
1983–1985 vollkommen renoviert

Schwarzwaldgasthof Traube

Familie Eugen Winterhalder
Sommerbergweg 1
7820 Titisee-Neustadt 13 (Waldau)

Inmitten des Hochschwarzwaldes (1000 m ü.d.M.) liegt das Kleinod Waldau mit dem Gasthof-Hotel Traube. Zimmer mit Du/WC; Sauna, Sol., Fitnessr. Café, Restaurant, Terrasse ganztags geöffnet. Am Westweg Pforzheim-Basel gelegen.

Telefon: 07669/755 und 229

D-8

Ort	Wandern				Beförderung			Sessel-lifte	Hütten			Abzeichen
	Wege mark.	Rund- wege	geführte Wanderungen	Alpin- schule	Bus	Bahn	Schiff		bewirt.	unbew.	Abstand	
Feldberg	60–70 km	mehrere	2–3× wöch.		×	×		1	mehrere			Wanderpaß, -nadel
Hinterzarten	100 km	5/60 km	täglich	×	×	×						
Todtmoos	100 km		3× wöch.		×							
Todtnau	250 km	15/80 km	3× wöch.	×	×	×		1	8	2 5	1–2 Std.	Wanderabzeichen Wanderpaß, -nadel
Schluchsee	160 km	mehrere	3× wöch.	×	×	×	×					Wanderpaß, -nadel

Außerdem: Anschluß an Fernwanderwege West, Freiburg–Bodensee und Europäischen Fernwanderweg. **Ferner interessant:** geologischer Lehrpfad, Naturlehrpfad, Naturschutzgebiet, Wildgehege, Wasserfälle, Höhlen, nostalgische Bahnfahrten. **Unterhaltung:** Heimatabende, Bauerntheater, Kinderfeste, Gästekindergarten, Gartenschach, Dia- u. Filmvorträge, Konzerte. **Gesundheit:** Trimmpfade, Kneippanlagen, Fitness-Zentren, Kur- u. Bäderbetrieb. **Auskunft über die Gesamtregion:** Fremdenverkehrsverband Schwarzwald e. V., Postfach 16 60, Bertholdstr. 45, 7800 Freiburg, (07 61) 3 13 17-18.

Charakteristisch für den Südschwarzwald sind die geschwungenen, bewaldeten Höhenzüge. Die Orte liegen in den Tälern, beispielsweise Hinterzarten (oben) oder Todtmoos (oben links).

Schluchsee
Kurverwaltung, 7826 Schluchsee, (0 76 56) 7 70.
Schwimmen in 1 Stausee (Ausflugsfahrten mit dem Schiff), 1 beh. Freibad, 2 Hallenbädern. **Ausrüstungsverleih:** Surfen, Segeln, Rudern, Tretboote. **Unterricht:** Surfen, Segeln. Fahrradverleih. **Reiten** im Gelände, Schule. **Schießen:** Luftgewehr. **Tennis:** 6 Plätze, 1 Halle/2 Plätze, Schule.
Hobbykurse und Aktivangebote: Kurgymnastik, Tennis im Urlaub, Tennis total, Tennis für Kinder. Kunstschule.
Veranstaltungen: Seenachtsfest, Stargastspiele.
Pauschalangebote: ganzjährig: Pauschalkur, Biologische-Licht-Klima-Woche, Naturgemäße Grundlagenkur, Fuß-Woche, Schönheitspauschalen, Pauschalangebote Kunstschule. Anf. Mai–Mitte Juni, Sept.: Segelpauschale.

Bernau
Text folgt ■■■

Heilklimatische Kurorte
Indikationen: Atemwegserkrankungen, allgemeine Schwächezustände, Rekonvaleszenz, Herz- und Gefäßkrankheiten.
7824 **Hinterzarten,** (0 76 52) 15 01.
7821 **Höchenschwand,** (0 76 72) 25 47.
7744 **Königsfeld,** (0 77 25) 4 66.
7825 **Lenzkirch,** (0 76 53) 68 40.
7826 **Schluchsee,** (0 76 56) 7 70.
7741 **Schönwald,** (0 77 22) 40 46-47, Tx 792 415.
7822 **St. Blasien,** (0 76 72) 4 14 30.
7865 **Todtmoos,** (0 76 74) 5 34 und 5 36, Tx 767 410.
7740 **Triberg,** (0 77 22) 8 12 30.

wochen und Romantikferien. Baden-Baden hat ein siebentägiges Hobby- und Sportprogramm zusammengestellt, das vom Bogenschießen bis zum Segelfliegen, vom Tennis- oder Reitkurs bis zur Anglerwoche viele Kombinationen bietet – von der Aktivkur im Heilbad ganz zu schweigen. In Bad Dürrheim werden intensive Fitness-Kurse angeboten, in Bad Herrenalb gibt es Tennisturniere und in Bad Liebenzell wird Bewegung in Gelöstheit geübt. Es gibt die Ferienmalschule in Hinterzarten, Kunstgewerbekurse in Baden-Baden, Bauernmalerei in Lenzkirch, Hobbykurse im Spinnen in Zeller-Bergland, Hinterglasmalerei in Zell/Wiesental. Zahlreiche Orte am Schwarzwaldrand, am Kaiserstuhl, in der Ortenau und im Markgräflerland stellen den Wein in den Mittelpunkt des Aktivurlaubs: Bei Weinwanderungen und Weinseminaren, Kellereibesuchen und Weinproben bleibt keine Kehle trocken.

Im Nordschwarzwald erstrecken sich berühmte Hochmoorgebiete – zum Beispiel beim Mummelsee oder beim Wildsee (rechts).

Der Schluchsee, der größte Schwarzwaldsee, ist ein beliebtes Segelrevier.

DIE SCHWÄBISCHE ALB
Baden-Württemberg

Not und Elend herrschte noch vor hundert Jahren in den ärmlichen Dörfern auf der kargen Hochfläche der Schwäbischen Alb.

PFERDE, KANUS, SEGELFLIEGER

Heute hat sich das 200 Kilometer lange Mittelgebirge in Deutschlands Südwesten zu einem Feriengebiet entwickelt, das mehr Freizeitmöglichkeiten bietet, als man in einem Urlaub nutzen kann.

Abgesehen von einer Uralt-Autobahn quer über das Gebirge, deren Steilstrecke am Aichelberg wegen ständigen Staus gefürchtet ist, und einer noch lange nicht fertigen neuen Strecke im Nordosten meidet der Fernverkehr die Alb. Auch Hoteltürme sucht man in den Dörfern und Städtchen auf den Hochflächen und in den tiefeingeschnittenen Tälern umsonst. Dagegen ragen andere Türme in den Himmel: die Kalkfelsen an den Steilhängen, die der Schwäbischen Alb ihr charakteristisches Aussehen verleihen.
Tief im Inneren des Karstgebirges verstecken sich riesige Höhlen und Tropfsteindome. Von den über 200 bekannten Höhlen ist ein gutes Dutzend für die Öffentlichkeit zugänglich. Beispielsweise die Nebelhöhle, die Bärenhöhle (die ihren Namen von Dutzenden völlig erhaltener Bärenskelette hat) oder die Falkensteiner Höhle, die bis heute noch nicht völlig erforscht ist.
Während die Schwäbische Alb vom Westen her schroff aufsteigt und markante, tief eingeschnittene Täler gebildet hat, fällt sie nach Osten, zur Donau hin, flach ab. So bildet die Albhochfläche ein nur sanft gewelltes Hügelland mit flachen Tälern und weiten Wacholderheiden. Hier blüht auch die Silberdistel. Sie wurde zum Symbol der Schwäbischen Albstraße, die den Ferienreisenden zu hübschen Städtchen und Höhepunkten der Landschaft führt. Fast ständig wehen frische Winde über die freien Hochflächen, die wegen der Hangaufwinde bei den Segelfliegern so beliebt sind. Es gibt mehrere Dutzend Segelflugplätze; an einigen Stellen kann man auch Drachenfliegen.
Wer seinen Urlaub weder über noch unter der Erde verbringen will, hat drei Freizeitarten zur Wahl: Wandern, Radfahren und Reiten. 20 000 Kilometer bezeichnete Wanderwege führen kreuz und quer durch das Mittelgebirge. Besonders eindrucksvoll sind die Wegstrecken am Albrand unmittelbar an der Kante des Steilabfalls, wo man fast senk-

Prächtige Stuten und Hengste weiden auf den Koppeln von Marbach und St. Johann.

Anzeigen

Schwäbisch Gmünd

Städtisches Verkehrsamt im PREDIGER
7070 Schwäbisch Gmünd, Tel. 0 71 71/60 34 15
Baudenkmäler aus allen Stilepochen machen die Stadt zu einem Kleinod des Schwabenlandes. Eine reizvolle, unverbrauchte Landschaft — im Norden der Schwäbische Wald, im Süden die Schwäbische Alb mit den Dreikaiserbergen — lädt zum Wandern ein.
Wollen Sie Schwäbisch Gmünd kennenlernen, dann freuen wir uns Sie kennenzulernen — schreiben Sie uns oder rufen Sie einfach an.

St. Johann

Wo die Schwäb. Alb am schönsten ist...
St. Johann mit seinen Ortsteilen u. d. Gestüts- u. Fohlenhof. 690–820 m, zw. Neckar u. Donau: Pferde ★ Schwäb. Gastlichkeit ★ Erholungseinr. ★ Herrl. Wandergebiet.
Reichh. Sommerprogramm: Pferdevorführungen ★ Gef. Wanderungen ★ Dorffeste ★ Hobbykurse in Malen, Zeichnen, Töpfern usw. Gute Verkehrsverb. nach Reutlingen u. Bad Urach (Thermalbad). Gepfl. Gasthöfe, frdl. Privatzimmer u. gemütl. Ferienwohnungen.
Ausk. u. Prosp.: Bürgermeisteramt D-7411 St. Johann, Tel. (0 71 22) 90 71, 90 72, 90 73.

Der »runde Turm« in Sigmaringen

D-9

Kalkfelsen über tief eingeschnittenen Tälern, Schafweiden, Burgen und Schlösser auf markanten Felstürmen – darunter auch das Schloß Lichtenstein, das durch Wilhelm Hauffs gleichnamigen Roman bekannt wurde (links) – sind charakteristisch für die Schwäbische Alb. In den Felsen können Sie riesige Tropfsteinhöhlen besichtigen. (Oben die Bärenhöhle.)
Bei Urach stürzt der Bach über eine Kalkbarriere: der Uracher Wasserfall (rechts).

recht auf die Städtchen und Dörfer in den Tälern blicken kann. Zwei anspruchsvolle Wanderstrecken führen in jeweils 13 Tagesetappen durch das Gebirge. Der Nordweg beginnt bei Ellwangen und führt in südwestlicher Richtung bis nach Tuttlingen, wo sich die Donau in steilen, gewundenen Schluchten ihren Weg vom Schwarzwald nach Osten gebahnt hat. Er ist eher für geübte Wanderer geeignet, während der Südweg von Tuttlingen nach Aalen auch von Anfängern gut bewältigt wird.

Auf wenig befahrenen Sträßchen und befestigten landwirtschaftlichen Wegen erstreckt sich ein weites Wegenetz über das Gebirge. Hier finden Radfahrer abwechslungsreiche Routen. So führt ein 40 Kilometer langer, gut ausgeschilderter Radweg durch stille Wälder und vorbei an einsamen Bauernhöfen von Münsingen ins Lautertal. In diesem romantischen Tal, dessen Anhöhen von Ruinen gekrönt sind, hat sich eine besondere Sportart entwickelt: das Kanufahren. Mit Einer- oder Zweierkajaks befährt man den kleinen Fluß Lauter auf einer 15 Kilometer langen Strecke. Kanus kann man leihen.

Schließlich das Reiten. Immer mehr Reiterhöfe sind in den letz-

Ort	Höhe	Einwohner	Gästebetten insgesamt	in Hotels	in Gasth./ Pensionen	in Chalets/ Ferienwhg.	in Privath./ Bauernhäus.	Camping/ Stellplätze	Ferienlager
Riedlingen	539 m	8400	175	108	67	–	–	–	–
Sigmaringen	570–794 m	15000	493	132	197	26	12	1/50	1 JH

Wandern: Riedlingen: 62 km Wege (55 km markiert). 4 Rundwanderwege, 35 km. Sigmaringen: 100 km markierte Wege. 15 Rundwanderwege, 160 km. **Geführte Wanderungen:** 50 pro Jahr. **Beförderung:** Bus, Bahn. **Ferner interessant:** Schloß (Sigmaringen).

Riedlingen
Bürgermeisteramt, 7940 Riedlingen, (0 73 71) 18 30.
Schwimmen in 1 Hallenbad. **Angeln** in Flüssen. Segel- und Motorfliegen, Rundflüge. **Reiten:** 1 Halle.
Schießen: Luftgewehr. **Tennis:** 4 Plätze, 1 Halle/ 2 Plätze, Schule. Kneippanlagen.
Veranstaltungen: Ende Mai: Flohmarkt und Frühlingsfest. Ende Aug.: Fohlenmarkt.

Sigmaringen
Verkehrsamt, 7480 Sigmaringen, (0 75 71) 1 06-2 23 und 2 24.
Schwimmen in 1 beh. Freibad. **Angeln** in der Donau. Kanufahren. Radwege, Fahrradverleih. **Reiten** im Gelände, Reitwege, Pferdeverleih, Halle, Schule. **Tennis:** 6 Plätze, 1 Halle/2 Plätze, Schule. Trimmpfad.
Veranstaltungen: Mitte Aug.: Stadtfest.
Pauschalangebote: Juni u. Okt.: Wanderwochen.

Anzeigen

Sigmaringen

Sigmaringen
Verkehrsamt
Postfach 249
7480 Sigmaringen
Telefon (0 75 71) 10 62 23

SIGMARINGEN Pforte zum romantischen Oberen Donautal, ganzjährig anziehend und malerischer Naturpark.
Hohenzollernschloß mit berühmten Kunst- und Waffensammlungen.
Paddelbootvermietung in Beuron für eine 1–2tägige Flußfahrt auf der jungen Donau.
Idyllische Wanderwege zu Burgen, Schlössern und Felsen.
Campingplatz, Freibad, gute Gasthöfe.

DIE SCHWÄBISCHE ALB
Baden-Württemberg

ten Jahren entstanden. Sie bieten sowohl Ausritte als auch Kurse für Anfänger – übrigens auch viele Kinderkurse. Interessant nicht nur für Reiter, sondern für jeden Tierfreund ist das weltbekannte Haupt- und Landgestüt Marbach, die Kinderstube ganzer Generationen edler Pferde. Bei Wanderungen über die weit ausgedehnten Koppeln des Gestüts Marbach und den Zweigstellen St. Johann und Offenhausen sieht man Hengste, Stuten und im Frühling auch die Fohlen im freien Gelände dutzendweise.

Wer Pferde nicht nur sehen, sondern mit ihnen über Land ziehen will, kann sich bei den Alb-Kutschfahrten in Gomadingen Planwagen und Pferde leihen und tagelang mit pflegeleichten Haflingern durch ruhige Landschaften und stille Wälder fahren. Neben viel freier, weiter Natur gibt es auch viele Zeugen kultureller Vergangenheit. Da ist einmal die Stammburg der letzten deutschen Kaiser, der Hohenzol-

Beliebt sind Kanufahrten auf der Lauter (rechts). Unten: Gundelfingen im Großen Lautertal.

Anzeigen

Heidenheim

Stadt Heidenheim

Die **Stadt der Opernfestspiele** auf Schloß Hellenstein und des Schäferlaufs im Rahmen der Ostalbwoche.

Heidenheim an der Schäbischen Albstraße und der BAB 7

Ideal für Naherholung durch familienfreundliche Freizeiteinrichtungen wie den Freizeitpark Schloß Hellenstein mit Wildgehegen und Streichelzoo.

Für den Winter: zwei Skilifte m. Flutlicht u. ein gepflegtes Skiloipennetz m. rd. 200 km Länge. Ausgangspunkt f. d. Wanderungen i. d. Schwäb. Alb. Das Hallenfreizeitbad Aquarena m. drei Innen- u. einem beh. Außenbecken. Aufführungen des Naturtheaters i. Sommer. Burg u. Schloß Hellenstein mit Museum, Museum im Römerbad, Wagenmuseum.

Information und Prospekt: Städtisches Verkehrsamt D-7920 Heidenheim Telefon: (0 73 21) 327-340

D-9

lern bei Balingen. Auch das berühmteste Kaisergeschlecht des Mittelalters stammt aus diesem Gebirge: die Staufer.
Markant erheben sich die drei Kaiserberge Hohenstaufen, Stuifen und Rechberg bei Göppingen; eine »Straße der Staufer« führt zu der Ruine auf dem kegelförmigen Hohenstaufen und zu noch besser erhaltenen Zeugnissen dieser Zeit, etwa zur Grablege der Staufer im Kloster Lorch.
Die größte deutsche Burgruine, der Hohenneuffen auf einer Bergnase hoch über der Neckarebene, beeindruckt mit seinen mächtigen Mauern und Bollwerken noch heute – auch mit seinem Ausblick bis zur Landeshauptstadt Stuttgart und zu den Schwarzwaldhöhen.

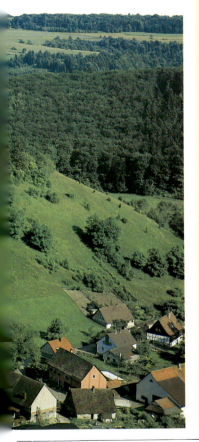

Ort	Höhe	Einwohner	Gästebetten insgesamt	in Hotels	in Gasth./Pensionen	in Chalets/Ferienwhg.	in Privath./Bauernhäus.	Camping/Stellplätze	Ferienlager
Bad Urach	464–736 m	11000	1861	806	524	375	156	1	1 JH
Geislingen	463 m	26000	272	144	93	19	16	1/100	–
Lichtenstein	470–836 m	8240	253	120	83	41	9	–	–
Münsingen	600–860 m	11300	583	44	130	254	35	–	–
Reutlingen	376–869 m	96000	680	450	230	–	–	–	–
Sonnenbühl	720–880 m	5895	592	40	48	410	94	1/500	1 JH

Ort	Wandern Wege insg.	Wege mark.	Rundwege	geführte Wanderungen	Beförderung Bus	Bahn
Bad Urach	210 km	210 km		1× wöch.	×	×
Geislingen	200 km	170 km	4/64 km	auf Anfrage	×	×
Lichtenstein			22 km		×	
Münsingen	350 km	350 km	35/250 km	monatlich	×	
Reutlingen					×	×
Sonnenbühl		115 km	9/112 km		×	

Abzeichen: Wandernadeln (Bad Urach, Reutlingen). **Ferner interessant:** Bad Urach: Naturschutzgebiet, Wasserfälle, Höhlen. Geislingen: geologische und botanische Lehrpfade, Naturschutzgebiet, Höhlen, nostalgische Bahnfahrten. Lichtenstein: Naturschutzgebiet »Greuthau«, Waldlehrpfad, Wildgehege, Höhlen. Münsingen: botanischer Lehrpfad. Reutlingen: Naturschutzgebiet »Roßfeld«, Wildgehege. Sonnenbühl: Höhlen, Märchengarten.

Bad Urach
Städt. Kurverwaltung, Postfach 1206, 7432 Bad Urach, (0 71 25) 17 61.
Schwimmen in 1 Thermalbad, Wellenbad, beh. Freibad. **Angeln** in Flüssen, Seen u. künstl. Anlagen. Rundflüge mit Segel- u. Motorflugzeug. Fahrradverleih. **Reiten** im Gelände, Pferdeverleih, Halle, Schule. Rollschuh-Skateboard-Bahn. **Unterhaltung:** Heimatabende, Bauerntheater, Konzerte, Dia-Abende. **Gesundheit:** Luftkurort, Trimmpfade, Kurmittelhaus, Kneippanlage, Thermal-Mineralbad. **Indikationen:** rheumatische Erkrankungen, Gelenkveränderungen, Bewegungsstörungen, Nachbehandlung nach Verletzungen. **Pauschalangebote.**

Geislingen
Verkehrsamt, Postfach 11 62, 7340 Geislingen an der Steige, (0 73 31) 2 40.
Schwimmen in 1 beh. Freibad, 1 Hallenbad. Segelfliegen (Schule), Motorfliegen. **Rundflüge** mit Segel- u. Motorflugzeug. **Drachenfliegen** in Türkheim (Schule). 50 km Radwege, Fahrradverleih. **Tennis:** 11 Plätze, 1 Halle/3 Plätze. **Reiten:** 1 Halle. Kunsteislaufplatz. Trimmpfade, Fitness-Zentrum. **Unterhaltung:** Kinderfeste, Gartenschach, Kleinkunstbühne. **Veranstaltungen:** Mai/Juni: Brunnenfest. Juli: Stadtfest. Juli/Aug.: Helfensteinfestival. Aug.: Eybacher Huttanz. Sept.: Kleinkunstnachmittag.

Lichtenstein
Bürgermeisteramt, 7414 Lichtenstein, (0 71 29) 69 60.
Schwimmen in 1 beh. Freibad, 1 Hallenbad. **Angeln** in der Echaz. **Segelfliegen,** Rundflüge. 20 km Radwege, Fahrradverleih. **Reiten** im Gelände, Pferdeverleih, Halle, Schule. **Tennis:** 8 Plätze. **Schießen.** Wassertretanlage. **Unterhaltung:** Wilhelm-Hauff-Museum. **Veranstaltungen:** Pfingsten: Nebelhöhlenfest.

Münsingen
Stadtverwaltung, Postfach 1140, 7420 Münsingen, (0 73 81) 18 20.
Schwimmen in 1 beh. Freibad, 3 Hallenbädern. **Angeln** in künstl. Anlagen. Kanu-/Kajakfahren (Ausrüstung, Schule). Drachen-, Segel-, Motorfliegen (Schule). Rundflüge mit Segel- u. Motorflugzeug. 40 km Radwege, Fahrradverleih. **Reiten** im Gelände, Pferdeverleih, Halle, Schule. **Schießen:** Luftgewehr, Tontauben, Pistole. **Tennis:** 6 Plätze, 1 Halle/3 Plätze, Schule. **Unterhaltung:** Heimatabende, Gästekindergarten, Kinderfeste.

Reutlingen
Verkehrsamt, Listplatz 1, 7410 Reutlingen, (0 71 21) 3 03-5 26, Tx 7 29 710.
Schwimmen in 1 beh. Freibad, 3 Hallenbädern. Segelfliegen. Rundflüge mit Segel- u. Motorflugzeug. Radwege. **Reiten** im Gelände, Schule. **Schießen:** Luftgewehr, Tontauben. **Tennis:** 83 Plätze, 4 Hallen, Unterricht. Rollschuhbahn. **Unterhaltung:** Theater, Konzerte, Kunstausstellungen. **Veranstaltungen:** Mitte Juli: Stadtfest. **Pauschalangebote:** Reutlinger Wochenende. Wandern ohne Gepäck.

Sonnenbühl
Verkehrsverein, Rathaus, 7419 Sonnenbühl, (0 71 28) 8 77 und 6 96.
10 km Radwege, Fahrradverleih. **Tennis:** 2 Plätze, 1 Halle/2 Plätze. Sommerbobbahn. Trimmpfad. **Unterhaltung:** Sommerprogramm. **Veranstaltungen:** Ende Mai: Karls- u. Bärenhöhlenfest. Pfingsten: Nebelhöhlenfest. Juli: Hockette.

Heilbäder und Kurorte
Thermalbad, 7342 **Bad Ditzenbach,** (0 73 34) 55 68. **Indikationen:** rheumatische Erkrankungen, Gelenkveränderungen, Bewegungsstörungen, Stoffwechselerkrankungen, Erkrankungen der ableitenden Harnwege. Thermalbad-Mineralbad, 7347 **Bad Überkingen,** (0 73 31) 6 10 87. **Indikationen:** Stoffwechselerkrankungen, Magen- u. Darmerkrankungen, Erkrankungen der ableitenden Harnwege, rheumatische Erkrankungen.

Anzeigen

Tuttlingen-Möhringen
Tuttlingen Möhringen
Verkehrsamt
D-7200
Tuttlingen-Möhringen
Tel.: 0 74 62/340 und 62 43
Nach Dienstschluß: 62 33
Staatlich anerkannter Luftkurort 650 m zwischen Schwarzwald und Bodensee. Zentrale Lage für Ausflüge. Idealer Standort für Wanderungen im Naturpark »Obere Donau«. Wandern ohne Gepäck – Ferienwanderwochen – Pauschalangebote für Gruppen – Tennis - Radfahren.
Unterkünfte Gasthöfe, Ferienwohnungen und -häuser, Privatzimmer.

Engstingen

D-7418 ENGSTINGEN (Reutlinger Alb)
Abwechslungsreiche Landschaft mit vielen Sehenswürdigkeiten (Schloß Lichtenstein, Bären- u. Nebelhöhle, Lautertal m. d. Gestüt Marbach).
Besuchen Sie das neueingerichtete **AUTOMOBILMUSEUM** in Engstingen **mit Oldtimern aller Fabrikate!**
Sie erreichen uns verkehrsgünstig 15 km südl. v. Reutlingen am Schnittpunkt von B 312 und 313.
TEL.: (07129) 1221 und 7387

Sonnenbühl

NNENBÜHL
Dein Ausflugsziel
Bärenhöhle und Nebelhöhle bei Reutlingen Schwäbische Alb
- Freizeitpark Traumland
- Feriendorf Sonnenmatte
- Festhallen, Rosencamping
- Minigolf, Freibad, Sommerbobbahn
- Tennis im Freien und in der Halle
- Wanderparkplätze, Waldsportpfad
- 6 Skilifte, Eislaufbahn
- Langlaufloipen
- Ferienwohnungen
- Jugendherberge
- Gepflegte Gastronomie

INFOS: Fremdenverkehrsverein D-7419 Sonnenbühl-Erpfingen e.V.
Telefon: 0 71 28/6 96

DEUTSCHLAND ALPEN

Diese Karte soll Ihnen einen Überblick geben. Sie sehen darauf rote Punkte mit Zahlen. Sie bezeichnen die Gebiete, die wir auf den folgenden Seiten beschreiben. Dort finden Sie die Zahlen wieder – rechts oben auf den Seiten. Detaillierte Straßenkarten der Alpenregionen im Maßstab 1 : 500 000 finden Sie im Anhang dieses Buchs.

Anschrift des Verkehrsverbandes für die Deutschen Alpengebiete:

Fremdenverkehrsverband
München-Oberbayern
Sonnenstraße 10
8000 München 2, (0 89) 5 93 47

Fremdenverkehrsverband
Allgäu/Bayerisch Schwaben
Fuggerstraße 9
8900 Augsburg, (08 21) 3 33 35

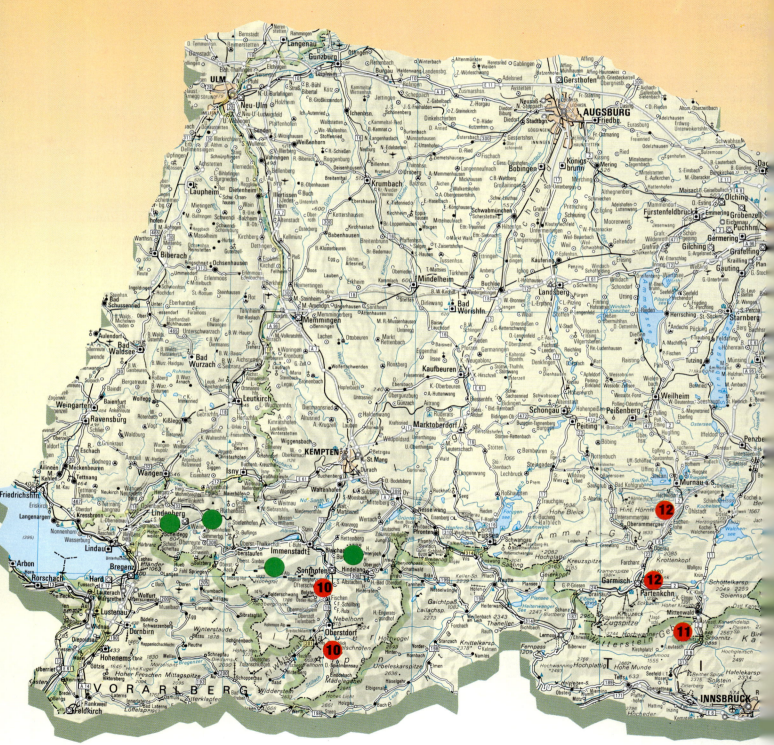

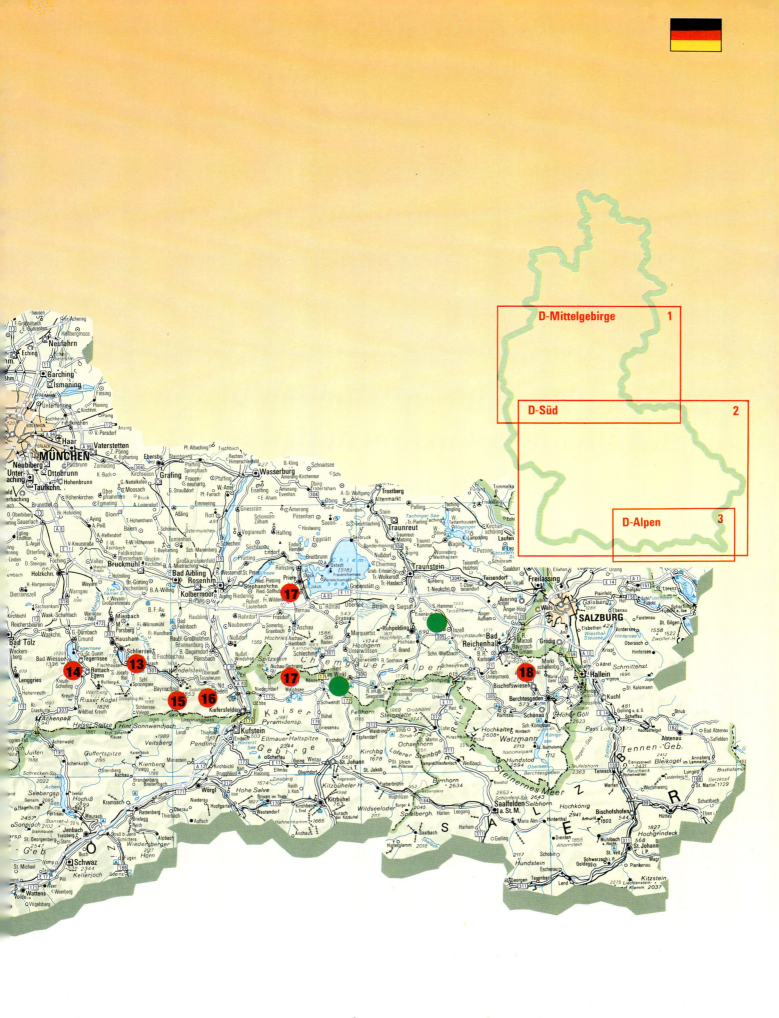

OBERSTDORF, SONTHOFEN UND DIE HÖRNERGRUPPE
Oberallgäu

Es ist das Land der grünen Wiesen und der glücklichen Kühe. Und das Ziel vieler Urlauber, sehr vieler sogar.

VON EINEM HORN ZUM NÄCHSTEN

Im Herzen des Allgäus – im Tal der Iller zwischen Sonthofen und Oberstdorf mit den Orten Fischen, Ofterschwang, Bolsterlang, Obermaiselstein und etlichen Dutzend kleiner Dörfer – sind Fremdenverkehrs-Superlative eher die Regel als die Ausnahme.

Was zwischen der Hörnerkette im Westen, der Daumen- und Nebelhorngruppe im Osten sowie dem Allgäuer Hauptkamm im Süden geboten wird, kann sich sehen lassen: Weit über 20 000 Fremdenbetten, 300 km markierte Wanderwege, rund 150 Gipfel über 2000 m Höhe. Daß der Krottenkopf, mit 2657 m der höchste Allgäuer Gipfel, in Tirol liegt – das ist ein kleiner Schönheitsfehler, mit dem man aber leben kann. Immerhin ragen weitere 34 Gipfel über 2500 m hinaus. Darunter sind so prominente Namen wie Hohes Licht (2651 m), Mädelegabel (2645 m) und Hochvogel (2593 m). Aber auch Deutschlands südlichster Gipfel, der Biberkopf (2599 m), und der berühmteste Allgäuer Kletterberg, die Trettach (2595 m), zählen zur ersten Garnitur. Der bekannteste Gipfel, das Nebelhorn, bringt es dagegen nur auf 2224 m. Und die berüchtigte Höfats gibt sich ebenfalls mit 2258 m Höhe zufrieden. Berüchtigt ist sie, weil die harmlos wirkenden Grashänge schon manchen naiven Bergsteiger täuschten. Besonders bei Regen werden die Steilhänge zu gefährlichen Rutschbahnen.

Das wichtigste Stück Weg im ganzen Allgäu ist der bereits im Jahre 1898 fertiggestellte Heilbronner Weg zwischen Rappensee- und Kemptener Hütte. Nimmt man die Zahl der Begeher – pro Jahr rund 14 000 Bergfreunde, am Tag bis zu 400 –, dann gibt es kaum eine Konkurrenz im gesamten deutschen Alpengebiet. Dieser Hochgebirgsweg ist allerdings nur für trittsichere und erfahrene Bergwanderer geeignet. Wer es selbständig nicht kann, verpflichtet am besten einen Bergführer oder schließt sich einer Gruppenführung der Bergschule Oberallgäu an. Aber schon die Hüttenanstiege zur Rappensee- und Kemptener Hütte sind eigenständige Wande-

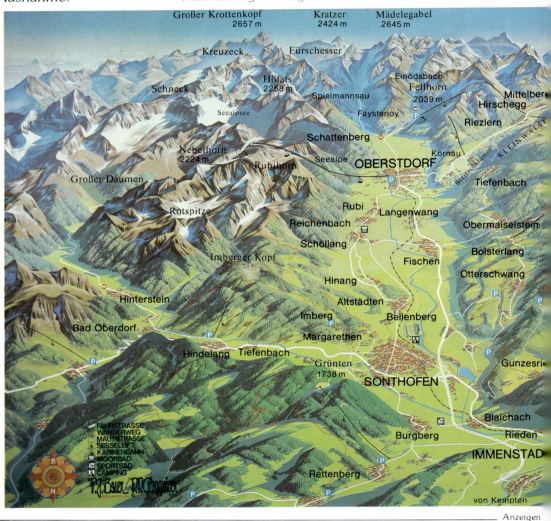

Anzeigen

Oberstdorf

Das Oytal mit der Höfatsspitze

Reisen mit der Bahn

Mit der Bahn nach Oberstdorf.

Wenn Ihr Wanderurlaub von Anfang an streßfrei sein soll, reisen Sie am besten mit der Bahn an. Der Fern-Express „Allgäu" bringt Sie aus dem Ruhrgebiet und der Fern-Express „Alpenland" aus Hamburg direkt und ohne umzusteigen nach Oberstdorf.

Deutsche Bundesbahn

D-10

Fischen i. Allgäu Ofterschwang Bolsterlang Obermaiselstein Balderschwang

rungen. Sie zählen zu den schönsten Tageszielen für Leute ohne Gipfelambitionen.
Die Rappenseehütte ist durch das Stillachtal, das von Oberstdorf direkt nach Süden zieht, zu erreichen. Am zweckmäßigsten fahren Sie mit dem Stellwagen (einem Pferdewagen für zwölf Personen) bis nach Einödsbach, Deutschlands südlichster Siedlung. Dann steigen Sie leicht in etwa drei Stunden zur Hütte hinauf, einem Gebäudekomplex, der heute 370 Schlafplätze aufweist. (Hier wurde 1885 das erste Holzhäuschen errichtet – mit zehn Matratzen und zehn Heulagern.) Wer einigermaßen gehen kann, ist gut beraten, am gleichen Tag wieder abzusteigen, denn die Hütte ist an schönen Tagen immer mehr als voll. Durch das ebenfalls nach Süden ziehende Trettachtal kann man mit dem Stellwagen nach Spielmannsau fahren. Von hier ist in drei Stunden die Kemptener Hütte zu erreichen. Es gibt ebenfalls 340 Schlafplätze; auch hier ist der Abstieg am gleichen Tag zu empfehlen.
Wanderungen ins Gerstrubental und ins Oytal sind allein für sich schon schön. Wer gut zu Fuß ist, kann beide auf einen Streich nehmen und dabei die ganze Höfats umrunden (sechs Stunden vom

Oberstdorf: Wer genug gewandert hat, kann hier unter anderem Drachenfliegen, Golfspielen oder ins Brandungsbad gehen.

Ort	Höhe	Einwohner	Gästebetten insgesamt	in Hotels	in Gasth./ Pensionen	in Chalets/ Ferienwhg.	in Privath./ Bauernhäus.	Camping/ Stellplätze	Ferienlager
Oberstdorf	843 m	12000	16700	2600	4600	2200	6000	1/50	1 JH
Sonthofen	750 m	22000	3000	1037	693	700	600	1/120	–

Ort	Wandern			Alpinschule	Beförderung		Hochtouren			Hütten		
	Wege mark.	Rundwege	geführte Wanderungen		Kabinenbahnen groß	Sessellifte klein	Anzahl	Dauer	Führer	bewirt.	unbew.	Abstand
Oberstdorf	200 km	13/95 km	werktags	3	2	1	4	mehrere	5–7 Std., 2 Tg.	8		4 Std.
Sonthofen	100 km	1/6 km	×									

Außerdem: Anschluß an Fernwanderwege Oberstdorf–Meran und Sonthofen–Augsburg. **Beförderung:** Bus, Bahn. **Abzeichen:** Wander-, Bergsteiger-, Radwanderabzeichen (Oberstdorf). Grünten-Wanderschuh (Sonthofen). **Ferner interessant:** botanische und geologische Lehrpfade, Breitach-Klamm, Starzlach-Klamm, Wasserfälle.

Oberstdorf

Kurverwaltung u. Verkehrsamt, Marktplatz 7, Postfach 1320, 8980 Oberstdorf, (0 83 22) 7 00-0, Tx 54 444, Btx ✱ 22895575 #.
Schwimmen in 1 See, 3 Freibädern, 1 Hallenbrandungsbad. **Wildwasser:** 6 km befahrbare Strecke. **Angeln** in Seen und Flüssen. **Drachenfliegen** am Nebelhorn/Fellhorn. 60 km Radwege, Fahrradverleih. **Reiten:** Schule, Halle. **Schießen:** Luftgewehr. **Tennis:** 9 Plätze, 1 Halle/4 Plätze, Schule. **Golf:** Platz mit 9 Loch. Kunsteisstadion. **Unterhaltung:** Heimat-, Hüttenabende, Konzerte, Gästekindergarten, Gartenschach, Dia-Vorträge, Theater, Vorträge. Kinderferien-, Familienprogramm. **Hobbykurse und Aktivangebote:** Mai–Juli: Vogelkundl. Wanderungen. Juni–Aug.: Kräuterwanderungen. Juni–Sept.: Bot. Wanderungen. Mai–Okt.: Malen, Zeichnen, Modellieren. Juni–Okt.: Patinierkurs, Kosmetikkurs. **Gesundheit:** Trimmpfade, Kneippanlagen, Schrothkuren, Kur- u. Bäderbetrieb, heilklimatischer Kurort u. Kneippkurort. **Indikationen:** Herz- und Gefäßkrankungen, vegetative Funktionsstörungen, Verdauungskrankheiten, hormonale Störungen, allgemeine Schwächezustände, Atemwegserkrankungen, Stoffwechselstörungen. **Veranstaltungen:** Mai bzw. Juni: Gebirgstälerlauf (Volkslauf über 10 u. 20 km). Aug.: Wald- u. Dorffest. 13. Sept.: Viehscheid »Alpabtrieb«.
Pauschalangebote: Kneipp- und Schrothkuren. Probiertage zum Kennenlernen. Flitterurlaub. Ende April–Anf. Juni: Frühjahrs-Wanderpauschalen. Mai–Okt.: Preiswerte gemütliche Erlebniswochen. Juli u. Aug.: Alpen- u. Erlebnisferien. Mitte Sept.–Mitte Okt.: Überherbsteln.

Sonthofen

Verkehrsamt, Rathausplatz, Postfach 59, 8972 Sonthofen, (0 83 21) 7 62 91 mit Altstädten.
Schwimmen in 2 Freibädern (1 beh.), 1 Hallenbad. **Angeln** in künstl. Anlagen. **Drachenfliegen:** Schule, Ausrüstungsverleih. **Rundflüge** mit Segelflugzeug. 30 km Radwege, Fahrradverleih. **Schießen:** Luftgewehr. **Tennis:** 16 Plätze, 1 Halle/3 Plätze, Schule. Squash-Center. Eissporthalle. **Gesundheit:** Trimmpfade, Kneippanlagen, Fitness-Zentrum, Biokuren. **Unterhaltung:** Heimatabende, Gästekindergarten, Gartenschach, Konzerte. **Hobbykurse und Aktivangebote:** Keramik-, Lederarbeiten, Binden von Bauernsträußen. **Veranstaltungen:** Juni/Juli: Volksfest. **Pauschalangebote:** bis Mitte Juni: Sonthofer Frühling. Mitte Juni–Ende Juli: Wanderwochen. Ab Mitte Sept.: Herbstwandern. Hobbykurse mit Aufenthalt.
Lage und Zufahrt: Kartenteil Seite 9 D 2.

Anzeigen

Sonthofen

DIE ALLGÄU STERN ERLEBNISWELT

sportlich...
* Tennis * Reiten * Wasserski
* Segeln * Drachenfliegen * Angeln
* Windsurfen * Jogging
* Wildwasserkajak * Segelfliegen

erlebnisreich...
* Radtouren mit Wiesenpicknick
* Schlauchbootfahrten und Armbrustschießen
* Grillabende am Lagerfeuer
* zünftig-unterhaltsame Hüttenfeste
* musikalische Frühschoppen im Biergarten
* Wandertouren und Pferdekutschfahrten
* Kegelturniere und Bingo
* urige Bayerische Heimatabende

kinder- und jugendfreundlich...
* Radltouren * Schwimmkurse
* Volleyball * Wettschwimmen
* Fußball * Wander-Rallye * Surfen
* Western-Grill-Fête am Lagerfeuer
* Wurfpfeilwerfen * Schnitzeljagd
* Märchenstunden * Malwettbewerb
* Basteln * Pizza-Pool-Party
* Abenteuerübernachtung im Zelt
* Junior-Club * Twenclub
* Jugenddisco

... und preis-inklusiv
* Hallenbad * Whirl-Pool * Freibad
* Sauna * Kinderbetreuung
* Geführte Wanderungen * Athletic-Center * Trimmraum * Rhythmus- und Wassergymnastik * Tiefgarage

DER ALLGÄU STERN HOTELPARK AUF DER STAIGER ALP D-8972 SONTHOFEN PROSPEKTE ANFORDERN:
Tel. 0 83 21 / 79-0

Familienspaß in Bergnatur
für die ganze Familie: Hallenbad mit Wasserrutsche (14m) + Planschbecken ● Dampfbad + Sauna ● gratis ● ganzjährig: Kinderbetreuung je extra für Zwergerl und Junioren + Babywochen ● Kinderland + Zwergerlreich (200m²) ● 16 2-Zimmer-Appartements ● 120 Betten für Sportler u. Naturbegeisterte: Skifahren u. Wandern ideal, da 1200m hoch (Hörnerkette)

Familien- und Sporthotel Allgäuer Berghof, D-8972 Sonthofen
Telefon 08321/8060

45

OBERSTDORF, SONTHOFEN UND DIE HÖRNERGRUPPE
Oberallgäu

Oytalhaus, bis dahin mit dem Stellwagen).
Das klassische Wandergebiet des Reviers ist die Hörnergruppe, wo die Gipfelnamen häufig auf »Horn« enden: Ofterschwanger, Sigiswanger oder Rangiswanger Horn. Es sind liebliche Hörner, meist runde Grasbuckel, die häufig bis in die Gipfelhöhe bewaldet sind. Sie erreichen meist Höhen zwischen 1500–1800 m – genug, um schöne Aussichten auf Berge und Täler zu bieten. Ein riesiges Netz von Wegen macht die Wahl nicht leicht. Da gibt es kurze Spazierwege, flache Hangwanderungen, Rundwanderwege, Gipfelsteige, dazwischen immer wieder Almen und Berggasthäuser zum Rasten. So wird die Westflanke des Illertales erschlossen. Ausgangspunkte für diese Wanderungen sind die Hörnerdörfer wie Bolsterlang und Ofterschwang, Obermaiselstein und Balderschwang, die – zusammen mit Fischen – über 9000 Fremdenbetten anbieten.
Höhepunkte für tüchtige Wanderer liefert der Panoramaweg über die bereits genannten Hörner. Von Ofterschwang wandern Sie zuerst zum Allgäuer Berghof (1260 m). Weiter geht es direkt nach Süden, mit Blick auf den Allgäuer Hauptkamm, immer auf und ab – bis zum Weiherkopf. Zum Schluß fahren Sie mit dem Sessellift hinunter nach Bolsterlang. Mit fünf bis sechs Stunden Gehzeit ist zu rechnen, dazu brauchen Sie noch Zeit zum Schauen und Rasten. Das ergibt ein Tagesprogramm. Von Bolsterlang aus kann man mit der Hörnerbahn, ebenfalls einem Sessellift, zum Weiherkopf kommen.
Eine weitere, sehr lohnende fünf- bis sechsstündige Wanderung beginnt in Reichenbach bei Fischen. Nach zwei Stunden erreichen Sie die bewirtschaftete Gaisalp auf 1149 m Höhe. Über den Unteren Gaisalpsee kommen Sie zum Oberen Gaisalpsee. Unermüdliche können von hier zum Nebelhorn weiterwandern. Die schöne Aussicht macht den Abstieg von der Gaisalp über den Stützel nach Fischen empfehlenswert.
Sonthofen, die südlichste Stadt Deutschlands, liegt im Mündungsdreieck von Iller und Ostrach sehr zentral für alle Unternehmungen im Oberallgäu. Aber man hat auch Attraktionen vor der eigenen Haustür. Zu den eindrucksvollsten gehört ganz sicher die wilde Starzlachklamm. Die dreistündige Wanderung von Winkel durch die Klamm zum Gasthaus Alpenblick (400 m Höhenunterschied) und über Burgberg zurück nach Sonthofen ist empfehlenswert.
Nahe gelegene Wanderungen führen auf den Grünten und in das Gunzesrieder Tal mit einem Dutzend abwechslungsreicher Ziele. Man kann in Sonthofen aber auch Freibäder (eins geheizt), Hallenbad, Tennisplätze, Tennishalle mit Squash Courts, Hobbykurse (mit Keramik, Lederarbeiten und dem Binden von Bauernsträußen), Standkonzerte und Heimatabende bieten. Im Heimathaus, einem durchaus sehenswerten Heimatmuseum, ist die bekannte Schellensammlung zu besichtigen. Wer belohnt nach Hause fahren will, kann sich um den Grünten-Wanderschuh (in Bronze, Silber und Gold) bemühen. Für drei, fünf oder sieben Kontrollstempel verschiedener Wanderungen erhält man das Abzeichen.
In der Ostflanke des Talgrundes liegen Sommerfrischen wie Altstädten, Hinang, Schölling, Reichenbach und Rubi. Die hauseigenen Wanderungen ziehen in Richtung Sonthofer Hörnle, Sonnenkopf und Schnippenkopf, zum Gaisalpsee und auf das Rubihorn, das mit 1957 m der höchste unter diesen Wanderbergen ist. Eine ganze Menge wird auch für die Gäste getan, die eine Gipfelschau mit Hilfe von Gondeln und Sesselliften erleben wollen. An erster Stelle ist da die Nebelhornbahn zu nennen, die mit Großkabinen (für 60 bis 70 Personen) zum Berghotel Höfatsblick

Das ist Sonthofen: Ausgangspunkt der Tour über die Hörnerkette.

Fischen i. Allgäu · Ofterschwang · Bolsterlang · Obermaiselstein · Balderschwang   D-10

(1932 m) hochschwebt und mit zwei Sesselliften den Nebelhorngipfel (2224 m) erreicht – die höchste Seilbahnstation in der Runde.
Südlich von Oberstdorf, in Faistenoy im Stillachtal, liegt die Talstation der Fellhornbahn. Diese Großkabinenbahn (für 100 Personen) landet knapp unter dem Fellhorngipfel (2037 m) in 1967 m Höhe. Hier kann man direkt ins Kleine Walsertal nach Österreich hineinschauen. Mehr noch, Sie können auch nach Riezlern absteigen. Oder mit der Kanzelwandbahn hinunterschweben und auf dem gleichen Weg wieder zurückkehren – ein grenzüberschreitender Seilbahnverkehr (ohne Reisepaß, den Sie hier nicht brauchen).
Die Söllereckbahn, ein Sessellift nahe Oberstdorf, schaukelt zum Hotel Schönblick (1345 m) hoch und erleichtert Wanderungen zur Skiflugschanze und zum Freibergsee. Die Bergstation ist der Beginn für Wanderungen auf das Fellhorn und ins Kleine Walsertal.
Da man sich in Oberstdorf nicht nur auf die kräftigen Wander-Waden seiner Gäste verlassen will, hat man alles getan – oder fast alles –, daß es den Gästen keine Sekunde langweilig wird. Das Eislaufzentrum ist elf Monate geöffnet (geschlossen nur Mitte April bis Mitte Mai), eine Tennishalle macht vom Winter unabhängig. Drachenflieger finden ihren Startplatz am Nebelhorn und die Radfahrer drei Fahrradverleihe im Ort. Das Brandungsbad, ein Hallenbad mit den üblichen Nebeneinrichtungen, schlägt täglich seine Wellen. Und die Bergsteigerschulen veranstalten Kurse und Führungen für alle Schwierigkeitsgrade. Selbst den Golfern wird mit einem 9-Loch-Platz geholfen.
In einer freien Stunde müssen Sie die Breitachklamm besichtigen. Seit 1905 haben sich über zehn Millionen Besucher von dieser »urhaften Schlucht begeistern lassen und das schaurige Fortissimo der wühlenden Breitach« genossen, wie ein Prospekt besagt.

Ort	Höhe	Einwohner	Gästebetten insgesamt	in Hotels	in Gasth./ Pensionen	in Chalets/ Ferienwhg.	in Privath./ Bauernhäus.	Camping/ Stellplätze	Ferienlager
Fischen	760 m	3400	4912	402	2328	1443	739	–	–
Ofterschwang	864 m	1800	1600	580	520	212	288	–	–
Bolsterlang	900 m	1200	1275	–	620	340	315	–	–
Obermaiselstein	859 m	1100	1722	22	570	590	340	–	3/200
Balderschwang	1044 m	290	1130	150	300	180	500	–	100 Betten

Ort	Wandern Wegemark.	Rundwege	geführte Wanderungen	Beförderung Bus	Bahn	Hochtouren Anzahl	Führer	Hütten bewirt.	unbew.	Abstand	Abzeichen
Fischen	50 km	10/40 km	2× wöch.	×	×	mehrere	1				Wanderabz. Fischen
Ofterschwang	20 km	5/15 km	1× wöch.	×		mehrere	1				Wanderabz. Ofterschwang
Bolsterlang	20 km	2/6 km	1× wöch.	×		mehrere	1	2		1 Std.	Wanderabz. Bolsterlang
Obermaiselstein	20 km	3/10 km	1× wöch.	×		mehrere	1	2	3	3–4 Std.	Wanderabz. Obermaiselstein
Balderschwang	70 km	6/20 km	1× wöch.	×		mehrere	1	4	3	2 Std.	4-Hütten-Wandernadel

Außerdem: Anschluß an Fernwanderweg Bodensee–Meran. **Beförderung:** 2 Sessellifte (Bolsterlang). **Ferner interessant:** geol. u. bot. Lehrpfade, Waldlehrpfad, Naturparks, Klammen, Höhlen, Wasserfälle.

Fischen
Verkehrsamt, Am Anger 8, 8975 Fischen i. Allgäu, (0 83 26) 18 15 mit Au, Berg, Burgegg, Höldersberg, Hof, Jägersberg, Kreben, Langenwang, Maderhalm, Ober-, Unterthalhofen, Weiler.
Schwimmen in 1 beh. Freizeitbad, 3 öffentl. Hotelhallenbädern. **Angeln** und **Fliegenfischen** in Flüssen u. künstl. Anlagen. Fahrradverleih. **Tennis:** 5 Plätze. Kur- und Bäderbetrieb. **Unterhaltung:** Heimatabende, Bauerntheater, Gästekindergarten, Gartenschach, Konzerte, Dia-Vorträge, Modenschauen, Familienferienprogramm. **Hobbykurse und Aktivangebote:** Bauernmalerei, Bastelnachmittage. **Veranstaltungen:** Waldfeste. Schwimmfest. Mai: Frühlingskonzert der Musikkapelle. Juli: Sportfest.
Pauschalangebote: Mai–Okt.: Sonderarrangement »Fischen in Fischen«. Kinderarrangement.

Ofterschwang
Verkehrsamt, Rathaus in Sigishofen Nr. 31, 8972 Ofterschwang, (0 83 21) 26 19 und 8 21 57 mit Bettenried, Hüttenberg, Muderbolz, Schweineberg, Sigishofen, Sigiswang, Tiefenberg, Westerhofen, Wielenberg.
Schwimmen in 1 Hallenbad. **Reiten** im Gelände, 8 km Wege, Pferdeverleih, Reithalle, Schule. **Tennis:** 2 Plätze. **Golf:** Platz mit 18 Loch. Kur- und Bäderbetrieb. **Unterhaltung:** Heimatabende, Dia-Vorträge, Standkonzerte. **Veranstaltungen:** Bergfeste.

Bolsterlang
Verkehrsamt, 8981 Bolsterlang, (0 83 26) 3 14. **Tennis:** 4 Plätze. **Unterhaltung:** Heimatabende, Standkonzerte. **Veranstaltungen:** Sommernachtsfeste, Waldfeste. Mitte Sept.: Viehscheid.

Obermaiselstein
Gemeindl. Verkehrsamt, 8981 Obermaiselstein, (0 83 26) 2 77.
Schwimmen in 1 Hallenbad. Kur- und Bäderbetrieb. **Tennis:** 4 Plätze. Fahrradverleih. **Reiten** im Gelände, Halle, Schule. **Unterhaltung:** Heimatabende, Bauerntheater, Gartenschach. **Veranstaltungen:** Sommernachts-, Waldfeste, Standkonzerte. Mitte Sept.: Viehscheid.

Balderschwang
Verkehrsamt, 8981 Balderschwang, (0 83 28) 10 56.
Tennis: 2 Plätze. **Unterhaltung:** Heimat-, Hüttenabende. **Veranstaltungen:** Aug.: Kirchweihfest. **Lage und Zufahrt:** Kartenteil Seite 9 D 2.

Anzeigen

Ofterschwang

OFTERSCHWANG HÖRNERGRUPPE OBERALLGÄU
Erholungsort im Sommer + Winter
gastlich · liebenswert

Auskunft: Verkehrsamt
D-8972 Ofterschwang
Tel.: (0 83 21) 26 19, 8 21 57

MITTENWALD
Oberbayern

Mittenwald

Hotel Rieger
Besitzer: Familie Rieger
D-8102 Mittenwald
Tel.: 0 88 23/50 71
Komfortables Hotel in zentraler aber ruhiger Lage. 80 Betten; alle Zimmer m. Bad, Dusche/WC, TV, Radio, Tel., Minibar.
Hallenbad, Sauna, Whirlpool, Dampfbad. Internationale Küche; Sonnenterrasse. Hausbar mit Musik.

D-11 🇩🇪

—Anzeigen

Mittenwald

Die Fahrt mit der Sesselbahn ist ein besonderes Erlebnis und bringt Sie zu dem Wanderweg-Ausgangspunkt St. Anton. Von hier aus führen schöne Wanderwege durch die einmalige Alpenflora zu den nahen Seen, zum Hohen Kranzberggipfel mit seinem herrlichen Rundblick, nach Mittenwald u. Umgebung. Geöffn. 9–17 Uhr, letzte Talfahrt 16.40 Uhr
Telefon 0 88 23/15 53

Wandern mit der Kranzberg-Sesselbahn

Sonnenbad in den Felsen des Karwendels.

MITTENWALD
Oberbayern

D-11

Die erste Blütezeit Mittenwalds fällt ins 16. und 17. Jahrhundert. Aus dieser Periode stammen noch viele schöne Häuser – und die bezaubernden Lüftlmalereien.

FERIEN BEI DEN GEIGENMACHERN

Im 18. Jahrhundert entwickelte sich Mittenwald zum Zentrum des deutschen Geigenbaus, nachdem Matthias Klotz bei Railich in Padua, bei Stainer in Absam und vielleicht sogar bei Amati in Cremona diese Kunst erlernt und nach Hause gebracht hatte. Auch heute gibt es noch Geigenbauwerkstätten, eine Fachschule und ein sehr interessantes Geigenbaumuseum.

Der Mittenwalder Himmel hängt aber erst so richtig voller Geigen, seit man sich als Fremdenverkehrsort etabliert hat. Der Durchgangsverkehr wurde auf die Umgehungsstraße unter den Karwendelabstürzen abgedrängt. Nun hat die Ortschaft eine angenehme Urlaubsatmosphäre entwickelt.

Grob betrachtet, gibt es in Mittenwald ein Zwei-Klassen-System. Die Wanderer gehen nach rechts, ins Gebiet der nordöstlichen Ausläufer des Wettersteingebirges, und die Bergsteiger nach links ins steile Karwendel.

Bleiben wir bei den Spaziergängern und Wanderern! Sie finden als Zentrum einer weitflächigen grünen Wanderregion den Hohen Kranzberg, der mit 1391 m nicht groß beeindruckt. Aber er ist mit einer Sessel- und Gondelbahn bestückt, die manche Wanderung erleichtert oder ein bequemes Mittagessen vor einer herrlichen Hochgebirgskulisse ermöglicht. Ein halbes Dutzend kleiner bis kleinster Seen bildet, mit Gasthäusern versehen, idyllische Rastplätze. Geboten werden vor allem Rundkurse jeder Länge. Die Umrundung des Lautersees macht man in einer guten Stunde. Nimmt man den Ferchensee dazu, dann geht das in zwei Stunden. Gibt man noch eine Stunde dazu, kommt man schon auf den Kranzberg. Man kann aber auch gleich zum Lutten- oder Wildensee wandern und den Kranzberg von Norden angehen.

Stramme Marschierer nehmen den großen Bogen und steuern das Schloß Elmau an, gehen über Kranzbach nach Klais oder gleich nach Garmisch-Partenkirchen. Nach Mittenwald kommen sie mit der Bahn zurück.

Aber auch auf der Karwendel-Seite gibt es leichte Wege. Die Wanderung zur Krinnerkofler Hütte (einfacher Weg 3 Stunden) führt Sie in eine sehr ruhige Gegend. Die Hochland-Hütte (1630 m) unter dem markanten Wörnergipfel ist auch nicht gerade überlaufen (einfacher Weg 3 Stunden).

Auf jeden Fall ist es lohnend, einmal mit der Karwendelbahn zur Westlichen Karwendelspitze hochzufahren. Und sei es nur, um eine hochgelegene Kaffeepause zu machen, die Welt von oben zu betrachten und den anderen zuzuschauen, den Bergsteigern, die sich hier auf den Weg machen, um den erst 1973 eröffneten »Mitten-

walder Höhenweg« anzugehen. (Das Wort »Weg« ist allerdings ziemlich fehl am Platz. Es handelt sich um einen fünfeinhalb Kilometer langen, hervorragend gesicherten Klettersteig, der über eine Reihe ausgesetzter Gipfel führt. Eine schöne Tour für trittsichere Bergsteiger!) Wer wandern will, geht auf dem bequemen Rundweg zur nördlichen Linderspitze. Einige Auto-Ausflüge in die nähere Umgebung drängen sich direkt auf. Zum Beispiel ein Besuch in Garmisch (25 km) mit einer Fahrt auf die Zugspitze. Oder, ein Stück weiter, zum Kloster Ettal (40 km), nach Oberammergau (45 km) und zum Schloß Linderhof (48 km). Nahe liegend ist im Süden Seefeld (15 km). Und über den Zirler Berg ist Innsbruck (35 km) schnell erreicht.

Eine Rundfahrt um den ganzen Karwendelstock gehört zum Schönsten eines Mittenwald-Urlaubs: von Mittenwald nach Wallgau, auf einer Mautstraße nach Vorderriß, weiter am Sylvensteinsee entlang zum Grenzübergang Kaiserwacht. Nun nach Süden zum Achensee und schließlich ins Inntal. Über Schwaz, Hall, Innsbruck und Seefeld geht es zurück nach Mittenwald.

Ort	Höhe	Einwohner	Gästebetten insgesamt	in Hotels	in Gasth./ Pensionen	in Chalets/ Ferienwhg.	in Privath./ Bauernhäus.	Camping/ Stellplätze	Ferienlager
Mittenwald	920 m	8600	6350	1150	200	820	4180	2/430	1 JH

Wandern: 100 km Wege, davon 60 km markiert. 1 Rundwanderweg, 30 km. **Beförderung:** Bus. 1 Großkabinenbahn, 1 Sessellift. Bergsteigerschule. **Geführte Wanderungen:** 4mal pro Woche. Hochtouren. **Hüttentouren:** 6 bewirt., 2 unbewirt. Hütten im Abstand von 1–4 Std. **Abzeichen:** Wandernadeln.
Ferner interessant: botanischer Lehrpfad, Naturparks, Naturschutzgebiete (Karwendel- und Arnspitzgebiet), Leutaschklamm, Wasserfälle.

Mittenwald

Kurdirektion, Dammkarstr. 3, 8102 Mittenwald, (0 88 23) 10 51, Tx 59 682.
Schwimmen in 3 Seen, 1 Hallenbad. **Angeln** in Seen und Flüssen. Tretboote. 50 km Radwege, Fahrradverleih. **Reiten** im Gelände, Halle, Schule. **Tennis:** 9 Plätze, Schule. **Golf:** 1 Kleingolfplatz.
Schießen: Luftgewehr, Tontauben. Sommerstockbahnen.
Unterhaltung: Heimat-, Hüttenabende, Bauerntheater, Gästekindergarten, Kinderprogramme, Gartenschach, Konzerte, Dia-Vorträge, Gästeturniere.
Hobbykurse und Aktivangebote: Schwimm-, Kletter- und Wanderkurse.
Veranstaltungen: Veranstaltungskalender bei der Kurdirektion.
Pauschalangebote: Mittenwalder Violinschlüssel.
Lage und Zufahrt: Kartenteil Seite 15 C 1.

DAS WERDENFELSER LAND
Oberbayern   Ettal   Garmisch-Partenkirchen   Oberammergau

D-12

Wer zum erstenmal nach Garmisch-Partenkirchen fährt, muß das von Norden tun. Wenn nicht, verschenkt er das schönste Garmisch-Bild.

AM DACH DEUTSCHLANDS

Es ist beim Herfahren sehr eindrucksvoll, wenn direkt über den Dächern wie eine Mauer das Wettersteinmassiv emporsteigt und in der Bildmitte die schöne Alpspitze in den Himmel ragt.

Die alpine Umgebung von Garmisch-Partenkirchen sieht nicht aus, als könnte da ein Allerwelts-Bergwanderer auch nur einen Blumentopf gewinnen.
In Wirklichkeit bieten gerade die Berge und Buckel im Werdenfelser Land, rund um Garmisch-Partenkirchen, eine Fülle von Wanderungen und Bergtouren, wie sie schöner nicht vorstellbar sind. Selbst die Zugspitze ist von einem einigermaßen strammen Marschierer ohne Kletterkünste zu erklimmen.
Kommt man also von Norden, so schiebt sich schon kurz nach Eschenlohe auf der linken Seite ein kompaktes Bergmassiv ins Blickfeld. Das ist das Estergebirge. Es eignet sich hervorragend für den Einstieg in die Wetterstein-Wanderszene. Direkt hinter den letzten Häusern von Partenkirchen schaut der runde Wank gelangweilt auf die Urlaubsfahrer. Dieser Wank ist ein nach Süden vorgeschobener Ausläufer des Estergebirges. Man kann mit einer nagelneuen Gondelbahn auf den 1780 m hohen Gipfel fahren. Man kann auch von mindestens vier Seiten – vom Geschwandtner Bauern, von Partenkirchen, von Farchant und von der Esterbergalm – hinaufsteigen. Drei bis vier Stunden sind das vom Tal aus; von der Esterbergalm braucht man keine zwei. Dann hat man eine glänzende Aussicht und einen hervorragenden Einblick ins Wettersteinmassiv. Es schaut immer noch sehr gewaltig aus.
Wer in der Esterbergalm einkehrt, kann richtige Gemütlichkeit kennenlernen, ohne Krampf und Anbiederung. Routinierte Wanderer kommen von hier auf den Hohen Fricken (1940 m), den Bischof (2030 m) und den Krottenkopf (2085 m). Ausdauernde wandern durch das romantische Finzbachtal und um den Rotenkopf herum – eine lange, aber lohnende Tour. Jetzt kann man auch an die Partnachklamm denken. Ausgangspunkt ist das Olympiaskistadion unter den Sprungschanzen. Die Klamm allein, die durch in die Felsen gesprengte Wege erst begehbar wurde, ist ein reines Vergnügen: flach und kühl. Wenn man jetzt umkehrt, bleibt es beim bequemen Spaß.
Aber man kann weiter zum Königshaus am Schachen (1866 m) hochsteigen. Das hat sich Märchenkönig Ludwig II. als Jagdschloß bauen lassen. Nach fünf bis sechs Stunden hat man vom Schachenpavillon einen großartigen Ausblick – unter anderem auch

Rechts – das ist die Wallfahrtskirche St. Anton in Partenkirchen. Im Hintergrund: die Zugspitzgruppe.

auf den Zugspitzanstieg. Man kann den Alpenpflanzengarten besichtigen und wieder hinuntermarschieren.
Die Höllentalklamm ist spektakulärer. Von Hammersbach im Südwesten von Garmisch wandert man am Hammersbach entlang nach Süden, steigt dann ein schönes Stück aufwärts, bis man zum Eingang kommt. Durch Kavernen und über gute Stege geht es durch die dämmerige Spritzerei. Anschließend führt ein breiter Steig zur Höllentalangerhütte. Hier sieht die Zugspitzgegend schon recht atemberaubend aus. Über die Knappenhäuser und das Hupfleitenjoch (1818 m) kommt man zum Kreuzeck (1651 m) und kann mit der Kabinenbahn zu Tal fahren.
Auf die Zugspitze selbst kommt man durch die Partnachklamm und das Reintal – zunächst zur Reintalangerhütte. Fünf bis sechs Stunden reine Gehzeit sind dafür einzukalkulieren. Man übernachtet. Am nächsten Tag sind noch einmal vier bis fünf Stunden anzusetzen, bis man an der Knorrhütte vorbei das Schneefernerhaus (2650 m) erreicht. Nun kann man mit der Gipfelbahn vollends zur Zugspitze hinauf (2966 m) und anschließend mit der Kabinenbahn zum Eibsee hinunterfahren – oder mit der Zahnradbahn direkt nach Garmisch.
Weitaus gemütlicher ist eine Umrundung des Eibsees in zwei Stunden und anschließend eine große Rast in gepflegter Kaffeehausatmosphäre.
Bleibt noch der breit hingelagerte Kramer (1981 m) im Nordwesten von Garmisch. Er bietet in den talnahen Lagen Spaziergänge jeder Art und Länge bis hin zum verträumten Pflegersee, aber auch einen durchaus respektablen Gipfelmarsch von vier Stunden.
Aber Garmisch-Partenkirchen bietet nicht nur Wandern und Bergsteigen, sondern auch Sport und Unterhaltung wie kaum ein anderer deutscher Alpenort.

— Anzeigen

Grainau

Erlebnisurlaub im Zugspitzdorf

Willkommen in unserem herrlich gelegenen Luftkurort (Abb.: Blick auf Grainau und Waxensteine).
Feriengenüsse für jeden Geschmack:
- Unterkünfte v. preiswerten Privatzimmer bis zum Luxushotel.
- 90 km gut beschilderte Wanderwege, Tourenerlebnisse.
- **Freizeitspaß:** Segeln, Surfen, Wildwasserfahren auf der Loisach, Tennis (7 herrlich gelegene Freiplätze), Squash … und unser **Zugspitzbad**, wo jeder Badetag zum Sonntag wird.
- Oberbayerische Folklore mit Heimatabenden, farbenfrohen Umzügen und Trachtenfesten.

Info: Verkehrsamt 8104 Grainau
Telefon: 0 88 21 / 8 14 11

Garmisch-Partenkirchen

Bayer. Spielbank Garmisch-Partenkirchen
Spiel und Entspannung nach einem aktiven Tag:
Roulette an 9 Tischen, Baccara, Blackjack, Spielautomaten mit Gewinnen bis zu DM 40 000,– sowie eine Super-Jackpot-Anlage.
Täglich ab 15.00 Uhr.
Tiefgarage im Hause.

Hotel Obermühle
D-8100 Garmisch-Partenkirchen
Telefon: 0 88 21/704-0, FS: 59 609
Telefax: 0 88 21/704 112
Direktion: Peter Wolf
Komf.-Hotel m. 200 Bett., Zi. m. Bad/WC od. Du/WC, Balk., Tel., Minibar; Hallenbad, Sauna, Sol.; gemütl. Schmankerl-Stüberl »Zum Mühlradl«; Werdenf. Bauernstube; gemütl. Kaminhalle. Empfehlenswert: Rôtisserie »Mühlenstube«

DAS WERDENFELSER LAND
Oberbayern Ettal Garmisch-Partenkirchen Oberammergau

Oberammergau

Hotel Böld – Ringhotel Oberammergau
D-8103 Oberammergau
Telefon 0 88 22/5 20, Tx 5 92 406
Komf., erstklassiges Haus. Gästezi. mit Bad, DU, WC, Tel., Radiowecker, teilw. TV, Balkon. Für die Fitneß: Sauna, Hot-Whirl-Pool, Solarium, Super-Trimm. Gemütl. Restaurant m. bayr. u. intern. Spezialitäten. Originelle Roßstall-Bar. Parkpl. am Haus. Das Haus liegt direkt an ausgedehnten Wanderwegen.

KOLBENLIFTE OBERAMMERGAU

Ein besonderes Erlebnis, die Fahrt mit dem Sessellift zum Kolbensattel, dem Ausgangspunkt herrlicher Höhenwege Richtung Oberammergau, Unterammergau und das Pürschlinggebiet. Im Winter ein ideales Skigebiet mit Sessellift, vier Schleppliften, vier Skikulis und Kinderskigarten.

Telefon Kolbenlifte (0 88 22) 47 60

FREIZEIT, SPORT, ERHOLUNG, UNTERHALTUNG
im
WellenBerg OberAmmergau
dem Bade- und Freizeitzentrum von Oberammergau

Hallenbad, Heißwassersprudelbecken, geheiztes Sportbecken mit Springerteil*, kreisrundes Wellenbecken*, Sauna, Bräunungsgeräte, Spielzone, Kinderplanschbecken, Cafeteria, Restaurant, große Parkplätze, Kinder bis 6 Jahre freier Eintritt.
Geöffnet täglich 9–21 Uhr, Mittwoch und Freitag 9–22 Uhr.   * nur im Sommer
Auskunft: D-8103 Oberammergau Telefon (0 88 22) 67 87

Da gibt es die Münchner Philharmoniker, die gastspielweise an der Loisach auftreten, und die Spielbank, die bereits am Nachmittag um drei mit ihrem Abendsport beginnt. Das Alpspitz-Wellenbad bietet ein volles Tagesprogramm, im Olympia-Eisstadion sind Sommer-Pirouetten möglich und die Golfer haben zwei Plätze mit je neun Loch.

Im Frühwinter und im späten Frühling eilen die unentwegten Skifans aufs Zugspitzplatt, um dort die ersten oder letzten Schwünge zu ziehen. Acht Skilifte sind auf dem Dach Deutschlands zwischen 2000 und 2800 m in Bewegung. Und es sollen noch mehr werden. Für richtigen Sommerskilauf, nämlich im echten Sommer, wird es trotzdem nicht reichen.

Auch wenn keine Langeweile aufkommt, gehören wenigstens drei Ausflüge ins Programm. Da ist erstens das Freilichtmuseum »Auf der Glentleiten«, das schöne alte Bauernhöfe mit Einrichtung zeigt und in wunderschöner Lage über dem Kochelsee eingerichtet ist. Zweitens gibt es das Kloster Ettal, das 1330 von Ludwig dem Bayern gegründet wurde und dessen Klosterkirche zu den großen Sehenswürdigkeiten Bayerns zählt. Ettal (ohne Kloster) ist eine kleine Sommerfrische für Leute, denen Garmisch-Partenkirchen zu groß ist und die so beweglich sind, daß sie dennoch die Garmischer Angebote nutzen können. Drittens steht wenige Kilometer weiter das Märchenschloß Linderhof, das Märchenkönig Ludwig II. bauen ließ. Wer es in der Hochsaison besuchen will, muß mit Wartezeiten rechnen.

Nur um die Ecke liegt noch eine weitere bedeutende Werdenfelser Fremdenverkehrsgemeinde: Oberammergau – in einem schönen Wandergebiet zwischen Ettaler Manndl (1633 m), Laber (1687 m) und dem Pürschling (1566 m) – um nur einige bekanntere Gipfel in den Ammergauer Alpen zu nennen. Man hat ein großes Wellenbad gebaut, das einzige runde weit und breit, das Heimatmuseum ist interessant bestückt und das Ortsbild mit schöner Lüftlmalerei kann sich sehen lassen.

Berühmt gemacht haben Oberammergau die Passionsspiele, die alle zehn Jahre stattfinden. Wenn das der Fall ist, kann man Sommerfrische und Wandern vergessen; dann ist nämlich kein Bett zu haben und alles dreht sich nur um die Spiele. Erst 1990 ist es wieder soweit.

Ort	Höhe	Einwohner	Gästebetten insgesamt	in Hotels	in Gasth./ Pensionen	in Chalets/ Ferienwhg.	in Privath./ Bauernhäus.	Camping/ Stellplätze	Ferienlager
Ettal	900 m	1000	550	227	–	35	288	–	–
Garmisch-Part.	700–800 m	27500	10000	3500	2270	1580	1730	1	1 JH
Oberammergau	850 m	4650	2138	787	664	360	327	–	1 JH

Wandern: 380 km markierte Wege (Garmisch-P.: 300 km, Ettal: 30 km, Oberammergau: 50 km). **Beförderung:** Bus, Bahn. 11 Bergbahnen, 1 Zahnradbahn (Garmisch-P.). **Geführte Wanderungen:** 2mal pro Woche (Garmisch-P., Oberammergau). **Hochtouren:** 13 (Garmisch-P.). **Hüttentouren:** 19 bewirt. Hütten (Garmisch-P.). Alpinschule in Garmisch-P. **Abzeichen:** Edelweiß (Garmisch-P.). Wanderpaß u. -nadel (Oberammergau). **Ferner interessant:** Naturschutzgebiet »Ammergauer Berge«, Schleifmühlenklamm Unterammergau. Passionstheater mit Freilichtbühne (Oberammergau).

Ettal

Verkehrsamt, Ammergauer Str. 8, 8107 Ettal, (0 88 22) 5 34.
Schwimmen in 1 Hallenbad. **Tennis:** 2 Plätze.

Garmisch-Partenkirchen

Kurverwaltung, 8100 Garmisch-Partenkirchen, (0 88 21) 1 80-0, Tx 59 660.
Schwimmen in 2 Strandbädern, 1 beh. Freibad, 3 Hallenbädern, Wellenbad. Wildwasser (Schule). **Angeln** in Seen und Flüssen. Surfen (Schule). Drachenfliegen (Schule). **Schießen:** Bogen, Kleinkaliber. **Tennis:** Plätze und 2 Hallen. **Golf:** 2 Plätze. Olympia-Eisstadion. **Unterhaltung:** Heimatabende, Konzerte. **Gesundheit:** Heilklimatischer Kurort. **Indikationen:** Atemwegserkrankungen, allgemeine Schwächezustände, Rekonvaleszenz, Herz- und Gefäßkrankheiten. **Veranstaltungen:** Ende Juli/Anf. Aug.: Garmischer Heimatwoche. Mitte Aug.: Partenkirchner Festwoche. **Pauschalangebote:** ganzjährig: Tenniswochen. Anf. Mai–Mitte Okt.: Golfwochen. Juli/Aug. (Wetterstein) und Aug./Sept. (Karwendel): Bergwandern von Hütte zu Hütte.

Oberammergau

Verkehrsbüro der Arbeitsgemeinschaft, Gemeinde Oberammergau und abr GmbH, Eugen-Papst-Str. 9a, 8103 Oberammergau, (0 88 22) 49 21, Tx 17 882 282, Ttx 88 222.
Schwimmen in 4 Freibädern (1 beh.), 1 Hallenbad, Wellenbad. Drachenfliegen. 50 km Radwege. **Tennis:** 6 Plätze, Schule. **Unterhaltung:** Kurkonzerte, Bauerntheater, Musik-, Theateraufführungen, Ammergauer Abende. **Hobbykurse:** Frühjahr und Herbst: Schnitzkurse. **Veranstaltungen:** Ende Aug.: König-Ludwig-Feuer.

Lage und Zufahrt: Kartenteil Seite 3 C/D 3.

Links sehen Sie das Kloster Ettal – es ist berühmt durch seine barocke Architektur und den vorzüglichen Klosterlikör.

SCHLIERSEE UND SPITZINGSEE
Oberbayern

Die Verwandtschaft mit dem berühmteren Tegernsee ist unverkennbar. Die Landschaft ist genauso lieblich, die Berge sind ebenfalls runde Buckel und am Wochenende und an Feiertagen trifft man viele Münchner. Man begegnet genügend Gleichgesinnten – auf den Wanderwegen und Aussichtsgipfeln, im Gasthaus und im Café.

WO DER WILDSCHÜTZ JENNERWEIN BEGRABEN IST

Verwechselbar sind Schlier- und Tegernsee allerdings nicht. Gibt man sich am Tegernsee gern elegant und international, auch nicht selten im Edel-Trachtenlook, so macht der Schliersee eher einen gutbürgerlichen Eindruck, sogar mit ländlicher Einfärbung.

Daß am Schliersee schon früh gesiedelt wurde, ist leicht nachvollziehbar. Einiges ist erhalten geblieben und einen Besuch wert. St. Martin in Westenhofen, die einstige Klosterkirche, entstand bereits im 8. Jahrhundert und ist der älteste Bau am Platz.

Doch das bedeutendste Bauwerk ist die 1348 wieder aufgebaute Pfarrkirche St. Sixtus. Johann Baptist Zimmermann (Stuck, Deckenfresken), Hans Zwerger (Zimmermannsarbeiten), Erasmus Grasser (Gnadenstuhl von 1490) und Jan Polak (Gemälde) haben mitgeholfen, daß es solch ein Prachtbau wurde.

Die St. Leonhardskirche in Fischhausen, das stilvolle Rathaus, die Burgruine Hohenwaldeck, das alte Schredlhaus, das heute Heimatmuseum ist – alles kann man empfehlen.

Auch der Friedhof Westenhofen darf nicht vergessen werden. Hier liegt der berühmte und vielbesungene Wildschütz Jennerwein begraben (der vom feigen Jager von hinterrücks erschossen wurde). Das Original-Grabkreuz aus dem Jahre 1877 ist noch erhalten.

Das bereits 1892 gegründete Schlierseer Bauerntheater ist weit über die Grenzen Bayerns hinaus bekannt. Es bietet auch heute noch gute Unterhaltung.

Noch älter ist das Strandbad am Platze, das bereits seit 1860 Wassersport ermöglicht. Der See ist für alle Wassersportarten hervorragend geeignet.

Das neuerbaute Kurzentrum, direkt am Ufer und vom Kurpark eingesäumt, enthält alle Einrichtungen, die zur Ausstattung eines modernen Fremdenverkehrsortes zählen. Vom Hallenbad bis zum Gartenschach, von der Kegelbahn bis zu den medizinischen Bädern ist alles vorhanden. Am schönsten aber ist die Uferpromenade.

Trotz alledem hat hier die Landschaft den größten Freizeitwert – besonders, wenn man sie zu Fuß durchwandert. Das weiß man auch, pflegt deshalb 150 Kilometer markierte Wanderwege und geht mit den Gästen jede Woche dreimal auf Wanderschaft.

Einigermaßen rüstige Wanderer sollten einmal zum Tegernsee hinübermarschieren. Das ist eine leichte und bequeme Wanderung. Ruhige Fahr- und schattige Waldwege verbinden Tegernsee

Oben: Das Wandergebiet am Spitzingsee.
Auf dem Foto links sehen Sie den Schliersee mit der Brecherspitze.

*In Schliersee und Spitzingsee stehen prächtig geschmückte Häuser (links).
Rechts: die St. Sixtus-Kirche.*

SCHLIERSEE UND SPITZINGSEE
Oberbayern

D-13

und Schliersee. Nach zwei Stunden Aufstieg und zwei Stunden Abstieg ist es geschafft. Für die Rückkehr mit dem Bus sollte man sich vorher genau den Fahrplan ansehen.
Eine sehr schöne Waldwanderung über harmlose Buckel ist der Weg auf die Gindelalm im Nordwesten des Schliersees. Zum Aufstieg nimmt man den Pfad über Huberspitz und Auerberg und ist nach zweieinhalb Stunden auf der Alm. Der Abstieg erfolgt durch das Breitenbachtal und nimmt noch eine gute Stunde in Anspruch.
Eine ganz bequeme Wald- und Wiesenwanderung verläuft durch die Südhänge des Schliersbergs. Nutzt man zum Aufstieg noch die Schliersbergbahn, kann man bequem in anderthalb Stunden über das Ziel- und Taferlmoos zum Schliersee zurückkehren.
In fünf Stunden kommen Sie durch den Leitnergraben zum Aurachköpfel im Osten des Sees. Im Abstieg können Sie die Ruine Hohenwaldeck besuchen und haben einen schönen Blick auf den See.
Gut zehn Kilometer südlich und 300 m höher liegt die attraktive Dependance von Schliersee: der Spitzingsee. Rechts und links ziehen Bergbahnen auf den 1506 Meter hohen Stümpfling und auf den Taubenstein (1693 m). Am südlichen See-Ende liegt eine kleine Hotelsiedlung und an Parkplätzen ist kein Mangel.
Eine leichte und kurze Bergwanderung führt vom Stümpfling, dem beliebtesten Skiberg in der Runde, über den Roßkopf zum Spitzingsee zurück.
Die Taubensteinbahn ermöglicht mindestens drei Abstiegsvarianten und schönste Aussichten.
Wer Interessantes mag, wird über die Wurzhütte und die Winterstube zum Rotwandhaus aufsteigen, einen langen Blick nach Süden tun, die Kletterer an den Ruchenköpfen gegenüber bestaunen und wieder absteigen.

Ort	Höhe	Einwohner	Gästebetten insgesamt	in Hotels	in Gasth./ Pensionen	in Chalets/ Ferienwhg.	in Privath./ Bauernhäus.	Camping/ Stellplätze	Ferienlager
Schliersee Spitzingsee	800 m 1100 m	6200	3638	705	1682	320	931	2	1 JH

Wandern: 150 km markierte Wege. 6 Rundwanderwege, 70 km. **Beförderung:** Bus, Bahn. 2 Kleinkabinenbahnen, 2 Sessellifte. Alpinschule. **Geführte Wanderungen:** 3mal pro Woche. **Hüttentouren:** 6 bewirt. Hütten im Abstand von 2 Std., 15 unbewirt. Hütten. **Abzeichen:** Schlierseer Wanderzeichen. **Ferner interessant:** Waldlehrpfad, Naturschutzgebiet Rotwand, Wasserfälle (Josefstal und Pfanngraben), Freizeitparks.

Schliersee
Kurverwaltung, 8162 Schliersee, (0 80 26) 40 69.
Schwimmen in 2 Seen, 2 Freibädern, 1 Parkstrandbad, 1 Hallenbad. Seenrundfahrt. Wildwasser. **Angeln** in Seen. **Ausrüstungsverleih:** Surfen, Segeln (Schule); Rudern, Tretboote, Fahrräder. 25 km Radwege. **Tennis:** 5 Plätze, Schule. **Schießen:** Luftgewehr. Sommerrutschbahnen, Alpenroller.
Gesundheit: Vita-Parcours, Kneippanlagen.

Unterhaltung: Heimatabende, Bauerntheater, Kinderfeste, Gartenschach.
Veranstaltungen: Pfingstfest mit Bierzelt. Mitte/Ende Juli: Bergsommerfest am Spitzingsee mit Feuerwerk, Drachenfliegen usw.; Garten- und Kinderfest im Kurpark. Anf. Aug.: Tag des Gastes. Mitte Aug.: Waldfest des Skiclubs. 1. Sonntag im Nov.: Leonhardifahrt.

Lage und Zufahrt: Kartenteil Seite 4 A 3.

Die Kunststoff-Rutschbahn am Schliersberg ist einen Kilometer lang.

Schliersee hat eine Segelschule. Dort kann man auch Boote mieten.

DAS TEGERNSEER TAL
Oberbayern — Bad Wiessee Gmund Kreuth Rottach-Egern Tegernsee

Den Tegernsee und das ganze Tegernseer Tal halten viele für die Ferien- und Freizeitlandschaft schlechthin.

BILDERBUCHLANDSCHAFT AM WALLBERG

Landschaft, Siedlungen und Bewohner zeigen Heiterkeit und Charme; die Menschen außerdem Bodenständigkeit und ein gesundes Selbstverständnis.

Alle Orte im Tegernseer Tal haben ihre Meriten. Die großen drei, auf jeden Fall ihrer Bedeutung nach, sind Tegernsee, Bad Wiessee und Rottach-Egern. So wurde der Ort Tegernsee bereits um das Jahr 750 als Benediktinerkloster gegründet. Das Kloster war immer wieder kultureller Mittelpunkt der ganzen Region. Auch heute gilt das »Bräustüberl« als Treffpunkt großer und kleiner Geister. Und mindestens die Bierkultur wird hier vom Tegernseer Brauhaus hochgehalten. Rottach-Egern am Südende des Sees ist die größte Seeufergemeinde. Einen Friedhof haben sie dort, auf dem ganz berühmte Leute liegen. Die zwei Ludwigs muß man zuerst nennen, da sie Paradebayern darstellen – zuständig für Herz und Hirn. Der erste ist der Herr Ganghofer. Der schrieb noch Geschichten mit richtigen Helden, wo Gut und Böse eindeutig waren, so richtig was fürs Herz. Der zweite, der Ludwig Thoma, ist fürs Hirn zuständig, auch wenn er mit seinen Geschichten manchmal recht treuherzig und bieder daherkommt. Moralisch sind natürlich beide, als echte Bayern. Auch Leo Slezak, der sowohl singen als auch schreiben konnte, ruht hier.
Bad Wiessee nennt sich selbst gerne das »Weltbad am Tegernsee«. Fügt man »bayrisch« dazu, um etwas Profil dranzugeben, kann man nicht einmal viel dagegen sagen. Denn man muß neidlos anerkennen, daß die Wiesseer in nicht einmal hundert Jahren ein Gemeinwesen hinzauberten, wozu Tegernsee gut zwölfhundert Jahre brauchte.
Man beutet die 1909 entdeckten Schwefelquellen richtig aus. Und die Spielbank sowie den Golfplatz mit 18 Löchern macht einem andere auch nicht so leicht nach. Kreuth wiederum feierte 1984 einen runden Geburtstag. Achthundert Jahre war man alt geworden. In dieser Zeit, vor allem in den letzten dreißig Jahren, hat sich Kreuth prächtig entwickelt. Der Ort ist eingerahmt von Wäldern, die Wilderergeschichten im Stil von Ganghofer geradezu herausfordern. Und Gmund hat als einziger Ort den ganzen See mit den im Süden liegenden Blaubergen im Blick. Im gesamten Revier stehen etwa 15 000 Fremdenbetten, deren Benutzer täglich Gesundheitsvorsorge treffen können: in Tegernsee mit Hilfe der Benedictusquelle, in Wiessee mit den Jod- und Schwefelbädern. Für alle wird ein fürstliches Unterhaltungsangebot bereitgehalten, wozu auch die Sportaktivitäten zählen, die fast alles bieten, was im Freizeitraum vorstellbar ist.
Zu den liebenswertesten Unterhaltungen zählt ganz sicher eine Fahrt mit der historischen Dampfzugbahn. Besonders stark ist man bei den musikalischen Darbietungen. Kur-, Schloß-, Kirchen- und Folklore-Konzerte stehen häufig auf dem Programm. Dazu hat das Tegernseer Bauerntheater eine lange Tradition, ebenso wie die ernsthafte Volksmusik. Ausdruck dieser Heimatpflege ist die jährlich stattfindende »Tegernseer Woche für Brauchtum und Kultur«.
Zum Wandern und Spazierengehen ist diese Panoramalandschaft ideal. Kreuth, Rottach-Egern und Bad Wiessee schicken jede Woche kompetente Führer in die Gegend, die den Gästen das Beste bieten. Mangels besonders steiler Berge sind die Wanderprobleme auf ein Minimum reduziert. Daß man hinter den letzten Häusern irgendwo ein Stück hinauf- und dann wieder hinuntergehen kann, ist nicht problematisch. Ein paar besonders schöne Wanderungen sollen noch genannt werden. So kann man von Tegernsee in vier Stunden über die Neureuth und die Gindelalm zum Schliersee hinüberkommen.
Vielgeliebt ist die Wanderung zum Hirschberghaus, das in zwei bis drei Stunden zu erreichen ist. Ausgangspunkt ist Scharling zwischen Rottach-Egern und Kreuth. Direkt ab Kreuth steigt man in zwei Stunden auf den knapp 1500 Meter hohen Leonhardstein, der einen sehr steilen Anstieg bietet und richtig felsig aus den Wiesen aufragt. Eine sehr anspruchsvolle, lange, aber sehr schöne Wanderung beginnt in Wildbad Kreuth. Sie führt durch die Wolfsschlucht auf den Schildenstein und weiter auf die Halserspitz. Man steigt nach Norden ab und kommt über Wildbad Kreuth zurück. Da ist man allerdings acht bis zehn Stunden unterwegs. Am bequemsten geht's auf den Wallberg, den Hausberg von Rottach-Egern. Eine Kabinenbahn befördert Sie in wenigen Minuten zum Wallberghotel. Man kann die Aussicht genießen, aber auch zum Setzberg

Fährt man vom Tegernsee nach Süden in Richtung Achenpaß, kommt man nach Kreuth. Und dort sieht man das Kirchlein, das hier abgebildet ist.

Im Talgrund gibt es, angesichts der Berge, viele Wanderwege, die fast eben verlaufen – auch etwas für nicht mehr ganz so rüstige Menschen.

Das Tegernseer Bier hat Tradition. Das berühmte Münchner Kindl stammt in Wirklichkeit aus der Gegend hier: es ist ein bierbrauender Tegernseer Mönch.

DAS TEGERNSEER TAL
Oberbayern

Oberbayern **Bad Wiessee** **Gmund** **Kreuth** **Rottach-Egern** **Tegernsee**

Anzeige

Kreuth

Herzlich willkommen im
Gästehaus Sonnwend

**Familie B. Maier
Setzbergweg 4
8185 Kreuth, Tel. (08029) 368**
Ruhig gel. Haus m. herrlichem Ausblick. Modern u. geschmackvoll ausgest. Appartements m. Terr. o. Balk. **Sauna-Bio-Dampfb.** m. Sol. u. Whirlpool, Mass. u. Kosmetikanwendungen. Liegew., Aufenthalts- u. Frühst.-raum. Tennispl., Minigolf, Freibad, Rad- u. Wanderwege in unmittelb. Nähe.

Oben zeigen wir Ihnen den Tegernsee und im Hintergrund den Ort Tegernsee: Das Schloß mit der Kirche und dem Bräustübl im Keller.

D-14

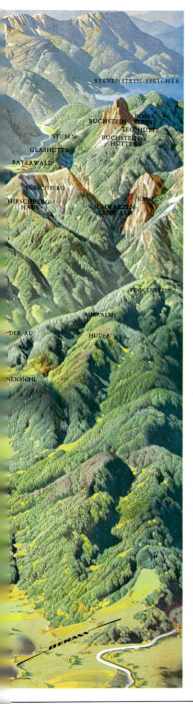

hinüberwandern, nach Enterrottach beziehungsweise Rottach-Egern absteigen.
Besonders reizvoll kann ein Trip von Tegernsee über den Spitzingsee zum Schliersee sein. Dazu fährt man mit dem Bus über Enterrottach zur Monialm. Der Sutten-Sessellift bringt einen hinauf zum Stümpfling. Damit ist die Schliersee-Region erreicht. In einer Stunde steigt man zum Spitzingsee ab und fährt mit dem Bus über Schliersee, Hausham und Gmund zurück zum Tegernsee.

Ort	Höhe	Einwohner	Gästebetten					Camping/ Stellplätze	Ferienlager
			insgesamt	in Hotels	in Gasth./ Pensionen	in Chalets/ Ferienwhg.	in Privath./ Bauernhäus.		
Bad Wiessee	735 m	5000	6000	1145	3466	190	400	–	–
Gmund	740 m	6400	1060		357	116	587	1	–
Kreuth	800–1800 m	3800	1500	186	581	162	571	1/150	1 JH
Rottach-Egern	740 m	6000	3500	1400	1300	500	300	–	1/56
Tegernsee	732–1264 m	5030	2039	600	438	244	227	–	–

Ort	Wandern				Beförderung					Hochtouren		
	Wege mark.	Rundwege	geführte Wanderungen	Alpinschule	Bus	Bahn	Schiff	Kabinenbahnen groß / klein		Sessellifte	Anzahl	Dauer	Führer
Bad Wiessee	70 km	mehrere	4× wöch.	×	×		×				12	8 Std.	1
Gmund	50 km	mehrere			×	×	×						
Kreuth	100 km	8/75 km	14tägig	×	×		×			1	mehrere		1
Rottach-Egern	60 km	2/16 km	2× wöch.	×	×		×	1		1	mehrere	8–10 Std.	1
Tegernsee	40 km	3/18 km			×	×	×				–		

Abzeichen: Wandernadeln, -abzeichen. **Hüttentouren:** 8 bewirt. Hütten im Abstand von 2 Std. (Bad Wiessee). **Ferner interessant:** Naturschutzgebiete, botanische Lehrpfade, Wald- u. Alpenlehrpfad, Wildgehege, Wasserfälle, Klammen, nostalgische Bahnfahrten. **Unterhaltung:** Heimatabende, Bauerntheater, Kinderfeste, Gästekindergarten, Gartenschach, Konzerte. Ausflugsfahrten mit dem Schiff.

Bad Wiessee

Kuramt, Adrian-Stoop-Str. 20, 8182 Bad Wiessee, (0 80 22) 8 20 51, Tx 5 26 179.
Schwimmen in 1 See, 2 Freibädern, 1 Hallenbad. **Angeln.** Surfen, Segeln (Schule). Rudern. Tretboote. Tauchen. Fahrradverleih. **Schießen:** Luftgewehr. **Tennis:** 4 Plätze. **Golf:** Platz mit 18 Loch. **Gesundheit:** Fitness-Zentrum, Kur- u. Bäderbetrieb. **Heilklimatischer Kurort,** Jod- u. Schwefelbad. **Indikationen:** Herz- und Gefäßkrankheiten, funktionelle Kreislaufstörungen, rheumatische Krankheiten, Atemwegserkrankungen, Augenleiden, Hautkrankheiten. **Veranstaltungen:** Anf. Juli: Seefest.

Gmund

Verkehrsamt, Postfach 28, 8184 Gmund, (0 80 22) 72 54; (Okt.–März: 70 55).
Schwimmen in 1 See, 2 Freibädern. **Angeln.** Surfen, Segeln (Ausrüstung, Schule). Rudern. Drachenfliegen. Fahrradverleih. **Schießen:** Luftgewehr. **Tennis:** 3 Plätze. Fitness-Zentrum. **Veranstaltungen:** Mitte Juni: Volksfest. Juli/Aug.: Sommer-, Waldfeste.

Kreuth

Kuramt, 8185 Kreuth, (0 80 29) 18 19.
Schwimmen in 1 See, 1 beh. Freibad. **Angeln.** 100 km Radwege, Fahrradverleih. **Tennis:** 15 Plätze, 1 Halle/4 Plätze, Schule. **Gesundheit:** Trimmpfade, Kneippanlagen, Kur- und Bäderbetrieb, Dialysezentrum, Heilklimatischer Kurort. **Indikationen:** siehe Tegernsee. **Veranstaltungen:** Juli/Aug.: Trachten- u. Waldfeste.

Rottach-Egern

Kuramt, 8183 Rottach-Egern, (0 80 22) 67 13 41-42, Tx 5 26 153, Telefax (0 80 22) 07 13 29.
Schwimmen in 1 See, 3 Freibädern (1 beh.). **Angeln.** Surfen, Segeln, Rudern, Tretboote (Ausrüstungsverleih). Drachenfliegen. 20 km Radwege, Fahrradverleih. **Schießen:** Luftgewehr. **Tennis:** 20 Plätze, 1 Halle/3 Plätze, Schule. **Veranstaltungen:** 1. Mai: Maibaum-Aufstellung. Juni: Fronleichnamsprozession. Ende Juni: Sommerfest des FC. Mitte Juli: Seefest. Anf. Aug.: Waldfest des Ski-Club. Mitte Aug.: Wallberglerfest. Ende Aug.: Roßtag.

Tegernsee

Kuramt, 8180 Tegernsee, (0 80 22) 18 01 40.
Schwimmen in 1 See, 2 Freibädern, 1 Hallenbad. **Angeln.** Surfen, Segeln, Rudern, Tretboote. Fahrradverleih. **Schießen:** Luftgewehr. **Tennis:** 4 Plätze, Schule. Golfplatz. **Unterhaltung:** Olaf-Gulbransson-Museum, Ausstellung »Künstler am Tegernsee«, Dichterlesungen, Vorträge, Gästeschießen. **Gesundheit:** Trimmpfade, Kur- u. Bäderbetrieb, Jod-Sole-Quelle. **Indikationen:** Atemwegserkrankungen, allgemeine Schwächezustände, Rekonvaleszenz, Herz- und Gefäßkrankheiten. **Veranstaltungen:** Apr./Mai: Frühjahrsmarkt. Mitte Juli: Waldfest. Mitte Aug.: Seefest. Anf. Sept.: Herbstmarkt. Ende Sept./Anf. Okt.: Tegernseer Woche für Kultur und Brauchtum.

Lage und Zufahrt: Kartenteil Seite 4 A 3.

Anzeigen

Bad Wiessee

Bayer. Spielbank Bad Wiessee
Fortuna im Urlaubsland
Roulette an 11 Tischen, American-Roulette, Blackjack, Spielautomaten mit Gewinnen bis zu DM 40 000,–
Täglich ab 15.00 Uhr.

Berggasthof Sonnenbichl
Pers. Leitung: Fam. Luger-Toman
D-8182 Bad Wiessee
Tel.: (0 80 22) 8 40 10 u. 8 40 19
Gepflegte Gastlichkeit: Rustikal eing. Gästezimmer m. Balkon, Bad/Du/WC, Selbstwähl-Telefon u. TV. Behagl. Aufenthalts- u. Restaurationsräume. Unsere Küche erfüllt nahezu jeden Wunsch: Wild- u. Fischger., abends Frisches v. Grill; Schonkost, eig. Konditorei.

HOTEL REX
D-8182 Bad Wiessee
Tel.: (0 80 22) 8 20 91
Als König Ferdinand von Bulgarien in den Jahren 1920–1923 hier zur Erholung weilte, gab er der damaligen »Pension Beil« den Namen »REX«. **Hier ist der Gast auch heute noch König.** Unser Haus wird nach wie vor als traditionsreicher Familienbetrieb geführt. Bereits die dritte Generation steht nun im Dienste des Gastes. **Wir wollen Ihnen die Atmosphäre bieten, die Sie zur echten Erholung brauchen! Ihre Familie Beil.**

HOTEL MARINA
Furtwänglerstr. 9, D-8182 Bad Wiessee
Tel. 08022/8601-0
Komfortables Haus m. Hallenschwimmbad, Kneippanlage, Sauna, röm. Dampfbad, Solarium u. Fitnessraum in absolut ruhiger Lage beim Jod- und Schwefelbad sowie Tennishalle und Yachthafen. Der Gast wohnt in freundlich möblierten Zimmern, alle im gediegenen Landhausstil eingerichtet und mit allem neuzeitlichen Hotelkomfort ausgestattet. Unser Restaurant mit gemütlicher Zirbelstube wird auch Sie begeistern.

BAYRISCHZELL
Oberbayern

Der heilklimatische Kurort am Fuß des Wendelsteins hat schon mehr als 900 Jahre auf dem Buckel – die meiste Zeit als Bauerndorf.

GLEICH DAHINTER STEHT DER WENDELSTEIN

Heute präsentiert sich Bayrischzell so, als wolle es im Wettbewerb »Unser Dorf soll schöner werden« siegen.

Das sicherste Kapital für Bayrischzell ist das nur eine gute Autostunde entfernte Millionendorf München. Es schickt in steter Regelmäßigkeit Skifahrer, Sonnenfreunde, Kaffeefahrer und Seilbahnbergsteiger zum Wendelstein. Dieser volks-

Oben: Bayrischzell liegt in einem reizvollen Tal – ringsum steile Berghänge.

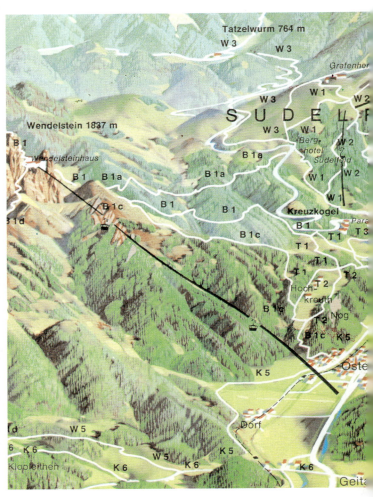

tümliche Wendelstein dient vielen Zwecken. Er trägt das Sonnenobservatorium und eine Wetterwarte, eine Rundfunk- und Fernsehstation sowie das beliebte Wendelsteinkircherl. Seit 1912 ist der Berg von Brannenburg aus durch eine Zahnradbahn erschlossen; seit 1969 schwebt auch noch eine Großkabinenbahn von Bayrischzell-Osterhofen auf den Gipfel. Die Aussicht, die vom Watzmann bis zur Zugspitze reicht, ist unverändert eindrucksvoll. An Wanderern fehlt es am Wochenende nicht. Das macht allerdings keine Probleme, denn Bayrischzell ist umschlossen von Wanderbergen und -wegen. Nicht nur am Wendelstein läßt sich gut wandern. Auch zwischen Traithen und Brünnstein sowie im Rotwandgebiet wird vom Spazier- bis zum Gipfelweg alles geboten. Und alles, mit wenigen Ausnahmen, für jedermann. Insgesamt sind es 150 km markierte Wanderwege mit vielen Brotzeitstationen. Einige Beispiele sollen für das Ganze stehen. Ein schöner Spaziergang führt von Geitau nach Birkenstein, das zu Bayerns be-

— Anzeigen

Bayrischzell

SANATORIUM TANNERHOF
D-8163 Bayrischzell
Tel.: (0 80 23) 810
Sonnige SW-Lage ● ganzjährig Kuren ● beihilfefähig ● ärztl. gel. ● Vollwertkost ● eig. biolog. Garten ● Kneipp ● medizinische Bäder ● versch. Massagen ● Elektrotherapie ● Sauna ● Trimmr. ●autog. Training ● Hallenbad ● Volkstanz ● Gesundheitsbildung ●
– Bitte Hausprospekt anfordern –

Hotel-Café-Restaurant Deutsches Haus
Familie Fries
Schlierseer Straße 16
D-8163 Bayrischzell
Tel.: (0 80 23) 202/201
Ruhige gemütliche Urlaubsatmosphäre in zentraler Lage, Nähe zu allen Kureinrichtungen. Behagliche Gästezimmer, meist mit Bad/Du/WC, Tel., TV-Anschluß und Balkon ausgestattet.
Kaminstube, große Kaffeeterrasse, Liegewiese im Hauspark. Gute Küche mit Wild-, Fisch- und Geflügelspezialitäten.

Auf dem Gipfel des Wendelsteins (1837 m).

D-15

den Brünnstein. Den Ausgangspunkt »Rosengasse« erreichen Sie mit dem Auto. Nun sind es noch zweieinhalb Stunden auf den 1619 m hohen Berg. Die letzten Meter zum Gipfel sind steil und mit leichter Kletterei (es gibt Seilsicherungen) verbunden und deshalb nur für geübte Bergsteiger. Ganz andere Dimensionen, mit viel Landschaft, bietet die Wanderung vom Zipflwirt im Ursprungstal zum Spitzingsee. Die Strecke, nicht ganz 15 km lang, verlangt vier bis fünf Stunden – durch Wald, an Bächen entlang – und ist eine ruhige Sache. Jetzt wären noch ein halbes Dutzend Gipfel, ein Dutzend Täler und zwei Dutzend Kombinationen aufzuzählen. Alle diese Tourenvorschläge erhalten Sie kostenlos im Kuramt. Wenn Sie eine bestimmte Menge Wanderungen gestempelt dort vorweisen, erhalten Sie sogar eine Wandernadel, allerdings nicht mehr ganz kostenlos.
Wer sich nicht sicher ist, oder wer lieber in größerer Gesellschaft wandert, kann das Angebot des Kuramtes nutzen, das dreimal wöchentlich mit Führer marschieren läßt. Das ist wiederum kostenlos. Abstecher in die Umgebung gibt es in Hülle und Fülle. Zum Chiem-, Schlier- und Tegernsee, nach Innsbruck, München, Salzburg und Kufstein oder ins Wettersteingebirge und ins Karwendel, nach Berchtesgaden und in den Wilden Kaiser.

liebtesten Marien-Wallfahrtsorten zählt. Der Barockaltar in der 1710 erbauten Wallfahrtskirche ist einen Blick wert. Ein weiterer sehenswerter Altar (von 1770) steht im nahen Fischbachau in der Pfarrkirche St. Martin.
Eine Wanderung zu den Tatzelwurm-Wasserfällen ist schon etwas mehr als ein Verdauungsspaziergang. Die 333 Höhenmeter sind in anderthalb Stunden zu bewältigen. An Ort und Stelle ist es sehr romantisch und erfrischend.
Eine schöne Gipfeltour führt auf

Ort	Höhe	Einwohner	Gästebetten insgesamt	in Hotels	in Gasth./ Pensionen	in Chalets/ Ferienwhg.	in Privath./ Bauernhäus.	Camping/ Stellplätze	Ferienlager
Bayrischzell	802 m	1600	2200	500	1200	200	300	–	1 JH

Wandern: 150 km markierte Wege. **Beförderung:** Bus, 1 Zahnradbahn, 1 Großkabinenbahn. **Geführte Wanderungen:** 3mal pro Woche. **Hochtouren:** 4–5 Std. Dauer, 1 Führer. **Abzeichen:** Wandernadel. **Ferner interessant:** Wasserfälle »Tatzelwurm«.

Bayrischzell

Kurverwaltung, Kirchplatz 2, 8163 Bayrischzell, (0 80 23) 6 48.
Schwimmen in 1 beh. Freibad. **Angeln** in Flüssen. Drachenfliegen. Segelfliegen. Rundflüge. Fahrradverleih. Reithalle. **Tennis:** 6 Plätze, Schule.
Unterhaltung: Heimat-, Hüttenabende, Bauerntheater, Gästekindergarten, Gartenschach.
Gesundheit: Trimmpfade, Kneippanlagen, Fitness-Zentrum, Kur- u. Bäderbetrieb, Heilklimatischer Kurort. **Indikationen:** rheumatische Erkrankungen, Erkrankungen des Bewegungsapparates, Frauenleiden. **Veranstaltungen:** Juni: Waldfest. Juli: Zeltfest. Aug.: Dorffest.
Lage und Zufahrt: Kartenteil 4 A 3.

Oben: die Dorfkirche von Bayrischzell. Traditionelles sieht man auch im Ortsteil Osterhofen (rechts). In diesem Osterhofen finden Sie die Talstation der Gondelbahn zum Wendelstein.

OBERAUDORF UND KIEFERSFELDEN
Oberbayern

Millionen von Urlaubern biegen alljährlich mit der Autobahn bei Rosenheim in das bayerische Inntal ein. Sie stellen fest, daß nun die Berge beginnen, und streben eilends nach Süden.

ZUR UNTERHALTUNG: RITTERSPIELE

Damit haben sie in wenigen Minuten ein halbes Dutzend kleiner und hübscher Fremdenverkehrsorte an der Ostflanke des Mangfallgebirges passiert, ohne sie überhaupt zu bemerken.

Die Autobahn hat es möglich gemacht, daß Brannenburg, Degerndorf und Flintsbach, Niederaudorf, Oberaudorf und Kiefersfelden sympathische kleine Sommerfrischen geblieben sind. Man betätigt sich schon bald im Jahrhundert im Fremdenverkehr, seit nämlich die Bahnstrecke von München und Innsbruck eröffnet wurde. Stolz kann Kiefersfelden zwei Prominente nennen, die zu den ersten Gästen zählten. Das waren Max von Pettenkofer sowie der große Zeichner und Verseschmied Wilhelm Busch.
Eine Attraktion in Kiefersfelden sind die berühmten Ritterspiele, die von grimmigen und blutrünstigen Moritaten berichten. Man führt sie zurück bis ins Jahr 1618, als sich hier das älteste Dorftheater etablierte. Sonst gibt es die üblichen Unterhaltungsangebote, die mit Zither und Trachten zu tun haben, sowie sportliche wie Tennis und Minigolf.
Man hat eine Reihe von Badeseen. Und in den beiden Häusern des Gastes kann man kostenlos Zeitungen lesen.
Das wichtigste für Sommerfrischen ist die Landschaft. Die ist hier in Hülle und Fülle vorhanden. Dazu gibt es eine optimale Verkehrsanbindung, die es möglich macht, in kürzester Zeit mehrere Nachbar-Reviere zu erreichen – in Bayern und in Tirol. Das ist ein Zwei-Länder-Urlaub.

Über die Tatzelwurm- und Sudelfeldstraße kommt man von Niederaudorf schon nach rund zwanzig Kilometern in die Gegend des Wendelsteins. Oder man verfällt dem Wilden Kaiser. Da muß man nicht unbedingt Kletterer sein, denn was zwischen Scheffauer- und Ackerlspitze in den Himmel ragt, ist auch schön zum Anschauen. Nur etwa dreißig Kilometer sind es von Kiefersfelden nach Ellmau und zur Wochenbrunner Alm, wo man zur Gaudeamus- oder Gruttenhütte wandern kann.

Ebenfalls in Tirol trifft man Lieblichkeiten in der Wildschönau oberhalb Wörgls. Sessellifte machen hier das Wandern besonders bequem.
Leicht erreichbar sind auch die Kampenwand und die Kitzbüheler Berge, das Rofangebirge, das Karwendel und die Tuxer Voralpen. Folgende Vorschläge sollten bei der Ausflugs- und Wanderplanung einkalkuliert werden.
Den Seilbahn-Bergsteigern ist an erster Stelle die Wendelstein-Runde zu nennen. Von Brannen-

Anzeigen

Brannenburg

Hotel-Restaurant
Besitzer: Volker Weisser
Gartenweg 2
8204 Brannenburg
Tel.: 08034/2359
EINE OASE IN HEKTISCHER ZEIT
- Idyllisch-gemütlich
- Hervorragende Küche
- Freundliche Zimmer mit Du/WC u. Balkon
- Aussichtsterrasse
- Liegewiese

Gästehaus LANDHAUS JOHANNA
Bes.: K. u. I. Langenheldt
Grafenstr. 3, 8204 Brannenburg
Tel.: 08034/7709
Freundliche, im oberbayerischen Stil eingerichtete Gästezimmer mit Du/WC, Farb-TV u. z.T. Telefon. Großer Aufenthaltsraum; Liegewiese. Ferienwohnung für 2–5 Personen. Ruhige Lage; **10 Min. zur Wendelsteinbahn.**

HOTEL-GASTHOF »ZUR POST« u. Café
D-8204 Brannenburg/Inntal
Tel.: 08034/1066 + 464
Herzlich willkommen! Haus mit familiärer Atmosphäre durch die **persönliche Leitung von Fam. Moser-Zellner.**
Sonnige u. freundlich eingerichtete Zimmer m. Du/WC, Direktwahltelefon u. Balkon. 9-Platz-Schießanlage. Gr. Caféterr. m. Bergblick. Sauna, Solarium. Nur 15 Min. zum Sudelfeld. P, Garagen.

Problemlos telefonieren

Wenn Sie von anderen Ländern dort anrufen wollen, müssen Sie die 0 am Anfang der Vorwahl weglassen und folgende Nummer vorauswählen:

Aus Deutschland
nach Österreich	0043
in die Schweiz	0041
nach Italien	0039

Aus Österreich
nach Deutschland	060
in die Schweiz	050
nach Italien	040

D-16

burg tuckert man mit der Zahnradbahn in einer Stunde auf den berühmten Aussichtsgipfel. Man kann dort oben entweder nur schauen oder auch heiraten. Viele tun das dort, im berühmten Wendelsteinkircherl. In wenigen Minuten ist man mit der Kabinenbahn in Bayrischzell. Mit dem Bus geht es zurück ins Inntal. Ganz nahe ist der Kaiserlift, der von Kufstein in die Nordflanke des Scheffauer führt und eine bequeme Wanderung zur Kaindlhütte ermöglicht.

Für Wanderer ist der Brünnstein wichtig, der Hausberg der Ober- und Niederaudorfer. Über den Luegsteinsee, Mühlau und Rechenau sind es drei Stunden bis zum Brünnsteinhaus. Der Weg zum Gipfel (1619 m) wird steil (nur für Geübte) und beansprucht gute dreißig Minuten.
Fast eine Pflicht ist es, einmal von Kufstein in das Kaisertal hineinzumarschieren. Ob man es dann schon beim Gasthaus Pfandlhof (nach anderthalb Stunden) gut sein läßt und die berühmten Kaisergipfel wie Karlspitze, Kleine Halt und Totenkirchl bei einem kühlen Bier bewundert oder ob man es bis nach Hinterbärenbad zum bewirtschafteten Anton-Karg-Haus durchsteht (drei Stunden), kann man sich aussuchen. In beiden Fällen hat man ein gutes Stück vom Wilden Kaiser gesehen.
Wer es dann noch bis zum Stripsenjoch in 1580 m Höhe schafft (fünf Stunden), steht mitten im Herzen dieses Wilden Kaisers.

Ort	Höhe	Einwohner	Gästebetten insgesamt	in Hotels	in Gasth./ Pensionen	in Chalets/ Ferienwhg.	in Privath./ Bauernhäus.	Camping/ Stellplätze	Ferienlager
Kiefersfelden	500 m	6000	1300	200	460	240	400	–	–
Oberaudorf	500 m	5000	2000	600	550	550	300	1/45	1 JH

Ort	Wandern				Beförderung			Hochtouren		Abzeichen
	Wege insg.	Wege mark.	Rundwege	geführte Wanderungen	Bus	Bahn	Sessellifte	Anzahl	Dauer	
Kiefersfelden	60 km	60 km	2/50 km	3× wöch.	×	×		mehrere	3–5 Std., 2 Tg.	Punktesystem, Supernadel
Oberaudorf	65 km	65 km	1/10 km		×	×	1	mehrere	3–10 h, 2 Tg.	Punktesystem, Tourenabzeichen

Ferner interessant: Klammen, Höhlen, Wasserfälle. **Unterhaltung:** Heimat-, Hüttenabende, Bauerntheater, Gästekindergarten, Gartenschach, Konzerte.

Kiefersfelden
Verkehrsamt, 8205 Kiefersfelden, (0 80 33) 84 90 mit Mühlbach.
Schwimmen in 6 Seen, 1 Hallenbad. **Wildwasser. Angeln** in Seen und im Inn. **Wasserski:** Wasserskilift, Unterricht. 30 km Radwege, Fahrradverleih. **Reiten:** Unterricht. **Tennis:** 7 Plätze, Unterricht. Asphaltstockbahn. Trimmpfade. **Gesundheit:** Medizinische Badeanstalt. **Veranstaltungen:** Mai: Trial-Weltmeisterschaft. Mai–Aug.: Wasserskishows, Wasserskimeisterschaften. Juni: Weinfest. Juli: Bierzeltwoche. Juli/Aug.: Ritterspiele. **Pauschalangebote:** April–Juni, Sept.–Nov.: Wanderwochen. Mai–Okt.: Wasserskispaß, Angeln. Juli/Aug.: Ritterpauschale.

Oberaudorf
Verkehrsamt, Kufsteiner Str. 6, 8203 Oberaudorf, (0 80 33) 3 01 20.
Schwimmen in 6 Seen, 1 Stausee, 1 beh. Frei- und Hallenbad. **Angeln** in Seen und Flüssen. **Drachenfliegen** (Schule). Fahrradverleih. **Tennis:** 12 Plätze, 1 Halle/3 Plätze, Schule. **Gesundheit:** Trimmpfade, Kneippanlagen, Medizinische Badeanstalt. **Veranstaltungen:** Ende Juli/Anf. Aug.: Bierzelt-Festwoche. Juli: Dorffest Niederaudorf; Luegsteinseefest. Aug. bzw. Sept.: Weinfest. **Pauschalangebote:** Mai–Sept.: Wanderferien, Tennisferien.

Lage und Zufahrt: Kartenteil Seite 4 A 3.

Anzeigen

Lebendige folkloristische Tradition um Kiefersfelden und Oberaudorf — musikalische Darbietungen, Volkstanz (Bild oben) oder die weithin berühmten Kiefersfeldener Ritterspiele.

Niederaudorf

HOTEL-GASTHOF-METZGEREI KEINDL
Besitzer: Familie Josef Waller
D-8203 Niederaudorf
Telefon: 0 80 33/10 11
Rustikales, behagliches Haus. Die Zimmer neu eingerichtet m. Du/WC, Tel., Balkon u. TV-Anschluß. Lift. Ferienwohnungen für 2-4 Personen. Sauna, Solarium. Anerkannt gute Küche. Gemütlich sitzt man im Biergarten (wöchentl. Standkonzerte). Beste Lage für Ausflüge, Wanderungen im Inntal. Ideal für Feiern mit festlicher Tafel.

Oberaudorf

D-8203 OBERAUDORF, INNTAL am KAISERGEBIRGE

Schöne Ferienwohnungen für 2–5 Pers., Hallenbad, Sauna, Garage, Tischtennis, Solarium, Trimm-Raum, Pool-Billard, große Liegewiese, ruhige Lage (Waldnähe). NS-Sonderpreise (z.B. 3 Wochen wohnen 2 Wochen bezahlen).

Hausprospekt Hartl Binder,
8203 Oberaudorf, Bad Trißl-Str. 44–50,
Telefon 0 80 33/18 49

CHIEMSEE UND PRIENTAL

Oberbayern   Prien a. Ch.   Aschau   Sachrang

Einer der größten Seen am nördlichen Alpenrand wird von den Einheimischen sogar als Bayerisches Meer bezeichnet: der Chiemsee.

BAYERISCHES MEER UND CHIEMGAUER ALPEN

Gleich südlich des Sees steigen die Chiemgauer Alpen an, Aussichts- und Wanderberge mit über 1600 Meter Meereshöhe.

Der Chiemsee ist nur einer von 21 Seen in der näheren Umgebung, allerdings nicht allein der größte, sondern auch der bekannteste. Und ein königlicher See zugleich, ließ doch Bayerns König Ludwig II. im 19. Jahrhundert hier eine prachtvolle Nachbildung des Schlosses von Versailles erbauen: Schloß Herrenchiemsee.
Bei Seglern und Windsurfern ist der Chiemsee ebenso beliebt wie bei Schwimmern, denn er wird im Sommer wärmer als mancher andere See am Alpenrand. Um den Gästen ganz bestimmt badewarmes Wasser zu bieten, haben zahlreiche Gemeinden, allen voran der Ort Prien am Chiemsee, beheizbare Freibäder unmittelbar am See gebaut. Auch eine originelle Wassersportmöglichkeit bietet die Kurverwaltung in Prien: das Wanderrudern. Dabei erhalten die Gäste ein Ruderboot und ein Arrangement für beliebig viele Übernachtungen mit Frühstück. Jeden Tag können sie an einem anderen Steg festmachen und ein anderes Quartier am Seeufer beziehen. Außer Wassersport bietet Prien auch einiges zu Lande – beispielsweise 50 Kilometer Rundwanderwege und 55 Kilometer Radwege, Fahrradverleih, geführte Wanderungen, Frei- und Hallenbäder, aber natürlich auch die Möglichkeit, nicht nur mit dem eigenen Boot, sondern auch auf den öffentlichen Schiffen kreuz und quer über den Chiemsee zu fahren. Beliebteste Ziele der Schiffsausflüge sind die beiden Inseln Herrenchiemsee mit dem Märchenschloß und Frauenchiemsee mit dem vor 1200 Jahren gegründeten Kloster.
Während sich das sanfte Hügelland in unmittelbarer Umgebung des Chiemsees gleichermaßen für Radtouren und ausgedehnte Spaziergänge eignet, beginnt in dem südlich in die Alpen führenden Priental das Revier der Bergwanderer. Die im wahrsten Sinne des Wortes herausragenden Erscheinungen im Priental sind Kampenwand, Geigelstein, Hochries und Spitzstein. Diese vier Gipfel zählen innerhalb der Chiemgauer Alpen zu den prominentesten. Mit Höhen zwischen 1500 und 1813 Metern reichen sie allerdings noch nicht in die hochalpinen Zonen. Es handelt sich also um eine sehr grüne und liebliche Landschaft – auch wenn da und dort Felsiges aus den Almwiesen emporsteigt.

Anzeigen

Prien am Chiemsee

Direkt am Ufer d. Chiemsees bieten wir: Eigenen Jachthafen und Badestrand. Hoteleigene 2-Mast-Jacht für 24 Personen. **Aktivprogramme:** Segeln, Surfen, Heißluft-Ballonfahren, Paragleiten, Wildwasserfahrten, Bergtouren, Paddeln, Tennis, Squash, Kegeln, Billard, **Sauna, Hallenbad, Whirlpool,** Reiten, **Golf in der Nähe.** Mod. Haus; gemütl. Restaur. u. Seeterr., Kräuterstüberl, Kaminbar. Zimmer m. 2 Franz. Betten, Kinder unter 12 Jh. ohne Aufschlag. Ganzj. geöffnet.

64

D-17

Zugegeben: An der Kampenwand sieht das schon ganz imponierend aus, vor allem, weil die Chiemgauer Alpen recht übergangslos aus der Ebene aufsteigen. Wer sich die Mühe des Aufstiegs ersparen, den prächtigen Blick über Seen trotzdem genießen will, kann einige der Berge mit der Seilbahn besteigen.

An den Prientaldörfern Aschau und Sachrang ist der Touristenboom bisher auf der Salzburger Autobahn vorbeigezogen. Deshalb haben beide Orte ihren rustikalen Charakter behalten. Das Wanderrevier ist präzise abgesteckt und hervorragend eingerichtet. Mit dem Nachbarort Bernau zusammen gibt es 310 Kilometer numerierte und markierte Wanderwege – 43 verschiedene Routen und Bergtouren der verschiedensten Schwierigkeitsgrade bis ins benachbarte Tirol hinein. Der vielseitigste unter allen Gipfeln ist ohne Zweifel die Kampenwand. Für Enkel und Opa, für Spaziergänger und extreme Felskletterer – für alle ist hier gesorgt. Die Gondelbahn führt auf 1500 Meter hinauf. Bis zum Gipfel sind es dann noch einmal etwa 160 Höhenmeter. Dazu muß man allerdings trittsicher und schwindelfrei sein. Wer vom Tal zur Bergstation der Kampenwandgondelbahn aufsteigen will, muß etwa drei Stunden einkalkulieren. Auch für die Hochries sind etwa drei Stunden Zeit nötig. Kombiniert mit der Bergbahn braucht man jedoch nur halb so lange. Von Vorteil ist, daß dort das Gasthaus direkt auf dem Gipfel steht. So kann man Essen und Schauen sehr schön verbinden. Die Talstation der Hochries-Bergbahn steht in Grainbach, einem Teilort der Gemeinde Samerberg.

Auch Sachrang hat auf beiden Seiten des Prientals seine Paradeberge, aber keine Bergbahnen. Dafür ist der Aufstieg zum Spitzstein und der Weg zurück nur vier Stunden lang – plus Gipfelrast und Aufenthalt im schön gelegenen Spitzsteinhaus. Der Geigelstein verlangt allerdings seine sechs Stunden hinauf und hinunter.

Ort	Höhe	Einwohner	Gästebetten insgesamt	in Hotels	in Gasth./Pensionen	in Chalets/Ferienwhg.	in Privath./Bauernhäus.	Camping/Stellplätze	Ferienlager
Prien a. Ch.	520–610 m	9300	4500	600	200	400	800	2/120	1 JH
Aschau/Sachrang	615–740 m	4300	2400	100	1050	450	800	–	–

Ort	Wandern Wege mark.	geführte Wanderungen	Beförderung Bus	Bahn	Kabinenbahnen groß	klein	Hütten bewirt.	unbew.	Abstand	Abzeichen
Prien a. Ch.	110 km	2× wöch.	×	×			10	12	1–4 Std.	Radel-Paß, Priental-Wandernadeln, Krax'l-Ausweis, Prientaler Wolpertinger
Aschau/Sachrang	310 km	2× wöch.	×	×		1				

Außerdem: mehrere Rundwanderwege, 50 km (Prien a. Ch.). **Ferner interessant:** Naturschutzgebiet, Freizeitpark, nostalgische Bahnfahrt (Prien a. Ch.); Wildgehege, Wasserfälle (Aschau/Sachrang).

Prien am Chiemsee

Kurverwaltung, Haus des Gastes, 8210 Prien a. Ch., (0 80 51) 30 31, Btx ✱ 22 89 51 088 #.
Schwimmen: im See, in 3 Freibädern (1 beh.), 3 Hallenbädern. Ausflugsfahrten mit dem Schiff. **Wildwasser:** 30 km befahrbare Strecke. **Angeln** im See. **Ausrüstungsverleih:** Surfen, Segeln, Ruder-, Tretboote. **Unterricht:** Surfen, Segeln, Rudern, Tauchen. Fahrradverleih, 55 km Radwege. **Tennis:** 14 Plätze. **Golf:** Platz mit 9 Loch. **Drachenfliegen** in Grassau. **Schießen:** Luftgewehr.
Gesundheit: Trimmpfade, Kneippanlagen, Fitness-Zentrum, Kur- und Bäderbetrieb.
Unterhaltung: Heimatabende, Bauerntheater, Kinderfeste, Gästekindergarten, Gartenschach, Konzerte, Dia-Vorträge. Juni–Sept. (freitags) Tanzschiffahrt.
Hobbykurse und Aktivangebote: März/April: Vogelstimmenwanderungen. Mai–Sept.: Radwanderungen, Kräuterwanderungen.
Veranstaltungen: Vereinsfeste. Ende Juni/Anf. Juli: Bierfest. Mitte Juli: Sommermarkt. 15. Aug.: Marktfest.
Pauschalangebote: Dorftourismus und Langzeiturlaub. Fit und Frei – Priener Prisen (verschiedene Aktions-Angebote). König-Ludwig-Pauschalprogramm. Wanderrudern. Oktoberfestpauschale.

Aschau i. Ch./Sachrang

Kurverwaltung, 8213 Aschau im Chiemgau, (0 80 52) 3 92.
Verkehrsverein, Dorfstr. 20, 8213 Sachrang, (0 80 57) 3 78.
Schwimmen in 2 Freibädern, 1 Moorfreischwimmbad, 1 Hallenbad. Fahrradverleih. **Tennis:** 4 Plätze. **Drachenfliegen** (Hochries und Kampenwand). **Gesundheit:** Kneippanlage, Heilwasser.
Unterhaltung: Heimatabende, Bauerntheater, Gästekindergarten, Gartenschach, Dia-Vorträge, Filmvorführungen, Schloßkonzerte, Kindereisenbahn, Almtänze.
Hobbykurse und Aktivangebote: Basteln, Batik, Seidenmalerei, Stricken, Baumpflanzen, Radwanderungen.
Veranstaltungen: Aschau: Juli: Vereinsfeste. Anf. Sept.: Traditioneller Markt. Sachrang: Aug.: Waldfest. Mitte Sept.: Bayerische tirolische Grenzwallfahrt zur Ölbergkapelle in Sachrang.

Lage und Zufahrt: Kartenteil Seite 4 A/B 2/3.

Anzeigen

Chiemgaudreieck: Inzell-Ruhpolding-Reit im Winkl

Das Chiemgaudreieck
3 Ferienorte – ein Erlebnis

Inzell

Inzell weist 150 km Wanderwege auf, die abwechslungsreiche Touren für die ganze Familie bieten. Besonders bekannte Ziele sind der Gletschergarten und das Moorgebiet mit seltenen Pflanzen und Tieren. »Aktiverholen« nennt sich ein spezielles Freizeitsportprogramm unter sachkundiger Anleitung

Verkehrsverein 8221 Inzell
Rathausplatz 5
Tel.: (08665) 862, Tx.: 56533

Ruhpolding

Ruhpolding verfügt über alle nur denkbaren Freizeiteinrichtungen: Ein Dutzend Tennisplätze, eine Reithalle, Drachen- und Motorflugmöglichkeiten, ein Kunsteisstadion, Freizeitparks und ein Märchenkindergarten seien stellvertretend genannt. 50 km Rad- und 240 km markierte Wanderwege vervollständigen das reichhaltige Angebot.

Kurverwaltung 8222 Ruhpolding
Hauptstraße 60;
Tel.: (08663) 1268, 1269
Tx.: 56550

Reit im Winkl

Reit im Winkl ist als Heimat der »Goldrosi« Mittermaier von der 10 km entfernten Winklmoosalm wohlbekannt. Auch Maria und Margot Hellwig haben hier ihren »Kuhstall«. Wie die beiden anderen Orte bietet auch Reit im Winkl seinen Sommergästen ein reichhaltiges Sport-, Freizeit- und Unterhaltungsprogramm. Das örtliche Bauerntheater hat eine 80jährige Tradition.

Verkehrsamt 8216 Reit im Winkl
Tel.: (08640) 8207, Tx.: 563340

Inzell

Hotel Bayerischer Hof
D-8221 Inzell
Tel.: (0 86 65) 677-0, Tx 5 65 81 bhi d
Herzlich willkommen! Haus im typisch alpenländischen Stil mit herrlichem Bergblick. Behagliche Zimmer m. Bad/Du, WC, Tel., Radio u. TV. Gastlichkeit u. Gemütlichkeit erwarten Sie in unserem rustikalen Restaurant und danach bei Kerzenlicht in der Bar. Schönes Hotelhallenbad, Sauna, Solarium.

DAS BERCHTESGADENER LAND
Oberbayern

Bad Reichenhall   Berchtesgaden   Bischofswiesen

Anzeigen

Reisen mit der Bahn

Mit der Bahn nach Berchtesgaden.

Wenn Ihr Wanderurlaub von Anfang an streßfrei sein soll, reisen Sie am besten mit der Bahn an. Ab Hamburg und Umgebung fahren Sie am besten mit dem Fern-Express „Königssee" und aus dem Ruhrgebiet mit dem Fern-Express „Berchtesgadener Land" schnell und bequem direkt und ohne umzusteigen nach Berchtesgaden.

Deutsche Bundesbahn

Marktschellenberg Ramsau Schönau a. Königssee Schneizlreuth

D-18

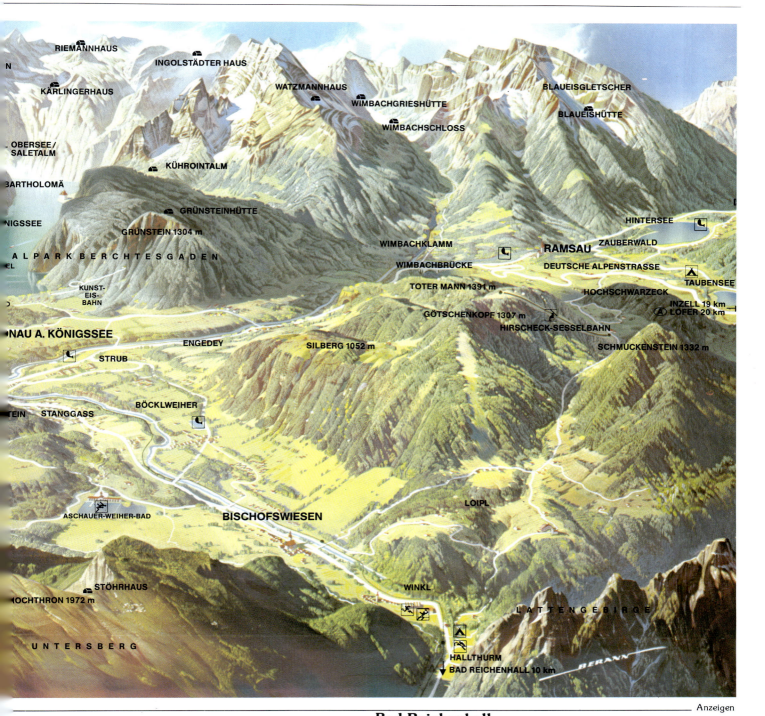

Bad Reichenhall

Bayer. Spielbank Bad Reichenhall

Alternative am Abend

Roulette an 9 Tischen, American-Roulette, Blackjack, Spielautomaten mit Gewinnen bis zu DM 40.000.– sowie eine Super-Jackpot-Anlage.

Täglich ab 15.00 Uhr.

Tiefgarage im Hause.

HOTEL PENSION ERIKA
D-8230 Bad Reichenhall
Tel.: 08651/3093
- 50 Betten
- Alle Zimmer m. Bad/Du, WC, Tel., Antennenanschluß u. Doppeltüren
- Gesellschaftsraum, TV-Raum, Lift
- Solarium
- Großer gepflegter Garten mit Liegewiesen und Sonnenterrasse
- Parkplatz, Autoboxen

DAS BERCHTESGADENER LAND
Oberbayern

Bad Reichenhall   Berchtesgaden   Bischofswiesen

Die einen hätten noch gern eine Seilbahn auf den Watzmann, die anderen möchten unbedingt Olympische Winterspiele im Land. Manche wollen beides. Es gibt aber auch Berchtesgadener, denen gefällt ihr Land genau so, wie es ist.

DIE GEGEND, DIE VON DEN MALERN ENTDECKT WURDE

Die Berchtesgadener können sicher sein: Auch die Urlauber rund um den Königssee finden an der Landschaft nichts auszusetzen.

Daß die Berglandschaft zwischen Untersberg, Stadelhorn und Hagengebirge zu den Ausnahmefällen zählt, haben schon die Maler im letzten Jahrhundert erkannt. In einem Jahr zählte man 149 Künstler im berühmten Malerwinkel am Königssee. Darunter so arrivierte wie Caspar David Friedrich und Moritz von Schwind. Auch Ganghofer war begeistert von der hinreißenden Mischung aus Berg und Tal, Wald und Wasser. Er nahm Berchtesgaden als Hintergrund für seine lebensprallen Romane.

Den letzten Beweis lieferte der Bayerische Landtag 1974, als er den »Nationalpark Berchtesgaden« installierte.

Man hat in Berchtesgaden die Natur nicht sich selbst überlassen, sondern gut vorgesorgt, damit sich die Gäste wohlfühlen und nicht langweilen. Das beginnt schon bei der Einrichtung einer Kurdirektion für das ganze Berchtesgadener Land, die alle Orte betreut. Zusammen sind das 23 500 Betten, Kongresse, Tagungen, Veranstaltungen, 240 km markierte Wanderwege und Diskussionen mit Grünen, Alpinisten und Naturschützern.

Neben dem Fremdenverkehr betätigen sich die Berchtesgadener Gemeinden auch als heilklimatische Kurorte. Sie bieten Klima- und Solekuren in einer einmalig schönen Landschaft an.

Daß die Gesunden gesund bleiben – dafür wird ebenfalls gesorgt. Im Panorama-Tennispark gibt's Frei- und Hallenplätze, Squash und Tischtennis, Minigolf und Sauna. Jeden Dienstag und Donnerstag werden Tennis-Gästeturniere veranstaltet.

Der Reiterhof Pfaffenlehen ist für die Reiter da, drei geheizte Freibäder für Schwimmer und Faulenzer, die Bergschule für angehende Bergsteiger. Dort kann man einen Bergsteiger-Grundkurs machen oder unter Führung durch den Alpenpark marschieren.

Und am Abend geht alle Welt ins Bauerntheater.

Unter dem Motto »Land und Leute kennenlernen« hat man ein starkes Ausflugsprogramm parat. Nummer eins ist und bleibt der Königssee. Er ist 8 km lang, 1200 m breit und 192 m tief. Vor allem ist er schaurig schön. Elektroboote fahren am laufenden Band nach St. Bartholomä und Obersee. In St. Bartholomä kann man Kaffee trinken, eine kleine Runde drehen und ehrfürchtig zur Watzmann-Ostwand hinaufschauen. Sie ist mit 2000 m die höchste der Ostalpen. Steigt man an der Salletalm aus, kann man auf dem Uferweg am Obersee entlangwandern. Ein Felssturz hat ihn im Jahr 1117 vom Königssee getrennt. (Die Bootsfahrt allein dauert knapp zwei Stunden.)

Eine besondere Attraktion ist das Salzbergwerk. In Bergmannstracht fahren Sie mit der Grubenbahn in den Berg hinein, mit dem Floß über den Salzsee und auf Rutschen von Stollen zu Stollen. Ein hervorragender Aussichtsplatz ist der Kehlstein, ein 1834 m hoher Fels, gekrönt vom Kehlsteinhaus, das als »Hitlers Teehaus« bekannt wurde – auch wenn es kein Teehaus war und Hitler sich nur fünfmal dort oben aufhielt. Wandert man nicht zu Fuß hinauf, dann geht es nur mit dem Spezialbus über die Kehlsteinstraße (6,5 km lang, 700 m Höhenunterschied), die wegen ihrer kühnen Trassenführung eine Attraktion für sich ist. Vom Parkplatz führt ein 120 m langer Tunnel zum Lift, der die restlichen 124 m hochfährt und im Kehlsteinhaus endet. Wer gerne seine Haarnadel-Kurventechnik prüfen will, kann die Roßfeld-Ringstraße fahren. Sie ist 16 km lang, erreicht eine Höhe von 1600 m, weist große Steigungen auf, ist mautpflichtig und bietet immer wieder schöne Aussichten.

Wo kann man wandern? Wohin muß man wandern? Am einfach-

Das Bild rechts zeigt Berchtesgaden. Und im Hintergrund den Watzmann.

Die drei Fotos rechts entstanden in Bad Reichenhall: der Kurgarten (links), die Wandelhalle (Mitte) und ganz rechts das Kurmittelhaus in der Fußgängerzone.

Das schön in die Landschaft gefügte Aschauerweiher-Bad, halbwegs zwischen Berchtesgaden und dem kleinen Ort Bischofswiesen (links).

Marktschellenberg Ramsau Schönau a. Königssee

D-18

sten ist es, an geführten Wanderungen teilzunehmen. Allerdings ist hier das Angebot recht spartanisch. Schönau a. Königssee veranstaltet pro Woche eine Führungstour, ebenso Berchtesgaden in den Frühlings- und Herbstwochen. Drum geben wir hier eine Handvoll Tips.

Die ersten vier sollen die Nationalpark-Vielfalt aufzeigen. Der neue Malerwinkel-Rundweg gehört dazu. Er führt zu dem Platz, wo man den See, St. Bartholomä und die Watzmann-Ostwand im Original sieht – so, wie sie millionenfach vervielfältigt für Berchtesgaden werben. (Die reine Gehzeit beträgt gut eine Stunde. Man kann auch mit dem Boot dorthin kommen.) Eine kurze und leichte Wanderung bietet der Gerner Höhenweg. Er verläuft von Berchtesgaden nach Norden, liegt eine Etage über dem Luftkurort und geizt nicht mit Ausblicken auf die ganze Berchtesgadener Bergkette. Dabei lohnt es sich, einen Blick auf die beliebte Wallfahrtskirche Maria Gern zu werfen. (Das ganze Unternehmen dauert gut zwei Stunden.)

Zu den schönsten Zielen zählt der Jenner: Bergstation der Jennerbahn (einer Kabinenbahn in zwei Sektionen), Aussichtsterrasse und Ausgangspunkt für Bergwanderungen. Eine gute Lösung ist es, wenn man zum Auftakt die Obersalzbergbahn benützt, dann eine gute Stunde zur Mittelstation der Jennerbahn läuft und zur Jennerbergstation hochfährt. Hier kann man mit einer Menge Leute die Alpen bewundern, Kaffee trinken und wieder hinunterfahren. Weitaus schöner ist die Höhenwanderung von der Mittelstation der Jennerbahn zur Gotzental-Alm. Auf dem Königsweg, einem flachen Steig, pilgert man über Al- und Kuhfladen hoch über dem Königssee, zur Gotzental Alm (1105 m). Das ist ein Platz, wie geschaffen zum Rasten. Man steigt zur Haltestelle Kessel am See ab, hat drei bis vier Stunden hinter sich und fährt mit dem Schiff nach Hause.

Ganz andere Aussichten erlauben die Wanderwege zur Kühroint-Alm. Von der Wimbachbrücke weg gibt es viel Wald, schöne Forstwege und auch steilere Abschnitte. Auf der Alm grasen keine Kühe mehr. Dafür hat man 25 Minuten weiter einen herrlichen Ausblick von der Archenkanzel. Insgesamt sind Sie hier am Watzmann fünf Stunden unterwegs. Schließlich zum Hochkalter. Der Gipfel ist nur von guten Bergsteigern erreichbar. Aber die Schärtenalm, oder, noch besser, die Blaueishütte vermitteln auch einen guten Eindruck vom Hochkaltermassiv. Von der Schärtenalm (drei Stunden) hat man eine schöne Aussicht auf die Reiter Alpe. Schafft man auch noch die Blaueishütte, steht man mitten in einem eindrucksvollen Hochgebirgsrahmen.

Von St. Bartholomä kann man auf dem Schuttkegel des Eisbachs zur Eiskapelle hochsteigen. Das ist keine richtige Kapelle, sondern der torartige Ausfluß des Bachs. Mit einem Schlag ist dort oben, obwohl nur zweihundert Meter höher, alle Lieblichkeit verschwunden. Der Ernst des Hochgebirges wird fast körperlich spürbar. Selten und schön sind die Laubwälder von St. Bartholomä. (Gehzeit drei Stunden.)

Eine Besonderheit stellt das Wimbachtal dar. Hier wandert man über einen 7 km langen Strom von Gesteinsschutt, der jährlich 4500 Kubikmeter Gries durch die Wimbachklamm ins Tal befördert. Ausgangspunkt ist der Parkplatz an der Wimbachbrücke. Man wandert durch die romantische Wimbachklamm bis zum Wimbachschloß, einem Jagdhaus von anno dazumal. Noch eindrucksvoller ist der zweite Teil zur Wimbachgrießhütte. (Der Zeitaufwand beträgt einmal drei und einmal sechs Stunden.)

Im Klausbachtal, zwischen Hochkalter und Reiter Alpe sowie hinter dem Hintersee, sind zwei besuchenswerte Almen zu finden. Der bequeme Weg in den Talgrund wird von ursprünglichen Bergmischwäldern und den Südabstürzen der Reiter Alpe geprägt. Die Almsiedlung zeigt einige historische, restaurierte Almgebäude, die hier »Rundumkaser« genannt werden. (Gehzeit drei bis vier Stunden.)

Die Halsalm, 1240 m hoch, wird in zwei bis drei Stunden auf einer Rundwanderung erreicht. Sie bietet schöne Tiefblicke auf den Hintersee, viele Blumen im Frühling sowie Gemsen und Rehe das ganze Jahr. Die Schellenberger Eishöhle ist ebenfalls eine Fußreise wert. Man erreicht sie von Schellenberg in drei und von der Untersbergbahn-Bergstation in zwei Stunden. (Die Führung auf ausgebauten Wegen und Holztreppen zeigt die unterschiedlichsten Eisgebilde und dauert eine Stunde.) Ein weiteres Naturschauspiel liefert die Almbachklamm mit allem, was dazugehört: Schluchten, Wasserfälle, ausgesprengte Felswege und 29 Brücken. Bayerische Pioniere haben 1894 diese Weganlage durch die drei Kilometer lange Schlucht gegraben. (Die leichte und bequeme Wanderung dauert drei Stunden.)

Ort	Höhe	Einwohner	Gästebetten insgesamt	in Hotels	in Gasth./ Pensionen	in Chalets/ Ferienwhg.	in Privath./ Bauernhäus.	Camping/ Stellplätze	Ferienlager
Berchtesg.Land*)	480–1100 m	24217	23491	3240	8836	2382	5919	5/584	2/2 JH

Wandern: 240 km markierte Wege. 3 Rundwanderwege, 30 km. **Beförderung:** Bus, Bahn. 2 Kleinkabinenbahnen, 2 Sessellifte. Alpinschule. **Geführte Wanderungen:** 1mal pro Woche in allen Orten. **Hochtouren:** 10; 1–6 Tage Dauer; Tourenführer. **Hüttentouren:** 16 bewirt., 3 unbewirt. Hütten. **Abzeichen:** »Goldener Rucksack«, »Bergsteiger Hochalpin«. **Ferner interessant:** Alpennationalpark, Naturschutzgebiet, Klammen, Höhlen, Wasserfälle.

Berchtesgadener Land

Kurdirektion, Postfach 240, Königsseer Str. 2, 8240 Berchtesgaden, (0 86 52) 50 11, Tx 56 213.
*) Die Angaben sind auch für folgende Orte: 8242 Bischofswiesen, 8246 Marktschellenberg, 8243 Ramsau, 8240 Schönau a. Königssee.
Schwimmen in 2 Seen (Ausflugsfahrten mit dem Schiff), 3 beh. Freibädern, 1 Hallenbad. **Wildwasser:** 25 km befahrbare Strecke. Rudern. Tretboote. **Angeln** in Seen und Flüssen. **Drachenfliegen** am Jenner/Königssee. Fahrradverleih. **Reiten:** 1 Halle, Schule, Pferdeverleih. **Tennis:** 12 Plätze, 1 Halle/ 3 Plätze, Schule. **Squash:** 5 Courts. **Golf:** Platz mit 9 Loch.
Unterhaltung: Heimatabende, Bauerntheater, Dia- u. Filmabende, Vorträge, Kindertheater, Kurkonzerte.
Hobbykurse und Aktivangebote: Bauernmalerei. Bergsportprogramm.
Gesundheit: Vita-Parcours, Kneippanlagen, Terrainkurwege, Fitness-Zentrum, Heilklimatischer Kurort. **Indikationen:** Herz-, Kreislauf- und Gefäßerkrankungen, Atemwegserkrankungen, Hautkrankheiten, leichte Formen von Anaemie, Erkrankungen im Kindes- u. Jugendalter, Mucoviszidose, leichte Formen von Gelenk- u. Muskelrheumatismus.
Veranstaltungen: Kultur-, Sport-, Brauchtums-, Unterhaltungsveranstaltungen.
Pauschalangebote: April: Frühlings-Hit. Okt.: Herbst-Hit.
Lage und Zufahrt: Kartenteil Seite 4 B 3.

Auf allen Strassen richtungweisend. Die Strassenkarten von Kümmerly + Frey.

   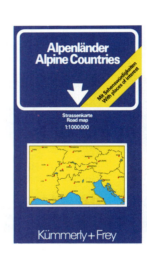 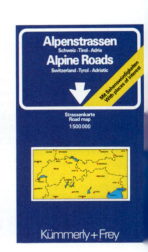

Kümmerly+Frey

URLAUB IN DEN BERGEN
ÖSTERREICH

Österreich ist immer noch »wanderbar«, auch wenn jener Fremdenverkehrs-Slogan längst ausgedient hat. Fußgänger finden in Österreich eine unendliche Zahl von Aktionsmöglichkeiten in vielerlei Spielarten.

Die Spaziergänger treffen fast überall auf Wege, wo man sich mehr oder weniger abwechslungsreich die Füße vertreten kann. Die Bergwanderer werden am besten versorgt, harmlose Jochbummler ebenso wie anspruchsvolle Hochgebirgswanderer. Überall wurden Wege und Steiganlagen eingerichtet; man hat nicht mit Farbe gespart, damit niemand vom rechten Weg abkommt. Komfort-Wanderer finden auf bald jedem zweiten Berg eine Seilbahn montiert, die den Tourenradius wesentlich erweitert. Ganz fortschrittliche Wanderdörfer sind bereits dabei, die Wanderwege nach ihrer Schwierigkeit farbig zu markieren. Zum Beispiel verrät die blaue Farbe, daß es sich um eine leichte Strecke handelt, rot besagt, daß hier ein mittelschwerer Wanderweg zu erwarten ist und schwarz zeigt an, daß dieser Pfad schwierig ist.

Doch nicht genug: alle Fremdenverkehrsorte (oder wenigstens fast alle) veranstalten regelmäßig geführte Wanderungen – und das kostenlos; auch wenn's nur einmal in der Woche ist. Die engagierten Orte lassen allerdings täglich wandern, mit unterschiedlichen Zielen und unterschiedlicher Schwierigkeit.

Wer von vornherein die Wanderei in eigener Regie angeht, findet nicht selten vor Ort eine regionale Wanderkarte oder ein lokales Wanderbüchlein. Oder beides. Unüberschaubar ist inzwischen die Zahl der Wander- und Bergsteigernadeln. Davon hat nun wirklich jeder Ort, der nur ein wenig auf sich hält, mindestens eine in olympischer Abstufung: in Bronze, Silber und Gold. Einige Orte bringen es bei diesen Nadeln bis zu einem Dutzend. In diesem Sport kann man sich seine Leistungen buchstäblich an den Hut stecken.

Die Bergsteiger zählen in diesem Land zu den Wegbereitern des alpinen Urlaubs. Entsprechend groß und vielseitig ist deshalb auch das Angebot für Kletterer, Eisgeher und andere Hochtouristen – vom Großglockner in den Hohen Tauern bis zur Zimba im Rätikon. Eigentlich wird alles geboten – nur kein Viertausender. Dem sogenannten Zug der Zeit folgend, hat man in den letzten Jahren Österreichs Bergregionen kräftig möbliert. Auf Schritt und Tritt findet man beispielsweise beheizte Freibäder – eine schöne Sache bei launischem Alpenwetter. Dazu gibt es unbeheizte Frei- und vielfach ungenutzte Hallenbäder; Badewasser also in Hülle und Fülle. Boomartig haben sich auch die Tennisplätze ausgebreitet. Ob allerdings ein Tenniscamp mit achtzehn Plätzen und Tennishallen beispielsweise in Fulpmes angesiedelt sein muß, ist zu bezweifeln.

Noch mehr ist zu fragen, ob es sinnvoll ist, für eine immer kleiner werdende Minderheit über ein halbes Dutzend Gletscher-Skigebiete zu installieren, wo dann im August mit Müh und Not noch ein Minilift in Bewegung gesetzt werden kann, um ein Paar Dutzend Skifans einige Schwünglein zu ermöglichen.

Recht häufig sind Reitställe anzutreffen, da und dort auch Radwege mit Fahrradverleih und relativ oft Drachenflieger-Startplätze.

Die organisierte Unterhaltung besteht meist aus dem berühmten wöchentlichen Heimatabend und dem noch berühmteren Jagatee. Prost!

J.R.

Österreich ist ein Land der Vielfalt: imponierende Bergregionen, freundliche Mittelgebirge, sanfte Täler und eine unerschöpfliche Vielzahl von Freizeitmöglichkeiten: Wanderungen in allen Höhenlagen, Bade- und Sportgelegenheiten, sogar sommerlicher Skispaß auf den Gletschern.

ÖSTERREICH

Diese Karte soll Ihnen einen Überblick geben. Sie sehen darauf rote Punkte mit weißen Zahlen. Sie bezeichnen die Gebiete, die wir auf den folgenden Seiten beschreiben. Dort finden Sie die Zahlen wieder – rechts oben auf den Seiten. Detaillierte Straßenkarten der Alpenregionen im Maßstab 1 : 500 000 finden Sie im Anhang dieses Buchs.

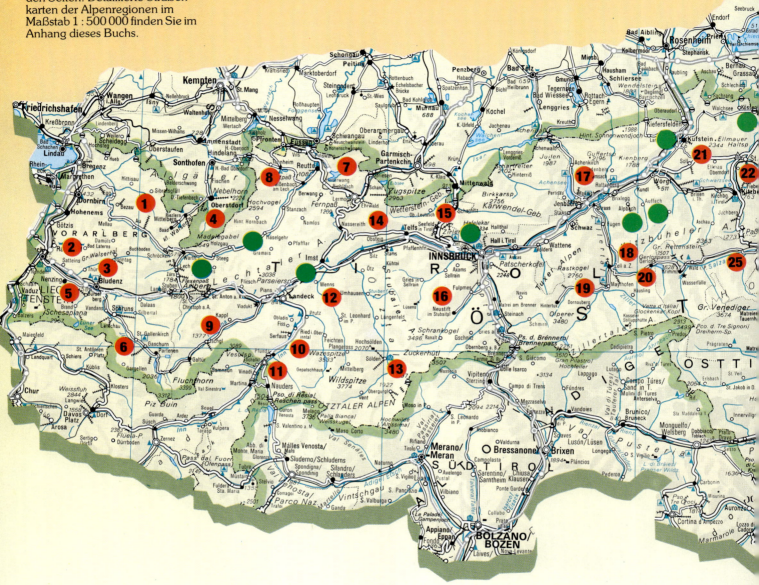

Allgemeine Informationen über Österreich erhalten Sie in folgenden Städten:

Berlin
Österreichische Fremdenverkehrswerbung
Tauentzienstraße 16
1000 Berlin 30,
(0 30) 24 80 35, 24 10 12

Hamburg
Österreichische Fremdenverkehrswerbung
Tesdorpfstraße 19
2000 Hamburg 13,
(0 40) 4 10 20 13

München
Österreichische Fremdenverkehrswerbung
Neuhauser Str. 1
8000 München 2,
(0 89) 2 60 70 35

Frankfurt
Österreichische Fremdenverkehrswerbung
Roßmarkt 12
6000 Frankfurt, (0 69) 2 06 98,
29 36 73

Köln
Österreichische Fremdenverkehrswerbung
Komödienstraße 1
5000 Köln 1,
(02 21) 23 32 36

Österreichische Fremdenverkehrswerbung
Service + Vertrieb
Kapellenweg 6
8000 München 70,
(0 89) 77 30 21

Stuttgart
Österreichische Fremdenverkehrswerbung
Rotebühlplatz 20D
7000 Stuttgart 1,
(07 11) 22 60 82

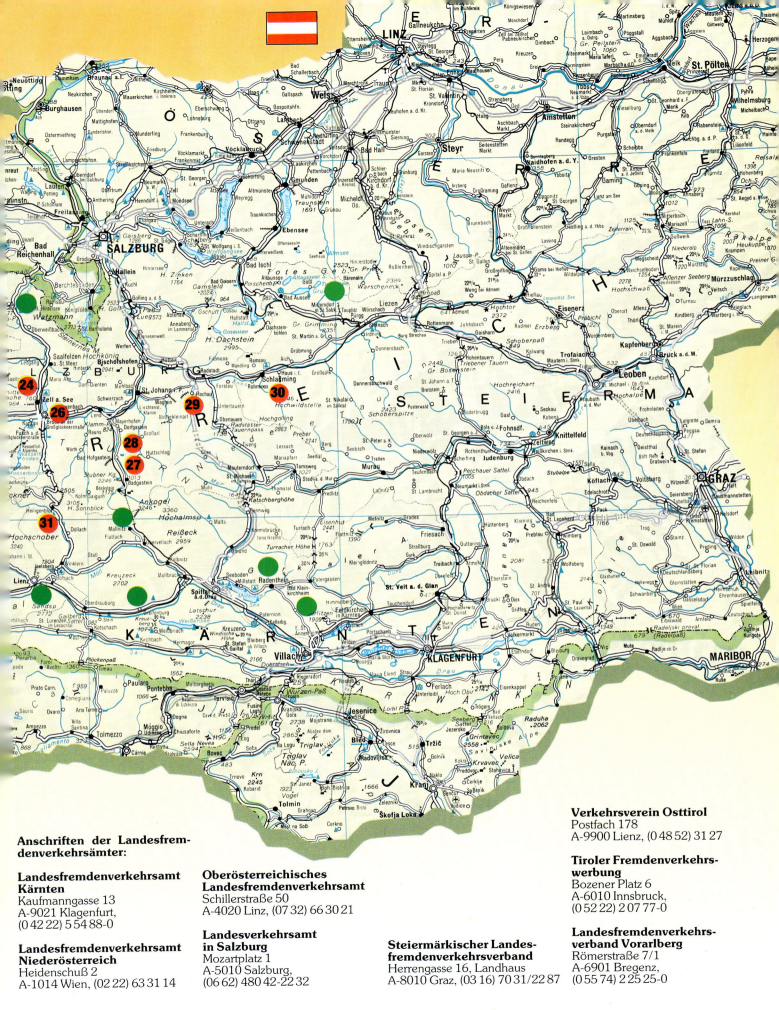

DER BREGENZER WALD
Vorarlberg   Au Bezau-Bizau-Reuthe Damüls Mellau Schoppernau Schröcken

Der Bregenzer Wald war einmal ein richtiger Urwald, der die Buckel zwischen dem Bodensee und dem Arlberg bedeckte. Aber das ist tausend Jahre her.

DER URWALD, DER ZUR SOMMERFRISCHE WURDE

Heute ist das eine liebliche Vorgebirgslandschaft mit weiten Tälern, riesigen Almen und freundlichen Dörfern. Gerade die richtige Komposition, um zeitgemäßen Fremdenverkehr betreiben zu können.

Die Berge, die nur wenig die 2000-Meter-Grenze überschreiten, haben umgängliche Formen, die besonders dem Familienurlaub entgegenkommen.
Ein Stück Bregenzer Ferienwald, das wichtigste, schlängelt sich die Bregenzer Ache entlang von Bregenz bis zum Hochtannbergpaß.

Hier liegt eine Reihe bekannter Ferienorte. Das beginnt mit Bezau, 25 km östlich von Dornbirn, und endet in Schröcken, 30 km hinter Bezau. Dazwischen liegen Reuthe, Bizau, Mellau, Au, Schoppernau, Schröcken und noch eine Reihe kleinerer Wäldersiedlungen.
Bezau, wo die Ache die große S-Kurve macht, ist der Hauptort im Bregenzer Wald. Es bildet zusammen mit Bizau und Reuthe ein kleines Fremdenverkehrsgebiet im besten Sinne.
Sie können zusammen zweitausend Betten anbieten, davon knapp tausend in Privatquartieren und Bauernhäusern, die sehr preiswert sind. Mellau, die nächste Fremdenverkehrsgemeinde, liegt ganze drei Kilometer weiter und bringt noch einmal 1800 Betten auf.
Zusammen haben die Orte auch schon ein hübsches Rahmenprogramm und einige Einrichtungen auf die Beine gestellt. So hat Mell-

Der Bregenzer Wald ist ein Wanderwald. Rund um die zahlreichen Orte – das Foto unten zeigt Damüls, das links daneben Au – stehen mehrere hundert Kilometer gut bezeichneter Wanderwege zur Auswahl. Auch viele Berge sind leicht zu besteigen.

Anzeigen

Reisen mit der Bahn

Mit der Bahn zum Bregenzer Wald.

Wenn Ihr Wanderurlaub von Anfang an streßfrei sein soll, reisen Sie am besten mit der Bahn an. Bregenz und Dornbirn erreichen Sie direkt und ohne umzusteigen mit dem Fernexpress „Allgäu". Dort haben Sie zahlreiche Busanschlüsse zu Ihrem Urlaubsort im Bregenzer Wald. Schnell und bequem auf jeden Fall.

Deutsche Bundesbahn

Bregenzerwald

au ein Tennis-Center mit einer Tennishalle eingerichtet. Geheizte Freibäder wurden in Mellau, Schoppernau sowie in Au und Bezau – beide ganz neu – gebaut. Reuthe stellt seinen heilkräftigen Moorschlamm in den Dienst der Gesundheit und bildet die Kurabteilung zwischen Bizau und Bezau. Besonders liebenswerte Einrichtungen sind die Kindernachmittage und Kinderfeste in Bizau und Mellau. Aber auch in den anderen Ortem gibt man sich Mühe: in Au und Schoppernau werden besondere Kinderprogramme angeboten.

Drei verschiedene Bergbahnen sind in dieser Ecke angesiedelt. Eine Sonderstellung nimmt der Sessellift zum Hirschberg ein. Die Mittelstation ist nämlich Startplatz für die »Sunny-Rollbahn«, die längste Sommer-Rodelbahn der Welt. Auf gut 1500 m Länge sind siebzig Kurven verteilt.

Von der Bergstation aus kann man den Alpen-Lehrpfad begehen. Man ist gut anderthalb Stunden unterwegs, bis man die sechzehn Stationen inspiziert hat.

Bezau schickt seine Bergbahn, eine Kabinenbahn, auf die Baumgartenhöhe (1650 m). Im Berghaus Sonderdach nahe der Mittelstation Sonnalp (1208 m) ist Toni Innauer aufgewachsen, der lange Zeit die Szene im Skispringen und Skifliegen beherrschte. Seine Pokalsammlung kann besichtigt werden. Von Mellau schwebt eine Gondelbahn zur Roßstelle-Alm auf 1390 m Höhe. Damit ist der günstigste Ausgangspunkt für die Besteigung der Kanisfluh erreicht. In zwei bis drei Stunden ist dieser mächtige Klotz erklommen.

Von der gleichen Bergstation läßt es sich schön nach Damüls hinüberwandern. Zuerst wird zur Kanisalm, dann nach Süden zur Mittagsspitze marschiert und schließlich über die Alpe Uga und das Gasthaus Wallisgaden nach Damüls abgestiegen. Mit vier Stunden Gehzeit ist zu rechnen. Die Rückfahrt: mit dem Bus.

ben – das ist Schoppernau im hinteren Bregenzer Wald.

DER BREGENZER WALD
Vorarlberg   Au Bezau-Bizau-Reuthe Damüls Mellau Schoppernau Schröcken

Wer die richtige Kondition mitbringt, kann auf halbem Weg auch den Gipfel der Mittagsspitze (2095 m) besteigen.
Es müssen aber nicht immer 2000 m sein. Der Gopfberg, 1316 m hoch, liegt mitten zwischen Mellau, Reuthe und Bizau. Von allen Seiten führen Wege auf den Wald- und Wiesenbuckel. Alle machen Spaß und erfordern zwei Stunden Gehzeit.
Nahe Bezau, nur einen Spaziergang weit, steht auf dem Weg nach Bezegg ein Denkmal: die Bezeggsäule. Dort stand das Rathaus, in dem von 1400–1800 die Gesetze der Bauernrepublik Bregenzer Wald gemacht wurden. Alle genannten Orte veranstalten regelmäßig geführte Wanderungen, kürzere und längere, kostenlos oder gegen Gebühr. Informationen gibt's in den Verkehrsämtern. In Au, Schoppernau und Schröcken bieten zusätzlich Bergsteigerschulen ihre Dienste an. Zehn Kilometer hinter Mellau halten die Orte Au und Schoppernau Quartiere, insgesamt 2700 Fremdenbetten, bereit. In beiden Orten ist zudem ein geheiztes Freibad installiert. Und zwischen den Orten liegt die Talstation eines Sesselliftes, der in zwei Etappen zum Didamskopf hochzieht. Eine große Familienwanderung nimmt an diesem 2090 m hohen Gipfel ihren Anfang. In weitem Bogen wird der Kopf nach Osten und dann nach Norden umrundet. Auf schönen Wegen marschiert man zum Vorsäß Schönenbach, wo zwei Gasthöfe warten. Auf dem Fahrweg kommt man nach drei bis vier Stunden Gehzeit nach Bizau, mit dem Bus fährt man wieder zurück. Noch einmal zehn Kilometer weiter liegt – schon dicht am Hochtannbergpaß – Schröcken, das letzte Fremdenverkehrsdorf auf der Bregenzer-Wald-Seite. In knapp 1300 m Höhe bietet es ein malerisches Bild. Hier sind die Berge schon wieder einige hundert Meter höher. Sie ziehen da und dort auch wieder schroffere Seiten auf. Einer der ersten Ausflüge führt hier die Wanderer zum Körbersee, der in einem Naturschutzgebiet mit reicher Alpenflora liegt. Anderthalb bis zwei Stunden steigt man über die Almen »Älpele« und »Batzen« zum 1760 m hoch liegenden See auf.

Besonders sehenswert ist die 1863–1865 im Nazarenerstil erbaute Kirche »Maria Himmelfahrt« in Schröcken, die von 1978 bis 1982 renoviert wurde.
Ist man bereits gut in Wanderform, kann man gleich zur Biberacher Hütte weitermarschieren, die 1846 m hoch am Schadonapaß liegt. (Dieser Paß bringt den Zugang zum Großen Walsertal.) Das sind insgesamt drei Stunden Gehzeit.
Routinierte Wanderer machen gleich eine richtige Rundtour daraus und gehen über den Fürkelepaß (2239 m) sowie die Vordere Fellalm zurück nach Schröcken. Allerdings müssen sie dann mit sechs bis sieben Stunden Gehzeit

Am Übergang zum hinteren Bregenzer Wald erhebt sich die Wand der Kanisfluh (unten mit dem Ort Bezau).

— Anzeige —

Damüls

Wenn Sie i. Ihrem Urlaub Ruhe, Entspannung u. Erholung suchen, dann sind Sie in **Damüls** genau richtig: Aktiver Urlaubsort mit viel Freizeit – idealer Ausgangsp. f. Wanderungen. Günstige klimatische Lage. **Unterhaltung:** Heimatabende; Konzerte d. heim. Trachtenkapelle; Dia- u. Filmvorträge; gef. Wanderungen; Tanzbars u.v.m.
Auskunft: Verkehrsverein A-6884 Damüls, Tel.: 00 43/55 10/253.

Gasthof Alpenblume

**Besitzer: Familie Türtscher
A-6884 Damüls
Telefon: 0 55 10/265**
Familienfreundliches Haus in ruhiger sonniger Lage. Komfort-Zimmer, TV-Leseraum. Kinderspielzimmer, Tischtennisraum. Sauna, römisches Dampfbad, Solarium. Gemütliche Halle, Gastgarten, Liegewiese, Spielplatz. Bekannt gute Küche, Frühstücksbuffet.

A-1 🇦🇹

rechnen. Bergsteiger nehmen sich die Braunarlspitze vor, die mit 2649 m der höchste Gipfel im Bregenzer Wald ist. Er ist vom oben genannten Fürkelepaß in einer guten Stunde zu ersteigen. Neben den Ausflügen zu Fuß gibt es einige Attraktionen, die bei einem Urlaub im Bregenzer Wald großen Spaß machen. Höhepunkt könnte ein Besuch der Bregenzer Festspiele im Juli oder August sein. (Nach Bregenz sind es von Bezau ganze dreißig Kilometer.) Oder eine Bodensee-Kreuzfahrt zur Insel Mainau, nach Unteruhldingen; selbst Abendfahrten mit Tanz sind auf dem See zu haben. Nur fünf Kilometer von Bezau entfernt findet man Schwarzenberg, eine Ortschaft, in der zu sehen ist, wie man früher in den Dörfern wohnte. Der Dorfplatz zeigt noch ein Ensemble der alten massigen Waldlerhäuser. Im Gemeindemuseum kann man außerdem nachschauen, wie diese Häuser eingerichtet waren.

Zum Schluß lohnt sich ein Blick in die Pfarrkirche. Hier hängen Bilder von Angelika Kauffmann, einer bedeutenden Malerin des 18. Jahrhunderts.

Ort	Höhe	Einwohner	Gästebetten					Camping/ Stellplätze	Ferienlager
			insgesamt	in Hotels	in Gasth./ Pensionen	in Chalets/ Ferienwhg.	in Privath./ Bauernhäus.		
Au	800 m	1500	1399	186	298	167	748	1/35	–
Bezau, Biz., Reuthe	650–1700 m	2800	2050		730	380	940	1/40	3
Damüls	1430 m	320	1000	250	450	70	230	–	mehrere
Mellau	700 m	1050	1790	506	259	370	460	–	mehrere
Schoppernau	860 m	900	1300	240	100	200	760	–	–
Schröcken	1260 m	240	666	135	124	201	206	–	–

Ort	Wandern			Beförderung			Hochtouren			Hütten	
	Wege mark.	Rundwege	geführte Wanderungen	Kabinenbahnen groß	klein	Standseilb.	Sessellifte	Anzahl	Dauer	Führer	bewirt.	Abstand
Au	100 km	5/20 km	3× wöch.			1	2	mehrere	7 Std.–2 Tg.	1	3	3–4 Std.
Bezau, Biz., Reuthe	100 km	2/20 km	3× wöch.	1			1	mehrere	5–9 Std.		3	
Damüls	40 km	15/30 km	1× wöch.				2	mehrere	6–10 Std.		3	3–6 Std.
Mellau	50 km	5/30 km	1× wöch.		1			10	6–10 Std.	1	4	1,5–3 Std.
Schoppernau	120 km	5/20 km	3× wöch.			1	2	mehrere	7 Std.–6 Tg.	1	3	4–5 Std.
Schröcken	30 km	2/28 km	1× wöch.					10	6–9 Std.	1	3	3 Std.

Beförderung: Bus. **Alpinschulen** (Au, Schoppernau und Schröcken). **Abzeichen:** Wandernadel Bregenzer Wald. Österreichischer Wanderorden (Au). Wandernadel Damüls, Mellau. Wandernadel/Wanderschuh Bezau-Bizau-Reuthe. **Ferner interessant:** Alpenlehrpfad (Bezau, Bizau, Reuthe). Pflanzenschutzgebiet »Körbersee«. Naturschutzgebiete, Wasserfälle. **Unterhaltung:** Heimatabende, Film- und Diaabende, Konzerte.

Au
Verkehrsamt, A-6883 Au, (0 55 15) 22 88.
Schwimmen in 1 beh. Freibad. **Wildwasser:** 10 km befahrbare Strecke. **Angeln** in Flüssen und Teichen. Fahrradverleih. **Tennis:** 2 Plätze, Unterricht.
Hobbykurse und Aktivangebote: Kinderwandertage mit Grillparty, Sommer-Erlebnisprogramm, Käsereibesichtigung, Sonnenaufgangswanderung, Handwerkswanderung.
Veranstaltungen: Ende Juli: Int. Volksmarsch und Bergwanderung mit Bergsteigerabend.

Bezau, Bizau, Reuthe
Verkehrsamt, A-6870 Bezau, (0 55 14) 22 95;
Verkehrsamt, A-6874 Bizau, (0 55 14) 21 29;
Gemeindeamt, A-6870 Reuthe, (0 55 14) 24 46 und 24 59.
Schwimmen in 1 beh. Freibad, 1 Hallenbad. **Angeln** in Flüssen. **Drachenfliegen** von Alpe Niedere. 30 km Radwege, Fahrradverleih. **Tennis:** 3 Plätze. Sommerrodelbahn am Hirschberg.
Gesundheit: Trimmpfade, Kur- und Bäderbetrieb.
Unterhaltung: Kinderfeste, Grillabende.
Hobbykurse und Aktivangebote: Juni–Sept.: Häkelkurse, Wachspatinierkurse, Gewürzsträußchenbinden, Bauernmalerei, Computerkurs.
Veranstaltungen: Aug.: Handwerksausstellung.

Lage und Zufahrt: Kartenteil Seite 14 A/B 1.

Damüls
Verkehrsverein, A-6884 Damüls, (0 55 10) 2 53.
2 Seen. **Angeln** in Gebirgsbächen. **Tennis:** 1 Platz.
Hobbykurse und Aktivangebote: Juni–Sept.: Sommer Erlebnisprogramm.

Mellau
Verkehrsamt, A-6881 Mellau, (0 55 18) 22 03, Tx 59 540.
Schwimmen in 1 beh. Freibad. **Angeln** in Flüssen. 4 km Radwege, Fahrradverleih. **Tennis:** 4 Plätze, 1 Halle/3 Plätze, Schule.
Unterhaltung: Kinderfeste.

Schoppernau
Verkehrsamt, A-6886 Schoppernau, (0 55 15) 24 95.
Schwimmen in 1 beh. Freibad. **Wildwasser:** 10 km befahrbare Strecke. **Angeln** in der Bregenzerache. 4 km Radwege, Fahrradverleih. **Tennis:** 2 Plätze.
Hobbykurse und Aktivangebote: Sommer-Erlebnisprogramm, Käsereibesichtigung, Sonnenaufgangswanderung, Fotosafari, botanische Wanderung, Kinderprogramme.

Schröcken
Verkehrsamt, A-6888 Schröcken, (0 55 19) 2 67.
Schwimmen in 1 Hallenbad, 2 Seen. **Angeln** in Flüssen. **Veranstaltungen:** Ende Juli: Musikfest.

Rund um Au und Schoppernau (links) gibt es 200 km Wanderwege und viele andere Freizeitmöglichkeiten.

Problemlos telefonieren
Wenn Sie von anderen Ländern dort anrufen wollen, müssen Sie die 0 am Anfang der Vorwahl weglassen und folgende Nummer vorauswählen:

Aus Deutschland
nach Österreich 0043
in die Schweiz 0041
nach Italien 0039

Aus Österreich
nach Deutschland 060
in die Schweiz 050
nach Italien 040

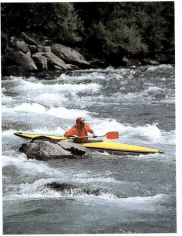

Anzeigen

Damüls

Hotel Mittagspitze
Besitzer: Familie Madlener
A-6884 Damüls
Tel.: 0 55 10/2 11
Das Haus mit Chic, für charmante Gäste.
◆ Restaurant - Café ◆ int. Küche ◆ Speisesaal ◆ Komfortzimmer ◆ Lesehalle mit Aperitivbar ◆ Garagen und Parkplätze ◆ Wandern, Bergsteigen, Tennis, Angeln, Gästeabende . . .

DAS LATERNSER TAL
Vorarlberg

Laterns Bonacker Innerlaterns

Wo die Ausläufer des Freschenmassivs bis in die Schweiz hineinreichen, halbwegs zwischen Feldkirch und Dornbirn, mündet das Laternser Tal in die Rheintalebene. Es windet sich, behäbig ansteigend, nach Osten.

SOMMERFRISCHEN ÜBER DEM RHEINTAL

Die Orte Laterns, Bonacker und Innerlaterns haben sich in rund 1000 m Höhe auf den terrassenartigen Südhängen über dem Tal angesiedelt.

Im Rücken der Orte an den Südhängen des Freschenstocks steigen die Berge bis zu 2000 m auf. Vor sich hat man den freien weiten Blick auf das 500 m tiefer liegende Rheintal, wo der Fluß die Grenze zwischen der Schweiz und Österreich bildet. Wer einen etwas erhöhten Standpunkt einnimmt, kann sogar einen Blick ins Fürstentum Liechtenstein werfen.

Spät zwar, doch nicht zu spät, hat man auch hier den Fremdenverkehr entdeckt. Und man kann heute Vorzüge anbieten, die andernorts längst verbaut und verkauft worden sind.

Das Laternser Tal, abseits der großen Reisewege und Transportstrecken, zeichnete sich schon der Lage wegen stets durch Ruhe und Abgeschiedenheit aus. Die liebliche Gegend, im Nahbereich eine richtige Vorgebirgslandschaft, die sonnige Südlage der Dörfer mit ihrer lockeren Bebauung, der rustikale Charme der Gasthäuser samt ihrer Bewohner und besonders die noch äußerst zivilen Preise machen das Tal besonders familiengeeignet. Man muß nicht unbedingt Kinder haben, um diese Vorzüge zu schätzen.

Das Spazierengehen und Bergwandern, letzteres in überwiegend leichter Form, ist die wichtigste Aktivität in diesem fast einsamen Naturpark. Rund hundert Kilometer markierte Wanderwege sind auf beiden Seiten des Frutzbaches angelegt, wobei die höchsten Erhebungen gerade die Zweitausend-Meter-Grenze erreichen. Zwei Hütten bieten sich zur Zwischenübernachtung und für die

Die Fotos oben und unten rechts stammen von H. Häusle.

A-2 🇦🇹

nötige Rast an. Besonders attraktiv ist das Freschenhaus in 1846 m Höhe, eine knappe Stunde unter dem Gipfel des Hohen Freschen (2004 m). Ein botanischer Alpengarten beim Unterkunftshaus zeigt viele interessante Hochgebirgspflanzen.
Eine Reihe von Wanderungen kann man mit Hilfe eines Sesselliftes, der von Innerlaterns zur Gapfohl-Alm hochzieht, erleichtern oder verkürzen. Die Angler können sich im Gasthof Löwen in La-

Laterns (oben) liegt nicht direkt im Tal, sondern – auf einer höhergelegenen Stufe – gewissermaßen im ersten Stock.

terns eine Angelerlaubnis holen – für den Forellenteich oder für den Gebirgsbach.
Wer zwischendurch mehr Leute sehen möchte, der fährt ins 8 km nahe Rankweil oder 12 km nach Feldkirch, das nicht nur ein Hallenbad bieten kann, sondern die ganze Palette städtischer Einrichtungen – samt Verkehrsampeln. Für eine Reihe schöner Autoausflüge bietet sich in erster Linie das Land der Eidgenossen an, das direkt vor der Haustüre liegt. Ein Rundkurs durchs österreichische Hinterland ist nicht weniger empfehlenswert; er sieht folgendermaßen aus: Von Feldkirch nach Bludenz, dann durchs Montafon zur Bielerhöhe und durch das Paznauntal nach Landeck. Das ist die sogenannte Silvretta-Hochalpenstraße. Zurück geht's über den Arlberg. Alles zusammen macht rund 200 km aus.

Ort	Höhe	Einwohner	Gästebetten insgesamt	in Hotels	in Gasth./ Pensionen	in Chalets/ Ferienwhg.	in Privath./ Bauernhäus.	Camping/ Stellplätze	Ferienlager
Laterns	900–1100 m	630	500	78	240	70	112	–	1

Wandern: 100 km Wege. **Beförderung:** 1 Sessellift. **Hüttentouren:** 2 bewirt. Hütten im Abstand von 2,5 Std. **Ferner interessant:** Naturschutzgebiet, botanischer Alpengarten.

Laterns

Verkehrsamt, A-6830 Laterns, (0 55 26) 2 03 und 2 12 mit Bonacker und Innerlaterns.
Angeln in Flüssen und künstl. Anlagen.
Unterhaltung: Heimatabende, Platzkonzerte, Dia-Vorträge.
Lage und Zufahrt: Kartenteil Seite 14 A 1.

DAS GROSSWALSERTAL
Vorarlberg

Blons Fontanella-Faschina Raggal-Marul Sonntag-Buchboden

Rätoromanische Jäger besiedelten vor mehr als tausend Jahren das damals unwirtliche Gebirgstal auf der Jagd nach Bären, Hirschen und Steinböcken.

HÜBSCHE ORTE – RÄTOROMANISCH

Heute ist das Großwalsertal, das sich unterhalb des Walserhamms hinzieht, ein ausnehmend gastlicher Fleck in den Bergen.

Wenn im Juni im Großwalsertal die Wiesen in voller Blüte stehen, dann schimmern von den Bergen noch immer die Schneefelder. Hier ist Wanderland. 230 km Wanderwege und Bergpfade im Tal, aber auch bis hinauf zu den Gipfeln sind markiert. Eine Seilbahn von Sonntag auf die Parzelle Stein, Sessellifte von Marul zur Stafelfeder Alpe, von Faschina zum Hahnenkopf bringen die Gäste auch im Sommer auf die Höhen und ersparen manchen mühsamen Anstieg.

Kultureller Mittelpunkt des Tales ist St. Gerold. Dort gibt es regelmäßig einen »Kultursommer«: ein Programm an Konzerten mit klassischer und neuzeitlicher Musik, mit Dichterlesungen und Ausstellungen. Ortsnamen wie Blons, Fontanella, Raggal, Marul und andere signalisieren dem Sprachkenner die rätoromanische Her-

— Anzeigen

Faschina

Alpengasthof Rössle
(1500 m) - Bes.: Fam. Schäfer m. Mario und Marcell! Postf. 3
A-6733 Faschina Tel. 05510/303
Famil. u. behagliche Atmosphäre. Große Zi. mit Bad/Du/WC. Tel., Radio. Typisch österreichische Küche in **HP/VP**. Nettes Spiel- und Unterhaltungsprogr. im Haus und Ort. Liegewiese, 3000 m² Grünfläche und Spielplatz. Dürfen wir Ihnen unsere Unterlagen senden?

Die Abbildung links zeigt Raggal.

St. Gerold Thüringerberg

kunft. Für den Feriengast sind das hübsche, anheimelnde Orte. Zwei Seen, der Stausee bei Raggal und der Seewaldsee bei Fontanella, bereichern das Landschaftsbild. Am Faschina-Joch (1500 m) in einer von baumfreien Almen und Weiden umgebenen Paßlandschaft am Weg hinüber in den Bregenzer Wald, ist eine kleine Siedlung mit mehreren Hotels inmitten des ausgedehnten Wanderreviers entstanden. Zu diesen ganz stillen Gemeinden zählt Buchboden, ein Teilort der Gemeinde Sonntag. Thüringerberg am Beginn des Tales gehört zu den Orten mit großartiger Aussicht: Vom Schadona-Paß am Ende des Tals bis zu den Lechtaler Alpen, dem Rätikon und den Schweizer Bergen. Wanderer haben die Wahl: von leichten Spaziergängen bis zu anspruchsvollen Hochtouren. Zu den eindrucksvollsten Wanderungen zählt die Besteigung der Roten Wand (2704 m), die ihren Namen dem abweisenden, rötlichen Felsen an der Südseite verdankt.

Seit kurzem gibt es eine Straßenverbindung zwischen Faschina und Damüls.

Drei Anstiege sind besonders schön. Einer führt vom Formariensee über die Freiburger Hütte und die Schwarze Furka, dann über Geröllhänge der Westflanken, Rinnen und eine enge Scharte, dann über einen Alpenvereins-Steig über Schroffen und Steilstufen zum Gipfelgrat und zum Hauptgipfel. Für die Tour sind Bergerfahrung und Schwindelfreiheit nötig.
Die zweite Möglichkeit: vom Marultal über die Laguzalpe in die Westflanke und dort auf dem Alpenvereins-Steig zum Gipfel. Vom Huttlatal schließlich – das ist der dritte Weg – geht es über die Klesenza-Alpe zur Oberalpe und dann durch wegloses, felsdurchsetztes Gelände in die Nordflanke und zum Gipfel. Der Aufstieg dauert bei allen drei Touren dreieinhalb bis vier Stunden.
Wer es gemütlicher will, kann im Tal bleiben. Beispielsweise gibt es da eine dreistündige Tour von Thüringerberg durch das Märchental zu mehreren Weihern. Wie gesagt: an Wandermöglichkeiten ist im Großwalsertal kein Mangel.

Ort	Höhe	Einwohner	Gästebetten insgesamt	in Hotels	in Gasth./ Pensionen	in Chalets/ Ferienwhg.	in Privath./ Bauernhäus.	Camping/ Stellplätze	Ferienlager
Fontanella	1200 m	410	710	180	230	150	40	–	10
Raggal-Marul	1016 m	703	1129	148	291	450	240	1/30	12

Ort	Wandern Wege mark.	Rundwege	geführte Wanderungen	Beförderung Bus	Sesselllifte	Hochtouren Dauer	Führer	Hütten bewirt.	Abstand	Abzeichen
Fontanella	40 km	5/100 km	1× wöch.	×	1	6–7 Std., 2 Tg.	1	3	3–6 Std.	Großwalsertaler
Raggal-Marul	35 km	6/100 km	1× wöch.	×	1	6–7 Std., 2 Tg.	1	5	2–4 Std.	Wandernadel

Ferner interessant: Pflanzenschutzgebiet, Wasserfälle.

Fontanella-Faschina
Verkehrsverein, A-6733 Fontanella-Faschina, (0 55 54) 2 23 und 3 57.
Schwimmen in 1 Hallenbad; 1 See. **Angeln** im See und in Flüssen. **Tennis:** 1 Platz.
Unterhaltung: Heimatabende, Platzkonzerte, Dia-Abende, Erlebniswanderungen, Kinderfeste (mittwochs).
Hobbykurse und Aktivangebote: Bauernmalerei.
Veranstaltungen: Ende Juli: Dorffest.
Lage und Zufahrt: Kartenteil Seite 9 C 2.

Raggal-Marul
Verkehrsverband Großwalsertal, A-6741 Raggal-Marul, (0 55 53) 2 28. Verkehrsämter: A-6700 Blons, (0 55 53) 4 68 u. 2 23; A-6700 St. Gerold, (0 55 50) 27 98; A-6712 Thüringerberg, (0 55 50) 24 17; A-6731 Sonntag-Buchboden, (0 55 54) 2 92.
Schwimmen in 1 Hallenbad. **Wildwasser:** 4 km befahrbare Strecke. **Angeln** in Seen und Flüssen. **Drachenfliegen. Reiten** im Gelände, 10 km Wege, Pferdeverleih, Schule. **Unterhaltung:** Heimatabende, Kinderfeste, Dia-Vorträge, Konzerte.

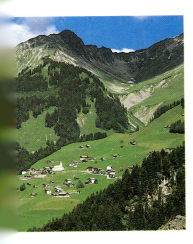

Der Seewaldsee zwischen Wald und Wiesen im Großwalsertal.

DAS KLEINWALSERTAL
Vorarlberg

Baad Hirschegg Mittelberg Riezlern

Das Kleinwalsertal ist ein kleines Stück Österreich, das wegen der hohen Berge vom Mutterland getrennt lebt und auf der Straße nur aus Deutschland zu erreichen ist. Man wählt österreichisch und zahlt in Deutscher Mark. »Zollanschlußgebiet« nennt man diese originelle Konstruktion.

NUR VON DEUTSCHLAND KOMMT MAN IN DIESES STÜCK ÖSTERREICH

Wie gut man mit solch einem System leben kann, zeigt die Tatsache, daß die Verbindung bald das Hundertjährige feiert. Denn der Zollanschluß zwischen dem Kleinwalsertal und Deutschland wurde schon im Jahre 1891 besiegelt.

Das Tal ist fünfzehn Kilometer lang und hat sich inzwischen zu einer perfekten Ferienregion entwickelt. Bereits 1972 wurde es mit dem Titel »Schönster Urlaubsort Österreichs« ausgezeichnet. Es kann fast alles bieten – vom Spielcasino bis zur speziellen Wanderung unter dem Motto »Wie stellt man Käse her?«

Nur Bauernhof-Urlaub kann man nicht anbieten. Es gibt nämlich nur noch wenige Bauern. Aber man tut für die Kinder weit mehr als andernorts und dies gleich richtig. So gibt es einen eigenen Gästekindergarten, Kinder-Spielnachmittage, Kinderfeste, Gästekinder-Wanderungen und ein Spielzimmer für Gästekinder im Walserhaus in Hirschegg.

Natürlich wird auch für die Erwachsenen gesorgt. Urlaubssportler finden Tennisplätze, eine Reitanlage und einen Golfkurs vor. Hobbyurlauber können Töpfer-, Mal- und Schnitzkurse belegen. Und Nachtlichtern mit Geld wird geraten, im Spielcasino den Rubel rollen zu lassen.

Am besten aber sind Spaziergänger, Wanderer und Bergsteiger dran. Sie finden eine wunderschöne Berglandschaft mit 150 km markierten Wanderwegen, zwei Seilbahnen, drei Sesselliften sowie einigen Dutzend Berggasthäusern, Almen und Berghütten. Zwei aussichtsreiche Gipfel sind durch Bergbahnen erschlossen. Eine lange Tradition und eine besonders wichtige Funktion hat die Kanzelwandbahn, eine Kleinkabinenbahn, die von Riezlern bis knapp unter den Kanzelwandgipfel (2059 m) schwebt. Damit wird eine direkte Verbindung ins Allgäuer Stillachtal hergestellt. Von Faistenoy, das in jenem Tal liegt, führt eine Kabinenbahn auf das Fellhorn, den direkten Nachbarn der Kanzelwand. Das ergibt im Winter eine beliebte Zwei-Länder-Skischaukel. Und im Sommer lassen sich dadurch abwechslungsreiche Wanderkombinationen knüpfen.

Das Walmendinger Horn (1990 m) wird von Mittelberg aus mit einer Kabinenbahn erreicht. Allein im Bereich dieser zwei Berge sind mehr als zwei Dutzend Wanderungen zu machen. Der Widderstein im Süden ist mit 2533 m der höchste und aussichtsreichste Gipfel im Kleinwalsertal. Hier finden geübte Bergwanderer und routinierte Bergsteiger ein lohnendes Ziel. Die ersteren können die sechs bis acht Stunden dauernde Widderstein-

— Anzeiger

Riezlern

Hotel-Pension Widdersteinblick

Besitzer: Familie Strohmaier
D-8984 Riezlern/Kleinwalsertal
Telefon: 0 83 29/56 01

Herzlich willkommen im **Haus Widdersteinblick**.
Das Kleinwalsertal bietet Ihnen alles, was Ihr Herz begehrt.
Ruhe, Erholung, ebene Wanderwege, Berg- und Klettertouren, Tennis, Schwimmen, Reiten, Minigolf.
Haus Widdersteinblick — ein 35-Betten-Hotel mit modern eingerichteten Zimmern und Appartements für 2—4 Personen.
Wir bieten Ihnen ein reichhaltiges Frühstücksbuffet und Halbpension. Ruhen Sie sich nach einem erlebnisreichen Tag in den rustikalen Aufenthaltsräumen oder dem gemütlichen »Hockstüberl« aus. Entspannen Sie in Sauna, Whirlpool, Solarium; faulenzen Sie auf den Sonnenbalkonen oder der Liegewiese. Hauseigener Parkplatz.

Hirschegg

ALP-HOTEL Berghalde

Besitzer: Familie Bantel
D-8985 Hirschegg
Tel.: (0 83 29) 54 49, 50 91-92
Familienfr., sehr persönlich gef. Haus.
Ein gastronomisches »Kleinod« m. d. »Aktiven Jahresprogramm«. Sommer-Erlebnis-Touren m. Führung. Leistungs-Skikurs-Firn-Tourenwoche im Winter.

Problemlos telefonieren

Wenn Sie von anderen Ländern dort anrufen wollen, müssen Sie die 0 am Anfang der Vorwahl weglassen und folgende Nummer vorauswählen:

Aus Deutschland
nach Österreich 0043
in die Schweiz 0041
nach Italien 0039

Aus Österreich
nach Deutschland 060
in die Schweiz 050
nach Italien 040

A-4

Im Kleinwalsertal gibt es rund 150 km markierter Wege. Viele davon sind auch für Familien mit Kindern gut geeignet (oben).

Auf dem Bild links sehen Sie den Ort Riezlern — 1100 m hoch zwischen den Bergen.

Hirschegg
Sporthotel Walliser

D-8985 Hirschegg
Tel.: 0 83 29/33 000 (Fam. Grelle)
Modernes, familienfreundliches Hotel m. Appartements v. 2 bis 6 Pers. in ruhiger, sonn. Lage. Alle App. mit Balkon, TV, Telefon.
Im Haus: Rustik. Restaur., Sauna, Sol., Hallenbad. Gr. Parkpl. (f. Busse geeign.)
In unmittelbarer Nähe: Hauseig. Kinderspielplatz, Tennispl., Wanderwege.

DAS KLEINWALSERTAL
Vorarlberg — Baad Hirschegg Mittelberg Riezlern — **A-4**

Rechts – das ist Mittelberg. Der Ort liegt 1215 m hoch am Ende des Kleinwalsertals. Auch von hier erschließt sich ein weitläufiges Wander- und Tourengebiet.

Umrundung angehen: Aufstieg durch das Gemsteltal an der oberen Widderstein-Alm (2009 m) vorbei, über den Hochalppaß (1938 m) und durch das Bärgunttal zurück nach Baad.

In der entgegengesetzten Ecke bildet das Gottesackerplateau eine Spezialität. Es handelt sich um ein ausgedehntes Karstgebiet mit vielen Höhlen und Schluchten. Interessanter noch sind Gamsrudel, Spielhähne, Schneehühner, Schneehasen, sogar Adler, die hier anzutreffen sind. Auch die Pflanzenwelt ist noch in Ordnung. Man findet eine Reihe seltener Arten – von Türkenbund und Eisenhut bis zu riesigen Feldern von Alpenrosen. Das Verkehrsamt bietet seinen Gästen täglich geführte Wanderungen. Und die Berg- und Wanderschule Kleinwalsertal hat zusätzlich anspruchsvolle Programme.

Natur in komprimiertester Form ist auf dem Naturlehrpfad Schwarzwassertal zu haben. Der erste Abschnitt zwischen Schröflesäge und Mahdtalhaus nimmt schon zwei bis drei Stunden in Anpruch. Für den zweiten, den alpinen Teil zwischen Auenhütte und Schwarzwasser-Hütte braucht man (hin und zurück) vier bis fünf Stunden.

Wenn sich auch keine großen Auto-Ausflüge anbieten – einmal nach Oberstdorf und Sonthofen zu fahren, ist sicher lohnend. Eine Stunde durch die Breitachklamm zu wandern, ist auf jeden Fall zu empfehlen. Was besonders angenehm auffällt, das ist, daß die Kleinwalsertaler ihre Angebote auch hervorragend präsentieren. Prospekte, Wanderführer und andere Informationsblätter sind lesbar und verständlich aufbereitet – eine Kunst, die man nicht überall beherrscht.

Ort	Höhe	Einwohner	Gästebetten insgesamt	in Hotels	in Gasth./ Pensionen	in Chalets/ Ferienwhg.	in Privath./ Bauernhäus.	Camping/ Stellplätze	Ferienlager
Kleinwalsertal	1100–1200 m	5000	12000	4000	2000	2000	3000	4/500	100

Wandern: 150 km markierte Wege. 4 Rundwanderwege, 60 km. **Beförderung:** Bus. 1 Groß-, 1 Kleinkabinenbahn, 3 Sessellifte. Alpinschule. **Geführte Wanderungen:** täglich. **Hochtouren:** 30; (4–12 Std. Dauer), 15 Führer. **Hüttentouren:** 9 bewirt. Hütten im Abstand von 2–3 Std. **Ferner interessant:** geologische und botanische Lehrpfade, Naturschutzgebiete, Breitachklamm.

Kleinwalsertal

Verkehrsamt Kleinwalsertal, D-8985 (A-6992) Hirschegg, (D-0 83 29) 5 11 40, Tx D-0047 59 150, A-59 150.
Schwimmen in 1 beh. Freibad, 4 Hallenbädern.
Wildwasser: 8 km befahrbare Strecke. **Angeln** in Flüssen. **Drachenfliegen** am Mittelberg. **Reiten** im Gelände, 30 km Reitwege, Pferdeverleih, Schule.
Tennis: 15 Plätze, 1 Halle mit 3 Plätzen, Schule.
Golf: Platz mit 9 Loch in Oberstdorf. Schießstand. Trimmpfade.

Unterhaltung: Heimatabende, Hüttenabende, Bauerntheater, Platzkonzerte, Kinder- und Jugendprogramm, Gästekindergarten, Gartenschach, Spielcasino.
Hobbykurse: Mal-, Schnitzkurs, Töpfern.
Veranstaltungen: Mitte Juli: Feuerwehr-Waldfest. Anf. Aug.: Waldfest. Sept.: Erntedankfest.
Pauschalangebote: Juni–Okt.: Bergwanderwochen. Juni–Sept.: Hüttentourenwochen.
Lage und Zufahrt: Kartenteil Seite 9 D 2.

Im Gebiet des Kleinwalsertals gibt es rund 30 Möglichkeiten für Hochtouren. Die dauern zwischen vier und zwölf Stunden. Wenn Sie Bergführer brauchen: die gibt es ebenfalls.

DAS BRANDNERTAL
Vorarlberg   Bludenz Brand Bürs Bürserberg Nüziders Stallehr

A-5

Die Einheimischen reden vom »Städtle«, wenn sie Bludenz meinen, ihre Stadt im Gebirge. Die mittelalterliche Innenstadt mit ihren romantischen Laubengängen und alten Toren ist neuerdings Fußgängerzone und damit Treffpunkt der Einheimischen und Urlauber beim Flanieren.

DIE REISE, DIE IN DEN HIMMEL FÜHRT

Der Städtle-Expreß darf am Mittwoch und Freitag von 14 bis 17 Uhr die geheiligte Bludenzer Fußgängerruhe durchbrechen. Dieser Expreß besteht aus einer Dampflokomotive und drei Salonwagen. Er befördert überwiegend Touristen. Besonders für Kinder ist das ein unterhaltsamer Spaß.

Vor den Toren der Stadt beginnt das Hochgebirge. Im Süden breitet sich der eindrucksvolle Rätikon aus. Gegenüber liegen die westlichen Ausläufer der Lechtaler Alpen. Täler sind es gleich fünf, die bei Bludenz in den flachen Talboden münden. Der Walgau und das Große Walsertal, das Klostertal, die Westrampe des Arlberg-Straßentunnels und das Montafon, das Auftakt für die großartige Silvretta-Hochalpenstraße ist. Und nicht zuletzt das Brandnertal, das von Bludenz nach Südwesten direkt auf die Schesaplana zielt. Die ist mit 2965 m der höchste Gipfel des Rätikon. Sie kann in ihrer Nordflanke den Brandner Gletscher aufweisen, den einzigen in der ganzen Berggruppe.
Das Brandnertal, ganze 12 km lang, und Bludenz haben aus durchaus ehrenwerten Gründen eine Fremdenverkehrs-Ehe geschlossen. Gemeinsam ist man noch besser in der Lage, den Wünschen der Urlauber nach Natur und Komfort gleichzeitig nachzukommen.
Bürs, Bürserberg-Tschengla, Brand, Stallehr und Nüziders zählen ebenfalls zur Großfamilie. Zusammen kann man 300 km markierte Wanderwege vorweisen, läßt zwei Seilbahnen und zwei Sesselbahnen laufen.
Bürs, ein recht respektables Dorf, liegt nur einen Kilometer neben Bludenz – direkt am Zugang ins Brandnertal und in die wildromantische Bürser Schlucht. Bürserberg verstreut sich auf den Nordhängen hoch über der Alvierbachschlucht am Beginn des Brandnertales. Das Alpendorf teilt sich in die Ortsteile Bürserberg-Dorf in 900 m Höhe und das 350 Meter höher gelegene Bürserberg-Tschengla. Die nichtmotorisierten Gäste benutzen den Linienbus.
Schon tief im Talgrund hat sich Brand breitgemacht, das sich noch viel auf seine Ursprünglichkeit zugute hält: eine sympathische Mischung aus Sommerfrische und Bergsteigerdorf. Das alte Walserdorf (hier siedelten einst Leute aus dem Schweizer Wallis) liegt gerade richtig im Zentrum des Rätikon. Nur wenige Kilometer weiter, am Talende, zieht die Seilbahn zum Lünersee (1979 m) und zur Douglaßhütte hoch, die direkt neben der Bergstation steht. Das ist auch gleich der Ausgangspunkt für die bequemste, leichteste und

Es gibt eine ganze Reihe von Hütten in den Bergen überm Brandnertal. Unten ist eine davon: die Oberzalim-Hütte.

*Die Landschaft links und rechts vom Brandnertal ist sehr vielseitig: Von lieblichen Matten bis zum Hochgebirge ist alles da.
Rechts: Der Blick hinunter auf Bludenz, auf das »Städtle« im Gebirge.*

DAS BRANDNERTAL
Vorarlberg

Bludenz   Brand   Bürs   Bürserberg   Nüziders   Stallehr

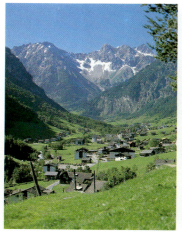

In Bürserberg gibt es genug Platz für einladende Gartencafés.

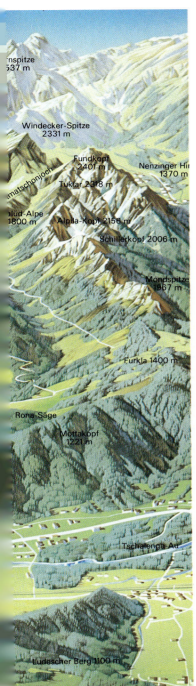

schönste Hochalpenwanderung im ganzen Revier, die Umrundung des Lünersees. Dieser See, ein Relikt der Eiszeit, wurde 1953 auf die heutige Größe aufgestaut. Der Uferweg ist gut fünf Kilometer lang, beansprucht ein bis zwei Stunden Gehzeit und eine große Menge Schauzeit.
Für gute Bergsteiger ist natürlich die Schesaplana das erste Ziel. Rund drei Stunden sind für den Aufstieg von der Douglaßhütte über die Totalphütte einzukalkulieren. Nur ein Katzensprung ist es dann noch zur Mannheimer Hütte am Nordrand des Brandner Gletschers. Über den Leibersteig, der mit Vorsicht zu begehen ist, kann man schließlich nach Brand zurückkehren.
Sie sollten einmal mit dem Sessellift zum 1600 m hohen Niggenkopf fahren. Die guten Wanderer machen sich gleich auf die Rundreise, die in den Himmel führt – nämlich zum Nenzinger Himmel. So heißt das Sommerdorf am Ende des Gamperdonatales. Über die Spusagang Scharte und die Oberzalim Hütte geht es wieder nach Brand.
Leichte Wanderungen gehen auch vom Bürserberg zum Niggenkopf, durch das Sarotlatal zur Sarotlahütte oder vom Muttensberghaus, das von Bludenz mit der Seilbahn anzufahren ist, zum Hohen Frassen. Wer ganz sichergehen will, kann an geführten Wanderungen der Fremdenverkehrsorte teilnehmen.

Ort	Höhe	Einwohner	Gästebetten insgesamt	in Hotels	in Gasth./ Pensionen	in Chalets/ Ferienwhg.	in Privath./ Bauernhäus.	Camping/ Stellplätze	Ferienlager
Bludenz	588 m	13123	900	250	–	200	450	2/120	–
Brand	1037 m	560	2200	550	950	400	300	–	–
Bürs	570 m	2800	375	–	185	49	141	2/60	–
Bürserberg	900–1250 m	480	800	216	102	228	254	–	–

Ort	Wandern Wege mark.	Rundwege	geführte Wanderungen	Beförderung Kabinenbahnen groß	klein	Sessellifte	Hochtouren Dauer	Führer	Hütten bewirt.	Abstand	Abzeichen
Bludenz	80 km	2/30 km	1× wöch.	1			4 Std.–5 Tg.	1	2	4 Std.	Bludenzer Wandernadel
Brand	100 km	8/60 km	2× wöch.	1		2	4 Std.–5 Tg.	3	12	4 Std.	Brandnertal-Alpenverein-Wandernadel
Bürs	30 km	3/10 km	1× wöch.					1			
Bürserberg	70 km	2/10 km	1× wöch.				4 Std.–2 Tg.		2	½ Std.	

Ferner interessant: Bludenz: Naturschutzgebiet Muttersberg, Bludenzer Städtleexpress.

Bludenz
Verkehrsamt, Werdenbergerstr. 42, A-6700 Bludenz, (0 55 52) 6 21 70, Tx 25 123.
Schwimmen in 1 beh. Freibad, 1 Hallenbad. **Wildwasser:** 5 km befahrbare Strecke. **Angeln** in Flüssen. 30 km Radwege, Fahrradverleih. **Tennis:** 7 Plätze, 1 Halle/2 Plätze, Unterricht. **Gesundheit:** Vita-Parcours mit Kneipp-Anlage, Fitness-Zentrum.
Unterhaltung: Heimatabende, Kinderfeste, Gartenschach, Platzkonzerte.
Veranstaltungen: Mitte Juli: Schokoladefest. Ende Aug.: Int. Filmfestival Bludenz.
Pauschalangebote: Wanderwochen, Fitness- und Seniorenwochen, Arrangements Radfahren.

Brand
Verkehrsamt, A-6708 Brand, (0 55 59) 5 55, Tx 52 470.
Schwimmen in 1 beh. Freibad, 2 Hallenbädern; 1 Stausee. **Angeln** im Stausee, Fischteich u. in Flüssen. **Reiten** im Gelände, 10 km Wege. **Tennis:** 11 Plätze, 1 Halle/2 Plätze, Schule. Trimmpfade.
Unterhaltung: Heimatabende, Gästekindergarten, Platzkonzerte. **Veranstaltungen:** siehe Wochenprogramm, Verkehrsamt.
Pauschalangebote: Tennispauschalen, Wanderwochen.

Bürs
Verkehrsverein, A-6700 Bürs, (0 55 52) 6 26 17.
Tennis: 4 Plätze, Schule. Fahrradverleih.
Reiten im Gelände, Pferdeverleih. **Schießen:** Luftgewehr.
Unterhaltung: Platzkonzerte.
Veranstaltungen: Dorffeste.
Pauschalangebote: Mai–Okt.: Tennisarrangement (7 Tage, 6 Stunden Tennis), Seniorenarrangement.

Bürserberg
Verkehrsamt, A-6700 Bürserberg, (0 55 52) 6 33 17, Tx 52 196.
Angeln in Weihern. **Tennis:** 2 Plätze.
Unterhaltung: Heimatabende, Platzkonzerte, Dia-Vorträge.
Aktivangebote: Juli/Aug.: Bastelnachmittage für Kinder.
Veranstaltungen: siehe Wochenprogramm, Verkehrsamt.
Pauschalangebote: Mai/Juni u. Sept.: Bergsommer (1 Woche Aufenthalt, 2 gef. Wanderungen).

Lage und Zufahrt: Kartenteil Seite 9 C 2.

*Mitten in der schönsten Landschaft: das Freibad in Brand (links).
Es ist nicht das einzige Freibad in der Gegend. Überdies gibt es bei Bludenz noch eine andere Möglichkeit zum Wassersport: Wildwasser-Fahrten.
Rechts: Bürserberg.*

DAS MONTAFON
Vorarlberg

Bartholomäberg Gargellen Gaschurn + Partenen Gortipohl

Vierzig Kilometer lang erstreckt sich das Tal der Oberen Ill zwischen der Rätikon-, der Verwall- und der Silvrettagruppe von Bludenz zum Talende: Das Montafon. Früher endete die Straße dort und ging in einen nur von Packtieren zu bewältigenden Sattelweg über.

AM GIPFEL GIBT'S EINEN STEMPEL INS BÜCHLEIN

Heute überwindet die Silvretta-Hochalpenstraße auf eindrucksvoller Trasse den Paß ins Paznauntal. Und auf der Höhe liegt Europas höchster See mit Bootsbetrieb.

Die älteste Siedlung im Montafon ist Bartholomäberg, ein historisches Bergbaugebiet. Schon im zehnten Jahrhundert wurde hier nach Erzen geschürft. Ein geologischer Lehrwanderweg, bei Gesamtbegehung acht bis neun Stunden lang, gibt auf mehreren Dutzend Tafeln Auskunft über Gestein, Fossilien, den geologischen Bau des Verwalls, eine Bergzerreißung und die verschiedenen kristallinen Ge-

Unten: der Tobelsee im Rätikon.

_____ Anzeigen

Schruns/Tschagguns

MITTEN IM WANDERPARK MONTAFON
bieten die zwei internationalen Urlaubsorte

SCHRUNS + TSCHAGGUNS

alle Voraussetzungen für einen erlebnisreichen Sommerurlaub.
Nutzen Sie das vielfältige Sport-, Erholungs- und Unterhaltungsangebot des ganzen Tales.

Prospekte – Informationen – Direktreservierung:

VERKEHRSAMT A-6780 SCHRUNS 10
Tel. (05556) 2166; Telex 52144; Telefax 2554

VERKEHRSAMT A-6774 TSCHAGGUNS 10
Tel. (05556) 2457; Telex 52156

St. Gallenkirch   Schruns + Tschagguns   Vandans   Silbertal

A-6

DAS MONTAFON
Vorarlberg

Bartholomäberg   Gargellen   Gaschurn + Partenen   Gortipohl

steine, die Sandsteine, Kalke, Dolomite, Mergel und Tonschiefer. Schruns und Tschagguns, fast zusammengewachsen, bilden auch eine touristische Einheit. Für die Tschaggunser Gäste ist das Wandergebiet oberhalb von Schruns in der Verwallgruppe ebenso leicht und problemlos erreichbar wie für die Schrunser Besucher das Tschaggunser Wandergebiet im Rätikon. Allein von diesem Doppelort aus, dem Talkessel von Schruns-Tschagguns, führen auch im Sommer vier Seilbahnen und Sessellifte auf die umliegenden Höhen. Eine ganze Reihe von Postbuslinien können ebenfalls als Aufstiegshilfen in Anspruch genommen werden. So wird der Anmarschweg für viele Bergwanderungen und Touren in sonniger Höhenlage erleichtert. Schruns und Tschagguns verfügen über zahlreiche Sport- und Freizeiteinrichtungen. An erster Stelle ist das beheizte Alpenbad Montafon zu nennen – mit einer Gesamtfläche von 30 000 Quadratmetern. Eine Tennisanlage mit elf und eine Tennishalle mit drei Plätzen runden das sportliche Angebot im Tal ab. In den Höhen gibt es nicht nur Höhenwege und Spazierwege, sondern auch Bergtouren – und Klettertouren aller Schwierigkeits-

Schruns

Hotel Chesa Platina ★★★
Besitzer: A. Trunsperger
A-6780 Schruns, Flurstr. 19
Tel.: (0043) 5556/2323
Traditionsreiches Hotel in sehr ruhiger Lage. Stilvolle Inneneinrichtung. Gästezimmer mit Vorraum, Bad/Du/WC, teilweise Balkon, DW-Telefon und Weckradio. NEU: Sauna, Solarium, Dampfbad, Fitnessraum. Modernste Einrichtungen der technischen Medizin, kurärztliche Betreuung. Spiel- und Liegewiesen; 8-Programm-Kabel-TV.

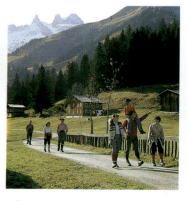

Rechts: Gargellen (1420 m) ist der höchste Ort im Montafon.

St. Gallenkirch   Schruns + Tschagguns   Vandans   Silbertal

A-6

grade mit ausgebildeten Führern. Alle Orte im Montafon belohnen ausdauernde Wanderer mit dem Montafoner Wanderschuh. Um dieses Abzeichen in Gold, Silber oder Bronze zu erwerben, muß man sich an verschiedenen Zielen – Alpenvereinshütten oder Berggasthöfen – einen Stempel in den Wanderpaß geben lassen. Je nach Anmarschlänge und Schwierigkeit bekommt man Punkte. Bergkundige Touristen mit etwas Erfahrung können als weiteres Leistungsabzeichen das Montafoner Gipfelkreuz erwerben. Auf etlichen Gipfeln der Montafoner Bergwelt, die ein normal geübter Wanderer ersteigen kann, sind beim Gipfelkreuz briefkastenähnliche Schachteln mit einem Stempel wetterfest angebracht. Der Abdruck im Bergsteigerpaß beweist den Aufstieg. Eine dreitägige Hochtour führt von Gargellen rund um das 2826 m hohe Madrisahorn. Von Gargellen geht es zuerst ziemlich steil zum Schlappinerjoch, wo die Grenze zur Schweiz überschritten wird. Dort beginnt eine mühelose Höhenwanderung zur Saaser Alp. Mit der Madrisabahn fährt man nach Klosters hinunter. Am zweiten Tag geht es wieder mit der Bahn zur Saaser Alp und über das Rätschenjoch nach St. Antönien. Am dritten Tag muß recht steil das St.-Antönier-Joch überwunden werden. So kommt man wieder nach Österreich und bei Gargellen ins Montafon.

Ort	Höhe	Einwohner	Gästebetten insgesamt	in Hotels	in Gasth./ Pensionen	in Chalets/ Ferienwhg.	in Privath./ Bauernhäus.	Camping/ Stellplätze	Ferienlager
Bartholomäberg	1087 m	2000	1200	150	150	300	600	1/6000 m²	–
Gargellen	1420 m	100	950	500	135	281	34	–	–
Schruns/Tschag.	700 m	6300	7000	900	1100	1500	3500	2/380	–
Vandans	650 m	2000	1600	200	220	300	880	–	–

Ort	Wandern		geführte Wanderungen	Alpinschule	Beförderung			Sessellifte	Hochtouren		Hütten	
	Wege mark.	Rundwege			Bus	Bahn	Standseilb.		Anzahl	Dauer	bewirt.	Abstand
Bartholomäberg	20 km	3/30 km	nach Bedarf		×				mehrere			
Gargellen	230 km	2/25 km	2× wöch.		×	×		2	mehrere		5	1,5–4,5 Std.
Schruns/Tschag.	160 km	10	4× wöch.		×	×	×	3	mehrere	4–8 Std., 2 Tg.	4	3–4 Std.
Vandans	120 km	3/60 km	2–3× wöch.	2	×	×	×	2	30	6 Std.–3 Tg.	4	1–2 Std.

Beförderung: 2 Großkabinenbahnen (Schruns–Tschagguns, Vandans). **Abzeichen:** Montafoner Wanderschuh und Gipfelkreuz. Österreich. Wandernadel, Wanderschuh, Wanderorden. Gargellener Wandernadel. **Ferner interessant:** geologischer Lehrpfad, Korallenriff auf 1800 m Seehöhe, Pflanzenschutzgebiet, Alpengarten, Dampfzugsonderfahrten der Montafoner Bahn.

Bartholomäberg
Verkehrsamt, A-6780 Bartholomäberg, (0 55 56) 31 01.
Angeln in künstlichen Anlagen.
Unterhaltung: Heimatabende, Konzerte.

Gargellen
Verkehrsverein, A-6787 Gargellen, (0 55 57) 63 03.
Schwimmen in 1 beh. Freibad, 1 Hallenbad; kleine Gebirgsseen. **Angeln** in Flüssen. **Tennis:** 2 Plätze, Schule, Gästeturniere.
Unterhaltung: Heimat-, Dia-Abende, Platzkonzerte, Kinderfeste, klass. Konzerte.
Hobbykurse und Aktivangebote: Aug.: Mal- u. Zeichenwochen, Modellier- u. Töpferwochen. Kräuterwanderungen.
Veranstaltungen: Mitte Juli bis Ende Aug.: Tennisturniere, Gästefußballspiele, sportl. Schlechtwetterveranstaltung »Gargellner Höhenlauf«.
Pauschalangebote: siehe Hobbykurse, »Rund um die Madrisa« (2- und 3-Tage-Wanderung in die Schweiz). Anfang Juni: Firngleiter-Woche.

Lage und Zufahrt: Kartenteil Seite 14 A/B 2.

Schruns-Tschagguns
Verkehrsamt, A-6780 Schruns, (0 55 56) 21 66 und 21 67, Tx 52 144; Verkehrsamt, A-6774 Tschagguns, (0 55 56) 24 57, Tx 52 156.
Schwimmen in 1 beh. Freibad, 1 Hallenbad. **Angeln** in Seen und Flüssen. Fahrradverleih. **Reiten** im Gelände, 5 km Reitwege, Pferdeverleih.
Tennis: 11 Plätze, 1 Halle/3 Plätze, Schule.
Unterhaltung: Heimatabende, Platzkonzerte, Dia-Abende, Montafoner Sommerkonzerte.
Veranstaltungen: Mitte Aug.: Montafoner Pferdesporttage.

Vandans
Verkehrsamt, A-6773 Vandans, (0 55 56) 26 60, Tx 52 190.
Schwimmen in 1 beh. Freibad, 2 Hallenbädern. **Wildwasser:** 6 km befahrbare Strecke. **Angeln** in Seen, Flüssen u. künstl. Anlagen. **Drachenfliegen** am Golm. **Reiten** im Gelände, 6 km Wege. **Schießen:** Luftgewehr, Tontauben. **Tennis:** 4 Plätze, Schule. **Unterhaltung:** Heimatabende, Kinderfeste, Platzkonzerte. **Hobbykurse und Aktivangebote:** Fotowanderungen, Kräuterwanderungen.
Pauschalangebote: Anf. Mai–Mitte Juni, Mitte Sept.–Mitte Okt.: Rosa-Zeiten-Angebot (7 oder 14 Tage buchen – 6 bzw. 12 Tage bezahlen).

Anzeigen

Reisen mit der Bahn

Mit der Bahn ins Montafon.

Wenn Ihr Wanderurlaub von Anfang an streßfrei sein soll, reisen Sie am besten mit der Bahn an. Denn Busse und Bahn bringen Sie stau- und streßfrei ins Montafon. Schnell und bequem auf jeden Fall.

Deutsche Bundesbahn

Der markanteste Berg über dem Montafon ist die Zimbaspitze.

DAS HOCHMONTAFON
Vorarlberg

Gaschurn + Partenen   St. Gallenkirch   Gortipohl

Etwa in der Mitte des Montafons liegt St. Gallenkirch mit den Weilern Gortipohl und Gargellen. Das Gemeindegebiet umfaßt nahezu ein Viertel des gesamten Tales. Charakteristisch für diesen natürlich gewachsenen Ort sind viele schöne Montafoner Häuser und in den höheren Hanglagen die Maisässe – Sommerwohnungen und Nebengüter der Bauern. Zu solchen Maisäßdörflein mit romanischen Namen wie Tanafreida, Montiel, Grandau oder Garfrescha führen leichte Halbtageswanderungen. Eine Attraktion ist eine grenzüberschreitende Tour auf alten Schmugglerpfaden von Gargellen nach St. Antönien und Klosters in der Schweiz. Eine schöne Wanderung beginnt mit der Auffahrt im Doppelsessel nach Garfrescha zur Alpe Nova, führt dann über einen Bergrücken zum Bergrestaurant Versettla und schließlich zurück über den aussichtsreichen Bergkamm zum 1959 m hohen Gantekopf. Dafür braucht man zwei bis zweieinhalb Stunden. Dieser Weg ist auch für weniger geübte Wanderer und Familien mit Kindern gut geeignet. Eine sechs- bis sechseinhalbstündige Tour führt zum 2354 m hohen Matschuner Joch, zum Heimbühljöchli und schließlich zum 2685 m hohen Heimspitze. Einer

Von St. Gallenkirch (ganz oben) führt eine Seilbahn nach Garfrescha.

der schönsten Aussichtsberge des Hochmontafons mit vielfältiger Alpenflora sowie Steinböcken, Gemsen und Adlern.
Wer sich für Tiere und Pflanzen interessiert, kann immer wieder an geführten naturkundlichen Exkursionen teilnehmen.
Wer im Tal bleiben will, kann angeln, Tennis oder Squash spielen, in beheizten Freibädern schwimmen, Saunas und Solarien besuchen. In Gargellen gibt es Ende Juni Firngleiterwochen, bei denen auf 60 cm langen Gleitern über die Schneefelder am Gletscher gefahren wird – ein Riesenspaß für Sportliche.
Gaschurn, der mehrfach ausgezeichnete Urlaubsort für Wander- und Familienfreundlichkeit, und Partenen im Hochmontafon sind ausgesprochen lebendige Ferienorte mit einem vielseitigen Angebot. Gäste können sich wöchentlich an einem halben Dutzend geführter Wanderungen zwischen drei- und neunstündiger Dauer beteiligen.
Sie können Kräuter sammeln oder seltene Steine suchen, Tennis

Anzeige

Fam. Ewald Netzer
A-6793 Gaschurn
Tel.: (0043) 55 58/87 59-0
Fax.: (0043) 55 58/87 59-71

Ausdruck eines neuen Ferienstils!
»4 Sterne und ein bißchen mehr«

Komfortsuiten mit Bad/WC, Minibar, Telefon, Radio, Farb-TV, Zimmersafe, Balkon. Erstklassige Küche mit Menüwahl. Erlebnisbad mit Sauna, Solarium, Römisches Dampfbad, Whirlpool, Karibikbar etc. Große Gartenanlage mit geheiztem Pool, Sommernachtsfeste m. Grillspezialitäten, Modenschauen, Tanzvorführungen, Folklore u.v.m. Hoteltanzbar »Sissi«
Erleben Sie bei uns einen unvergeßlichen Urlaub und fragen Sie nach den Sonderpauschalen für Tenniswochen, Beauty-, Wanderwochen, Family-Ferien!
In Ihrem neuen Komforthotel ist die Devise: Legere, ungezwungene Atmosphäre.

A-6793 Gaschurn
Tel.: (00 43) 55 58/82 91
Telex: 5 2 558
Ruhig – komfortabel – zentral
Bitte Prospekte anfordern!

A-6 🇦🇹

spielen oder eine Tennis-Trainingsschule besuchen, angeln oder in Hallen- und beheizten Freibädern schwimmen. Unter anderem gibt es im Gebiet

Fast am Talende erstreckt sich Gaschurn (großes Foto unten) mit Partenen (rechts).

von Gaschurn und Partenen fünf Alpenvereins-Hütten. Die Alpinschule Silvretta bietet nicht nur einen Klettergarten für Anfänger, sondern auch Touren auf den 3312 m hohen Piz Buin – die schönste Grat-Überschreitung in der Silvretta im zweiten bis dritten Schwierigkeitsgrad. Erfahrene Bergführer sind immer dabei. Zum Silvretta-Stausee können Gäste mit dem eigenen Wagen auf der Silvretta-Hochalpenstraße oder mit der Vermuntbahn bis Trominier und dann zu Fuß kommen. Dort oben verkehrt in über 2000 m Meereshöhe ein Ausflugsboot mit Glasdach, das freien Blick zu den Dreitausendern der Silvrettagruppe erlaubt.

Ort	Höhe	Einwohner	Gästebetten insgesamt	in Hotels	in Gasth./ Pensionen	in Chalets/ Ferienwhg.	in Privath./ Bauernhäus.	Camping/ Stellplätze	Ferienlager
Gaschurn+Partenen	1000–1050 m	1693	3426	950	880	550	1046	1/120	–
Gortipohl	910 m	530	770	34	186	189	361	1/30	–
St. Gallenkirch	900 m	2000	1750	230	320	610	590	1	–

Ort	Wandern Wege mark.	Rundwege	geführte Wanderungen	Alpinschule	Beförderung Bus	Bahn	Standseilb.	Sessellifte	Hochtouren Anzahl	Dauer	Hütten bewirt.	Abstand
Gaschurn+Partenen	150 km	9/60 km	4× wöch.	1	×	×	×	2	14	4–9 Std.	5	4–8 Std.
Gortipohl		7–10	1× wöch.		×		×	1	mehrere		3	6 Std.
St. Gallenkirch		7–10	2× wöch.		×	×		1	mehrere	3–9 Std.	3	6 Std.

Beförderung: 1 Großkabinenbahn (Gaschurn+Partenen). **Abzeichen:** Montafoner Wanderschuh und Gipfelkreuz. Österreich. Wandernadel, Wanderschuh, Wanderorden. Partener Silvretta Verwall Touren. Wanderabzeichen (Gortipohl). St. Gallenkircher Wandernadel. **Ferner interessant:** Wasserfälle, Wildgehege.

Gaschurn + Partenen

Verkehrsamt, A-6793 Gaschurn, (0 55 58) 82 01, Tx 52 280; Verkehrsamt Silvretta Partenen, A-6794 Partenen, (0 55 58) 83 15.
Schwimmen in 1 beh. Freibad, 3 öffentl. Hotelhallenbädern, Türkisches Dampfbad. Wildwasser. **Angeln** in 4 Stauseen und Bächen, Silvretta-Stausee mit Bootsbetrieb. Fahrradverleih. **Tennis:** 8 Plätze, 1 Halle mit 2 Plätzen, Trainingsschule, Gästetennisturniere. **Gesundheit:** Kneippanlagen, Kur- u. Bäderbetrieb. **Unterhaltung:** Heimatabende, Kinderfeste, Konzerte, Dia- und Filmabende, Gästefußballspiele. **Hobbykurse und Aktivangebote:** Heilkräuter-Wanderungen mit Vortrag. Alpbesichtigung – Erleben eines Alptages. **Veranstaltungen:** Mai: Kabriotreffen. Juni: Fronleichnamsprozession. Sonnwendfeuer. Stierkampf. Pfingstfußballturnier. Aug.: Versettla-Gebirgsmarsch. Sept.: Alpabtrieb. Gipfelmessen. Okt.: Trad. Markt. Ferner: wöchentliches Veranstaltungsprogramm. **Pauschalangebote:** Tennistrainingscamps, Wander- und Kletterpauschale.

Gortipohl

Verkehrsverein, A-6791 Gortipohl, (0 55 57) 67 11.
Schwimmen in 1 beh. Freibad. **Angeln** in Seen, Flüssen u. künstl. Anlagen. **Tennis:** 3 Plätze. **Unterhaltung:** Heimatabende, Kinderfeste, Konzerte, Diaabende. **Veranstaltungen:** Aug.: Feuerwehrfest. 15. Aug.: Silvretta-Nova-Volksmarsch.

St. Gallenkirch

Verkehrsverein, A-6791 St. Gallenkirch, (0 55 57) 66 00.
Schwimmen in 1 beh. Freibad. **Angeln** in Seen, Flüssen u. künstl. Anlagen. **Tennis:** 3 Plätze. Squash. **Unterhaltung:** Heimatabende, Kinderfeste, Konzerte, naturkundl. Exkursionen, Dia- und Filmabende, Kindernachmittage. **Veranstaltungen:** 15. Aug.: Silvretta-Nova-Volksmarsch. Spezialitätenwochen. **Pauschalangebote:** Auskunft beim Verkehrsamt.

Lage und Zufahrt: Kartenteil Seite 14 A/B 2.

Anzeigen

im Hochmontafon

Haus Schassa
Besitzer: Familie Hermann
A-6793 Gaschurn, Tel.: 0 55 58/83 84
Neues, komfortabel eingerichtetes Haus in zentr. ruhiger Lage am Sonnenhang von Gaschurn. 10 Ferienw. für 2–6 Pers. mit Dusche/WC, Telefon, TV-Anschluß, Radio, sowie Komfortzimmer m. Frühstück, Terrasse, Liegewiese, Kinderspielplatz. Parkplatz.

Hotel Zerres ★★★
Besitzer: Familie Pfeifer
A-6794 Partenen
Tel.: (0 55 58) 83 01, 86 23
Zentrale, ruhige Lage. Erholung und Entspannung in komfortablem, rustikalem Hotel. Heimelige, gemütliche, familiäre Atmosphäre. 43 Betten. Zimmer mit Bad/Du/WC, Telefon, Radio, TV. Balkon. Solarium. Lift. Kaminhalle. Gutes Wandergebiet.

St. Gallenkirch

Hotel Gasthof Adler
St. Gallenkirch · Montafon · Vorarlberg
Besitzer: Familie Boden
A-6791 St. Gallenkirch
Telefon: 05557/6206
Telex: 75310912 HADL A
Zentrale Lage. Zimmer mit Bad oder Dusche/WC, Telefon, Minibar, teilweise Balkon. Alle Annehmlichkeiten, gediegener Komfort. TV- und Aufenthaltsraum, Tanz- und Volksmusik. Internationale Küche.

REUTTE UND UMGEBUNG
Tirol   Weissenbach

Die Marktgemeinde Reutte liegt in einem weiten, breiten und lieblichen Becken am Lech.

BEIM ALPENBLUMENGARTEN HAHNENKAMM

Im Ort gibt es noch schöne und schön bemalte Häuser, ein Rathaus mit Erker und Freitreppe sowie ein Heimatmuseum mit altem Hausrat, handwerklichen Geräten und alten Trachten.

Nur wenige Kilometer östlich von Reutte liegen der Heiterwanger und der Plansee, zwei schöne Wassersportreviere zum Angeln, Schwimmen, Surfen und Segeln. Die Berge im Westen zählen zur Tannheimer Gruppe. Im Süden bestimmen die östlichen Ausläufer der Lechtaler Alpen das Panorama. Und im Norden zwingt der mächtige Säuling den Lech nach Westen, bevor dieser kurz nach Füssen durch den Forggensee fließt. Was in Reutte längst vollzogen ist, nämlich die starke Orientierung zum Tourismus, ist in vielen anderen Orten des Außerfern noch in vollem Gange. Es sind meist nette Sommerfrischen für Familien, jenseits von Gigantomanie und Exklusivität.

Weissenbach, einige Kilometer im Süden und ebenfalls am Lech, ist solch eine Sommerfrische. Neben der wöchentlich geführten Bergwanderung veranstaltet man hier jede Woche auch eine Radwanderung. Ein im Alpenraum einmaliges Angebot ist sicher der Wurzel-

Problemlos telefonieren

Wenn Sie von anderen Ländern dort anrufen wollen, müssen Sie die 0 am Anfang der Vorwahl weglassen und folgende Nummer vorauswählen:

Aus Deutschland
nach Österreich   0043
in die Schweiz   0041
nach Italien   0039

Aus Österreich
nach Deutschland   060
in die Schweiz   050
nach Italien   040

Außerfern nennt sich die Landschaft in der nordwestlichen Ecke Tirols. Neben der Ferienregion Reutte gehören dazu auch das Lechtal, das Tannheimer Tal und das Tiroler Zugspitzgebiet mit Berwang und Bichlbach (links Mitte auf unserer Panoramakarte).

Bild oben rechts und Bild rechts - Reutte-Kög und das weite Talbecken von Reutte und Umgebung.

Ganz rechts: das Außerferner Alpenbad in Reutte. Es gibt auch andere Möglichkeiten zum Wassersport: Surfen und Segeln (dazu können Sie Unterricht bekommen) sowie Tauchen, Rudern und Kanufahren.

schnitzkurs, der vom Wurzel-Hans geleitet wird.

Für Weissenbach und Reutte spielt die Reuttener Bergbahn eine wichtige Rolle – auch im Sommer, da die Bergstation Ausgangspunkt für schöne Almwanderungen ist. Man hat nahe der Bergstation erst kürzlich den »Alpenblumengarten Hahnenkamm« eingerichtet, der 600 verschiedene Alpenpflanzen zur Schau stellt, darunter viele seltene. Drittens ist die Bergstation Startplatz für den sechs Kilometer langen »Alpenrosenweg«, der in 1800 m Höhe eben durch die Landschaft zieht. Und viertens gestattet diese Aussichtsplattform einen Rundblick auf die Lechtaler, Wetterstein- und Allgäuer Berge, ohne daß man einen Schritt tun muß. Sicher wird man nicht auf eine Seewanderung verzichten –

entweder um den Heiterwanger See oder rund um den Plansee (das dauert schon erheblich länger – etwa drei Stunden) oder gleich um beide Seen. Das ist dann schon ein Geländemarsch, der fünf Stunden in Anspruch nimmt. Zu den attraktiven Gipfelzielen in der Runde zählen der Tauern (1864 m), der in gut drei Stunden zu bewältigen ist, und die Gehrenspitze mit 2164 m Höhe, die ebenfalls gute drei Stunden Aufstieg erfordert. In beiden Fällen ist Trittsicherheit nötig.

Diese zwei Gipfel und dazu den Thaneller kann man auch mit der Alpinschule Außerfern in Reutte angehen. Diese Bergsteigerschule kann auch Ausbildungskurse anbieten und andere Hochtouren durchführen.

Wer zwischendurch einmal richtige Berge mit Gletschern sehen möchte, kann das hier bequem haben. In die Ötztaler Alpen sind es gerade hundert Kilometer. Noch näher, nämlich ganze zehn Kilometer, sind es nach Füssen und Neuschwanstein zu den Königsschlössern. Zu empfehlen ist auf jeden Fall eine Fahrt ins hintere Lechtal. Da gibt's – ebenso wie in der Umgebung von Reutte – noch ein bißchen heile Welt.

Ort	Höhe	Einwohner	Gästebetten insgesamt	in Hotels	in Gasth./ Pensionen	in Chalets/ Ferienwhg.	in Privath./ Bauernhäus.	Camping/ Stellplätze	Ferienlager
Reutte	854 m	5000	3035	545	666	327	1380	3/818	117
Weissenbach	887 m	1100	900	130	300	94	470	–	–

Ort	Wandern				Beförderung				Abzeichen
	Wege insg.	Wege mark.	Rundwege	geführte Wanderungen	Bus	Bahn	Schiff	Sessellifte	
Reutte	80 km	80 km	6/65 km	2× wöch.	×	×	×		Wanderschuh, Europ. u. örtl. Wandernadel
Weissenbach	50 km	40 km	3/40 km	1× wöch.	×			1	

Außerdem: Reutte: 1 Großkabinenbahn, Alpinschule, 4 geführte Hochtouren, 4–6 Std. Dauer, 6 bewirt. Hütten im Abstand von 4 Std. **Ferner interessant:** Reutte: botanischer Lehrpfad, Alpenblumengarten Hahnenkamm, Wasserfälle. Weissenbach: Wald- und Heilkräuterlehrpfad.

Reutte

Fremdenverkehrsverband, A-6600 Reutte, (0 56 72) 23 36 mit Ehenbichl, Breitenwang, Pflach, Pinswang.
Schwimmen in 4 Seen, 1 beh. Freibad, 2 Hallenbädern. **Wildwasser:** 10 km befahrbare Strecke.
Angeln in Seen. **Ausrüstungsverleih:** Surfen, Segeln, Tauchen. **Unterricht:** Surfen, Segeln, Tennis. Rudern. Kanu. Segelfliegen. **Rundflüge** mit Segelflugzeug. 20 km Radwege, Fahrradverleih. **Schießen:** Luftgewehr. **Tennis:** 13 Plätze, 1 Halle/3 Plätze. Trimmpfade.
Unterhaltung: Heimatabende, Bauerntheater, Konzerte, Kinderfeste, Gartenschach.

Weissenbach

Fremdenverkehrsverband, A-6671 Weissenbach, (0 56 78) 53 03.
Schwimmen in 1 beh. Freibad. 40 km Radwege, Fahrradverleih. **Schießen:** Luftgewehr.
Tennis: 2 Plätze.
Gesundheit: Kneippanlage.
Unterhaltung: Heimatabende, Bauerntheater, Konzerte.
Hobbykurse und Aktivangebote: Wurzelschnitzkurse, Bastelkurse.
Veranstaltungen: Fußballpfingstturnier. Anf. Juli: Dorffest.
Lage und Zufahrt: Kartenteil Seite 15 B/C 1.

DAS TANNHEIMER TAL
Tirol

Grän-Haldensee Nesselwängle Schattwald Tannheim

Das verträumte Hochtal, das eine heile Welt signalisiert, ist 16 km lang. Es wird von dem recht harmlosen Oberjoch im Westen und vom ebenso einfachen Gaichtpaß im Osten begrenzt.

KLEINES TAL MIT GROSSEM HOBBY-PROGRAMM

Ein gutes Dutzend Sommerfrischen breiten sich auf dem grünen Talboden aus. Die bekannteren sind Nesselwängle, Grän, Tannheim und Schattwald.

Eingerahmt wird das liebliche Tal von markigen Kalkgipfeln der Zweitausend-Meter-Klasse – einmal ein wenig drüber, dann wieder etwas drunter. Die Rote Flüh, Gimpel und Kellenspitze oberhalb Nesselwängle sind die zackigen Aushängeschilder des Tannheimer Tales. Der Haldensee, der Vilsalpsee und der 1600 m hoch gelegene Traualpsee sind Glanzlichter im sommerlichen Fremdenverkehrsleben. Das heißt: Auch der Wassersport nimmt eine wichtige Stellung ein. Hier wird gesegelt und gesurft, aber auch Schwimmer sind gut bedient – vor allem am Haldensee, der öfter die 20-Grad-Marke überschreitet. Auch das Fischen wird hier kultiviert. Besonders gute Voraussetzungen bieten der Haldensee (zum Hechtfischen) und die Gebirgsbäche (für Forellenfischer). Für die Künstler in dieser Sparte, die Fliegenfischer, ist ein eigener Bach-Ab-

Oben – das ist der Ort Tannheim. Im Hintergrund sehen Sie die Rote Flüh und den Gimpel.

*Alle größeren Orte im Tannheimer Tal laden einmal wöchentlich zu geführten Wanderungen ein. Insgesamt gibt es über 300 km markierter Wanderwege. Und man kann Wandernadeln nach Hause bringen.
In der Gegend gibt es außerdem einige Seen, auf denen man Wassersport treiben kann: Segeln, Surfen, Rudern und Tauchen. Auch Tretboote kann man mieten.*

A-8

schnitt reserviert. Am Greiter Weiher kann man den Fang gleich selber räuchern. Auch wer keinen Fisch erwischt, bekommt auf jeden Fall Punkte für die »Hobby-Nadel Tannheimer Tal«, die es hier neben der üblichen Wandernadel zusätzlich gibt. Außer mit Essen und Schlafen kann man fast mit jeder Betätigung Punkte sammeln. Einige besondere Tätigkeiten sind es wert, extra genannt zu werden. So kann man zum Beispiel bei einem Bauern in der Landwirtschaft mithelfen, sich in der Bastelstube in der Bauernmalerei versuchen oder am Webstuhl arbeiten. Eine besonders zeitgemäße Betätigung ist die Mitarbeit bei der Neuaufforstung von gefährdeten Hochlagen im Tannheimer Tal.

Über dem Tal gibt es auch einen regen Luftverkehr. Die Delta- oder Drachenflieger starten besonders gerne vom Neunerköpfle aus. Auch dafür gibt es Hobbypunkte.

Und dann wird das Radwandern immer beliebter; man fährt längs des Tannheimer Tals durch Gebiete mit überaus reicher Flora. Für ein 16 km kleines Tal ist das ein stolzes Hobbyprogramm. Aber es wird noch leicht vom Wander- und Bergsteigerprogramm übertrumpft. Für den Anfang eignet sich hervorragend der neue Rundwanderweg »Tannheimer Tal«. Er führt von Nesselwängle bis Schattwald über die Hänge beiderseits der Straße. Das macht zusammen gute 20 km und bedeutet 4 bis 5 Stunden reine Gehzeit, eine schöne Tagestour. Dann sollte man zum Gimpelhaus aufsteigen. Die recht steilen Serpentinen sind in zwei Stunden bequem zu bewältigen. Der Ausblick aus 1720 m Höhe nach Süden ist einige Schweißtropfen wert. Erfahrene Bergwanderer können sich dann noch die Rote Flüh vornehmen, die in anderthalb Stunden zu bezwingen ist. Erfahrene Bergsteiger gehen auf den Gimpel oder auf die Kellenspitze. Oder auch auf beide. Eine schöne Rundtour ist die Wanderung vom Gimpel zum Hahnenkamm. Man fährt mit der Bergbahn nach Reutte ab und kehrt nach Nesselwängle mit dem Bus zurück. Ein besonders bequemer Trip beginnt in Grän mit der Sessellift-Auffahrt zum Füssener Jöchle. Nun quert man auf dem »Tannheimer Höhenweg« relativ flach nach Norden zur Pfrontner Hütte, wo gut essen und trinken ist. Zuletzt steigt man nach Grän ab.

Tannheim kann ebenfalls mit einer Sessellift-Rundwanderung dienen. Man fährt zum Neunerköpfle hinauf und der Marsch nach Süden kann beginnen. Östlich der Sulzspitze trifft man auf den Saalfelder Höhenweg, dem man bis zur Landsberger Hütte folgt. Der Abstieg führt am Traualpsee vorbei zum Vilsalpsee. Die Rückkehr nach Tannheim ist dann kein Problem mehr.

Ort	Höhe	Einwohner	Gästebetten insgesamt	in Hotels	in Gasth./ Pensionen	in Chalets/ Ferienwhg.	in Privath./ Bauernhäus.	Camping/ Stellplätze	Ferienlager
Grän-Haldensee	1134 m	484	1775	498	417	368	492	2	–
Nesselwängle	1147 m	430	1098	98	315	215	470	–	–
Schattwald	1111 m	386	742	–	223	149	370	–	–
Tannheim	1100 m	802	2843	522	1291	301	729	–	–

| Ort | Wandern | | geführte Wanderungen | Beförderung | | Sessellifte | Hochtouren | | Führer | Hütten | | |
	Wege insg.	Rundwege		Bus	Bahn		Anzahl	Dauer		bewirt.	unbew.	Abstand
Grän-Haldensee	110 km	1/50 km	1× wöch.	×		1				5		½–4 Std.
Nesselwängle	75 km	1/50 km	1× wöch.	×		1	mehrere	bis 5 Std.	1	6	2	½–5 Std.
Schattwald	25 km	1/50 km	1× wöch.	×								
Tannheim	110 km	1/50 km	1× wöch.	×		2	mehrere	4–7 Std.	2	6		½–5 Std.

Abzeichen: Wandernadeln, Hobbynadeln. **Ferner interessant:** Naturschutzgebiet »Vilsalpsee«.
Unterhaltung: Heimat-, Hüttenabende.

Grän-Haldensee
Fremdenverkehrsverband,
A-6673 Grän-Haldensee, (0 56 75) 62 85.
Schwimmen in 1 See, 1 beh. Freibad, 1 Hallenbad. Türkisches Dampfbad. **Angeln** in Seen und Bächen. Surfen, Rudern, Tretboote (Ausrüstungsverleih). Fahrradverleih. **Schießen:** Bogen. **Tennis:** 4 Plätze, 1 Halle/2 Plätze, Schule. Fitness-Zentrum.
Unterhaltung: Gästekindergarten, Gartenschach, Dia- u. Filmabende, Platzkonzerte.

Nesselwängle
Verkehrsbüro, A-6672 Nesselwängle,
(0 56 75) 82 71.
Angeln in Seen. Segeln, Surfen, Rudern (Ausrüstungsverleih). Tauchen. **Reiten** im Gelände, Pferdeverleih. **Schießen:** Luftgewehr, Kleinkaliber.
Gesundheit: Trimmpfad.
Unterhaltung: Gartenschach, Konzerte, Dia- und Filmvorführungen, Gästeehrungen.
Hobbykurse und Aktivangebote: Extremklettern, Fischen, Aufforsten (mit Oberförster).

Schattwald
Fremdenverkehrsverband, A-6677 Schattwald,
(0 56 75) 67 28.
Moorbad. Fahrradverleih.
Unterhaltung: Bauerntheater, Platzkonzerte.

Tannheim
Fremdenverkehrsverband, A-6675 Tannheim,
(0 56 75) 6 22 00.
Schwimmen in 1 See. **Angeln** in Seen und Flüssen. Rudern. **Drachenfliegen** am Neunerköpfl. Radwege, Fahrradverleih. **Schießen:** Kleinkaliber. **Tennis:** 8 Plätze, 2 Hallen/je 2 Plätze, Schule. Fitness-Zentrum.
Unterhaltung: Gartenschach, Bauerntheater, Gästekindergarten, Dia- und Filmabende, Platzkonzerte.
Hobbykurse und Aktivangebote: Aufforsten, Weben, Bauernmalerei, Hobby-Elektronik.

Lage und Zufahrt: Kartenteil Seite 14 B 1.

DAS PAZNAUNTAL
Tirol

Galtür Ischgl Kappl See

Wenn man von der Silvretta spricht oder vom Verwall, dann wissen die Bergsteiger zwischen Hamburg und München Bescheid. Ischgl kennt jeder Skifahrer. Aber das Paznauntal?

AM SCHLUSS DES TALES STEHT DIE SILVRETTA

Es ist das Tal zwischen Silvretta und Verwall; Ischgl gehört dazu. Das Paznauntal kann Erstklassiges bieten. Eigentlich alles, was ein richtiges österreichisches Alpental verspricht.

Etwa sechs Kilometer westlich von Landeck zweigt die Straße ins Paznauntal von der Arlbergstraße ab und folgt der Trisanna – zuerst nach Süden; später nach Westen bis Galtür. Das Tal ist 30 km lang; der Talboden steigt von rund 1050 m Höhe bei der Ortschaft See auf etwa 1600 m Höhe bei Galtür.
Kappl und See sind gemütliche Urlaubsdörfer mit Bauernhöfen und entlegenen Weilern. Sessellifte bringen auch im Sommer die Wanderer auf 1800 m Höhe und können für Touren nützlich sein. So der Medrigjoch-Sessellift von See und der Sessellift von Kappl zur Diasalpe. Gäste von Galtür, See und Kappl können wöchentlich kostenlos an Wanderführungen teilnehmen. See hat wöchentlich eine Kinderolympiade im Programm und in Kappl trifft man sich montags am Bergsteiger-Stammtisch im Gemeindesaal.
Der Paradeort im Tal ist Ischgl. Hier hat man in den letzten zwei Jahrzehnten den Auftrieb im Wintersport genutzt und eine perfekte Skistation installiert. Im Winter geübt, weiß man nun auch im Sommer, was man den Gästen schuldig ist.
Ein volles Programm wird geboten. Das beginnt am Montag mit dem Begrüßungsfest. Gleich nachmittags ist eine Marend-

Die Ascherhütte in der Umgebung von See.

Anzeige

See

Silvretta Region Paznaun 1050 m – 2500 m

unter Insidern der Geheimtip für attraktive Sommererlebnisferien

Wildromantische Täler und Schluchten, duftende Almwiesen in unberührter Natur – **See** – immer noch ein kleines Paradies.
Wir bieten zudem: Tennis, Fußball, Freischach, Asphaltstockschießen, Fahrradverleih, Kinderspielplatz, Hobbyfischerei, geführte Dorfwanderungen und Bergtouren und selbstverständlich viel Gaudi bei Tiroler-, Tanz- oder Discoabenden.
Gerne senden wir Ihnen Informationen!
Ihr Fremdenverkehrsverband
c/o **tiroler landesreisebüro tiroler verkehrsbüro**
in A-6553 See/Tirol/05441-285, Telex: 58285 fvv se

A-9 🇦🇹

DAS PAZNAUNTAL
Tirol   Galtür Ischgl Kappl See

(Brotzeit-) Wanderung, abends Ortsführung und anschließend Bergsteiger-Stammtisch mit Tonbildschau. Am Dienstag geht's zum Schützenfest, am Mittwoch zur Laternen-Party, am Donnerstag ist Reitsafari und parallel dazu ein Kinderfest. Am Freitag schließlich wird Wanderfest gefeiert mit Seilbahnfahrt, Alpenmilch, Graukas und Schnaps.
Im Rahmen eines anderen Programms werden vom Dienstag bis Freitag Wanderungen geführt – teils kostenlos, teils gegen Gebühr; am Dienstag die Ferntour, am Mittwoch die Gipfelkreuztour, am Donnerstag die Grenzwanderung und am Freitag die Schmugglertour.

Oben: die Sesslad-Alm (1870 m) in der Nähe von Kappl (rechts) wird im Sommer bewirtschaftet.

Kurz: wer sich gerne etwas bieten läßt, ist in Ischgl gut dran. Zehn Kilometer weiter liegt dann Galtür, die letzte Ortschaft im Tal (bei der die Straße allerdings nicht endet; die führt als »Silvretta-Hochalpenstraße« weiter ins Montafon). Zum Paznauntal gehören zahlreiche Berge, Täler, Gletscher und Gipfel – durchweg allererste Qualität. Der Norden des Tales wird in seiner ganzen Länge vom Verwall begrenzt. Die wichtigsten Gipfel – alles Dreitausender – sind der Hohe Riffler, die Saumspitze, die Kuchenspitze

— Anzeige —

Kappl

KAPPL
Paznauntal – Tirol
Spaß, Freude, Ruhe, Sport.

…den gesündesten Urlaub erlebt man in **Kappl**. Mildes Alpenklima, Wanderparadies (Paznauner Wanderbutz, Leistungsabzeichen, Bergsteigerschule, Abwechslung beim Fitneß (Forstmeile), am Schießstand, beim Fischen, Paddeln, Sonnen, Paragleiten, Kegeln, Fotografieren, Fußball- oder Kartenspiel, beim Höhenflug mit der Dias-Bahn usw.
…Freischwimmbad, Golfplatz, Reitstall, Hallenschwimmbad 10 km von **Kappl** entfernt.
…komm, erleb's in Kappl!
Anfragen und Auskünfte:
Fremdenverkehrsverband Kappl
A-6555 – Kappl – Paznauntal – Tirol
Telefon: (0 54 45) 62 43 o. (0 54 45) 64 11
Telex: 58 247

Oben: Galtür (1584 m) liegt ganz hinten im Paznauntal.

und der Patteriol. Die gesamte Berggruppe ist mit durchgehenden Weganlagen und mehreren bewirtschafteten Alpenvereinshütten gut erschlossen. Der größere Teil dieser Wege ist den erfahrenen Bergsteigern vorbehalten. Aber es gibt Ausnahmen. Die Wanderung zur Niederelbe Hütte (2310 m) ist auch Ungeübten möglich. Ausgangspunkt ist Kappl. Der gut markierte Weg zieht sich durch das Seßladtal zur Hütte. In drei Stunden können Sie den Anstieg schaffen. Und wenn Sie eine Stunde länger brauchen, macht es auch nichts.
Auch die Friedrichshafener Hütte (Ausgangspunkt zwischen Ischgl und Galtür) ist einen Tagesausflug wert. Die 700 Höhenmeter schafft man bequem in zwei bis drei Stunden und kann dann in 2138 m Höhe in der gemütlichen Hütte eine Brotzeit nehmen.
Ein halbes Dutzend leichte Wanderungen werden in den Verwallbergen beim Zeinisjochhaus (1822 m) geboten: Rund um den Kops-Stausee, zur Fädnerspitze (2788 m), zur Verbella-Alm (1938 m), zur Heilbronner Hütte (2308 m), zum Versalhaus (2211 m) und zur Versalspitze (2462 m). Alle diese Wanderungen bieten eindrucksvolle Ausblicke auf die Silvretta.
In die Samnaun-Gruppe an der Südseite des Tals führt eine Wanderung, die einige Kondition voraussetzt. Sie dauert sieben bis acht Stunden. Es ist die (von Ischgl aus kostenlos geführte) »Schmugglertour«. Von der Idalpe geht man über den Palinkopf (2864 m) und das Zeblasjoch (2539 m) nach Samnaun hinüber. Das ist Zollfreigebiet und deshalb ein Paradies für Raucher und Spirituosen-Freunde. Mit Hilfe von Bergbahnen kommt man nach Ischgl zurück.
Die Silvretta, die sich am Schluß des Tals erhebt, ist mit 70 Dreitausendern gespickt, mit Gletschern überzogen (die hier Ferner heißen) und von Bergsteigern aus aller Welt umschwärmt. Aber auch

—Anzeigen

Kappl

Hotel Post ★★★
Bes.: Familie Jäger
A-6555 Kappl/Paznauntal
Tel. 0 54 45/62 03, 63 30
Telex: 5 8231
70 Betten, 6 EZ, 23 DZ, 6 Dreibettzimmer. Alle Zimmer mit Bad/Dusche/WC, Telefon, Balkon. Im Zentrum gelegenes Hotel in rustikalem Stil und familiärer Atmosphäre. Lift, Garagen, Parkplätze. Sauna, Solarium, Aufenthaltsraum mit TV, Tanzunterhaltung.
1 Kleinkabinenbahn.
2 Sessellifte und 5 Schlepplifte im Ort, 9 km zur Ski-arena Ischgl. Betriebsferien haben wir im November, damit wir Sie anschließend erholt und ausgeruht verwöhnen können.

Hotel-Garni Sonne ★★★
Bes.: Familie Jäger
A-6555 Kappl
Tel. 0 54 45/62 03, 63 30
14 eingerichtete Ferienwohnungen für 3—6 Personen mit Wohn- und Schlafzimmer. Ausgestattet mit Dusche u. WC und einer kleinen vollständig eingerichteten Küche. Außerdem ein Telefon (Direktwahl), Minibar, Weckradio, TV und Balkon. Herrliche, aussichtsreiche und ruhigste Waldrandlage. Unter derselben Leitung wie Hotel Post. Wir stehen Ihnen gerne zur Verfügung, wenn Sie noch Fragen haben sollten. Bitte schreiben Sie uns.

DAS PAZNAUNTAL
Tirol

Galtür Ischgl Kappl See

ganz normalen Gelegenheits-Gebirgswanderern zeigt sie sich aufgeschlossen. Es müssen ja nicht gleich Dreitausender sein, die man angeht.
Da ist im Osten zuerst das ausgesprochen gut erschlossene Fimbertal. Es liefert den Zugang zur komfortablen Heidelberger Hütte (2264 m). Der Transport mit dem Jeep stellt die schnellste Verbindung her. Man kann natürlich auch hinaufwandern, aber es ist nicht jedermanns Sache, zu gehen, wenn man fahren kann. Die Heidelberger Hütte ist ein internationales Kuriosum: die einzige deutsche Hütte auf Schweizer Boden und aus Österreich zu erreichen. Sie steht zwei Kilometer südlich der Grenze. Von Galtür zieht sich das Jamtal direkt nach Süden und bringt Sie völlig sicher in drei Stunden zur Jamtal-Hütte (2164 m) hinauf. Die Hütte zählt zu den größten, komfortabelsten und bestgeführten in den Alpen. Die Aussicht auf Gletscher und Gipfel, auf den Jamtalferner und die Dreiländerspitze (Graubünden, Vorarlberg, Tirol), auf Augstenferner, Augstenköpfe und auf die Jamspitzen ist äußerst beeindruckend (die Speisekarte in der Hütte übrigens auch). Man wandert dann auf dem gleichen Weg zurück. Die Wiesbadener Hütte in hinterstem Ochsental – noch ein Stück weiter westlich – ist ein zweites großartiges Wanderziel. Auf der Silvretta-Hochalpenstraße fahren Sie zuerst zur Bieler Höhe (2036 m). Dann geht's mit dem Motorboot über den 2,5 km lan-

— Anzeige

Reisen mit der Bahn

Mit der Bahn ins Paznauntal.

Wenn Ihr Wanderurlaub von Anfang an streßfrei sein soll, reisen Sie am besten mit der Bahn an. In EuroCity-Zügen fahren Sie bis Innsbruck. Dort haben Sie Anschluß nach Landeck. Ab Landeck bringen Sie dann Busse zu Ihrem Urlaubsort im Paznauntal. Schnell und bequem auf jeden Fall.

Deutsche Bundesbahn

A-9 🇦🇹

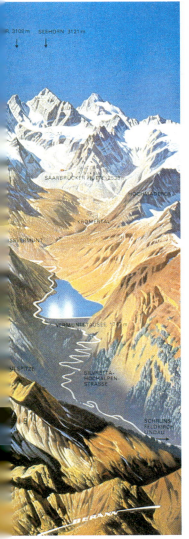

Drei Bilder aus Galtür: an sportlichen Möglichkeiten ist kein Mangel.

Ort	Höhe	Einwohner	Gästebetten insgesamt	in Hotels	in Gasth./ Pensionen	in Chalets/ Ferienwhg.	in Privath./ Bauernhäus.	Camping/ Stellplätze	Ferien- lager
Galtür	1584 m	680	2645	1050	860	355	400	–	–
Ischgl/Mathon	1400 m	1100	5500	2500	1650	340	1010	–	–
Kappl	1258 m	2500	2550	450	363	573	1254	1/50	3 JH
See	1000 m	850	1000	180	270	120	430	–	–

Ort	Wandern Wege insg.	Wege mark.	geführte Wanderungen	Beförderung Stand- seilb.	Sessel- lifte	Hochtouren Anzahl	Dauer	Führer	Hütten bewirt.	Abstand	Abzeichen
Galtür	200 km	150 km	2× wöch.		1	50	5 Std.–7 Tg.	17	7	3–5 Std.	Wanderorden, -schuh, -nad.
Ischgl/Math.	250 km	250 km	täglich	1		5	8–10 Std., 7 Tg.	1			
Kappl	100 km	70 km	1× wöch.		1	5	6–10 Std.	2	11	3 Std.	Wanderschuh, -butz, -nadel
See	50 km	50 km	1× wöch.		1	7	3–5 Std.	2	1		Wandermännchen, Ehrenn.

Abzeichen: Paznauner Wanderbutz. **Außerdem:** 3 Rundwanderwege, 70 km; Alpinschule (Galtür). **Beförderung:** Bus. 1 Kleinkabinenbahn (Ischgl). **Ferner interessant:** Wasserfälle.

Galtür

Fremdenverkehrsverband, A-6563 Galtür, (0 54 43) 2 04, Tx 58 290.
Schwimmen in 1 Hallenbad. 2 Stauseen (Ausflugsfahrten mit dem Schiff). **Angeln** in Seen und Flüssen. **Tennis:** 2 Plätze, 2 Hallen/2 Plätze. Squash. Trimmpfad.
Unterhaltung: Diavorträge, Platzkonzerte, Waldfeste für Kinder.
Veranstaltungen: Vereinsfeste. Ende Aug.: Int. Silvretta-Ferwall-Marsch.
Pauschalangebote: Mitte Juni–Anf. Juli, Mitte Aug.–Mitte Sept.: Bergwanderwochen, Tenniswochen, Angelwochen.

Ischgl

Fremdenverkehrsverband, A-6561 Ischgl, (0 54 44) 53 14 oder 53 18, Tx 58 148.
Schwimmen in 1 beh. Freibad. **Angeln** in Flüssen und künstl. Anlagen. 10 km Radwege. **Reiten** im Gelände, 20 km Wege, Pferdeverleih. Reitersafari.
Schießen: Luftgewehr. **Tennis:** 4 Plätze, Schule.
Unterhaltung: Heimatabende, Kinderfeste, Gartenschach.
Veranstaltungen: Mitte Aug.: Wappenmarsch zwischen Schweiz und Tirol.
Pauschalangebote: Juni bis Mitte Sept.: Wanderwochen mit geführten Wanderungen, Tennis-, Angelwochen, Spezial- und Seniorenwochen mit Reiten oder Schwimmen.

Kappl

Fremdenverkehrsverband, A-6555 Kappl, (0 54 45) 62 43 oder 64 11, Tx 58 247.
Wildwasser: 40 km befahrbare Strecke. **Angeln** in Seen, Flüssen und künstl. Anlagen. Kanufahren. Trimmpfade. **Unterhaltung:** Heimatabende, Kinderfeste, Platzkonzerte, Dia-Vorträge, Gästeschießen.
Veranstaltungen: Mitte Aug.: Spiel ohne Grenzen!

See

Fremdenverkehrsverband, A-6553 See, (0 54 41) 2 85 oder 2 96.
Wildwasser: 29 km befahrbare Strecke. **Angeln** in Flüssen. **Tennis:** 2 Plätze.
Unterhaltung: Heimatabende, Hüttenabende, Kinderfeste, Platzkonzerte, Film- u. Dia-Abende, Dorfquiz, Kinderolympiade.
Pauschalangebote: Juni–September.

Lage und Zufahrt: Kartenteil Seite 14 B 2.

gen Silvretta-Stausee (wenn Sie es nicht vorziehen, am Ufer entlangzugehen). Auf einem bequemen Weg, der nur langsam ansteigt, kommen Sie von der Südspitze des Sees nach rund drei Stunden zur Hütte (2443 m). Und in der Verlängerung des Weges ragt einer der Höchsten der Silvretta, der Piz Buin (3312 m), in den Himmel.

Anzeigen

Galtür

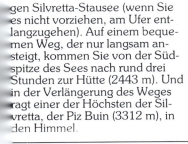

Schnupper-Klettern in Galtür.

Fam. Adolf Türtscher
A-6563 GALTÜR
Silvretta · Tirol · Austria

Telefon: 05443/422-0 oder 423-0
Telex: 58232 h post a

Ihr unvergeßliches Urlaubserlebnis in der Silvretta-Region!
Genießen Sie in angenehmer Atmosphäre die freundliche und persönliche Betreuung. Unsere komfortablen **Zimmer im rustikalen Stil** sind mit Bad oder Du/WC, Balkon, Radio, Telefon und TV-Anschluß ausgestattet.
Die behaglichen Gästeräumlichkeiten (z.B. die Jägerstube mit offenem Kamin oder die Zirmstube) laden zum Verweilen ein. Lassen Sie sich bei uns nach Herzenslust mit **Köstlichkeiten aus Küche und Keller** verwöhnen. **Unser Angebot zum Fittrimmen:** Finnische Sauna, türkisches Dampfbad, Solarium, Fitneß- und Massageraum.

105

OBERES INNTAL UND KAUNERTAL
Tirol

Kaunertal

PAUSCHALANGEBOTE 1988/89

Firnwochen und Herbstschiwochen incl. Schipaß, Hallenbad und Unterkunft (Z/F)
1 Woche ab DM 249,-
NEU: Tennisplätze beim Freizeitzentrum
Anmeldungen:
FVV, Kaunertal/Kaunerberg - Tel.: (0 54 75) 3 08
Kaunertaler Gletscherbahn - Tel.: (0 54 75) 2 27
Telex: 58 249   Schifahren - Langlaufen - Schitouren - Urlaub im Schnee! Mit dem Auto bis auf 2.750 m

GletscherRegion Kaunertal Ein unvergeßliches Erlebnis...

Camping Kaunertal
DER Campingplatz in der Kaunertaler Gletscherregion (1273m). Schöne ruhige Waldlage, problemlose Zufahrt. 60 Stellplätze (Rasen), alle mit internationalen Stromanschlüssen. Modernst eingerichtete Sanitäranlagen, Campingkiosk, Kinderspielplatz. Geöffnet von Mai bis Oktober.
Eigener Hotel- und Restaurantbetrieb in nächster Nähe:
SPORTHOTEL WEIßSEESPITZE ★★★★, A-6524 Kaunertal/Tirol
Besitzer: Familie Hafele, Tel.: (0043) 54 75/204, 316

Fiss Ladis Serfaus Pfunds Feichten im Kaunertal Kaunerberg

A-10

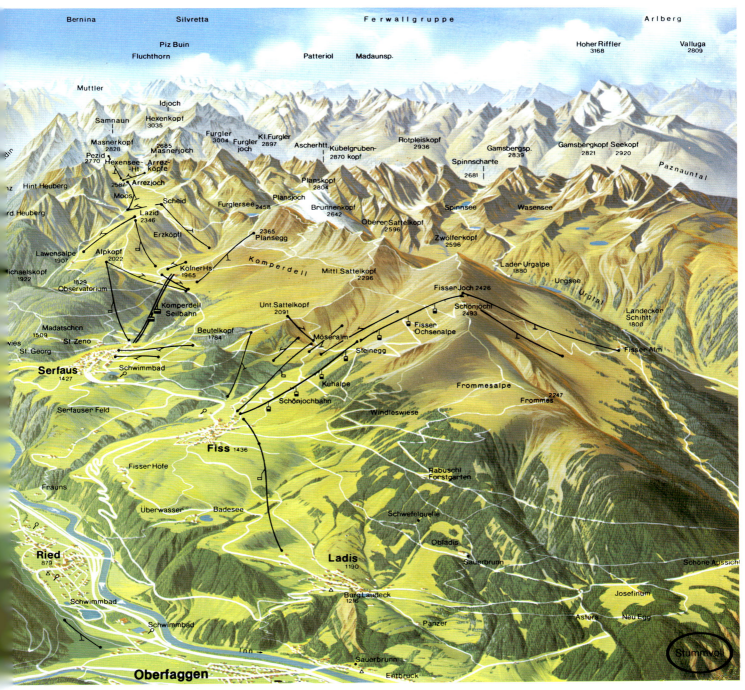

Fiss in seiner sonnenbegünstigten Lage auf dem Hochplateau (Bild links) weist wie auch Ladis und Serfaus einen malerischen Ortskern mit schönen alten Gebäuden auf.

OBERES INNTAL UND KAUNERTAL
Tirol

Wer von Landeck am Inn entlang zum Reschenpaß fährt, kann kaum annehmen, daß sich auf beiden Seiten des Tales so grundverschiedene Fremdenverkehrsregionen verbergen. Rechts liegt – auf einem riesigen Hochplateau der Samnaungruppe, 600 Meter über dem Inntal – der renommierte Ferienort Serfaus nebst den Bergdörfern Fiss und Ladis.

SONNENTERRASSE UND SOMMERSKI

Auf der linken Seite zieht von Prutz das Kaunertal, das westlichste und kleinste Tal der Ötztaler Alpen, mit dem Faggenbach nach Süden. Glockturmkamm und Kaunergrat flankieren das Tal.

Bis vor wenigen Jahren noch zählte das Kaunertal zu den vergessenen Regionen, die vom Fremdenverkehr kaum gestreift wurden – sieht man von einigen Bergsteigern und genügsamen Sommerfrischlern ab. Bis dahin waren die Landschaft und der Gepatsch-Stausee die wichtigsten Attraktionen des Tales. Dieser Stausee füllt den Talschluß auf sechs Kilometer Länge, wird vom Gepatschferner gespeist, dem längsten Gletscher der Ostalpen und kann einen der größten Natursteinschüttdämme Europas vorweisen. Dann hat man mit großem Aufwand am Weißseeferner ein Sommerskigebiet installiert. Zuerst mußte von der Staumauer eine Bergstraße mit tausend Meter Höhenunterschied bis zum Rand des Gletschers hochgezogen werden. Heute laufen zwischen 2750 und 3160 m drei Schlepplifte und ein Doppelsessellift – der letzere auch für Nichtskifahrer, die in die Dreitausender-Region vordringen wollen. Am Ende der mautpflichtigen Gletscherstraße ist ein Parkplatz für 700 Autos angelegt; ein Restaurant von beachtlicher Größe erwartet die Gäste. Sommerskifahrer mit Skipaß fahren mautfrei hinauf und haben überdies unbeschränkt freien Eintritt im Kaunertaler Hallenbad.

In diesen Jahren wuchs die Zahl der Fremdenbetten auf 1600. Sie stehen in vielen kleinen Weilern wie Mühlbach, Unterhäuser, Vergötschen, Boden, Platz, Loch, Nufels, Kaltenbrunn, Kauns und in der kilometerbreiten Streusiedlung Kaunerberg am Eingang ins Tal. Der größte Ort und das Zentrum des Tales ist Feichten, zwölf Kilometer von Prutz im Inntal und acht Kilometer vom Gepatsch-Stausee entfernt.

Trotz Panoramastraße und Sommerskilauf hält sich der Urlaubsbetrieb in Grenzen. Wer friedliche Ferien in einer ruhigen Hochgebirgslandschaft verbringen will, findet hier an allen Ecken und Enden die heile Welt. Allerdings findet er, bleibt er im Tal, auch keine große Abwechslung. Für Bergwanderer – vor allem, wenn sie schon einige Erfahrung mitbringen – gibt es dagegen vieles und genug zu tun. Die Bergsteiger werden auch jene, die abseits von Modebergen allein durch Kare und Flanken stolpern wollen und dazu etwas Pfadfindermentalität mitbringen. Hier wird sie gefordert.

Die Routen sind gut markiert, führen aber alle ins Hochgebirge und stoßen nicht selten bis an die Dreitausend-Meter-Grenze vor. Zu den leichten Touren zählt der Anstieg zur Verpeilhütte im Kaunergrat, der bequem in zwei Stunden zu schaffen ist. Dann steht man, 2026 m hoch, auf einer ebenen Almfläche am Fuß des Schwabenkopfes in großartiger Bergumrahmung. Sollte Ihnen im Verpeiltal ein Steinbock über den Weg laufen, dann ist das kein Zufall; hier ist die größte Steinwildkolonie Österreichs angesiedelt. Ganz anders stellt sich auf der gegenüberliegenden Innenseite das Hochplateau dar, wo Serfaus, Fiss und Ladis ein sonniges Leben führen. Eine alte Römerbrücke oberhalb von Tösens läßt den Schluß zu, daß die Römerstraße, die über den Reschenpaß nach Augsburg führte, nicht unten im Inntal verlief, sondern über die Terrasse zog, auf der heute Urlauber durch die Landschaft spazieren.

Serfaus hat bereits eine Menge Fremdenverkehrserfahrung. Man begnügt sich nicht damit, daß es glücklicherweise keinen Durchgangsverkehr besitzt, sondern hat auch ein Nachtfahrverbot für Kraftfahrzeuge erlassen. Besonders nimmt man sich der Familien und da wieder der Kinder an. So hat man auf einem Bauernhof einen Kindergarten eingerichtet, hat ein eigenes Unterhaltungsprogramm für die Kleinen ausgearbeitet und kann so die Eltern für einige Stunden in die Freiheit entlassen.

Auch die üblichen Einrichtungen wie das geheizte Freibad und die Tennisplätze sind vorhanden. Drachenflieger finden ihren Startplatz, und das Bogenschießen ist groß in Mode. Die Sommerskifahrer schickt man ins Kaunertal auf die andere Seite des Inns. Es sind nur 50 km bis zum Parkplatz am Weißseeferner. Für die Wanderer hat man ein ausgefeiltes Programm zusammengestellt. So werden in zwei Wochen elf verschiedene Wanderrouten angeboten. Da gibt es eine leichte Eingehtour, die mit der Auffahrt der Komperdellbahn zum Kölner Haus beginnt. Nun ist man schon 2000 m hoch und wandert leicht ansteigend über die Komperdellalm und das Fisser Joch zum Schönjöchl. Mit der Fisser Bergbahn schwebt man wieder zu Tal. Oder man marschiert, wieder vom Kölner Haus, zum Hinteren Heuberg, der immerhin schon 2518 m hoch ist. Mit etwas Glück kann

Unten, auf einer sonnigen Hochfläche, der Ort Fiss.

Vor dem Glockturmkamm: Fiss und Serfaus (rechts).

Fiss Ladis Serfaus Pfunds Feichten im Kaunertal Kaunerberg
A-10

man auf dieser Route Gemsen ausmachen. Sie nimmt sieben Stunden in Anspruch.
Für die richtigen Bergtouren ist die Bergsteigerschule Komperdell zuständig. Sie veranstaltet Gruppenführungen zu den schönsten Gipfeln im Umkreis. Als erster ist da der Furgler zu nennen, der Hausberg von Serfaus und ein leichter Dreitausender mit großartiger Aussicht. Vier Stunden ist man vom Kölner Haus bis zum 3004 m hohen Gipfel unterwegs. Mit der Bergsteigerschule kann man natürlich auch in die gegenüberliegenden Ötztaler Alpen marschieren und Touren im Glockturmkamm oder im Kaunergrat unternehmen. Dieses Programm ist für Urlauber in Fiss und Ladis genauso interessant und ebenso leicht zugänglich.
Die beiden Dörfer sind ebenso stolz auf ihre Sonnenlage auf dem Plateau wie Serfaus auch. Alle drei sind rätoromanische Siedlungen mit viel Atmosphäre. Sie zeigen schöne Ortskerne mit Häusern aus dem 15. bis 17. Jahrhundert. In Ladis findet man die schönsten Exemplare – prächtig bemalt und mit Schnitzereien verziert. Und über allem thront die Burgruine Landegge aus dem 13. Jahrhundert.
Als besonders zeitgemäße Attraktionen führen die Fisser ihre Tradition und die alten Bräuche ins Feld: Bergfeuer, Almabtrieb und Bauerntheater, aber auch Kirchliches wie Prozessionen und das Erntedankfest.
Vom Kalender unabhängig sind Aktivitäten wie Kinderfeste, Dorfführungen und Platzkonzerte. Hauptbeschäftigung ist aber auch in Fiss das zu-Fuß-gehen in den verschiedensten Spielarten.
Die Spaziergänger orientieren sich meist in Richtung Inntal und kehren mit dem Postauto wieder zurück.
Die Bergwanderer haben im gesamten Revier 100 km markierte Wege zur Verfügung. Und natürlich die Schönjochbahn, eine Kabinenbahn, die von Fiss direkt zum knapp 2500 m hohen Schönjoch hochzieht und dabei 1000 Höhenmeter überwindet. Das ist ein wunderschöner Auftakt für ein halbes Dutzend Wanderungen. Höhepunkte für richtige Bergsteiger sind in dieser Ecke der Rotpleißkopf mit 2936 m Höhe und der Furgler, schon ein richtiger Dreitausender. Dafür muß man allerdings die passende Ausrüstung, eine gute Kondition für 10 Stunden Gehzeit und die nötige Trittsicherheit mitbringen.

Ort	Höhe	Einwohner	Gästebetten					Camping/ Stellplätze	Ferienlager
			insgesamt	in Hotels	in Gasth./ Pensionen	in Chalets/ Ferienwhg.	in Privath./ Bauernhäus.		
Kaunertal	1250–1600 m	750	1600	170	700	280	450	1/60	–
Fiss	1440 m	700	2160	250	630	900	340	–	40
Ladis	1190 m	415	715	105	266	107	237	1/40	–
Serfaus	1400 m	800	3700	1200	1800	700			
Pfunds	970–1400 m	2150	560	530	240	670		1/35	–

Ort	Wandern				Beförderung		Hochtouren			Hütten		
	Wege mark.	Rundwege	geführte Wanderungen	Alpinschule	Kabinenbahnen groß / klein	Sessellifte	Anzahl	Dauer	Führer	bewirt.	unbew.	Abstand
Kaunertal	200 km	5/50 km	1× wöch.	×	1		mehrere	5 Std.–4 Tg.	6	5	5	3–7 Std.
Fiss	100 km	6	5× wöch.		2	2	6	4 Std.–2 Tg.	1	2		6 Std.
Ladis	50 km	2/20 km	1× wöch.			2	4	4 Std.–4 Tg.	×	×		2–3 Std.
Serfaus	100 km	30 km	1× wöch.	1		1	10	bis 8 Std.	×	6		1–8 Std.
Pfunds	150 km		4× wöch.	×			mehrere	4 Std.–2 Tg.	4	5		2+6 Std.

Außerdem: Anschluß an Fernwanderweg Cuxhaven–Venedig. **Beförderung:** Bus, Bahn. **Abzeichen:** Wandernadeln, -paß, 8 Medaillen, Kaunertaler Wandernadel, -paß. **Ferner interessant:** botanischer Lehrpfad, Gletscherlehrpfad, Klettergarten, Erdpyramiden. **Sommerski** am Weißseeferner: 4 Liftanlagen, 10 km Abfahrten, 1 Loipe mit 3–5 km.

Feichten im Kaunertal
Fremdenverkehrsverband, A-6524 Feichten im Kaunertal, (0 54 75) 3 08; A-6522 Kaunerberg, (0 54 72) 67 13.
Schwimmen in 1 Hallenbad; Gebirgsseen, 1 Stausee. **Angeln** in Bächen u. künstl. Anlagen. **Schießen:** Luftgewehr. **Unterhaltung:** Konzerte, Dia-Abende. **Veranstaltungen:** Dorf- und Waldfeste. Veranstaltungskalender beim FVV.

Fiss
Tourist Information, A-6534 Fiss/Tirol, (0 54 76) 64 41 und 66 41, Tx 58 273.
Schwimmen in 1 Badesee (3 km). **Drachenfliegen** am Schönjöchl. **Reiten** im Gelände, 45 km Wege, Pferdeverleih. **Tennis:** 2 Plätze. **Unterhaltung:** Bauerntheater, Platzkonzerte, Dorfführung, Kindernachmittage, Gartenschach, Jugendtreffs. **Hobbykurse und Aktivangebote:** Fotografieren, Aquarellmalerei. **Veranstaltungen:** 24. Juni: Kirchweihtag. Ende Juni: Herz-Jesu-Fest. Mitte Juli: Dorffest. 1. Aug.-Samstag: Tag der Musik. 1. Sept.-Sonntag: Bergmesse. Ende Sept.: Almabtrieb.
Lage und Zufahrt: Kartenteil Seite 14/15 B/C 2.

Ladis
Fremdenverkehrsverband, A-6531 Ladis, (0 54 72) 66 01. 6612.
Schwimmen in 2 Naturseen. **Angeln** im Schloßweiher. **Reiten** im Gelände, 30 km Wege, Schule. **Drachenfliegen** am Schönjöchl und Frommes. **Gesundheit:** Kur- und Bäderbetrieb, Heu-, Schwefelbäder. **Unterhaltung:** Heimat-, Hüttenabende, Bauerntheater, Konzerte. **Hobbykurse und Aktivangebote:** Glasritzen, Schnitzen, Brandmalen. **Veranstaltungen:** Fronleichnam, Herz-Jesu-Sonntag, 15. Aug.: Prozessionen. Ende Juli: Kirchtagsfest (Prozession).

Serfaus
Fremdenverkehrsverband, A-6534 Serfaus, (0 54 76) 62 39 und 63 32, Tx 58 154.
Schwimmen in 1 beh. Freibad, 3 Hallenbädern, 1 See. **Angeln** im See u. in Flüssen. **Drachenfliegen.** 7 km Radwege, Fahrradverleih. **Reiten** im Gelände, 30 km Wege. **Schießen:** Luftgewehr, Bogen. **Tennis:** 4 Plätze. Trimmpfade. **Unterhaltung:** Heimat-, Hüttenabende, Bauerntheater, Kinderfeste, -programme, Gästekindergarten, Gartenschach, Führungen. **Hobbykurse und Aktivangebote:** Kochkurse. **Veranstaltungen:** Juli: Dorffest. 15. Aug. u. 8. Sept.: Kirchweihfest.

Pfunds
Fremdenverkehrsverband, A-6542 Pfunds, (0 54 74) 52 29.
Schwimmen in geheiztem Freibad. **Wandern:** Kostenloser Wanderbus zwei- bis dreimal pro Woche. **Fitness-Parcours: Paragleiten** von den Kobler Bergwiesen und von Greit. **Rafting:** Am Inn von Pfunds bis Prutz durch die Tösener Schlucht. **Angeln** im Inn. **Tennis:** 1 Platz. **Schiessen:** Gewehr und Bogen. **Minigolf. Unterhaltung:** Platzkonzerte, Heimatabende, Vereinsfeste, Dia-Abende-Heimatbühne.

Anzeigen

Pfunds

Pfunds-Tirol

Dreiländereck Österreich - Schweiz - Italien
Pfunds bietet ideale Erholungsmöglichkeiten in zauberhafter Bergwelt.
Kostenloser Wanderbus bis nahe an die Waldgrenze. **Kostenlose Wanderführungen. Kinderprogramm:** Ihr Nachwuchs lernt spielend die Natur kennen. **Idealer Ausgangspunkt:** Innsbruck. St. Moritz und Meran liegen in 1 Fahrstunde entfernt. Freibad, Minigolf, Tennis, Radtouren, Konzerte u. v. m.
Auskunft: Verkehrsamt A-6542 Pfunds, Tel.: (0 54 74) 52 29

NAUDERS
Tirol

Zur Orientierung: Der 1400 Meter hoch gelegene Ferienort liegt, was schön international klingt, in einer Dreiländerecke: Österreich, Schweiz, Italien. Oder, was weit griffiger klingt: zwischen Engadin, Vinschgau und Inntal. Oder, großräumiger: Tirol, Graubünden und Südtirol.

DAS SONNENDORF AN DER ALTEN RÖMERSTRASSE

Will man es bergig ausdrücken, sind es ebenfalls klingende Namen: zwischen Ortler, Sesvenna und den Ötztalern.

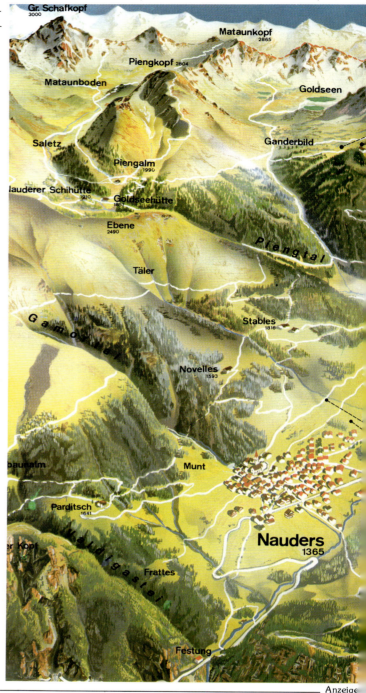

Man kann die Lage von Nauders, es liegt noch in Österreich, daß nichts durcheinanderkommt, auch ganz anders beschreiben. Es ist der letzte Ort, bevor man am Reschenpaß die Grenze passiert und dann, wenige Kilometer später, ein halber Kirchturm, die obere Hälfte, aus dem Wasser des Reschensees herausragt. Eine wahrhaft ausgefallene Gedächtnisstütze.

Damit ist man auch schon mittendrin im Sommerprogramm von Nauders. Doch zuvor noch zum Wetter. Man muß wissen, daß neben dem Wallis die Ecke um Engadin und Vinschgau zu den trockensten der Alpen zählt. Das ist für den Sommer tatsächlich ein Argument. Für den Winter sieht das wieder anders aus, aber das steht auf einem anderen Blatt.

Wandern und Bergsteigen, Autoausflüge und beides kombiniert, deswegen läßt man sich hauptsächlich in Nauders ferienhalber nieder. Das Sportprogramm, etwas Tennis, Surfen auf dem Reschensee, Reiten, Angeln oder Schwimmen dient mehr zur Abrundung.

Am besten fängt man mit dem Engadin an (wegen des Frankenkurses) und besucht die einmalig gut erhaltenen Dörfer zwischen Guarda und Scuol, die schöner sind als ein Freilichtmuseum, da sie noch voll »in Betrieb« sind. Abrunden kann man diesen Ausflug, wenn man über Zernez und den Ofenpaß zurückfährt. In der gleichen Richtung kommt man auch nach St. Moritz und Pontresina (rund 100 km), mitten ins Herz des Oberengadin. Wer sich dann noch eine Seilbahnfahrt auf die Diavolezza leistet, der weiß, warum diese Gegend so berühmt ist. Ein Blick von diesem Platz aus auf die grandiose und eisstarrende Berninagruppe mit dem Piz Bernina, schon einem richtigen Viertausender, ist überwältigend. Die ganze Gegend ringsum zählt zu den Glanzpunkten der Alpen.

Als nächstes und zur Abwechslung könnte es einmal Bozen (110 km) und Meran (80 km) sein. Ein Bummel jeweils durch die Altstadt, dann zum Obstmarkt und schließlich landet man beim Cappucino im Café. Hier ist die Ferienstimmung zum Greifen.

Nun ist König Ortler dran. Wer Spaß an Haarnadelkurven hat (49 Stück), fährt natürlich zum Stilfser Joch hinauf. Sie dürfen sich nicht wundern, wenn Sie von einem Trupp Radfahrer überholt werden, die berühmte Bergstraße ist inzwischen zum Trainingsgelände für wildgewordene Hobby-Rennradler geworden. Auf jeden Fall macht man auch einen Abstecher nach Sulden, berühmt ge-

Anzeige

Nauders

A-11

worden als Bergsteigerdorf. Die Rückfahrt vom Stilfser Joch (2757 m) über den Umbrailpaß ist eine interessante Variante.
Nicht nur des Proporzes wegen, eine Fahrt über die Silvretta-Hochalpenstraße und über den Arlberg hat seine Reize. Aber nicht durch den Arlbergtunnel fahren, sondern über den Paß, die Aussicht ist dort erheblich besser. Zum Wandern kann man sich getrost an das Fremdenverkehrsamt halten. Es bietet kostenlose Führungen in allen drei Ländern, mit und ohne Bergbahn, lange und kurze, auf kleine Hügel und große Gipfel, sogar Dreitausender sind dabei. Die berühmten Gipfel, wie Bernina, Ortler, Weißkugel, kann man auch mit einem Bergführer angehen, allerdings nicht mehr kostenlos.
Das alles kann man selbstverständlich auch in eigener Regie machen, aber bitte nur, wenn man es kann. Ein Fehler in den Bergen kann leicht der letzte sein.
Es gibt hier, darüber hinaus, noch sehr viel zu tun. Um nur ein paar Namen zu nennen: Schnalstal, Kalterer See, Verona, Gardasee, Dolomiten, Kaunertal, Lechtal und und und ... Eine Gipfelaufstellung gar ist völlig hoffnungslos. Packen Sie es an.

Ort	Höhe	Einwohner	Gästebetten insgesamt	in Hotels	in Gasth./ Pensionen	in Chalets/ Ferienwhg.	in Privath./ Bauernhäus.	Camping/ Stellplätze	Ferienlager
Nauders	1400 m	1350	3200	890	310	800	1200	–	–

Wandern: 300 km Wege, davon 150 km markiert; 34 Rundwanderwege, 150 km. **Beförderung:** Bus. 1 Kleinkabinenbahn, 1 Sessellift. **Geführte Wanderungen:** ca. 4mal pro Woche. **Hochtouren:** nach Vereinbarung, 1 Führer. **Hüttentouren:** 5 bewirt. Hütten im Abstand von 1 Std. **Abzeichen:** Wandernadeln.
Ferner interessant: Naturschutzgebiete, Klammen, Höhlen.

Nauders

Fremdenverkehrsverband, A-6543 Nauders, (0 54 73) 2 20, Tx 58 173, Btx ✱ 54545 #.
Schwimmen in 3 Hallenbädern. **Angeln** in Flüssen. Surfen (Unterricht, Ausrüstungsverleih). Segeln (Unterricht). **Reiten** im Gelände, 25 km Wege, Pferdeverleih. **Tennis:** 2 Plätze, 1 Halle/2 Plätze. **Schießen:** Luftgewehr.
Unterhaltung: Heimat-, Hüttenabende, Bauerntheater.

Veranstaltungen: Mai–Aug.: Vereins- und Sportfeste. Juli u. Aug.: Gipfelmesse.
Kinderabenteuerdorf mit Gratis-Programm.

Lage und Zufahrt: Kartenteil Seite 14 B 2.

Nauders, mit dem österreichischen Wandersiegel ausgezeichnet, bietet Wanderungen in drei Länder – mit kostenloser Führung. Rechts: auf dem Nauderer Höhenweg.

DAS PITZTAL
Tirol

Arzl   Jerzens   St. Leonhard   Wenns

Urig, wildromantisch, friedlich – das waren die Attribute für das Pitztal, wie es Urlauber und Naturschützer bis 1984 sahen. Rückständig, arm, benachteiligt – so beurteilten die Bewohner, Bürgermeister, Gastwirte und Pensionsbesitzer die Realität.

EIN FRIEDLICHES TAL UND EIN NEUES SOMMERSKIGEBIET

Nun wird nach und nach alles anders – so hoffen die einen, befürchten die anderen. Start war im Dezember 1983. Zu diesem Zeitpunkt wurde nämlich im hintersten Pitztal das fünfte Sommerskigebiet Tirols eröffnet. Das Ganzjahres-Skigebiet »Pitztalgletscher«, das von Mittelberg durch eine unterirdische Standseilbahn erschlossen wird, bietet im Gletschergebiet ein Restaurant, fünf Schlepplifte, einen Doppelsessellift und eine gespurte Langlaufloipe.

Das Sommerskigebiet Pitztalgletscher ist nicht unumstritten, weil das Pitztal schon von Sommerskigebieten eingerahmt ist. So läuft im Kaunertal, dem westlichen Nachbartal, seit einigen Jahren ein Sommer-Skizirkus; und das nicht zum allerbesten. Im Süden bieten die Schnalstaler etliche Sommer-Skihänge. Und das berühmte Ötztal hat seit längerem am Rettenbach- und Tiefenbachferner zehn Gletscherlifte in Betrieb. Es kommt hinzu, daß das 39 Kilometer lange Tal, das bei Imst ins Inntal mündet, bisher sehr auf Sommerfrischler mit Wanderambitionen und im Winter auf anspruchslosen Familien-Skilauf ausgerichtet war. Das Pitztal bringt, ganz im Gegensatz zum Ötztal, äußerst ungünstige Voraussetzungen für den Massen-Skilauf mit. Das Tal ist über lange Strecken ausgesprochen schmal, und die Hänge beiderseits des Talbodens sind unwirtlich steil.
Für Wanderer und Bergsteiger ist allerdings gut gesorgt. Sie können mit rund 500 Kilometer markierten Wander- und Bergsteigerwegen rechnen, mit einem Dutzend hochgelegener Schutzhütten und mit hunderten von Tourenmöglichkeiten.

Am Eingang ins Pitztal, der durch eine 1983 fertiggestellte Hochbrücke wesentlich erleichtert wird, liegen auf einer breiten Talschulter die Orte Arzl und Wald, die noch stark zum Inntal hin orientiert sind. Sie können ihre Gäste genausogut in die Lechtaler Alpen schicken, die ja direkt gegenüber auf der anderen Seite des Inn liegen. Mit Auto und Sessellift ist ein Besuch der 1934 m hoch gelegenen Muttekopfhütte eine Angele-

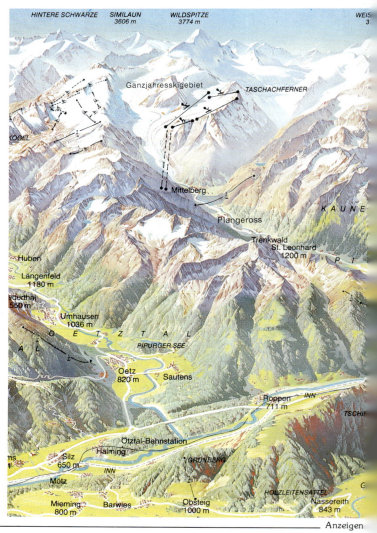

Anzeigen

Jerzens

★★★★ HOTEL JERZNER HOF
A-6474 JERZENS / PITZTAL — TIROL
TEL.: (0043) 5414/601

Wunderschön gelegen und ausgestattet. **HALLENBAD**, Sauna, Solarium; Lift, Kaminhalle, Tagesbar. Kostenlos geführte Tagestouren mit Bergführer Egwin (Hausherr). 30 Hütten und Almen in der Umgebung HP DM 50.-/DM 65.- je nach Kat. und Saison

HOTEL PANORAMA ★★★
Familie Reinstadler
A-6474 Jerzens/Pitztal
Tel.: (0043) 5414/352

Unvergleichliche Panoramasicht, ca. 200 m oberhalb von Jerzens. Gemütliche Aufenthaltsräume, komfortable Gästezimmer mit Dusche oder Bad, WC, Telefon und Balkon. Idealer Ausgangspunkt für Wanderer, auf Wunsch kostenlose Wanderführungen. HP im Komfortzimmer ab DM 40.-; Kinderermäßigung.

A-12 🇦🇹

genheit von einer Stunde Gehzeit. Eine hervorragende Stellung, im wahrsten Sinne des Wortes, nimmt der Tschirgant ein, der als Arzls Hausberg gelten kann. Mit dem Auto muß man zuerst nach Karrösten fahren, mit dem Kleinbus zur Karröster Alm, dann ist noch mit drei Stunden Aufstieg zu rechnen, bis man vom 2372 m hohen Gipfel die umfassende Aussicht genießen kann.

Von Wenns aus, fünf Kilometer südlich von Arzl, ist der Venetberg das beliebteste Ziel. Am einfachsten fährt man von Zams im Inntal mit der Bergbahn zum Krahberg. In einer einstündigen Gratwanderung erreicht man bequem den 2513 m hohen Gipfel. Durch die Südflanke wird direkt nach Wenns abgestiegen.

Von Jerzens, nur wenige Kilometer taleinwärts, steigt man auf den Hochzeiger. Ein Sessellift zum Niederjöchl (2358 m) erleichtert den Aufstieg auf den 2582 m hohen Berg ganz erheblich.

Die nächste Häuseransammlung im Tal ist der Weiler Wiese, Ausgangspunkt für den Aufstieg zur Lehnerjochhütte (zwei Stunden) und weiter auf den 3080 m hohen Fundusfeiler (drei Stunden).

Im Talschluß, hinter den letzten Häusern, liegt der neue, große Parkplatz vor dem Eingang zur Gletscherbahn. Eine Auffahrt in die eisige Gletscherszene ist ein großartiges Erlebnis. Und die Gletscherschau mit der 3774 m hohen Wildspitze im Hintergrund, dem zweithöchsten Gipfel Österreichs, ist eindrucksvoll. Wer aktiv werden will, kann eine schöne Wanderung zum Taschachhaus machen. Man fährt zu diesem Zweck mit dem Sessellift zum Riffelsee hoch und kann dann auf einem recht bequemen Höhenweg in drei Stunden zum Haus kommen. Es steht dem wilden Taschachferner direkt gegenüber. (»Ferner« ist hier der Name für »Gletscher«.) Der Abstieg führt im Talgrund am Taschachbach entlang.

Sehr schöne Hüttenanstiege gehen von Plangeroß aus zur hochalpinen Kaunergrathütte (fünf Stunden) und zur bequem erreichbaren Chemnitzer Hütte (zwei Stunden) im Geigenkamm. Die hübscheste Sehenswürdigkeit im Tal: das »Platzhaus«. Sie können es in Wenns am Dorfbrunnen bewundern. Es ist ein stattliches Bauernhaus, das auf zwei Seiten mit erstklassigen Fresken aus dem 16. Jahrhundert geschmückt ist.

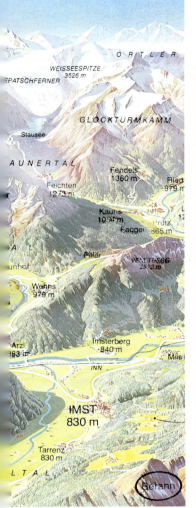

Ort	Höhe	Einwohner	Gästebetten insgesamt	in Hotels	in Gasth./ Pensionen	in Chalets/ Ferienwhg.	in Privath./ Bauernhäus.	Camping/ Stellplätze	Ferienlager
Arzl	900 m	2500	1400	300	300	300	500	–	–
Wenns	976 m	1980	1500	140	250	350	640	–	–
Jerzens	1104 m	820	1650	250	690	130	580	–	3
St. Leonhard	1200 m	1300	2130	480	900	230	400	–	8

Ort	Wandern Wege insg.	Wege mark.	Rundwege	geführte Wanderungen	Alpinschule	Beförderung Kabinenbahnen groß	klein	Sessellifte	Hochtouren Anzahl	Dauer	Hütten bewirt.	unbew.	Abstand
Arzl	200 km	200 km	6/90 km	1× wöch.				2	mehrere	½–6 h, 2 Tg.			
Wenns	80 km	80 km	4/50 km	2× wöch.	×				mehrere	½–9 Std.	5		2–5 Std.
Jerzens	60 km	60 km	4/30 km	2× wöch.	×			2	mehrere	4–8 Std.	4		5–6 Std.
St. Leonhard	200 km	130 km	5/60 km	1× wöch.	2	1		1	mehrere	1–mehrere Tg.	6	6	1–7 Std.

Beförderung: Bus, Bahn. **Abzeichen:** Pitztaler Wander-, Bergsteigerabzeichen, Venet-Wanderabzeichen, verschiedene Wandernadeln. **Sommerski:** 6 Liftanlagen, 6 Abfahrten, 10 km; 1 gespurte Loipe. **Ferner interessant:** Landschaftsschutzgebiet, Wildgehege, Pitzenklamm, Wasserfälle, Erdpyramiden, Pitztalgletscher.

Arzl
Fremdenverkehrsverband Arzl-Wald, A-6471 Arzl, (0 54 12) 33 00, Tx 58 240.
Angeln in der Pitztalerache. **Schießen:** Luftgewehr.
Unterhaltung: Heimatabende, Bauerntheater, Kinderfeste, Film-, Zitherabende, Platzkonzerte.

Wenns
Fremdenverkehrsverband Wenns-Piller, A-6473 Wenns, (0 54 14) 2 63, Tx 58 274.
Schwimmen in 1 beh. Freibad.
Tennis: 1 Halle/2 Plätze.
Unterhaltung: Heimatabende, Brauchtumsfeste, Konzerte, Schützenfeste, Dia-, Film-, Zitherabende.

Jerzens
Fremdenverkehrsverband, A-6460 Jerzens, (0 54 14) 3 00, Tx 58 244.
Schwimmen in 1 beh. Freibad. **Wildwasser:** 2 km befahrbare Strecke. **Angeln** in künstl. Anlagen.
Tennis: 1 Halle/2 Plätze. **Drachenfliegen** am Hochzeiger.
Unterhaltung: Heimatabende, Bauerntheater, Sommerkonzerte, Dia-Abende, Kinderfeste.
Veranstaltungen: Juli–Okt.: Volksfeste, sportl. Veranstaltungen. Sept.: Almabtrieb.

St. Leonhard
Fremdenverkehrsverband Innerpitztal, A-6481 St. Leonhard, (0 54 13) 82 16 und 5 06, Tx 58 248.
Angeln in Flüssen. **Tennis:** 2 Plätze.
Unterhaltung: Heimatabende, Platzkonzerte, Dorffeste.
Veranstaltungen: Steinbockmarsch.

Lage und Zufahrt: Kartenteil Seite 15 C 2.

Anzeigen

Plangeroß
Gasthof Kirchenwirt Pension
Familie Sonja und Markus Schütz
A-6481 Plangeroß im Pitztal
Telefon: 05413/8215

Sommeraktivferien im Kirchenwirt: Radfahren mit Profi Hannes für Anfänger u. Fortgeschr., Mountain-Biking - das ist Radfahren in seiner schönsten Form. **Bergerlebnisse** im Herzen der Pitztaler Alpen: Wöchentlich führt Sie der Wirt Markus auf eine Wanderung durch die unberührte Natur des Pitztales (mit einer zünftigen Brotzeit). Dazu gibt es von uns 1 Paar selbstgestrickte Wandersocken gratis. **14 Tage buchen, 12 Tage bezahlen.** Frühstücksbuffet mit Bioprodukten, 3-gängiges Abendmenü, Vollwertkost, Begrüßungstrunk mit den Wirtsleuten, Pitztaler Strudelbuffet, Schokoladenfondue.

Neurur

Alpenpension Pitztal
Besitzer: Familie Dobler
A-6481 Neurur 146
Tel.: (0 54 13) 268
Neuer gepfl. Fam.-Betr. Zimmer m. Bad/Du/WC/TV- u. Radioanschl.; Balk.-südl., ausgez. Küche. Sehr schöne Lage. Gr. Grünterrasse m. Liegewiese. Ausgangsp. f. Wanderungen u. Touren; Almen-Hütten, Höhenw.; Spazierwege a. Haus. Sommerskilauf a. Gletscher. Skigebiet.

Wenns
HOTEL JAGDHOF
Familie Seiser
A-6473 Wenns
Tel.: (00 43) 54 14/81 11

WIR HABEN ERÖFFNET!
Gediegen ausgestattete Komfortzimmer mit gemütlicher Atmosphäre, alle mit Balkon, Bad und WC getrennt, Minibar, Farb-TV, Radio, Direktwahltelefon und Wohnecke.

JAGDURLAUB IN TIROL
2 hoteleigene Jagdreviere mit komfortablen Jagdhütten, problemlos erreichbar. Detaillierte Informationen auf Anfrage.
Eigene Fischerei an einem Tiroler Hochgebirgsbach.
Gletscherskigebiet in unmittelbarer Nähe. »Rafting« am Inn für Abenteuersuchende.

... UND AUSSERDEM ...
Gemütliche Hotelhalle, Lift, Fitneßraum, Solarium, Kinderspielzimmer, Gäste-Wäscheservice, reichhaltiges Frühstücksbuffet, Begrüßungsaperitif.

DAS INNERÖTZTAL
Tirol

Sölden Hochsölden Zwieselstein

Das Ötztal, ein Seitental des Inntales, ist mit gut 55 Kilometern nicht nur das längste aller Tiroler Seitentäler, sondern zugleich Grenze gegen die im Osten anschließenden Stubaier Alpen.

DAS TAL DER SUPERLATIVE

Wie in Saas-Fee, so war es auch hier ein Pfarrer, der vor über 120 Jahren die ersten Impulse für den Fremdenverkehr gab.

Franz Senn, 1831 geboren, war Pfarrer in Vent. Er betrieb bereits 1861 den Wegebau, regte die Errichtung von Berghütten an und war selbst als Bergsteiger unterwegs. Der Gletscherpfarrer, wie er genannt wurde, war 1862 eines der ersten Mitglieder des Österreichischen Alpenvereins und 1869 maßgeblich an der Gründung des Deutschen Alpenvereins beteiligt. So war es sicher kein Zufall, daß Leander Klotz, ein Bauer von den Rofenhöfen bei Vent, bereits 1861 als erster auf der Wildspitze stand. Des Pfarrers Weitsicht und eine Reihe günstiger Voraussetzungen bildeten den Grundstock für die bis heute glänzende Fremdenverkehrskarriere des Ötztals.

Der Ordnung halber teilt man die Superlative, die man werbehalber zusammengetragen hat, in zwei Abteilungen. Die ersteren sind die gottgegebenen. So ist das Ötztal das längste Seitental der Ostalpen, was allerdings zum Erholungswert nicht Besonderes beisteuert. Dann aber soll der Piburger See in der Nähe von Ötz einer der wärmsten Badeseen Tirols sein. Sicher ist, daß die Wildspitze mit 3774 m der höchste Gipfel Nordtirols und Sölden die flächenmäßig größte Gemeinde in Österreich ist. Obergurgl ist das höchste Kirchdorf und die Rofenhöfe bei Vent sind die höchsten ständig bewirtschafteten Bauernhöfe Europas. Darüber hinaus zählt man hier die meisten Dreitausender in Österreich – 128 Stück – und auch bei den Gletschern ist man einsame Spitze im Land.

Einige Superlative der zweiten

Zwieselstein

Hotel Neue Post ★★★
A-6450 Zwieselstein/Ötztal
Telefon 0 52 54/23 21 11, 22 42 96

Rustikaler Tiroler Stil. Alle Zimmer mit Bad o. Du/WC. Gemütliche Atmosphäre. Trad. Familienbetrieb. Bodenständige Küche (eigene Landwirtschaft). Zirbenstube, Kaminhalle, Sauna. Bequemlichkeit und Ruhe finden Sie auch in unserer behaglichen Dependance.

Sölden

HOTEL ALPENLAND ★★★
Besitzer: Hubert Gstrein
A-6450 Sölden
Tel.: 05254/2365, 2543

Hotel Alpenland: 50 Betten, 4 EZ, 23 DZ, auf Wunsch 3-Bett-Zimmer. Alle Zimmer mit Bad oder Du/WC, Balkon. Parkplatz, Garage. Fam. geführtes Haus. Gemütliche Weinstube, Diskothek. Bekannt gute preiswerte Küche. Jahresbetrieb. Sommer- und Herbstskilauf am Rettenbachgletscher. Idealer Ausgangspunkt in die Ötztaler und Stubaitaler Alpen.

ALPENGASTHOF GAISLACHALM
Besitzer: Christian Gstrein
A-6450 Sölden
Tel.: 05254/2914 oder 2758

Alpengasthof Gaislachalm im selben Besitz, 54 Betten, 6 EZ, 24 DZ. Urlaub für Individualisten auf der Sonnenterrasse, mitten im Wandergebiet. Hüttenabende, Hausbar. Idealer Touren- und Hochtourenstützpunkt. Zimmer m. Dusche od. Bad/WC ab öS 210.- HP. Sauna, Solarium, Dampfbad, Fitnessraum. Im Winter ideales Skigebiet, Skilift beim Haus.

― Anzeigen

Problemlos telefonieren

Wenn Sie von anderen Ländern dort anrufen wollen, müssen Sie die 0 am Anfang der Vorwahl weglassen und folgende Nummer vorauswählen:

Aus Deutschland

nach Österreich	0043
in die Schweiz	0041
nach Italien	0039

Aus Österreich

nach Deutschland	060
in die Schweiz	050
nach Italien	040

A-13 🇦🇹

Rechts: Sölden im Innerötztal. Oben: Sommerskilauf am Rettenbach- und Tiefenbachgletscher.

Kategorie sind die Selbstgemachten. Schon während der Erschließung hat man darauf geachtet, daß beim Bau von Seilbahnmasten und beim Betonieren von Straßen Besonderes geschaffen wurde. Dabei kam einiges heraus: die höchstgelegene Panoramastraße Österreichs und der höchstgelegene Straßentunnel Europas, der den Rettenbachferner mit dem Tiefenbachferner verbindet. Und die Timmelsjochstraße ist der höchste Übergang in den Ostalpen. Weitere Superlative stehen bevor.

Sölden ist das Fremdenverkehrszentrum im Innerötztal.

Die Sommer-Skifahrer – nicht selten sind ganze Ski-Nationalmannschaften darunter – steuern auf der »Ötztaler Gletscherstraße« die Ski-Gletscher an. Dort können bis zu zehn Skilifte eingesetzt werden. Wem es nur um die Aussicht geht, der ist mit der Kabinenbahn zum Gaislacher Kogel (3058 m), der höchsten in Österreich, am besten bedient. Spaziergänger und Wanderer vergnügen sich rund um Hochsölden, mit und ohne Liftunterstützung.

Sölden bietet auch einen Abstecher in die Stubaier Alpen an. Durch das Windachtal sind drei schöne Hüttenanstiege möglich, zur Siegerland- und Hildesheimer Hütte sowie zum Hochstubaihaus. Die sind aber nur für kräftige Wanderfreunde. Denn alle drei Anstiege erfordern – einfach – fünf Stunden Marsch.

Dann kommt Zwieselstein, die etwas preiswertere Dependance von Sölden. Dort zweigt die 13 km lange Straße nach Vent ab. In 1900 m Höhe ist außer Bergsteigen nicht viel zu machen – dies aber funkioniert perfekt. Hier finden Sie das größte Wander- und Bergsteigerzentrum in Tirol. Große Wanderungen sind auch hier die Hüttenanstiege zur Breslauer Hütte, zur Vernagthütte, zum Hochjochhospiz und zur Martin-Busch-Hütte. Die anschließenden Gletschergipfel sind nur für erfahrene Bergsteiger oder mit Bergführer zu schaffen.

Ort	Höhe	Einwohner	Gästebetten insgesamt	in Hotels	in Gasth./ Pensionen	in Chalets/ Ferienwhg.	in Privath./ Bauernhäus.	Camping/ Stellplätze	Ferien- lager
Sölden	1377 m	2500	7852	651	570	3921	3921	1/65	–

Wandern: 180 km markierte Wege; 15 Rundwanderwege, 100 km. **Beförderung:** Bus. 2 Großkabinenbahnen, 2 Sessellifte. Alpinschule. **Geführte Wanderungen:** täglich. **Hochtouren:** 40; 5–10 Std. Dauer; 30 Führer. **Hüttentouren:** 20 bewirt. Hütten im Abstand von 2–5 Std. **Abzeichen:** Ötztaler Wandernadel. **Sommerski:** 10 Liftanlagen, 35 km Abfahrten. **Ferner interessant:** geologische und botanische Lehrpfade, Naturschutzgebiet, Klammen.

Sölden

Fremdenverkehrsverband Innerötztal, A-6450 Sölden, (0 52 54) 22 12-0, Tx 5 33 247 mit Hochsölden und Zwieselstein.
Schwimmen in 1 Hallenbad. **Wildwasser:** 15 km befahrbare Strecke. **Angeln** in Flüssen. Kanu-/Kajakfahren. **Schießen:** Luftgewehr, Kleinkaliber. **Tennis:** 7 Plätze, Gästeturniere. **Gesundheit:** Trimmpfade.
Unterhaltung: Heimat-, Hüttenabende, Bauerntheater, Kinderfeste, Gletscherfototouren.
Veranstaltungen: Ende Juli: Christopherus-Autoweihe am Timmelsjoch (2509 m). Mitte Sept.: Almabtrieb in Zwieselstein. Ferner: siehe Ötztal Arena Freizeitkalender.
Pauschalangebote: Juni–Dez.: Gletscherskipauschale. Juli–Sept.: ÖtztalArena Skicamp.
Lage und Zufahrt: Kartenteil Seite 15 C 2.

_____ Anzeigen

Sölden

Hotel Garni Bruno

Tel. (0043) 52 54/25 29
Liebevoll gepflegte Frühstückspension inmitten eines reizvollen Wandergebietes. Alle Zimmer mit Bad od. Dusche/WC, teils Balkon, Telefon, TV-Anschluß. Appartements mit Küche und Vorraum.
Ein köstliches Frühstücksbuffet erwartet Sie!
Kaminecke, Sauna, Solarium, Hot-Whirl-Pool.
Herzlichst willkommen!

DAS INNERÖTZTAL
Tirol
                                                                        Obergurgl   Hochgurgl   Untergurgl

Hochgurgl (oben) ist eine Hotelsiedlung auf 2150 Meter.

Oben: Untergurgl (1800 m), darüber Obergurgl (1930 m).

Über 3000 Betten können die drei »Gurgls« zur Verfügung stellen. In welcher Jahreszeit das Hauptgewicht liegt, zeigen die Übernachtungszahlen. Im Winter registriert man über 300 000 Übernachtungen, im Sommer gerade etwas um 70 000.
Obergurgl hat sich seinen Ruf im Winter erworben: Höhenlage, Schneesicherheit und Gletscherberge spielen die größte Rolle. Davon bleiben im Sommer nur die letzteren übrig. Aber was heißt »nur« – natürlich sind die Ötztaler

—Anzeige—

Obergurgl

Hotel Deutschmann**
A-6456 Obergurgl
Telefon 0 52 56/244 + 298, Tx 534543

80 Betten, 5 EZ, 38 DZ Zimmer m. Bad o. DU/WC, Tel., Radio, Balkon. Liftnähe. Gar., Parkpl., Lift, Sauna, Sol., Fitneßraum, TV- u. Aufenthaltsr., Hot-Whirl-Pool, Dampfbad, Kneipp-Becken, Bar, Terr., Tischten., Grillroom, Souvenir- u. Lebensmittelgeschäft. Gutbürgerl. Küche, auf Wunsch Diät u. Schonkost, Frühstücksbuffet u. Menuewahl. Sommerskilauf auf dem nahe gelegenen Rettenbachferner. Preiswerte Wochenpauschalen eingeschl. im Preis: 3 gef. Wanderungen, 1 × wöchentl. gemütl. Abend mit volkstümlicher Musik.

A-13 🇦🇹

2000 m und dann natürlich die Wege im Tal, die immerhin auch 1400 bis 1500 m hoch liegen. Es ist nicht zu übersehen, daß Klima und Landschaft in dieser Höhenlage recht herb sein können. Wer will, kann jedoch tagtäglich an geführten Wanderungen oder Gipfeltouren teilnehmen. Vier davon werden kostenlos angeboten. Ausflugsziele, die man mit dem Auto oder auch im Bus ansteuern kann, sind im Ötztal gut sortiert vorhanden. Dennoch ist eine Fahrt ins benachbarte Ausland am nächstliegenden. Denn es ist doch sehr reizvoll, aus der Gurgler-Gletscherwelt ins sonnenheiße Meran zu wechseln. Über die Timmelsjochstraße (mautpflichtig) ist das in kurzer Zeit möglich. Eine interessante Fahrt ist es außerdem. Interessant heißt in diesem Fall, daß die Straße auf längeren Abschnitten recht schmal ist.
Im Ötztal ist es naheliegend, einmal Vent und auch Sölden heimzusuchen; wen es interessiert, der wird die »Ötztaler Gletscherstraße« (mautpflichtig) hinauffahren, um oben festzustellen, daß Liftmasten im Sommer nicht an Ansehnlichkeit zunehmen.
Hochgurgl ist eine reine Hotelsiedlung mit sieben Häusern. Die Atmosphäre ist im Winter weitaus attraktiver als im Sommer. Untergurgl, das erst langsam im Kommen ist, wäre als preiswertere Dependance von Hoch- und Obergurgl zu empfehlen.

Gipfel und Gletscher allererste Klasse. Auch die richtigen Bergsteiger kommen auf ihre Kosten. Drei Hütten erleichtern das Eindringen in die zentralen »Ötztaler«, wo die Wildspitze – mit 3774 m Höhe nach dem Großglockner der höchste Gipfel von ganz Österreich – alles überragt. Gletschertouren und Dreitausender gibt's hier ohne Zahl.
Wanderer und Spaziergänger finden natürlich ebenfalls zu tun – außer den Gipfelwanderungen gibt es Höhenwanderungen bei

Ort	Höhe	Einwohner	Gästebetten insgesamt	in Hotels	in Gasth./ Pensionen	in Chalets/ Ferienwhg.	in Privath./ Bauernhäus.	Camping/ Stellplätze	Ferienlager
Obergurgl	1930 m	300	3200	1670	500	320	700	–	–

Wandern: 100 km markierte Wege; 3 Rundwanderwege, 50 km. **Beförderung:** Bus. 2 Sessellifte. Alpinschule. **Geführte Wanderungen:** täglich. **Hochtouren:** 60–80; 7 Std.–2 Tage Dauer; 10 Führer. **Hüttentouren:** 7 bewirt. Hütten im Abstand von 2–7 Std. **Abzeichen:** Ötztaler Wandernadel, Gurgler Gletschernadel und Tourenleistungsabzeichen. **Ferner interessant:** geologische und botanische Lehrpfade, Naturschutzgebiet, Wasserfälle.

Obergurgl, Hochgurgl, Untergurgl
Verkehrsbüro, A-6456 Obergurgl, (0 52 56) 2 58, Tx 5 34 557.
Schwimmen in 1 Hallenbad. **Tennis:** 2 Plätze. Drachenfliegen.
Veranstaltungen: Ende Juli: Musikworkshop (Suzuki-Methode). Anf. Aug.: Gletscherflohmarsch (Obergurgl–Ramoljoch–Vent); Trödlermarkt. Aug.: Sängerfest; Gipfelmesse am Hangerer (3121 m).
Lage und Zufahrt: Kartenteil Seite 15 C 2.

— Anzeigen

Reisen mit der Bahn

Mit der Bahn nach Sölden/Ötztal.

Wenn Ihr Wanderurlaub von Anfang an streßfrei sein soll, reisen Sie am besten mit der Bahn an. Von Nürnberg oder Dortmund mit dem EuroCity nach Innsbruck. Dort haben Sie Anschluß an die Züge nach Ötztal. Von hier aus bringen Sie Busse direkt in Ihr Wandergebiet.

Deutsche Bundesbahn

DAS INNERÖTZTAL
Tirol

Obergurgl Hochgurgl Untergurgl Vent

Hochgebirgs-Schule

A-13

*Der Doppelsessellift zur Stableinalm hilft nicht nur den Bergsteigern, die den Gipfel der Wildspitze (3774 m) erklimmen wollen (Foto links). Die Bergführerstelle Vent bietet ein vielseitiges Kurs- und Tourenprogramm zu den Hütten, Gipfeln und Gletschern.
In Vent (rechts) ist die Welt zu Ende – jedenfalls die zivilisierte. Ruhe, reine Luft und Berge ringsum sind die Vorteile für die Feriengäste.
Ganz links: bei Obergurgl.*

Wer sich für einige Urlaubstage richtig ausklinken möchte, erholen vom Großstadttrummel und Arbeitsstreß, der ist in Vent gut aufgehoben – wenn das Wetter mitmacht.
Die kleine Siedlung im hintersten Ötztal (rund 13 km entfernt, wenn man in Zwieselstein nach rechts in das Venter Tal abzweigt) konnte bis vor wenigen Jahren nur im Einbahnverkehr erreicht werden. Inzwischen hat man eine gute Straßenverbindung. Diese Siedlung, bis vor kurzem noch am Ende der Welt, setzt heute auf den sanften Tourismus. Man kann hier im Brustton der Überzeugung die »reine Bergluft«, die »intensive Sonneneinstrahlung« und die »gesunde Tiroler Hausmannskost« anpreisen. Die Wildspitz-Bergsteiger – unter anderem – finden den Doppelsessellift zur Stableinalm hilf- und segensreich. Insgesamt stehen drei Hotels und sieben Gasthöfe zur Wahl, darunter auch für Anspruchsvolle recht präsentable und preiswerte.
Leidenschaftliche Spaziergänger können in Vent nicht so gut bedient werden – kaum, daß man ein halbes Dutzend Spazierwege zusammenzählen kann. Für einigermaßen konditionsstarke Bergwanderer läßt sich hingegen ein attraktives Programm zusammenstellen. Schon die acht Hüttenanstiege beispielsweise zur Breslauer-, Vernagt- und Martin-Busch-Hütte oder zum Hochjochhospiz sind ausgewachsene Tagestouren in faszinierende Hochgebirgslandschaften. Nimmt man dann noch einige Hüttenverbindungswege dazu und den ein oder anderen leichten Dreitausender, ist das Urlaubsprogramm schnell ausgefüllt. Mit einem Bergführer kann man die Ziele noch etwas höher oder weiter stecken.
Für die Bergsteiger ist Vent bereits seit hundert Jahren ein wichtiger Stütz- und Ausgangspunkt für die großen Ötztaler Touren wie Wildspitze, Weißkugel, Similaun und Hintere Schwärze.
Ein buntes Programm bietet der Venter Veranstaltungskalender: eine Fackelwanderung in einer Vollmondnacht, eine naturkundliche Wanderung mit einem Kenner der einheimischen Flora, Garten-Grillfeste oder eine feiertägliche Morgenwanderung, die mit Kirchtagskrapfen abgeschlossen wird.
Ausflugsfahrten führen nach Meran und St. Moritz, zum Gardasee und in die Silvretta oder nach Innsbruck und Bozen.
Eine ganz andere Sportart wird auf dem Rettenbach- und Tiefenbachferner betrieben: Sommer-Skilauf. Auf der mautpflichtigen »Ötztaler Gletscherstraße« ist das Gebiet zu erreichen – nur 25 km von Vent entfernt.

Ort	Höhe	Einwohner	Gästebetten insgesamt	in Hotels	in Gasth./ Pensionen	in Chalets/ Ferienwhg.	in Privath./ Bauernhäus.	Camping/ Stellplätze	Ferienlager
Vent	1900 m	150	750	200	420	80	50	–	–

Wandern: 125 km markierte Wege; 3 Rundwanderwege, 40 km. **Beförderung:** 1 Sessellift. Bergführerstelle. **Geführte Wanderungen:** wöchentlich. **Hochtouren:** 40; 4–9 Std. Dauer; 13 Führer. **Hüttentouren:** 9 bewirt. Hütten im Abstand von 2½–6 Std. **Abzeichen:** Ötztaler Wandernadel, Venter Bergsteigerleistungsabzeichen, Österr. Wanderschuh. **Ferner interessant:** geologische und botanische Wanderungen.

Vent

Fremdenverkehrsverband Innerötztal, Zweigstelle, A-6458 Vent, (0 52 54) 81 93.
Schwimmen in 1 Hallenbad.
Unterhaltung: Heimat-, Hüttenabende, Diavorträge.

Veranstaltungen: Anf. Aug.: Gletscherflohmarsch (Obergurgl–Ramoljoch–Vent).
Lage und Zufahrt: Kartenteil Seite 15 C 2.

Auf diesen beiden Bildern sehen Sie Vent: Einmal taleinwärts mit Blick auf die 3.408 m hohe Thalleitspitze (rechts), und einmal talauswärts mit weidenden Haflingern im Vordergrund.

DAS OBSTEIG-MIEMINGER PLATEAU
Tirol   Obsteig   Mieming

Nur wenige kennen Obsteig; kaum einer kennt die Mieminger Kette. Das sind die besten Voraussetzungen, um hier individuell Ferien zu machen – ohne Streß und Hektik.

HIER JAGTEN SCHON LUDWIG THOMA UND LUDWIG GANGHOFER

Dabei muß auf nichts verzichtet werden, wenn einem der Sinn nach Abwechslung steht, denn das Mieminger Plateau liegt inmitten weitbekannter Urlaubsregionen.

Im Norden ist es das Wettersteingebirge mit der Zugspitze, im Westen liegen die Lechtaler Alpen, im Süden breiten sich die Ötztaler und Stubaier Alpen aus. Tirols Hauptstadt Innsbruck ist auch nur 38 km entfernt. Die Umgebung kann sich sehen lassen. Mit Recht ist man stolz darauf, daß sich seit Ganghofers Besuch hier kaum etwas geändert hat. In den letzten 150 Jahren hat die Bevölkerung um ganze 50 Einwohner zugenommen.

Und Obsteig? Um die Unberührtheit der Gegend für möglichst lange Zeit festzuschreiben, wurde das »Sonnenplateau Obsteig-Mieming« zum Landschaftsschutzgebiet erklärt. Damit ist auch der Wald gemeint, der zum großen Teil aus Lärchen besteht, die einen besonders schönen Kontrast zu den Almwiesen und Felsgipfeln bilden – besonders im Herbst, wenn ihre rotbraune Färbung die Landschaft beherrscht.

Auf den Beinamen »Sonnenplateau« legt man besonderen Wert. Tatsache ist, daß sich das Mieminger Plateau breit und gemächlich über die ganze Südflanke des Mieminger Gebirges erstreckt und damit besonders günstig zur Sonne steht – wenn sie scheint.

Wenn es um die wichtigste Sportart hierzulande geht, um das Bergwandern, dann braucht Obsteig keinen Vergleich zu scheuen. (Von den Gipfeln zwischen Wannig im Westen und der Hohen Munde im Osten ragen viele zwischen 2500 und 2700 m auf, was schon ganz beachtlich ist.) Für interessierte Gäste werden zweimal

Anzeiger

Obsteig

OBSTEIG ...am Sonnenplateau
Für jeden das Seine...
...und alles unter einem Dach

Sommer + Winter: Rustikalhotel mit Komfort, viel Sport + Geselligkeit, Schwimmhalle (17x25m) ozongeklärt 28°C, Sauna, Dampfbad, Sol., Mass., Friseur- + Kosmetiksalon. Tennis-Center mit Halle (Vor- u. Nachsaison Freiplätzeben. und Anfängerkurse gratis). **365 Tage jegl. Sommer- und Wintersport auf 1000 m Höhe.** 4 Preiskat. vom Standard bis zum Luxuszimmer (HP ab DM 59,-). **Viele freie Extras** aus Küche und Keller, Sport und Unterhaltung.

tyrolhotel obsteig
FROH-FIT-GESUND
club sportiv

A-6416 Obsteig · Tirol · Tel. 0043-5264-8181 · Telex 5-3844

Hotel Bergland
Besitzer: Familie Stierschneider
A-6416 Obsteig
Tel.: 0 52 64/8197
Direkt am Waldrand gelegen, bietet die idealen Voraussetzungen für einen erholsamen Urlaub. Die Zimmer sind komfortabel und modern mit Bad/Du/WC, Balkon, Sauna, Solarium, Sonnenterrasse; gr. Liegewiese. Ausgezeichnete Küche, bestem Service.

Problemlos telefonieren

Wenn Sie von anderen Ländern dort anrufen wollen, müssen Sie die 0 am Anfang der Vorwahl weglassen und folgende Nummer vorauswählen:

Aus Deutschland
nach Österreich	0043
in die Schweiz	0041
nach Italien	0039

Aus Österreich
nach Deutschland	060
in die Schweiz	050
nach Italien	040

A-14

Rechts: Obsteig liegt auf einer Hochebene (1000 m). Der Sessellift links erschließt das Wandergebiet Grünberg.
Oben: auf der Marienbergalm.

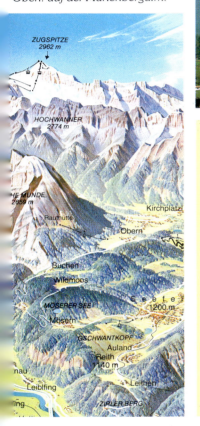

in der Woche geführte Wanderungen veranstaltet.
Eine besondere Stellung nimmt in Obsteig der »Ganghofermarsch« ein. Die Bezwinger der Strecke erhalten als Trophäe die Ganghofernadel. Die Streckenführung: von Obsteig wird zuerst über das Lehnberghaus und durch die »Hölle« zur Grünsteinscharte (2272 m) aufgestiegen, was rund 1200 Höhenmeter ausmacht. Auf der Nordseite der Mieminger Kette wird durch das Brendlkar und über den Ganghofersteig zum Igelsee abgestiegen. Inzwischen befindet man sich bereits im Wanderrevier von Ehrwald. Durch das flache Gaistal wird nun nach Osten gewandert, bis man an der Tillfußalm auf die Ganghofersche Jagdhütte trifft. Zum Schluß bringt dann das Gaistal noch 500 Höhenmeter Abstieg, bevor man in Leutasch den Bus nach Obsteig nehmen kann. Für den gesamten Weg muß man mit neun Stunden Marschzeit rechnen. Das heißt: Eine gute Kondition ist Voraussetzung für diese eindrucksvolle Bergwanderung. Für routinierte Bergwanderer sind die bereits genannten Gipfel Wannig (2493 m) und Hohe Munde (2662 m) sehr schöne Ziele.
Wer seinen Aktionsradius etwas weiter ausdehnen will, der kann wählen, ob er zu Fuß oder im Auto größere Unternehmungen angeht. Gut 100 km sind es beispielsweise nach Mayrhofen im Zillertal, um von dort einen der Wasserspeicher aufzusuchen. Rund 60 km fährt man ins Stubaital, wo auf dem Gletscher Sommer-Skilauf stattfindet. Fahrten ins Ötztal, Pitztal und ins Kaunertal sind um die 50 km weit. Eine besonders schöne Panoramafahrt bietet die Silvretta-Hochalpenstraße mit den Stationen Imst, Landeck, Ischgl, Bielerhöhe, Bludenz, Arlbergtunnel und Landeck. Wer Gipfel, Gemsen und Ganghofer eines Tages nicht mehr sehen mag, fährt am besten nach Garmisch ins Spielcasino.

Ort	Höhe	Einwohner	Gästebetten insgesamt	in Hotels	in Gasth./ Pensionen	in Chalets/ Ferienwhg.	in Privath./ Bauernhäus.	Camping/ Stellplätze	Ferienlager
Obsteig	1000 m	700	1300	450	400	250	250	–	–
Mieming	850 m	1750	1520	220	630	310	360	–	1 JH/40

Ort	Wandern Wege mark.	Rundwege	geführte Wanderungen	Hochtouren Anzahl	Dauer	Führer	Hütten bewirt.	Abstand	Abzeichen
Obsteig	350 km	2/50 km	2× wöch.	mehrere	1 Tag	1	7	6 Std.	Ganghofer-, Bergwander-, Seniorennadel
Mieming	350 km	1/27 km	4× wöch.	mehrere	4 Std.–3 Tg.	2	7	6 Std.	Wandernadel, Aktivnadel

Beförderung: Bus. 1 Sessellift (Obsteig). **Anschluß** an Europ. Fernwanderweg Nr. 4.
Ferner interessant: Naturschutzgebiete, Klammen, Wasserfälle.

Obsteig

Fremdenverkehrsverband, A-6416 Obsteig, (0 52 64) 81 06 und 82 30.
Schwimmen in 1 beh. Freibad, 1 Hallenbad. **Angeln** in Seen. Fahrradverleih, 30 km Radwege. **Reiten** im Gelände, Pferdeverleih. **Tennis:** 3 Plätze, 1 Halle/2 Plätze, Schule. Trimmpfade.
Unterhaltung: Heimat-, Hüttenabende, Bauerntheater, Gästekindergarten, Dia-Abende, Platzkonzerte.
Veranstaltungen: Dorffeste.

Mieming

Verkehrsamt, A-6414 Mieming, (0 52 64) 52 74 und 56 85, Tx 5 34 158.
Schwimmen in 1 beh. Freibad, 1 Hallenbad. Fahrradverleih, 22 km Radwege. **Reiten** im Gelände, 50 km Wege, Pferdeverleih, Schule. **Tennis:** 8 Plätze, Schule. **Schießen:** Luftgewehr, Kleinkaliber. **Drachenfliegen,** Unterricht. Trimmpfade.
Unterhaltung: Heimat-, Hüttenabende, Bauerntheater, Gartenschach, Dia-Vorträge, Platzkonzerte.
Lage und Zufahrt: Kartenteil Seite 15 C 1.

Blick auf Obsteig.

SEEFELD UND LEUTASCH
Tirol

Man kann weder mit großen Gletschern aufwarten, noch hat man eine berüchtigte Nordwand vor der Tür. Heilquellen gibt es ebensowenig wie die ständige Aufmerksamkeit der Klatschspalten in der Presse.

ZWEI ÄUSSERST RÜHRIGE ORTE

Dennoch liegen Seefeld und Leutasch im Spitzenfeld der österreichischen Fremdenverkehrsgemeinden.

Seefeld liegt direkt an der Straße von Garmisch nach Innsbruck. Aber die Umgehung führt den Überlandverkehr vorbei, so daß man im Zentrum sogar eine kleine Fußgängerzone hat.

Abgesehen vom olympischen Langlaufspektakel 1964 und 1976 und den Nordischen Skiweltmeisterschaften 1985 hat sich Seefeld – zusammen mit Leutasch – ganz kontinuierlich entwickelt. Nicht zufällig oder ohne Zutun der Seefelder. Ganz im Gegenteil! Geheizte Freibäder, 31 Hallenbäder, 28 Tennisplätze, davon acht in der Halle, ein Golfplatz mit achtzehn Löchern, drei Minigolfanlagen, zwei Reithallen, vier Bergbahnen und zusammen mit Leutasch weit über 600 km markierte Wander- und Bergsteigerwege – das will erst mal gebaut, angelegt und eingerichtet sein. Leutasch steuert zur Unterhaltung seine Rolba-Run bei, eine Riesen-Rutschbahn mit 1200 m Länge, 230 m Höhenunterschied und 50 Kurven. Mit dem Sessellift fährt man hinauf.

Das Seefelder Spielcasino setzt dem Unterhaltungsprogramm ein Glanzlicht auf. Es signalisiert zugleich, daß ein erhebliches Angebot an Hotellerie und Restaurants auf eine gehobene Klientel ausgerichtet ist. Das Bauerntheater in Leutasch scheint hingegen auf eine preiswertere Unterkunftsstruktur hinzudeuten – wenn man solch vordergründigen Signalen noch trauen dürfte. In Realität ist nicht auszuschließen, daß mancher Pensionsbenützer im Casino spielt und der Vier-Sterne-Gast sich an Deftigem delektiert. Im Gelände draußen, beim Wandern oder Bergsteigen, gibt es ohnehin keine Klassenunterschiede. Dort entscheiden Konstitution und Kondition, Ausdauer und Zähigkeit. Dabei ist für jede Art alpiner Bewegungstherapie etwas geboten. Spazierwege, wobei die Berge nur als Staffage dienen, genauso wie Kletterwege in den höchsten Schwierigkeitsgraden. Beide Orte sind hier äußerst rührig. So organisiert Seefeld an sechs Tagen in der Woche, außer Samstag, geführte Wanderungen in die Umgebung. Leutasch läßt jeden Tag wandern – kostenlos und neuerdings sogar mit Fototips.

Um sicherzustellen, daß nicht nur Gleichgesinnte, sondern möglichst auch Gleichstarke miteinandergehen, hat man mehrere Gruppierungen eingeführt. Zum Beispiel »Familienwandern auf Al-

Oben: Badelandschaft in Seefeld.

— Anzeigen

Leutasch

Aparthotel Xander ★★★★
Restaurant Kirchenwirt
A-6105 Leutasch
Tel.: (0043) 5214/65810, Tx: 534245
Telefax: (0043) 5214/6943
Gemütliche Zimmer/Ferienwohnungen (30–75 m², 2–6 Pers.) m. Bad/Du/WC, Radio, Durchwahltel., TV-Anschl. (ZDF), einger. Küche, Balkon. **Hallenbad** (28° C, 10 x 5 m). Sauna, Solarium, Spielraum, Kegelbahn. Gratisfischen. Restaurant Kirchenwirt im Hause. Bekannte Küche mit über 100 Gerichten.
15% Greenfee-Erm. Golfclub Seefeld.

men« oder »Kinderwandern auf alten Jägersteigen« (da dürfen nur Kinder von 6 bis 12 Jahren mit, die Eltern bleiben zu Hause). In der dritten Abteilung gibt es »Spitzenwandern«. Dabei werden die großen Haus- und Aussichtsberge aufs Korn genommen. Auch Deutschlands höchster Berg, die Zugspitze, wird im kostenlosen Wanderprogramm von Leutasch erstiegen. Wer zwischen sechs und neun Stunden Gehzeit bewältigt, kann unter kundiger Führung fünf Ziele angehen.
Einigermaßen Routinierte und Trittsichere können das natürlich

Tennisspieler finden in Leutasch vier Plätze, in Seefeld sogar zwanzig.

auch allein machen. An erster Stelle ist da die Hohe Munde zu nennen, die 2661 m hoch und ein erstklassiger Aussichtsberg ist. Die Wanderung von Oberleutasch über die Wangalm und Rotmoosalm zum 2234 m hohen Predigtstuhl erlaubt großartige Einblicke in die Südwände vom Hochwanner bis zur Dreitorspitze. Besonders berühmte Kletterwände sind die der Schüsselkarspitze.

Die 2367 m hohe Gehrenspitze liegt östlich davon und bietet ähnliche Ausblicke.
Der letzte Gipfel in dieser Runde ist die Große Arnspitze, 2196 m hoch. Die fünfte Tour führt auf die Meilerhütte im Wettersteingebirge, die stolze 2366 m hoch liegt und in einer eindrucksvollen Hochgebirgsarena angesiedelt ist. Mit neun Stunden Gehzeit ist das die längste Hochgebirgswanderung in dieser Gegend.
Die bequemste Aussichtsplattform ist am Seefelder Joch, wobei »Joch« hier »Gipfel« heißt. Die Bergbahnen machen es möglich, daß man aus gut 2000 m Höhe weit nach Norden und nahe in die Karwendelszenerie schauen kann. Karwendeltouren zählen zum Besten, was in dieser Region geboten wird – ob das die Reither Spitze, die Nördlinger Hütte oder die Epzirler Alm ist.

Ort	Höhe	Einwohner	Gästebetten insgesamt	in Hotels	in Gasth./Pensionen	in Chalets/Ferienwhg.	in Privath./Bauernhäus.	Camping/Stellplätze	Ferienlager
Leutasch	1130 m	1600	5063	756	2126	1038	1143	1/100	–
Seefeld	1200 m	2500	8600	5500	900	1050	1050	–	–

Ort	Wandern Wege mark.	Rundwege	geführte Wanderungen	Alpinschule	Beförderung Kabinenbahnen groß	klein	Sessellifte	Hochtouren Dauer	Führer	Hütten bewirt.	Abstand	Abzeichen
Leutasch	450 km	12/220 km	täglich	×			2	6 Std.–3 Tg.	4	18	2–4 Std.	Wandernadeln
Seefeld	180 km	6	6× wöch.	×	1	2	1	3–8 Std.	2	10	1–5 Std.	

Außerdem: Anschluß an Fernwanderwege 801 und 01. **Beförderung:** Bus, Bahn. **Ferner interessant:** Leutaschklamm, Naturschutzgebiet »Wildmoos«, nostalgische Bahnfahrten.

Leutasch

Verkehrsamt, A-6105 Leutasch, (0 52 14) 62 07 und 63 03, Tx 5 33 249.
Schwimmen in 2 Freibädern (1 beh.), 1 Hallenbad.
Wildwasser: 20 km befahrbare Strecke. **Angeln** in Seen u. Flüssen. **Drachenfliegen,** Schule.
70 km Radwege, Fahrradverleih. **Reiten** im Gelände, 100 km Wege, Pferdeverleih, Schule.
Tennis: 4 Plätze, Schule. **Golf:** Platz mit 18 Loch. Sommerrodelbahn.
Unterhaltung: Heimat-, Hüttenabende, Bauerntheater, Gästekindergarten, Konzerte, Gartenschach, Dia-Vorträge.

Lage und Zufahrt: Kartenteil Seite 15 C 1.

Seefeld

Fremdenverkehrsverband, A-6100 Seefeld, (0 52 12) 23 13 und 23 16, Tx 5 33 452, Fax 33 55.
Schwimmen in 3 Seen, Großhallenbad (mit Badelandschaft, Felseninseln, Wildbachströmung, Wasserrutsche), 1 beh. Freibad, 6 Hallenbädern. Rudern (Ausrüstungsverleih). Fahrradverleih. **Reiten** im Gelände, 15 km Wege, Pferdeverleih, Schule, Halle.
Schießen: Luftgewehr. **Tennis:** 20 Plätze, 2 Hallen/8 Plätze, Schule. **Golf:** Platz mit 18 Loch. Kur- und Bäderbetrieb.
Unterhaltung: Heimat-, Hüttenabende, Bauerntheater, Konzerte, Kinderfeste, Spielcasino.
Veranstaltungen: Juli: Dorffest. Tag der Musik. Anf. Aug.: Autoblumencorso. Int. Tennisturniere.
Pauschalangebote: Sportwochen mit Tennis-, Golf- und Reitunterricht, Wanderwochen.

— Anzeigen

Leutaschtal

Alpenbad Leutasch, A-6105 Leutasch, Telefon: 0 52 14/63 80
Zentrale ruhige Lage. Nahtlos bräunen im **sichtgeschützten 3000 m² großen Saunafreigelände.** Große Liegewiese, Kinderspielplatz am Waldrand, Kinderplanschbecken, Hallenbad, Sonnenstudio, Massagen.
Veranstaltungssaal - Folkloreveranstaltungen - Friseurstube.
Gastgarten, Café, Restaurant.
Im Winter Ausgangspunkt für Langläufer - großer Parkplatz.
Ein Urlaub im Leutaschtal lohnt sich immer!

Telfs-Buchen

INTERALPEN-HOTEL TYROL ★★★★★, A-6410 Telfs-Buchen (nahe Innsbruck), Postf. 96, Tel.: (00 43) 52 62/42 42; Tx.: 047/5 34 654; Telefax: (00 43) 52 62/42 42-1 90
Inmitten der herrlichen Bergwelt von Karwendel, Wetterstein und Hoher Munde liegt dieses Hotel der internationalen Spitzenklasse.
Stilvoll eingerichtete Restaurants, Bars, Cafés und Salons bilden den exclusiven Rahmen. Großzügige Appartements mit Kachelofen, Balkon, Schrankraum und allem Komfort.
Unser Aktiv- und Kreativangebot – von allem etwas mehr: Hallenbad mit 50-m-Becken, Whirlpool, Massagen, Heilbäder, Friseur, Beauty-Farm, Tennishalle und Freiplätze, 18-Loch-Golfplatz, Bogenschießen, Mountainbiking, Creativclub u.a.m. Unsere Animateure bringen täglich mit einem abwechslungsreichen Programm in Schwung. Kinder wohnen bis 6 Jahre kostenlos und zahlen bis 15 Jahre die Hälfte – betreut werden sie in unserem Kinderclub. Außerdem gibt's für jeden Gast einen kostenlosen Garagenplatz. Wann dürfen wir Sie bei uns begrüßen?

DAS STUBAITAL
Tirol

Fulpmes Mieders Neustift Schönberg Telfes

Das Wasser, das durch dieses Tal fließt, heißt Ruetzbach. Eigentlich müßte diese Gebirgsfurche also Ruetzbachtal heißen; die rundum angesiedelten Berge wären dann die Ruetzbachtaler Alpen.

EIN HÜBSCHER NAME FÜR EIN SCHÖNES TAL

Aber man sagt nun mal »Stubaital« und das Gebirge heißt deshalb »Stubaier Alpen« – kurz: »Die Stubaier«.

In der Verlängerung des Tales liegt ganz am Ende und schon von weitem sichtbar der höchste Gipfel der Stubaier, das Zuckerhütl, 3505 m hoch. Natürlich bot das breit ausladende Tal schon vor Jahrtausenden gute Siedlungsmöglichkeiten. Einen größeren Aufschwung gab es bereits im ausgehenden Mittelalter, als man Eisen und Silber im Stubaital fand. Im Jahre 1413 wurde in Fulpmes die erste Schmiede in Betrieb genommen. Im Schmiedemuseum in Fulpmes ist noch viel Interessantes und Altes zu besichtigen. Auch heute noch hat die daraus entstandene Kleineisenindustrie für Fulpmes große Bedeutung.

Neustift ist einer der Hauptorte der Gegend (unten).

Anzeige

Neustift

★★★★★

Familie Pfurtscheller A-6167 Neustift · Stubaital/Tirol
Tel. BRD, CH, I: (0043) 5226/2666 oder 2667; Telex: 533971
Telefax: (0043) 5226/2234-503

Exclusivurlaub in einem exclusiven Hause:
Einziges 5-Sterne-Hotel in Neustift.
Unaufdringliche Noblesse für den verwöhnten Gast.
Die stilvoll-komfortable Einrichtung bietet ideale Urlaubsvoraussetzungen.
Fitnesseinrichtungen: Hallenbad, Hot-Whirl-Pool, Sauna, Dampfbad, Kneippanlage, Massagen, Fango-Packungen, neues Sonnenstudio, Turbo Bräuner.
Sportmöglichkeiten: Hoteleigene Tennisplätze und Minigolf, geführte Wanderungen mit Picknick, Mountain-Bike- und Fahrradverleih im Hotel, Grillabende, Paragleiten, Golfplatz (15 Min.), Jagdmöglichkeiten sowie Jagdausflüge im eigenen Revier.
Und außerdem: Reichhaltiges Frühstücksbuffet mit Bio-Ecke, Cocktails, Vor- und Nachspeisenbuffets.
Unser Restaurant »Jagdhof's Silberdistel« (Gault-Millau-Haube), Animationsprogramme.
Rufen Sie an oder schreiben Sie uns.
Wir informieren Sie gerne persönlich!

A-16

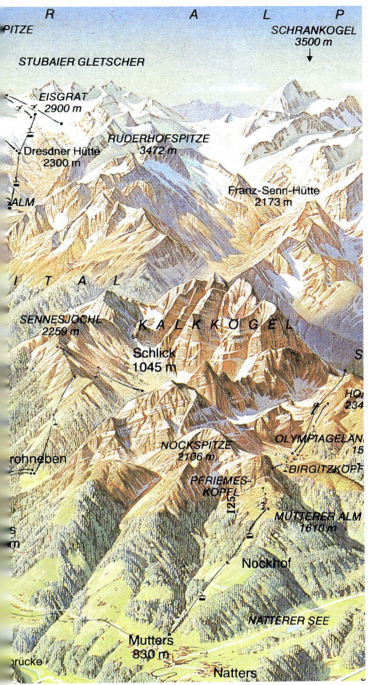

Eispickel und Steigeisen aus dem Stubaital haben einen guten Ruf und werden in alle Welt verkauft. Doch heute ist das Stubaital weit bekannter als Fremdenverkehrsregion. Der Fremdenverkehr hat sich allerdings über Jahrzehnte nur sehr zäh entwickelt. Einen stärkeren Schub löste erst der Ausbau des Sommer-Skilaufs auf dem Stubaigletscher aus. Daran partizipieren alle Orte im Tal, von Schönberg und Mieders (am Eingang ins Tal) über Fulpmes bis nach Neustift. Gemeinsamer Stolz im Stubaital sind zwei Bahnattraktionen. Die erste ist die nostalgische Stubaitalbahn, die sich von Innsbruck bis nach Fulpmes hochkämpft und lange Zeit das wichtigste Transport- und Beförderungsmittel darstellte.

Weit bedeutender ist heute natürlich die Stubaier Gletscherbahn, die mit knapp einem Dutzend Lifte Sommerskilauf unter der Schaufelspitze ermöglicht. Diese Lifte erschließen etliche Pisten auf dem Daunkogel-, Schaufel- und Gaißkarferner bis in 3200 m Höhe.

Ein großes Panoramarestaurant auf 2900 m Höhe ist das Ziel von Ausflüglern auch aus der weiteren Umgebung. Schließlich bietet sich nicht überall die Möglichkeit, mitten im Gletschereis ein Wiener Schnitzel mit Pommes frites zu genießen.

Mutige und gut Beschuhte können bei schönem Wetter von der Bergstation Eisgrat auf einem gesicherten Weg zum Stubaier Eisjoch hinüberwandern (und auch wieder zurück), was anderthalb Stunden beansprucht. Plus der Zeit, die man für das Bewundern der erstklassigen Aussicht benötigt. Man sieht hier eine ganze Menge der 71 Dreitausender, die in den Stubaiern gezählt wurden. Inzwischen hat man sich in den Orten eine Reihe anderer Einrichtungen zugelegt. Besonders forciert wird der Tennissport im Tal. So hat Neustift ein Head-Tennis- und Skicamp mit vier Frei- und zwei Hallenplätzen. Fulpmes kann mit dem Rossignol-Tenniscamp sogar vierzehn Frei- und vier Hallenplätze bieten. Dazu findet man in Fulpmes noch das »Aquarena«, das auf Wasser hindeutet. Solch ein moderner Name (aus den lateinischen Worten »aqua« und »arena« zusammengesetzt) für eine Badeanstalt paßt so richtig zu den naheliegenden Bergnamen wie »Großer Ochsenkopf« oder »Lämpermahdspitze«.

Durchaus ist auch das »Aquarena« ein Superlativ, da man neben drei Frei- und vier Hallenbecken noch eine der längsten Wasserrutschen Europas bieten kann.

Der älteste Fremdenverkehrsort des Tals, Mieders, nimmt sich dagegen der Kinder an und damit indirekt auch der Eltern. Wenn nämlich die Kinder (zwischen fünf und zwölf Jahren) am dreitägigen Kinderprogramm teilnehmen, gibt es für die Eltern zusätzlich einige Stunden Entspannung. Das abwechslungsreiche Programm bringt eine Bauernhofbesichtigung mit Würstlgrillen im Park, einen Mal- und Bastelnachmittag sowie einen Kinderwandertag.

Neustift schließlich, die zweitgrößte Gemeinde Tirols mit 29 000 Hektar Ausdehnung, hat – dazu passend – die zweitgrößte Kirche in Tirol. Der Pfarrer und Baumeister der Kirche, Franz de Paula Penz, wollte allen Gemeindemitgliedern einen Sitzplatz bei der Sonntagspredigt sichern, weil so mancher Kirchenbesucher dafür mehrere Stunden unterwegs war. Die im 18. Jahrhundert erbaute Kirche wurde in den siebziger Jahren renoviert und strahlt seit 1981 in neuem Glanze. Dazu hat man in Neustift ein beheiztes Freibad und eine Wander- und Bergsteigerschule. Das besagt, daß hier neben guten und leichten Wanderwegen auch große Bergtouren in reicher Anzahl vorhanden sind. Alle drei Orte bieten geführte Wanderungen an, verleihen Wander- und Bergsteigerabzeichen und halten ein riesiges

— Anzeigen

Neustift

Hotel Alpenhof + Neustifterhof****
A-6167 Neustift, Stubaital
Telefon 0 52 26/27 11, 27 12, 27 13
Beide Hotels bieten dem anspruchsvollen Feriengast ein reichhaltiges Freizeitangebot: Hallenbad, Sauna, Sol., Mass., Tennisplatz. Tennishalle u. -schule, Squash, Kegelbahn, Tiroler Abende. Sonnenterrasse, gr. Liegewiese, Parkplatz. Großzügige Komfortzimmer m. TV, Radio, sep. Sanitärber., Balkon. Wandern, Klettern, Bergsteigen...

Wenn wir richtig gezählt haben, gibt es in den fünf Orten des Stubaitals, von denen hier die Rede ist, nicht weniger als 40 Tennisplätze und obendrein noch sieben Tennishallen. Hier: einer der Plätze in Fulpmes.

DAS STUBAITAL
Tirol Fulpmes Mieders Neustift Schönberg Telfes A-16

Wegenetz in Schuß. Die hier vorgeschlagenen Bergwanderungen und Hochtouren können Vielfalt und Spannweite des Stubaier Tourengebietes nur andeuten. Eine besonders schöne Wanderung führt von Mieders zum Gasthof Sonnenstein. Mehrere Anstiege bringen Sie in ein bis zwei Stunden zu diesem schönen Aussichtsplatz. Für routinierte Bergwanderer ist die Serlesspitze, 2718 m hoch, ein gefragtes Ziel. Sie ist der formschöne Gipfel, der über der Europabrücke auftaucht, wenn man von Innsbruck in Richtung Brenner fährt. Zur Erleichterung benützt man die Serleslifte, wandert dann auf einem ebenen Fahrweg nach Maria Waldrast und zieht anschließend nach rechts durch die Serles-Ostflanke zum Gipfel hoch. In gut drei Stunden ist das Ziel zu erreichen und eine großartige Rundsicht gesichert. Bequeme und genußreiche Wanderwege führen von Fulpmes sanft ansteigend zur Schlicker Alm, einem Berggasthof, der – überragt von den zerfurchten Kalkkögeln – in 1616 m Höhe liegt. Im übrigen sind diese Kalkkögel sehr schön anzuschauen. Aber wandergeeignet sind sie überhaupt nicht und die Gipfel sind ohne Kletterkunststücke nicht zu haben.

Dafür bringt Neustift eine ganze Menge. An erster Stelle sind das Oberbergtal und die Franz-Senn-Hütte zu nennen. Mit dem Jeep läßt man sich zur Oberrißalm fahren und wandert dann auf einem der Wege zur schön gelegenen Hütte hoch. Sie feierte 1985 ihr 100jähriges Jubiläum. 1885 begann es mit zwölf Matratzenlagern, davon vier für die Damen. Heute sind dort oben über 250 Schlafplätze eingerichtet.

Mieders (unten) liegt am Eingang des Stubaitals. Angenehm für gemütliche Wanderer: das Koppeneck ist durch einen Sessellift erschlossen.

Sommer- und Winterweg zwischen Oberrißalm und Hütte ergeben eine Rundwanderung, die zu einem interessanten Naturlehrpfad ausgebaut wurde. Zuletzt unternimmt man zu Fuß den Abstieg nach Neustift.
Wer aber eine Nacht auf der Hütte einlegt, sollte am nächsten Tag in anderthalb Stunden zum Rinnensee wandern und die Aussicht genießen. Routinierte Bergwanderer nehmen die Rinnenspitze (drei Stunden) aufs Korn und erleben vom 3003 m hohen Gipfel einen noch besseren Ausblick.
Einen starken Eindruck macht der Anstieg zur Starkenburger Hütte. Er ist nämlich sehr direkt und nicht gerade flach. Der Ausblick bietet ein prächtiges Stubaier Gipfel- und Gletscherpanorama. Ein bequemer Abstieg führt zum Kreuzjoch; Sessellifte bewältigen das letzte Stück nach Fulpmes. Mit dem Bus kommt man wieder nach Neustift zurück. Herrlich bequem zum Wandern ist auch das Pinnistal, das von Herrengasse nach Süden zieht. Unter der Kirchdach-Spitze im Serleskamm ziehen Sie ins Tal und bis zur Innsbrucker Hütte hoch. Vier bis fünf Stunden sind Sie bis dahin unterwegs.

Ein beschaulicher Weg im Talgrund führt nach Ranalt und auf der gegenüberliegenden Talseite wieder zurück.
Bleibt noch der Hausberg von Neustift, der Elfer. Offiziell heißt er Elfer-Spitze und ist 2499 m hoch. Bis zur Elferhütte in 2080 m Höhe zieht ein Sessellift hoch, der vor allem für die Skisaison eingerichtet wurde. Aber er ist auch im Sommer nutzbar. Man kann also in das Pinnistal bis zur Pinnisalm wandern, hier zur Elferhütte hochsteigen und schließlich mit dem Sessellift bequem nach Neustift hinunterschweben.

Ort	Höhe	Einwohner	Gästebetten insgesamt	in Hotels	in Gasth./ Pensionen	in Chalets/ Ferienwhg.	in Privath./ Bauernhäus.	Camping/ Stellplätze	Ferienlager
Fulpmes	960 m	3000	3400	1150	1900	350	–	–	–
Mieders	982 m	950	1360		622	190	548	–	30
Neustift	997 m	3100	6400	1549	2072	200	2570	2	–

| Ort | Wandern | | | Beförderung | | | Hochtouren | | | Hütten | | |
	Wege mark.	geführte Wanderungen	Alpinschule	Kabinenbahnen groß	klein	Sessellifte	Anzahl	Dauer	Führer	bewirt.	unbew.	Abstand
Fulpmes	100 km	2× wöch.	×	2		6	40	3–11 Std., 5 Tg.	20	20	5	1 Std.
Mieders	55 km	1× wöch.	×		1	1	2	3–4 Std.	1	5		½–1 Std.
Neustift	100 km	2× wöch.	×		2	3	mehrere	2–10 Std.	20	8		1 Std.

Außerdem: mehrere Rundwanderwege, 100 km. Anschluß an Zentralalpenweg. **Beförderung:** Bus, Bahn. **Abzeichen:** Wandernadeln (Fulpmes). Miederer Wanderschuh. Neustifter Bergsteiger- u. Wanderabzeichen. **Sommerski:** 12 Liftanlagen, 40 km Abfahrten. **Ferner interessant:** geologische u. botanische Lehrpfade, Naturschutzgebiet, Wildgehege, Klammen, Höhlen, Wasserfälle, nostalgische Bahnfahrten. **Unterhaltung:** Heimat-, Hüttenabende, Bauerntheater, Gästekindergarten, Gartenschach.

Fulpmes
Fremdenverkehrsverein, A-6166 Fulpmes, (0 52 25) 22 35 und 28 92, Tx 5 33 045.
Schwimmen in 3 beh. Freibädern, 2 Hallenbädern. **Wildwasser:** 40 km befahrbare Strecke. **Angeln** in Teichen und Flüssen. Kanu/Kajak (Ausrüstungsverleih). Drachenfliegen (Schule, Ausrüstungsverleih). **Schießen:** Luftgewehr, Tontauben. **Tennis:** 24 Plätze, 3 Hallen/10 Plätze, Schule. Kunsteislaufplatz. Grasski. Sommerbobbahn. **Gesundheit:** Kneippanlagen, Fitness-Zentrum. **Aktivangebote:** Jeeping (Tagesexpeditionen). Mittwochs: gef. Radtour mit Grillparty. **Pauschalangebote:** Sonderangebote Tennis und Tennis-Ski, Sonderarrangement Gletscherskilauf, Skiwochenende auf dem Stubaier Gletscher.

Mieders
Fremdenverkehrsverband, Dorfstr. 1 c, A-6142 Mieders, (0 52 25) 25 30 und 21 50, Tx 54 641.
Schwimmen in 1 Freibad. **Angeln** in Bächen. **Tennis:** 3 Plätze. **Unterhaltung:** Dia-Vorträge, Platzkonzerte, Gästeschießen, Gästekegeln. **Hobbykurse und Aktivangebote:** Kinderprogramm. Wachsarbeiten. **Pauschalangebote:** siehe Fulpmes.

Neustift
Fremdenverkehrsbüro, A-6167 Neustift, (0 52 26) 22 28 und 24 88, Tx 53 343.
Schwimmen in 1 beh. Freibad, 1 Hallenbad. **Wildwasser:** 10 km befahrbare Strecke. **Angeln** in Flüssen. **Schießen:** Luftgewehr. **Tennis:** 8 Plätze, 1 Halle/2 Plätze, Schule. Squash. Freizeitzentrum. **Veranstaltungen:** monatlich: Dorffeste. **Pauschalangebote:** Mitte April–Anf. Juli: Firnwochen. Mai–Okt.: Bergwandern. Ab Mitte Sept.: Wedelwochen. Ferner: Tennis-Ski-Pauschale, Tennis-Total, Tennis-Freizeit. **Lage und Zufahrt:** Kartenteil Seite 15 C/D 2.

AM ACHENSEE
Tirol   Achenkirch   Maurach-Eben   Pertisau   Hinterriß   Eng   A-17

Der Achensee ist Tirols größter und schönster See, eingeklemmt zwischen dem Karwendelgebirge im Westen und dem Rofangebirge im Osten.

ÜBERSCHAUBARE, LIEBENSWERTE SOMMERFRISCHEN

Der See mißt neun Kilometer in der Länge, ist einen Kilometer breit und 133 Meter tief. Und er liegt fast 400 Meter höher als das nahe Inntal.

Was außerdem gut zur eher geruhsamen Sommerfrische paßt: man liegt abseits der betriebsamen Durchgangsrouten und ist trotzdem schnell und bequem zu erreichen, besonders über die Inntalautobahn.
Was kann der Gast in Achenkirch oder Pertisau erwarten? Alles, was jeder ordentliche Tiroler Touristenort zu bieten hat. Dazu noch einige Extras wie den großen See mit seinen Möglichkeiten: Man kann baden und rudern, segeln und surfen, sogar Dampfer fahren. Vier Schiffe durchpflügen das Wasser. Ein Gag für alle Jungen und für manchen Erwachsenen, wenn auch kein abendfüllendes Programm, ist die Sommer-Rodelbahn von Achenkirch. Die ist mit dem Sonnberg-Sessellift zu erreichen. Die Bahn ist 900 m lang und hat 30 Kurven.
Im Bereich der Bergstation des Liftes ist eine Wildforschungsstation angesiedelt. Hier kann man Hirsche, Rehe und Gemsen im Gehege beobachten.
Zu den Extras kann man auch das Achenkirchener Knödelessen zählen, was immer den Reiz dieser Lustbarkeit ausmachen mag. Nach einer Woche tüchtiger Wanderei kann es dem Kalorienplan sicher nicht sehr schaden.
Apropos Wandern: hier wird den Autowanderern noch mehr geboten als denen zu Fuß. Und die werden schon nicht schlecht behandelt. Man hat 120 km markierte Wanderwege im Angebot. Dreimal wöchentlich (montags, mittwochs und freitags) läßt das Verkehrsamt Wanderungen führen. Wandernadeln in Gold, Silber und Bronze gibt's auch.
Die Standardwanderungen, die für jedermann zu machen sind, führen auf die Zöhreralm (1339 m) im Bereich des Sonnberg-Sesselliftes und zur Seewaldhütte (1582 m) auf der Karwendelseite. In zwei bis drei Stunden sind diese Raststationen bequem zu erreichen. Beide sind zudem Wandernadel-Ziele.
Für routinierte Wanderer sind der Unnütz (2078 m) und die Seekarspitze (2053 m) vorgesehen. Die Anstiege erfordern etwa vier Stunden. Ein weiteres Dutzend Wanderungen dieser Art findet man rings um den See.
Konditionsstarke Wanderer sollten auf jeden Fall durch das Falzturntal zur Lamsenjoch-Hütte hinaufsteigen. Das ist eine große Karwendeltour. Mindestens einmal sollte auch das Rofan auf dem Programm stehen. Man steigt entweder vom See zur Erfurter Hütte hinauf – mit schönen Tiefblicken auf den See und großen Ausblikken übers Inntal in die Zentral-

Auf dem Bild unten sehen Sie ihn, den Achensee: 9 km lang und 1 km breit. Surfen, Segeln, Rudern, Schwimmen, Tauchen – alles können Sie hier.

— Anzeigen

Pertisau

Hotel PFANDLER ★★★★
Besitzer: Familie Entner
A-6213 Pertisau
Tel.: 0 52 43/52 23, 51 33 - Tx.: 5 34 180

500 m abseits vom Trubel an der Promenade mit herrlichem Seeblick, direkt an Golfplatz u. Karwendelbahn gelegen, **mit allem Komfort eines 4-Sterne-Hauses.** Kinderermäßigung für Familienurlaub. **IHR VORTEIL:** Bei Anfragen bzw. Bestellung DSV angeben!

Hotel Post ★★★★
Besitzer: Familie Kobinger
A-6213 Pertisau/Achensee
Tel.: (0 52 43) 52 07, Tx.: 5 34 651

Unser Hotel liegt direkt am Achensee. Zimmer mit allem Komfort ausgestattet. Ferienwohnungen von 2 – 6 Personen. Hausspezialitäten, Tiroler Kost und internationale Leckerbissen. Für Sportliche: Sauna, Solarium, Whirlpool, Hallenbad, Fitneßstudio. Gemütliche Wanderwege, Tennis im Freien. Segel- und Surfschule beim Haus. Hauseigenes Segelboot.

HOTEL FÜRSTENHAUS ★★★★

A-6213 Pertisau am Achensee
Telefon: (0 52 43) 54 42, 54 47, 54 67
Telex: 5 34 447 fuerh a

Das »Fürstenhaus« wurde 1469 durch Herzog Sigismund v. Tirol als Lusthaus f. Jagd u. Fischerei erbaut. Mit Beginn d. Tourismus um 1850 war es schon Gästehaus u. Hotel. 1981 wurde das Hotel neu gestaltet. Mit a. Komfort, den ein Erstklaßhaus zu bieten hat. Eine gr. Hotelhalle m. off. Kamin ◆ Lesehalle ◆ Bar ◆ 2 Speisesäle ◆ Tiroler Stuben ◆ Konferenzr. ◆ Hallenbad ◆ Fitneßraum ◆ Sol. ◆ Sauna ◆ gr. Kurabteilung m. **ber. Tiroler Steinöl-Vitalkuren** ◆ Spielraum ◆ Ausgangspunkt für Wanderungen.

AM ACHENSEE
Tirol

Achenkirch   Maurach-Eben   Pertisau   Hinterriß   Eng

Maurach

ERLEBNISHOTEL ★★★★ BUCHAU
Familie Rieser
A-6212 Maurach/Achensee
Tel.: (0043) 5243/5210; Telefax: 516252
Willkommen in unserer hochmodernen Hotel-Freizeitanlage mit **Erlebnishallenbad** (Schwimmkanal ins Freie, Jet-Anlage, Strömungsbecken, Luftsprudel u. Wasserfall). **Sauna und Dampfbad, Fitnessraum, Solarium, Gesundheitsfarm** (Kosmetikbehandlungen, Saunawickelkuren, Entschlackung, Steinöl-Natur-Heilkuren; beste Heilerfolge bei Rheuma, Gicht u. Tennisarm).

Hinterriß

Herzoglicher Alpenhof
Familie Derfeser
A-6200 Hinterriß
Tel.: 0 52 45/207

Fühlen Sie sich wohl in komf. Gästezimmern m. Du/WC, Telefon u. Balkon. Gemütliche Stuben, offener Kamin, Sauna, Solarium, Fitneßraum. Gesunde Küche mit frischen Naturprodukten aus eigener Landwirtschaft.
WANDERN UND ERHOLEN IM NATURSCHUTZGEBIET KARWENDEL.
Anreise: Über Autobahn München-Salzburg, Ausfahrt Holzkirchen, Richtung Bad Tölz, Lenggries über Vorderriß nach Hinterriß.
Mit dem Zug: Lenggries oder Jenbach.
Wir holen Sie ab!

Maurach

Hotel Mauracherhof ★★★★
Besitzer: Familie Gruber
A-6212 Maurach/Achensee
Tel.: (0 52 43) 5338, 5951, 5952
Tx.: 534 576 MAUHOA
Der **Mauracherhof** liegt am Südufer d. Achensees. Zi. m. a. Komfort. Halle m. o. Kamin. Café. Restaurant, Bar, Sol., Sauna, Dampfb., Steinölbäder. Freie Benützung d. öffentl. Hallenbades. Hotel ganzjährig geöffnet.

Pertisau

Hotel-Restaurant Tyrol ★★★
Besitzer: Familie Strauss
A-6213 Pertisau
Tel.: 05243/5243
Das komfortable Hotel liegt in ruhiger Lage, Wald- u. Seenähe. Zimmer m. Bad/Du/WC und TV. Zimmer-Appartementstil. Balkon. Sauna; Solarium; Steinöl-Fossilbäder; Bar; Terrasse; Garagen. Internationale Küche. Geführte Bergwanderungen.

A-17

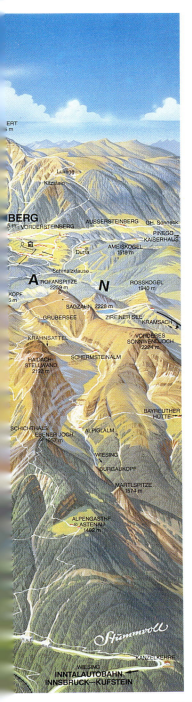

alpen. Dann kann man mit der Rofanbahn zu Tal schweben. Oder man fährt mit der Rofanbahn hinauf und wandert abwärts.
Für die Autowanderer sollen ein Dutzend Ziele zur Auswahl genannt werden. Lohnend sind sie alle. (Die in Klammern genannten Zahlen sind die Kilometer für Hin- und Rückfahrt.) Der Große Ahornboden (110 km) in der Eng, im innersten Karwendel, ist ein Naturereignis. In Innsbruck (120 km) heißt es schon etwas planen, um das Interessanteste mitzukriegen: Die Maria-Theresien-Straße, das Goldene Dachl, die Hofburg, Schloß Ambras, der Alpenzoo.
Lohnend im Inntal sind ebenfalls die Orte Hall (110 km), Schwaz (60 km), Rattenberg (60 km) und Kufstein (110 km).
In Kramsach (50 km) sind in einem Freilichtmuseum alte Bauernhäuser aus ganz Tirol zusammengetragen. Das Schloß Tratzberg (40 km) bietet eine schöne Aussicht und eine geschmackvolle Einrichtung.
Hochgebirgserlebnisse bieten Fahrten ins Zillertal nach Hintertux (145 km) und über den Paß Thurn zu den Krimmler Wasserfällen. Zurück geht es dann über den Gerlospaß (220 km).

Ort	Höhe	Einwohner	Gästebetten insgesamt	in Hotels	in Gasth./Pensionen	in Chalets/Ferienwhg.	in Privath./Bauernhäus.	Camping/Stellplätze	Ferienlager
Achenkirch	930 m	1900	2700	600	790	410	900	3/280	–
Maurach-Eben	950 m	1400	2900	480	1100	420	900	2/180	–
Pertisau	950 m	460	2600	1100	600	230	670	–	–

Ort	Wandern				Beförderung			Hochtouren			Hütten	
	Wege insg.	Wege mark.	Rundwege	geführte Wanderungen	Alpinschule	Kabinenbahnen groß	klein	Sessellifte	Anzahl	Dauer	Führer	bewirt.	Abstand
Achenkirch	150 km	120 km	3/76 km	3× wöch.	×			1	4	6–10 Std.	2	5	2 Std.
Maurach-Eben	150 km	100 km	1/20 km	3× wöch.	×	1			mehrere	3–8 Std.	ja	4	2 Std.
Pertisau	120 km	120 km	3/65 km	5× wöch.	×			1	5	2–8 Std., 3 Tg.	ja	mehrere	2–4 Std.

Außerdem: Anschluß an Fernwanderweg Nr. 4. **Beförderung:** Bus, Bahn, Schiff. **Abzeichen:** Achenseer Wandernadeln, Österr. Wanderschuh u. -orden. Radwandernadel. Pertisauer Wandernadel. **Ferner interessant:** botanische Lehrpfade, Naturschutzgebiet »Karwendel«, Wildgehege, Klammen, Wasserfälle, nostalgische Bahnfahrten, Hobbylokfahrten, Achensee (Ausflugsfahrten mit 4 Schiffen).

Achenkirch

Fremdenverkehrsverband, A-6215 Achenkirch, (0 52 46) 62 70.
Schwimmen in 3 Freibädern, Strandbädern. Segel- u. Surfschule, Tauchen. **Ausrüstungsverleih:** Ruder- u. Tretboote, Fahrräder. 30 km Radwanderwege. **Reiten** im Gelände, Pferdeverleih, Reithalle. **Tennis:** 8 Plätze. **Schießen:** Luftgewehr. Sommerrodelbahn: 900 m lang, 30 Kurven. **Gesundheit:** Trimmpfad, Kneippanlagen, Steinölkuren. **Unterhaltung:** Heimatabende, Bauerntheater, Kinderfeste, Gartenschach, Gästeschießen.
Pauschalangebote: Das Viel-Vergnügen!-Angebot: 7 Tage Aufenthalt mit Tiroler Abend, Dampfer- und Rodelbahnfahrt, Achenkircher Knödel-Essen und Wandernadel.

Maurach-Eben

Fremdenverkehrsverband, A-6212 Maurach-Eben, (0 52 43) 53 40.
Schwimmen in 1 Hallenbad und Strandbad. **Angeln** im See. **Ausrüstungsverleih:** Surfen, Segeln, Rudern, Tretboote. **Unterricht:** Surfen, Segeln. Tauchen. 30 km Radwege, Fahrradverleih. Drachenfliegen. **Schießen:** Luftgewehr.
Tennis: 2 Plätze, Schule.
Gesundheit: Kur- u. Bäderbetrieb, Steinöl-Fossil-Naturheilkuren, Heilkräutergarten.
Unterhaltung: Heimatabende, Bauerntheater, Filmvorträge, Gartenschach.
Veranstaltungen: Mitte Aug.: Mauracher Dorffest.
Pauschalangebote: 8 u. 14 Tage: Bäderpauschalen. Sport-Kur-Pauschalen (Fahrrad, Surfen, Tennis).

Pertisau

Fremdenverkehrsverband, A-6213 Pertisau, (0 52 43) 52 60 und Fax 53 41 99.
Schwimmen in 2 Freibädern (1 beh.), 1 Hallenbad.
Angeln im See. **Ausrüstungsverleih:** Surfen, Segeln, Rudern, Tretboote. **Unterricht:** Surfen, Segeln. Tauchen. 30 km Radwege, Fahrradverleih. **Tennis:** 6 Plätze, 1 Halle/2 Plätze, Schule. **Golf:** Platz mit 9 Loch. **Gesundheit:** Kneippanlagen, Kur- u. Bäderbetrieb, Steinölkuren. **Unterhaltung:** Heimat-, Hüttenabende, Gartenschach, Filmvorträge.
Hobbykurse und Aktivangebote: Segeln, Surfen, Tennis, Golf, Klettern.
Veranstaltungen: Anf. Aug.: Volksmarsch »Rund um den Achensee«. Mitte Sept.: Karwendelmarsch (53 km).
Pauschalangebote: 7-Tage-Pauschalangebote mit Sportpaket (Segeln, Surfen, Tennis, Golf, Bergwandern).

Lage und Zufahrt: Kartenteil Seite 15 D 1.

Anzeigen

Achenkirch

APARTHOTEL ACHENSEE ★★★★
ZU HAUSE MITTEN IM URLAUBSVERGNÜGEN - ERHOLUNG, ENTSPANNUNG UND ERLEBNIS IST BEI UNS DAS URLAUBSERGEBNIS
Besitzer: Familie Kronthaler
A-6215 Achenkirch
Tel. aus D: 00 43/5246/6550 + 6389
Tx.: 61-35223030

In traumhafter Panoramalage – am Waldrand – abseits der Durchzugsstraßen steht das **APARTHOTEL ACHENSEE**.
Bei einem Cocktail heißen wir Sie willkommen. Bei uns herrscht echte Tiroler Gastlichkeit. Café-Restaurant, Hausbar, beheiztes Freischwimmbad mit großer Liegewiese, Gartenschach, Fitneßraum, Sauna, Tennisplatz, Segelboot – eigenes Aktivprogramm.
Daß die Appartements mit allem Komfort, incl. Küche, ausgestattet sind, versteht sich von selbst.

HOTEL APPARTEMENTS CHALETS
Hofer Alm
Achenkirch am Achensee
★★★★

Gastgeber: Familie Hofer
A-6215 Achenkirch am Achensee
Tel.: (00 43) 52 46/66 44
BTX-D: ✱ 5010051050 #

Jetzt haben Sie im Urlaub die Wahl zwischen Hotel, Appartement und Chalet. Und das alles in einem bezaubernden bäuerlichen Ensemble – der Hofer Alm.
Hotel: Zimmer m. allem Komfort, Hotelservice, HP, VP, Zimmer/Frühstück.
App. oder Chalet: 2–5 Personen, komplette Ausstattung, aller Komfort.
Die Hofer Alm bietet: Erlebnis-Hallenbad, Sauna, Kneipp, Fitneß, Steinöl-Kur, Kosmetik, Kindergarten, Night Club, Wein- und Grillstube, Restaurant.
Für Ihr Sommervergnügen gibt es: Wander- u. Wasserspaß, Segeln u. Surfen, Tennis i. Freien u. i. d. Halle, Reiten i. Freien u. u. Dach, Bootspartien, Tanz und und...

DAS ZILLERTAL

Tirol Hippach

Das Zillertal wird viel besungen und viel besucht.

WO DIE GLETSCHER »KEES« HEISSEN

Die Zillertaler Alpen, südlich des Inn zwischen Wipptal und Krimmler Tal, zählen zu den großen Berggruppen in den Ostalpen. Im Süden werden sie vom Pfitschertal, dem Tauferer- und dem Ahrntal begrenzt.

Die Tuxer Voralpen liegen im Geviert zwischen Innsbruck, Steinach, Mayrhofen und Jenbach. Das ist ein riesiges Wander- und Skigebiet. Dazu zählen so bekannte Berge wie der Patscherkofel, der Glungezer oberhalb von Hall und das Kellerjoch bei Schwaz. Südlich davon liegt der Tuxer Hauptkamm mit dem Olperer als höchstem Gipfel (3480 m). Hier breitet sich auch das Sommerskigebiet von Hintertux aus. Dann erst kommt, als südlichster und gewaltigster, der Zillertaler Hauptkamm, der von West nach Ost zieht. Über die höchsten Gipfel und Grate verläuft die österreichisch-italienische Grenze. Zwischen Hochfeiler und Wollbachspitze ist der Hauptkamm durchgehend vergletschert – besonders stark und eindrucksvoll auf der Nordseite, weitaus geringer in der Südflanke. In der Regel heißen die Gletscher in den Zillertaler Alpen »Kees«. Eine weitere

Rechts und links des Zillers hat Hippach seine Wandergebiete. Der Hornberg, das Penkenjoch und die Sonnalm sind durch Bergbahnen erschlossen.

A-18

Hippach (oben links) liegt im oberen Teil des Zillertals – südlich der Einmündung des Gerlostals.

sprachliche Eigenheit des Hauptkamms ist, daß alle nördlichen Quertäler auf »grund« statt auf »tal« enden. Die wichtigsten sind der Zillergrund, der Stillupgrund, der Floitengrund und der Zemmgrund.

Wenn man nach einer besonderen Attraktion sucht, die das Zillertal so beliebt macht, findet man eigentlich nichts. Nein, es ist eine Reihe von Vorzügen, die zusammen diesen sehr positiven Effekt auslösen. Da ist erstens eine äußerst günstige Lage am Inntal und nahe Innsbruck. Zweitens erstreckt sich von Jenbach bis Mayrhofen ein Talboden so großzügig breit und fröhlich, daß er schon beim ersten Anblick Ferienstimmung vermittelt. Von Wert ist sicher auch die tiefe Lage, nämlich ganze 630 m über dem Meer. Das heißt, daß die Temperaturen im Jahresdurchschnitt günstiger sind. Das alles kann Hippach mit seinen Nachbarorten Schwendau und Ramsau bieten. Dazu kommt eine riesige Wanderszene, die schon im Nahbereich 200 km markierte Wege umfaßt. Wenn man die weitere Umgebung mit einbezieht, wird das Angebot für Bergwanderer und Bergsteiger auf den ersten Blick fast unüberschaubar. Außerdem ist vom Pferdestall bis zum Drachenflugzentrum, von der Bergbahn bis zum Sommer-Skirevier (in Hintertux) alles vorhanden, was ein renommierter Ferienort, der etwas auf sich hält, bieten muß. Ferner gibt es hier im Zillertal eine neue Sommer-Disziplin, die Speichersee-Ausflüge: zum Schlegeisspeicher (30 km), zum Stillupspeicher (15 km), ins Zillergründl (fertig 1987) und zum Speicher Durlaßboden (25 km) hinter Gerlos. Allerdings sind es meist mautpflichtige Straßen, die man hier befährt – wie auch die Zillertaler Höhenstraße, die über 2000 m Höhe erreicht. Jede dieser Fahrten bietet neue Landschaften, neue Aussichten und Einblicke.

Ort	Höhe	Einwohner	Gästebetten insgesamt	in Hotels	in Gasth./ Pensionen	in Chalets/ Ferienwhg.	in Privath./ Bauernhäus.	Camping/ Stellplätze	Ferienlager
Hippach	600 m	3400	6000	600	1500	200	3700	–	–

Wandern: 200 km markierte Wege. **Beförderung:** Bus. 1 Großkabinenbahn, 2 Sessellifte. Alpinschule.
Geführte Wanderungen: 3mal pro Woche. **Hüttentouren:** 21 bewirt. Hütten im Abstand von 3–8 Std.
Abzeichen: Wander-, Romantiknadel. **Ferner interessant:** Naturschutzgebiete, Klammen, Wasserfälle, Märchengarten, nostalgische Bahnfahrten.

Hippach

Fremdenverkehrsverband, A-6283 Hippach, (0 52 82) 36 30 und 25 93, Tx 534 668 mit Ramsau und Schwendau.
Schwimmen in 3 Hallenbädern. **Wildwasser:** 1,5 km befahrbare Strecke. **Angeln** in Flüssen und Seen. Fahrradverleih, 20 km Radwege. **Reiten** im Gelände, 10 km Wege, Schule. **Tennis:** 4 Plätze, Schule. **Drachenfliegen** am Schwendberg: Ausrüstungsverleih, Schule.

Unterhaltung: Heimat-, Hüttenabende, Bauerntheater, Kinderfeste, Gartenschach, Platzkonzerte, Begrüßungsabende, Dia-Vorträge, Tennisturniere, Familienspielfeste.
Aktivangebote: Aktivprogramm für Junggebliebene. Club 55 – Urlaubsclub im Zillertal.
Pauschalangebote: Wanderpaket, Tennispaket.

Lage und Zufahrt: Kartenteil Seite 15 D 2.

DAS ZILLERTAL
Tirol

Mayrhofen Finkenberg

— Anzeigen

Finkenberg

Hotel Restaurant Eberl
mit Gästehaus Eberl
A- 6292 Finkenberg
Tel.: (0 52 85) 26 67

Herzlich willkommen in unserem modernen, im rustikalen Stil neu umgebauten Familienhotel mit allem Komfort und Tradition seit Generationen. 140 Betten in herrlichen Wohn-/Schlafzimmern oder Appartements mit Bad/Du, WC, Telefon, Radio, TV, Zimmersafe, Balkon. **Sauna, Solarium.** Parkplatz, Garagen und Haustaxi stehen zur Verfügung. Bekannt gute Küche verwöhnt auch den feinsten Gaumen, Schonkost/Diät, Menüwahl. In der Bar spielt das Hausmusik- und Familientrio. Unser Haus ist ganzjährig in Betrieb.
Sonder-Herbstskilauf-Angebot für Gruppen ab 5 Personen auf Anfrage. 20 Min. von der Talstation der Gletscherbahn entfernt. Jeweils ab 1.10. Gratisskibus zum Gletscher.

Problemlos telefonieren

Wenn Sie von anderen Ländern dort anrufen wollen, müssen Sie die 0 am Anfang der Vorwahl weglassen und folgende Nummer vorauswählen:

Aus Deutschland
nach Österreich   0043
in die Schweiz   0041
nach Italien   0039

Aus Österreich
nach Deutschland 060
in die Schweiz   050
nach Italien   040

A-18 🇦🇹

Eine besonders liebenswerte Einrichtung dieser Gegend ist der Hobbyzug, auf dem die Feriengäste einmal im Leben Lokführer spielen können. Der Dampfzug verkehrt jeden Freitag und Samstag zwischen Mayrhofen und Zell am Ziller.
Aber natürlich sind die Zillertaler Alpen vor allem ein Paradies für Wanderer und Bergsteiger. Siebzehn Ausflugsgasthöfe sorgen dafür, daß niemand unterwegs verhungert. Weitere sechzehn Alpenvereinshütten sind Stützpunkte für die Bergsteiger, aber auch sehr schöne Ziele für Bergwanderer. Im kurzen Hochgebirgssommer sind die bekannten Hütten regelmäßig bombenvoll. Die Gasthöfe und Hütten erfüllen darüber hinaus eine wichtige Funktion: Sie sind Stempelstellen für die diversen Wander- und Bergsteigernadeln.
Die Alpinschule Zillertal ist für alles gerüstet, vom Grundkurs für Jugendliche bis zur Alaska-Expe-

Mayrhofen (oben) ist der populärste Ort im Zillertal.

dition. Ihr Leiter ist nicht ganz unbekannt: Peter Habeler, der mit Reinhold Messner als erster den Mount Everest ohne Sauerstoffgerät bezwang.
Mayrhofen ist der Zillertaler Paradeort schlechthin – zentral gelegen, noch im breiten Talgrund, aber bereits so dicht am Zillertaler Hauptkamm, daß hier alle wichtigen Täler auseinanderstreben. Auch für Autoausflüge in die weitere Umgebung – nach Innsbruck, Kufstein oder Kitzbühel – ist es hier günstig. Besonders zu empfehlen ist eine Fahrt über Gerlos nach Krimml zu den Krimmler Wasserfällen – auch wenn wieder einmal Maut kassiert wird.
Das Beherbergungsgewerbe bietet alles, vom Luxushotel bis zum rustikalen Gasthof, von der Familien-Pension bis zu Ferienwohnungen in allen Größen und Lagen.

Mayrhofen, der Zillertaler Paradeort.

DAS ZILLERTAL
Tirol

Finkenberg Mayrhofen

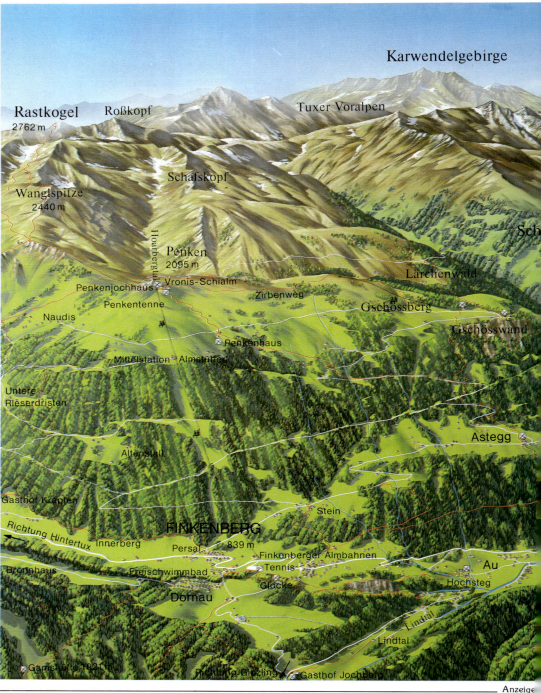

Gleich hinter Mayrhofen und am Eingang ins Tuxertal liegt Finkenberg (Foto ganz rechts) mit 2500 Fremdenbetten und zwei Alpin-Helden als Gemeindebürger. Das sind Leonhard Stock, der 1980 im Abfahrtslauf Olympiasieger wurde, und Peter Habeler, der mit Messner ohne Sauerstoffgerät den Mount Everest bezwang.

Wer das Skifahren auch im Sommer nicht lassen kann, der findet nach 14 km am Tuxer Gletscher Sommer-Skihänge. Die zeitgemäße Betätigung ist aber das Bergwandern. Zwischen Rastkogel, Hirzer und Glungezer sind die Wandermöglichkeiten zahllos. Höhepunkte sind natürlich die Hüttenanstiege und Gipfeltouren im Zillertaler Hauptkamm.

Der Zemmgrund ist das zentrale Tal zum Zillertaler Hauptkamm. Dazu fährt man zuerst nach Ginzling, einem kleinen Weiler in 1000 m Höhe. Von Ginzling führt eine sehr gut ausgebaute Straße zum Gasthof Breitlahner und dann weiter (gegen Mautgebühr) zum Schlegeis-Stausee mit Parkplatz und Ausflugs-Restaurant. Das ist der Ausgangspunkt für eine Wanderung zum Furtschaglhaus. Man wandert auf einem Teilstück des Berliner Höhenweges am westlichen Seeufer nach Süden und folgt der guten Markierung zur 2223 m hohen Hütte. Mit drei Stunden muß man rechnen.

Das schönste Stück im ganzen Zillertal ist der Weg zur Berliner Hütte und der Platz, auf dem die Berliner Hütte steht.

Vom Breitlahner wandert man nach Südosten an zwei Almen vorbei und kommt nach anderthalb Stunden zur Grawandhütte. Ein Stück dahinter überquert man hoch über dem Zemmbach eine Schlucht, marschiert an der Alpenrosenhütte vorbei und ist nach insgesamt drei Stunden auf der Berliner Hütte (2042 m).

Nun gilt es zunächst, die Gletscher gebührend zu bestaunen. Es ist schon eindrucksvoll, was einem hier oben geboten wird.

― Anzeige ―

Finkenberg

HOTEL-GASTHOF NEUWIRT ★★★

A-6292 Finkenberg 136
Telefon 05285/2665
Besitzer: Familie Troppmair

55 Betten. Zimmer mit Dusche/WC, Tel., Radio und TV-Anschluß sowie Appartements für 4 Personen. Zentrale Lage. Fernsehraum, Sonnenterrasse. Für Ihr leibliches Wohl sorgt der Chef des Hauses mit Leckerbissen aus internationaler sowie Tiroler Küche.
FIT-MACH-MIT.
Familie Troppmair's Neuwirt ist idealer Ausgangspunkt für zahlreiche leichte wie hochalpine Wanderungen i. d. Zillertaler Alpen. Aktiv-Urlaub in Finkenberg! Ganzjahresskigebiet »**Hintertuxer Gletscher**« für Skibegeisterte.

A-18

Als nächstes verschlägt es einem den Atem, wenn man in die Berliner Hütte eintritt: ein Speisesaal mit Säulen, ein riesiger Treppenaufgang und an den Wänden gerahmte, ernste Männer, die auf die verschwitzten Bergsteiger heruntersehen. Der Platz samt Bergsteigerunterkunft ist zum Schwärmen.

Wer auf der Hütte übernachtet, kann ohne Probleme am nächsten Tag zum Schwarzsee hinaufsteigen und nach Granatsteinen Ausschau halten, die es hier in größeren Mengen gibt. Die Aussicht ist gewaltig. Auf dem gleichen Weg steigt man ab.

Herber und länger ist der Aufstieg von Ginzling zur Greizer Hütte durch den Floitengrund. Gleichmäßig zieht der Weg am Floitenbach entlang in den Talgrund. Am Schluß kommt dann noch ein Steilstück zur Hütte.

Der Stillupgrund ist heutzutage ein gutes Stück befahrbar, nämlich bis zum Wirtshaus Wasserfall am Stillup-Speichersee. Dann kann man noch den Rest des Stillupgrundes gehen und landet bei der Kasseler Hütte (2177 m). Das ist allerdings sehr weit.

Im Zillergrund schließlich, der von Mayrhofen direkt nach Osten zieht, sind bis 1987 die Kraftwerksbauer am Werk, um im Zillergründl einen Stausee zu installieren. Dazu sind auch Baufahrzeuge unterwegs. Wer es ruhig haben möchte, geht besser anderswo wandern. Interessierte können sich den Stausee ohne Stau und See anschauen.

Autoausflüge? Zwei sind interessant: einmal nach Innsbruck und zweitens über den Gerlos zu den Krimmler Wasserfällen.

Ort	Höhe	Einwohner	Gästebetten insgesamt	in Hotels	in Gasth./ Pensionen	in Chalets/ Ferienwhg.	in Privath./ Bauernhäus.	Camping/ Stellplätze	Ferienlager
Finkenberg	840 m	1170	2261	305	436	150	150	–	1 JH
Mayrhofen	630 m	3300	8000	1800	4000	430	2100	1/200	–

Ort	Wandern Wege insg.	Wege mark.	geführte Wanderungen	Alpinschule	Beförderung Kabinenbahnen groß	klein	Sessellifte	Hochtouren Anzahl	Dauer	Führer	Hütten bewirt.	Abstand
Finkenberg	200 km	200 km	1× wöch.	×		1	1	40	3–7 Std., 7–10 Tg.	8	48	3 Std.
Mayrhofen	200 km	200 km	3× wöch.	×	2		1	40	3–7 Std., 7–10 Tg.	8	20	2–5 Std.

Beförderung: Bus, Bahn. **Abzeichen:** Mayrhofener Bergsteigerabzeichen, Kinderwandernadel, Österr. Wanderschuh, versch. Nadeln. **Sommerski:** 9 Liftanlagen, 10 km Abfahrten. **Ferner interessant:** Mineralien, Klammen, Wasserfälle. Botanischer Lehrpfad (Finkenberg). Nostalgische Bahnfahrten, Hobbylokfahrten (Mayrhofen). **Unterhaltung:** Heimat-, Hüttenabende, Bauerntheater, Konzerte.

Finkenberg
Fremdenverkehrsverband, A-6292 Finkenberg, (0 52 85) 26 73, Tx 533 042.
Schwimmen in 1 beh. Freibad. **Angeln** in Flüssen. **Schießen:** Zimmergewehr. **Tennis:** 2 Plätze. Trimmpfade.
Unterhaltung: Platzkonzerte, Dia-Vorträge, Dorffeste.
Veranstaltungen: Auskunft beim Verkehrsverband.

Lage und Zufahrt: Kartenteil Seite 15 D 2.

Mayrhofen
Fremdenverkehrsverband, A-6290 Mayrhofen, (0 52 85) 23 05 oder 26 35, Tx 533 850.
Schwimmen in 1 beh. Freibad, 4 Hallenbädern. 3 Stauseen. **Wildwasser:** 20 km befahrbare Strecke, Wildwasser- und Kanuschule. **Angeln** in privaten Gewässern. Drachenfliegen, Schirmgleiten. Fahrradverleih. **Schießen:** Zimmergewehr, Tontauben. **Tennis:** 8 Plätze, Schule, Turniere. **Squash.** Trimmpfade.
Unterhaltung: Dia- und Filmvorträge, Wald- u. Dorffeste, Gartenschach, Theateraufführungen, Kinder-, Regenbogenprogramm, Sennereibesichtigungen.

Anzeigen

Reisen mit der Bahn

Mit der Bahn nach Mayrhofen (Zillertal).

Wenn Ihr Wanderurlaub von Anfang an streßfrei sein soll, reisen Sie am besten mit der Bahn an. Der EuroCity „Leonardo da Vinci" bringt Sie aus dem Ruhrgebiet nach Jenbach. Dort haben Sie Anschluß mit der „Zillertal-Bahn" nach Mayrhofen. Schnell, bequem und besonders romantisch.

Deutsche Bundesbahn

DAS TUXERTAL
Tirol

Hintertux Juns Lanersbach Madseit Tux Vorderlanersbach

Seit der Tourismus blüht, sind die Landschaft, die Täler und Berge zu Schätzen geworden. Was dereinst abweisend, unfruchtbar oder schwierig zu bearbeiten war, bringt jetzt Geld in viele einst arme Dörfer. Der eisstarrende Gletscher wurde zur Schneeunterlage für den Sommerskilauf.

WANDERN IN ALLEN GEBIRGSETAGEN

Das enge Tal, das kaum landwirtschaftliche Nutzung zuläßt und nur äußerst mühsam und teuer erschlossen werden konnte, ist für Feriengäste pittoresk und sehenswert. Und die Gipfel, ab 3000 m Höhe aufwärts, sind nun Prestige-Objekte.

Selbstverständlich haben die Menschen im Tal Wesentliches beigesteuert. Der rechtzeitige Ausbau der richtigen und wichtigen Fremdenverkehrsrichtungen ist gut gelungen. Die Einrichtung des Sommerskigebietes Hintertux – zu einer Zeit, als

Viele Wanderungen gibt es zwischen schneebedeckten Dreitausendern und grünen Matten.

Hintertux

HOTEL-PENSION Bergland
Familie Franz Stock
A-6294 HINTERTUX-Tirol
Tel.: (0043) 5287/388 oder 633

Wander- und Aktivurlaub in Ihrem Ferienhotel »Bergland«. Wir, die Familie Stock, betreuen Sie persönlich! ● Sonnenaufgangswanderung mit Gipfelfrühstück ● Gemütliche Wanderungen ● Anspruchsvolle Touren ● Geführte Schnuppertour auf den Gletscher ● Begrüßungscocktail ● Frühsport mit Frau Stock ● Grill- u. Fondueabend m. Tischmusik ● Großzügiges Frühst.-, Salat- u. Dessertbuffet ● Bauernbuffet ● Auf Wunsch Vollwertmenüs ● Große, ruhig gel. Liegewiese ● Hotelzeitung ● Diavortrag über's schöne Tuxertal ● Wir gehören zu den Tuxer-Tennishotels ● Erlebnis Saunabenützung incl.
Für unsere Kleinen: Gratis-Tennisstunden m. Trainer ● Kinderfußball ● Überraschungswanderung ● Großzüg. Kinderermäßigung bei uns im Hause. Wir filmen alles m.d. Videokamera! Lassen Sie sich verwöhnen! Wir freuen uns auf Sie! Bitte rufen Sie uns gleich an - Prospekte kommen sofort!

A-19 🇦🇹

Anzeigen

Lanersbach

Familienhotel
Ferienhof Höhlenstein ★★★
Besitzer: Familie Geisler
A-6293 Lanersbach
Tel.: (0 52 87) 523
Ihr Hotel für Ski-, Tennis-, Bergsteiger- u. Wanderurlaub. 10 Appart., Zi. m. Komf.; gem. Restaurant. Kinderspielpl. Fitnessr. Tennispl. Aktivprogramm. **Für Gruppen (30-40 Pers.) Unterhaltungsprog. u. Sonderpreis!**

Hotel Bergfried

Besitzer: Familie Stock
A-6293 Lanersbach 381
Telefon: 05287/239, 370

Familiäres, gepfl. Haus in sonniger, ruhiger zentraler Südlage. Komfortzimmer u. Appartements ◆ bekannt gute Küche ◆ Frühstücksbuffet m. Bio-Ecke ◆ Menüwahl ◆ Salat- und Dessertbuffet ◆ Fondueabende ◆ Begrüßungscocktail ◆ Tagesbar ◆ Restaurant ◆ gem. Atmos. m. Tanz- u. Unterhaltungsabenden ◆ Sonnenterrasse ◆ Lift ◆ Haustaxi. Einziges Hotel im Ort mit Hallenbad, finnischer Sauna, türk. Dampfbad, Sonnenbank, Massageliegen; Fitneß-Kraftraum. Ständiges Aktivpr.- jeden Tag etwas Besonderes! **Im selb. Besitz: Ferienhof Mittendorf** - für geh. Ansprüche, Ferienw., Doppelzimmer mit Du/WC, Tel., TV. Hallenbad, Sauna, Sol.

Hintertux
Ski - Tennis - Hotel- Pension

Hintertuxerhof

Besitzer: Familie Max Kofler
A-6294 Hintertux
Tel.: (0043) 5287/316, 317
365 Tage Urlaub aktiv!
Gemütlich ausgestattete Zimmer mit Du/WC, Balkon, Radio, auf Wunsch TV. Hausbar; Sauna, Dampfbad, Fitnessraum. Das Haus der guten Küche an der Zillertaler Gletscherbahn.
Urlaub ist, wenn man sich wohlfühlt bei Freunden in Hintertux!

DAS TUXERTAL
Tirol

Hintertux Juns Lanersbach Madseit Tux Vorderlanersbach

Oben: Das Tuxerjoch mit Blick auf den Gletscher. Dort liegt das Ganzjahresskigebiet mit dem Kasererlift (zweites Foto oben). Das Hintertuxer Thermalbad in 1500 m Höhe zeigt das dritte Foto oben.

viele noch gar nicht wußten, was das ist – hat das Tal bekannt gemacht. Es war zu jener Zeit das zweite Sommerskigebiet in Österreich überhaupt. Heute laufen im Sommer zwei Gondelumlaufbahnen und sechs Sessellifte. Und auf dem Gefrorene-Wand-Kees surren zusätzlich vier Skilifte.
Hinter Mayrhofen wird es in alle Richtungen bald eng.
Folgt man der Straße nach Westen, passiert man Finkenberg am Penken und kommt nach Vorderlanersbach. Damit ist man im Gemeindegebiet von Tux. Dazu zählen im zehn Kilometer langen Tal noch Lanersbach, Juns, Madseit und Hintertux. Hauptort des Tales ist Lanersbach, das einen Sessellift zur Eggalm bieten kann. In Juns, einem kleinen Weiler, steht noch eine alte Mühle aus dem Jahre 1839. Jetzt mahlt sie wieder – jeden Montag um 13.00 Uhr, für die Feriengäste zum Zuschauen. Madseit, auch nur ein Flecken mit einigen Häusern, ist mit einem Wanderlehrpfad ausgestattet. Hintertux ist der totale Wander-, Ski-, Bade-, Erholungs-, Kur- und Ferienort. Es gibt am Ort auch eine Thermalquelle, die ein Hallen- und Freibad speist. Im Talgrund

Anzeigen

Hintertux

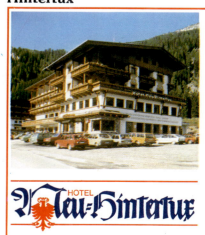

Kaiserbründl ★★★★
Alpenkaufhaus
A-6294 Hintertux
Tel.: 0 52 87/367, 325, 318
Tx.: (5) 34643

40 Komfortzimmer; Bad oder Dusche/WC, Telefon, Radio, Safe. Halbpension ab DM 67.-

Kaminhalle ● Konferenzzimmer ● Bergsteigen ● Wandern ● Paragleiter-Eldorado ● Sommerskilauf ● Café ● Weinstube ● Restaurant ● Sonnenterrasse ● Kegeln ● Spielhalle ● Bar ● Sauna ● Dampfbad ● Hot-Whirl-Pool ● Sonnenstudio ● Kraftraum ● Kaufhaus mit Sporthaus ● Souvenirshop ●
Ganzjährig geöffneter Familienbetrieb.
Familie Tipotsch freut sich auf Ihren Besuch.

Hotel-Pension Vierjahreszeiten ★★★
A-6294 Hintertux 589
Telefon 0 52 87/3 26 + 3 11
Bes. Familie Fankhauser

Alles für Sie und die schönsten Tage des Jahres

Das Familienhotel mit der sportlichen, persönlichen Note.

Hauseigener Wanderführer vom 1. Juli bis 30. September. Direkte Lage an der Gletscherbahn. Gemütliche Zimmer, 50 Betten, alle Zimmer mit Dusche, WC, Telefon und Safe, teilweise mit Balkon. Behagliche Aufenthaltsräume für ruhige Stunden, TV-Raum, Sauna, Hot-Whirl-Pool, Sonnenterrasse und Liegewiese. Lift. Erholung wird bei uns großgeschrieben.

Bitte fordern Sie unseren Hotelprospekt an.

A-19 🇦🇹

hinter Hintertux liegen Parkplatz und Talstationen der Bergbahnen zur Sommerbergalm (2080 m). Zum Restaurant Tuxer Fernerhaus (2660 m) führen ebenfalls zwei Bahnen. Dann ist man am Gletscher und im Gebiet des Sommer-Skilaufs.
Die folgenden zwei Wandervorschläge im Tuxertal, die besonders schöne Ausblicke bieten, sind sehr zu empfehlen.
Da ist zunächst einmal die Wanderung von Hintertux durch das Weitental zum Tuxerjoch und auf die Frauenwand. Vom Ort wird zuerst nach Westen teilweise durch Wald zum Weitentalbach aufgestiegen. Auf einem guten Weg geht es dann bequem zum bewirtschafteten Tuxerjochhaus in 2313 m Höhe. Nach einer Pause kann man auf die Frauenwand (2537 m) steigen, die eine schöne Aussicht bietet. Dann steigt man bis zur Sommerbergalm ab und schwebt mit dem Lift ins Tal. Wanderung Nummer zwei beginnt in Lanersbach mit der Sesselliftfahrt zur Eggalm. Auf einem breiten Rücken wird zunächst auf die Grüblspitze (2394 m) gestiegen, dann über das Zilljöchl und das Ramsjoch zum Torsee gewandert. Über die Nasse Tuxalm gelangt man zu einem Fahrweg und auf diesem zurück nach Lanersbach. Eine besondere Hochtour im Tuxer Hauptkamm ist der Olperer. Nicht nur, weil er der höchste ist, sondern weil er auch eine sehr schöne Kletterei bieten kann. Für gute Geher mit Bergführer ist das kein Problem. Von Hintertux fährt man zu diesem Zweck schon bis auf 3060 m. Dann quert man die Wildlahnerscharte zum Einstieg. Über den Nordgrat ist es eine Stunde bis zum aussichtsreichen Gipfel.

Auf den Hochalmen im weiten Tal können Ihnen Tuxer Steinschafe begegnen, die sich an dieses Klima hervorragend angepaßt haben.

Ort	Höhe	Einwohner	Gästebetten insgesamt	in Hotels	in Gasth./ Pensionen	in Chalets/ Ferienwhg.	in Privath./ Bauernhäus.	Camping/ Stellplätze	Ferienlager
Tuxertal	1300–1500 m	1780	3990	1200	1590	250	950	–	–

Wandern: 160 km Wege, 110 km markiert, 12 Rundwege, 80 km. **Beförderung:** Bus. 2 Kleinkabinenbahnen, 6 Sessellifte. Alpinschule. **Geführte Wanderungen:** 3mal wöchentlich. **Hochtouren:** 30; 3–7 Std. bzw. 2 Tage Dauer; 4 Führer. **Hüttentouren:** 8 bewirt. Hütten im Abstand von 3–4 Std. **Abzeichen:** Bergsteigernadel, Wanderschuh, Wandernadeln. **Sommerski:** 9 Liftanlagen, 10 km Abfahrten. **Ferner interessant:** Wanderlehrpfad, Tuxer Mühle, Mineralien, Klammen, Wasserfälle.

Tuxertal

Fremdenverkehrsverband Tuxertal, A-6293 Lanersbach, (0 52 87) 6 06, Tx 533 155 für Lanersbach, Hintertux, Juns, Madseit.
Schwimmen in 1 Thermalfreibad, 1 Thermalhallenbad, 2 Hallenbädern. **Schießen:** Luftgewehr. **Tennis:** 4 Plätze, Unterricht. Fitness-Zentrum.
Unterhaltung: Heimat-, Hüttenabende, Bauerntheater, Konzerte, Freilichtabende, Diavorträge.

Veranstaltungen: Mai/Juni: Frühjahrskonzert der Bundesmusikkapelle Tux. Juli/Aug.: Sommernachtsfest des SV Tux. Ende Sept.: Almabtrieb.
Pauschalangebote: ab Juni: Wanderwochen mit geführten (gratis) Bergwanderungen und Hochtouren. Kinderprogramm mit Tennis, Skilauf und Wandern.

Lage und Zufahrt: Kartenteil Seite 15 D 2.

Anzeigen

Hintertux

Besitzer: Familie Dengg
A-6294 Hintertux
Telefon: 0 52 87/303, 306
Teletex: 35 22 219
- Komfortzimmer mit Bad/WC, Telefon, Balkon und TV
- Gepfl. Café-Restaurant, gediegene Aufenthaltsräume, Tagesbar
- Hallenbad, Sauna, Sol., Sonnenterr.
- Abwechslungsr. Wochenprogramm (Fondueabende, Grillparties etc.)
- Hauseig. Wanderprogr. m. Führer
- Privatparkplatz
- Frühstücksbuffet (auch Vollwertkost)
- Kinderermäßigung (Kinder bis 5 Jahre frei)

★★★★ Hotel Hohenhaus

Besitzer: Familie Egger
A-6294 Hintertux
Tel.: 0 52 87/301; Tx.: 534634
Fax: 0 52 87/32 87

Komforthotel in ruhiger, zentraler Lage ★ Zimmer mit Bad/Dusche, WC, Farb-TV, Wohnecke, Zimmersafe, Radio, Telefon, mit oder ohne Balkon. ★ Erlebnishallenbad mit drei verschiedenen Saunen ★ Parkhaus ★ Tischtennisraum ★ Gemütliche Kaminhalle, Zirbenstube, Jägerstube und Hotelbar ★ Konferenzraum für Seminare oder Gruppen ★ Wanderführer mit vielen Aktivitäten ★ Kindermädchen für ganztägige Kinderbetreuung ★ Erweitertes Frühstücksbuffet m. Bioecke ★ Drei – viergängige Abendmenüs mit großem Salatbuffet und Vollwertkost ★ Kinderermäßigungen ★ Hausprospekt ★ Wochenprogramm.
Unter gleicher Leitung: Hotel Siegelerhof in Mayrhofen, Tel. 0 52 85/24 93
Telex und Telefax über Hotel Hohenhaus.

DAS GERLOSTAL
Tirol — Gerlos

Schon vor gut 500 Jahren bildete das Gerlostal und insbesondere der Gerlospaß eine wichtige Verbindung von Südtirol ins Salzburgische. Man transportierte Wein, Käse und Schmalz und auch verbotenen Schnaps.

BERGWANDERER UND HOCHTOURISTEN PERFEKT BETREUT

Heute sind es vorwiegend Touristen, ebenfalls wichtige Handelsobjekte, die aus dem Zillertal ins Salzachtal in den Pinzgau wechseln und umgekehrt. So ändern sich die Zeiten.

Wer schließlich im Gerlostal, speziell in Gerlos, dem Hauptort des Tales, hängenbleibt, hat keine schlechte Wahl getroffen. Die Lage am Nordrand der berühmten Zillertaler Alpen ist weit besser als der Bekanntheitsgrad, und die Ausflugspalette ist ganz sicher größer, als sie Orte im Zentrum des bekannten Reviers bieten können.

Die wichtigste Rolle spielen hier aber sowieso die Berge, die Wege, die Führer und die Leistungsabzeichen. Für jede Sparte alpiner Betätigung gibt es ein eigenes und darüber hinaus noch als Kombinationsauszeichnung den »Aktivknoten« in Bronze, Silber und Gold. Und die unermüdlichsten Sammler mit 121 Punkten erhalten diesen »Knopf« in Gold mit Zillertaler Granaten. Dafür gibt's auch Punkte, wenn man im Gasthof Glockenstuhl Schach spielt, in einem Keller oder Club tanzt oder ganz einfach Tiroler Küche ausprobiert, zum Beispiel mit Zillertaler Kasnocken oder Speckknödel. Darüber hinaus gibt's Punkte, natürlich auch für die richtigen Sportarten. Als Spezialauszeichnungen werden das Gerloser Wander- und Tourenabzeichen verliehen,

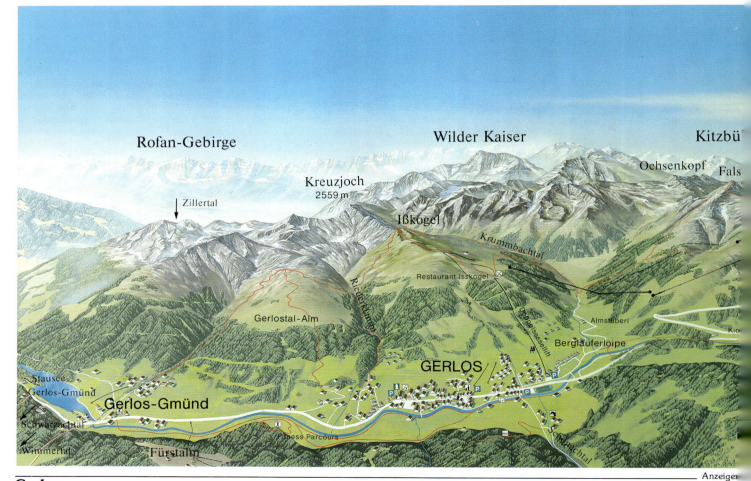

Gerlos

gerlos
FREMDENVERKEHRSVERBAND
A-6281 GERLOS
1246 m ZILLERTAL
TELEFON: 0 52 84/52 44
TELEX: 5 33 654

Das Paradies gibt es noch: Im Tiroler Gebirgsdorf Gerlos in einem Seitental des Zillertales!

Punkte sammeln mit dem »**Aktivpaß**«: Wanderungen, Hochgebirgstouren, Bergsteigerschulung, Surfen, Rudern, Fußball, Fitneß. Als Belohnung winkt der »Aktivknoten« in Bronze, Silber o. Gold. Fit bleiben mit Schwimmen, Tanzen, Tennis. Unsere **neue Tennis- und Squashhalle** erwartet Sie!
Urlaub f. die Eltern: 2× wöchentlich »**Aktivkindergarten**« mit Wandern, Spielen, Turnen, Basteln und Zeichnen. Mittags wird sogar gekocht!
Die »**Jugend-Aktivpauschale**« f. Leute bis 28 bietet f. DM 190.- (Ü/HP incl.) Segeln, Surfen, Rudern, Wandern, Fußball. Und nicht z. vergessen: Der »**Club d. Dreitausender**« für Bergfeinschmecker (5 davon müssen Sie erobern, um Mitglied werden zu können).

Blick auf den Gerlossee mit der Reichenspitzgruppe (3000 m) im Hintergrund.

A-20

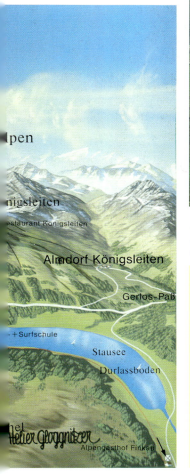

eifrigen Hüttenbesuchern steckt man die Gerloser Hüttentourennadel auf den Hut und wer mindestens fünf Dreitausender bezwungen hat, wird in den »Club der 3000er« aufgenommen.
Damit wird schon klar, daß man hier alles tut, um die vermeintlichen Standortvorteile des Zillertales mit seinen Gletschern wettzumachen. Darüber hinaus sind diese Gletscher von Gerlos aus schnell erreichbar, wenn Sie auch nicht direkt vor der Haustür liegen. Die Ausflüge ins Herz der Zillertaler, über Zell am Ziller und Mayerhofen zum Stillup-Speicher oder über Ginzling und Breitlahner zum Schlegeisspeicher erfordern gerade 50–60 km Anfahrt. Nach Hintertux werden von Gerlos aus Fahrten veranstaltet. Natürlich auch für die Unersättlichen, die noch im Sommer »wedeln« (skifahren) müssen. Es ist empfehlenswert, sich zu erkundigen, wieviele Lifte in Betrieb sind, da in schneearmen Zeiten der Betrieb stark reduziert werden muß. Einen Ausflug sind der Olperer und die Gefrorene Wandspitze, die

Sommerbergalm und das Spannagelhaus allemal wert. Besonders die Gletscher und die Spalten.
Schöner noch ist aber das Eis in geschmolzenem Zustand, wenn es, wie bei den weltberühmten Krimmler Wasserfällen in Kaskaden senkrecht in die Tiefe stürzt. Dazu muß man allerdings ins Salzburgische hinüberwechseln. Die 1962 eröffnete nahe Gerlos-Paßstraße macht das bequem möglich, wenn auch nicht ganz kostenlos. Eine kleine Mautgebühr sind diese »Fälle« schon wert. Darüber hinaus bieten sich noch Ausblicke auf die östlichen Zillertaler Gletschergipfel und auf den Gerloser See.
Dieser Stausee in knapp 1400 m Höhe, offiziell Speicher Durlaßboden, erlaubt alle möglichen Wassersportarten, wie Segeln und Surfen, Rudern und Schwimmen. In der Segelschule kann man nach zwei Wochen Kurs den A-Schein machen, Surfer erhalten einen Schein bereits nach einer Woche. Für die Wanderer und Bergsteiger hält man eine gute und preiswerte Wanderkarte parat mit einer knappen Beschreibung der Routen auf der Rückseite der Karte. Und für alles gibt es Punkte.
Besonders lobenswert ist der Gästekindergarten. Damit die Eltern auch einmal allein losziehen können.

Gerlos (oben) ist der Hauptort des gleichnamigen Tals. Das Tal und der Gerlospaß verbinden das Zillertal mit dem Oberpinzgau, Tirol mit dem Salzburger Land.

Ort	Höhe	Einwohner	Gästebetten insgesamt	in Hotels	in Gasth./ Pensionen	in Chalets/ Ferienwhg.	in Privath./ Bauernhäus.	Camping/ Stellplätze	Ferienlager
Gerlos	1246 m	750	3200	1000	1600	100	500		

Wandern: 150 km markierte Wege; 10 Rundwanderwege, 100 km. **Beförderung:** Bus. 4 Sessellifte. **Alpinschule** in Königsleiten. **Geführte Wanderungen:** täglich. **Hochtouren:** 10; 8–16 Std. bzw. 2 Tage Dauer; 1 Führer. **Hüttentouren:** 5 bewirt. Hütten im Abstand von 4 Std. **Abzeichen:** Gerloser Aktivknoten, Club der 3000er, Gerloser Hüttenwandernadel. **Ferner interessant:** Klammen.

Gerlos

Fremdenverkehrsverband, A-6281 Gerlos, (0 52 84) 52 44, Tx 5 33 654.
Schwimmen in 1 Stausee. **Angeln** in Seen u. Flüssen. Surfen, Segeln (Schule, Ausrüstungsverleih). Rudern. Tretboote. **Tennis:** 3 Plätze, Schule.
Schießen: Luftgewehr.
Gesundheit: Trimmpfad, Fitness-Zentrum.
Unterhaltung: Heimat-, Hüttenabende, Gästekindergarten, Diavorträge.
Pauschalangebote: Segel-, Surf-, Tennis-, Wanderwochen, Jugend-Aktiv-Wochen.
Lage und Zufahrt: Kartenteil Seite 15 D 2.

Problemlos telefonieren

Wenn Sie von anderen Ländern dort anrufen wollen, müssen Sie die 0 am Anfang der Vorwahl weglassen und folgende Nummer vorauswählen:

Aus Deutschland
nach Österreich	0043
in die Schweiz	0041
nach Italien	0039

Aus Österreich
nach Deutschland	060
in die Schweiz	050
nach Italien	040

AM WILDEN KAISER
Tirol

Ellmau Going Kirchdorf Scheffau Söll

Wenn Sie auf der Inntal-Autobahn zur österreichischen Grenze bei Kufstein fahren, rückt eine markante Kette wildgezackter Berge immer näher. Das ist der Wilde Kaiser.

WO KARL DER GROSSE SCHLÄFT

Obwohl die Gipfel kaum über 2300 Meter hinausragen, fordern sie die besten Kletterer heraus. Aber in den Talorten südlich des Massivs ist – ohne Klettern – auch einiges geboten.

Auf einer leicht nach Süden abfallenden Terrasse am Fuß des westlichen Teils des Wilden Kaisers liegt Scheffau. Im vergangenen Jahrhundert war es Basis für die ersten Besteiger des bizarren Bergmassivs. Schon in den zwanziger Jahren wurde Scheffau als Sommerfrische entdeckt. Es hatte bereits 1928 ein öffentliches Schwimmbad – damals eine Sensation.
In einem sonnigen, windgeschützten Talkessel zwischen dem Kaisergebirge und der Hohen Salve liegt Söll, umgeben von ausgedehnten Fichten- und Tannenwäldern. Zwei Sessellifte führen zur Hohen Salve, einem der schönsten Aussichtsberge der Kitzbüheler Alpen; unmittelbar gegenüber liegt der Wilde Kaiser.
Prächtig ist die überreich ge-

Mit viel Phantasie kann man im Felsmassiv die Umrisse des schlafenden Kaisers erkennen.

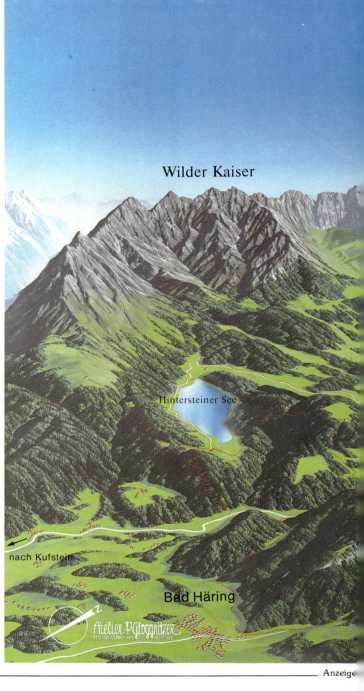

— Anzeige

Scheffau

Gasthaus Waldhof
A-6351 Scheffau
Telefon 0 53 58/81 22
Besitzer: M. Rass
Sportlich-komf. Haus in unmittelbarer Nähe d. Bergbahn, bes. ruhig gel. Alle Zi. m. DU/WC, Tel., Radio, Balk. TV-Raum, Sonnenterr. Internat. Küche u. Tiroler Spezialitäten. Tennispl., Tischtennis, Kegelbahnen, Liegew., Grillparties. Wandermöglichkeiten im nahen Wald.

Wilder Kaiser/Brixental

DER SOMMERHIT FÜR WANDERER UND BERGSTEIGER IM WANDER-GROSSRAUM WILDER KAISER - BRIXENTAL:

DER SEILBAHN - SESSELLIFT - WANDERPASS

Mit diesem Wanderpaß können Sie die Seilbahnen und Lifte der Orte im Wandergroßraum Wilder Kaiser - Brixental 10 Tage lang benützen so oft Sie wollen — und das zu einem SUPERPREIS: ÖS 180,- (DM 25,-) f. Erwachsene und ÖS. 90,- (DM 13,-) f. Kinder!!!

Unser Angebot:
1 Standseilbahn • 4 Gondelbahnen • 5 Sessellifte
2 Badeseen • 6 Freischwimmbäder
64 Tennisplätze (im Freien und in der Halle) • mehr als 800 km markierte Wanderwege

A-21

Im Gegensatz zu den Felsbergen sind die Täler und Matten – auf unseren Fotos bei Ellmau – eher sanft und lieblich.

Anzeigen

Going

FREMDENVERKEHRSVERBAND
GOING
AM WILDEN KAISER
Familienfreundlich
Natürlich
Wo Urlaub noch Erholung ist

A-6353 Going 1
Tel.: 0 53 58/24 38

AM WILDEN KAISER
Tirol

Ellmau Going Scheffau Söll

Rund um Söll, zwischen dem Wilden Kaiser und der Hohen Salve, läßt es sich herrlich wandern.

schmückte Söller Pfarrkirche im Rokokostil, die von 1765 bis 1768 von einheimischen Künstlern erbaut wurde.
Für Sportler gibt es Tennisplätze, Minigolfanlagen, Reit- und Schießmöglichkeiten. Ein kombiniertes Frei- und Hallenbad ist auch da. An der Wasserscheide zwischen Inn und Großache liegt Ellmau auf einer 820 m hohen aussichtsreichen Terrasse. Schon zur Zeit der bayerischen Einwanderung zwischen 500 und 700 n. Chr. wurde dieses Gebiet

A-21

Söll und darunter der schöngelegene Badesee in Going.

besiedelt. Später war Ellmau eine wichtige Station auf dem Postkurs von Wien nach Innsbruck. Die vom Talgrund 1500 m hoch aufsteigende Felsmauer des Wilden Kaisers im Norden von Ellmau beeinflußt das Klima sehr positiv: Kalte Nordwinde werden abgehalten, Sonnenwärme wird reflektiert. Die höchste Erhebung des Wilden Kaisers, die 2344 m hohe Ellmauer Halt, gehört zum Gemeindegebiet. Sie wurde 1869 erstmals erstiegen. Freibad, Tennisplätze, Radwanderwege, Hallenbäder, Reitmöglichkeiten, Sportanlagen und Fitnesszentrum – das sind die Freizeit-Aktivitäten im Tal. Weit verzweigt ist das Netz der markierten Spazier- und Wanderwege. Eine 2400 m lange Schienenseilbahn bringt den Gast in sieben Minuten vom Ort zum 1535 m hohen Hartkaisergipfel. Ein Sessellift führt auf den Astenberg. So kann man auch in höheren Regionen wandern, ohne Kraft für mühsame Aufstiege zu brauchen. Wandernadeln in Gold, Silber und Bronze belohnen die Gäste für ihre Ausdauer bei Wanderungen und Touren.
Eine etwa sechsstündige Tour führt von Ellmau über den Auwald durch schöne Wiesengründe stetig ansteigend zur 1268 m hohen Riedlhütte. Von dort geht es wieder abwärts durch schönen Mischwald bis zur Wochenbrunneralm, wo man einen Wildpark mit heimischen Tieren besuchen kann. Entlang dem Hausbach geht es nach Ellmau zurück. Auch Going liegt an der Südseite des Wilden Kaisers. Mit seiner prächtigen Dorfkirche, den behäbigen Bauernhöfen und Gasthäusern scheint der langgezogene Ort inmitten der grünen Matten ein Musterbeispiel von Großvaters Sommerfrische. Was die Ruhe betrifft, so stimmt dieses Bild auch heute noch. Doch wird einiges mehr geboten – vor allem ein 15 000 Quadratmeter großer, künstlich angelegter Badesee mit eigener Bucht für Kinder und Nichtschwimmer. Im Sommer wird die Durchschnittstemperatur bei 20 bis 24 Grad gehalten. Tennisplätze, Schießmöglichkeiten und Minigolf stehen außerdem zur Verfügung.

Ort	Höhe	Einwohner	Gästebetten insgesamt	in Hotels	in Gasth./ Pensionen	in Chalets/ Ferienwhg.	in Privath./ Bauernhäus.	Camping/ Stellplätze	Ferienlager
Ellmau	820 m	1900	4597	2334	–	591	1447	–	1 JH
Going	800 m	1200	2700	300	900	200	1300	–	–
Scheffau	750 m	1000	1850	50	850	300	650	1/50	–
Söll	703 m	2675	4105	1000	1310	145	1650	–	2 JH

Ort	Wandern				Beförderung				Hütten bewirt.	Abzeichen
	Wege mark.	Rundwege	geführte Wanderungen	Alpinschule	Bus	Bahn	Standseilbahn	Sessellifte		
Ellmau	90 km	7 km	1× wöch.	×	×		1	1	mehrere	Söller, Ellmauer, Goinger Wandernadel, EVG-Wandernadel, -orden, -schuh.
Going	70 km		1× wöch.	×	×			1	mehrere	
Scheffau	120 km	6/40 km	2× wöch.	×	×			2	8	
Söll	120 km	mehrere	1× wöch.	×	×			2	mehrere	

Ferner interessant: Naturschutzgebiete, Wildgehege, Wasserfälle. **Hochtouren:** 12; 6–10 Std. Dauer, 1 Führer (Scheffau). **Unterhaltung:** Heimatabende, Bauerntheater.

Ellmau
Fremdenverkehrsverband, A-6352 Ellmau, (0 53 58) 23 01 und 20 50, Tx 51 649.
Schwimmen in 1 beh. Freibad, 2 Hallenbädern. 7 km Radwege, Fahrradverleih. **Reiten** im Gelände, 10 km Wege, Pferdeverleih, Schule. **Tennis:** 5 Plätze. **Gesundheit:** Trimmpfade. **Unterhaltung:** Filmabende, Platzkonzerte. **Veranstaltungen:** Juli: Dorffest. Aug.: Ellmauer Wandertag, Feuerwehrfest. Sept.: Ellmauer Hausberglauf – Österr. Berglaufcup.

Going
Fremdenverkehrsverband, A-6353 Going, (0 53 58) 24 38.
Schwimmen in 1 Badesee. **Reiten** im Gelände, Schule, Halle. **Schießen:** Zimmergewehr. **Tennis:** 8 Plätze, 1 Halle/3 Plätze. **Unterhaltung:** Hüttenabende, Platzkonzerte, Filmabende. Gäste-Fotowettbewerb. **Veranstaltungen:** Pfingstlauf. 3. Juli-Samstag: Seefest. 1. Aug.-Sonntag: Dorffest. Ende Aug./ Anf. Sept.: Openair-Konzert.

Scheffau
Fremdenverkehrsverband, Postfach 10, A-6351 Scheffau am Wilden Kaiser, (0 53 58) 81 37.
Schwimmen in 1 See, 1 Hallenbad. **Tennis:** 3 Plätze, Schule. **Schießen:** Luftgewehr. **Unterhaltung:** Gästekindergarten, Gartenschach, Platzkonzerte, Dia-Vorträge. **Veranstaltungen:** Musik- u. Feuerwehrfest.

Söll
Fremdenverkehrsverband, Postfach 21, A-6306 Söll, (0 53 33) 52 16, Tx 51 449.
Schwimmen in 1 See, 1 beh. Freibad, 1 Hallenbad. **Angeln** im See. Rudern (Ausrüstungsverleih). Drachenfliegen (Hohe Salve). Radwege, Fahrradverleih. **Reiten** im Gelände, Pferdeverleih, Schule. **Schießen:** Luftgewehr. **Tennis:** 8 Plätze, Schule. Fitness-Zentrum. **Veranstaltungen:** Platzkonzerte. Ende Juli: Söller Wandertag. Anf. Aug.: Dorffest. Mitte Sept.: Großer Almabtrieb.
Lage und Zufahrt: Kartenteil Seite 4 A 3.

Am Fuß des Wilden Kaisers liegen zwei der Orte, die wir Ihnen hier zeigen: Going (800 m, links) und Scheffau (750 m, oben).

DIE KITZBÜHELER ALPEN
Tirol Aurach Fieberbrunn Jochberg Kirchdorf Kirchberg Kitzbühel

Was für Skifahrer gut ist, paßt auch für Bergwanderer.

SOMMERLICHES IN DER WELTBERÜHMTEN WINTERGEGEND

Das riesige Skigebiet dieser Gegend bildet im Sommer eine gewaltige Wanderregion. Die reicht von St. Johann in Tirol im Norden bis zum Paß Thurn im Süden und von Fieberbrunn im Osten bis nach Kirchberg im Westen – das Spertental eingeschlossen.

Das Zentrum liegt zwischen Hahnenkamm und Ehrenbachhöhe. Und im Tal bildet die Stadt Kitzbühel die Wandermetropole und das Sportzentrum. Aber auch die anderen Orte sind dem Zustand schlichter Sommerfrischen längst entwachsen – Aurach vielleicht ausgenommen, das sich selbst als Dependance von Kitzbühel versteht. Sonst ist überall das geheizte Freibad eine Selbstverständlichkeit, Tennis sowieso, meist sogar mit Halle. Für Drachenflieger wird gesorgt, für Reiter und Angler. Und Bergbahnen gibt's an jeder zweiten Ecke. Wer heutzutage diese heitere Ferienlandschaft erlebt, kann sich gar nicht vorstellen, daß Kitzbühel und Umgebung eine recht bewegte Vergangenheit bewältigt haben. Bereits im 9. Jahrhundert v. Chr. wurde auf der Kelchalm und am Schattberg Kupfer abgebaut. Dann wandte man sich dem Handel zu, als die Geschäfte zwischen Venedig und Bayern gut gingen und der kürzeste Weg durch Kitzbühel führte. Man erhielt 1255 das Marktrecht, zwischendurch sogar einmal das Münchner Stadtrecht.

Im 15. Jahrhundert ging man dann unter die Erde. Neben Kupfer wurde um diese Zeit auch Silber gefördert. Erst Ende des 19. Jahrhunderts setzte man auf die Wachstumsbranche Fremdenverkehr. Der Bau von Straßen und Eisenbahnen machte es möglich. Das Moor im Schwarzsee war die Grundlage für den Ausbau eines Kurbetriebes in Kitzbühel; so ist es heute noch. Das Moor wird inzwischen per Pipeline vom See in die Kurabteilung gepumpt. 1892 bestellte der spätere Kitzbüheler Bürgermeister das erste Paar Ski in Norwegen. Er bekam sie auch, in einer Länge von zwei Metern dreißig. 1893 bestieg er damit das Kitzbüheler Horn, ließ weitere Skier kommen und startete 1894/95 das erste Skirennen. Der Grundstein für die Skimetropole Kitzbühel war gelegt.

Im Jahre 1928 wurde die Bergbahn auf den Hahnenkamm gebaut, die heute noch das Herzstück des ganzen Skizirkus ist. Kitzbühel wurde als Skiort weltberühmt.

Eines hat man in diesen Jahrzehnten gelernt: wie man mit Gästen umzugehen hat. Das zeigt man auch im Sommer.

So hat man in Kitzbühel einen Sommerferienpaß eingeführt, der für alle Sommerbergbahnen in der Region gültig ist und freien Eintritt im Kitzbüheler Hallenbad ermöglicht. Allein in Kitzbühel sind eine Kabinenbahn und drei Gondelbahnen sowie zwölf Sesselifte in Betrieb. Man hat 50 Kilometer Reitwege ausgewiesen, zwei Golfplätze mit 9 und einen neuen mit 18 Loch gebaut. Zugunsten der Wanderer hat man scharf nachgedacht. Unter dem Motto »Wanderbares Kitzbühel« wurde ein Almwanderprogramm eingerichtet. In jeder Woche werden vier bis sechs verschiedene Wanderungen kostenlos durchgeführt. Es gibt eine Standardklasse mit Wanderungen von vier bis sieben Stunden (Rasten inklusive) und eine Seniorenklasse mit Touren von drei bis fünf Stunden. Kitzbühels zwei Museen sind einen Besuch wert, auch wenn sich kein Regentag dafür anbietet. Im Heimatmuseum gibt es eine Abteilung, die Zeugnisse aus dem

—Anzeiger

St. Johann

Kirchberg

Kitzbühel

Oberndorf   St. Johann i. T.

A-22

Bergbau früherer Zeit zeigt. Ebenso interessant ist die Wintersportabteilung mit alten Geräten und neuen Pokalen. Das Bauernhausmuseum in Hinterobernau ist noch recht neu – doch der Bauernhof, der da mit Mobiliar und Handwerkszeug eingerichtet wurde, wie es vor hundert Jahren im Gebrauch war, ist 500 Jahre alt. St. Johann in Tirol, zehn Kilometer im Norden von Kitzbühel, ist ein besonders stattliches Tiroler Dorf mit behäbigen Häusern und Gasthöfen, die teilweise noch sehr rustikal bemalt sind. In Richtung Kitzbüheler Horn, dem Hausberg des Ortes, gibt es eine Einseilumlaufbahn.
Zur Unterhaltung für Familien, besonders für die Kinder, sind zwei Sommerbobbahnen mit je 700 m Länge installiert. Und noch etwas, nicht nur fürs Auge: hier hat man den Wilden Kaiser direkt vor der Haustür.
Die übrigen Orte wie Oberndorf, Aurach, Fieberbrunn und Joch-

Kitzbüheler Alpen

— Anzeigen

Kitzbüheler Alpen Tirol

AURACH BEI KITZBÜHEL
BRIXEN IM THALE
ERPFENDORF
FIEBERBRUNN
GOING AM WILDEN KAISER
HOCHFILZEN
HOPFGARTEN IM BRIXENTAL
ITTER BEI HOPFGARTEN

JOCHBERG
KIRCHBERG I. TIROL ● ASCHAU
KIRCHDORF IN TIROL
KELCHSAU BEI HOPFGARTEN
KITZBÜHEL
KÖSSEN

OBERNDORF IN TIROL
REITH BEI KITZBÜHEL
ST. JAKOB IN HAUS
ST. JOHANN IN TIROL
ST. ULRICH AM PILLERSEE
SCHWENDT BEI KÖSSEN
WAIDRING
WESTENDORF

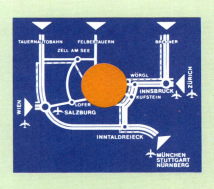

Eines der schönsten Almwandergebiete der Alpen

DIE KITZBÜHELER ALPEN
Tirol   Aurach   Fieberbrunn   Jochberg   Kirchdorf   Kirchberg   Kitzbühel

berg bieten alles wie Kitzbühel, auch das Sportprogramm, nur eine Nummer kleiner.
Kirchberg, am Eingang ins Spertental, zählt schon zu den Großen, nach der Bettenkapazität auf jeden Fall, denn die ist etwa so groß wie die von Kitzbühel. Hier kann man sich einen Gäste-Kindergarten leisten. Und für die Angler hat man 25 km Fischwasser parat. Eines fällt in den Kitzbüheler Alpen auf: Der Große Rettenstein, das Kitzbüheler Horn (ein herrlicher Aussichtspunkt), der Gaisstein, Wildseeloder und Spielberghorn machen deshalb um so mehr her.
Fieberbrunn ist stolz auf den hoch gelegenen Wildsee und auf seinen 2117 m hohen Wildseeloder. Wer diesen Gipfel recht bequem erreichen will, fährt mit zwei Sesselliften zum Lärchfilzkogel hoch und hat dann noch zwei Stunden zu marschieren. Die letzten Meter geht es über felsiges Gelände zum Gipfelkreuz. Beliebte Wanderungen ziehen von allen Seiten zur Buchensteinwand. Ausdauernde Marschierer versuchen einige Etappen des Pillersee-Weitwanderweges zu bewältigen. Wer ganz sicher gehen will, hält sich an die Wander- und Hochgebirgsschule Fieberbrunn.
Das Kitzbüheler Horn ist St. Johanns Paradeberg, allerdings keine Insel der Ruhe mehr, denn es wird von allen Seiten bestürmt – von einer mautpflichtigen Autostraße, die bis auf den Gipfel führt, von den Kitzbüheler Hornbahnen, die ebenfalls zum Gipfel ziehen, sowie mehreren Liften und Bergbahnen, die abschnittweise am Kitzbüheler Horn tätig sind. Man kann auch hinaufsteigen. Wenn schon, dann fährt man von St. Johann am besten mit der Umlaufseilbahn zum Harschbichl und hat dann noch zwei Stunden zum Gipfel. Die Aussicht ist prächtig und weit. Nimmt man schließlich beim Abstieg den Weg über die Raintalalmen nach Altbach und zum Grieswirt, ist man rund fünf Stunden unterwegs und recht zufrieden. In 1200 m Höhe (Mittelstation der Umlaufseilbahn/Angereralm) befindet sich ein wunderschöner Bergsee.
Von Kitzbühel ist eine Wanderung ins Spertental zum empfehlen, mitten durch die Buckelwiesen, die Kitzbühel als Skiort berühmt gemacht haben. Dazu fährt man erst einmal mit der Kabinenbahn auf den Hahnenkamm. Wer nicht weiter will, findet hier einen Panoramaweg für Spaziergänger. Die Wanderlustigen machen sich auf den Weg über die Ehrenbachhöhe und vorbei am Steinbergkogel zum Pengelstein. Anschließend geht es auf dem breiten Rücken zur Kleinmoosalm und in aller Ruhe hinunter zur Oberlandhütte ins Spertental. Oder über Almwiesen nach Jochberg.
Diese Oberlandhütte ist gleichzeitig Ausgangspunkt für den Anstieg zum Großen Rettenstein. Über die Sonnwend- und Schöntalalm kommt man in den hintersten Talgrund und auf einen gut gesicherten Steig über den Steilaufschwung in den Sattel zwischen dem Doppelgipfel. Nur wenige Meter sind es dann noch bis zum Gipfel – mit direkter Sicht auf den nahen Großvenediger.
Kirchberg liegt am Eingang ins Spertental, das eines der schönsten Wandertäler der Gegend ist. Man kann acht Kilometer ins Tal hineinfahren; am Ende liegt die kleine Siedlung Aschau. Rechts und links reihen sich ein Dutzend Wanderberge aneinander. Auf der linken Seite, der Ostflanke des Tales, sind das der bereits genannte Pengelstein, nach Süden folgen der Schwarzkogel, der Kesselboden und – als krönender Abschluß – der Kleine Rettenstein mit 2217 m Höhe.
Die Westseite des Spertentales wird vom Gampenkogel, Brechhorn, Floch, Gerstinger Joch und Tanzkogel flankiert.
Jochberg schließlich schickt seine Wanderer in fünf Stunden über die Wurzhöhe zur Trattenbachalm, in zwei Stunden von Hechenmoos durch den Kelchalpgraben zur Kelchalm (das ist die Gegend, wo noch im 19. Jahrhundert Kupfer abgebaut wurde) oder – ebenfalls in zwei Stunden – über

Feriendorf Kössen mit Blick auf den »Zahmen Kaiser«.

Kössen

Anzeiger

Alpenhotel Peternhof ★★★★

...das fröhliche Erlebnishotel
Besitzer: Familie Mühlberger
A-6345 Kössen/TIROL
Tel.: (0043) 5375/6285
Telex 51546 pehof

Das gastliche Haus mit allem Komfort im Kaiserwinkl.

Traumhafte Tage der Erholung und unser spezielles Urlaubsaktivprogramm setzen neue Maßstäbe in der Erfüllung Ihrer Urlaubswünsche.
Eigene Tennisanlage mit Gästeturnieren, Pferdesportmöglichkeiten, Reiten, Kutschenfahrten.
Abwechslungsreiche Unterhaltungsmöglichkeiten, Begrüßungs- und Tanzabende, Romantikbar, Abendwanderung mit Lagerfeuerparty-Fackelmarsch.
Hallenbad, Whirl-Pool, Sauna, Sonnenstudio; Komfortzimmer.
Wir bemühen uns, allen Ansprüchen gerecht zu werden.
Verlangen Sie bitte unsere Spezialinformation!

Oberndorf   St. Johann i. T.   A-22

die Sintersbacher Wasserfälle auf die Wildalm. Genau in der Mitte zwischen Jochberg und Kitzbühel ist eine weitere Attraktion zu erleben. Vier Kilometer von Aurach nach Osten, am Auracher Wildbach, findet man den »Wildpark Tirol«. Hier werden auf einem 40 Hektar großen Gelände viele Tiere gehalten – wie Rotwild und Steinböcke, Mufflons und Hornschafe, Zebus und Yaks, aber auch Wild- und Hängebauchschweine. Wildfütterung ist täglich um 14.30 Uhr. Sehenswert ist dort auch die Haflingerzucht.

Kirchdorf in Tirol am Rande eines ausgedehnten Naturschutzgebietes gelegen, ist ein typisches Tiroler Bauern- und Touristendorf mit familiär-sportlichem Charakter: Es gibt dort ebensoviele Kühe wie Einwohner und Gästebetten, nämlich rund 2500, große Freizeitanlagen, Hallenbad und 200 km Wanderwege. Der Ort blickt auf eine bis in die Römerzeit zurückreichende Geschichte und verfügt über zeitgemäß ausgestattete Hotels, urige Restaurants und flotte Tanzveranstaltungen.

Erlebnisdurstige Sommergäste von Kirchdorf lassen sich in der dortigen Sportschule zu Kanuten ausbilden. Die Grundtechnik des Kajakfahrens kann man in zwei Tagen lernen. Weniger mitreißend, dafür aber schlagkräftig geht es in der »Kirchdorfer Golfakademie« auf dem Wintersteller-Großfeld am Fuße des Leerberges zur. Dort wurde ein Golfübungsplatz mit Abschlaghütte und Unterrichtseinrichtungen angelegt. Das ist etwas für Anfänger, die als solche nicht gern von Profi-Golfern herumgeschubst werden wollen, und für Profi-Golfer, die nach Perfektion streben und dabei lieber unbeobachtet bleiben.

Anspruchsvollen Alpenfreunden bietet die »Bergschule Kirchdorf am Wilden Kaiser« eine breite Palette des Bergsteigens über der Grundlehre des Bergsteigens über Ausbildung in Fels und Eis bis zu Hochtouren für Kletterfreaks, die erst ab dem IV. Grad voll im Genuß stehen.

Ort	Höhe	Einwohner	Gästebetten insgesamt	in Hotels	in Gasth./ Pensionen	in Chalets/ Ferienwhg.	in Privath./ Bauernhäus.	Camping/ Stellplätze	Ferienlager
Aurach	800 m	1000	1000	50	450	–	500	–	–
Brixen	800 m	2200	2700	125	370	630	2300	300	2 JH
Fieberbrunn	800 m	4000	3800	500	600	400	2300	1/220	–
Hopfgarten	630 m	5000	2250	230	940	260	820	1	2 JH
Itter	700 m	900	900	142	340	90	310	1/200	–
Jochberg	924 m	1534	1060	64	330	190	576	–	1 JH
Kelchsau	800 m	700	400	–	70	40	290	–	1 JH
Kirchberg	860 m	3700	8000	700	2100	1200	3000	–	–
Kirchdorf i. T.	640 m	1900	2515	502	948	282	743	–	1/40
Kitzbühel	800 m	8000	8000	2400	2500	500	1650	1	–
Kössen	600 m	3150	3500	350	1100	300	2600	1/230	1/100
Oberndorf	700 m	1300	2000	300	400	150	1150	–	–
Reith	800 m	1200	948	260	154	171	408	–	–
St. Jakob	855 m	520	931	90	201	317	323	–	50
St. Johann i. T.	663 m	6200	6000	1200	1000	800	3000	1/100	3 JH
St. Ulrich	833 m	1000	2000	350	700	350	600	–	1
Waidring	800 m	1500	2200	300	500	230	1170	1/280	–
Westendorf	800 m	2950	4000	450	1400	500	1650	1/160	6 JH

Ort	Wandern Wege insg.	Wege mark.	Rundwege	geführte Wanderungen	Alpinschule	Beförderung Kabinenbahnen groß	klein	Sessellifte	Abzeichen
Aurach	30 km	30 km		2× wöch.					Wandernadel, Wanderschuh
Brixen	80 km	80 km	35 km	2× wöch.					
Fieberbrunn	115 km	115 km	1/30 km	2× wöch.	×			2	Fieberbrunner Wandernadel, -schuh
Hopfgarten	200 km	200 km	100 km	2× wöch.				3	Wandernadel
Itter					1	1			
Jochberg	60 km	60 km	35 km	1× wöch.				1	Wandernadel, -abzeichen
Kelchsau	200 km	200 km	80 km	1× wöch.				1	
Kirchberg	100 km	100 km		3× wöch.		1	1		Kirchberger Edelweiß, Bergwanderabzeichen
Kirchdorf i. T.	100 km	100 km	3×20 km	2× wöch.	×				Wilden-Kaiser-Enzia, Wanderschuh
Kitzbühel	100 km	100 km		3–6× wöch.	×	1	1	5	Wanderorden, Wimpel
Kössen	200 km	100 km	10/50 km	3× wöch.				3	Wandernadeln, -orden, Österr. Wanderschuh
Oberndorf	50 km	30 km	5/20 km	2× wöch.				2	Wandernadel
Reith	25 km	25 km	15 km	1× wöch.					
St. Jakob	50 km	50 km		1× wöch.				1	
St. Johann i. T.	100 km	100 km		2× wöch.	×	3		1	St. Johanner Wanderschuh
St. Ulrich	100 km	100 km	30 km	2× wöch.				1	Wandernadel, Weitwandernadel, Wanderfreundli
Waidring	100 km	100 km	35 km	2× wöch.					Seniorennadel, Wanderschuh, -abzeichen
Westendorf	200 km	200 km	35 km	4–5× wöch.	1				Wandernadeln, Wanderschuh

Beförderung: Bus, Bahn. **Hüttentouren:** mehrere teilw. bewirt. Hütten im Abstand von 2–4 Std. **Ferner interessant:** Naturschutzgebiete, Waldlehrpfad, Wildpark, Wasserfälle.

Kitzbüheler Alpen

A-6370 Aurach (0 53 56) 46 22
A-6364 Brixen i. Thale (0 53 34) 81 11
A-6391 Fieberbrunn (0 53 54) 63 05
A-6395 Hochfilzen (0 53 59) 3 63
A-6361 Hopfgarten/Brixental
A-6300 Itter/Tirol (0 53 35) 26 70
A-6373 Jochberg (0 53 55) 52 29
A-6361 Kelchsau/Tirol (0 53 35) 81 05
A-6365 Kirchberg (0 53 57) 23 09
A-6382 Kirchdorf (0 53 52) 31 36
A-6370 Kitzbühel (0 53 56) 21 55/22 72
A-6345 Kössen (0 53 75) 62 87
A-6372 Oberndorf (0 53 52) 29 27
A-6370 Reith (0 53 56) 54 65
A-6391 St. Jakob (0 53 54) 8 91 59
A-6380 St. Johann i. T. (0 53 52) 22 18
A-6393 St. Ulrich am Pillersee (0 53 54) 8 81 92
A-6384 Waidring
A-6363 Westendorf

Schwimmen in 3 Seen, 6 beheizten Freibädern, 6 Hallenbädern. **Reiten** in Aurach im Gelände, Pferdeverleih, in Kitzbühel im Gelände, 50 km Wege, Pferdeverleih, Schule, Halle, in St. Johann im Gelände, 40 km Wege, Pferdeverleih, Schule, Halle, in Hopfgarten, in Itter, in Reith. **Tennis** in Aurach, 3 Plätze, Schule, in Fieberbrunn, 8 Plätze, 1 Trainer, in Kirchberg, 16 Plätze, 1 Halle/3 Plätze, Schule, in Kirchdorf, 4 Plätze, 1 Trainer, in Kitzbühel, 25–30 Plätze, 1 Halle/3 Plätze, Schule, in Oberndorf, 4 Plätze, Schule, in St. Johann, 9 Plätze, 2 Hallen/je 2 Plätze, Schule, in Brixen, in Hopfgarten, in Itter, in Jochberg, in Kössen, 6 Plätze. **Schießen** in Kirchberg, Luftgewehr, in Kitzbühel, Luftgewehr, in Oberndorf, Luftgewehr, in St. Johann, Luftgewehr, in Kössen, Luftgewehr, in St. Ulrich, Luftgewehr. **Angeln** in Flüssen und Seen. **Drachenfliegen** in Kirchberg, Kitzbühel, Oberndorf, Kössen. **Golf** in Kitzbühel, 2 Plätze mit je 9 Loch, 1 Platz mit 18 Loch, in Kirchdorf mit Golfschule. **Rundflüge** mit Segel- und Motorflugzeug in St. Johann. Kajak- und Schlauchbootfahrten in Kirchdorf.

Lage und Zufahrt: Kartenteil Seite 22 A/B 1.

Anzeigen

Kaiserbachtal

Besuchen Sie unser herrliches Kaiserbachtal, erreichbar über eine 5 km lange asphaltierte Mautstraße!

Weginteressentschaft Kaiserbachtal
A-6382 Kirchdorf-Griesenau
Telefon 05352/4117

Erpfendorf

ERPFENDORF
... man muß es einfach gern haben!

Informationen und Prospekte:
Fremdenverkehrsverband
A-6383 Erpfendorf
Tel.: (00 43) 53 52/81 50

Kirchdorf

SPORTSCHULE KIRCHDORF
Leitung: Johann Fankhauser
A-6382 Kirchdorf
Tel.: (0043) 5352/2587
Tagesausflüge mit Barbecue

Gasthof-Restaurant Zehenthof ★★★
A-6382 Kirchdorf/Tirol
Telefon 0 53 52/31 25

40 Betten, komf. und fam. ausgestattetes Haus in zentr., ruhiger Lage, nahe Frei- und Hallenbad. Zimmer teilw. mit TV, Balkon, alle Zimmer m. Bad, Du. TV-Raum, Terrasse, Garagen. Rest.: intern. gut bürgerliche Küche mit Tiroler Spezialitäten. Tischtennis, Liegewiese. Geöffnet von Mai bis Oktober.

DAS DEFEREGGENTAL
Osttirol

Hopfgarten i. D.   St. Jakob i. D.   St. Veit i. D.

Osttirol ist in Mode – und das Defereggental ganz besonders. Die Eröffnung des Felbertauerntunnels schaffte 1967 dafür die Voraussetzung: eine schnelle und wintersichere Straßenverbindung nach Norden. Bis dahin war die Region südlich von Großvenediger und Großglockner nur von Kärnten und Südtirol bequem zu erreichen.

HEILE WELT ZU ANGENEHMEN PREISEN

Erst neuerdings erkannte man so richtig, daß die Osttiroler Täler etwas anbieten können, was andernorts schon Mangelware ist; etwas, das bei Urlaubern einen eigenen Stellenwert hat: unverbaute Dörfer und Siedlungen, eine natürliche, friedliche Landschaft und herzliche Gastfreundschaft.

Besonderes Geschick im Umgang mit dem modernen Tourismus hat man im Defereggental entwickelt, obwohl man sich dort noch keine zwanzig Jahre mit diesem komplizierten Wirtschaftszweig beschäftigt.
Was die Fläche betrifft, so war St. Jakob schon immer groß, größer als Liechtenstein. Inzwischen hat man sich zu einem der meistbesuchten Fremdenverkehrsorte Osttirols entwickelt, mit frischer Luft und viel Ruhe.
Das ist kein Fall für die Snobiety und nichts für Nachtschwärmer, auch wenn man ein bescheidenes Unterhaltungsprogramm bieten kann: Tiroler Folklore mit Trachtenmusik und Heimatabend. Programmgemäß werden vom Fremdenverkehrsbüro regelmäßig leichte Almwanderungen veranstaltet. Für größere Unternehmungen stehen Bergführer zu Verfügung. Schöne Dreitausender warten in der Riesenfernergruppe, in der Venediger- und Großglocknergruppe. Ein ganzes Dutzend Berghütten, Berggasthäuser und bewirtschaftete Almhütten sind wichtige Stützpunkte bei vielen Wanderungen und Bergtouren.
Für die Aktiven gibt es Orden und Ehrenzeichen: vier verschiedene Wandernadeln – jeweils in Gold, Silber und Bronze. Darunter ist auch ein Zwei-Länderabzeichen, wenn man kombinierte südtiroler/osttiroler Wanderungen macht. Sechzig Stempelstellen liefern den Nachweis für die Auszeichnung. Wer nach eigenem Plan losmarschieren will, ist gut beraten, wenn er zunächst ohne großen Aufwand einen guten Überblick zu gewinnen sucht.

Anzeige

St. Jakob im Defereggental

HOTEL ALPENHOF ★★★★

A-9963 St. Jakob/Defereggental
Tel.: 04873/5351; Tx 46676
Telefax: 04873/5350
Direktion: Leonhard Obermüller
Ferienhotel m. 160 Betten, moderner Komfort d. Kategorie A, große behagliche Zi. m. Bad, WC, Balk., TV. Hallenbad, Sauna, Solarium, Massagen, Kosmetik. Kinderspielzimmer. Pensionsrest., à-la-carte-Restaurant »Zirbenstube«, gemütl. Hotelhalle m. Tagesbar »Leonhardi-Treff«, Nachtclub »Tirolerkeller« m. bek. Bands, Gästeunterhaltungsprogramme. Zahlreiche Wander- u. Ausflugsmöglichk.

St. Jakob in Defereggen Osttirol 1389 m

A-23

Dafür sind die Brunnalm-Sessellifte gerade das Richtige. Sie ziehen von St. Jakob nach Süden in die Bergwelt der Defereggger Alpen. Die Bergstation liegt in 2350 m Höhe, der nahe liegende kleine Leppleskofl ist nur noch knapp hundert Meter höher. So kann man eine Viertelstunde später eine große Aussicht genießen und dabei die Einsicht gewinnen, daß es noch viel zu gehen gibt. Fünfzig Dreitausender stehen in der weiten Runde. Viele unbekannte sind darunter, aber auch berühmte wie der Großvenediger und der Großglockner – mit 3798 m Höhe Österreichs höchster Gipfel. Den Abstieg kann man kombinieren: erst mit dem Lift bis zur Mittelstation fahren, bequem zur bewirtschafteten Brugger Alm (1818 m) queren, Pause machen und zuletzt zu Fuß nach St. Jakob absteigen. Die Bergkette im Norden des Defereggentales heißt Lasörling-Gruppe, ist trotz 3000 m hoher Gipfel recht unbekannt und hervorragend wandergeeignet.

Für gute Marschierer bietet die Neue Reichenberger Hütte ein schönes Ziel in 2585 m Höhe. Empfehlenswert ist es, für den Aufstieg den Rudolf-Kauschka-Weg und für den Abstieg den tieferliegenden Höhenweg zu nehmen.

Bleibt noch die Riesenfernergruppe, die das Defereggental im Westen optisch abschließt, ohne es zu verschließen; der Talgrund weicht einfach nach Norden aus. Hier ist es lohnend, dem Hochgall auf den Leib zu rücken.

Ausgangspunkt für eine Wanderung zur Barmer Hütte ist die zehn Kilometer westlich von St. Jakob liegende Patscher Hütte (1675 m). Hier zweigt das Patscher Tal nach Westen ab und zieht konsequent zur Hütte in 2610 m Höhe. Schöne Fernblicke bieten sich – nach Norden und Osten. Hinter der Hütte zieht der Hochgall (3435 m) gewaltig in die Höhe.

Beliebtes Ausflugsziel ist auch der im Süden der Riesenfernergruppe liegende Staller Sattel, den man zu Fuß oder mit dem Auto erreicht. Dieser Sattel ermöglicht den Übergang ins Antholzer Tal in Südtirol. Wenn man einmal Luftveränderung braucht: bis zu den Kärntner Seen sind es nur 150 Kilometer.

Ort	Höhe	Einwohner	Gästebetten insgesamt	in Hotels	in Gasth./ Pensionen	in Chalets/ Ferienwhg.	in Privath./ Bauernhäus.	Camping/ Stellplätze	Ferienlager
Hopfgarten	1104 m	1007	650	–	200	60	390	–	2
St. Veit i. D.	1500 m	830	650	–	100	150	400	–	–
St. Jakob i. D.	1400 m	1030	2500	320	1240	460	480	–	–

Ort	Wandern				Beförderung			Hochtouren			Hütten	
	Wege insg.	Wege mark.	Rundwege	geführte Wanderungen	Bus	Bahn	Sessellifte	Anzahl	Dauer	Führer	bewirt.	Abstand
Hopfgarten	50 km	35 km	1/10 km	nach Bedarf	×			3	2–6 Std.	1	2	2 Std.
St. Veit i. D.	85 km	85 km	2/10 km	1× wöch.				10	6 Std.–2 Tg.		6	
St. Jakob i. D.	200 km	200 km		2× wöch.			2	24	2 Std.–2 Tg.	3	20	

Außerdem: 1 Kleinkabinenbahn. **Abzeichen:** Wandernadeln Dereggen-Antholzertal, Hopfgarten, Weißspitzwandernadel von St. Veit, Hochgall-Wandernadel und Wandernadeln von St. Jakob.
Ferner interessant: Nationalpark »Hohe Tauern«, Wasserfälle, Wildgehege, Mineralien.

Hopfgarten
Fremdenverkehrsverband, A-9961 Hopfgarten, (0 48 72) 53 56 mit Dölach, Ratzell, Rajach, Hof, Lerch u. Plon.
Unterhaltung: Bälle. Ende Juni–Mitte Sept.: Heimatabende, Diavorträge, Konzerte der Musikkapelle. Juli/Aug.: Kindermärchenstunde.
Veranstaltungen: Juli/Aug.: kirchl. Feste. Dorf- und Wiesenfeste. Juni–Ende Aug.: Prozessionen.

St. Veit i. D.
Fremdenverkehrsverband, A-9962 St. Veit i. D., (0 48 79) 3 36 und 2 90.
Wildwasser: 15 km befahrbare Strecke. **Angeln** in Flüssen. **Reiten** im Gelände, 20 km Reitwege, Pferdeverleih, Schule. **Tennis.**
Unterhaltung: Hüttenabende, Konzerte, Diaabende.

St. Jakob im Defereggental
Verkehrsamt, A-9963 St. Jakob, (0 48 73) 54 84, Tx 46 646.
20 km Radwege, Fahrradverleih.
Tennis: 3 Plätze; Trimmpfad.
Unterhaltung: Heimat-, Hüttenabende, Bauerntheater, Gartenschach.
Veranstaltungen: Juli/Aug.: Wald- u. Zeltfest. 15. Aug.: Hoher Frauentag mit Fest.

Lage und Zufahrt: Kartenteil Seite 22 A/B 2.

Anzeigen

St. Jakob i. Def. der führende Fremdenverkehrsort Osttirols!

Eingerahmt von Lärchen-, Zirben- und Fichtenwäldern liegt das **Defereggental** klimatisch außerordentlich begünstigt südlich des Alpenhauptkammes. Hier eröffnet sich dem Wanderer ein wahres Paradies. Mehr als 200 Kilometer markierte und ständig gepflegte Wanderwege stehen in drei Ebenen zur Verfügung. Die weiten Almen und Gipfel in Höhenlagen zwischen 2000 und 3000 Metern sind geradezu ideal für Familien mit Kindern. Und darüber thronen noch unzählige Gipfel bis zu 3500 Metern.

Darüber hinaus bietet **St. Jakob** natürlich auch Entspannung und Erholung vom Aktivurlaub. Der Veranstaltungskalender enthält neben Konzerten der Trachtenkapelle St. Jakob auch die berühmten Waldfeste auf der Santerebene, Tiroler Heimatabende, Farblichtbildabende, Kinovorstellungen und Aufführungen von Laientheatergruppen. Für Ihr leibliches Wohl sorgt unsere Spitzengastronomie, die sowohl deftige Küche als auch internationale Köstlichkeiten anbietet.

Das Defereggental ist auch ein idealer Ausgangspunkt für Ausflugsfahrten. Die Staller-Sattel-Panoramastraße verbindet nicht nur das

Bruggeralm

Defereggental mit dem Antholzertal, sondern auch Österreich mit Italien. Von Mitte Mai (je nach Witterung, mindestens aber von Anfang Juni) bis Ende Oktober ist der Grenzübergang für den Ausflugsverkehr und für Wanderer geöffnet. **Es gibt auch die grenzüberschreitende Wandernadel.**

St. Jakob hat abwechslungsreiche Alternativen zu bieten. Im Ortszentrum steht ein Tennisplatz mit drei Sandplätzen zur Verfügung. Minigolfanlage, vollautomatische Kegelbahn mit drei Bahnen für Hobby- und Sportkegler. Der Fitparcours, der mitten durch den Wald führt, reizt Jung und Alt. Er wurde nach wissenschaftlichen Grundsätzen angelegt und erlaubt in zehn Stationen ein gleichmäßiges Training aller Körperpartien.

Zwei Täler reichen sich über die Grenze die Hand. Ursprüngliche Landschaft von fleißigen Bergbauern zur Kulturlandschaft geprägt. Im Sommer wie im Winter findet der Gast Entspannung, Sport, Erholung und Unterhaltung.

Auskunft: Fremdenverkehrsverband A-9963 St. Jakob i. Def. Tel.: 04873/5484

Hopfgarten

SAALBACH UND HINTERGLEMM
Salzburger Land

Die arrivierte Skistation mit über 17 000 Betten verwandelt sich nach Ostern auf wundersame Weise in ein ruhiges und romantisches Wandergebiet.

DER PINZGAUER SPAZIERGANG IST KEIN SPAZIERGANG

Die runden Grasberge, Marke Kitzbühel, liegen beiderseits des Glemmtales, das sich hinter der Labegalm in Wohlgefallen auflöst.

Der Pinzgauer Spaziergang ist in der Tat kein Spaziergang. Es sei denn für Leute, die 8 bis 10 Stunden hintereinander wandern können, von der Schmittenhöhe bis zum Geissstein. Und es ist der schönste weit und breit, wandert man doch durchgehend in 2000 m Höhe mit meist freier Sicht in alle Himmelsrichtungen. Übrigens, es muß natürlich nicht das ganze Stück auf einmal sein. Man kann zum Beispiel mit dem Verkehrsamt wandern, und zwar vom Schattberg über das Seetörl und die Klammscharte zur Schmittenhöhe. Das macht dann »nur« noch sechs Stunden. Rauf und runter geht's dann jeweils mit der Seilbahn. Insgesamt werden ein ganzes Dutzend Wanderungen veranstaltet, keine allerdings unter drei Stunden und alle mit einer Bergbahn-Auffahrt (bis auf zwei). Ob das sein muß?

Insgesamt gibt es 400 km Wanderwege, alle leicht, alle schön. Hilfestellung bieten die Schattberg-Kabinenbahn und drei Sessellifte, die man am besten für die Abstiege einplanen sollte, das schont die Gelenke und ist so herrlich bequem.

Natürlich kann man auch in Saalbach jeden Schritt versilbern oder vergolden lassen. Es gibt Wandernadeln und für die besten »Pinzgauer Spaziergänger« den »Goldenen Rucksack«, für Spitzenmarschierer sogar mit Kristall.

Für Anfänger (und Kinder) wurde ein Wanderlehrpfad im Talschluß eingerichtet, der Sicherheit beim Gehen vermittelt. Wer mit Ernst Bachmann (Führung einmal wöchentlich) diese Runde macht, erfährt auch, wie man sich in Bergnot und bei Gewittern verhält, was man anziehen und mitnehmen soll und daß es viele schöne Bergblumen gibt, zum Anschauen. Dem Zug der Zeit folgend hat man sich eine Reihe von Sportstätten zugelegt. Besonders gut sortiert ist man in Tennisplätzen. Achtzehn hat man davon, in der Halle und im Freien, als Sand- oder Hartplatz. Dann gibt es ein Freibad und zwei Hallenbäder, einen Reitstall und ein Fischwasser.

Zum Segeln und Surfen und zum Golf allerdings muß man zur Konkurrenz nach Zell am See (18 km). Damit kommen wir zu den großen Attraktionen, die ganz nah, aber nicht im Glemmtal liegen. Nummer eins ist hier zweifellos die Großglockner-Hochalpenstraße. Ganze 25 km sind es bis zum Start bei Bruck. Ob man einfach rauf und runterfährt, den Glockner und die Pasterze (Gletscher) be-

Anzeige

Saalbach/Hinterglemm

Aufstiegshilfen in Saalbach-Hinterglemm

Schattbergseilbahn
Kohlmais-Sesselbahn
Zwölfer-Sesselbahn
Reiterkogel-Sesselbahn

Informationen erhalten Sie bei Saalbacher Bergbahnen Ges.m.b.H., A-5753 Saalbach, Tel. 06541/271 oder Zwölferkogel Skilift Ges.m.b.H., A-5754 Hinterglemm, Tel. 06541/321

A-24 🇦🇹

staunt oder über Heiligenblut, Lienz und den Felbertauerntunnel eine große Glockner-Rundfahrt macht, ist eine Geschmacksfrage, das heißt, wie lange man am Steuer sitzen mag und was das Sitzfleisch aushält. Empfehlenswert ist

Am Ende des Glemmtals, umgeben von den Kitzbüheler Alpen und den Leoganger Steinbergen, liegt Saalbach-Hinterglemm (rechts und unten) auf 1000 m Höhe.

beides. Nur, es ist keine einsame Bergfahrt.

Zum Kürprogramm zählt selbstverständlich auch das Kitzsteinhorn, das älteste österreichische Sommer-Skigebiet. Die Fahrt mit der Kitzsteingams durch die 3 km lange Röhre, der Ausblick vom Aussichts-Restaurant aus gut 3000 m Höhe auf Gletscher und Gipfel ist schon eine »Tagesreise« (35 km) wert.

Nur wenige Kilometer weiter im Tal findet man eine weitere Sehenswürdigkeit, die heute allerdings nicht mehr uneingeschränkt und nicht von jedermann bewundert wird. Das Tauernkraftwerk und die Stauseen Wasserfallboden und Mooserboden. Mit einem Schrägaufzug kann man hinauffahren und das gigantische Werk bewundern oder schändlich finden oder beides zusammen. Aber nicht zu vergessen: 1986 war es erst 30 Jahre her, daß bei der Eröffnung dieses Kraftwerkes einhellige Begeisterung über die großartige technische Leistung vorherrschte.

In der weiteren Umgebung sind die Krimmler Wasserfälle (80 km) sehenswert, oder man fährt ins Café nach Badgastein und selbst Salzburg (120 km) ist in einem Tag zu erobern.

Ort	Höhe	Einwohner	Gästebetten insgesamt	in Hotels	in Gasth./ Pensionen	in Chalets/ Ferienwhg.	in Privath./ Bauernhäus.	Camping/ Stellplätze	Ferienlager
Saalbach-Hinterglemm	1003 m	2540	17095	2692	2566	2967	1013	–	3592

Wandern: 400 km markierte Wanderwege. **Beförderung:** 1 Großkabinenbahn, 3 Sessellifte. **Geführte Wanderungen:** 2mal pro Woche. **Hüttentouren:** 35 bewirt. Hütten. **Abzeichen:** Wandernadeln, Goldener Rucksack. **Ferner interessant:** Wanderlehrpfad, Erlebniswald mit Naturlehrpfad.

Saalbach-Hinterglemm

Fremdenverkehrsverband Saalbach-Hinterglemm, A-5753 Saalbach 550, (0 65 41) 72 72, Tx 66 507.
Schwimmen in 1 beh. Freibad, 2 Hallenbädern. **Angeln** in Teichen u. in der Saalach. Fahrradverleih. **Reiten** im Gelände, Pferdeverleih, Schule. **Tennis:** 14 Plätze, 2 Hallen/4 Plätze, Schule. **Schießen:** Luftgewehr, Zimmergewehr. **Drachenfliegen** am Schattberg. Asphaltstockschießen.
Unterhaltung: Heimat-, Hüttenabende, Kinderfeste, Dia-Vorträge, Konzerte, Gäste-Tennisturniere, Gäste-Schwimmwettbewerb.
Hobbykurse und Aktivangebote: Jolly-Jocker-Sportprogramm.
Veranstaltungen: Ende Juli: Dorffest in Saalbach. Mitte Aug.: Bauernmarkt in Hinterglemm. 15. Aug.: Bergmesse am Schattberg. 24. Aug.: Bartholomäus-Markt.
Pauschalangebote: Wander-, Tennispauschale. Jolly-Jocker-Programm: 1 Woche Spaß und Sport.
Lage und Zufahrt: Kartenteil Seite 22 B 1.

Anzeigen

Hotel Neuhaus ★★★★
Tel.: 0 65 41/71 51; TTX: 3654208
Hotel Kendler ★★★★
Tel.: 0 65 41/2 25; Tx: 6 65 08
Besitzer: Familie Breitfuß
A-5753 Saalbach/Salzburger Land
Sport und Spaß in Saalbach: Golfgründerhotels Europa-Sportregion Zell am See/Kaprun (20% Greenfee-Ermäßigung). Wochenprogramm m. Extraleistungen. Hallenbad, Sauna, Solarium, Tischtennis, TV-Raum, Bar. Tanz in der »Taverne« m. Liveband.

DER OBERPINZGAU

Salzburger Land   Krimml   Wald i. P.   Neukirchen a. G.   Mittersill   Niedernsill   Uttendorf   Piesendorf

Im Oberpinzgau, rechts und links der jungen Salzach, liegen zwischen Krimml im Westen und Piesendorf im Osten ein halbes Dutzend Sommerfrischen, wie man sie nicht schöner malen könnte.

IM NATIONALPARK HOHE TAUERN

Die Sommerfrischen liegen sehr praktisch zwischen den runden Buckeln der Kitzbüheler Alpen im Norden und den gewaltigen Hohen Tauern im Süden.

Der Nationalpark Hohe Tauern liegt südlich der Salzach zwischen Krimml und Rauris. Er umfaßt die Hohen Tauern mit der Venediger- und Glocknergruppe. Im westlichen Oberpinzgau spielt natürlich der Großvenediger mit seinen Gletschern und Trabanten die erste Geige. Wer den Venediger in ganzer Größe sehen will, hat es leicht. Er muß nur mit dem Sessellift auf den Wildkogel schweben, der direkt über Neukirchen und am äußersten Südrand der Kitzbüheler Alpen liegt. Dann steht er ihm gegenüber – dem Großvenediger, der mit 3674 m Höhe nur hundert Meter niedriger ist als der Großglockner, und all seinen Trabanten wie dem Großen Geiger, den Simony-Spitzen und der Dreiherrn-Spitze, die ebenfalls alle mächtige Dreitausender sind. Und die großen Gletscher, die hier »Kees« heißen, blitzen im Gegenlicht der Sonne.
Die Bergstation der Wildkogel-

— Anzeigen

Krimml im Oberpinzgau

Besitzer: Familie Steger

Gästehaus
A-5743 Krimml im Oberpinzgau
Telefon: (0 65 64) 35 80
Telex: 66 713

Familiäre u. gemütliche Atmosphäre kennzeichnen den »Gasthof Zur Post« im Herzen von Krimml i. Oberpinzgau aus. Durch seine zentrale aber zugleich sehr ruhige Lage (Waldnähe) ist er für einen Erholungsurlaub wie geschaffen.
Zimmer mit Bad/Dusche/WC, Balkon. Gutbürgerliche Küche mit ausgez. Spezialitätenrestaurant. **Busstation f. Jause.** Haus-Taxi ● Sauna ● Solarium ● Whirlpool ● Kinderspielzimmer ● Bar ● Tanz ● Liegewiese ● Garagen ● Parkplätze.

Wald im Oberpinzgau

A-5742 Wald/Oberpinzgau/Nr. 6
Am Gerlospaß - Österreich
Telefon: (00 43) 65 65 - 82 16
Telex: 6 6711 Raika
Bes.: Familie Straßer

Straßers Gasthof und Ferienhotel

WALDERWIRT + MÄRZENHOF ★★★★

Komfortables, familiär bestens geführtes Sporthotel direkt am »Nationalpark Hohe Tauern«.
70 Betten, geräumige Wohn-Schlafzimmer mit Bad, WC, Balkon.
Hallenbad, Sauna, Solarium; Kaminhalle mit Hausbar.

Ideal für Wanderer in der unberührten Natur des Nationalparks Hohe Tauern.
Tennis direkt auf dem hoteleigenen Tennisplatz.

A-25 🇦🇹

Eine der beliebtesten Wanderungen von Neukirchen a.G. führt durch das Obersulzbachtal (rechts) in den Nationalpark Hohe Tauern – vorbei an Gletschertöpfen und bewirtschafteten Hütten kommt man bis auf den 3674 m hohen Großvenediger.

bahn, die 2099 m hoch liegt, ist zugleich eine hervorragende Ausgangsbasis für Wanderungen in den Kitzbüheler Grasbergen. Da kann man allein schon auf fünf verschiedenen Wegen ins Tal absteigen – am weitschweifigsten über die Baumgartenalm und am Mühlbach entlang zum Dorf Mühlbach, acht Kilometer östlich von Neukirchen. Es geht aber auch über das Wildkogelhaus und die Walsbergalm nach Bramberg. Oder direkt unter dem Lift nach Neukirchen. Eine weitere Variante führt über die Gensbichler Scharte und die Steineralm ins Tal.

Die größte Attraktion neben dem Großvenediger sind die Krimmler Wasserfälle, die in drei Stufen 380 Meter in die Tiefe stürzen. Mit zwei Stunden Gehzeit muß man rechnen, wenn man alle drei Stufen besichtigen will. Das ist äußerst eindrucksvoll.

Wer sich zusätzlich Gutes tun will, wandert gleich weiter bis zum Krimmler Tauernhaus, einem Prachtstück, das 1622 m hoch liegt und bereits 1437 urkundlich erwähnt wurde. Dreieinhalb bis vier Stunden ist man unterwegs. Morgens und abends besteht eine Kleinbusverbindung.

Ausdauernde Bergsteiger rennen dann noch weiter zur eindrucksvoll liegenden Warnsdorfer Hütte, die sie auf 2336 m Höhe und direkt unter dem Krimmler Kees finden. Bis dahin sind sie dann sechs bis sieben Stunden unterwegs. Aber wer möchte nicht auch dem Großvenediger etwas auf den Leib rücken? Am besten geht das durch das Obersulzbachtal. Erleichtert wird es, indem man ein gutes Stück mit dem Auto hineinfahren kann, was mindestens eine Stunde Gehzeit spart. Es sind dann immer noch gut zwei Stunden zum Gasthof Berndlalm und drei zur Postalm, einer bewirtschafteten Hütte. Bis hierher ziehen breite Fahrwege, die problemlos zu gehen sind. Der formschöne Gipfel, der einem dann entgegengestrahlt, ist allerdings noch nicht der vielgerühmte Venediger, sondern nur der Große Geiger. Der weitere Aufstieg zur Kürsinger Hütte ist kein Wanderweg mehr, sondern etwas für erfahrene Bergsteiger.

Das Untersulzbachtal bietet dagegen bereits am Taleingang den Blick auf die beiden Venedigergipfel. Haben Sie nach gut drei Stunden die bewirtschaftete Stokkeralm auf 1250 m Höhe erreicht, gibt's zu essen und zu trinken, zu sehen aber nur noch den Kleinvenediger.

Das nächste, das Habachtal, bietet wieder Wanderziele nach dem Baukastensystem. Zur Enzianhüt-

Ort	Höhe	Einwohner	Gästebetten insgesamt	in Hotels	in Gasth./ Pensionen	in Chalets/ Ferienwhg.	in Privath./ Bauernhäus.	Camping/ Stellplätze	Ferienlager
Neukirchen a. G.	856 m	2300	3240	270	1339	99	1314	–	–
Wald im Pinzgau	900 m	979	1571	224	626	193	528	1/30	1 JH

Ort	Wandern			geführte Wanderungen	Alpinschule	Beförderung			Hochtouren		Hütten	
	Wege insg.	Wege mark.	Rundwege			Bus	Bahn	Sessellifte	Dauer	Führer	bewirt.	Abstand
Neukirchen a. G.	100 km	100 km	50 km	2× wöch.	×	×	×	3	4 Std.–14 Tg.	10	7	1–5 Std.
Wald im Pinzgau	200 km	150 km	3/93 km	3× wöch.	×	×	×	1	6–12 Std.	1	2	4 Std.

Abzeichen: verschiedene Walder, Neukirchner und Oberpinzgauer Wandernadeln. **Ferner interessant:** Nationalpark »Hohe Tauern«, geologische und botanische Lehrpfade, Wildgehege, Klammen, Wasserfälle, Höhlen, nostalgische Bahnfahrten.

Neukirchen am Großvenediger

Verkehrsverein, A-5741 Neukirchen a. G., (0 65 65) 62 56, Tx 66 659.
Schwimmen in 1 beh. Freibad, 3 Hallenbädern. **Wildwasser:** 30 km befahrbare Strecke. **Angeln** in Flüssen und künstl. Anlagen. Drachenfliegen. 50 km Radwege. **Reiten** im Gelände, Unterricht.
Tennis: 5 Plätze, Unterricht. Trimmpfade.
Unterhaltung: Heimat-, Hüttenabende, Theater, Begrüßungsabende, Dia- u. Filmvorträge, Platzkonzerte, Gartenschach. **Veranstaltungen:** Zeltfeste, Fußballturniere, Kirchtag, Sommerakademien.
Pauschalangebote: Mai/Juni, Sept./Okt.: Grüne Wochen.

Wald im Pinzgau

Verkehrsverein, A-5742 Wald im Pinzgau, (0 65 65) 82 43, Tx 66 551 Btx 54545.
Schwimmen in 1 beh. Freibad, 1 Hallenbad. 1 Stausee. **Wildwasser:** 40 km befahrbare Strecke. **Angeln** im See. **Tennis:** 2 Plätze.
Unterhaltung: Heimatabende, Platzkonzerte, Diavorträge, Begrüßungsabende.
Hobbykurse und Aktivangebote: Holzschnitzen, Mineraliensuchen, Almwanderungen.

Lage und Zufahrt: Kartenteil Seite 22 A 1.

Anzeigen

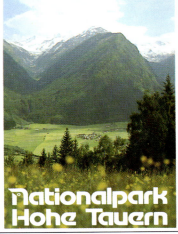

Nationalpark Hohe Tauern

Neukirchen

MIT DER WILDKOGELBAHN

Ferien-Zeit zum Wandern Erholung

Auskünfte:
Fremdenverkehrsverband
A-5741 Neukirchen am Großvenediger
Tel.: (00 43) 65 65/62 56

DER OBERPINZGAU
Salzburger Land   **Krimml   Wald i.P.   Neukirchen a.G.   Mittersill   Uttendorf   Niedernsill   Piesendorf**

te ist man drei Stunden unterwegs, das Gasthaus Alpenrose liegt nur eine halbe Stunde weiter aufwärts. Die Thüringer Hütte erfordert allerdings sieben Stunden strammen Marsch. Ganz Aktive können die Bergsteigerschule Oberpinzgau in Anspruch nehmen. Weniger Leistung wird bei den geführten Wanderungen der Fremdenverkehrsvereine verlangt.

Was tun, wenn man keine Wanderschuhe und Hütten mehr sehen mag? Da gibt es in Wald ein beheiztes Freibad, zwischen Krimml und Zell am See nostalgische Dampflokzugfahrten und in Neukirchen eine Reitschule sowie fünfhundert Ruhebänke.

Und in Mittersill ein recht beachtliches Heimatmuseum im Felberturm. Dieses Mittersill liegt genau im Schnittpunkt zweier ehemals wichtiger Handelsstraßen, die heute zusätzlich als Touristenstraßen guten Ruf haben. Da ist einmal die bedeutsame Nord-Süd-Verbindung von Kitzbühel über den Paß Thurn und Felbertauern nach Osttirol. Und da ist zum anderen die Ost-West-Route von Zell am See über den Gerlospaß ins Zillertal, die etwas weniger bedeutungsschwer ist. Da einem in Mittersill zuerst die Skifabrik ins

— Anzeigen

Bramberg

Fremdenverkehrsverband
A-5733 Bramberg am Wildkogel
Telefon: 0 65 66/251; Tx.: 66611
Bramberg ist ein idealer Erholungsort für die ganze Familie.
Eingebettet zw. den Hohen Tauern u. den Kitzbüheler Alpen, im Gebiet des Nationalparks Hohe Tauern. Aktiv- und Senioren-Programme, Mineralien-Exkursionen; Informationsabende; Platzkonzerte und Heimatabende.

Niedernsill

Gasthof Sudetenheim
Besitzer: Familie Kröll
A-5722 Niedernsill, Tel.: 0 65 48/82 30
Ein schmucker Gasthof, gediegen und mit Komfort. Zimmer im Salzburger Stil, geräumig mit Bad/Dusche/WC, größtenteils mit Balkon. Gemütlicher Aufenthaltsraum mit TV. Bibliothek. Erweitertes Frühstücksangebot. Sommerskilauf (Gletscher) Sportregion Zell am See - Kaprun. Badesee im Ort. Wandern im Gebiet des Nationalparks Hohe Tauern.

Bei der Wanderung zum Salzach-Ursprung (oben) kommt man in die letzten Zipfel des Salzburger Lands.

A-25

Auge fällt, denkt man zuerst gar nicht daran, daß hier auch Fremdenverkehr betrieben wird. Aber dem ist so. Mit 3000 Fremdenbetten zählt Mittersill sogar zu den Großen im Oberpinzgau.

Fünf Kilometer weiter östlich breitet sich Uttendorf aus. Die bedeutsamste Fremdenverkehrsattraktion ist hier das nach Süden ziehende Stubachtal, das in rund 1500 m Höhe im Enzinger Boden endet, wie die Straße auch. Hier übernimmt nun eine nagelneue Kleinkabinenbahn den Transport zum Weißsee und zur Rudolfshütte, die in 2315 m Höhe liegt und das Ausbildungszentrum des Österreichischen Alpenvereins ist. Neben einigen Wanderungen rund um die Hütte und abwärts gibt es einen Übergang nach Kals in Osttirol, wunderschön – nur der Rückweg dauert anderthalb Stunden mit dem Bus. Bergsteiger können hier neben dem Fels auch aufs Eis gehen und ein halbes Dutzend Dreitausender besteigen.

Noch einmal zwölf Kilometer weiter im Osten kommt dann noch Piesendorf, das sich auch zum Oberpinzgau zählt, aber seine Gäste nach Zell am See, nach Kaprun und aufs Kitzsteinhorn schickt – verständlicherweise. Denn das sind Attraktionen der Sonderklasse. Für Wanderer gibt es da zum Beispiel den Pinzgauer Spaziergang von der Schmittenhöhe aus. Oder die Tauernkraftwerke Kaprun mit ihren gigantischen Speicherseen.

Neben den bereits genannten Ausflugszielen, die von jeder Ecke des Oberpinzgaus bequem zu erreichen sind, ist die Großglockner-Hochalpenstraße nicht weit – und allererste Klasse.

Gewandert wird im Oberpinzgau an allen Ecken und Enden. Auch geführte Wanderungen werden schon angeboten. Und bald jedes Dorf hat ein eigenes beheiztes Freibad.

Ort	Höhe	Einwohner	Gästebetten insgesamt	in Hotels	in Gasth./ Pensionen	in Chalets/ Ferienwhg.	in Privath./ Bauernhäus.	Camping/ Stellplätze	Ferien- lager
Mittersill	789 m	5000	3000	400	1000	50	1550	1	–
Uttendorf	804 m	2700	2000	200	400	600	800	–	–
Piesendorf	800 m	2700	1740	–	718	191	737	–	1 JH/37

Ort	Wandern				Alpin- schule	Beförderung			Hochtouren		Hütten		Abstand
	Wege insg.	Wege mark.	Rund- wege	geführte Wanderungen		Bus	Bahn	Sessel- lifte	Dauer	Führer	bewirt.		
Mittersill	50 km	30 km	6/30 km	2× wöch.	×	×	×	1	3 Std.–3 Tg.	mehrere	2		4 Std.
Uttendorf	200 km	100 km	5/60 km	1–4× wöch.	×	×	×	1	3 Std.–2 Tg.	7	5		3–10 Std.
Piesendorf	70 km	70 km	10/50 km	1× wöch.		×	×		5–10 Std.	1	1		

Außerdem: 1 Kleinkabinenbahn (Uttendorf). **Abzeichen:** Oberpinzgauer Wander-, Alpinnadel, Mittersiller und Piesendorfer Wandernadel. **Ferner interessant:** Naturschutzgebiete, Klammen; nostalgische Bahnfahrten (Piesendorf).

Mittersill

Verkehrsverein, A-5730 Mittersill, (0 65 62) 3 69 und 42 94, Tx 66 663 mit Paß Thurn.
Schwimmen in 1 beh. Freibad, 1 Hallenbad. **Angeln** in Seen, Flüssen und künstl. Anlagen. Fahrradverleih, 100 km Radwege. **Tennis:** 8 Plätze. Schule. **Schießen:** Luftgewehr.
Gesundheit: Trimmpfade, Kneippanlagen, Fitness-Zentrum, Kur- und Bäderbetrieb.
Unterhaltung: Heimat-, Hütten-, Zitherabende, Bauerntheater, Kinderfeste, Gästekindergarten.
Veranstaltungen: Sommersaison-Eröffnung mit Bauernmarkt. 21. Juni: Sonnwendfeuer. Juli: Mineralienmesse. Mitte Juli–Mitte Aug.: Zeltfeste. Juli u. Aug.: Gästeschießen. Aug.: 5-Länder-Ranggeln. Letzter Aug.-Sonntag: Bergmesse.
Pauschalangebote: 7-Tage-Aktivpauschale mit gef. Wanderung, Bergtour, Radtour usw.

Uttendorf

Verkehrsverein, A-5723 Uttendorf/Weißsee, (0 65 63) 82 79 und 85 85, Tx 66 679.
Schwimmen in 1 See. **Angeln** in Seen, Flüssen und künstl. Anlagen. Fahrradverleih, 15 km Radwege. **Tennis:** 4 Plätze. **Unterhaltung:** Heimatabende, Gartenschach, Platzkonzerte, Filmabende, Stockschießen.
Veranstaltungen: Juli: Dorffest. Aug.: Festzelt am Badeseegelände.
Pauschalangebote: Juni–Sept.: Tennispauschale (7 Tage ÜF, 5 Std. Tennisunterricht). Wanderpauschale (7 Tage ÜF, 2 Bergwanderungen, 1 Gipfeltour). Gletschertour.

Piesendorf

Verkehrsverein, A-5721 Piesendorf, (0 65 49) 72 39, Tx 66 677 mit Aufhausen, Fürth, Hummersdorf, Walchen.
Schwimmen in 1 beh. Freibad. **Angeln** in Seen. Fahrradverleih, 50 km Radwege. **Tennis:** 3 Plätze. Schule. Segel-, Motorfliegen (Schule). **Rundflüge** mit Motorflugzeug. **Schießen:** Luftgewehr. **Sommerski:** 8 Liftanlagen, 21 km Abfahrten. **Unterhaltung:** Heimat-, Hüttenabende, Bauerntheater, Kinderfeste, Filmabende, Stockschießen, Konzerte. **Hobbykurse und Aktivangebote:** Brotbackkurse, Basteln für Erwachsene, Kräuterwanderungen, Morgengymnastik.
Veranstaltungen: Anf. Aug.: Dorffest. **Pauschalangebote:** April–Juni: Ski-Arrangement Super-Gletscher Kitzsteinhorn (7 Tage Aufenthalt, 6-Tage-Skipaß). Gletschertour.

Lage und Zufahrt: Kartenteil Seite 22 B 1.

Anzeigen

Niedernsill

Oberpinzgau
Nationalpark Hohe Tauern — Salzburger Land

Urlaubsfreuden im OBERPINZGAU bei
Sport · Kultur · Natur
11 Orte bieten ein Freizeitprogramm, das von der Kinder-Disco bis zur Besteigung des zweithöchsten Berges von Österreich (Großvenediger 3.674 m) reicht.

Typischer wie hier — im Herzen des Nationalparks Hohe Tauern — gibt es Österreich nicht mehr. Wir informieren Sie gerne näher mit unserer Urlaubsbroschüre.

FVV-Oberpinzgau
Postfach 100, A-5722 Niedernsill
Tel. 00 43 65 48/82 34-8
Telex 6 6 680 RAIKA

AM ZELLER SEE
Salzburger Land

Kaprun   Maishofen   Zell am See

Rund 30 Sportarten umfaßt das Urlaubsangebot in Kaprun und am Zeller See. Unlängst kam eine weitere dazu: Golf.

WANDERN, SEGELN UND SKILAUFEN

Die beiden Orte Zell und Kaprun haben sich zur »Europa-Sportregion« zusammengeschlossen. Aber auch Maishofen, nördlich des Sees, spielt eine Rolle.

Im Juni 1984 wurde die von dem englischen Golfplatz-Architekten Donald Harradine konzipierte 18-Loch-Anlage der Europa-Sportregion offiziell eingeweiht. Sie erstreckt sich über ein 47 Hektar großes Areal in der Ebene zwischen Zell am See und Kaprun vor einer prachtvollen Bergkulisse.
Alle 30 Sportmöglichkeiten der Region einzeln aufzuzählen – das würde schon den halben Platz dieses Beitrags füllen. Immerhin ist es ungewöhnlich, daß ein Gebiet im Hochsommer gleichzeitig Se-

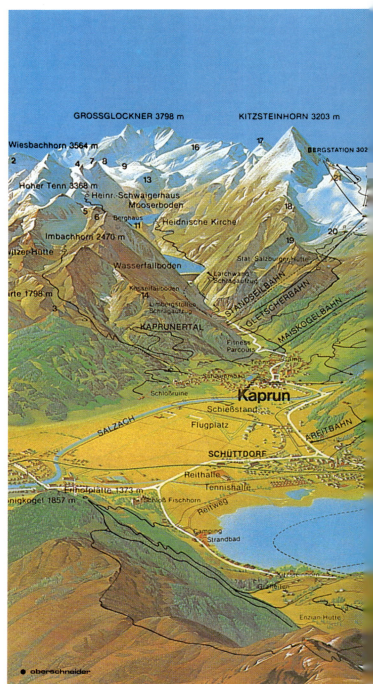

Sommerskilauf oben am Gletscher, Wassersport aller Art unten am See – hier kann man beides an einem Tag ausüben.

— Anzeigen

Zell am See

Hotel Schwebebahn

A-5700 Zell am See
Tel.: 0 65 42/24 61, 37 97, Tx.: 66 710
Besitzer: Hans u. Renate Daxer

Führendes **4-Sterne-Haus** an der Talstation der Schmittenhöhebahn. Gemütliche, mit Atmosphäre ausgestattete Speiseräume. Rustikale Wohn-/Schlafzimmer mit Bad/Du, WC, Telefon größtenteils mit Balkon, TV-Anschluß, Radio und TV-Stüberl.
Solarium, Sauna, Liegeraum, Tischtennis, Hallenbad, Minigolfplatz. Herrliche Wanderwege, im Winter Skiparadies. Skisch. u. Kindergarten neben d. Hotel.

Reisen mit der Bahn

Mit der Bahn nach Zell am See.

Wenn Ihr Wanderurlaub von Anfang an streßfrei sein soll, reisen Sie am besten mit der Bahn an. Im EuroCity „Wörthersee"-reisen Sie ab Münster (Westf) direkt und ohne umzusteigen nach Zell am See. Ab Hamburg gibt es nach Zell am See eine durchgehende Schnellzugverbindung.

Deutsche Bundesbahn

A-26

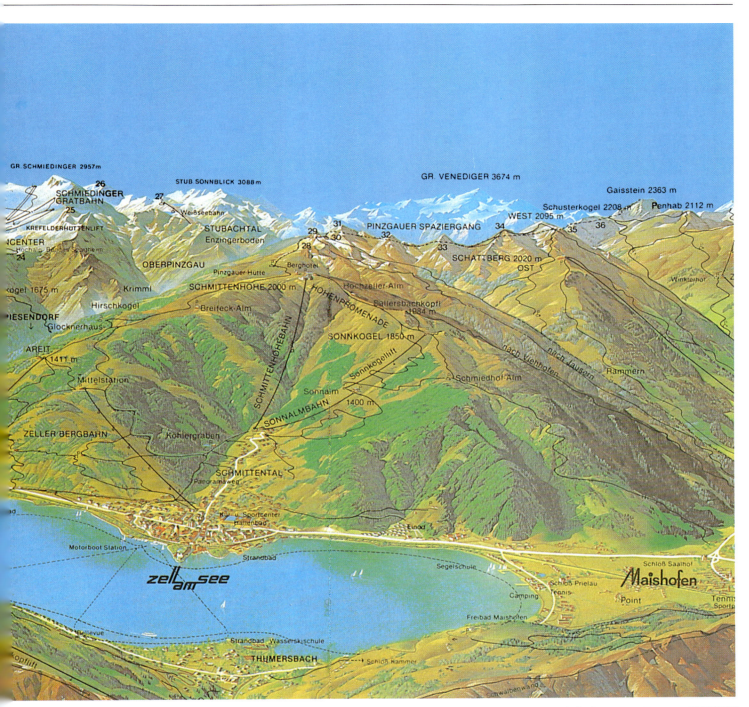

Links – das ist Maishofen.

AM ZELLER SEE
Salzburger Land

Kaprun   Maishofen   Zell am See

gel- und Skipauschalen offeriert. Die Europa-Sportregion kann das: Oben ist der Gletscher am Kitzsteinhorn, unten der Zeller See.

Eigentlich sind die drei Orte ja ganz eigenständig. Zell ist seit über hundert Jahren ein beliebter Fremdenverkehrsort, hat viele Einkaufsmöglichkeiten und die Atmosphäre einer Kleinstadt mit Gebirgsstruktur – vor allem aber den wunderschönen See. Kaprun dagegen hat bis heute seinen dörflichen Charakter bewahrt. Und Maishofen ist ein ländlich-stiller Ort – noch eher eine Ansammlung einzelner Dorfflecken (nebst dreier Schlößchen), die verstreut im Talgrund zwischen dem Zeller See und dem Steinernen Meer liegen. Wenn Zell und Kaprun sich zur »Europa Sportregion« zusammengetan haben, so schließt sich Maishofen an, indem es sich selbst »das Tor zur Europa-Sportregion« nennt.

Sprechen wir zunächst vom Sommerskilauf!

Das Ganzjahres-Skigebiet unterhalb des 3203 m hohen Kitzsteinhorns erreichen Sie mit einer Großkabinenbahn und einer durch den Berg gebohrten unterirdischen Standseilbahn. So kommen Sie zum Alpin-Center in 2200 m Höhe. Von dort fahren Bahnen, Sessel- und Schlepplifte bis über 3000 m hinauf. Der Gletscher erstreckt sich in einer Mulde am Nordhang zwischen Kitzsteinhorn und Großem Schmiedinger (2957 m). Er ist das ganze Jahr befahrbar, auch wenn nicht immer ganz. Besonders schön ist der Ausblick von hier oben. Zum Greifen nahe liegt der Großglockner. Ganz unten sieht man den Zeller See, auf dem sich bei schönem Wetter Hunderte von Segelbooten und Surfern tummeln. Dahinter erheben sich die schroffen Massive des Wilden Kaisers, der Loferer Steinberge und des Steinernen Meeres.

Kaprun bietet noch eine zweite Attraktion für Aktivurlauber: die Hochgebirgs-Stauseen der Tauernkraftwerke. Hunderttausende von Gästen fahren jeden Sommer zu den Seen hinauf. Dazu müssen sie sich mehrere Stunden Zeit nehmen. Sechs Kilometer hinter Kaprun liegen die Großparkplätze und das Parkhaus, das kostenlos benutzt werden kann. Mit Autobussen geht es dann vom Parkplatz im Pendelverkehr bis zu Europas größtem Schrägaufzug, der Lärchwandbahn. Sie überwindet einen Höhenunterschied von 431 m und kann bis zu 180 Personen gleichzeitig befördern. Vor einiger Zeit erhielt dieser Riesenaufzug eine Überdachung, doch blieben die Seiten offen. Der Blick auf die Bergwelt ist rundum frei. Oben geht es dann mit Bussen weiter zu den Seen. Am oberen Stausee Mooserboden (2050 m) gibt es das Bergrestaurant »Heidnische Kirche« und mehrere Kioske. Die »Heidnische Kirche« ist Ausgangspunkt für Spaziergänger und Wanderungen über die Staumauern in die Bergwelt.

Je nach Witterung können die Tauernkraftwerke bis Ende Oktober besucht werden.

Die dritte Attraktion von Kaprun ist das »Optimum«, eine Riesen-Wasserrutsche, über die groß und klein 60 m weit in das Wildbach-Becken des Badezentrums saust. Das Freibecken ist durch einen Kanal mit dem Hallenbad verbunden.

In Zell dominiert natürlich der Wassersport an und auf dem Zel-

Der Zeller See gegen das Kitzsteinhorn hin fotografiert.

A-26 🇦🇹

Grandios die Stauseen der Tauernkraftwerke hoch oberhalb von Kaprun. Das Kraftwerk selbst kann – je nach Witterung – bis in den Herbst hinein besucht werden.

ler See. Neben schwimmen – nicht nur im See, sondern auch in einer Reihe von Frei- und Hallenbädern – kann man segeln und surfen. Für diese beiden Sportarten gibt es mehrere Schulen am See. Außerdem können Sie Ruderboote mieten oder – sofern man Ihnen einen Liegeplatz zugesagt hat – Ihr eigenes Boot mitbringen. Auch Kanusport und Angeln sind im See möglich; einige Gebiete wurden den Wasserskiläufern vorbehalten.
Wer hoch in die Luft will, kann bei der alpinen Segelflugschule in Zell das Segelfliegen lernen oder einen Rundflug mitmachen. Auch für Reiter gibt es Angebote. Maishofen schließlich hält sich ebenfalls an die Möglichkeiten, die der See bietet, empfiehlt aber auch eine Reihe von Wanderungen und drei verschiedene Wandernadeln.
Aktivitäten ganz anderer Art sind die romantischen Dampflok-Fahrten von Zell am See nach Krimml, das Brotbacken mit der Pfarrersköchin in Kaprun, die Kochkurse mit biologischen Nahrungsmitteln und der Bio-Urlaub. In der Nähe des Gipfelhauses am Hundstein über Zell wurde eine Grasbahn angelegt, auf der altes Brauchtum gepflegt wird: Eisstockschießen auf dem Gras. Bei den letzten Wettkämpfen traten über hundert Teilnehmer in zwei Mannschaften gegeneinander an – eine Attraktion für Einheimische wie für Gäste.

Die Schmittenhöhe oberhalb von Zell am See, im Winter der Platz für Ski-Weltcup-Veranstaltungen, ist im Sommer ein beliebtes Wandergebiet. Für die Auffahrt gibt es mehrere Seilbahnen. Oben beginnt auch einer der ungewöhnlichsten Aussichtswege des gesamten Alpenraums: der Pinzgauer Spaziergang. Er führt hoch über die Baumgrenze zwischen 1800 und 2000 m wenig unterhalb des Kamms der Pinzgauer Grasberge. Auf der 23 Kilometer langen Strecke müssen nur wenige und kurze Anstiege überwunden werden. Die meiste Zeit ist der Pfad fast eben. Besonders eindrucksvoll sind während des ganzen Weges die nur wenige Kilometer Luftlinie entfernten Dreitausender der Glockner- und Venedigergruppe sowie des Alpenhauptkamms auf der einen, die Massive des Wilden Kaisers und des Steinernen Meeres auf der anderen Seite.

Ort	Höhe	Einwohner	Gästebetten insgesamt	in Hotels	in Gasth./Pensionen	in Chalets/Ferienwhg.	in Privath./Bauernhäus.	Camping/Stellplätze	Ferienlager
Maishofen	765 m	2400	2500	–	700	750	1050	2/100	1 JH
Zell a. S./Kaprun	750–800 m	10600	13500	4610	5500	1090	2300	3/700	7/1 JH

Ort	Wandern Wege mark.	geführte Wanderungen	Alpinschule	Beförderung Bus	Bahn	Kabinenbahnen groß	klein	Sessellifte	Hochtouren Dauer	Führer	Hütten bewirt.	Abstand
Maishofen	40 km	1× wöch.	×	×	×						1	3 Std.
Zell a. S./Kaprun	130 km	3× wöch.	×	×	×	5	1	3	n. Vereinb.	2	5	

Abzeichen: Wandernadeln, -schuh. Maishofner Wandernadel. **Ferner interessant:** Wildgehege, Klammen, Höhlen, Wasserfälle, nostalgische Bahnfahrten. **Sommerski** am Kitzsteinhorn: 9 Liftanlagen, 5 km Abfahrten.

Maishofen
Verkehrsverein, Postfach 26, A-5751 Maishofen, (0 65 42) 83 18, Tx 66 553.
Schwimmen in 1 See, 1 Freibad. **Angeln** im See.
Ausrüstungsverleih: Surfen, Segeln, Rudern, Tretboote. Tauchen. Segelfliegen (Schule). Rundflüge mit Motorflugzeug. 20 km Radwege, Fahrradverleih. **Reiten** im Gelände, 10 km Wege, Pferdeverleih. **Schießen:** Luftgewehr. **Tennis:** 3 Plätze, Schule, Trimmpfade.
Unterhaltung: Heimatabende, Kinderfeste, Platzkonzerte.
Veranstaltungen: Seefest.

Europa-Sportregion
Kurverwaltung, A-5700 Zell am See, (0 65 42) 26 00, Tx 66 617;
Verkehrsverein, Postfach 26, A-5710 Kaprun, (0 65 47) 86 43, Tx 66 763.
Schwimmen in 1 See (Ausflugsfahrten mit dem Schiff), 2 Stauseen, 6 Freibädern (3 beh.), 2 Hallenbädern (Erlebnisbad). **Angeln** in Seen u. Flüssen. **Ausrüstungsverleih:** Surfen, Segeln, Rudern, Tretboote, Tauchen, Drachenfliegen. **Unterricht:** Surfen, Segeln, Tauchen, Drachenfliegen, Segelfliegen, Reiten, Tennis. Motorfliegen. **Rundflüge** mit Segel- und Motorflugzeug. 70 km Radwege, Fahrradverleih. **Reiten** im Gelände, Pferdeverleih, Halle. **Tennis:** 30 Plätze, 2 Hallen/6 Plätze. **Squash. Golf:** Platz mit 18 Loch.
Gesundheit: Trimmpfade, Fitness-Zentrum, Kur- u. Bäderbetrieb.
Unterhaltung: Heimat-, Hüttenabende, Bauerntheater, Kinderfeste, Gästekindergarten, Gartenschach, Filmabende, Kurkonzerte.
Veranstaltungen: Mitte Juli u. Aug.: 2 Seefeste mit Feuerwerk (Trachtenumzug und Sportseefest).
Pauschalangebote: Mitte April–Ende Juni: »Gletscherbräune« Kaprun. »Gletscherpauschale« Zell am See. Mitte Mai–Mitte Okt.: Wanderpauschale Zell am See. Mitte Mai–Mitte Sept.: Seepauschale. Mitte April bis Ende Okt.: Golfpauschale.

Lage und Zufahrt: Kartenteil Seite 22 B 1.

DAS GASTEINER TAL
Salzburger Land

Badgastein Bad Hofgastein Dorfgastein

Schon zur Zeit der Kelten und Römer spielte sich »in der Gastein« einiges ab.

HEILWASSER, HEILSTOLLEN UND WANDERBERGE

Der Goldbergbau hielt 2000 Jahre lang das Leben in diesem Tal in Schwung. Vor 500 Jahren begann eine neue Quelle zu sprudeln: Heilwasser.

Das heilsame Wasser rückte das Gasteiner Tal (vor allem das Stück, das heute »Badgastein« heißt) ins Zentrum des Interesses. Die Heilquellen spielten sich in den Vordergrund, während das Gold an Bedeutung verlor. Sieche und Bresthafte fanden in den Thermen Heilung – und die Gasteiner ein neues Betätigungsfeld.

Selbst Kaiser und Könige pflegten sich alsbald hier vom Zipperlein und vom Regieren zu erholen. 1905 fuhr zum erstenmal die Eisenbahn nach Badgastein. Sie schloß das Tal an das europäische Verkehrsnetz an. In den letzten fünfzig Jahren hat man neue Schätze entdeckt: in der Erholungslandschaft.

Das Gasteiner Tal bietet als Sommerferienlandschaft ein breitgefächertes Betätigungsfeld. Dabei sind die Unterschiede der drei Gasteiner Orte grundsätzlich nicht groß. Nur die Details variieren da und dort. Dorfgastein, der Name sagt es schon, ist rustikaler und der kleinste Ferienort im Bunde. Er kann 1600 Fremdenbetten bieten – ziemlich genauso viel, wie noch Kühe in den Ställen stehen. Dorfgastein ist richtig für Leute, die es nicht unbedingt so fein haben wollen, wie man es von den beiden größeren Badeorten annimmt.

Diese wiederum möchten nicht nur als feine Kurorte gesehen werden, sondern heben auf die sportlichen Einrichtungen ab, die in großer Zahl und guter Qualität geboten werden.

Bad Hofgastein, in der Mitte des Tales, ist die älteste Gasteiner Siedlung mit handfesten Erinnerungsstücken aus der Zeit des Goldbergbaus. Das Weitmooser Schlößchen beherbergte in jener Zeit die Herren des Goldbergbaus; heute findet man dort eine Ausflugsgaststätte. Neben einigen schönen Häusern aus alter Zeit ist auch die spätgotische Pfarrkirche mit ihrer prächtigen Barockausstattung sehenswert.

Bad Hofgastein hat sich beizeiten eine Fußgängerzone zugelegt, um den Lärm im Griff zu behalten. Im Schloßalmgebiet entstand über dem Angertal die größte Skischaukel des Salzburger Landes. Natürlich hat man sich auch ein Bad gebaut, spät zwar, aber dafür

Hotels prägen das Ortsbild von Badgastein.

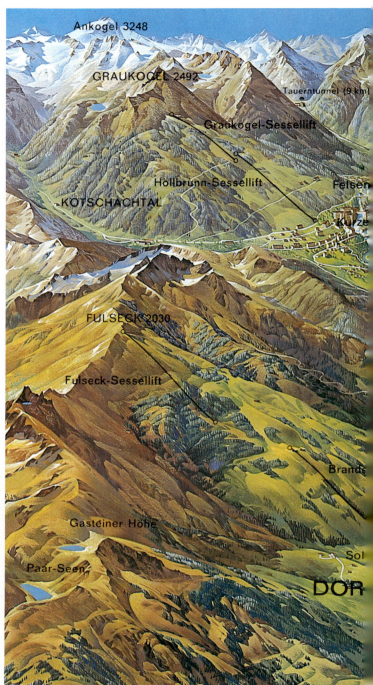

Badgastein-Böckstein

Der Thermal-Heilstollen ist das stärkste und wirkungsvollste Kurmittel im Gasteinertal. Die natürliche, schonend wirkende Therapie bei Rheumatismus, Arthrosen, Bechterew, Asthma, Durchblutungsstörungen, Unfallfolgen und Sportverletzungen. Die ideale Aufbaukur zu Wiedererlangung der optimalen Kondition und Lebensfreude.
Ausführliche Information gern kostenlos. Postkarte genügt!

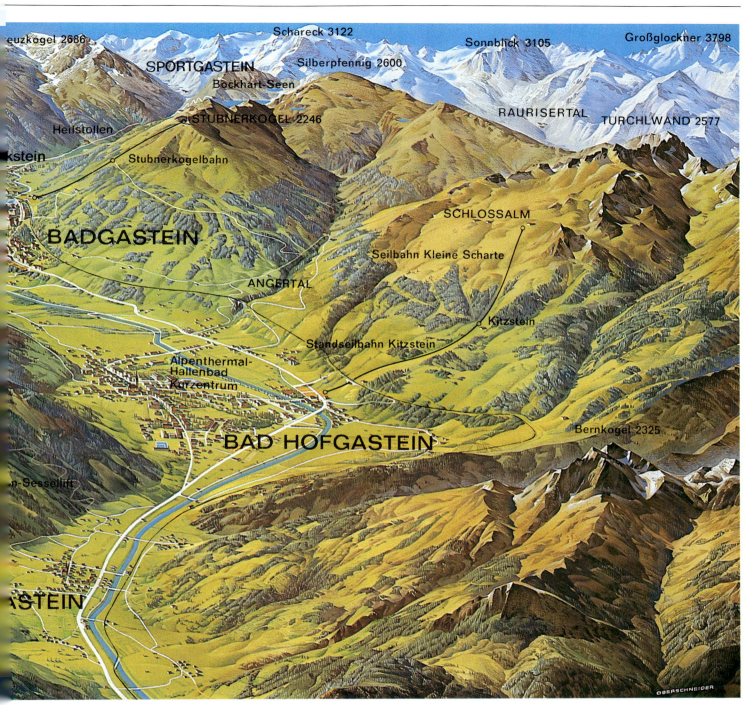

Links: Wanderung in Dorfgastein mit Blick auf den Schuhflicker (2125 m).
Rechts: Das Solarbad Dorfgastein.

DAS GASTEINER TAL
Salzburger Land

Badgastein   Bad Hofgastein   Dorfgastein

das schönste im Tal: das Alpenthermal-Hallenbad mit zwei Innen- und zwei Außenbecken mit insgesamt 1000 Quadratmetern Wasserfläche. Man mußte doch auf die Herausforderung der Badgasteiner antworten, die mit ihrem Felsenbad Furore gemacht hatten!

Badgastein ist ebenfalls auf dem besten Weg, das Image des mondänen Kurortes abzulegen und als Wintersport- und Sommer-Erholungsort anzukommen.

Doch muß zuerst eine Frage untersucht werden: Warum hat man Badgastein an die ungünstigste Stelle im Tal gebaut, auf diesen Buckel, wo hinten und vorne kein Platz ist? Ganz einfach: Als man die radonhaltige Quelle entdeckt hatte und sie nutzen wollte, war man noch nicht in der Lage, das heiße Wasser über längere Strekken zu transportieren. Also mußte man die Kurhäuser dahinbauen, wo das Wasser aus der Erde kam. Damit war der ungünstige Standort festgelegt.

Erst seit 1828 wird das Thermalwasser auch nach Bad Hofgastein geleitet, das sich inzwischen zum gleichwertigen Konkurrenten entwickelt hat. Daß eine exponierte Lage manchmal teuer zu stehen kommt, zeigte sich beim Neubau des Kur- und Kongreßzentrums. Mangels eines geeigneten Grundstücks zum Gießen der Sichtbetonteile mußten diese in Wien hergestellt werden und mit Großtransportern nach Badgastein befördert werden.

Das erste Kurhotel entstand bereits 1509 am Mitteregg: die Straubinger Hütte. Richtig vorwärts ging es allerdings erst Mitte des 19. Jahrhunderts, als man mit dem Bauen in den Steilhängen besser zurechtkam. Bald lernte man, mit dem Grundstücksmangel einigermaßen zu leben. Man baute eben noch tiefer in den Berg hinein und in die Höhe.

Das ist auch der Grund, warum das Badgasteiner Badezentrum in einem mehrstöckigen Gebäude

Oben: in Dorfgastein. Rechts und unten: Bad Hofgastein.

untergebracht ist und warum die Hallenbecken in die Felswände hineingebaut wurden. Gerade diese besondere Lösung machte das Felsenbad berühmt.

Die Dorfgasteiner haben sich inzwischen das Solarbad gebaut – unterschiedlich warme Becken, rund und ineinander angeordnet. Das Badgasteiner Kur- und Kongreßzentrum, das 1984 gerade zehn Jahre in Betrieb ist, bietet Interessantes. Hier finden viele Veranstaltungen statt, von klassischer Musik bis zur Folklore, von der Kunstausstellung bis zum Ärztekongreß. Das Spielcasino, früher ebenfalls hier untergebracht, ist inzwischen in das Grand Hotel de l'Europe umgezogen.

Für die Sportfreunde haben die Badgasteiner einen Ableger, nämlich Sportgastein, gebaut. Im 1600 m hohen Naßfeld installierte man einen Sessellift auf das Kreuzkogel, auch um etwaigen Schneeproblemen im Gasteiner Talboden ausweichen zu können. Zur Verkehrserschließung mußte erst die mautpflichtige »Gasteiner Alpenstraße« gebaut werden.

Zum Wandern und Bergsteigen gibt es rechts und links des Gasteiner Talbodens viele Möglichkei-

Rast im »Malerwinkel«.

In Badgastein verbindet sich kurstädtisches Flair (Bild links: Sommerliches Treiben auf dem Kongressplatz) mit der Möglichkeit, Ruhe in der Natur zu finden. Oben: Reedsee.

Wegführung im Bereich der Gadauner Schlucht. Dort wurde der Weg teilweise aus den senkrechten Felsen herausgesprengt; den Gadauner Bach hat man durch einen Tunnel hintergangen. Es ist eine zwei Stunden lange Schauwanderung.

Größere Dimensionen hat der Übergang nach Rauris ins westliche Nachbartal. Dabei wird über die Hohe Scharte sowie die knapp 2000 m hohe Seebachscharte ins Nachbartal gewechselt und auf einem leichten Almweg das Tal erreicht. Fünf bis sechs Stunden Gehzeit müssen kalkuliert werden. Mit Bus und Bahn kommt man zurück. Als nächstes wäre der Gamskarkogel, ein richtiger Gipfel und 2467 m hoch, ins Auge zu fassen. Zu empfehlen ist der Aufstieg von Bad Hofgastein: über die Rastötzenalm in fünf bis sechs Stunden. Der Abstieg erfolgt dann über die Topferscharte und die Poserhöhe nach Badgastein. Eine der schönsten Wanderungen und Übergänge im Gasteiner Raum ist der Weg von Böckstein nach Mallnitz. Vom Bahnhof folgt man dem Almweg ins markante Anlauftal. Nach einer knappen Stunde folgt man dem Wegweiser »Korntauern« nach rechts und steigt auf dem Mindener Weg steil aufwärts und vorbei am Tauernbachfall, quert später den Tauernbach und gelangt auf einen Wiesenboden. (Hier wurde vor einigen Jahren ein Steinbeil gefunden, das belegt, daß dieser Übergang bereits in der Jungsteinzeit – 2000 Jahre v. Chr. – begangen wurde.) An spärlichen Resten der Römerstraße vorbei erreicht man schließlich nach vier Stunden die Paßhöhe des Korntauern (2460 m). Über Almböden steuert man die Mittelstation der Ankogelbahn an und schwebt dann nach Mallnitz hinunter. Die Rückkehr erfolgt mit der Bahn durch den Tauerntunnel.

Ort	Höhe	Einwohner	Gästebetten					Camping/ Stellplätze	Ferienlager
			insgesamt	in Hotels	in Gasth./ Pensionen	in Chalets/ Ferienwhg.	in Privath./ Bauernhäus.		
Badgastein	1000 m	5680	7850	5017	904	280	635	2/318	1 JH*
Bad Hofgastein	850 m	5700	7800	2500	1600	1000	1400	1/50	–
Dorfgastein	825 m	1500	1600	351	362	259	724	–	–

Ort	Wandern			Beförderung		Hochtouren			Hütten		
	Wege mark.	Rundwege	geführte Wanderungen	Kabinenbahnen groß	Sessellifte klein	Anzahl	Dauer	Führer	bewirt.	unbew.	Abstand
Badgastein	110 km	5/40 km	2× wöch.		1	2	30	4–8 Std., 2 Tg.	3	10	3	5 Std.
Bad Hofgastein	80 km	2/16 km	4× wöch.	1	1		15	5 Std., 3 Tg.	ja	5	5	5–8 Std.
Dorfgastein	90 km		1× wöch.			2	70–90	6–14 Std., 21 Tg.	3	5	5	

Beförderung: Bus, Bahn. **Abzeichen:** Gasteiner Wandernadel. **Ferner interessant:** geologische und botanische Lehrpfade, Vogellehrpfad, Naturschutzgebiete, Wildgehege, Gasteiner Klamm, Höhlen, Wasserfälle, Erdpyramiden. **Unterhaltung:** Heimat-, Hüttenabende, Kinderfeste, Gästekindergärten, Gartenschach, Konzerte.

Badgastein

Kurverwaltung, A-5640 Badgastein, (0 64 34) 25 31-0, Tx 67 520.
Schwimmen in 2 Freibädern, 1 Hallenbad, Thermalbädern. Thermal-Heilstollen. 14 km Radwege. **Reiten** im Gelände, 10 km Wege, Schule, Halle. **Schießen:** Zimmergewehr, Pistole. **Tennis:** 15 Plätze, 1 Halle/ 4 Plätze, Schule. **Golf:** Platz mit 9 Loch. Kur- und Bäderbetrieb. **Unterhaltung:** Vorträge.
Hobbykurse und Aktivangebote: Historische Spaziergänge durch Badgastein. Geologische und botanische Wanderungen.
Pauschalangebote: Kurpauschalen.

Bad Hofgastein

Kurverwaltung, A-5630 Bad Hofgastein, (0 64 32) 64 81, Tx 67 796.
Schwimmen in 1 Thermalhallenbad. 8 km Radwege, Fahrradverleih. **Reiten** im Gelände, 10 km Wege.
Tennis: 9 Plätze, 1 Halle/2 Plätze.
Gesundheit: Trimmpfade, Kneippanlagen.
Hobbykurse und Aktivangebote: Sommerakademie: Malen, Schnitzen, Zeichnen, Modellieren. Juli: Int. Musikwochen (Klavierkurse).
Veranstaltungen: Aug.: Int. Wandertag.
Pauschalangebote: Kur-, Wanderpauschalen.

Dorfgastein

Fremdenverkehrsverband, A-5632 Dorfgastein, (0 64 33) 2 77, Tx 67 737.
Schwimmen in 1 Solarbad. 20 km Radwege, Fahrradverleih. **Reiten.**
Tennis: 4 Plätze.
Hobbykurse und Aktivangebote: Gewürzsträußerlsteckkurse, Bauernmalerei, Glasritzen, Hinterglasmalerei, Brotbackkurse.
Veranstaltungen: Aug.: Dorffest.

Lage und Zufahrt: Kartenteil Seite 22 B 2.

— Anzeigen

Badgastein-Böckstein

FF Salzburger Hotelgruppe
Hotel - Café - Restaurant Haas ★★★★
Besitzer: Familie Salzmann
A-5645 Badgastein-Böckstein
Tel.: 0 64 34/27 55-0
Das ideale Haus für Ihre Kur im naheliegenden Gasteiner Thermal-Heilstollen. Für Ihre sportlichen Aktivitäten steht angrenzend an unser Haus der hoteleigene Freizeit- und Fitnesspark. 2-Platz-Tennisanlage, Fischen, Wildpark.
Im Haus: Sauna, Sonnenbank, Fitnessraum, Voll- u. Teilmassagen und vieles mehr.

Bad Hofgastein

Kur- und Sporthotel Kärnten ★★★★
Besitzer: Familie Klammer
A-5630 Bad Hofgastein
Tel.: (0 64 32) 6 71 10; Tx.: 67 771
Bei uns erwartet Sie der ganze Komfort eines guten 4-Sterne-Hotels! Bei aller Eleganz der Atmosphäre familiäre Gastlichkeit. Hallenbad, Sauna, Solarium, Mass., Tennishalle, **Golf (9 holes).** Beihilfefähige Kur- u. Heilstollenpauschale. Spezialitäten-Restaurant.

GROSSARL
Salzburger Land

Das Großarltal ist das östliche Paralleltal zum weltberühmten Gasteinertal. Es bietet, wie dieses, eine Reihe schöner Alm- und Bergwanderungen.

AUF DER HIMMELSLEITER NACH OBEN

Allerdings ist das Großarltal nicht ganz so bekannt wie die Mulde zwischen Badgastein und Dorfgastein.

Dabei hat man durchaus Anknüpfungspunkte zum Gasteinertal. Denn die erste Besiedelung des Großarltales geschah von Dorfgastein über das Arltörl, denn der Zugang aus dem Salzachtal war damals zu schwierig.

Heute ermöglicht eine kühn angelegte Bergstraße den bequemen Zugang in das Tal.

Im Zeichen des Skisports kam es vor Jahren ein zweites Mal zu einer engen Verbindung zwischen Großarl und Dorfgastein, als über das Fulseck eine Skischaukel entstand, die bis heute prächtig funktioniert. Damit ist dann aber auch Schluß mit den Gemeinsamkeiten. Wenn im Nachbartal internationale Kurort-Atmosphäre herrscht, bestimmen im Großarltal rustikale Sommerfrischen und über hundert Bauernhöfe das Bild. Die wichtigsten Vorzüge des Großarltals sind die schöne und erholsame Landschaft, jede Menge Wanderbuckel und Gipfelziele über der 2000-Meter-Grenze – nebst den bereits genannten Sesselliften, die unter dem Kreuzkogel bis in 1800 m Höhe hinaufziehen.

Jede Woche werden kostenlos geführte Wanderungen veranstaltet. Und für fleißige Tourengeher gibt es Wandernadeln aller Schwierigkeitsstufen.

Besonderen Anklang finden Veranstaltungen, die als »Alm-Abenteuer« angeboten werden. Dabei geht es um größere Wanderungen unter Führung von erfahrenen Bergführern mit einer Übernachtung auf einer Alm. Zum Essen gibt es traditionelle Almkost wie Großarler »Muaß«, Topfennokken, Gröstl sowie Süß- und Sauerkäse. Vier verschiedene Routen werden wöchentlich durchgeführt.

Für die Individualisten kann man als erstes Wanderziel die Bacheralm (1658 m) empfehlen. Sie liegt im Süden von Großarl knapp oberhalb der Waldgrenze unter den Hängen des Frauenkogels. Von Auhäusel wird zuerst über einen steilen Fahrweg zur Hasler-Heimalm aufgestiegen, dann zieht der Wanderweg leicht ansteigend durch einen schönen Hochwald entlang dem Bacherbach zur Bacheralm. Die erreicht man nach einer Gehzeit von rund zwei Stunden.

Direkt gegenüber, auf der anderen Seite des Großarltales, liegt ein weiteres Wanderziel, das schon etwas größere Ansprüche an die Kondition stellt. Dabei ist es möglich, erst unterwegs zu entscheiden, ob man bereits an der Bichlalm »Rast« macht (nach drei Stunden) oder ob man noch eine Stunde bis zum Remsteinkopf (1946 m) dranhängt. Das erste Ziel ist die Grafenalm im Südosten von Großarl. Bald danach geht es durch einen Hochwald eine Stunde lang sehr steil aufwärts. (Man nennt diesen Abschnitt »Himmelsleiter«.)

Ist der Wald zu Ende, sieht man die Bichlalm schon und auch sonst eine Menge erfreulicher Landschaft. Noch eine halbe Stunde durch schüttere Lärchenbestände – und die Alm ist erreicht. Eine hervorragende Aussicht ebenfalls.

Wo das Ellmautal ins Großarltal mündet, liegt Großarl. Oben: der gewachsene Ortskern.

— Anzeiger

Großarl-Hüttschlag

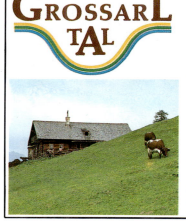

In Großarl sind die Möglichkeiten, einen Sommerurlaub zu verbringen, vielfältig. Zum Wandern stehen die meisten bewirtschafteten Almen im Salzburger Land, aber auch Berge bis 3.000 m zur Verfügung.
Die Gästebetreuung mit zahlreichen Veranstaltungen ist im Großarltal ganz besonders großgeschrieben.

Information:
Fremdenverkehrsverband Großarl
A-5611 Großarl 90
Tel.: (0043) 6414/281 oder 625
Telefax: (0043) 6414/8193

URLAUB AUF DEM BAUERNHOF
Urlaub ohne Hektik – naturverbunden und ursprünglich auf einem Bauernhof im Großarler Tal. Das ist besonders für die Kinder ein unvergeßliches Erlebnis!
Auskunft und Prospekte bei:
Bäuerlicher Gästering Großarl-Hüttschlag
A-5611 Großarl, Tel.: 06414/788
A-5612 Hüttschlag, Tel.: 06417/228

Ort	Höhe	Einwohner	Gästebetten insgesamt	in Hotels	in Gasth./ Pensionen	in Chalets/ Ferienwhg.	in Privath./ Bauernhäus.	Camping/ Stellplätze	Ferien- lager
Großarl	920 m	3000	2150	200	800	200	800	–	2 JH

Wandern: 150 km markierte Wege. 15 Rundwanderwege. **Geführte Wanderungen. Hochtouren:** 4–10 Std. **Hüttentouren:** 24 bewirt. Hütten im Abstand von 2–6 Std. **Beförderung:** Bahn, Bus, 2 Doppelsessellifte. **Abzeichen:** Wandernadeln, Touren-, Alpin-, Hochgebirgsnadel, österr. Wanderschuh.

Großarl

Fremdenverkehrsverband, A-5611 Großarl 91, (0 64 14) 2 81 und 6 25, Tx 67 685.
Schwimmen in 1 beh. Freibad. **Angeln** in der Großarler Ache. **Tennis:** 2 Plätze. **Schießen:** Zimmergewehr. **Unterhaltung:** Heimat-, Hütten-, Dorf-, Tanzabende, Dia- und Filmabende, Konzerte der Trachtenkapelle, Stockschießen, Kinder-Wochenprogramm (z. B. Bauernhof als Kindergarten).
Hobbykurse und Aktivangebote: Trockengesteckkurse.
Veranstaltungen: Anf. Aug.: Großarler Sommerfest.
Lage und Zufahrt: Kartenteil Seite 23 C 2.

die weit bis in die schneebedeckten Tauern reicht. Nach einer Pause kann man noch den Remsteinkopf angehen. Der gut markierte Weg führt auf einem leicht ansteigenden Rücken zu einem noch besseren Aussichtspunkt und zur Remsteinhütte, einer verfallenen Jagdhütte. (Im Osten sieht man das weite Buchbachkartal, eines der schönsten Jagdgebiete im Großarltal.)
Der Ort Hüttschlag, mehrere Kilometer taleinwärts, ist ebenfalls Ausgangspunkt für eine Reihe von Wanderrouten.

Anzeigen

Großarl

Problemlos telefonieren

Wenn Sie von anderen Ländern dort anrufen wollen, müssen Sie die 0 am Anfang der Vorwahl weglassen und folgende Nummer vorauswählen:

Aus Deutschland
nach Österreich 0043
in die Schweiz 0041
nach Italien 0039

Aus Österreich
nach Deutschland 060
in die Schweiz 050
nach Italien 040

HOTEL-GASTHOF ALTE POST
Besitzer: Familie Knapp
A-5611 Großarl 24
Tel.: 06414/207 oder 436
Gastliches Hotel, gepfl. Atmosphäre. 80 Betten in komf. Zimmern mit Bad/Du/WC, Tel. und großteils Balkon. Hallenbad (27° C), Sauna, Sol., Liegeterr., Kegelbahnen, TV- u. Leseraum, Hausbar, Weinkeller. **Freizeitaktivprogramm speziell f. Kinder!** Gruppenpauschalarr.

Aparthotel Kathrin
A-5611 Großarl, Salzburger Land
Telefon: (0043) 64 14/231 u. 292
Tx.: 67 671
104 Betten in Appartements für 2–7 Personen mit Bad, Du/WC, Direktwahl-Telefon, TV, Radio, Balkon. Liegewiese, TT, Hallenbad, Sauna, Solarium. Spezialitäten-Restaurant mit internationaler Küche. Diät und Halbpension. Geheiztes Freibad mit großer Liegewiese, Tennisplatz, Eisstockbahn, Minigolf. Bergbahnen und Wanderwege neben dem Haus. **Ideal für Familienferien.**

DIE RADSTÄDTER TAUERN
Salzburger Land

Altenmarkt Eben Filzmoos Flachau Forstau Kleinarl

Im Norden und Nordwesten sind es die Nördlichen Kalkalpen, die mit Dachsteingruppe und Tennengebirge bestimmen, wie Fauna, Flora und Felsformationen beschaffen sind.

RUND 850 KILOMETER WANDERWEGE – MARKIERT

Im Süden und Südwesten prägen die Zentralalpen mit den Hohen und Niederen Tauern die Landschaft – Seen, Wälder und Wanderwege.

Anzeigen

Filzmoos

Fremdenverkehrsverband
A-5532 Filzmoos
Tel. 0043/6453/235
TX 67617 vv fi a

1057 – 2700 mm
am Dachstein Salzburger Land

Urlaubsfreuden für die ganze Familie! Die Sommerfrische mit großartigem Naturpark · 200 km Wanderwege · Schwimmen · Kinder-Olympiade · Sport · Spaß · Unterhaltung · Quartiere für jedes Urlaubsbudget.

Forstau

forstau

Fremdenverkehrsverband
A-5550 Forstau
Telefon: 0 64 54/83 25

FORSTAU 930 m das idyllische, waldreiche Bergdorf in einem Hochtal zwischen Dachstein und Radstädter Tauern. Gute Gasthöfe und Pensionen sorgen für Unterkunft und Verpflegung.
Wanderungen:
Forstauer Wandernadel
Österreichische Bergwandernadel

Obertauern Radstadt St. Johann i. P. Wagrain

A-29

Die Orte zwischen Obertauern, Kleinarl und Filzmoos liegen im Pongau, im schönen Salzburger Land. Schladming und Rohrmoos-Untertal gehören in die grüne Steiermark. Und doch haben sie das Wichtigste gemeinsam, ihre Landschaft, die im Sommer wie im Winter die Fremdenbetten füllt.
Da diese Orte innerhalb eines Radius von nur zwanzig Kilometern liegen, sind alle Angebote für jeden bequem erreichbar. Es gibt einiges in der Runde, das einen Ausflug lohnt.
Da nun aber dummerweise die Landesgrenze mittendurch geht, gibt es natürlich auch zwei Werbegemeinschaften. Die eine – links, wenn man auf die Landkarte schaut – heißt »Erholungsgroßraum Radstädter Tauern« und vertritt die Salzburger Seite mit einer Handvoll von Orten. Damit haben wir es hier sechs Druckseiten lang zu tun.
Auf der rechten Seite der Landkarte breitet sich die »Dachstein-Tauern-Region« aus. Die haben wir anschließend.
Das Gebiet der Radstädter Tauern ist für Gäste gut gerüstet: es gibt über 25 000 Fremdenbetten und 850 Kilometer markierte Spazier-, Wander- und Bergwege. Alle Orte lassen ihre Besucher regelmäßig unter Führung eines Geländekenners oder Bergführers wandern – meist kostenlos und zweimal in der Woche. Überall kann man sich zu Fuß Gold und Silber erwerben, Bronze natürlich auch. In Altenmarkt, Radstadt und Filzmoos, in Eben, St. Johann und Wagrain gibt es geheizte Freibäder, Tennis fast überall.
Mit Vergangenheit können Radstadt und Altenmarkt aufwarten. Radstadt wurde bereits im 7. Jahrhundert aus Bayern besiedelt und erhielt wegen seiner strategischen Lage im Jahr 1289 die Stadtrechte. Die mittelalterliche Anlage ist auch heute noch gut zu erkennen.
Altenmarkt, direkt an der Enns, läßt in zwei Lagen wandern. In der Ortslage gibt es ein Dutzend Spaziergänge sowie mittlere Wanderungen zu Jausenstationen und Gasthöfen. Zehn Kilometer taleinwärts am Zauchensee (1350 m) verlaufen die Wanderungen in der Hochlage, unterstützt vom Gamskogel-Sessellift, der auf 2188 m hochzieht. Zum Schönsten zählt ganz sicher, wenn man nur zur Mittelstation des Liftes fährt und dann über Roßkopf, Vorderkogel und Lackenkogel nach Altenmarkt marschiert. Die Ausblicke auf das Tennengebirge und den Dachstein sind eindrucksvoll.
Eben im Pongau, Autobahnausfahrt und Schnellzugstation, ist ein kleines Bergdorf etwas oberhalb des Ennstals. In unmittelbarer Ortsnähe erschließen 60 Kilometer Wanderwege die Hänge und Höhen, die hier gar nicht schroff sind, sondern sich auch zum Radfahren anbieten. Dazu kommen Reitwege und Reitmöglichkeiten, Tennis und ein hübsches, kleines Freibad.
Einige Kilometer den Fritzbach aufwärts liegt Filzmoos mit seinen Nachbarorten Neuberg und Hachau am Fuß des Dachstein. Die erste Attraktion der ganzen Region ist die Dachstein-Südwandbahn. Seit 1969 befördern die 70-Mann-Kabinen von der Talstation Türlwandhütte die Gäste in fünf Minuten zur Bergstation Hunerkogel (2968 m). Die Talstation ist auf einer mautpflichtigen Straße zu erreichen; sie liegt 1700 m hoch. Die Auffahrt ermöglicht direkte Einblicke in die berühmt-berüchtigte, 800 m hohe Dachstein-Südwand.

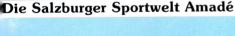

Filzmoos wird vom mächtigen Dachsteinmassiv mit seinen markanten Gipfeln geprägt.
Das Hoteldorf Obertauern (links oben) am 1738 m hohen Paß bietet in unmittelbarer Umgebung über zwei Dutzend Wanderungen, dazu in den Hochregionen schwere Touren.

Ort	Höhe	Einwohner	Gästebetten insgesamt	in Hotels	in Gasth./ Pensionen	in Chalets/ Ferienwhg.	in Privath./ Bauernhäus.	Camping/ Stellplätze	Ferienlager
Obertauern	1740 m	250	2000	500	300	100	100	–	Jugendheime
Filzmoos	1057 m	1100	3300	540	1170	240	805	–	Jugendheime
Forstau	930 m	450	540	–	55	78	272		2/135

Ort	Wandern Wege insg.	Wege mark.	Rundwege	geführte Wanderungen	Alpinschule	Beförderung Kabinenbahnen groß	klein	Sessellifte	Hochtouren Anzahl	Dauer	Führer	Hütten bewirt.	Abstand
Obertauern	100 km	100 km	3/50 km	2× wöch.					mehrere	8 Std.–3 Tg.	1	mehrere	2–4 Std.
Filzmoos	200 km	200 km		2× wöch.	×			1	mehrere	1–3 Tage	3	mehrere	3–8 Std.
Forstau	50 km	50 km		1× wöch.								mehrere	4–6 Std.

Beförderung: Bus, Bahn. **Abzeichen:** Wanderschuh (Obertauern), Filzmooser Wandernadel, Forstauer Wandernadel, Österr. Bergwandernadel. **Ferner interessant:** Naturschutzgebiet, Wildgehege, Wasserfälle (Obertauern).

Obertauern
Verkehrsverein, A-5562 Obertauern, (0 64 56) 2 52 und 3 20, Tx 67 560.
Schwimmen in 1 Hallenbad. 3 Gebirgsseen. **Angeln** in Flüssen und Seen. Reitwandern. **Schießen:** Tontauben. **Tennis:** 1 Platz, 1 Halle/2 Plätze, Schule. **Gesundheit:** Trimmpfade, Kneippfad, Fitness-Zentrum. **Unterhaltung:** Heimatabende, Kinderfeste, Gästekindergarten. **Veranstaltungen:** Anf. Juli: Prangtag. Aug.: Tennfest.
Pauschalangebote: Mitte Juni–Anf. Sept.: Sport- und Wanderwochen.
Lage und Zufahrt: Kartenteil Seite 23 C 1/2.

Filzmoos
Verkehrsverein, A-5532 Filzmoos, (0 64 53) 2 35, Tx 67 617.
Schwimmen in 1 Hallenfreibad. Fahrradverleih. **Tennis:** 5 Plätze. **Sommerski:** 3 Liftanlagen. **Unterhaltung:** Dia-, Heimatabende, Kinderfeste. **Veranstaltungen:** Juli: Sommernachtsfest.

Forstau
Verkehrsverein, A-5550 Forstau, (0 64 54) 83 25.
Angeln in Flüssen. **Unterhaltung:** Heimatabende. **Veranstaltungen:** Mitte Juli: Zeltfest.

Die Salzburger Sportwelt Amadé

DIE RADSTÄDTER TAUERN
Salzburger Land   Altenmarkt   Eben   Filzmoos   Flachau   Forstau   Kleinarl

Radstadt

Sonderausstellung »Die alte Stadt im Gebirge« vom 4.6.–1.10.89 mit großem historischen **Festumzug** am 11.6. und **Stadtfest** am 22.7.89. Theatervorführungen über 700 Jahre Radstadt. Briefmarkenausstellung. **Traditionelle Veranstaltungen** wie Knödel- (30.7.), Garde- (4.–6.8.) und Bergfest (13.8.) sowie beschmückter Almabtrieb. **Ausflugsziel Roßbrand** (1770m) mit Panoramablick auf ca. 150 markante Alpengipfel.
Auskunft: Fremdenverkehrsverband
A-5550 Radstadt - Salzburger Land (856m)
Tel.: (0043) 6452/305

Die Salzburger Sportwelt Amadé

Obertauern Radstadt St. Johann i. P. Wagrain

A-29

Was macht man da oben? Zuerst einmal schauen. Dann gibt es unermüdliche Skifans, die hier auch im Sommer – auf jeden Fall bis zum Juni und ab September – mehr oder weniger lange Hänge finden, um einige Schwünge zu machen. Für die Dachstein-Bergsteiger ist die Hunerkogelscharte eine hervorragende Startplattform. An Schönwettertagen ist mit lebhaftem Verkehr zu rechnen; manchmal auch mit zähflüssigem. Filzmoos hat viele schöne Wanderungen direkt vor der Haustür. Sie führen auf Almen oder Hütten und sind von großem landschaftlichem Reiz. Da geht es zum Beispiel in drei Stunden auf die Bachlalm (1495 m). Zur Sulzenalm, die 1534 n hoch liegt, sind es zwei Stunden; zur Hofpürglhütte (1703 m), die direkt unter der Bischofsmütze steht, ist es ebensoweit. Die schönste, allerdings sehr anspruchsvolle und sehr lange Wanderung ist die Umrundung des Gosaukammes, mit Übernachtung in der Gablonzer Hütte. Das ist schöner als der Dachsteingipfel, nur nicht so hoch.
Fast versteckt in ruhiger Lage abseits der Durchgangstäler bietet sich der kleine Ort Forstau als Ausgangspunkt für abwechslungsreiche Touren an. Dazu gehören etwa der vierstündige Fagerweg in das Almengebiet zu bewirtschafteten Hütten mit Blick auf das Dachsteinmassiv oder der dreistündige Steinwandweg. Wer's kürzer mag, wählt den einstündigen Auwaldweg, den ebenso langen Bachweg oder einen anderen der etwa zehn Strecken, die vom Ortszentrum ausgehen.
Auf der Höhe des Tauernpasses, der seit der Erschließung der Alpen befahren ist, erstreckt sich Obertauern, ein vielbesuchtes Wanderzentrum. Im unmittelbaren Ortsbereich sind 25 leichte und mittelschwere Wanderungen

Der Jägersee bei Kleinarl ist ein beliebtes Ausflugsziel.

präpariert. Hinzu kommen acht schwere Bergwanderungen. Da Obertauern so hoch liegt wie sonst häufig die Berghütten, sind die Gipfelanstiege in wenigen Stunden zu bewältigen. So braucht man für die Seekar-Spitze (2350 m), die Platten-Spitze (2293 m), die Gamsleiten-Spitze (2357 m) und das Gamsspitzl (2345 m) jeweils zwei Stunden. Das sind lauter mittelschwere Wanderungen. Viele leichte Wanderungen führen zu Seen, von denen ein ganzes Dutzend vorhanden ist.
Der höchste Gipfel heißt Gurpitsch-Eck. Er ist 2526 m hoch und mit einer schweren Wanderung in vier Stunden zu erreichen. Radstadt geht ganz auf Nummer Sicher und hat darum seinem

Ort	Höhe	Einwohner	Gästebetten insgesamt	in Hotels	in Gasth./ Pensionen	in Chalets/ Ferienwhg.	in Privath./ Bauernhäus.	Camping/ Stellplätze	Ferienlager
Altenmarkt	856 m	2800	4000	300	1550	750	1400	2/100	1 JH
Kleinarl	1014 m	650	1200	376	250	129	290	–	2
Radstadt	856 m	4000	4022	366	785	374	1751	2/240	1 JH

Ort	Wandern					Beförderung		Hütten		Abzeichen: Wandernadeln (Altenmarkt, Kleinarl). Tauern-Dachstein-Leistungsnadel, Österr. Wanderschuh (Radstadt). Ferner interessant: Naturschutzgebiete, botanische Lehrpfade, Wildgehege.
	Wege insg.	Wege mark.	Rundwege	geführte Wanderungen	Alpinschule	Bus	Sessellifte	bewirt.	unbewirt.	
Altenmarkt	100 km	100 km	5/60 km	2× wöch.	×	×	1			
Kleinarl	70 km	70 km		1–2× wöch.		×	1	5	1	
Radstadt	80 km	50 km	2/8 km	2× wöch.		×		4		

Altenmarkt/Zauchensee
Verkehrsverein, A-5541 Altenmarkt/Zauchensee, (0 64 52) 5 11 und 64 58, Tx 67 577.
Schwimmen in 1 beh. Freibad, 1 Hallenbad. **Angeln** in Flüssen. 10 km Radwege, Fahrradverleih. **Reiten** im Gelände, Schule. **Tennis:** 4 Plätze, 1 Halle/2 Plätze, Schule. Trimmpfade.
Unterhaltung: Heimat-, Hüttenabende, Kinderfeste, Gästekindergarten.
Veranstaltungen: Mitte Juli: Volksfest.

Kleinarl
Verkehrsverein, A-5602 Kleinarl, (0 64 18) 2 06.
Angeln in Flüssen. **Tennis:** 2 Plätze, Schule.
Unterhaltung: Heimat-, Hüttenabende, Konzerte, Dia-Abende, Gästetennisturniere, -eisstockschießen (Asphaltbahn), Kinderfeste, -wanderungen, Laternenfeste.
Pauschalangebote: Frühjahr und Herbst: Wanderwochen (14 Tage buchen – 12 Tage bezahlen). Juli u. Aug.: Kinderpauschalen (Kinder zahlen die Hälfte).

Radstadt
Verkehrsverein, Hauptplatz, A-5550 Radstadt, (0 64 52) 3 05 und 74 72, Tx 67 744.
Schwimmen in 1 beh. Freibad, 2 Hallenbädern. **Angeln** in Flüssen, künstl. Anlagen. 6 km Radwege, Fahrradverleih. **Reiten** im Gelände, 10 km Wege, Pferdeverleih. **Tennis:** 5 Plätze, 1 Halle/3 Plätze, Schule. Trimmpfade.
Unterhaltung: Heimatabende, Bauerntheater, Kinderfeste, Konzerte, Dia-Abende, Gartenschach, Informationsstammtisch, Stadtführung, Minigolfturniere.
Veranstaltungen: Anf. Aug.: Gardefest der Bürgergarde mit Feuerwerk. Ende Juli: Großes Radstädter Knödelfest.
Pauschalangebote: bis Ende Juni u. ab Mitte Aug.: Wurzelsepp-Pauschale (14 Tage Urlaub – 2 Tage gratis). Tennispauschale.

Lage und Zufahrt: Kartenteil Seite 23 C 1.

Wenn man in Radstadt (links) das Ennstal verläßt, kommt man nach Obertauern oder Forstau.

Die Salzburger Sportwelt Amadé

Hübsche Orte liegen in den Tälern zwischen Dachstein und dem Tennengebirge im Norden und den Tauern im Süden.
Kleinarl (links) schmiegt sich in ein hübsches Seitental der Enns. Die umliegenden Höhen sind von mehreren Sesselliften erschlossen, so daß der Aufstieg zu Höhenwanderungen weitaus leichter ist.

Problemlos telefonieren
Wenn Sie von anderen Ländern dort anrufen wollen, müssen Sie die 0 am Anfang der Vorwahl weglassen und folgende Nummer vorauswählen:

Aus Deutschland
nach Österreich	0043
in die Schweiz	0041
nach Italien	0039

Aus Österreich
nach Deutschland	060
in die Schweiz	050
nach Italien	040

DIE RADSTÄDTER TAUERN
Salzburger Land

Altenmarkt Eben Filzmoos Flachau Forstau Kleinar[l]

Links: auf dem Gerzkopf bei Eben im Pongau.

Hausberg, dem 1770 m hohen Roßbrand, eine Panoramastraße verpaßt – für Autos. So kann jeder zu diesem erstklassigen Aussichtspunkt kommen, wo er besonders die Bischofsmütze und den Dachstein schön im Blickfeld hat. Man kann allerdings in drei Stunden auch hinaufgehen. Besser ist es jedoch, auf den 1300 m hohen Predigtstuhl zu wandern. Er liegt genau im Osten von Radstadt und auf der Südseite der Enns. Die Aussicht von dort kann sich sehen lassen.

Flachau

FLACHAU REITDORF
Das Edelweiß Österreichs

- 2 Natur-Badeseen
- großer Reitstall
- Tennisplätze
- weitläufiges Wandergebiet Wandernadeln
- Umfangreiches Veranstaltungsprogramm

Fremdenverkehrsverband Flachau
A-5542 Flachau
Telefon (00 43) 64 57/22 14, 25 31
Telex 6 7698
Telefax (00 43) 64 57/25 36

Die Salzburger Sportwelt Amadé

Anzeige

Eben
Den Sommer erleben im

ERHOLUNGSDORF eben IM PONGAU
855–1612 m

Stellen Sie sich vor: ein kleines, stilles Bergdorf, eingebettet im Tal zwischen Dachstein und Radstädter Tauern, mit 70 km markierten Wanderwegen in wald- und wiesenreicher Landschaft. WÄRE DAS NICHT EIN IDEALES URLAUBSZIEL? Ein Urlaub, so richtig zum Entspannen! Wandern, Radfahren, Reiten, Tennisspielen, Schwimmen; Sport in jeder Form. Unterhaltung in aller Ruhe und Gemütlichkeit. Kommen Sie, wir laden Sie herzlich ein!

Fremdenverkehrsverband A-5531 Eben
Telefon (0043) 64 64/81 94

Obertauern Radstadt St. Johann i. P. Wagrain

A-29

Was sich im Winter als Drei-Täler-Skischaukel einen Namen gemacht hat, offeriert seine Wander- und Freizeitmöglichkeiten im Sommer als Drei-Täler-Ferienregion: die Orte St. Johann im Salzachtal, Wagrain im gleichnamigen Nebental und Flachau im Flachautal, dem Oberlauf der Enns. Allein St. Johann hat in unmittelbarer Umgebung 60 km Wanderwege. Dazu kommt die Region mit weiteren Tourenmöglichkeiten. Wer bestimmte Ziele erwandert, erhält nach einem Punktesystem das St. Johanner Alpinistenabzeichen in Gold, Silber oder Bronze. Zu den Wanderungen gehört auch ein botanischer Lehrpfad mit Informationen über die Alpenvegetation. Besonders beliebt ist die eindrucksvolle Wanderung durch die wildromantische grandiose Liechtensteinklamm. Außerdem kann man Radtouren mit Leihfahrrädern unternehmen, Pferde mieten und ins Gelände ausreiten, Tennis spielen oder Drachensegeln.

Die Verbindung ins Nachbartal, nach Wagrain, wird durch Sessellifte erleichtert. Von dort geht es, wiederum mit Liften, zur Kogl-Alm unterhalb des 1991 Meter hohen Grießenkarecks. Zu dessen Füßen liegt Wagrain auf der einen, Flachau auf der anderen Seite. Auch von Flachau führt ein Lift bis zum Grießenkarhaus – zu aussichtsreichen Höhenwanderwegen, die von beiden Seiten ohne größere Aufstiegsmühen zu bewältigen sind. Von Wagrain nach Süden öffnet sich das Kleinarltal in die Radstädter Tauern nach Kleinarl. Dort wird als schönster Ausflug die Tour über den romantischen Jägersee und die Schwabalm zum 1700 Meter hohen Tappenkarsee empfohlen. Bis zur Tappenkarhütte brauchen Sie zweieinhalb Stunden.

Ort	Höhe	Einwohner	Gästebetten					Camping/ Stellplätze	Ferien- lager
			insgesamt	in Hotels	in Gasth./ Pensionen	in Chalets/ Ferienwhg.	in Privath./ Bauernhäus.		
Eben	856 m	1612	1500	100	300	150	450	–	1 JH
Flachau	925 m	1950	5500	640	1700	1300	1400	–	3 JH
St. Johann	650 m	7800	2800	250	1100	350	1100	2	1 JH
Wagrain	852 m	2650	3800	200	1350	400	1050	–	6/1 JH

Ort	Wandern				Beförderung			Hochtouren			Hütten		
	Wege insg.	Wege mark.	Rund- wege	geführte Wanderungen	Bus	Bahn	Sessel- lifte	Anzahl	Dauer	Führer	bewirt.	unbew.	Abstand
Eben	60 km	60 km	5/15 km	1× wöch.	×						3	5	2 Std.
Flachau	100 km	100 km	4/20 km	1× wöch.	×		2	2	6–8 Std.	1	3		6 Std.
St. Johann	60 km	60 km	5/20 km	1× wöch.	×	×	3				4	2	
Wagrain	140 km	140 km		2× wöch.	×		2	1	8–10 Std.		4	5	

Beförderung: 1 Gondelbahn (Wagrain). **Abzeichen:** Ebner Leistungsheft u. Wandernadel. Flachau-Wagrain-Kleinarl-Wandernadel. Enzian-, Edelweiß-Nadel (Flachau, Wagrain). Hüttenwandernadel (Flachau). St. Johanner Wanderschuh u. Alpinistenabzeichen. Wanderschuh (Wagrain). **Ferner interessant:** Naturschutzgebiet, botanische Lehrpfade, Vogellehrpfad, Wasserfälle, Klammen, Alpenlehrgarten.

Eben
Fremdenverkehrsverband, A-5531 Eben, (0 64 64) 81 94.
Schwimmen in 1 beh. Freibad. **Angeln** in Flüssen. **Reiten** im Gelände, 10 km Wege, Pferdeverleih, Halle, Schule. **Tennis:** 6 Plätze.
Unterhaltung: Heimat-, Hüttenabende.
Veranstaltungen: Anf. Juli: Sommerfest.

Flachau
Fremdenverkehrsverband, Dorfstr. 172, A-5542 Flachau, (0 64 57) 22 14, Tx 67 698.
Schwimmen in 2 Badeseen. **Angeln** in Flüssen. Fahrradverleih. **Reiten** im Gelände, 5 km Wege, Pferdeverleih, Schule. **Schießen:** Luftgewehr. **Tennis:** 3 Plätze, Schule. Sommerrodelbahn. Fitness-Zentrum. Asphaltstockbahn.
Unterhaltung: Heimatabende, Theater, Konzerte, Kindernachmittage.
Veranstaltungen: Ende Juni: Wanderwoche mit int. 3-Täler-Bergmarsch. Anf. Juli: Almrauschtanz. Anf. Sept.: Almrauschwoche. Nach Erntedank: Bauernwoche mit Markt.
Pauschalangebote: Reiterpauschale. Tennispauschale.

St. Johann
Fremdenverkehrsverband, Hauptstr. 41, A-5600 St. Johann, (0 64 12) 4 65 und 60 36, Tx 67 502.
Schwimmen in 1 beh. Freibad, 2 Hallenbädern. Drachenfliegen (Schule). 10 km Radwege, Fahrradverleih. **Reiten** im Gelände, 5 km Wege, Pferdeverleih, Schule. **Schießen:** Pistole. **Tennis:** 4 Plätze, 1 Halle/3 Plätze, TCJ-Camp, Rafting.
Unterhaltung: wöchentlich: Kinderspielfest. Heimatabende, Platzkonzerte, Spectrum Kulturkreis, Sportturniere.

Wagrain
Fremdenverkehrsverband, A-5602 Wagrain, (0 64 13) 82 65 und 84 48, Tx 67 563.
Schwimmen in 1 beh. Freibad, 1 Hallenbad. **Angeln** in Flüssen. Drachenfliegen. Fahrradverleih. **Schießen:** Luftgewehr. **Tennis:** 5 Plätze, Schule. Trimmpfade. Gesundheitspark.
Unterhaltung: Heimat-, Hüttenabende, Bauerntheater, Konzerte, Dia-Abende, Kulturprogramm.
Veranstaltungen: Anf. Juli: Sommernachtsfest. Mitte Juli: Großes Lindenfest.
Pauschalangebote: Clubferien (Tennis).

Lage und Zufahrt: Kartenteil Seite 23 C 1.

— Anzeigen

Die Salzburger Sportwelt Amadé

St. Johann

Erlebnisferien im Herzen d. Salzburger Landes. Großes Angebot f. Sport u. Spiel - Animationsprogr. f. Erw. u. Ki. Waldschwimmbad m. Großwasserrutsche (35 m), Hotelhallen- u. Freibäder, Tennis(hallen)pl., Squash, Reiten, Minigolf, Alpenlehrgarten...Kinderspielparadies auf dem Sonnenplateau St. Johann/Alpendorf.
Farbprospekt anfordern: Fremdenverkehrsverband A-5600 St. Johann im Pongau, Tel.: (0043) 6412/6036 od. 465.

DIE DACHSTEIN-TAUERN-REGION
Steiermark   Gröbming   Haus i. E.   Ramsau   Rohrmoos   Schladming

Hier, links und rechts des Ennstales, liegen einige interessante Ferienorte.

REITEN, WANDERN, SOMMERSKI

Die Orte haben vielseitige Programme zur Unterhaltung ihrer Gäste, ein ausgedehntes Netz von Wanderwegen – und den Dachstein in der Nähe, auf dem man auch im Sommer skilaufen kann.

Wenn man zusammenzählt, was Ramsau, Schladming und Rohrmoos an markierten Wanderwegen zu bieten haben, kommt man auf 500 Kilometer. Das ist sehr viel. (Die Gegend hat sich drum einen Markennamen eintragen lassen: »Europa-Wanderpark Dachstein-Tauern-Region«.) Zählt man in diesen Orten die Tennisplätze, so sind es über zwei Dutzend. Und an die 70 Kilometer Reitwege gibt es ebenfalls.

Aber die Attraktion der Gegend ist natürlich der Dachstein (2995 m) mit der Dachstein-Südwandbahn. Seit 1969 befördern die 70-Mann-Kabinen von der Talstation Türlwandhütte die Gäste in fünf Minuten zur Bergstation Hunerkogel (2698 m). Die Talstation liegt gleich bei Ramsau. Sie ist auf einer mautpflichtigen Straße zu erreichen; sie liegt 1700 m hoch. Die Auffahrt ermöglicht direkte Einblicke in die berühmt-berüchtigte 800 m hohe Dachstein-Südwand. Oben kann man sich nicht nur umsehen; man kann auch ski- und langlaufen. Es gibt ja unermüdliche Fans, die das auch im Sommer wollen. Die finden hier zumindest bis zum Juni und ab September mehr oder weniger lange Hänge, um Schwünge zu machen. Für die Dachstein-Bergsteiger ist die Hunerkogelscharte ein

Was oben so schäumt – das ist der Riesach-Wasserfall. Er liegt in einem Seitental des Ennstals bei Schladming.

Anzeige

Rohrmoos-Untertal

mit den **Ortsteilen Obertal und Fastenberg**, oberhalb von Schladming gelegen, ist wie geschaffen für alle Erholungssuchenden und Naturliebhaber. Die wunderschöne Landschaft, umrahmt von den Hausbergen Planai und Hochwurzen, und die wohl einmalige Aussicht auf das gesamte Dachsteinmassiv machen den Urlaub hier zum Erlebnis!

A-8970 ob Schladming
Tel.: (0043) 3687/61147

Schladming-Rohrmoos.

Oben: Schladming

hervorragende Startplattform. An Schönwettertagen ist mit lebhaftem Verkehr zu rechnen, manchmal auch mit zähflüssigem. Schladming und Rohrmoos sind unmittelbare Nachbarn, die auch die gleichen Ausflüge und Wanderungen anbieten können. Interessante Ausflüge werden zur Lodenwalke (mit Besichtigung der Lodenherstellung) und zur Schladminger Schnapsbrennerei gemacht. Der Hochwurzen (1852 m) und die Planai (1894 m) sind mit dem Autobus zu bezwingen; Straßen führen hinauf. Im Sommer sind auch die Gondelbahn auf die Planai und der Rohrmoos-Sessellift in Betrieb. Zum interessantesten Ausflugsziel zählt hier der Klafferkessel mit seinen dreißig Seen. Ziel schöner Wanderungen sind auch der Riesachwasserfall und der Duisitzkarsee.

Ort	Höhe	Einwohner	Gästebetten					Camping/ Stellplätze	Ferienlager
			insgesamt	in Hotels	in Gasth./ Pensionen	in Chalets/ Ferienwhg.	in Privath./ Bauernhäus.		
Gröbming	776 m	2100	1970	1027		98	845	2	2/110
Haus i. E.	740 m	2300	2500	200	1100	200	900	–	1/100
Ramsau/Dachstein	1000 m	2100	7000	1500	1300	700	3500	1	–
Schladming	750 m	4000	3600	800	800	1000	800	1/200	1 JH

Ort	Wandern			Alpinschule	Beförderung				Hochtouren		
	Wege mark.	Rundwege	geführte Wanderungen		Bus	Bahn	Kabinenbahnen groß	klein	Sessellifte	Anzahl	Dauer	Führer
Gröbming	100 km		3× wöch.		×	×				mehrere		×
Haus i. E.	90 km	9/70 km	1× wöch.		×	×	1			5	4–8 Std, 6 Tg.	mehrere
Ramsau/Dachstein	200 km	10/150 km	5× wöch.	×	×		1	1	1	mehrere		5
Schladming	300 km	10/100 km	2× wöch.		×		1	1	2	mehrere	4–8 Std., 5 Tg.	×

Hüttentouren: bewirt. Hütten im Abstand von 5–6 Std. **Abzeichen:** Ramsauer Wandernadel, Kindernadel, Gletscherwanderabzeichen (Ramsau). Dachstein-Tauern-Regionswandernadel, Goldene Dachstein-Tauern-Gipfelnadel (Schladming). Gipfelpaß, DTR-Wandernadel, Michael-Koch-Wandernadel (Gröbming). Hauser Gipfelnadel. **Ferner interessant:** geologischer Lehrpfad, Wildgehege, Wasserfälle, Klammen, Freizeitpark, Märchenland. **Sommerski** am Dachsteingletscher: 4 Liftanlagen, 3,5 km Abfahrten, 15 km Loipen.

Gröbming
Verkehrsverein Gröbming und Umgebung, A-8962 Gröbming, (0 36 85) 21 31 mit Mitterberg und Michaelerberg.
Schwimmen in 4 Freibädern (davon 3 beh.). **Angeln** in Seen u. Flüssen. Fahrradverleih, 20 km Radwege. **Reiten** im Gelände, Schule. **Tennis:** 8 Plätze, Schule. **Drachenfliegen** am Stoderzinken. **Schießen:** Luft-, Feuergewehr, Pistole. **Gesundheit:** Trimmpfad, Regenerationszentrum, Kur- und Bäderbetrieb.
Unterhaltung: Heimatabende, Kinderfestspiele, Gästekindergarten, Dia-Vorträge, Konzerte, Sommer-Aktivprogramm.
Veranstaltungen: Zelt-, Gartenfeste. Almabtrieb (jedes 2. Jahr).
Pauschalangebote: Reiterferien. Radwanderwochen. Aug.: Mineralienwochen. Juni, Aug.–Sept.: Hundewochen, Single-Wochen.

Haus im Ennstal
Verkehrsverein, A-8967 Haus/E., (0 36 86) 22 34, Tx 38 254.
Schwimmen in 1 Badesee, 1 beh. Freibad. **Angeln** in Flüssen. Fahrradverleih, 25 km Radwege. **Tennis:** 4 Plätze, Trainer. **Schießen:** Luftgewehr.
Gesundheit: Kneippanlagen.
Unterhaltung: Heimat-, Hüttenabende, Platzkonzerte, Dia-Abende, Kinderolympiade.
Veranstaltungen: Juni: Int. Senioren-Radrennen.
Pauschalangebote: Wanderwochen (mit geführten Wanderungen). Tennis-Campwochen.

Lage und Zufahrt: Kartenteil Seite 23 C/D 1.

Ramsau/Dachstein
Verkehrsverein, A-8972 Ramsau/Dachstein, (0 36 87) 8 19 25 und 8 18 33, Tx 38 19 528.
Schwimmen in 1 beh. Freibad, 4 Hallenbädern. **Reiten** im Gelände, 20 km Wege, Pferdeverleih, Schule. **Schießen:** Luftgewehr. **Tennis:** 14 Plätze, 1 Halle/2 Plätze, Schule.
Gesundheit: Trimmpfade, Fitness-Zentrum.
Unterhaltung: Heimat-, Hüttenabende, Kinderfeste, Dia-Vorträge, Konzerte, Preisangeln, Gästeprogramm.
Pauschalangebote: Abenteuer-, Bergwander- und Kletterwochen. Ende Juni, Anf. Okt.: Ramsauer Fotowochen (7-Tage-Pauschale). Aug.–Sept.: Gletscher-Langlaufwochen.

Schladming-Rohrmoos
Verkehrsverein, A-8970 Schladming, (0 36 87) 2 22 68, Tx 38 276; Verkehrsverein Rohrmoos-Untertal, Büro Rohrmoos 92, A-8970 Schladming, (0 36 87) 6 11 47.
Schwimmen in 1 beh. Freibad, 1 Hallenbad. **Angeln** in Seen u. Flüssen. 20 km Radwege, Fahrradverleih. **Reiten** im Gelände, 20 km Wege, Pferdeverleih. **Tennis:** 11 Plätze, 2 Hallen/4 Plätze. **Unterhaltung:** Heimatabende, Konzerte, Dia-Abende, Gästeturniere (Tennis, Tischtennis, Minigolf). Wöchentliches Gästeprogramm, Stollenführungen, Kutschenfahrten.
Hobbykurse und Aktivangebote: Keramik-, Paddelkurse. Ab Mitte Juli: Sommerseminar für kreatives Sehen u. Gestalten. Anf. Juli–Anf. Aug.: Musiksommer mit Meisterkursen. Ende Juni–Anf. Juli: Sportwoche des Turnvereins für Gäste.
Veranstaltungen: Musik- u. Trachtenwoche. Ende Aug.: Feuerwehrwoche. Sept.: Mineralienwoche.

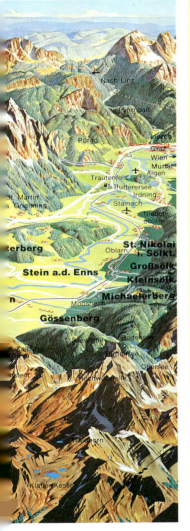

Dachstein vor der Ramsau.

HEILIGENBLUT – NATIONALPARK HOHE TAUERN
Kärnten

Österreichs schönstes Bergdorf liegt am Fuß des höchsten Gipfels von Österreich, an der größten Hochgebirgsstraße des Landes und mitten im Nationalpark »Hohe Tauern«.

IM REICH DES GROSSGLOCKNER

Daher kommt es, daß Heiligenblut im Sommer zahlreiche Besucher hat. Doch es gibt neben dem Touristikdorf auch ein anderes Heiligenblut, das lediglich die Einheimischen und die Dauergäste kennen. Vor allem das soll uns hier interessieren.

Zum Einstieg seien gleich die wichtigsten Daten und Superlative genannt. Also: der Großglockner ist mit 3798 m Höhe der Größte im Land. Schon bei der ersten Besteigung 1880 war eine Karawane von 62 Gipfelstürmern dabei. Kein Wunder, daß auch heute an schönen Tagen das Gedränge, besonders zwischen Klein- und Großglockner, groß ist. In der weiten Runde gibt es vierzig Dreitausender zu sehen (da sind natürlich alle weniger bedeutenden auch mitgezählt) und zwanzig Gletscher, die hier »Kees« heißen.

Das Pasterzenkees (kurz »Pasterze« genannt) ist 10 km lang und der größte Gletscher der Ostalpen. Es ist mit der Gletscherbahn von der Franz-Josefs-Höhe für jedermann bequem erreichbar, auch ohne Bergsteigerei. Man muß dazu nur die 1985 50 Jahre alte, mautpflichtige Großglockner-Hochalpenstraße fahren, deren höchster Parkplatz sich auf der 2577 m hohen Edelweißspitze befindet. Wenn man jedoch mindestens drei Nächte in Heiligenblut bucht, dann gibt es mit der dortigen Kurkarte eine 50%ige Mautermäßigung – sowohl für

Heiligenblut

Großglockner Ferien-Region

NIMM DEIN PFERD UND WANDERE!
Wandern mit Pferden - auf den Spuren der Säumer und Goldgräber in den Nationalpark Hohe Tauern -, ein Erleben der Natur mit der uralten Beziehung zwischen Mensch und treuem Tier.
TREKKINGTOUR: Geführte Zweitagestour mit Haflingerpferden, Lagerfeuerromantik und Übernachtung in einer Blockhütte, Verpflegung und Ausrüstung wird bereitgestellt. Auskunft: Verkehrsamt Großkirchheim.
ABENTEUER-BERGWANDERUNG GLOCKNER AKTIV BERGSTEIGEN
NATIONALPARK-FAMILIENWANDERWEG WINKLERN
NATURERLEBNIS GRADENTAL
Information: Regionalverband Großglockner, A-9844 Heiligenblut, Tel. 04824/2222, Telex 48100 regvb a

Heiligenblut
Großkirchheim
Winklern

Nationalpark Hohe Tauern

A-31

Pkws als auch für Busse (Kurkarte vom Vermieter im voraus anfordern!).
An der Aussage vom »anderen« Heiligenblut ist viel dran. Bereits heute sind Teile dieser Gegend als Natur- und Landschaftsschutzgebiete ausgewiesen. Heiligenblut liegt im Zentrum des Nationalparks »Hohe Tauern«. Für Wanderer und Bergsteiger werden 200 km Wege in Schuß gehalten, zwei Sesselllifte bringen Sie auf 2600 m Höhe. Und acht Schutzhütten sowie zahlreiche Gasthöfe und bewirtschaftete Almen sind um das leibliche Wohl besorgt.

*Oben sehen Sie den Gößnitz-Wasserfall, gleich hinter Heiligenblut. Auf unserer Panoramakarte können Sie ihn erkennen.
Auf dieser Karte sehen Sie auch die typische Kirche von Heiligenblut, die sich Ihnen auf dem Foto unten ebenfalls präsentiert.*

Besuchen Sie – vielleicht am Abend, wenn die Ausflügler wieder weg sind – auch die Kirche von Heiligenblut! Sie ist nicht nur von außen dank des schlanken Turmes recht elegant. Sie besitzt auch einen wertvollen, geschnitzten und bemalten Hochaltar sowie ein schönes Sakramentshäuschen.
Eins müssen Sie vor dem ersten Abmarsch entscheiden: Ob Sie sozusagen völlig wertungsfrei durch die Gegend ziehen, oder ob man den bronzenen, silbernen oder goldenen Wanderschuh von Heiligenblut haben möchte. Für Spitzenwanderer gibt's den silbernen und goldenen Wanderschuh auch mit Diamantkranz.
Eines ist rund um Heiligenblut für alle gleich, ob Spaziergänger oder Hochtourist: Man bewegt sich inmitten einer geradezu heroischen Landschaft. Die leichten Wanderungen bleiben in den Tälern, können aber recht ausgedehnte Unternehmungen werden, wenn man bis zur Möll- und Margaritzensperre marschiert.
Anspruchsvoller sind die Hüttenanstiege. Da muß als erstes die Salmhütte in der Südflanke des Großglockners (genauer: am Südfuß des Schwertecks) genannt werden. Sie hat Vergangenheit. Hier wurde bereits 1799 der erste Unterstand errichtet – als Ausgangsbasis für die Erstbegehung im Jahre 1800. Auf einem guten Weg durch das Leitertal kann man von Heiligenblut aus die Hütte in etwa fünf Stunden erreichen. Sie liegt beachtliche 2638 m hoch. Ganz in der Nachbarschaft steht, 2661 m hoch, die Glorerhütte. Auch sie erfordert etwa fünf Stunden Aufstieg. Der größte Teil des Weges ist mit dem Aufstieg zur Salmhütte identisch. Erst in der Schlußphase trennen sich die Wege.
Die dritte, die Elberfelder Hütte, liegt bereits in der Schobergruppe. Man marschiert durch das mächtige Gößnitztal nach Süden und trifft nach fünf Stunden auf die 2346 m hoch gelegene Hütte. Glücklicherweise wurden die ursprünglichen Pläne nicht verwirklicht, nach denen die Hütte auf 2800 m Höhe vorgesehen war. Das wären noch eineinhalb Stunden Gehzeit mehr gewesen.
Alle drei Hütten stehen auf dem Programm für den goldenen Wanderschuh.

Ort	Höhe	Einwohner	Gästebetten insgesamt	in Hotels	in Gasth./ Pensionen	in Chalets/ Ferienwhg.	in Privath./ Bauernhäus.	Camping/ Stellplätze	Ferienlager
Heiligenblut	1301 m	1384	1812	591	386	126	233	2/500	1 JH

Wandern: 200 km markierte Wege. 4 Rundwanderwege, 140 km. **Beförderung:** Postbus, 2 Sessellifte.
Geführte Wanderungen: 2mal pro Woche. **Hochtouren:** 21; 1–2 Tage Dauer, 12 Bergführer.
Hüttentouren: 8 bewirt. Hütten im Abstand von 2–5 Std. **Abzeichen:** Wanderpaß, Wanderschuh.
Ferner interessant: geologische und botanische Lehrpfade, Goldwaschen im Nationalpark »Hohe Tauern«, Kräutergarten, Wasserfälle.

Heiligenblut

Fremdenverkehrsverband, Hof 1 b, A-9844 Heiligenblut, (0 48 24) 20 01-21 oder 20 01-22, Tx 48 100.
Schwimmen in 1 Hallenbad. 2 Stauseen, 4 Hochgebirgsseen. **Reiten** im Gelände, Reithalle, Pferdeverleih. **Tennis:** 2 Plätze, 1 Halle mit 1 Platz, Schule. Squash.
Unterhaltung: Heimat-, Hüttenabende, Bauerntheater, Kinderfeste, Gästekindergarten, Konzerte, Dorffeste.
Hobbykurse und Aktivangebote: wöchentlich: Goldwaschen, Mineraliensammeln, Wildschautour, Mühlenwanderung.
Veranstaltungen: Ende Juni: Pinzgauer Wallfahrt mit Krämermarkt. Juli/Aug.: Dorffeste. Aug.: Nationalparkwandertag.
Pauschalangebote: Wanderungen und Bergtouren, Wildwasser-Rafting, Flußwandern mit Schlauchbooten.
Lage und Zufahrt: Kartenteil Seite 22 B 2.

— Anzeigen

Heiligenblut

HOTEL POST
F. u. M. Eder
Tel.: 04824/2245
Tx: 3 47 62 01
Fax: 04824/224581
Komfortables Hotel m. familiärer Atmosphäre. Hallenbad, Sauna, Sol. Frühstücksbuffet.

FERIENGASTHOF RUPERTIHAUS
Familie Hatz
Tel.: (0043) 48 24/22 47
Telex: 4 82 31
Familiär, gehobene Gastlichkeit in zentraler Lage. Unterhaltungsprogramm.

Heiligenblut
DIE VIER GEMÜTLICHEN

HOTEL KÄRNTNER-HOF
Familie Fleissner
Tel.: 0 48 24/20 04
»Ihr zweites Daheim« in den Ferien. Hallenbad, beheiztes Freibad, Sauna, Solarium, Liegewiese, Frühstücksbuffet, Salatbuffet, urige Almstube.

BERGGASTHOF WALLACKHAUS
Gerwald Wallner
Tel.: 0 48 24/22 23
Ferien in 2304 m Höhe. Gemütliche Zimmer und Aufenthaltsräume. Große Sonnenterr., Sauna.

Auf allen Strassen richtungweisend.
Die Strassenkarten von Kümmerly + Frey.

   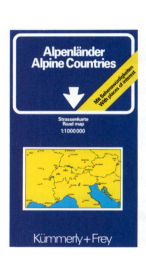 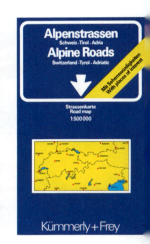

URLAUB IN DEN BERGEN
SCHWEIZ

Wo immer man in der Schweiz Ferien machen mag, um Berge und Buckel kommt man kaum herum. Selbst im Tessin, das eher durch Sonne, Seen und Künstlerkolonien von sich reden macht, trifft man ununterbrochen auf Gipfel und Täler, Almen und Hütten, Bergsteiger und Jochbummler. Allerdings ist das Tessin in dieser Disziplin hierzulande völlig unbekannt. Von Norden gesehen, steht die Tessiner Bergszenerie ganz im Schatten des Wallis und des Berner Oberlandes. Doch wem Atmosphäre wichtiger ist als die absolute Höhe, wer Einsamkeit mehr schätzt als Hüttentrubel, der wird im Tessin hervorragend bedient.

Das Wallis ist in vielen Bereichen die Alternative zum Tessin. Spektakelig und berühmt präsentieren sich Zermatt und Saas Fee; Gipfel und Gletscher sind Weltklasse. Ja, das ganze Rhonetal ist eine einzige und einzigartige Ferienlandschaft. Hier sieht man allerdings auch die Folgen der stürmischen Betten- und Übernachtungszuwachsraten besonders deutlich, wenn sich Hotelkomplexe mit vier Stockwerken im neckischen Almhüttenstil präsentieren.

Noch geballter findet der Tourismus im Berner Oberland statt, vor allem zu Füßen von Jungfrau, Eiger und Mönch. Hier findet man auch die tollste Ansammlung von Bergbahnen aller Art: ganz alte und sehr neue, per Zahnrad und schwebend, dampfbetrieben und durch Tunnel keuchend. Auch sonst wird hier geboten, was gut und teuer ist – und auch manches Überflüssige. Zu den Gags zählt sicher das Drehrestaurant auf dem knapp 3000 m hohen Schilthorn, erholsam sind die autofreien Ferienorte, einmalig ist das Freilichtmuseum Ballenberg nahe Brienz mit berühmten Holzhäusern aus der guten alten Zeit.

Berner Oberland und Wallis bieten alles, was im Alpentourismus vorstellbar ist – von der Super-Gipfelschau bis zum längsten Alpengletscher, von Haydn bis zum Heimatabend, vom Golf bis zum Gartenschach. Für Bergwanderer und Alpinisten gehen Träume in Erfüllung; nur die berühmte Bergeinsamkeit, von der man auch träumt, gibt es kaum noch.

Die dritte und von der Fläche größte Bergregion in der Schweiz ist Graubünden, das mit dem Piz Bernina gerade einen einzigen Viertausender besitzt – dafür aber viele, viele Wanderberge. Kein Zufall, daß hier zwischen dem Rhein- und Inntal auch die berühmtesten Skireviere liegen. Denn was gut ist fürs Bergwandern, ist meist auch gut zum Skifahren. Zwischen Davos und St. Moritz, von Disentis bis Scoul ist die Ausstattung mit Ferieneinrichtungen vom besten.

Im Winter kommt hier durchaus Lebhaftigkeit auf; im Sommer ist Ruhe im Bündner Land. Man verläuft sich. Wenn es einen gar an den Vorderrhein verschlägt, hinter Flims flußaufwärts, kann man noch auf recht ursprüngliche Dörfer stoßen. Klar, daß hier auch die Bergwelt noch recht urig daherkommt.

Vielseitig interessierte oder unruhige Geister siedeln am besten irgendwo zwischen Vierwaldstätter-, Zürich- und Walensee. Ein buntes Programm ist dann leicht aufzustellen: Bummeln durch Zürichs Bahnhofstraße, Baden in einem der zwei Dutzend Seen, Bergsteigen per Bahn auf die berühmten Pilatus und Rigi oder zu Fuß im Hochybrigstock, durch die Flumser Berge oder die Glarner Alpen.

Die Verkehrsbüros geben auf vielen Wegen Hilfestellung. Geführte Wanderungen erleichtern fast allerorts den Einstieg in die Wanderei. Das Rahmenprogramm, das in größeren Ferienorten geboten wird, verrät Schweizer Gediegenheit. Auch hier kommen die Heimatfeste zum Zug, aber ebenso sommerliche Musik-Festspiele, Bauerntheater, Eishockeyturniere, Gästeläufe und ganz einfach Sommerfeste.

Unverständlich ist allerdings, daß man in der Schweiz, einem Land mit bestem touristischen Renommee, an einigen Orten immer noch die Leute mit dem Hubschrauber zum Besichtigen fliegt.

J.R.

Die Schweiz ist ein kleines Land, aber die Möglichkeiten für Bergtouristen sind unendlich groß. Sogar in Höhen, die anderswo den Bergsteigern vorbehalten sind, finden sich noch bequeme Spazierwege, die man durch Bergbahnen erreicht. Auf Schritt und Tritt merkt man, daß in diesem Land der Tourismus erfunden wurde.

SCHWEIZ

Diese Karte soll Ihnen einen Überblick geben. Sie sehen darauf rote Punkte mit Zahlen. Sie bezeichnen die Gebiete, die wir auf den folgenden Seiten beschreiben. Dort finden Sie die Zahlen wieder – rechts oben auf den Seiten. Detaillierte Straßenkarten der Alpenregionen im Maßstab 1 : 500 000 finden Sie im Anhang dieses Buchs.

Allgemeine Informationen über die Schweiz erhalten Sie in folgenden Städten:

Düsseldorf
Schweizer Verkehrsbüro
Kasernenstraße 13
4000 Düsseldorf
(02 11) 32 81 19

Frankfurt
Schweizer Verkehrsbüro
Kaiserstraße 23
6000 Frankfurt
(0 69) 25 60 01

Hamburg
Schweizer Verkehrsbüro
Speersort 8
2000 Hamburg 1
(0 40) 33 70 72

München
Schweizer Verkehrsbüro
Leopoldstraße 33
8000 München 40
(0 89) 33 30 18

Stuttgart
Schweizer Verkehrsbüro
Neue Brücke 6
7000 Stuttgart 1
(07 11) 29 65 45

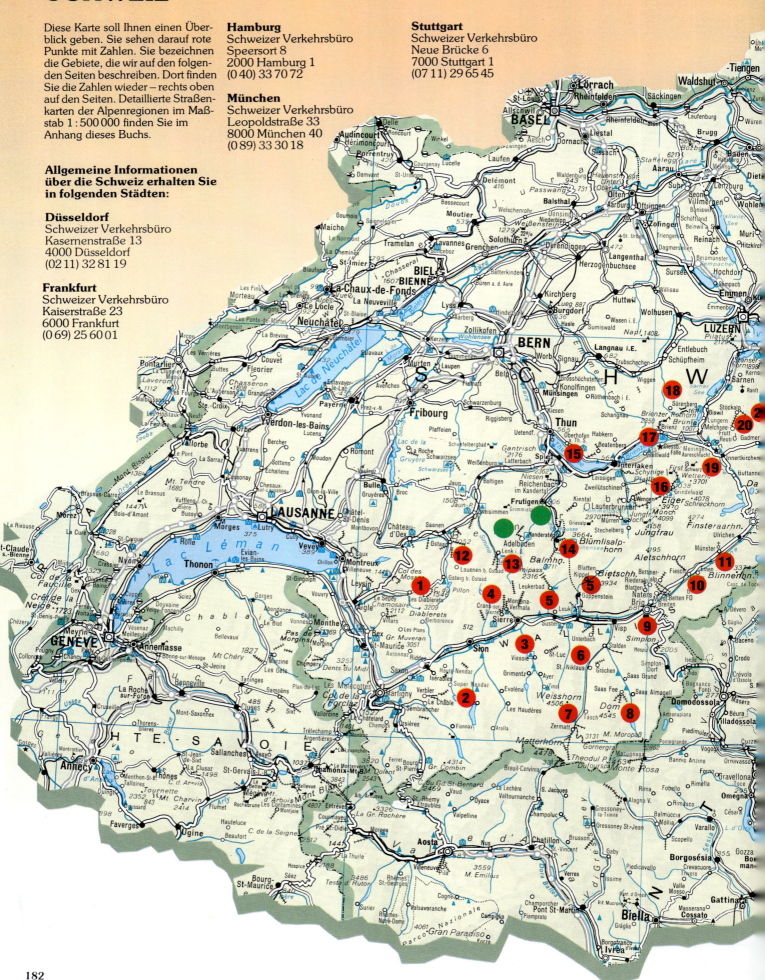

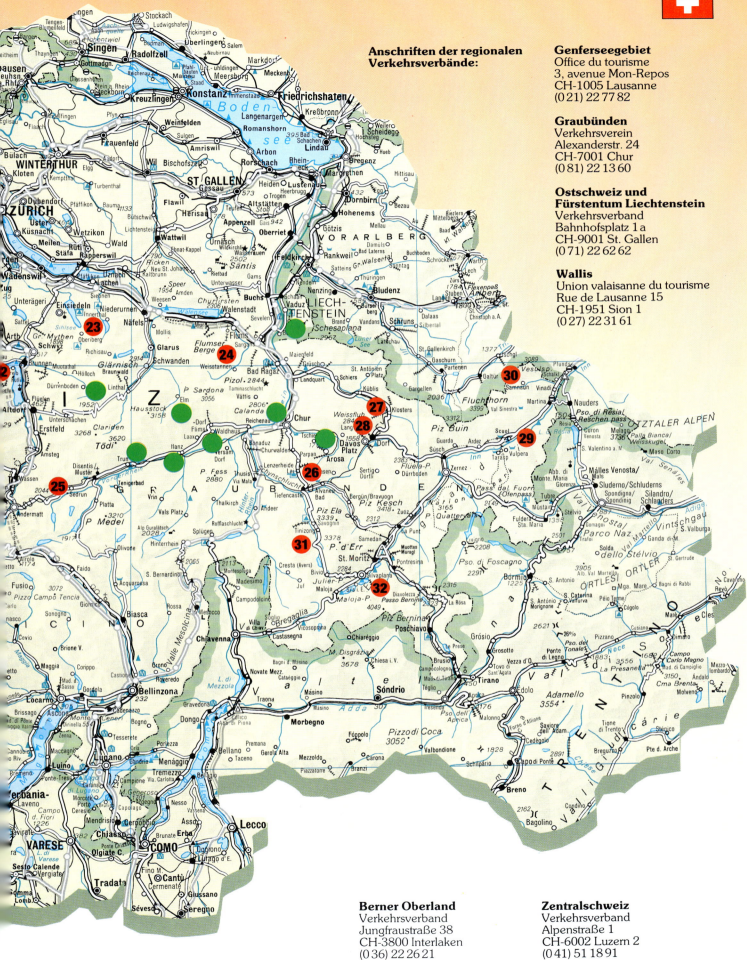

Anschriften der regionalen Verkehrsverbände:

Genferseegebiet
Office du tourisme
3, avenue Mon-Repos
CH-1005 Lausanne
(0 21) 22 77 82

Graubünden
Verkehrsverein
Alexanderstr. 24
CH-7001 Chur
(0 81) 22 13 60

Ostschweiz und Fürstentum Liechtenstein
Verkehrsverband
Bahnhofsplatz 1a
CH-9001 St. Gallen
(0 71) 22 62 62

Wallis
Union valaisanne du tourisme
Rue de Lausanne 15
CH-1951 Sion 1
(0 27) 22 31 61

Berner Oberland
Verkehrsverband
Jungfraustraße 38
CH-3800 Interlaken
(0 36) 22 26 21

Zentralschweiz
Verkehrsverband
Alpenstraße 1
CH-6002 Luzern 2
(0 41) 51 18 91

DAS WALLIS

Wallis

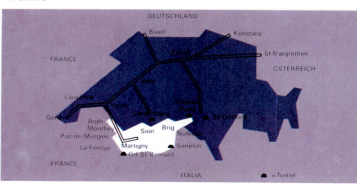

Kirche von Münster-Turm aus dem 13. Jh.-Gotischer Chor-Renaissance Kirchenschiff

Moränenpyramiden in Euseigne mit Steinhüten als Kopfschutz.
Golf in Crans-Montana.

Anzeigen

Anzeigen

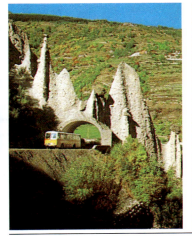

Wallis

IHRE FERIEN-SCHATZKAMMER

Information:
Walliser Verkehrsverband
15, rue de Lausanne
CH-1951 Sion
Telefon: 027/22 31 61
Telex: 472 563

DIE VIER TÄLER
Wallis

Verbier Mayens-de-Riddes Haute-Nendaz Super-Nendaz

Daß die Vier Täler, als Skistationen weithin berühmt, auch ein Sommer-Skigebiet pflegen, ist nur standesgemäß. Seit 1982 gibt es auf dem Tortin-Gletscher unter dem 3328 Meter hohen Mont-Fort-Gipfel zwei Pisten.

SOMMERSKILAUF AM MONT-FORT

Noch ein Relikt aus der Wintersaison ist die Kunsteisbahn, die auch im Sommer in Betrieb bleibt, auf daß schöne Figuren schöne Figuren drehen. Aber das sind nur Randereignisse in den sommerlichen Vier Tälern.

Diese vier Täler ziehen vom Rhonetal nach Süden in die Berge des Wallis. Da ist zunächst einmal Verbier. Wer zum erstenmal von Martigny über die St.-Bernhard-Straße auf 1500 m Höhe hochgekurvt ist, findet einen riesigen Almboden vor, der von holzbraunen Hütten nur so übersät ist. Bei genauerem Hinsehen stellt sich heraus, daß dies fast alles Ferienhäuschen sind, private wie professionell genutzte. Damit werden die 18 000 Fremdenbetten, die Verbier vorzuweisen hat, stark relativiert. Denn nur 2000 Betten stehen in herkömmlichen Hotels zur Verfügung. Wenn man dann noch weiß, daß die sommerliche Belegungsquote gerade 30 Prozent der winterlichen beträgt, sieht alles schon viel friedlicher aus.

In der Tat kann Verbier Sommer-Attraktionen mit viel Natur in der Hauptrolle bieten. So hat man im Bereich der Mont-Fort-Hütte ein »Naturreservat« ausgewiesen, das seltene Alpenpflanzen vorweisen kann – wie die Alpenakelei und die gelbe Lilie. Damit man sie auch findet, veranstaltet das Fremdenverkehrsamt Führungen unter Leitung eines Botanikers. Leichter zu entdecken sind in der Naturschutzzone des Haut Val de Bagnes einige der 300 Steinböcke oder 400 Gemsen, die man gezählt hat. Von den 780 Murmeltieren wird man eher das Pfeifen hören als sie zu Gesicht zu bekommen, aber Adler sind noch zu beobachten.

Unten: Verbier (1500 m).

Einmal muß man auf den Mont-Fort (3328 m) hinauffahren, um sich den richtigen Überblick zu verschaffen. Vom Matterhorn über den Grand Combin bis zum Mt. Blanc bietet sich Eindrucksvolles an Gipfeln und Gletschern. Der Tiefblick kann einem allerdings Schauer über den Rücken jagen. (Auch mancher Skifahrer hat nach einem Blick in die Tiefe seine Ski wieder mit der Gondel nach unten befördert.) Schöne Wanderungen ohne Schaudern bietet die Umgebung von Verbier in ausreichender Menge. Allein zwei Dutzend offizielle Vorschläge, vom 30-Minuten-Spaziergang

CH-1 🇨🇭

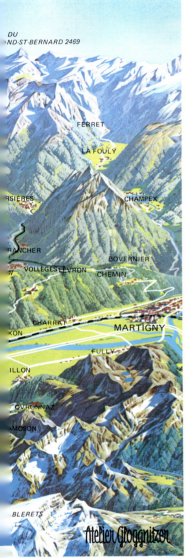

bis zur Fünf-Stunden-Höhenwanderung, stehen zur Wahl. Der wichtigste Startplatz ist die Bergstation Les Ruinettes in 2200 m Höhe. In alle Himmelsrichtungen ziehen von dort Wege und Steige in die Landschaft.
Besonders lohnend sind die Wanderungen zum Lac des Vaux (in gut zwei Stunden) und der Aufstieg zur Cabane Mont-Fort (in bequem eineinhalb Stunden). Zum Allerbesten zählt die Tour Les Ruinettes – Cabane Mont-Fort – Sentier des Chamois – Col Termin (2648 m) – Fionnay. Allerdings sind das sechs bis sieben Stunden Gehzeit. Bergerfahrung ist nötig. Soll's etwas mehr sein oder etwas höher – die Bergsteigerschule ist zu fast allem bereit.
Ausgedehnte Hochtouren sind auch von Hautes-Nendaz und von Super-Nendaz möglich. Eine Gondelbahn führt von Haute-Nendaz auf den 2200 Meter hohen Tracouet, wo eine Gratwanderung zum 2463 Meter hohen Dent-de-Nendaz sowie zum 2439 Meter hohen Plan-du-Fou beginnt und von dort hinunter nach Super-Nendaz führt. Super-Nendaz ist eine neugeschaffene Winter- und Sommerstation, Ausgangsort zum Sommerskigebiet Mont-Fort, zu dem zwei Gondelbahnen hinaufführen. Rund um Nendaz wurde ein Wanderwegenetz von 220 Kilometer Länge ausgebaut und markiert.
Um den alten Dorfkern von Haute-Nendaz liegen 60 Appartementhäuser und über 1000 Chalets, die insgesamt – einschließlich einiger Hotels – über 14 000 Betten verfügen. Oberhalb von Riddes bietet sich Mayens-de-Riddes als weiterer Ausgangspunkt für Wanderungen an. Hier geht es nicht ganz so hochalpin zu, doch gibt es gute Anschlüsse an das Fernwandernetz von Verbier und Haute-Nendaz.
In unmittelbarer Umgebung von Mayens-de-Riddes erstreckt sich ein Wanderwegenetz von 80 Kilometer Länge, von dem die Hälfte markiert ist. Aufstiegshilfen auf die umgebenden Höhen bieten zwei Seilbahnen. Jede zweite Woche wird eine geführte Wanderung zu besonders schönen, auf eigene Faust nicht einfach zu findenden Zielen angesetzt. Wer nicht wandern will, kann reiten, Tennis spielen oder das Hallenbad besuchen.

Ort	Höhe	Einwohner	Gästebetten					Camping/ Stellplätze	Ferien-lager
			insgesamt	in Hotels	in Gasth./ Pensionen	in Chalets/ Ferienwhg.	in Privath./ Bauernhäus.		
Nendaz	1300 m	1200	14000	350	–	13150	–	–	8 JH
Mayens-de-Riddes	1500 m	2000	2500	80	10	1500	900	–	–
Verbier	1500 m	1200	18000	1800	–	16200	–	2/150	1 JH

Ort	Wandern			Beförderung				Hochtouren		Hütten	
	Wege mark.	Rund-wege	geführte Wanderungen	Bus	Bahn	Kabinenbahnen groß / klein	Sessel-lifte	Anzahl	Dauer	bewirt.	Abstand
Nendaz	200 km	mehrere	1× wöch.	×	×	2 / 1	1	2	5–9 Std., 2 Tg.		1 Std.
Mayens-de-Riddes	40 km	1/12 km	14tägig	×		1					
Verbier	170 km	2/80 km	×	×	×	2 / 4		mehrere		mehrere	2 Std.

Außerdem: Alpinschule (Verbier). **Abzeichen:** Wanderorden (Verbier). **Ferner interessant:** Wasserfälle. Naturschutzgebiet Siviez, botanische Lehrpfade (Haute-Nendaz). Botanische Exkursionen, Wildgehege, Klammen, nostalgische Bahnfahrten (Verbier).

Nendaz

Verkehrsbüro Nendaz, CH-1961 Haute-Nendaz, (0 27) 88 14 44, Tx 4 72 843.
Schwimmen in 1 beh. Freibad, 2 Hallenbädern. 3 Seen, 1 Stausee. **Angeln** in Flüssen und Seen. Deltafliegen. Segel-, Motorfliegen (Schule in Sion). Bergfahrrad-Verleih. **Rundflüge** mit Segel-, Motorflugzeug, Helikopter. **Reiten** im Gelände, Pferdeverleih. **Tennis:** 14 Plätze. **Schießen:** Pfeilbogen. **Sommerski:** 4 Liftanlagen. **Gesundheit:** Vita-Parcours, Fitness-Zentrum. **Unterhaltung:** Heimatabende, Konzerte, Alpausflüge mit Raclette-Essen. **Hobbykurse und Aktivangebote:** Photo-Safaris.

Mayens-de-Riddes

Verkehrsbüro, CH-1914 Mayens-de-Riddes, (0 27) 86 18 51.
Schwimmen in 1 Hallenbad. 1 See. **Angeln** in Flüssen und Seen. **Reiten**, Schule. **Tennis:** 1 Platz. **Sommerski:** 4 Liftanlagen. Vita-Parcours. **Unterhaltung:** Heimatabende, Konzerte. **Veranstaltungen:** Volksfeste.

Verbier

Verkehrsbüro, Postfach 3 23, CH-1936 Verbier, (0 26) 7 62 22 und 7 71 81, Tx 4 73 247. Informationsdienst: (0 26) 7 65 85.
Schwimmen in 1 beh. Freibad, 1 Hallenbad (Wellenbad). 4 Bergseen, 1 Stausee. **Angeln** in Flüssen und Seen. **Deltafliegen.** Schule. Fahrradverleih, 100 km Radwege. **Reiten** im Gelände, 50 km Wege, Schule, Pferdeverleih. **Tennis:** 13 Plätze, 1 Halle/2 Plätze. **Golf:** Platz mit 18 Loch. **Sommerski:** Liftanlagen, 6 km Abfahrten. Kunsteisstadion, Kunsteislaufplatz. **Gesundheit:** Vita-Parcours, Sport- und Fitness-Zentrum. **Unterhaltung:** Heimatabende, Kinderfeste, Gästekindergarten, Ortsfeste, Volksfeste. **Veranstaltungen:** Juni: Kuhkämpfe, sportliche Veranstaltungen, Flugakrobatik. **Pauschalangebote:** Juni–Okt.: Grüne Wochen: 7 Tage Aufenthalt mit Golf, Schwimmen, Ausflügen. Juli/Aug.: Skikurse.

Lage und Zufahrt: Kartenteil Seite 10/11 B/C 2.

Anzeigen

Problemlos telefonieren

Wenn Sie von anderen Ländern dort anrufen wollen, müssen Sie die 0 am Anfang der Vorwahl weglassen und folgende Nummer vorauswählen:

Aus Deutschland
nach Österreich	0043
in die Schweiz	0041
nach Italien	0039

Aus der Schweiz
nach Deutschland	0049
nach Österreich	0043
nach Italien	0039

Haute-Nendaz
NENDAZ

IM NENDAZ IST DAS KIND KÖNIG

200 km Wanderwege, Hochgebirgswanderungen, Sommerski auf dem Mont-Fort 3300 m, Skikurse und Ski-Wettkampf, Seilbahnen. Musikalische und folkloristische Abendveranstaltungen, Höhenrestaurants, Diskotheken.
Tennis: 18 Plätze, Hallen- und offene Schwimmbäder, Sauna, Solarium, Squash, Fitness, Aerobic, Mini-Golf, Ping-Pong, Boccia, Pfeilbogenschießen, Fischen, Pferdeausflüge, Mountain-Bike, Football, Volleyball, Bergtour, Mini-Club.

Auskünfte erteilt:
Verkehrsbüro
CH-1997 Haute-Nendaz
Tel. 0 27/88 14 44, Telex 4 72 843

NENDAZ

**INTER-AGENCE
CH-1997 HAUTE-NENDAZ
Telefon 027/ 88 23 19, Tx 4 72 826**
Studios, Wohnungen u. Chalets zu vermieten. Sonnige, ruhige, zentrale Lage. Preise pro Woche Juli/August Studio (2 Pers.) sfr 150,-/325,-; 2-Zimmer-Wohnung (4 Pers.) sfr 280,-/850,-; 3-Zimmer-Wohnung (6 Pers.) sfr 360,-; Chalet (6 Pers.) sfr. 730,-. Inkl. Tennis und Schwimmbad. Sehr günstige Preise in der Zwischensaison. Fordern Sie bei uns Preisliste und genaue Offerte an.

DAS VAL D'HÉRENS
Wallis

Arolla   Evolène   Les Collons   Les Haudères

Auf gut deutsch heißt das Val d'Hérens »Eringertal«. Nur weiß das niemand. Es spielt auch keine Rolle.

WO KUHKÄMPFE ZUM EREIGNIS WERDEN

Das ist im Val d'Hérens der Fall, das von Sion (Sitten) im Rhonetal rund 30 km nach Südosten in den Walliser Hauptkamm hineinschneidet.

Der deutsche Name des Val d'Hérens ist deshalb nicht so wichtig, weil das Tal einige Kilometer westlich der Linie liegt, die im Wallis die Sprachgrenze zwischen deutsch und französisch bildet – eine Grenze, die in keiner Karte zu finden ist und die auch keine eindeutig zu definierende Linie bildet. In diesem Hochgebirgstal spielt anderes die wichtige Rolle: die grandiose Landschaft. Und die Kuhkämpfe. Die finden allerdings nur einmal im Jahr statt. Meist beginnen sie an einem Samstag im Juli, aber das ist nicht ganz sicher. Für diese Wettbewerbe werden eigens Kampfkühe gezüchtet, aber eine eindeutige Siegerin wird meist nicht festgestellt. Der Andrang des Publikums zu diesen archaischen Wettkämpfen ist stark. Autostaus und

——— Anzeigen

Val d'Hérens

**Val d'Hérens
das echte Walliser Tal**

Auskunft und Reservationen:
Hérens-Vacances, CH-1961 Nax, Tel.: 0 27/31 13 41
Büro in der deutschen Schweiz:
Luzerner Str. 71, CH-6010 Kriens, Tel.: 0 41/41 99 37

- geführte oder individuelle Wanderungen in unverfälschter und unverbauter Natur
- Ferienwohnungen und Chalets in jeder Größe und Preislage
- gutbürgerliche Hotels
- Bergsteigen und Klettern
- die ideale Region für Familienferien

CH-2 🇨🇭

*Die Kuhkämpfe (oben) sind das große Veranstaltungsereignis im Tal. Sie werden jeden Mai in Les Haudères ausgetragen. Diesen Ort zeigen wir Ihnen auf dem Bild oben rechts. Im Hintergrund: der Dent Blanche.
Arolla (links) liegt ganz hinten im Tal auf 2000 m Höhe.*

Menschenaufläufe sind die Regel. Bei diesen Volksfesten gibt's Schafe am Spieß und Raclette zu essen. Verlierer wie Sieger spülen die Aufregung mit dem heimischen Wein hinunter.
Außerhalb dieses Spektakels lebt man in dem Tal sehr beschaulich. Auch optisch, denn in den meisten Dörfern stehen noch die alten, von Wind und Wetter gegerbten Holzhäuser, die viel Ursprünglichkeit und Naturverbundenheit ausstrahlen.
Was das Klima betrifft, so liegen Welten zwischen dem Taleingang bei Sion, gerade 500 m hoch, und Arolla im Talschluß, das knapp 2000 m hoch liegt. Unten ist's im Sommer sehr warm. Oben ist die Waldgrenze nicht mehr weit und die Luft riecht nach Gletscher.
Dazwischen liegt, wenn man zuerst aus dem Rhonetal gut 1000 Höhenmeter aufwärts kurvt, rechter Hand und noch 500 m höher die Retorten-Station Thyon 2000. Sie wurde 1972 der weißen Saison wegen auf die grüne Wiese gesetzt – Konstruktionen aus Beton und Stahl, geplant in einer Zeit, da Funktionalität gefragt war. Die Lage dieser Siedlung, mit Blick auf die Berner und Walliser Alpen, ist vom feinsten. Etwas unterhalb blinzeln die Appartementhäuser von Les Collons in die Morgensonne.
Ein besonderes Markenzeichen für das Tal sind die berühmten Erdpyramiden, originelle Gebilde, die der Zahn der Zeit kunstvoll aus Gletscherablagerungen herausgefräst hat.

Hat man etwa 1400 m Höhe erreicht, verläuft das Tal vom Hauptort Evolène recht eben bis Les Haudères. Dahinter beginnt der Anstieg nach Arolla, einer kleinen, aber feinen Bergsteigersiedlung (die im Winter eine absolut schneesichere Skistation ist).
Mit wenigen Schritten sind Sie von hier in einem der größten Gletschergebiete der Alpen. Direkt vor der Haustür steht die 3796 m hohe Pigne d'Arolla. Ein Stück weiter im Osten glänzen Dent Blanche und Dent d'Hérens, komplette Viertausender. Dahinter strebt das Matterhorn in den Himmel. Hier bieten sich schwere Hochgebirgstouren für gute Bergsteiger.
Spaziergänger und Wanderer finden ein riesiges Angebot von Wanderwegen vor – immer vor prächtiger Kulisse. Wer lieber in der Gruppe ist, hat zwei- bis dreimal pro Woche (je nach Ort) Gelegenheit, mit dem Verkehrsverein zu wandern. Darüber hinaus bieten hier Bergsteigerschulen ihre Dienste an.

Ort	Höhe	Einwohner	Gästebetten insgesamt	in Hotels	in Gasth./Pensionen	in Chalets/Ferienwhg.	in Privath./Bauernhäus.	Camping/Stellplätze	Ferienlager
Val d'Hérens	900–2000 m	4000	10 000		2000		8000	3/300	×

Wandern: 300 km markierte Wege; 4 Rundwanderwege, 60 km. **Beförderung:** Bus. 2 Sessellifte. Alpinschulen. **Geführte Wanderungen:** 2mal pro Woche. **Hochtouren:** 7; 10–12 Stunden bzw. 2 Tage Dauer. **Hüttentouren:** 7 bewirt. Hütten im Abstand von 2–7 Stunden. **Ferner interessant:** botanische Lehrpfade, Erdpyramiden.

Val d'Hérens

Auskunft über die Gesamtregion: Hérens-Vacances, Route des Casernes 18, CH-1950 Sion, (0 27) 31 13 41, Tx 4 72 515.
Verkehrsbüros: CH-1961 **Les Collons**, (0 27) 81 27 27 mit Thyon 2000 und Vex; CH-1968 **Evolène**, (0 27) 83 12 35, Tx 4 72 675; CH-1961 **Les Haudères**, (0 27) 83 10 15; CH-1961 **Arolla**, (0 27) 83 10 83; CH-1961 **Saint-Martin**, (0 27) 81 24 74; CH-1961 **Nax**, (0 27) 31 17 38; CH-1961 **Mase**, (0 27) 81 15 82.

Lage und Zufahrt: Kartenteil Seite 11 C 2/3.

Schwimmen in 1 See, 1 Stausee, 1 Hallenbad.
Angeln in Seen und Flüssen. **Tennis:** 5 Plätze. Vita-Parcours.
Unterhaltung: Heimat-, Hüttenabende, Kinderfeste, Gartenschach.
Veranstaltungen: Mai: Kuhkämpfe in Les Haudères. 1. Aug.: Nationalfest. Anf. Aug.: Trachtenfest in Evolène. 1. Aug.-Sonntag: Thyon-Grande-Dixence (Volkslauf über 16 km).
Pauschalangebote: Juli/Aug.: Wanderurlaub mit geführten Wanderungen (Les Collons).

Anzeigen

Arolla

Hotel Mont Collon
CH-1961 Arolla (2000 m)
Tel.: 0 27/83 11 91
Erstklaß-Hotel m. 70 Zimmern in absolut ruhiger Lage. Französisches Restaurant, Walliserstube, Bar, Disco-Dancing, Salons. Hoteleigene Eisbahn u. großer Parkplatz. Weniger als 5 Gehminuten von den Skiliften entfernt.

6 Skilifte
47 km Pisten
R.M.F.S.A
CH-1961 Arolla
Tél.: (0 27) 83 15 63
oder 83 11 91

arolla
Im Herzen eines der prächtigsten Täler der Schweizer Alpen. Gelegen im Mittelpunkt der unvergleichbaren Walliser »Haute Route«. Zwischen 2000 und 3000 Meter Höhe erwarten Sie von Dezember bis Mai hervorragende Pisten.

Grand Hotel und Kurhaus
CH-1961 Arolla
Tel.: 0 27/83 11 61
120 Betten, alle Zimmer mit Bad, Du, WC, teilweise Telefon und Balkon. Aufenthalts- und Fernsehraum, Kindergarten mit Aufsicht. Bar, Diskothek, Solarium, Terrasse, Lift und Parkplätze. Gutbürgerliche Küche mit Spezialitätenangebot sowie Diät.
Familiär – rusitkal – komfortabel!

CRANS-MONTANA
Wallis

Die Lage von Crans-Montana ist glänzend.

EIN PANORAMA DER SPITZENKLASSE

Auf einer riesigen Sonnenterrasse in 1500 m Höhe, 1000 m über dem Rhonetal und direkt über Sierre, breiten sich die Hotelburgen und Appartementpaläste von Crans und Montana aus.

Drei ganzjährig geöffnete Straßen ermöglichen eine bequeme Zufahrt. Man kann aber auch mit der Bergbahn von Sierre hinauffahren. Das Panorama ist Schweizer Spitzenklasse, denn der zentrale Walliser Hauptkamm mit Matterhorn und Mont-Blanc leuchtet im Süden in strahlendem Gegenlicht. Alles, was zu einem erfolgreichen Ferienort gehört, ist hier versammelt. Im Winter sind 40 Bergbahnen und Skilifte in Bewegung; im Sommer werden immerhin noch zwei Luftseilbahnen und fünf Gondelbahnen in Betrieb gehalten. Das ist allein deshalb nötig, weil man auf dem Glacier de la Plaine Morte Sommer-Skilauf betreibt. Drei Skilifte halten den Betrieb unter der Höhensonne aufrecht;

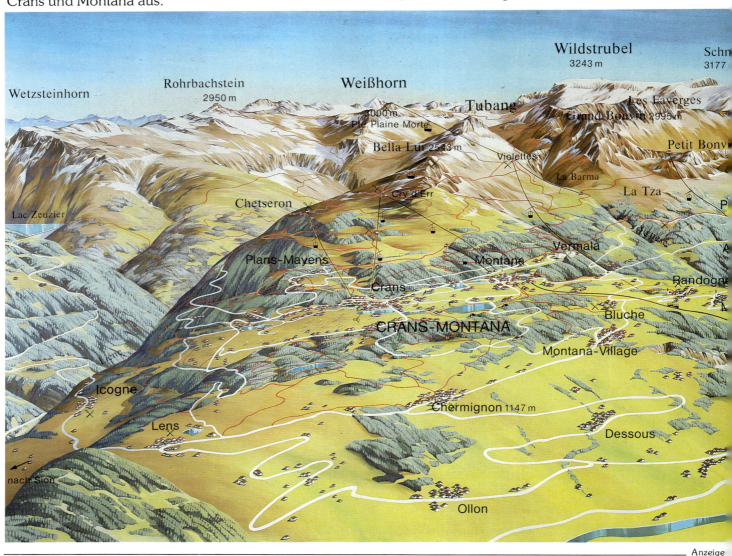

Anzeige

Crans-Montana

Hotel de la Foret
CH-3962 Montana-Crans
Telefon 0 27/41 36 08, Tx 473 685
Auch Studios und 2-3-4-Zimmer-Wohnungen. Alle Zimmer m. Bad/WC u. Tel. Teilweise m. Radio u. Terrassen. Bis zur Gondelbahn nur 300 m. Beherberger der besten Nationalmannschaften zum Sommertraining. Hotelbus, Hallenbad, Sauna und Solarium gegenüber. Raclette-Abende und eine Bar mit Pianist.

★★★★★
Hotel Crans Ambassador

CH-3962 Crans-Montana/Wallis
Telefon: 00 41/27/41 52 22
Telex: 4 73 176
Telefax: 027.41.91.55

Ein landschaftlich wundervoll gelegenes 5-Sterne-Hotel.
Für ein vollkommenes Ferienerlebnis, ideal für alle Sportarten.
Vorzüglicher Komfort.

50 Zimmer und ausgesuchte, großräumige Suiten voller Chic; Optimum an Annehmlichkeiten und Wohlbehagen.

Hervorragende Küche.
Hallenbad, Sauna, Fitneß.
Bar-Pianist.

Besitzer und Leiter: Jack Rey.

Problemlos telefonieren

Wenn Sie von anderen Ländern dort anrufen wollen, müssen Sie die 0 am Anfang der Vorwahl weglassen und folgende Nummer vorauswählen:

Aus Deutschland
nach Österreich 0043
in die Schweiz 0041
nach Italien 0039

Aus der Schweiz
nach Deutschland 0049
nach Österreich 0043
nach Italien 0039

CH-3

es gibt auch eine 12-km-Loipe. Aber auch auf dem Plateau, also in Crans-Montana, kann man im Sommer eine Art von Wintersport betreiben: auf der Kunsteisbahn. Außerdem hat man 22 Tennisplätze parat, zwei Golfplätze, vier Minigolf-Anlagen, Pferde und eine Reithalle, vier Seen zum Fischen, ein geheiztes Freibad und Heißluftballonflüge.

Und nicht zu vergessen: gewandert wird auch. Es gibt 280 km markierte Wege, fast durchweg mit der Superaussicht auf die Walliser Gipfel. Zwei Dutzend Spaziergänge und Wanderungen zwischen einer und vier Stunden sind allein im Bereich des Waldgürtels möglich.

Wenn es höher hinaufgeht, sind meistens Bergerfahrung und Trittsicherheit nötig. Höchster Berg ist der 3243 m hohe Wildstrubel, der sich 500 m über dem Gletscher »Plaine Morte« erhebt. Von der Bergstation der Gletscher-Luftseilbahn kommt man in zwei Stunden hin.

Eine sehr schöne Wanderung, weg vom großen Trubel, führt auf den Trubelstock, der 2997 m hoch ist und viel Atem verlangt.

Sechs Stunden ist man unterwegs. Besonders interessant ist es, an einer der berühmten landwirtschaftlichen Wasserleitungen entlangzumarschieren, die man vor langer Zeit anlegte. An der Bisse du Roh kann man zwei bis drei Stunden entlanggehen, flach durch den Wald. Das ist aber nur etwas für Schwindelfreie.

Auch die weitere Umgebung ist interessant. Bis zum Genfer See sind es keine hundert Kilometer. Am naheliegendsten ist Sierre, das einen Tagesausflug wert ist. Die Stadt liegt idyllisch zwischen Weinbergen, hat gotische und barocke Kirchen sowie ein mittelalterliches Schloß.

Nach Saas-Fee sind es gut fünfzig Kilometer, die allein schon die Fahrt wert sind. Im Ort nimmt man dann irgendeine der Bergbahnen zu Hilfe, um schnell einen guten Überblick und eine schöne Aussicht zu gewinnen. Fährt man nach Zermatt, so ist zu überlegen, ob man nicht schon in Visp oder Täsch das Auto stehen läßt und gleich die Zermatter Bahn nimmt. Dort angelangt, fährt man mit der Zahnradbahn zum Gornergrat, einem der schönsten Aussichtsplätze der ganzen Alpen.

Die Lage auf der Sonnenterrasse über dem Rhonetal – Bild oben – ist großartig. Die durchschnittliche Höhe: 1500 m.

Ort	Höhe	Einwohner	Gästebetten insgesamt	in Hotels	in Gasth./ Pensionen	in Chalets/ Ferienwhg.	in Privath./ Bauernhäus.	Camping/ Stellplätze	Ferien- lager
Crans-Montana	1500 m	6000	30000	5000		25000	50	1/300	75 Betten

Wandern: 280 km markierte Wege; Rundwanderwege, 100 km. **Beförderung:** 7 Seilbahnen. **Geführte Wanderungen:** täglich. **Hochtouren:** 4; 1–7 Std. Dauer. **Hüttentouren:** 3 bewirt. Hütten. **Ferner interessant:** Wasserfälle, Freizeitparks. **Sommerski:** 5 Seilbahnen, 3 Liftanlagen, 2 km Abfahrten, 1 Loipe mit 12km.

Crans-Montana

Office du Tourisme, CH-3963 Crans, (0 27)/41 21 32, Tx 4 73 173; CH-3962 Montana, (0 27)/41 30 41, Tx 4 73 203. Schwimmen in 6 Freibädern (1 beh.), 10 Hallenbädern, 1 Solbad; 8 Seen, 1 Stausee. **Angeln** in Flüssen und Seen. **Ausrüstungsverleih:** Surfen, Segeln, Rudern, Tretboote. **Unterricht:** Surfen, Reiten, Tennis, Segelfliegen, Motorfliegen, Tauchen, Deltaflug. **Rundflüge** mit Segel-, Motorflugzeug, Hubschrauber, Heißluftballon. 50 km Radwege, Fahrradverleih. **Reiten** im Gelände, 70 km Wege, Pferdeverleih, Halle. Kunsteisstadion, Kunsteislaufplatz, Curlinghalle. **Tennis:** 22 Plätze, 2 Hallen/7 Plätze. **Golf:** 2 Plätze mit 9 und 18 Loch. **Gesundheit:** Vita-Parcours, 2 Fitness-Zentren, Kurbetrieb. **Unterhaltung:** Gästekindergarten, Gartenschach, Konzerte, Kasino, Ausstellungen, Straßenfeste, Sportveranstaltungen (Ski, Tennis, Curling, Golf, Reiten, Wettfischen, Eislaufrevue). **Hobbykurse und Aktivangebote:** Botanische Spaziergänge, Spaziergänge für Pilzsucher, Ski und Golf. **Veranstaltungen:** Juli: Int. Tennisturnier. Anf. Sept.: European Masters Swiss Open (Golf). Int. Sommer-Turnier (Curling). **Lage und Zufahrt:** Kartenteil Seite 11 C 2.

Anzeigen

Crans-Montana

Hotel CURLING
CH-3962 Crans-Montana
Tel.: (0041) 27/411242,-43,-44
Telefax: (0041) 27/413709
80-Betten-Hotel in ruhiger Lage, nahe Zentrum und Bahnstation. Freier Blick ins Rhonetal und zur Kette der Walliser Alpen. Alle Zimmer mit Bad, WC, Radio, TV, Tel. u. Minibar. Sauna; Hotelbar für gemütliche Abende. Vielf. Sport- u. Wandermöglichkeiten.

Montana-Crans

Hotel Vermala ★★★
CH-3962 Montana-Crans
Tel. 027/41 28 73

70 Betten, alle Zimmer mit Bad/Dusche. WC, teilweise mit Balkon. Ruhige Lage in der Nähe der Gondelbahnen. Skifahren bis ans Hotel. Aufenthaltsräume, Bar, Chinesisches Restaurant. Behagliche, befreiende Atmosphäre eines neuzeitlichen Hotels mit individueller Bedienung.

R.I.S. Régie Imm. Solalp S.A.
CH-3962 Montana-Crans
Tel. 0 27/41 56 56
Fax 4 13 452
Die Lösung um billigere Ferien zu verbringen: Mehrere Studios – Wohnungen – Chalets, für 2 bis 10 Personen. Pro Woche: ab sFr 350,– für 2 Personen, bis Luxuswohnungen. Mehrere Häuser neben den Skiliften. Sofortige Buchung telefonisch oder durch Fax möglich.

Crans sur Sierre

Hotel Etoile
CH-3963 Crans sur Sierre
Telefon 027/41 16 71, Tx 4 73 195

Bes.: Brigitte Schroeder
In unmittelbarer Nähe der Seilbahn Cry d'Err–Bella-Lui gelegen, trotzdem beim Zentrum v. Crans, 60 Betten, alle Zimmer mit Bad/WC, Balkon, Radio, TV, Telefon. Halbpension und Frühstück. Spezialarr. für Gruppen und Vereine.

DAS VAL D'ANNIVIERS

Wallis

St. Luc Chandolin Grimentz

Das Val d'Anniviers ist das westliche Nachbartal des Mattertales: 25 Kilometer lang. Bei Sierre mündet es ins Rhonetal.

WER NICHT WANDERN WILL, NIMMT DAS MAULTIER

Umgangssprache ist das Französische, doch hat das Tal auch einen deutschen Namen: Eifischtal.

Zinal im hintersten Talschluß hat enge Verbindung mit Zermatt. Man schickt nämlich die Bergsteiger von beiden Seiten, die Zermatter von Osten und die Zinaler von Westen, auf die gleichen Hörner. Weißhorn, Zinalrothorn und Obergabelhorn sind die attraktivsten Erhebungen der Eifischtaler. Viertausender sind es obendrein. Die Fremdenverkehrsentwicklung der beiden Täler, die in der Luftlinie nur fünfzehn Kilometer entfernt liegen, ist äußerst unterschiedlich verlaufen. Als man in Zermatt bereits die zweite oder dritte Investitionswelle hinter sich hatte, war man im Val d'Anniviers noch mit dem Straßenbau beschäftigt. Erst 1961 war Chandolin auf einer Straße zu erreichen.

Am Eingang ins Val d'Anniviers liegt Vercorin auf einem weiten Sonnenbalkon zwischen Arven und Lärchen, 850 m höher als Sierre im Rhonetal. Auf der östlichen Talseite folgt Chandolin in 2000 m Höhe. Auf der gleichen Hangseite kommt als nächstes St. Luc (1650 m), ein Fremdenverkehrsort, der schon 3500 Fremdenbetten eingerichtet hat und damit neben Grimentz zu den großen im Tal zählt. Einige Kilometer südlich zieht ein Seitental, das Val de Moiry, nach Westen. Es endet nach wenigen Kilometern beim 2249 m hoch gelegenen Stausee Lac de Moiry. Am Eingang in dieses Seitental liegt Grimentz, das Paradedorf des Tales.

Seine schönen, teilweise sehr alten, von Sonne, Wind und Wetter dunkelbraun gegerbten Holzhäuser, im Sommer üppig mit Blumenschmuck versehen, sind inzwischen schon Sehenswürdigkeiten.

Auch in den anderen Dörfern des Tales sind die alten Walliserhäuser noch häufig vertreten, ebenso die Stadel auf Stelzen mit den »Mäusetellern«. Das ist wenigstens ein kleiner Vorteil, den man als Spätentwickler in Sachen Tourismus hat: daß man aus den Fehlern der anderen lernen kann. Bau-Gigantomanie ist im Val d'Anniviers nicht zu befürchten.

Ansonsten ist man schon fleißig

Das ist Zinal am Ende des Val d'Anniviers.

Grimentz

Dany und Nicolas Salamin
CH-3961 Grimentz
Telefon 0 27/65 23 23

200 Chalets und Ferienwohnungen zu vermieten, vom Studio bis zum großen Chalet, für eine Woche oder länger. Wir machen Ihnen gerne ein Angebot – nennen Sie uns Personenzahl und Ihre Urlaubstermine.

In Grimentz (oben) gibt es auch eine Bergsteigerschule.

Rechts: der Stausee Moiry liegt südwestlich von Grimentz. Der Bergriegel, an den sich die Staumauer anschließt, bietet eine schöne Sicht aufs Tal und die gegenüberliegende Bergkette.

CH-4

St. Luc (oben) mit seinen schönen alten Häusern liegt auf einer Terrasse 500 Meter über dem Talgrund.

Maultieren in mehreren Etappen über Vercorin, Eison und Hermence nach Haute Nendaz. Bleibt noch Zinal, die letzte Siedlung im Tal. Es ist Ausgangspunkt für viele große Hochtouren in die zentralen Walliser Alpen, aber auch Zielort schöner Talwanderungen und leichter Höhenwege. Dort hat sich auch eine Bergsteigerschule niedergelassen, die im ganzen Tal tätig ist.

Die schönste Aussichtskanzel des ganzen Tales ist auf der Bella Tola zu finden. Ausgangspunkt ist St. Luc. Mit Hilfe des Sesselliftes kann der Anstieg erleichtert werden. Von der Bergstation wandert man über die Bella-Tola-Hütte zum Westgipfel der Bella Tola, der jene schöne Aussicht bietet. Für die tausend Höhenmeter braucht man drei bis vier Stunden. Die Aussicht reicht von der Bernina bis zum Mt. Blanc; Berner und Walliser Gipfel liegen im Zentrum dieser Schau. Über zweihundert Gipfel, Pässe und Gletscher hat man von hier aus schon gezählt.

am Ausbauen. Man kann Tennisplätze sowie Fischwasser anbieten und veranstaltet Maultier-Safaris. Dabei reiten die Teilnehmer auf

Ort	Höhe	Einwohner	Gästebetten insgesamt	in Hotels	in Gasth./ Pensionen	in Chalets/ Ferienwhg.	in Privath./ Bauernhäus.	Camping/ Stellplätze	Ferienlager
Chandolin	2000 m	168	2000	70	30	–	–	–	3/1 JH
Grimentz	1570 m	320	3600	340	–	3260	–	1/4000 qm	–
St. Luc	1650 m	160	3500	160	–	3000	340	1/100	–

Ort	Wandern			geführte Wanderungen	Beförderung		Sessellifte	Hochtouren		Hütten		Abstand
	Wege insg.	Wege mark.	Rundwege		Bus	Bahn		Anzahl	Dauer	bewirt.	unbew.	
Chandolin					×		1				1	
Grimentz	100 km	100 km	10/60 km	1× wöch.	×		1	3	4–8 Std.	1		
St. Luc	50 km	50 km			×		1			3		1–3 Std.

Außerdem: Alpinschule in Zinal. **Ferner interessant:** Klammen, Wasserfälle, Bergseen, 1 Stausee.

Chandolin
Office du Tourisme, CH-3961 Chandolin, (0 27) 65 18 38.

Grimentz
Office du Tourisme, CH-3961 Grimentz, (0 27) 65 14 93.
Schwimmen in 1 Hallenbad.
Tennis: 4 Plätze.
Veranstaltungen: Ende Juni: Almauftrieb. Mitte Juli: Flöten- und Harfenkonzert. Juli bzw. Aug.: Orgelkonzert. Mitte Aug.: Volksfest mit Pfeifen und Trommeln.

Saint-Luc
Office du Tourisme, CH-3961 Saint-Luc, (0 27) 65 14 12.
Tennis: 2 Plätze.
Unterhaltung: Bauerntheater, Gästekindergarten.
Veranstaltungen: Ende Juni: Almauftrieb. Juli–Aug.: Astronomische Abendzeit. Ende Juli: Rencontre artisanale. 1. Aug.: Feuerwerk und Fest auf dem Dorfplatz. Mitte Aug.: Tennisturnier.

Lage und Zufahrt: Kartenteil Seite 11 C 2.

_____ Anzeigen

Zinal

Verkehrsverein Zinal
CH-3961 Zinal
Telefon 0 27/65 13 70

Am Fuße der Kaiserkrone, 30 km von Siders auf 1670 m. 4 Tennisplätze, Kletterschule, Schwimmbad, org. Wanderungen, Minigolf, Gondelbahn.
Hotels – Pensionen – Camping – Ferienwohnungen – Chalets – Restaurants – Dancing – Pauschalangebote.

LEUKERBAD
Wallis

Ist Leukerbad ein Kurort oder ein aufstrebender Skiort oder eine Sommerfrische?

SCHON VOR 500 JAHREN EIN HEILBAD

Wenn man einen Leukerbader fragt, ist für ihn die Antwort klar: Leukerbad ist alles zusammen.

Vor 500 Jahren war es allerdings nur ein Heilbad. Dann war es lange nichts, bis 1960 die Rheumaklinik eröffnet wurde. Jetzt wollte man aber nicht mehr nur auf ein Pferd setzen, sondern sattelte gleich mehrere. Wer heute bei Leuk aus dem Rhonetal nach Leukerbad hochfährt, wird das auch sofort verstehen. Ein schönes Hochtal, von Dreitausendern eingerahmt, nach Süden offen und den Walliser Viertausendern gegenüber – das sind die besten Voraussetzungen für Ferienangebote rund um die Uhr. Nähert man sich dem Ort, schaut auf den ersten Blick alles nach Kur aus. Allein die Hotelburgen, alte wie neue, riechen stark nach Gesundheit. Was Kuren betrifft, ist man tatsächlich sehr aktiv. In Leukerbad ist die größte alpine Thermalbadeanlage mit sechs Becken installiert. Insgesamt gibt es sieben Freiluft- und zehn Hallenthermalbäder. Gespeist werden sie aus zwanzig Quellen, die bis zu 51° heiß aus dem Boden schießen. Nur der Vollständigkeit halber: im Winter hat man inzwischen vierzehn Seilbahnen und Skilifte laufen und zwanzig Skilehrer im Einsatz. Pistenraupen, Eisbahnen, Langlaufloipen und Schnee bis in den April hinein stehen ebenfalls zur Verfügung.

Was man auf den ersten Blick gar nicht erwarten würde: Leukerbad hat einen schönen alten Dorfkern mit urigen Walliser Holzhäusern. Angenehm ist, daß Autos nur zum Liefern oder zum Aus- und Einladen der Koffer herumkurven dürfen.

Was wird hier im Sommer geboten? Das Rahmenangebot ist nicht gerade überwältigend. Ein bißchen Tennis, Minigolf und Baden natürlich, die Wassertemperatur nach Wahl (28°–36°). Das Wichtigste im Sommer ist das Bewegen in der Natur. Spazierengehen im Ortsbereich, Wandern auf leichten Wegen, aber auch große Bergtouren, – alles ist gut möglich. Eine schöne Idee: In den Monaten von Juli bis August wird jeden zweiten Donnerstag zum Sonnenaufgang auf das Torrenthorn gefahren. Dann kann man die Viertausender in der Runde im ersten Morgenlicht bewundern und fotografieren.

Eine einfache Wanderung führt in

Anzeigen

Leukerbad

Hotel Grichting + Badner-Hof
CH-3954 Leukerbad
Tel. 0 27/61 12 27
Inh.: Herr Grichting
90 Betten. Suiten mit Salon, Cheminée, TV, Radio, Selbstwahltelefon, kleine Kochnische, Balkon. Bar, Rotisserie, Holzkohlengrill. Unterirdische Verbindung zum Hotel Grichting und Thermalbad St. Laurent. Eigene Therapieabteilung.

Hotel Zayetta ★★★
CH-3954 Leukerbad
Telefon: 027/61 16 46
Telex: 472 026
Unser Haus liegt am Rande eines Waldes – 2 Gehminuten vom Dorfkern entf. Komfort - Ruhe - Erholung bieten wir Ihnen an. Salon mit zentr. Kaminfeuer ● Bibliothek ● raff. Küche ● erstklassiger Weinkeller ● Garagen. **In Nähe:** Heilzentrum mit Hallenbad, Tennisplatz . . .

Hotels Regina Terme und Römerhof
CH-3954 Leukerbad
Tel. Regina Terme 0 27/62 11 41
Tel. Römerhof 0 27/61 19 21
Regina Terme: 100 Betten, Zi. m. Bad/Dusche, WC, Telefon, Radio. Bes. ruhige Lage. intern. Küche, Lift, Thermalbad, Bar, Fitneßr., Sauna, gratis Tennis.
Römerhof: 60 Betten, Zi. mit Bad/Du, WC, Radio, Tel., internat. Küche, Diät. Lift, Bar. **Abbildung: Regina Terme.**

CH-5

zwei Stunden, immer dem Talgrund folgend, nach Nordosten zur 2040 m hohen Fluhalp. Zwanzig Minuten später kommt man zur Fluhkapelle, die in den Felsen gehauen ist.

Eine große Sache ist der Marsch nach Goppenstein. Von Leukerbad wandert man zuerst nach Albinen, schwenkt nach Osten,

Kuren und Wandern – die Bilder oben zeigen, wie man in Leukerbad auf beides eingerichtet ist.

bleibt aber 600 bis 700 m über dem Rhonetal. Man genießt immer wieder zauberhafte Aussichten, passiert die Weiler Guttet, Feschel, Jeizinen und erreicht nach sieben bis acht Stunden Goppenstein – wenn man nicht schon vorher ins Tal abgestiegen und mit dem Bus zurückgefahren ist. Die Wanderung von Leukerbad über den Gemmipaß (2316 m) nach Kandersteg ist auch etwas für gestandene Bergwanderer. Denn macht man alles zu Fuß, kommen sechs Stunden zusammen, bis man im Berner Oberland am Nordausgang des Lötschbergtunnels wieder die Rückfahrt antreten kann. Nimmt man aber die Gemmi-Seilbahn zu Hilfe, kann man zwei Stunden sparen. Dann schaut die Tour schon nicht mehr so dramatisch aus.

Weitaus bequemer ist es natürlich, vom Gemmipaß nur um den nahe liegenden Daubensee herumzuwandern. Man kann das in zwei Stunden absolvieren. Aber warum, wenn man den ganzen Tag Zeit hat? So könnte man noch zwei Dutzend Wanderungen, viele leichte und einige schwierigere, aufzählen. Eines ist gewiß: zu tun gibt's genug. Man kann im Rhonetal natürlich alles mögliche besuchen. Zwei Ausflüge sollten auf jeden Fall dabei sein: Zermatt und Saas Fee.

Ort	Höhe	Einwohner	Gästebetten insgesamt	in Hotels	in Gasth./ Pensionen	in Chalets/ Ferienwhg.	in Privath./ Bauernhäus.	Camping/ Stellplätze	Ferienlager
Leukerbad	1411 m	1200	7500	1500		5500		1/150	3

Wandern: 60 km markierte Wege. **Beförderung:** Bus, Bahn. 2 Groß-, 2 Kleinkabinenbahnen. Alpinschule. **Geführte Wanderungen:** 5mal pro Woche. **Hochtouren:** 20; 2 Führer. **Hüttentouren:** 2 bewirt. Hütten im Abstand von 2 Std. **Ferner interessant:** botanischer Lehrpfad, Wasserfälle, Albinenleitern, Gemmiweg.

Leukerbad

Kur- und Verkehrsverein, CH-3954 Leukerbad, (0 27) 62 11 11, Tx 4 72 013, Fax (0 27) 61 13 15.
Schwimmen in 17 Thermalfreiluft- u. -hallenbädern. 2 Seen. **Angeln** in Seen und Flüssen. **Deltafliegen** in Torrent. **Reiten** im Gelände, Pferdeverleih.
Tennis: 7 Plätze, 1 Halle mit 1 Platz, Schule.
Gesundheit: Vita-Parcours, Sport- und Fitness-Zentrum, Kur- und Bäderbetrieb.
Unterhaltung: Gartenschach, Vorträge, Konzerte.
Aktivangebote: Wanderstab (14 Tage-Wanderprogramm).
Veranstaltungen: 1. Aug.: Bundesfeier mit Gemmiwandbeleuchtung. Ende Juli: Schäferfest.
Pauschalangebote: Ende April–Ende Juni: Badepauschalwochen: 7 Tage Aufenthalt mit Thermalbad.
Lage und Zufahrt: Kartenteil Seite 11 C 2.

Anzeigen

Leukerbad

Loretan Hotels

Angebote in allen Preislagen in unseren **Familienbetrieben**, von der Ferienwohnung bis zum 5-Sterne-Hotel.

Hotel:	Tel. 0041/27...
Bristol***	611833

Eigene Thermalbäder, Therapie usw.

Heilquelle*	612222
App. Hotel Garni Dala*	611213
Garni Viktoria*	611612
Wildstrubel*	611201
(Gemmipaß 2350 m)	
App. Hotel Garni Alfa*	611933
App. Haus Atlantic	611134
Gemmibahnen	611839

Hotel Derby
CH-3954 Leukerbad
Tel. (0 27) 61 17 27
Fam. Frank Haring-Süess
Ruhige Lage, direkt beim Sportzentrum, Nähe Gemmibahn und 5 Minuten von den Thermalbädern, 33 Zimmer mit Radio und Telefon, z.T. mit Bad/Dusche, Süd-Balkon. À-la-carte Restaurant, Bar. Hoteleigene Parkplätze.

DAS LÖTSCHENTAL
Wallis

Blatten Fafleralp Ferden Goppenstein Kippel Lauchernalp Ried

Begrenzt wird das Tal von eindrucksvollen vergletscherten Bergketten, die im Südosten bis knapp an die Viertausendmetergrenze reichen.

EIN STÜCK WALLIS – WILDROMANTISCH

Das Bietschhorn mit 3934 m ist das Paradestück und Aushängeschild der Lötschentaler. Ideal für Wanderer: der Lötschentaler Höhenweg.

Die Nordwestflanke des Tales mit Petersgrat und Tschingelhorn erreicht am Breithorn auch noch eine Höhe von 3782 m. Im Nordosten bietet die Lötschenlücke einen wichtigen Durchschlupf ins Zentrum der Berner Alpen, zum berühmten Konkordiaplatz. (Eigentlich ist es umgekehrt: Über diese Lücke führt eine der beliebtesten Schweizer Skihochtouren, die von Grindelwald über das Jungfraujoch, Konkordiaplatz, Lötschenlücke und durch das Lötschental nach Goppenstein verläuft.)

Goppenstein bietet den einzigen guten Zugang in das Tal. Allerdings auch erst seit Ende der vierziger Jahre. Da wurde – es war 1949 – der Postauto-Verkehr bis Kippel aufgenommen. Erst 1954 wurde die Fortführung der Straße bis Blatten eröffnet. Und es kamen die siebziger Jahre, bis ma

Auf dem Bild rechts sehen Sie den Ort Blatten (1542 m) mit der Lötschenlücke und dem Schinhorn. Daneben: das imposante Bietschhorn (3934 m).
Die Szenerie im Lötschental ist romantisch und ursprünglich. Das kann man auf Wanderungen – links durch Kühmad – immer u der erleben.

CH-5

Steg Wiler

Fafleralp mit dem Auto erreichen konnte. Zu diesem Zeitpunkt hatten viele Alpenorte bereits Fremdenverkehrserfahrungen von hundert Jahren und mehr.
Es ist deshalb nicht verwunderlich, wenn das Lötschental noch wildromantische Züge trägt und eine Menge natürliche und echte Ursprünglichkeit bieten kann. Hier gibt es noch originale Walliser Dörfer mit engen Gassen und malerischen Plätzen sowie ein sehr lebendiges Brauchtum. So treten an wichtigen religiösen Festen die »Lötschentaler Herrgottsgrenadiere« auf, ein Relikt aus einer Zeit, als die Lötschentaler in ganz Europa ihr Brot als Söldner verdienten.

Dank dieser äußeren mißlichen Umstände kann das Lötschental heute Fremdenverkehrsattraktionen bieten, die manch anderer Alpenort längst verspielt hat. Nämlich eine unverbaute Natur, viel Ruhe, gute Luft und keinen Massenbetrieb.

Die wichtigste Ferien-Betätigung ist hier Bewegung in verschiedenster Form: vom Spazierengehen im Tal über Wanderungen innerhalb der Gletschergrenze bis zu Hochtouren in unterschiedlichen Schwierigkeitsgraden.

Das Prachtstück ist hier der Lötschentaler Höhenweg, der von der Fafleralp in 1800 bis 2100 m Höhe durch die Südflanke unter dem Petersgrat nach Ferden zieht. Dabei passiert man ein halbes Dutzend Almen, genießt den Ausblick auf das markante Bietschhorn samt Trabanten und steigt dann von der Faldumalp ins Tal ab. Das macht insgesamt sieben Stunden reine Gehzeit. Mit Rasten und Drumherum kommt da ein zehn bis zwölf Stunden langes Unternehmen zusammen. Wer damit noch nicht genug hat – und solche Alpenrenner gibt es tatsächlich –, der legt noch ein Stück dazu und marschiert über Jeitzinen nach Gampel im Rhonetal. Das sind dann noch zwei bis drei Stunden zusätzlich.

Natürlich kann man diesen Weg auch in umgekehrter Richtung gehen. Noch besser: man teilt ihn auf in zwei, drei oder vier Etappen. Denn von jeder Alm kann man direkt ins Tal absteigen. Die eleganteste Lösung bietet die Luftseilbahn von Wiler nach Lauchernalp.

Dann macht man zum Auftakt erst einmal das Teilstück von der Lauchernalp nach Fafleralp; das sind drei Stunden Gehzeit mit Blick nach Osten und Süden. Beim nächstenmal geht man von der Lauchernalp über die Faldumalp nach Ferden.

Gut akklimatisiert, bewältigt man diese viereinhalb Stunden angenehm. Diesmal ist der Blick nach Westen und Süden gerichtet. Konditionsstarke können mit einem Bergführer auch einen Fast-Viertausender angehen. Eine Zwei-Tage-Tour über die Hollandiahütte auf die 3962 m hohe Ebnefluh ist nicht schwierig, aber entsetzlich lang.

Die Kletterschule Fafleralp bietet ein buntes Programm von der Grundausbildung bis zu individuellen Touren nach Wunsch.

Unser Bild zeigt die Fafleralp (1800 m) mit der Lötschenlücke, Sattelhorn und Schinhorn.

Ort	Höhe	Einwohner	Gästebetten insgesamt	in Hotels	in Gasth./ Pensionen	in Chalets/ Ferienwhg.	in Privath./ Bauernhäus.	Camping/ Stellplätze	Ferienlager
Lötschental	1200–2700 m	1500	2700	240	100	2360	–	2/100	–

Wandern: 150 km markierte Wege, Rundwanderwege. Anschluß an Fernwanderwegenetz von Kandersteg und Leukerbad. **Beförderung:** Bus, Bahn. 1 Großkabinenbahn. **Hochtouren:** 2; 2 Tage Dauer. **Alpinschule. Hüttentouren:** zeitw. bewirt. Hütten. **Ferner interessant:** Lötschentaler Museum (Kippel).

Lötschental

Verkehrsbüro Lötschental, CH-3903 Wiler, (0 28) 49 13 88 für Blatten, Fafleralp, Ferden, Goppenstein, Kippel, Lauchernalp, Ried, Steg, Wiler.
Schwimmen in 1 Hallenbad in Steg; 4 Bergseen, 1 Stausee. **Angeln** in Flüssen. Vita-Parcours.
Unterhaltung: Sommerkonzerte, Diavorträge (Freilicht).
Veranstaltungen: Brauchtum im Sommer: Herrgottsgrenadiere (Prozessionen an religiösen Festen wie Fronleichnam und bei Kirchweih). Mitte Juni u. Mitte Aug.–Mitte Sept.: Kirchweihfeste. Anf. Juni: Segensonntag.
Pauschalangebote: Juni–Mitte Juli: Wanderwochen. Aug.: Hochtourenwochen. Mitte Aug.–Mitte Sept.: Genuß-Kletterwochen. Ab Mitte Sept.: Herbstwanderwochen. Ende Sept.–Mitte Okt.: Kletterwochen im Saastal. Wanderwochen.
Lage und Zufahrt: Kartenteil Seite 11 C 2.

DAS MATTERTAL
Wallis

Grächen St. Niklaus Täsch

Das Mattertal im Wallis ist das Tal, das von Zermatt abgeschlossen – fast möchte man sagen: gekrönt – wird.

AUF DEM WEG NACH ZERMATT

Viele erleben dieses Tal höchstenfalls in Form von Ortsdurchfahrten oder Bahnstationen.

Täsch ist allerdings vielen bekannt: der Parkplatz von Zermatt. Mancher parkt nicht nur hier; er richtet sich in Täsch, fünf Kilometer vor Zermatt, gleich häuslich ein. Denn die Eisenbahnverbindung – eine Viertelstunde Fahrzeit und preiswerte Zeitkarten – machen Zermatt fast zu einem Vorort von Täsch, der schnell zu erreichen ist, wenn man will. Dazwischen lebt es sich in Täsch ganz gut.

Täsch ist auf jeden Fall noch ein typisches Walliser Dorf in überschaubarer Größe mit sonnengegerbten dunkelbraunen Holzhäusern. Da steht die Kirche noch in der Mitte und der Konsumverein um die Ecke hat alle Waren des täglichen Bedarfes parat, vom Walliser Trockenfleisch bis zum Fonduegeschirr – einschließlich Fendant und Dôle, die bekanntesten und beliebtesten Walliser Weine.

Es gibt aber auch neunzig Kilometer Wanderwege zwischen den Viertausendern rechts und links. Und grandiose Aussichten nach allen Seiten.

So kann man in der Westflanke von Täschhorn und Alphubel zur Täschalp wandern, was zwei bis drei Stunden in Anspruch nimmt. Beim Abstieg hat man fast immer das formschöne Walliser Weißhorn im Blick, das unter den ernsthaften Bergsteigern viele Verehrer hat. Von dieser Alp aus kann man auf dreifache Weise nach Zermatt kommen. Zuerst einmal über den »Unteren Sattla«, über Galen und Tufteren nach Sunnegga. Den Rest abwärts nach Zermatt besorgt die Metro, die Bergbahn.

Weg Nummer zwei zieht auf gleicher Höhe durch die Westflanken von Sattelspitz und Bösentritt (2 Dreitausendern, die allerdings nur als eine Art Vorberge fungieren) ebenfalls nach Sunnegga. Der dritte ist der talnahe Forstweg, der direkt nach Zermatt führt. Man kann aber auch in einer Stunde talauswärts nach Randa wandern und ist damit schon im nächsten Walliser Bergbauerndorf. Für Bergsteiger ist es ein wichtiger Ort. Hier beginnen die Anstiege zu Domhütte und Weißhornhütte, die beide knapp unter 3000 m Höhe liegen und Ausgangspunkte für das Besteigen der gleichnamigen Viertausender sind. Aber schon die Hüttenanstiege sind wunderschöne Touren. Und nicht gerade kurz; fünf bis sechs Stun-

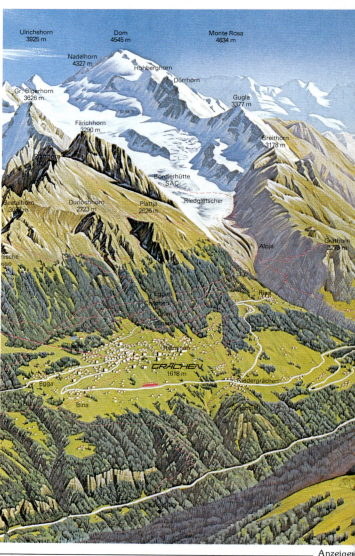

Alte, von Wind und Wetter gebeizte Häuser: Grächen.

Anzeiger

Grächen

GRÄCHEN
SONNE, SPORT und SPASS in aller Ruhe

Grächen heißt Sie herzlich willkommen und hofft, daß Sie einen angenehmen und m. viel Sonnenschein verbundenen Aufenthalt verbringen werden.

Als Gast finden Sie bei uns:
★ Ruhe und Entspannung
★ vielfältige Sport-Aktivitäten für jedes Alter
★ kulinarische Gaumen-Freuden
★ und vor allem echte Bergdorf-Gastfreundschaft

Sommer/Herbst
● 910 Betten in 22 Hotels, Pensionen und Garnis ● 3250 Betten in Chalets und Ferienwohnungen ● 375 Betten in Gruppenunterkünften ● 35 Restaurants und Bars ● 40 Geschäfte, Boutiquen und Dienstleistungsbetriebe ● 2 Dancings ● 1 Kegelbahn ● über 250 km Wander- und Spazierwege Vita Parcours ● im Sportzentrum: 4 Tennisplätze, Tenniswand, 2 Indoor-Tennisplätze Tischtennis, Fitneßzentrum, Boccia-Bahn, Mini-Golf, Sport-Restaurant, Kinderspielplätze, Vermietung von Sportartikeln ● Alpbesichtigung mit Käsedegustation ● Geführte Wanderungen und Besteigung v. Viertausendern ● attr. Gästepass.

**Ausk.: Verkehrsbüro CH-3925 Grächen
Telefon: 028/561300; Telex: 473372**

CH-6

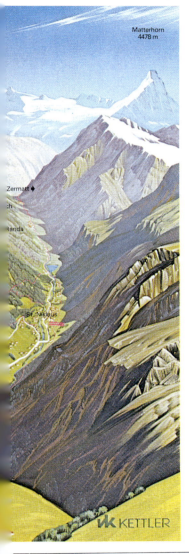

den muß man schon einkalkulieren, nur für den Aufstieg.
Die nächste Station im Mattertal ist St. Niklaus, dreihundert Meter tiefer. Die Gemeinde umfaßt auch 28 größere und kleinere Weiler, die bis in 2000 m Höhe verstreut sind. Auf beiden Talseiten gibt es fast fünfzig Wanderungen, eingeschlossen die Anstiege zur Topali- und zur Bordierhütte. Dort beginnen wiederum zwanzig Gipfeltouren, die bis in drei- bis viertausend Meter Höhe führen.
St. Niklaus hat aber noch eine Spezialität, den Höhenweg »Vispertaler Sonnenberge«. Er führt von St. Niklaus nach Zeneggen oberhalb von Visp. Er ist 23 Kilometer lang und braucht in jeder Richtung acht bis neun Wanderstunden. Aber man hat auf diesem Marsch, der sich lange Zeit in 2000 m Höhe abspielt, zweimal die Möglichkeit für eine Zwischenübernachtung.
Der schönste Abschnitt dieser Wanderung führt über die Moosalpe, eine der schönsten Almen des Wallis mit schönen Ausblicken ins Visper- und Rhonetal. In Törbel unterhalb der Moosalpe kann man die Wanderung unterbrechen – ebenso in Embd, einer fünfzehn Weiler umfassenden weit verstreuten Siedlung.
Bleibt noch Grächen, das 500 m über dem Talboden der Mattervispa auf einer Terrasse in 1600 m Höhe liegt. Dieses malerische Bergdorf hat eine beachtliche Entwicklung durchgemacht. Erst seit 1953 gibt es eine Straße dorthin, die von St. Niklaus abzweigt. In dieser Zeit ist die Zahl der Fremdenbetten von 500 auf 5000 gestiegen, die Einwohnerzahl von 650 auf 1300 gewachsen.
Zur Einstimmung in die Landschaft, aber auch in die Probleme der Bergbauern des Wallis macht man am besten die eine oder andere Wanderung entlang der Wasserleitungen, die über Jahrhunderte ein Leben auf diesem Erdenfleck erst ermöglicht haben. Die »Wasserleite« bringen Gletscherwasser auf die Wiesen. Herstellung und Instandhaltung dieser Wasserfuhren ist aufwendig und nicht immer ungefährlich. Entlang jeder Wasserleitung führen schmale, leicht begehbare Wege, die hier größtenteils durch schöne Lärchenwälder führen. Unter den vier Grächener Wasserleitungen ist die »Bineri« die älteste. Sie entstand nachweisbar vor bald vierhundert Jahren. Die Wanderzeiten liegen zwischen ein und zwei Stunden.
Eine längere Wanderung, die ebenfalls von Hannig ausgeht, führt über Stafel zu einer Fundstelle von Bronzewaffen, die den Nachweis liefern, daß hier bereits vor 2000 Jahren Wanderer unterwegs waren. Über den »Heidnisch Tosso«, der Sage nach eine heidnische Opferstätte, wird nach Grächen abgestiegen. Das waren nur zwei von 25 Wanderungen in der näheren Umgebung von Grächen. Drei- bis viermal in der Woche lädt das Verkehrsamt zum Wandern ein. Weitere Einladungen gibt's regelmäßig zur Gäste-Plausch-Rallye. Das ist ein lustiges, lehrreiches Mannschaftsspiel, bei dem es auch etwas zu gewinnen gibt, vor allem aber viel zu lachen, zu essen und zu trinken.

Ort	Höhe	Einwohner	Gästebetten insgesamt	in Hotels	in Gasth./ Pensionen	in Chalets/ Ferienwhg.	in Privath./ Bauernhäus.	Camping/ Stellplätze	Ferienlager
Grächen	1617 m	1300	5000	900	–	3500		1/25	6
St. Niklaus	1130 m	2300	1300	200	100	1000	–		1
Täsch	1450 m	640	1660	330	–	600	626	1/160	mehrere

Ort	Wandern Wege mark.	Rundwege	geführte Wanderungen	Beförderung Kabinenbahnen groß	klein	Sessellifte	Hochtouren Anzahl	Dauer	Führer	Hütten bewirt.	unbew.	Abstand
Grächen	250 km		3–4× wöch.		2		3	6–8 Std.	1	1		4½ Std.
St. Niklaus	100 km	1/1,5 km	3–4× wöch.			1	1	6–8 Std.	1	1	1	4 Std.
Täsch	90 km	3	2× wöch.				mehrere	6–8 Std.			6	4–5 Std.

Beförderung: Bus, Bahn. **Ferner interessant:** Klettergarten, Glacier-Express. **Angeln** in Flüssen und Seen. **Bergsteigerschule** (St. Niklaus).

Grächen
Kur- und Verkehrsverein, CH-3925 Grächen, (0 28) 56 13 00, Tx 4 73 372.
Schwimmen in 2 Hallenbädern. **Schießen:** Kleinkaliber. **Tennis:** 6 Plätze, 1 Halle/2 Plätze.
Gesundheit: Vita-Parcours, Fitness-Zentrum.
Unterhaltung: Gartenschach, Dia- u. Filmvorträge, Sport- u. Kulturprogramm, Skat-Turniere, Abendkonzerte.
Aktivangebote: Besteigung eines Viertausenders (wöchentl.), Gletscherüberquerungen.
Veranstaltungen: Juli/Aug.: Klassische Konzerte. Mitte Okt.: Int. Skat-Turnier.
Lage und Zufahrt: Kartenteil Seite 11 C 2.

St. Niklaus
Verkehrsverein, CH-3924 St. Niklaus, (0 28) 56 16 15.
Schwimmen in 1 Hallenbad. **Tennis:** 3 Plätze. Vita-Parcours.
Unterhaltung: Bauerntheater, Kinderfeste.

Täsch
Verkehrsverein, CH-3921 Täsch, (0 28) 67 16 89.
Schwimmen in 1 Hallenbad. 1 See. **Rundflüge** mit Helikopter. **Reiten** im Gelände, 15 km Wege, Pferdeverleih, Schule. **Tennis:** 5 Plätze.
Sommerski: 8 Liftanlagen, 18 km Abfahrten.
Unterhaltung: Heimatabende.

Anzeigen

Grächen

Hotel Grächerhof m. Chalet Schönegg ★★★
CH-3925 Grächen
Tel. 028/56 25 15
Inh.: Fam. Fux-Pfammatter
Alle Zi. m. neuzeitl. Komfort. Unser Hotel, altbekannt für seine Gastfreundlichkeit, trad. Küche, in ruhiger Lage. Salon mit TV, Rötisserie, Dancing, Bar, Kegelbahnen, Carnotzet-Käsestüble. Im urchigen Walliserkeller »Spinne« sind Sie die persönl. Gäste unserer Familie.

HOTEL-RESTAURANT DES ALPES ★★★
CH-3925 Grächen/Vs.
Familie Franz Ruff
Tel.: (0041) 28/56 22 44
Sonnig u. ruhig gelegenes Hotel im Chaletstil. 40 Betten, alle Zimmer mit Telefon, Radio, Balkon, Dusche oder Bad; WC, kleine Wohnecke und teilweise TV.
NEU: Rustikales Speiserestaurant mit Bar.
Sport: Fitnessraum m. Sprudelbad (37°C), Sauna, Sol., Mass. u. große Liegeterr. Zentrale Lage, 200 m z. d. Gondelbahnen u. z. Parking (gegen Gebühr). **Hoteltaxi.**

Hotel Sonne★★
Leitung: Fam. Anthamatten-Dalliard
CH-3925 Grächen/VS
Tel.: (0 28) 56 11 07
Gute Tradition. Zentrale Lage. 30 Betten in freundlichen Zimmern mit Bad/Du, Balkon. Sorgfältige Führung der Küche. Restaurant mit Garten. Das Hotel ist ganzjährig geöffnet. **Günstige Familienarrangements.** Besuchen Sie uns!

Täsch

Verkehrsbüro CH-3929 Täsch
Tel.: 028/67 16 89
Ferien i. d. Natur – natürlich in Täsch
»Am Tor vor Zermatt«
● 12 Bahnmin. Pendelzüge/Taxi ● in jeder Jahreszeit ein Erlebnis ● heimelig und preiswert ● 6 Hotels-Apparthotel ● 168 Ferienwohnungen ● 10 Restaurants – Disco ● 5 Tennisplätze ● Camping ● 1 Hallenbad – Bergseebad ● Sauna, Sol. ● Wanderparadies (93 km Wege).

ZERMATT
Wallis

Es begann am 14. Juli 1865 mit einem Paukenschlag. An diesem Tag stand der englische Zeichner Edward Whymper, gerade 25 Jahre alt, als erster Mensch auf dem Matterhorn.

DAS MATTERHORN – AUCH OHNE EISPICKEL UND STEIGEISEN

Einige Stunden nach der Gipfelbesteigung stürzten vier Mann der siebenköpfigen Truppe tödlich ab. Und die Welt erfuhr zum erstenmal, daß es im hintersten Mattertal ein Walliser Bergbauerndorf namens Zermatt gab.

Was ist in den letzten hundert Jahren aus dem vergessenen Bauerndorf geworden? Rund 3700 Einwohner betreuen heute gut 17 000 Fremdenbetten, betreiben drei dutzend Bergbahnen und Skilifte, rekrutieren die bekannteste Bergführergruppe der Alpen und diskutieren zwischendurch immer wieder einmal, ob man nun die Autos nach Zermatt hereinlassen soll oder nicht. Bisher war man in der Endabstimmung dann doch immer dagegen, glücklicherweise.
So muß man nach wie vor das letzte Stück mit der Eisenbahn zurücklegen – meist nur die wenigen Kilometer von Täsch, wo 2000 Parkplätze eingerichtet sind. An belebten Tagen ist allerdings nicht ausgeschlossen, daß man bereits in Randa oder Visp den Wagen stehenlassen muß. Dafür ist es in Zermatt herrlich ruhig.
Wie packt man es am besten an,

Mit der Gondelbahn unten geht es zur Station Furi (1885 m). Von dort aus führen weitere Bahnen zum Schwarzsee (2682 m), ins Sommerskigebiet oder bis zum Klein Matterhorn (3820 m).

Anzeigen

Zermatt
Hotel Mirabeau

Besitzer: Familie S. Julen
CH-3920 Zermatt
Telefon 028/67 17 72, Tx 472 135
Telefax 028/67 13 34

Unser **Hotel Mirabeau** ist in freier, ruhiger Lage mit einem herrlichen Blick aufs Matterhorn. Gemütlich eingerichtete Aufenthaltsräume mit Kamin, elegant-rustikaler Speisesaal, Restaurant und Pianobar sowie eine ausgezeichnete Küche zeichnen dieses Haus aus. Großzügige Zimmer mit Bad, WC, TV, Radio und Direktwahltelefon, Balkon, Minibar, teilweise mit Kochecke. Reichhaltiges Frühstücksbuffet, 5-gängiges-Abendmenü. Hallenschwimmbad 16,8 x 8 m, 27°, Sonnenterrasse, Gartenrestaurant, Liegewiese, Sauna, Fitness sowie ein Tennisplatz Polytan (Gratisbenützung) sorgen für körperliches Wohlbefinden.

– gepflegtes Garni-Hotel
– zentrale, aber dennoch sehr ruhige Lage
– stilvoll eingerichtete Zimmer
– reichhaltiges Frühstücksbuffet
– Sauna und Solarium im Hause

CH-3920 Zermatt
Telefon 028/67 10 66, Tx 472 111
Telefax 028/67 14 81

CH-7 🇨🇭

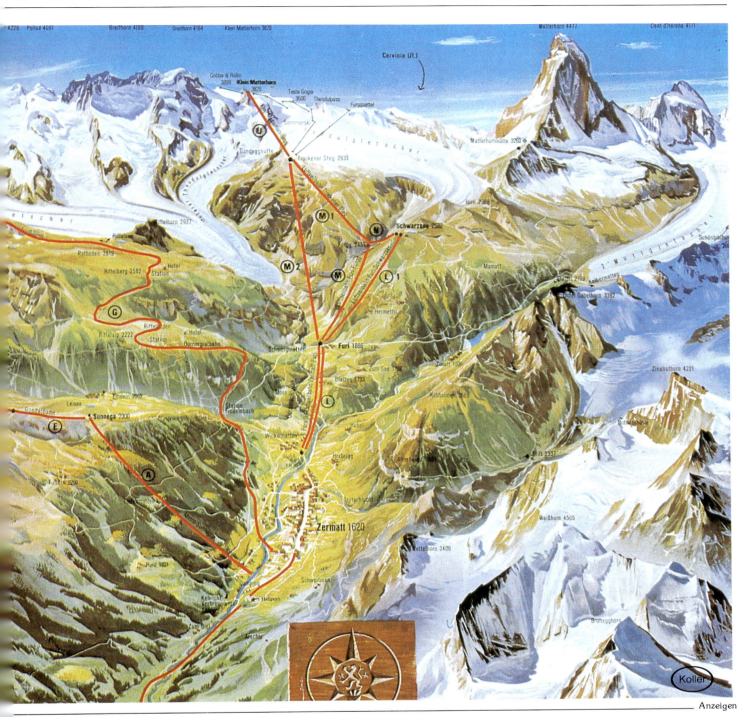

Zermatt

Alpenhof ★★★★

CH-3920 Zermatt
Telefon 0 28/66 11 75, Tx 4 72 139
Fax: 0 28/67 42 32

Neues Erstklaß-Hotel von Zermatt. Elegant-rustikale Einrichtung. Suiten und De Luxe-Suiten, z. T. mit Kamin und teilweise privatem Whirlpool. Komfortzimmer m. Bad, Wohnecke, Minibar, Radio, Selbstwahltelefon u. Balkon, Kaminhalle m. Bar, Gourmet-Restaurant. Freier Eintritt i. d. neue Badelandschaft bestehend a. Eukalyptusbad, Hallenbad, Whirl-Pool, Sauna, Dampfbad, Kneipp-Becken u. Solarium. Beauty-Kabine und Massage vorhanden. Konferenz- und Videoräume. Ideale Lage gegenüber der Standseilbahn Sunnegga-Rothorn und in direkter Nähe der Gornergratbahn. Reichhaltiges Frühstücksbuffet und abwechslungsreiche Diners.
Alpenhof – das neue Erlebnishotel in Zermatt.

Hotel Julen
CH-3920 Zermatt
Telefon 0 28/67 24 81, Tx 472 111

Unser neu umgebautes Familienhotel im Chaletstil ist bekannt für seine geschmackvolle Harmonie zwischen langjähriger Tradition und zeitgemäßem Komfort. Bequemlichkeiten wie unsere altbewährte Gastlichkeit und renommiert gute Küche, 2 Spezialitäten-Restaurants mit Bar, Sonnenterrasse und Garten mit Blick auf das Matterhorn, Sauna, Solarium sowie sämtliche Zimmer mit Bad/Dusche, WC, Radio, Selbstwahltelefon und Balkon machen Ihren Urlaub zum Erlebnis.

In unserer kleinen Idylle inmitten von Zermatt verwöhnen wir unsere Gäste gerne während ihrer schönsten Zeit des Jahres. Ganzjährig geöffnet.

ZERMATT
Wallis

um möglichst viel von der grandiosen Landschaft mitzubekommen? Am einfachsten ist es, mit einer Bergbahn auf irgendeinen Gipfel zu fahren und die Zeit mit Schauen zu verbringen. Schön ist es hier überall.

Zum Beispiel auf dem Unterrothorn (3100 m), das nach der Fahrt mit der Alpen-Metro nach der Sunnegga (2300 m) in zwei Etappen mit Kabinenbahnen erreicht wird.

Wer besonders hoch hinaus will, nimmt die höchste Luftseilbahn Europas auf das Klein Matterhorn und kann dann aus 3884 m Höhe in die Runde schauen – auch auf den Sommer-Skibetrieb (von dem wir nachher noch mehr erzählen). Übrigens ist das Kleine Matterhorn kein Nebengipfel des Großen Matterhorns, sondern ein kleinerer Felsgipfel westlich des Breithorns. Man hat hier einen sehr schönen Blick auf das Matterhorn, den Montblanc und den vielbegangenen Hörnligrat.

Auf den ersten Blick mag der unbedarfte Wanderer in Zermatt erschrecken, sieht es doch aus, als brauche man sich ohne Eispickel und Steigeisen gar nicht auf den Weg zu machen. Doch das sieht nur so aus. Unter den 388 km markierten Wander- und Bergwegen rund um Zermatt ist für jede Leistungsklasse genügend geboten.

Zur Einstimmung könnte man sich die Gornerschlucht ansehen. Auf der Flanierstraße bummelt man Richtung Matterhorn und folgt den Wegweisern zur Schlucht. Nach einer halben Stunde erreicht man den Eingang, wo bei einem Restaurant Eintritt zu bezahlen ist. Über Stege und Treppen geht es hinunter zum wildrauschenden Bach. Auf seilgesicherten Stegen wird die Schlucht gequert, bis man an deren Ende wieder ins Freie kommt. Nun wandert man unter der Seilbahn hindurch zum Weiler Blatten hinüber, wo alte Walliser Stadel, eine kleine Kapelle und ein Gasthaus zu finden sind. Der Abstieg von Blatten ist ziemlich steil und erfordert noch eine halbe Stunde. Alles in allem ist man zwei Stunden unterwegs.

Von besonderem Reiz ist der Aufstieg zur Hörnlihütte am Fuße des Hörnligrates. Hier übernachten täglich mehrere Dutzend Matterhorn-Bergsteiger und die Bergführer.

Man fährt zuerst mit der Luftseilbahn zum Schwarzsee hinauf. Auf einem Bildschirm an der Talstation meldet man Ihnen das Wetter in der Hochlage. Nach fünfzehn Minuten Auffahrt stehen sie inmitten einer grandiosen Berglandschaft, eingerahmt von Viertausendern wie Monte Rosa, Liskamm, Breithorn und Matterhorn.

Auf einem breiten, gut ausgebauten Weg können Sie nun zur Hörnlihütte aufsteigen. Nach rund einer Stunde erreichen Sie einen Felsriegel, der »Hirli« heißt. Die Hütte ist nun schon gut sichtbar. Über Serpentinen wird der letzte Aufschwung überwunden, bis man in 3200 m Höhe das Ziel erreicht hat.

Atemberaubend zieht hier der Hörnligrat am Matterhorn in den Himmel, einmalig der Ausblick auf Gletscher und Gipfel. Die Rückkehr erfolgt auf dem gleichen Weg.

Ein Höhepunkt ist sicher der Ausflug auf den Gornergrat, wo noch Steinböcke und Murmeltiere hausen. Dieser Gornergrat ist ein riesiger Felsriegel, der im Zentrum der Zermatter Viertausender in Ost-

Wo Sie hinschauen: Das Matterhorn ist immer dabei. Es beherrscht das Panorama ebenso wie die Hälfte aller Souvenirs.

Der Stellisee.

Blick auf das Obergabelhorn.

West-Richtung zieht und den großen Gornergletscher in sein Bett zwingt. Nebenbei ist er eine einmalige Aussichtskanzel auf die über zwei Dutzend Viertausender und bald ebensovielen Gletscher. Dieser Platz ist bequem mit der neun Kilometer langen Gornergratbahn zu erreichen. Die Zahnradbahn mit den Zwischenstationen Findelnbach, Riffelalp, Riffelberg und Rotenboden überwindet dabei 1516 m Höhenunterschied und braucht dafür 45 Minuten.

Fünf Minuten von der Bergstation entfernt gibt es eine Aussichtsplattform in 3130 m Höhe mit Panoramatafeln, die einem helfen, die richtigen Gipfel und Namen zusammenzubringen: im Westen das Matterhorn mit Ostwand und Hörnligrat, im Süden Breithorn, Castor und Pollux, Liskamm und Monte Rosa, im Osten Strahlhorn, Täschhorn und Dom – um nur die markantesten zu nennen. Im Norden ragen in gemessener Entfernung die Berner Alpen auf. In der Tiefe (der Gornergrat bricht nach Süden fast senkrecht ab) liegt der riesige Gornergletscher. Mit etwas Glück kann man im Gelände Steinböcke und Murmeltiere sehen.

Man kann nun ganz einfach wieder hinunterfahren. Weitaus eindrucksvoller bleibt es, wenn man wenigstens ein Stück zu Fuß ins Tal wandert. Bis zur Station Riffelberg braucht man beispielsweise zwei Stunden. Und bis ganz ins Tal ist man vier Stunden unterwegs. Besonders großartige Unternehmungen sind Anstiege zu den Berghütten des Schweizer Alpenclubs.

So bringt der Aufstieg auf die Schönbielhütte die Schau auf die Matterhorn-Nordwand und auf den Zmuttgletscher. Der Aufstieg zur Rothornhütte endet erst in 3200 m Höhe und direkt am Rande des Triftgletschers.

Wer mehr will – und attraktive Ziele gibt es mehr als genug –, der kann an den geführten Touren der Bergsteigerschule teilnehmen, die zwischen vierzig bis siebzig Franken kosten und damit sehr preisgünstig sind. Wer noch Größeres vorhat, nimmt dafür eigens einen Führer. Das ist dann schon etwas teurer. Soll's gar das Matterhorn sein, so macht das 450 Franken Führergebühr plus Fahrspesen, Übernachtung und Verpflegung. Und wie ist es mit dem Sommerskigebiet von Zermatt? Es ist das größte und – was viel wichtiger ist – das am höchsten gelegene, nämlich zwischen 2900 m und 3900 m. Das heißt: Auf dem Theodulgletscher liegt die tiefste Talstation der acht Gletscherlifte höher als in manch anderem Sommerskigebiet die höchste Bergstation. Das heißt aber auch, daß man hier im Sommer tatsächlich einigermaßen skifahren kann. Auch wenn es nicht sensationell zugeht, so kommen doch tausend Höhenmeter zusammen. Man braucht auch keine Sorge zu haben, daß der nächste Sonnenstrahl die Schneeflocken in Nichts auflöst.

Ort	Höhe	Einwohner	Gästebetten insgesamt	in Hotels	in Gasth./ Pensionen	in Chalets/ Ferienwhg.	in Privath./ Bauernhäus.	Camping/ Stellplätze	Ferienlager
Zermatt	1620 m	3700	17400	6600	–	10800	–	1	1 JH

Wandern: 388 km markierte Wege, Rundwanderwege. **Beförderung:** Bus, Bahn. 10 Groß-, 2 Kleinkabinenbahnen, Gornergratbahn, 1 unterirdische Standseilbahn nach Sunegga. Hochalpine Bergsteigerschule. **Hochtouren:** geführte Tagestouren. **Hüttentouren:** 13 bewirtschaftete Hütten im Abstand von 1,5–4 Std. **Ferner interessant:** Mineralientouren, geologische und botanische Lehrpfade, Wildgehege. **Sommerski:** 8 Liftanlagen, 18 km Abfahrten.

Zermatt

Kur- und Verkehrsverein, CH-3920 Zermatt, (028) 66 11 81, Tx 4 72 130.
Schwimmen in 12 Hallenbädern, Solebad; 6 Bergseen. **Tennis:** 17 Plätze, 2 Hallen/je 1 Platz, Schule.
Rundflüge mit Helikopter.
Gesundheit: Vita-Parcours, Fitness-Zentrum.
Unterhaltung: Heimatabende, Gästekindergarten, Gartenschach, Alpines Museum.

Veranstaltungen: 1. Aug.: Traditionelle Bundesfeier. Anf. Aug.: Kapellenfest auf Schwarzsee. Mitte Aug.: Traditioneller Folkloreumzug.
Pauschalangebote: Anf. Juli, Mitte Sept., Mitte Okt.: Tourenwochen. Juli/Aug.: Sommerskiwochen mit Unterricht und Skipaß.

Lage und Zufahrt: Kartenteil Seite 11 C 3.

Anzeigen

Zermatt

Problemlos telefonieren

Wenn Sie von anderen Ländern dort anrufen wollen, müssen Sie die 0 am Anfang der Vorwahl weglassen und folgende Nummer vorauswählen:

Aus Deutschland
nach Österreich 0043
in die Schweiz 0041
nach Italien 0039

Aus der Schweiz
nach Deutschland 0049
nach Österreich 0043
nach Italien 0039

Hotel Couronne***
CH-3920 Zermatt
Telefon 0 28/67 26 81
Bes. Familie Julen
Zentrale, besonders ruhige Lage mit schöner Aussicht. Das Hotel ist komfort. ausgestattet, mit rustikal-familiärem Flair. 46 Betten, alle Zi. m. Bad, DU, WC, Tel., Radio, teilw. Balkon. TV-Raum. Bar. Terrasse, Grillroom, Kinderspielplatz, Spez.-Rest. m. gutbürgerl. Küche, intern., Diät. Lift.

Hotel Sarazena ★★★
Besitzer: C. Zurniwen
CH-3920 Zermatt
Tel.: 028/67 44 41-42
Das Hotel liegt ruhig doch zentral. Freundl. Zi. m. Bad/WC, Tel., TV, Radio, Bar u. Balk. Hotelhalle m. off. Kamin. Hotelbar mit »Schlummertrunk«. Liegew.; Nähe offener Tennispl. Idealer Ausgangsp. f. Fahrten m. d. Glacier-Express sowie Touren im Gornergrat/Monte-Rosagebiet.

HOTEL *Butterfly*

Direktion: Mme G. Woischnig
CH-3920 Zermatt
Tel.: 028/67 37 21, Tx.: 472 121 bufy
Neuzeitl. Haus ersten Ranges. Ruhige, sonnige Lage im Herzen des autofreien Kurortes. Zimmer in Südlage – ungezw. Atmosphäre – Winter- u. Sommer-Ski. Whirlpool, Sauna, Solarium, Fitneß.

Anzeige

LEUKERBAD-TORRENT

Das imposante Wander- und Aussichtsgebiet von «Torrent» wird auch Sie begeistern! Von der Bergstation Rinderhütte aus (2350 m) geniessen Sie einen überwältigenden Rundblick auf die höchsten Schneeriesen unserer Alpen. Über zwanzig Viertausender geben dem Panorama ihr einmaliges Gepräge. «Torrent» ist deshalb zu Recht schon seit Jahren als «Rigi des Wallis» bekannt. Im Sommer befinden Sie sich in einem Wandergebiet mit ungezählten Anschlussmöglichkeiten für Bergwanderungen nach allen Richtungen. Die herrliche Alpenflora im «Torrent» bedeutet für den Naturfreund ein besonderes Erlebnis.

Auf der Bergstation Rinderhütte modernes Ferien- und Touristenlager — Panorama-Restaurant: 400 Plätze — günstige Preise — Säle für Vereine, usw.

Info: Torrent-Bahnen Leukerbad-Albinen AG CH-3954 Leukerbad Direktion: (027) 611616/611036 Restaurant: (027) 611944

Wallis IHRE FERIEN-SCHATZKAMMER

Anzeigen

Reisen mit der Bahn

Mit der Bahn nach Leukerbad.

Wenn Ihr Wanderurlaub von Anfang an streßfrei sein soll, reisen Sie am besten mit der Bahn an. Mit dem EuroCity „Lötschberg" reisen Sie z.B. ab Hannover bis Spiez oder Brig. Dort bringen Sie Busse zu Ihrem Urlaubsort. Schnell und bequem auf jeden Fall.

Deutsche Bundesbahn

Verkehrsbetriebe Betten - Bettmeralp AG Betten

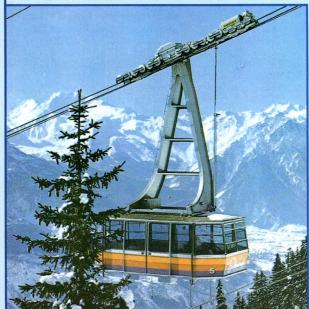

Der autofreie Ferienort am Großen Aletschgletscher. 4000 Betten in Hotels und Chalets. 100 km markierte Wanderwege - Tennis. Minigolf - Baden, Rudern, Fischen im Bettmersee. Gondelbahn auf den Bettmergrat (2700 m) Panoramarestaurant Bettmerhorn. Auskunft: Verkehrsbetriebe Betten-Bettmeralp AG, CH-3992 Bettmeralp/Vs., Tel.: (028) 271291 und 271281.

 *Bettmeralp*

Panorama-Restaurant auf dem Bettmergrat, 2700 m ü.d.M. Der Aletschgletscher zu Ihren Füßen.
Herrliche Rundsicht vom Eiger bis zum Matterhorn und Mont Blanc. Jeden Donnerstag: Sonnenaufgangsfahrten (Fahrt zum Bettmerhorn, Frühstück und Führung Fr. 17,- pro Person).

Wir verwöhnen Sie gerne mit unseren preiswerten Hausspezialitäten.

Hier oben bei dem einmaligen Panorama schmeckt's Ihnen sicher noch mal so gut.

GLETSCHERWEG ALETSCH Bettmergrat - Märjelensee

Dieser herrliche Bergweg wurde im Sommer 85 von den Verkehrsbetrieben Bettmeralp, der Gemeinde Betten und dem Verkehrsverein Bettmeralp erstellt. Als Trasse diente ein kleiner Pfad, den die Schafhirten benutzten, um in möglichst kurzer Zeit vom Bettmergrat zum Märjelensee zu gelangen.
Routenbeschreibung:
Ausgangspunkt für die Wanderung ist die Bergstation der Gondelbahn Bettmerhorn (2643 m). Von hier erreicht man auf leicht abfallendem Weg Punkt 2581 von wo aus man einen herrlichen Blick auf den Großen Aletschgletscher, das Aletschhorn sowie auf Eggishorn, Oberaarhorn, Walliser Fiescherhörner und das Grosse Grünhorn hat. Nun geht es in einigen Kehren über Steintreppen in die »Roti Chumma« hinunter. Von hier gelangt man über Schafweiden und den teilweise in Felsen eingehauenen aber breiten und gemütlichen Weg zur Gratkante, die sich vom Eggishorn zum Märjelensee herunterzieht.
Marschzeit: Bettmergrat-Märjelensee erreicht man in 55 Minuten den Vordersee, wo eine Berghütte steht, die in der Zeit von Anfang Juli bis Anfang Oktober bewirtet ist. Von hier kann man über den Tälligrat (2610 m) oder etwas länger über den eigentlichen Märjelenweg zurück nach Kühboden und den Ausgangspunkt Bettmeralp gelangen.
Marschzeit: Märjelensee-Bettmeralp 4 Stunden.

IM SAASTAL
Wallis — Saas-Fee

Drei Walliser Bergdörfer führen den Namensbestandteil »Saas«: Saas-Grund, Saas-Almagell und Saas-Fee.

IM KRANZ DER VIERTAUSENDER

Insgesamt zählen 28 Gletscher zum Gebiet von Saas-Fee. Und dreizehn Viertausender stehen in der Runde.

Wie kommt man da zeitgemäß hinauf? Seit dem 19. Dezember 1984 führt die »Metro Alpin« zur Station Mittelallalin (3456 m); man hat da unter dem Feegletscher die höchste unterirdische Standseilbahn der Welt eingerichtet. Sie kann stündlich 1500 Personen von Felskinn mitten auf den Gletscher befördern. Sinn oder Unsinn? Vor Ort denkt man, daß das »der Gast wünscht« und daß für diese »Einrichtung mit Augenmaß« ein »echtes Bedürfnis« vorhanden ist. Das ist bislang der Endpunkt der touristischen Entwicklung, die vor über 130 Jahren im benachbarten Saas-Grund mit der Eröffnung des ersten Gasthofes durch Pfarrer Im-

Anzeigen

Saas-Fee

****Hotel Saaserhof
 ***Hotel Europa
****Hotel Garni Europa
**Nova alpin Hotels AG
CH-3906 Saas-Fee/Wallis
Tel.: (0 28) 57 27 25
Telex: 4 72 229**

Saaserhof
Erstklasshotel direkt an den Bergbahnen und Liften gelegen. Rustikale Eßräume, Bar, Sauna, Solarium, Dampfbad, Fitness. Alle Zimmer mit Dusche oder Bad, Balkon, Telefon, Radio, TV.
130 Betten, 2 Speisesäle für 70–95 Personen.

Europa + Europa Garni
Mittelklassehotel in sonniger und ruhiger Lage von Saas-Fee. Alle Zimmer mit Dusche oder Bad, Balkon, WC, Radio, zum Teil TV. Neue heimelige Hotelbar; Sauna, Whirl-Pool, prof. Kraftraum. 110 Betten, 3 Speisesäle für 30–80 Personen.

**Hotel Ambassador ★★★★
Besitzer: Gebrüder Supersaxo
CH-3906 Saas-Fee
Tel.: 028/57 14 20-22**
Familienhotel mit exclusiver Einrichtung. Zimmer mit Minibar, Balkon oder Terrasse. Restaurant mit gepflegter Küche.
Hallenbad mit Jet-Stream, Sauna, Solarium, Hot-Whirl-Pool.
Sportgeschäft im Haus.

CH-8

seng ihren Anfang nahm.
Zu Imsengs Zeiten war natürlich nur Sommertourismus vorstellbar. Das blieb ein halbes Jahrhundert so. In den letzten dreißig Jahren hat sich nun die Wintersaison unaufhaltsam nach vorne geschoben. Deshalb bleibt heute im Sommer so manches Haus in Saas-Fee geschlossen, das im Winter gut ausgelastet ist. Inzwischen ist nämlich die Bettenzahl auf 8000 gestiegen. Konnte man 1946 gerade 65 000 Logiernächte im Jahr registrieren, so sind es heute rund 800 000.
Um das Ungleichgewicht vom Sommer und Winter zu verbessern, hat man die neue Bergbahn geplant. Ihre Aufgabe ist es, den Sommer-Skilauf attraktiver zu machen. Wie konnte es überhaupt so weit kommen, daß ein Ort im hintersten Talgrund eine solche Fremdenverkehrskarriere macht? Dazu muß man wissen: was für Zermatt das Matterhorn, das ist für Saas-Fee der Feegletscher, dessen Größe in jedem Prospekt farbig zu bewundern ist. Kein schmales Eisband, sondern ein Koloß, mehr breit als lang, der die gesamte Ostflanke fünf mächtiger Berge überzieht.
Wer zum erstenmal Saas-Fee anfährt, muß sich damit abfinden, daß hier die Autos ausgesperrt sind. In einer Tiefgarage am Ortsrand stehen 1000 Abstellplätze parat. Ein Parkplatz faßt weitere 1700 Fahrzeuge. Schon auf dem Weg zum Hotel, das Gepäck auf kleinen Elektrowagen verstaut, stellt man fest, wie schön ein autofreies Dorf ist. Man kann gelassen in die Runde schauen. Dabei muß man den Kopf weit in den Nacken legen, wenn man den Blick über die Gletscher zu den Viertausendern, zum Allalinhorn und zum Alphubel, erhebt. Wer das einmal gesehen hat, der weiß, warum Saas-Fee berühmt geworden ist.
Und die Saaser haben natürlich alles getan, damit sich dieses Kapital richtig verzinst. Deshalb ist es zweckmäßig, ja eigentlich notwendig, das Saastal von oben her zu beschreiben. Denn die stürmische Entwicklung von Saas-Fee hat im übrigen Saastal, in Saas-Grund und Saas-Almagell, den Fremdenverkehr erst richtig in Schwung gebracht.
Natürlich spielt der Alpinismus im Saastal auch heute noch eine große Rolle. Viertausender wie Weißmies, Dom und Täschhorn oder der berühmte Nadelgrat ziehen die Bergsteiger zu allen Zeiten an. Rund vierzig Bergführer stehen allein in Saas-Fee zur Verfügung. Es sind die gleichen Namen, die in Saas-Fee an allen Ecken und Enden zu finden sind: Imseng und Burgener, Bumann und Supersaxo.
Was bleibt für den normalen Sommerurlauber, wenn man den Sommer-Skilauf sowie die Hoch- und Eistouren beiseite läßt? Ganz ohne Wandern oder wenigstens Spazierengehen kann Saas-Fee natürlich etwas fad werden. Und wenn Sie nur bis zur Talstation der Bergbahn gehen. Welche Sie da nehmen, ist fast gleichgültig; eine grandiose Aussicht ist in jedem Fall gesichert. Zum Beispiel bietet eine Fahrt mit der Gondelbahn nach Plattjen hervorragende Einblicke ins Saastal, auf den Mattmark-Stausee und auf die Mischabelgruppe.
Nehmen Sie die Großkabinenbahn zum Felskinn, dann schweben Sie mit den Skifahrern mitten in die Gletscherszenerie hinein. Direkt unter dem Dom, der mit 4545 m der höchste allein der Schweiz zugehörige Berg ist, landet man mit der Längfluhbahn auf einem Moränenrücken ebenfalls mitten im Feegletscher.
Bleibt noch die Gondelbahn zum Hannig. Im Juli und August gibt es hier an Donnerstagen Auffahrten zum Sonnenaufgang. Aus 2350 m Höhe ist besonders die Aussicht auf die ins Gegenlicht getauchte Weißmiesgruppe faszinierend.
Im Wallis zählen die Hüttenanstiege häufig bereits zu den Hochtouren, weil sie entweder sehr lang sind oder schon in vergletscherte Gebiete führen oder beides.
Die Britanniahütte (3030 m) erfordert von der Felskinn-Bergstation nur 45 Minuten Gehzeit. Der Weg führt aber über den Chessjengletscher und ist daher nur für routinierte Bergsteiger geeignet.
Ebenso der Aufstieg zur Mischabelhütte, die mit 3329 m noch dreihundert Meter höher liegt. Man kann mit Hilfe der Hannig-Seilbahn zwar eine Stunde sparen, aber der Aufstieg ist äußerst steil.
Vom Hannig abwärts, ob nach Saas-Fee oder auch nach Saas-Grund, werden ein Dutzend leichter Wanderkombinationen geboten, die alle auch aufwärts zu machen sind. Der Abstieg kann dann mit der Bergbahn geschehen. Es ist dabei nicht ausgeschlossen, daß Sie auf den Hannigwegen einer Gemse oder gar einem Steinbock über den Weg laufen.
In aller Ruhe kann man sich im Ort die alten typischen Holzbauten auf den riesigen Steinplatten anschauen. Diese Platten dienen zum Schutz vor hochkletternden Mäusen. Die Häuser stehen in schöner Eintracht neben den neuen Restaurants und komfortablen Hotels. Nur vom Stallmist ist nichts mehr zu riechen; jetzt duftet es nach Fondue. Neueste Absicht in Saas-Fee ist es, die Reste der Landwirtschaft wieder mehr zu pflegen. Nicht nur wegen der Erzeugnisse, sondern weil die Ökonomie auch das Gemüt anspricht.
Beim Spaziergang durch den Ort trifft man nahe der Kirche auf das Heimatmuseum, das in einem typischen alten Saaser Wohnhaus untergebracht ist. Kennzeichnend ist, daß die Rückseite bis zum Dach aus Mauerwerk besteht (hier war die Küche mit dem offenen Feuer), während die Vorderseite über dem Keller aus Lärchenholz ist. Thema des Museums: »Wie die Saaser lebten«.

Ort	Höhe	Einwohner	Gästebetten insgesamt	in Hotels	in Gasth./ Pensionen	in Chalets/ Ferienwhg.	in Privath./ Bauernhäus.	Camping/ Stellplätze	Ferienlager
Saas-Fee	1800 m	1100	8000	2200		5800	—	1/50	1

Wandern: 200 km markierte Wege; 4 Rundwanderwege, 50 km. **Beförderung:** Bus. 2 Groß-, 2 Kleinkabinenbahnen. Alpinschule. **Geführte Wanderungen:** 3mal pro Woche. **Hochtouren:** 20; 4–15 Std. bzw. 7 Tage Dauer, 48 Führer. **Hüttentouren:** 4 bewirtschaftete Hütten im Abstand von 3–4 Std. **Abzeichen:** Fee-Sport-Programm. **Sommerski:** 3 Liftanlagen, 20 km Abfahrten; 2 Loipen über 4 und 7 km.
Ferner interessant: geologischer Lehrpfad.

Saas-Fee
Verkehrsbüro, CH-3906 Saas-Fee, (0 28) 57 14 57, Tx 4 72 230.
Schwimmen in 5 Hallenbädern, 1 Stausee.
Tennis: 11 Plätze, 1 Halle/2 Plätze, Schule.
Gesundheit: Vita-Parcours, Fitness-Zentrum.
Unterhaltung: Heimatabende, Konzerte, Gästekindergarten, Fußballturniere, Fee-Sport-Programm.
Veranstaltungen: 1. Aug.: Bundesfeier. Anf./Mitte Aug.: Waldfest des Skiclub. Vereins- u. Musikfeste.
Pauschalangebote: April–Okt.: Kletter-, Hochtourenwochen, Skihochtouren-Wochen, Wanderwochen. Mitte Juni–Okt.: Tenniswochen; Ski- und Tenniswochen. Anf. Juli–Mitte Aug.: Sommer-Skicamp (für 8–16jährige).
Lage und Zufahrt: Kartenteil Seite 11 C/D 2.

Anzeigen

Saas-Fee

Hotel Mischabel *
Besitzer: E. u. . Bumann-Fux
CH- 3906 Saas-Fee
Tel.: 028/572118 Tx.: 472218
Familienhotel der gehobenen Mittelklasse, vom Besitzerehepaar pers. geführt. Zimmer mit Bad/WC, Direktwahltelefon, Radio. Ged. Speisesaal, Aufenthaltsraum m. Kaminfeuer, Lese- u. TV-Raum. Nähe d. neuen Freizeitzentrums (Tennish., Schwimmbad, etc.).

1800-2350 m ü.M.
Auskunft:
Direktion
Tel.: 028/572615
CH-3906 Saas-Fee

Vielseitiges Wander- und Tourengebiet

Die Aussichts- und Sonnenterrasse des Saas-Tales

Hotel Walliserhof Saas-Fee

Ihr Gastgeber: B. Anthamatten
CH-3906 Saas-Fee
Telefon: 0 28/57 20 21
Telex: 4 72 221

Erstes Haus am Platz!

Zentrale Lage, Gediegenheit, Ruhe und Komfort umrahmen die Atmosphäre des Hauses.
In gemütlichen, eleganten Restaurants genießen Sie kulinarische Köstlichkeiten. Pizzeria. Zimmer mit Bad/Dusche/WC, Radio, TV, Tel., Minibar. Komfort u. großzügige Ausstattung. Hallenbad; angrenzende Liegewiese, Gartenterrasse, Massage, Sauna, Solarium und Whirlpool ergänzen das Fitneßangebot. Genießen Sie fröhliche und unbeschwerte Stunden in unserem Dancing bei Kerzenlicht. Spielsalon.

IM SAASTAL
Wallis — Saas-Grund

Der Fremdenverkehr hat in Saas-Grund (rechts) eine lange Tradition.

Es geschah zu einer Zeit, als man im Saastal die Wirtshäuser schloß, um die gefährdete Moral der Talbewohner zu schützen. Ein Chronist aus jener Zeit schrieb folgendes: »Der Fremdenverkehr mehrt sich von Jahr zu Jahr, daher richtete Pfarrer Imseng seine schöne Wohnung in ein Hotel ein, indem er die Scheune in einen Eß-Salon und den Stall in einen Keller umwandelte. Das war das erste Hotel in Saas-Grund«.

So geschehen im Jahr 1854, als Hochwürden Johann Josef Imseng sein Gasthaus »Monte Rosa« eröffnete. Dieser universelle Mann war nebenbei auch als Bergführer unterwegs, betätigte sich als Botaniker und Geologe. Inzwischen hat man dem Pfarrer ein ehernes Denkmal gesetzt. Ein treuer Feriengast hat es bezahlt. Es zeigt eine Priestergestalt mit einem Eispickel.

Saas-Grund liegt zwar im Talgrund, aber immer noch 1560 m hoch. Dieser Ort hat sich in den letzten Jahren zu einer gut ausgebauten Fremdenstation entwickelt. Ein Dutzend Bergbahnen und Skilifte, Pisten und Langlaufloipen erwartet die Gäste. Hier ist Pirmin Zurbriggen zu Hause, der Star der Weltmeisterschaften 1985 in Bormio, der dort zweimal Gold und einmal Silber gewann. Wo die Wanderer wandern? Es gibt 280 Kilometer markierte Wege. Vom Spazierweg bis zu sehr anspruchsvollen Gletschertouren ist alles dabei. Zu den schönsten Wanderungen zählt der Kapellenweg, der früher einmal den Zugang nach Saas-Fee bildete. Er beginnt in Saas-Grund und führt an fünfzehn kleinen Kapellen vorbei – zur Kapelle zur Hohen Stiege in Saas-Fee. Die Kapellen wurden 1709 gebaut und sind mit Holzfiguren ausgestattet, die die fünfzehn Rosenkranz-Geheimnisse darstellen.

Die Kapelle zur Hohen Stiege entstand bereits 1687; sie besitzt einen schönen Barockaltar. Im Renntempo braucht man für den Aufstieg eine Stunde. Mit Besichtigungen und Rasten sind zwei bis drei Stunden einzuplanen.

Die schönste Wanderung der Gegend ist der Aufstieg zur Weißmieshütte. Man kann sich das heute recht einfach machen, fährt mit der Gondelbahn nach Kreuzboden (2400 m) und kann dann in einer Stunde zur Hütte (2726 m) hochsteigen. Auf dem gleichen Weg kommt man wieder zurück in den Ort.

Man kann aber auch von Saas-Grund über die Triftalp die ganze Strecke aufsteigen. Das macht dann drei bis vier Stunden, bis man am Ziel ist. Zugegeben, der Ausblick ist der gleiche (siebzehn Viertausender auf einen Blick). Ganz sicher ist aber, daß der Rundblick noch sehr viel schöner ist, wenn man drei bis vier Stunden Marsch hinter sich hat.

Ferner bietet Saas-Grund Gletschertouren, die von der Bergsteigerschule Weißmies angeboten werden, Extremklettereien am Jägigrat oder am Weißmies-Nordgrat.

Wer gar nicht laufen möchte, kann sich eine alpine Freude machen. In den Sommermonaten Juli und August bietet die Gondelbahn Saas-Grund – Kreuzboden – Hohsaas »Sonnenaufgang-Fahrten« an – rechtzeitig, bevor die 18 Viertausender erwachen.

Ort	Höhe	Einwohner	Gästebetten insgesamt	in Hotels	in Gasth./ Pensionen	in Chalets/ Ferienwhg.	in Privath./ Bauernhäus.	Camping/ Stellplätze	Ferienlager
Saas-Grund	1560 m	1000	4500	800		1700	–	3/250	2000

Wandern: 280 km markierte Wege; 3 Rundwanderwege, 30 km. **Beförderung:** Bus. 2 Kleinkabinenbahnen, 1 Sessellift. Alpinschule. **Geführte Wanderungen:** täglich. **Hochtouren:** 10; 3 Std.–7 Tage Dauer, 4 Führer. **Abzeichen:** Wanderschuh. **Ferner interessant:** botanischer Lehrpfad, Wildgehege, Wasserfälle.

Saas-Grund
Verkehrsbüro, CH-3901 Saas-Grund, (0 28) 57 24 03.
Schwimmen in 3 Hallenbädern (Wellenbad). 1 Stausee. **Angeln** in Flüssen. **Tennis:** 1 Platz. Vita-Parcours. **Unterhaltung:** Heimatabende, Vorträge, Alpfeste, Gästebetreuung (Juli/Aug.). **Veranstaltungen:** Traditioneller 1.-Aug.-Umzug. **Lage und Zufahrt:** Kartenteil Seite 11 D 2.

Anzeigen

Saas-Grund

Aparthotel*** Etoile u. Bergheimat
CH-3901 Saas-Grund
Tel.: 0 28/57 20 66
Das moderne u. schön gelegene Drei-Sterne-Aparthotel Etoile im Herzen v. Saas-Grund entspricht ganz Ihren Wünschen. Alle Zi. m. Du/WC, Studios m. Einbauküche. Großer Parkpl. am Haus. Eig. Hallenbad, Hot-Whirl-Pool, Café-Bar, Sauna, Solarium, Fitneßraum.

Hotel Alpha
CH-3901 Saas-Grund
Telefon 0 28/57 20 06
Inh.: Familie Gottlieb Bumann
45 Betten. Moderne, geräumige Zimmer mit Bad, Dusche, WC, Balkon, Lift. Eigener großer Parkplatz. Gepflegtes Haus mit persönlicher Note in zentraler Lage. Gemütliches Restaurant im Walliser Stil. Gute Küche. Ca. 300 m bis Seilbahnen und Skiliften.

IM SAASTAL
Wallis   Saas-Almagell   CH-8

Ein leichtes Unterfangen ist die Wanderung von Saas-Almagell nach Saas-Fee. Ganz bequem kann man in einer Stunde den großenteils durch Wald und immer leicht aufwärts führenden Weg von der letzten Siedlung im Talgrund absolvieren. Saas-Almagell liegt 1670 m hoch. Es kann mit 2000 Fremdenbetten als stille Dependance von Saas-Fee betrachtet werden. Ein schönes Wanderziel ist hier der Stausee Mattmark, der 100 Millionen Kubikmeter Wasser enthält. Am einfachsten ist es, mit dem Postbus zum See zu fahren und in drei Stunden drumherum zu marschieren.

Lohnend ist auch eine Wanderung zur Almagelleralp, die man in anderthalb Stunden erreichen kann. Aus 2200 m Höhe hat man einen schönen Blick auf die Mischabelgruppe.

Routinierte Wanderer machen hier nur eine Pause und marschieren dann über den Grundberg nach Kreuzboden. Dieser schöne Höhenweg erfordert zwei bis drei Stunden und bringt Sie auf einen Schlag ins Tourengebiet von Saas-Grund. Kreuzboden ist nämlich die Bergstation der Gondelbahn, die nach Saas-Grund führt.

Saas-Almagell (rechts) ist der ruhigste der drei Saas-Orte.

Ort	Höhe	Einwohner	Gästebetten insgesamt	in Hotels	in Gasth./ Pensionen	in Chalets/ Ferienwhg.	in Privath./ Bauernhäus.	Camping/ Stellplätze	Ferien- lager
Saas-Almagell	1672 m	350	2000	750		1250	–	–	–

Wandern: 200 km markierte Wege. **Beförderung:** Bus, Bahn. 1 Sessellift. **Geführte Wanderungen:** 1mal pro Woche. **Hochtouren:** 3 Std.–7 Tage Dauer, 2 Führer. **Abzeichen:** Wanderpaket, -abzeichen.

Saas-Almagell
Verkehrsverein, CH-3905 Saas-Almagell, (0 28) 57 26 53.
1 Stausee.

Unterhaltung: Heimatabende, Konzerte, Filmabende, Raclette-, Spanferkel-, Jägerfeste, Berg-, Nachtläufe.
Lage und Zufahrt: Kartenteil Seite 11 D 2.

Saas-Fee gegen Feegletscher.

AM SIMPLON
Wallis

Brig   Simplon-Dorf

Brig im Rhonetal ist der Hauptort des deutschsprachigen Oberwallis. Seit urdenklichen Zeiten war es eine Stadt des Verkehrs und des Handels, eng mit der Geschichte und Bedeutung des Simplon verbunden.

RINGSUM AUSFLÜGE

Am Ausgangspunkt des fast 20 Kilometer langen Simplontunnels und der ganzjährig befahrbaren Simplon-Paßstraße öffnet sich eine großartige Hochgebirgslandschaft mit ausgedehnten Touren- und Ausflugsmöglichkeiten.

Brig ist keine naive Sommerfrische. Da gibt es ein Dutzend Satelliten-Siedlungen im nächsten Umkreis, die dem besser entsprechen. Brig ist Durchgangsstation für viele, wenn sie auch nur die eine oder andere Nacht hier verbringen, aber auch ein Angebot für Leute, die in den Ferien neugierig Abwechslung und Abenteuer haben wollen. Und wenn es nur das Abenteuer neuer Landschaften und Gesichter ist.

Geht man durch die Stadt, so sieht man die Spuren der Zeit und Geschichte. Die schönste Spur hat wohl der Kaspar Jodock von Stockalper, der ungekrönte König des Wallis, hinterlassen, der hier von 1609 bis 1691 lebte und wirkte. Er war ein großer Handelsherr (heute würde man »Wirtschaftsführer« sagen), der nicht nur gute Geschäfte machte, sondern auch Straßen baute, die Post verbesserte und als Kunstmäzen auftrat. Wer heute den Stockalperpalast sieht, das Wahrzeichen von Brig, der weiß, daß der Bauherr ein großer Mann war. Drei mächtige Zwiebeltürme flankieren die zwei- und dreigeschossigen Laubengänge, die einen schönen Innenhof bilden. Heute sind in diesem größten Privatbesitz der Schweiz reiche Kunstschätze und das Oberwalliser Heimatmuseum untergebracht.

Man findet im Ort auch einen schönen, verwinkelten Altstadtkern und die sehenswerte barocke Jesuitenkirche. Eine besonders wertvolle Innenausstattung bietet die uralte Wallfahrtskirche Mariä Himmelfahrt im nahen Glis. Die Kurgäste schickt man nach Brigerbad, sechs Kilometer westlich von Brig. Es ist die größte Thermalbadanlage der Schweiz.

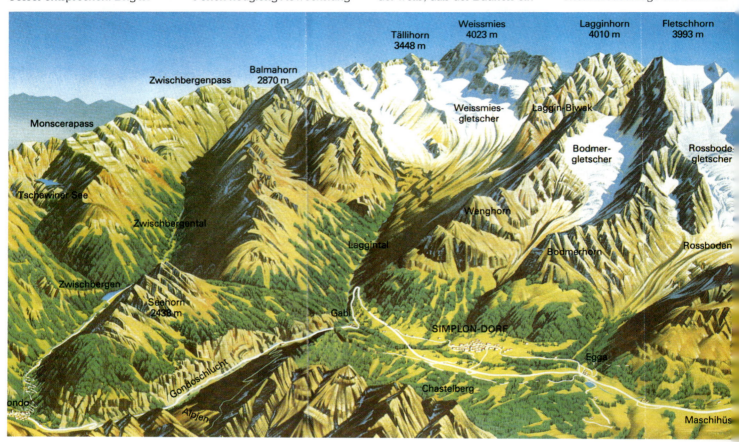

Anzeigen

Brig

Das historische und reizvolle Städtchen **Brig** liegt im Herzen der Alpen u. bietet ein attraktives Ferienangebot für jung und alt. Durch seine interessante geographische Lage ist Brig am Simplon ein idealer Ausgangspunkt für Ausflüge und Wanderungen. Ein vielfältiges Angebot an preiswerten Hotels und Gaststätten, wo die traditionelle Gastfreundschaft noch hochgehalten wird, steht unseren Gästen zur Verfügung.
Verkehrsverein CH-3900 Brig am Simplon
Postfach 688
Tel.: (0041) 28/23 19 01; Tx.: 47 34 19

Ried-Brig

NEU-EINMALIG-GÜNSTIG
Hotel-Restaurant MÜHLE ★★★
CH-3901 Ried-Brig/Wallis
Tel.: (0041) 28/233838 u. 234313
Unser neues Hotel liegt sonnig u. ruhig, m. wunderbarer Aussicht auf Rhonetal u. Alpen. Ausflugsmöglichk. ins Zentrum von Zermatt, Saas-Fee, Montana, Leukerbad u. Riederalp. Alle Zimmer m. Du/WC, Selbstwähltel., Radio, Farb-TV u. Terrasse. Großzügige Suite. Lassen Sie sich im **Spezialitätenrestaurant** verwöhnen oder entspannen Sie sich in Sauna, Solarium und Dampfbad. Minigolfanlage.

Ried-Brig/Brig-Glis

HOTEL RESTAURANT CHAVEZ
Familienfreundliches Hotel in ruhiger Lage.
Neu konzipierte großzügige Zimmer mit Bad, WC, Telefon, Radio und TV. Gartenrestaurant mit Liegewiese, eigener Parkplatz.
Auf Ihren Besuch freut sich **Familie Steiner-Erpen!**
CH-3911 Ried-Brig am Simplon
Tel.: (0041) 28/23 13 08

Hotel Elite
CH-3902 Brig-Glis
Tel.: (0041) 28/ 23 22 95 (Hotel), 23 15 14 (Rest.)
Traditionsreiches Familienhotel in zentraler, ruhiger Lage. Alle Zimmer mit Bad oder Du; vorzügliche Küche, schöne Gartenterrasse. Große Räume für Gesellschaften, Lift, Garage.

Brig

Hotel Restaurant VICTORIA
CH-3900 Brig, Tel.: (0041) 28/23 15 04
Zentral gelegenes Traditionshotel:
• Komfortable Zimmer   • Erstkl. Küche

Hotel Garni EUROPE
CH-3900 Brig am Simplon
Tel.: (0041) 28/23 13 23
Sonnige ruhige Lage, sehr zentral. Moderne Zimmer mit Bad/Du, WC, Tel., Radio, Balkon. Parkplatz direkt beim Haus.

Neben dem ersten Thermal-Grottenschwimmbad mit Klimaanlage, das in Europa gebaut wurde, gibt es noch ein Thermal-Flußbad und weitere vier Thermal-Freibecken mit insgesamt 1400 Quadratmeter Wasserfläche.
Für Bergwanderer und Erholungsuchende finden sich ein Dutzend Sommerfrischen rund um Brig in allen Höhenlagen.
In Richtung Simplon kommt bald, allerdings schon 300 m höher, Ried-Brig – ein Ferienort, in dem es sich schön und ruhig wohnen läßt. Eine richtige Feriensiedlung in 1800 m Höhe ist Roßwald ob Brig, das im Winter nur mit der Gondelbahn und im Sommer beschränkt mit dem Auto erreichbar ist; es breitet sich auf einer Sonnenterrasse über der Simplonstraße aus und war ehedem eine Alm mit schöner Aussicht.
Rothwald (1745 m), Wasenalp (1969 m) und Berisal (1524 m) liegen schon dicht unter dem Simplon in der recht unberührten

Der Steinadler (oben) gilt als Wahrzeichen des Simplon.

Landschaft des Gantertales mit vielen Spazier- und Wanderwegen.
Von Brig und den anderen Orten am Simplon bieten sich zahlreiche Wanderungen an, die immer wieder eindrucksvolle Ausblicke zu den nahen Viertausendern bieten. 135 Kilometer Bergwege sind markiert. Zum Angewöhnen ist da beispielsweise eine Tour von Simplon-Dorf nach Bodmen, die nur eine gute Stunde Zeit erfordert. Schon erheblich anspruchsvoller ist die viereinhalbstündige Tour von Simplon-Dorf hinauf Richtung Laggin-Biwack unterhalb des 4010 Meter hohen Lagginhorns. Gute Kondition erfordert auch die Bergwanderung vom 2005 Meter hohen Simplonpaß über den 2416 Meter hohen Bistinepaß hinunter ins Nanztal, hinauf zum 2201 Meter hohen Gebidumpaß und hinüber nach Visperterminen, wo die Rückfahrt mit öffentlichen Verkehrsmitteln möglich ist.
Auf der Nordseite des Rhonetales finden Sie die Ferienorte Naters, Blatten und Belalp.
Dabei ist Naters auf der anderen Rhoneseite das Pendant von Brig, ein lebhafter Ort mit viel Betrieb. Blatten allerdings ist schon auf 1332 m Höhe angesiedelt, auf dem halben Weg zum Großen Aletschgletscher. Diese alte Walliser Siedlung hat sich noch viel aus der Zeit als Bergbauerndorf bewahrt. Die 2000 m hoch gelegene Belalp ist sowohl mit einer Bergbahn als auch auf einer Bergstraße zu erreichen. Man hat eindrucksvolle Ausblicke auf den Großen Aletschgletscher. Weitere Feriensiedlungen im Einzugsgebiet sind Riederalp und Bettmeralp, hoch über dem Rhonetal. Sie sind schon recht bekannt und haben sich einen guten Namen gemacht.
Empfehlenswert ist auch der nagelneue Simplon-Höhenweg. Man begibt sich zuerst nach Ried-Brig und fährt mit der Luftseilbahn nach Roßwald hoch. Nur mit geringen Höhenunterschieden zieht der Weg über die Stafelalp und Rigi nach dem Steinutal, wo 1200 Schafe weiden. Als nächstes kommt die Bortelalp. Es geht dann weiter nach Schrickboden. Über Wasenalp kommt man schließlich nach Rothwald und mit dem Bus zurück nach Brig. Die Marschzeit beträgt rund sechs Stunden. (Es gibt auch ermäßigte Rundfahrtbillette.)

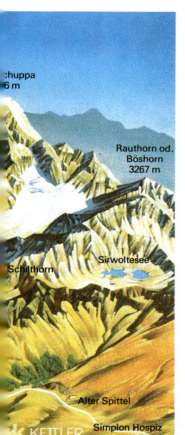

Ort	Höhe	Einwohner	Gästebetten					Camping/ Stellplätze	Ferienlager
			insgesamt	in Hotels	in Gasth./ Pensionen	in Chalets/ Ferienwhg.	in Privath./ Bauernhäus.		
Brig	680 m	9800	3820	850	70	2900	–	2/24000 m²	–
Simplon	1476 m	350	800	272	8	58	–	1/24	450

Ort	Wandern				Beförderung				Hochtouren			Abzeichen
	Wege insg.	Wege mark.	Rundwege	geführte Wanderungen	Bus	Bahn	Kabinenbahnen groß	klein	Sessellifte	Anzahl	Dauer	Führer
Brig	175 km	80 km	3/30 km	4× wöch.	×	×		1		mehrere	5–10 Std.	2
Simplon	160 km	135 km	div./45 km	nach Bedarf	×					4	5–10 Std.	2

Außerdem: Alpinschulen in Bietschhorn und Fiesch. Hüttentouren. **Ferner interessant:** Naturschutzgebiete (Aletschwald).

Brig
Verkehrsbüro, CH-3900 Brig, (0 28) 23 19 01, Tx 4 73 419.
Schwimmen in 1 Freibad, 1 Thermalbad; 1 Grottenbad. **Angeln** in Flüssen. Fahrradverleih, 82 km Radwege. **Tennis:** 4 Plätze. **Squash:** 4 Plätze. **Unterhaltung:** Schloßkonzerte, Kellertheater. **Veranstaltungen:** Mai/Juni: Musik- und Vereinsfeste.

Simplon
Verkehrsverein Simplon, CH-3901 Simplon-Dorf, (0 28) 29 11 38 und 29 11 34 für Simplon-Paß, Simplon-Dorf, Gabi, Gondo, Zwischbergen. 2 Seen. **Angeln** in Flüssen. **Tennis:** 1 Platz.

Lage und Zufahrt: Kartenteil Seite 11 D 2.

Brigerbad, die größte Thermalbadanlage der Schweiz.

Anzeigen

Problemlos telefonieren
Wenn Sie von anderen Ländern dort anrufen wollen, müssen Sie die 0 am Anfang der Vorwahl weglassen und folgende Nummer vorauswählen:

Aus Deutschland
nach Österreich	0043
in die Schweiz	0041
nach Italien	0039

Aus der Schweiz
nach Deutschland	0049
nach Österreich	0043
nach Italien	0039

Simplon-Dorf

WALLIS – SCHWEIZ

Einzigartiges Wandergebiet an der Pforte zum Süden

Nähere Auskunft erteilt:
Verkehrsverein SIMPLON
CH-3901 Simplon-Dorf,
Telefon 0 28/29 11 34, 29 11 38

Hotels		Betten
Bellevue,	Simplonpaß	80
Simplonblick,	Simplonpaß	30
Monte Leone,	Simplonpaß	28
De la Poste,	Simplon-Dorf	40
Fletschhorn,	Simplon-Dorf	18
Grina,	Simplon-Dorf	30
Weissmies,	Gabi-Simplon	30
Bellevue,	Gondo	15
De la Poste,	Gondo	15
Siesta,	Gondo	7

DAS ALETSCHGEBIET
Wallis Bettmeralp-Betten Naters-Blatten-Belalp Breiten-Mörel Fiesch Riederalp

Brig

Glacier-Express

Reisen Sie im berühmten **Glacier-Express** von St. Moritz nach Zermatt, vom Piz Bernina zum Matterhorn. Eine achtstündige Bahnfahrt über 291 Brücken, durch 91 Tunnels. Eine unvergessliche Panoramafahrt über den 2033 Meter hohen Oberalppaß, durch liebliche Täler mit braungebrannten Bergdörfern, ein Querschnitt durch die kulturelle Vielfalt der Schweiz.
Der Glacier-Express paßt in jede Schweizer Eisenbahn-Rundreise: Informieren Sie sich über die vielseitigen Reiseangebote bei Ihrem Reisebüro mit DER- oder AMEROPA-Vertretung.

Auch die Furka-Oberalp-Bahn hält günstige Pauschalangebote bereit. Verlangen Sie Prospekte bei:
Furka-Oberalp-Bahn, Postfach 256, CH-3900 Brig, Telefon 028/23 66 66, Telex 47 33 66 foba ch

Die schönste Schweizer Alpenreise

Mörel

Anzeige

Hotel Aletsch ★★★
Besitzer: A. Cathrein
CH-3983 Mörel
Tel.: 028/27 18 21
Gediegener Komfort bietet die Atmosphäre richtiger Ferienstimmung. Modern einger. Zimmer mit Bad oder Dusche/WC. Balkon. Radio. Lift. Exquisites aus der Küche. Unser Platzangebot für jeden Anlaß: Restaurant (7 Personen), Saal (120 Personen).

CH-10

— Anzeigen

Breiten

Offenes geheiztes Schwimmbad in Breiten, Restaurant, Taverne.

Sole-Hallenbad (33 °C) Breiten

Teilansicht von Breiten mit Bade-Hotel SALINA**** und Gondelbahn Riederalp.

Hotel Garni IM GRÜNEN. Das sportliche und jugendliche ***Haus in Breiten.

BREITEN Ferien- und Badekurort

Ferien-, Klima- und Badekurort
CH-3983 Breiten VS
Tel. 0 28/27 13 45, Tx 473 352

Hotel Garni im Grünen***
Tel. 0 28/27 26 62

Bade-Hotel Salina****
Tel. 0 28/27 18 18

Chaletvermietung
Tel. 0 28/27 13 45

DAS ALETSCHGEBIET
Wallis Bettmeralp-Betten Naters-Blatten-Belalp Breiten-Mörel Fiesch Riederalp

Wo sich im Süden der berühmten Drei – Eiger, Mönch und Jungfrau – der große Aletschgletscher in einer mächtigen Zunge bis weit ins Rhonetal vorschiebt, da hat sich eine Reihe von Orten zur Aktionsgemeinschaft Aletschgebiet zusammengeschlossen.

FERIEN AM GLETSCHER

Zum Zusammenschluß gehören Naters-Blatten-Belalp, Riederalp, Bettmeralp, Fiesch, Mörel-Breiten und einige andere. Den Namen gab das 4195 Meter hohe Aletschhorn, der höchste Gipfel in der ganzen Umgebung.

Gletschergebiete sind Eisregionen, in denen meist nur eine spärliche Vegetation zu finden ist. Im Aletschgebiet gibt es eine Ausnahme von dieser Regel. Hoch über dem kilometerlangen Strom des Eises gedeihen die höchsten Arvenwälder der Alpen. Er gleicht einem Zauberland. Im Lauf der Jahrhunderte haben Stürme und Schnee die Bäume bizarr geformt. Sie bilden einen erstaunlichen Kontrast zum glitzernden Eis und den nahen Viertausendern.

Schon vor über 50 Jahren hat man erkannt, daß dieser einzigartige Waldbereich Schutz vor Axt und Säge des Holzfällers, vor Blei und Schrot des Jägers haben muß. Seit dieser Zeit sind die Wunden, die während der Nutzung als Viehweide und Holzreservat geschlagen wurden, größtenteils verheilt. 300 Hektar umfaßt das Naturreservat Aletschwald. Davon entfallen 50 Hektar

– Anzeige –

Riederalp

Golf-Hotel Riederhof ★★★ Apart-Hotel Riederalp (1950 m. ü. M)
Besitzer: Familie Kummer-Seiler
CH-3981 Riederalp, Telefon: (028) 27 22 77
Unser Hotel, liegt direkt am Golfplatz, in zentraler, ruhiger Lage. Riederalp ist autofrei. 31 Betten, Appartement mit 80 Betten. Alle Zimmer sind mit Bad/WC oder Dusche/WC, Telefon, Radio a. Wunsch, Fernseher und Balkon ausgestattet. Wir verfügen über ein Spezialitätenrestaurant. Lift, Haustaxi, Sauna, Fernseh-Aufenthaltsraum und Bar. Das Hotel und d. Apartmentwohnungen bestehen aus zwei Häusern und sind unterirdisch miteinander verbunden. Angebot von herrl. Wanderungen; zwei Minuten vom Hotel zwei Tennisplätze.
Spezielle **Golf-Arrangements - GREENFEE-Ermäßigung.**

Hotel Bergdohle
CH-3981 Riederalp
Telefon 0 28/27 13 37
Bes.: Familie Albrecht
30 Betten, Zimmer mit Dusche und WC. Gepflegte Küche, Restaurationsbetrieb mit Walliser Spezialitäten. Sonnig und ruhig gelegenes Haus. Ausgangspunkt für herrliche Wanderungen und Bergtouren. Direkt neben der Sesselliftstation.

CH-10

auf felsiges Gebiet mit geringem Baumbestand.

Der Urwald wächst vor allem auf einem nach Nordwesten exponierten Hang, der in Stufen gegen den Eisstrom abfällt. Seine tiefste Stelle liegt 1600 m über dem Meer, die höchste auf 2335 m. Tief unten zieht sich der längste Gletscher der Alpen durch ein geschwungenes Tal – ewiges Eis unmittelbar neben blühendem Leben.

Dürre oder sturmverzauste Wetterbäume prägen nicht nur das Landschaftsbild. Sie sind natürliche und wichtige Bestandteile dieses höchsten Waldes der Alpen. Sie bieten dem Nachwuchs Schutz. In ihrem Schatten gedeihen Moose und Farne, Blumen und Kräuter. Nicht nur Bäume und Sträucher, sondern auch Vögel, Gemsen, Rehe und Rotwild finden in diesem Wald Geborgenheit und Nahrung.

Wer in den Orten des Aletschgebiets Sommerurlaub macht, wird sich dieses Wunder der Natur ansehen. Aber auch der längste und größte Gletscher der Alpen, 23 km lang und bis zu 1800 m breit, fasziniert in seiner Schroffheit. Schon 1890 hat Meyers Konversationslexikon diesen Gletscher bewundert. Er sei sehr praktisch für die Bergsteiger, denn »über seinen Rücken geht der Weg zur Jungfrau, die von hier aus als unbedeutende Schneekoppe erscheint«.

Im Westen, am Ende des Aletschgletschers, bilden Naters, Blatten und Belalp eine touristische Re-

Daß der größte Gletscher der Alpen, der 23 km lange Aletschgletscher (großes Foto) ständig im Fluß ist, sieht man an den eindrucksvollen Längslinien und den Querspalten. 23 km lang folgt der Eisstrom einem geschwungenen Tal bis in die Nähe von Blatten. Auf dem Foto links außen eine Wandergruppe auf dem Weg von der Bettmeralp zum Bettmerhorn.

— Anzeigen

Reisen mit der Bahn

Mit der Bahn ins Aletschgebiet.

Wenn Ihr Wanderurlaub von Anfang an streßfrei sein soll, reisen Sie am besten mit der Bahn an. Denn Bahn und Busse bringen Sie stau- und streßfrei zu Ihrem Urlaubsort. Schnell und bequem auf jeden Fall.

Deutsche Bundesbahn

Gemsen im Naturreservat Aletschwald, dem höchsten Wald der Alpen.

DAS ALETSCHGEBIET
Wallis   Bettmeralp-Betten   Naters-Blatten-Belalp   Breiten-Mörel   Fiesch   Riederalp

gion. Unten im Tal liegt Naters, ein großes Dorf mit 7000 Einwohnern. Die lange Geschichte hat hier auch bauhistorische Spuren hinterlassen – eine betagte Kirche mit Beinhaus, ein jahrhundertealtes Pfarrhaus und das Kunsthaus zur Linde. Hoch über dem Ort zieht sich der terrassenförmige Natersberg mit vielen kleinen Weilern und Gehöften empor. Naters liegt 600 m über dem Meer, Blatten schon auf 1320 m. Doch trotz seiner Höhe herrscht dort ein ausgesprochen mildes Klima. Einheimische sprechen von 360 windstillen Tagen im Jahr. Im alten Dorfkern drängen sich sonnenverbrannte Speicher und rustikale Walliserhäuser, die vor Jahrhunderten auf kleinstem Raum gebaut wurden. Um diesen Kern gruppieren sich nun Hunderte von Chalets, Ferienwohnungen, Hotels und Gaststätten. Blatten ist Ausgangspunkt der Großkabinenbahn zur 2086 m hohen Belalp, einem jungen, für Feriengäste angelegten Ort. Auf halber Höhe, zwischen Blatten und Belalp liegt das neue Chalet-Feriendorf Tschuggen. Rundum erheben sich steil die markanten Viertausender. Besonders eindrucksvoll ist der Blick von Belalp auf den Aletschgletscher, der aus seinem Gletschermund sprudelnd das Schmelzwasser entläßt. Rund 100 km bezeichneter Wanderwege führen um das Gebiet von Naters, Blatten und Belalp. Man kann im Bergsee angeln, Tennis spielen oder im Hallenbad schwimmen.

Eine besondere Attraktion ist der 1439 m hoch gelegene Staudamm der Massa, die vom Aletschgletscher gespeist wird. Der halbrund in eine enge Schlucht gebaute Damm staut das Flüßchen zu einem See, der acht Millionen Kubikmeter faßt. Eine touristische Einheit bilden auch Mörel und Breiten unten im Rhonetal zusammen mit Riederalp oben am Aletschgletscher. Mörel ist Ausgangspunkt der Kabinenbahnen zur Riederalp. (Auch zu den Hängen am anderen Rhoneufer – den Alpen Tunetsch und Niesch – geht es hier.) Ein Kilometer weiter liegt auf einer Sonnenterrasse der Ort Breiten. Mit seinem alpinen Kurzentrum einschließlich Sole-Hallenbad (33° warm) und großer Therapieabteilung ist Breiten nicht nur ein Ferien-, sondern auch ein Bade- und Klimakurort. Man unternimmt hier allerlei gegen Rheuma, Bewegungsstörungen und Stoffwechselkrankheiten. Außer dem Thermalbad gibt es ein beheiztes Freibad, einen Tennisplatz und Angelmöglichkeiten. Drei- bis siebenstündige begleitete Wanderungen und Mineralien-Exkursionen führen in die umliegende Bergwelt. Und Gletscherwanderungen für Anfänger gibt es auch.

Rund 1000 m höher liegt Riederalp auf einer sonnigen Hochterrasse. Die ist – zumindest im Sommer – eine Alp mit dem Glockenklang weidender Kühe geblieben. Die über den ganzen Berg verteilten Wiesen werden intensiv genutzt, die abgelegenen Weiden sind als Jungvieh- und Schafweiden eingezäunt. Ende Juni ziehen Vieh und Hüter von den Dörfern am Hang auf die Alp. Die gewonnene Milch wird teilweise gleich in den Alpsennereien verarbeitet, teilweise mit der Seilbahn zu Tal gebracht.

Jeden Sommer bietet Riederalp geführte Erlebnis-Wanderungen an. Ziele sind der Aletschwald und der Aletschgletscher, die Villa Cassel (das erste Naturschutzzentrum der Schweiz), aber auch abseits gelegene Walliserdörfer, die auf alten Höhenwegen und entlang der Bergbäche erreicht werden. Auch geführte Hochtouren und Gletscherbegehungen stehen auf dem Programm. Ende Juni sowie zwischen August und September gibt es Aletsch-Wanderwochen mit geführten Wanderungen, bei denen auch der Aletschgletscher überquert wird.

Neu auf der Riederalp sind Tennisplätze und Minigolfanlage. Obwohl die Riederalp inzwischen ein beachtliches Feriendorf geworden ist, stört kein Auto. Riederalp ist autofrei.

Zwischen Riederalp und Kühboden liegt das Chaletdorf Bettmeralp. Mit der Großkabinen-Luftseilbahn erreichen Sie die rund 2000 m hoch gelegene Alp von

Links: Blick von der Belalp zum Aletschgletscher.
Unten: der Blausee oberhalb von Riederalp mit Blick auf die Walliser Alpen.

Bettmeralp

Ideal für aktive Sommer- und Herbstferien. Wandern - Tennis (auch i. d. Halle) - Minigolf - Baden - Fischen. Geführte Gletscherwanderungen und Hochtouren. **Wander-Woche-Aletsch:** Wochenpauschale ab Fr. 450,-.
Auskunft u. Prosp.: Verkehrsbüro CH-3992 Bettmeralp 028/271291, Verkehrsbetriebe 028/271281.

Besitzer: Familie Eyholzer
CH-3992 Bettmeralp
Tel.: (0041) 28/271556 u. 271897
Romantische Umgebung mit freiem Blick auf das Panorama der Walliser Alpen. Behagliche Zimmer. Gute Küche (raffiniert und auch bodenständig). Restaurant mit Gartenterrasse. Fitnessvergnügen im modernen Hallenbad mit Sauna, Solarium und Sprudelbad.

HOTEL ALPFRIEDEN
Besitzer: Familie Minnig
CH-3992 Bettmeralp
Tel.: (0041) 28/27 22 32

Traditionelle Gastlichkeit in stimmungsvollem Rahmen. 90 Betten in komfortablen Zimmern m. Bad o. Du/WC, Tel. u. Radio. Familieneigenes Management. Selbstgeführte gepflegte Küche. **Dancing »Spycher«:** Legere Ambiance in rustikaler Umgebung.

Anzeige

Naters-Blatten-Belalp

Ihr Familien-Treffpunkt!
Sport und Spiel ohne Grenzen
Unterkünfte in Chalets und Ferienwohnungen, Hotels, Pensionen und Lagern.

Auskünfte über Sommerattraktivitäten erteilt:
Verkehrsverein Naters - Blatten - Belalp
CH-3914 Blatten
Tel.: (0041) 28/23 13 85

CH-10 🇨🇭

Betten aus. Eine Gondelbahn führt dann weiter zum Bettmerhorn auf 2700 m Höhe – Ausgangspunkt zu Wanderungen nach dem Aletschwald und dem Märjelensee.
Aletsch-Wanderwochen werden zusammen mit Riederalp und Blatten-Belalp angeboten. Riederalp und auch Bettmeralp haben auch regelmäßig Hochtouren- und Kletterkurse für Anfänger im Programm. Zwischen Mitte Juni und Mitte Oktober gibt es täglich Gletscher- und Hochtouren.
Als junger Fremdenverkehrsort ist Bettmeralp (1950 m) auch mit anderen Sportanlagen ausgestattet. Dazu gehören Tennisplätze und ein Freibad am Bettmersee, wo man auch rudern und angeln kann. Das kürzlich eröffnete Sportzentrum mit Hallenbad und Tennishalle ermöglicht auch dann noch sportliche Aktivitäten, wenn das Wetter einmal nicht einlädt, ins Freie zu gehen.
Fiesch liegt am Eingang zum romantischen Fiescherthal, unterhalb des 2926 m hohen Eggishorns. 100 km markierter Wanderwege führen durch Bergwälder mit Nadelhölzern, über freie, weite Alpweiden bis zum Rand der Gletscher. Eine der schönsten Tageswanderungen bringt Sie über den Titerwald zum Fieschergletscher und zu den Roten Felsen. Dann geht es steil abwärts zum Glingelwasser und zurück ins Fiescherthal. Tausend Meter höher als das 1050 m hoch gelegene Fiesch erstreckt sich der Kühboden (2200 m).
Im Winter fahren gute Skiläufer von dort nach Fiesch ab. Im Sommer nehmen Sportler den Weg durch die Luft: sie segeln mit Drachen ins Fiescherthal hinunter.

Ort	Höhe	Einwohner	Gästebetten insgesamt	in Hotels	in Gasth./ Pensionen	in Chalets/ Ferienwhg.	in Privath./ Bauernhäus.	Camping/ Stellplätze	Ferienlager
Bettmeralp	1950 m	450	4300	400	–	3600	–	–	300 Betten
Blatten-Belalp	600–2000 m	7000	2500	270	230	2000	–	–	4 JH
Breiten-Mörel	750–1000 m	700	1500	300	30	1000	170	2/100	2
Fiesch	1050 m	810	4200	515	–	2100	–	–	1 JH
Riederalp	1950 m	500	3600	600	–	3000	–	–	2

Ort	Wandern Wegemark.	Rundwege	geführte Wanderungen	Alpinschule	Beförderung Kabinenbahnen groß	klein	Sessellifte	Hochtouren Anzahl	Dauer	Führer	Hütten bewirt.	Abstand
Bettmeralp	200 km	3/20 km	täglich		2	1	1	mehrere	2 Tage	4	mehrere	8 Std.
Blatten-Belalp	100 km	6/35 km	werktags		1			10	3 Std.–2 Tg.	ja	mehrere	4 Std.
Breiten-Mörel	150 km	4/40 km	3–5× wöch.	×	1	2		10	4–7 Std.	2	2	1–5 Std.
Fiesch	101 km		Gletschertour.	×	1	1		17	8 Std.–2 Tg.	17		
Riederalp	150 km	6/50 km	werktags	×	1	2	2	10	1–7 Tage	6	mehrere	6–8 Std.

Ferner interessant: botanische Lehrpfade, Waldlehrpfad, Naturschutzgebiete, Naturschutzzentrum »Aletschwald« (Riederalp), Wildgehege, Tierpark, Wasserfälle, Naturetum (Alpengarten).

Bettmeralp-Betten
Verkehrsverein Bettmeralp-Betten, CH-3981 Bettmeralp, (0 28) 27 12 91.
Schwimmen in 1 Hallenbad; 1 Bergsee. **Angeln** im See. Deltafliegen. **Schießen:** Kleinkaliber. **Tennis:** 2 Plätze, 1 Halle. **Gesundheit:** Vita-Parcours, Fitness-Zentrum. **Unterhaltung:** Heimatabende.
Veranstaltungen: Ende Juli: Seefest. Mitte Juli: Waldfest.
Pauschalangebote: Mitte Juni–Mitte Sept.: Alpen-Safari – Aletsch.

Naters-Blatten-Belalp
Verkehrsbüro Naters-Blatten-Belalp, CH-3901 Blatten-Belalp, (0 28) 23 13 85.
Schwimmen in 1 Hallenbad; 1 Bergsee, 1 Stausee. **Angeln** in Flüssen. **Tennis:** 2 Plätze. Vita-Parcours. **Unterhaltung:** Heimatabende.
Veranstaltungen: Juli: Alplerfest St. Jakob auf der Belalp. Aug.: Urchiges Blattnerfest in Blatten. Sept.: Schäfersonntag auf der Belalp – Rückkehr von 2000 Schafen aus der Aletschgletscherregion.

Breiten-Mörel
Kurbüro Breiten-Mörel, CH-3983 Breiten, (0 28) 27 13 45, Tx 4 73 352.
Schwimmen in 1 beh. Freibad, 1 Thermal-Sole-Hallenbad. **Angeln** in Flüssen. **Reiten** im Gelände, Pferdeverleih. **Tennis:** 1 Platz. **Gesundheit:** Vita-Parcours, Fitness-Zentrum, Kur- u. Bäderbetrieb, Heilbad- u. Heilklima-Kurort. **Unterhaltung:** Heimatabende, Konzerte, Tanzabende. **Hobbykurse und Aktivangebote:** Kristallkunde bei Exkursionen.
Pauschalangebote: März–Mai, Okt.–Nov.: Fit mit Molke und Sole (Schlankheits- u. Entschlackungskur). Fit mit Wandern (Wander- u. Badeprogramm).

Fiesch
Verkehrsverein Fiesch-Fiescherthal, CH-3984 Fiesch, (0 28) 71 14 66.
Sport: Tennis, 2 Plätze, Minigolf, Gartenschach, Kinderspielplatz, Squash, Delta- und Gleitschirmfliegen. Hallenbad mit Kinder-Schwimmbecken, Wildwasser-Schlauchbootfahrten auf der obern Rhone, 14 km befahrbare Strecke, Angeln in der Rhone und den Seitenbächen.
Unterhaltung: Heimatabende, Sommernachtsfeste, Aelplerfeste, Disco.
Veranstaltungen: Weltmeisterschaften im Deltafliegen jeden Sommer: Oberwalliser Mineralienbörse, Tennisturniere für Gäste, Fiescher Geländelauf.
Pauschalangebote: Kletter- und Tourenwochen, Herbst-Wanderwochen.

Riederalp
Verkehrsbüro, CH-3981 Riederalp, (0 28) 27 13 65.
1 Bergsee. **Angeln** in Flüssen und Seen. **Tennis:** 2 Plätze, Unterricht. **Golf:** Platz mit 9 Loch. Vita-Parcours.
Unterhaltung: Alpmuseum, Konzerte, Dia-Abende. **Hobbykurse und Aktivangebote** im Naurschutzzentrum Aletschwald.
Veranstaltungen: Mitte Juli: Sommerfest SC Blausee. 1. Aug.: Bundesfeier mit Höhenfeuer. Anf. Aug.: Aelplerfest mit Umzug. 2. Aug.–Sonntag: Casselfest (Naturschutzzentrum). Mitte Sept.: Schafscheid.
Pauschalangebote: Mitte Juni–Anf. Juli, Mitte Aug.–Mitte Sept.: Aletsch-Wanderwochen (ohne Gepäck). Gesundheitswanderferien. Tourenwochen. Hotelpauschalen.

Lage und Zufahrt: Kartenteil Seite 11 D 2.

Uriges Abenteuer: Eine Mauleselsafari im Wallis.

Anzeigen

Fiesch

Verkehrsverein CH-3984 Fiesch
Tel.: 028/71 14 66

Fiesch ist ein beliebter Sommerurlaubsort im Wallis.
Leicht erreichbar, 18 km oberhalb Brig, 40 km von den Alpenpässen Grimsel, Furka und Nufenen. Ausgangspunkt zahlreicher Wanderungen.

Hotel Garni Schmitta*
CH-3984 Fiesch
Telefon 0 28/71 13 46

Für Ihren Sommerurlaub liegen Sie bei uns richtig. Sei es zum Wandern, Sicherholen oder zum Sporttreiben. Ein gemütliches Haus im Walliser Stil: Alle Zimmer mit Radio, Telefon, Balkon u. Bad. Tägl. ein reichhaltiges Frühstücksbuffet. Spez.-Restaurant. Rustikales Haus in zentraler Lage. Rufen Sie uns an.

DAS OBERGOMS
Wallis

CH-11 🇨🇭

Das Goms ist der oberste Teil des Rhonetals, wo der junge Fluß noch »Rotten« heißt.

HIER SPIELT DIE NATUR DIE ERSTE GEIGE

Es ist das östlichste Stück Wallis, das keine berüchtigten Nordwände kennt, aber auch keinen Gletscher-Skilauf.

Das Obergoms wiederum ist der hintere Teil des Goms und umfaßt ein Dutzend Gemeinden zwischen Niederwald und Oberwald, das bereits 1376 m hoch und schon direkt unterhalb von Furka- und Grimselpaß liegt.

Am besten, man schaut sich dieses breite, sich behäbig dahinziehende Tal in Ruhe an. Zuerst einmal zu Fuß und vom Rottenweg aus, der linksseitig, bequem und flach, von Ernen (bei Fiesch) nach Oberwald führt. Was gibt es da nicht alles zu sehen! Ernen zum Beispiel, ein typisches Walliser Dorf, noch gut erhalten und eindrucksvoll mit seinen von der Sonne schwarz gegerbten Holzhäusern. Nicht mehr alle Dörfer zeigen eine so geschlossene Dorfanlage. Doch die Ortskerne sind fast überall gut und original erhalten.

Dann die Kirche von Reckingen, die man, zumindest im Goms, als den schönsten Walliser Barockbau (aus dem 18. Jahrhundert) deklariert. Gleich nebenan gibt's den berühmten Hochaltar in der Kirche von Münster zu besichtigen. Das stammt alles aus einer Zeit, als man wohlhabend war und dies der Zeit entsprechend im Kirchenbau zeigte.

Zurück nimmt man den Gommer Höhenweg (Oberwald-Bellwald), der nun rechtsseitig, aber hoch überm Tal (1500–1800 m), verläuft. Man hat da schöne Ausblicke, hinunter auf die Dörfer und auf

In Niederwald (links) wurde der Hotelier Cäsar Ritz geboren.

die Walliser Gletscherriesen gegenüber. Der 29 km lange Steig endet in Bellwald und erfordert rund 9 Stunden Gehzeit. Es empfiehlt sich, in Münster oder Reckingen eine Zwischenübernachtung einzulegen.

Insgesamt sind im Obergoms 200 km markierte Wege vorhanden; dabei ist manch schönes Stück. Jede Woche werden geführte Wanderungen, Rhonegletscher-Traversierungen und Wildbesichtigungen durchgeführt. Einen hervorragenden Überblick über das Wallis und das Berner Oberland verschafft eine Fahrt auf das Eggishorn (2927 m). Der Aletschgletscher, das Gommertal und die junge Rhone liegen Ihnen dort zu Füßen – schön und eindrucksvoll. Wer das im Schein der aufgehenden Sonne erblicken will, hat die Chance: es gibt eigene Sonnenaufgangsfahrten. Naheliegend ist es, das Stockalperschloß in Brig zu besichtigen. Auch ein Ausflug nach Zermatt und Saas Fee empfiehlt sich. Eins findet man auch nicht überall: daß die Post mit ihren Bussen täglich die schönsten Paßfahrten veranstaltet. Der Vorteil ist, daß man mehr sieht, und es ist auch noch umweltfreundlich. Zwei Schleifen werden von der Post gefahren: Nufenen – Gotthard – Furka und Furka – Susten – Grimsel.

Ort	Höhe	Einwohner	Gästebetten insgesamt	in Hotels	in Gasth./ Pensionen	in Chalets/ Ferienwhg.	in Privath./ Bauernhäus.	Camping/ Stellplätze	Ferienlager
Obergoms	1300 m	2100	5684	737	–	2825	–	4/200	2122

Wandern: 200 km markierte Wege. 12 Rundwanderwege, 110 km. **Beförderung:** Bus, Bahn. 1 Sessellift. **Geführte Wanderungen:** wöchentlich. **Hochtouren:** 3; 4–7 Std. Dauer.

Obergoms

Vereinigte Verkehrsvereine Obergoms, CH-3985 Münster, (0 28) 73 22 54 für Oberwald, Obergesteln, Ulrichen, Geschinen, Münster, Reckingen, Gluringen, Ritzingen, Biel, Selkingen, Blitzingen, Niederwald.
Schwimmen in 1 beh. Freibad. 2 Stauseen, Bergseen. **Wildwasser:** 15 km befahrbare Strecke. **Angeln** in Flüssen und künstl. Anlagen. **Reiten** im Ge- lände. **Tennis:** 2 Plätze. **Deltafliegen** in Geschinen/ Baschi. **Segelfliegen,** Rundflüge. Vita-Parcours. **Unterhaltung:** Heimatabende, Dia-Vorträge, Dorfführungen. **Veranstaltungen:** Juli/Aug.: Gommer Abendmusik. 1. Aug.: Feier.
Pauschalangebote: Mitte Juli–Mitte Okt.: Wanderwochen Goms mit gef. Wanderungen.
Lage und Zufahrt: Kartenteil Seite 11 D 1/2.

Anzeiger

Obergoms

OBER-GOMS

Information: Sekretariat Vereinigte Verkehrsvereine Obergoms
CH-3985 Münster Telefon 0 28/73 22 54

Hotels		Betten	Tel. (Vorwahl 0 28)
****	Hotel Gomesia, Münster	70	73 13 18
****	Hotel Landhaus Münster, Münster	54	73 22 73
***	Hotel Blinnenhorn, Reckingen	32	73 19 16
***	Hotel Croix D'Or et Poste, Münster	40	73 11 10
***	Sporthotel, Oberwald	35	73 11 28
***	Hotel Glocke, Reckingen	32	73 23 21
***	Hotel Walser, Ulrichen	40	73 21 22
**	Hotel Bahnhof, Reckingen	35	73 15 44
**	Hotel Garni Diana, Münster	32	73 14 18
**	Hotel Furka, Oberwald	50	73 11 44
**	Hotel Gommerhof, Gluringen	30	73 16 16
**	Hotel Tannenhof, Oberwald	32	73 16 51
**	Hotel Tenne, Gluringen	32	73 18 92
**	Hotel Weißhorn, Ritzingen	32	73 22 32
**	Hotel Alpina, Ulrichen	47	73 13 30
**	Hotel Astoria, Ulrichen	26	73 12 35
**	Hotel Nufenen, Ulrichen	30	73 16 44
*	Gasthof Grimsel, Obergesteln	17	73 11 56

Das Wahrzeichen des Obergoms: der Galenstock (oben).

GSTAAD UND SAANENLAND
Berner Oberland

CH-12 🇨🇭

Diese Region umfaßt zunächst ein Stück des Tals, das sich der Fluß Saane gebahnt hat – etwa von Gsteig über die Ferienorte Gstaad und Saanen bis Chateaux d'Oex.

NOBEL, ABER BESCHEIDEN

Doch auch Orte, die westlich der Saane liegen, rechnen sich dazu – etwa Schönried und Saanenmöser. Sogar Zweisimmen kann man, bei einiger geografischer Großzügigkeit, hinzurechnen.

Diese Region im westlichen Berner Oberland zeigt im Nahbereich der Fremdenverkehrsorte überwiegend Vorgebirgscharakter. Die Täler sind weit und lieblich, die Berge vielfach runde Buckel ohne dramatische Akzente. Im Hintergrund, im Süden, bilden die vergletscherten Dreitausender, von der Wildstrubelgruppe bis zu den Gipfeln von Les Diablerets, eine bühnenreife Hintergrund-Dekoration.
Star in dieser lieblichen Landschaft ist das weltberühmte Gstaad, das bekannt dafür ist, Adel jeglicher Art zu beherbergen. Aber auch bürgerliche Meiers und Müllers sind wohlgelitten. Gstaad gibt sich keineswegs aufgedonnert oder protzig, sondern durchaus bescheiden als Chalet-Bergdorf, wie man sich selber gerne tituliert. Auch wenn natürlich das berühmte Palace Hotel nicht gerade Chaletgröße und Bauernhofformen aufweist.

Das Sommerprogramm beginnt – beispielsweise – im Juni mit einem Curlingturnier in der Kunsteishalle, Autoveteranenrallyes und Tennismeisterschaften, Tischtennisturniere und Golfwochen, daneben Konzerte und anderes Kulturelles schließen sich an.
Diese Veranstaltungen sind aber nur das Salz in der Suppe. Die normalen Urlaubsaktivitäten sind die gleichen wie andernorts auch. Die Ausstattung ist beachtlich. So gibt es im »Grünen Hochland« sechs geheizte Freibäder, vier geheizte Hallenbäder, dreißig Tennisplätze, vier Tennishallen und vier Reitschulen. Darüber hinaus hat man an Saane und Simme auch Einrichtungen parat, die nicht üblich sind. Beispielsweise eine Gras-Skipiste in Gstaad oder Heißluftballon-Stationen in Gstaad und Chateaux d'Oex, den Golfplatz in Saanenmöser, zwei Flugplätze in Gstaad und Zweisimmen sowie ein kleines Sommerskigebiet auf dem Diabletretsgletscher, wo drei Skilifte surren.
Das attraktivste Sportstadion und die unterhaltsamste Show ist aber auch hier die Landschaft, die durch fünfzehn Gondelbahnen und Sessellifte sowie 500 Kilometer markierter Wanderwege erschlossen wird.
Von allen diesen Orten liegt Gsteig im Tal der Saane und an der Ostrampe des Col du Pillon dem Hochgebirge am nächsten. Von der nahen Talstation Reusch (1343 m) läßt man sich mit der Luftseilbahn in dreißig Minuten und drei Etappen zum schönsten, auf jeden Fall zum höchsten Aussichtspunkt der Gegend hochhieven. Zwanzig Viertausender soll man sehen können und dazu ungezählte kleinere. Werfen Sie auch einen Blick auf den »Bären« in Gsteig, ein Hotel in einem alten Saanerhaus aus dem 17. Jahrhundert! Der Bär hat eine unveränderte, wunderschöne Fassade und steht unter Denkmalschutz. Die Kirche in Gsteig, 1453 erbaut, besitzt eine schöne, aus Holz geschnitzte Kanzel und eine geschnitzte Holzdecke.
Neben einem Dutzend kleinerer Wanderungen bis zu drei Stunden gibt es ein paar sehr schöne Tagestouren mit Gsteig als Ausgangspunkt. So die Wanderung über Krinnen in drei Stunden zum Lauensee oder über Wispile nach Gstaad (fünf Stunden). Eine Supertour ist die Rundreise über den 2242 m hohen Sanetschpaß nach Sion ins Rhonetal. Dazu steigt man durch den Rotengraben in drei Stunden zum 2002 m hohen Stausee Sanetsch hinauf. Von der Staumauer kann man dann mit dem Postauto ins Wallis fahren und über Montreux zurückkehren.
Gstaad schickt seine Gäste auf drei nahe liegende Wanderbuckel. Mit dem Sessellift kommt man auf den Wasserngrat in 1925 m Höhe. Zu Fuß geht es weiter auf den 2203 m hohen Hauptgipfel. Über den Turnelsattel und den Trüttlisbergpaß wandert man zur Bergstation Leiterli und schwebt im Sessellift nach Lenk hinunter. Zurück: mit der Bahn.
Zur Höhi Wispile, auf knapp 2000 m, läßt man sich mit der Luftseilbahn befördern. Eine bequeme Höhenwanderung führt zum Krinnenpaß, der drei Alternativen bietet. Der Abstieg: nach Gsteig oder nach Lauenen – am besten aber zum Lauenensee. Vier Stunden ist man unterwegs. Und für die Rückkehr steht überall das Postauto zur Verfügung.
Bleibt noch Eggli, im Westen von Gstaad, das von einer Luftseilbahn erreicht wird. Ein Höhenweg führt über den Trittlisattel (1860 m) zur Bergstation (2158 m) der Luftseilbahn la Videmanette. Diese Bergbahn landet in Rougemont im Tal. Am Talschluß liegt Reusch. Das ist eine der Talstationen der Bahnen zum Gletscher an den Diablerets.
Eine zentrale Position nimmt Zweisimmen an der Straßengabelung nach Lenk und Saanen ein. Hausberg ist der durch eine Gondelbahn erschlossene Rinderberg. Die Bahn eröffnet auch gleich eine schöne Wanderung nach Gstaad. Wer alles marschiert, ist sechs bis sieben Stunden unterwegs. Deshalb wird meist nur das bequeme und aussichtsreiche Stück gegangen, das die Rinderbergbahn mit dem Horneggli-Sessellift verbindet.

———— Anzeigen ————

Saanenmöser

Hotel Hornberg ★★★★
Besitzer: Fam. von Siebenthal
CH-3777 Saanenmöser
Tel.: 030/4 44 40

Das kinderfreundliche Familienhotel im Herzen des Berner Oberlandes. Ideale, ruhige Lage für Sommer- und Wintersport.
Großer, eigener Park mit Kinderspielplatz. Freibad; gemütliche Zimmer; Hallenbad, Sauna; Kaminzimmer.

GSTAAD UND SAANENLAND

Berner Oberland — Gstaad Gsteig Saanen Saanenmöser Schönried Zweisimmen

Gstaad mit seinen vielen Chalets (Fotos oben) liegt im Herzen des grünen Hochlandes.

CH-12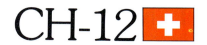

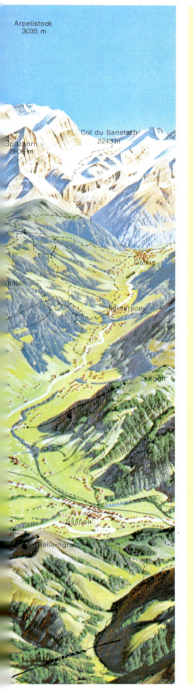

Ort	Höhe	Einwohner	Gästebetten insgesamt	in Hotels	in Gasth./ Pensionen	in Chalets/ Ferienwhg.	in Privath./ Bauernhäus.	Camping/ Stellplätze	Ferien- lager
Gstaad	1100 m	2000	4500	1000		3500		1/50	–
Gsteig	1200 m	980	890	60	10	550	80	1/50	4
Saanen	1050 m	1500	1400	600		800		1/0,8 ha	3/1 JH
Saanenmöser	1300 m	180	495	165	20	200	50		
Schönried	1230 m	480	2800	230	50	2500		–	4
Zweisimmen	1000 m	2900	3000	320	80	1500	50	2/150	3/1 JH

Ort	Wandern			Beförderung				Hochtouren			Hütten	
	Wege insg.	Wege mark.	geführte Wanderungen	Bus	Bahn	Kabinenbahnen groß	klein	Sessel- lifte	Dauer	Führer	bewirt.	Abstand
Gstaad/Saanen	300 km	300 km	3× wöch.	×	×	1	2	1	5 Std.–2 Tg.	15	5	3–10 Std.
Gsteig	150 km	80 km	1× wöch.	×		2	1	1	8 Std.–3 Tg.	3	1	3 Std.
Saanenmöser	200 km	200 km		×	×					2		
Schönried	80 km	80 km	1× wöch.	×		1		1	3 Std.–2 Tg.	10	2	3 Std.
Zweisimmen	300 km	300 km		×	×		2		2 Tg.			

Außerdem: 50 km Rundwanderwege. **Abzeichen:** Tourenpaß, Erinnerungsmedaille (Gstaad), Wander- medaille (Schönried), Wanderschuh (Zweisimmen). **Angeln** in Seen und Flüssen. **Ferner interessant:** botani- sche Lehrpfade, Naturschutzgebiete, Wildgehege, Höhlen, Grotten, Wasserfälle. Kraterlandschaft »Gryden« und nostalgische Bahnfahrten (Gstaad). **Sommerski:** 3 Liftanlagen, 5 km Abfahrten, 1 Loipe mit 7 km.

Gstaad
Verkehrsbüro, CH-3780 Gstaad, (0 30) 4 53 53, Tx 9 22 211.
Schwimmen in 2 beh. Freibädern, 3 Hallenbädern, Thermalbad; 2 Bergseen. **Wildwasser:** 30 km be- fahrbare Strecke. **Unterricht:** Golf-, Reit-, Tennis-, Segelflugschule. Fahrradverleih. **Rundflüge** mit Flugzeug, Helikopter, Ballon. **Reiten** im Gelände, Reithalle, Pferdeverleih. **Tennis:** 16 Plätze, 1 Halle mit 3 Plätzen. Grasski. **Schießen:** Tontauben. Vita- Parcours, Fitness-Zentrum. **Unterhaltung:** Heimata- bende, Bauerntheater, Konzerte, Gartenschach, »Dorf z'Nacht« mit Folklore, Animationsprogramm. **Veran- staltungen:** Ende Juni: Autoveteranen Rallye. Mitte Juli: Tennis Swiss Open Gstaad. Int. Tischtennislager. 1. Aug.: Bundesfeier mit Dorflauf für jedermann. Ende Juli–Ende Aug.: Yehudi Menuhin Festival. **Pauscha- langebote:** Mitte Mai–Mitte Okt.: Tenniswochen. Mitte Juni: Wander- und Blümeliwoche. Juli–Sept.: Bergwander- und Tourenwochen. Ferner: Golf-, Sommerskiwochen, Menuhin-Festival-Pauschale.

Gsteig
Verkehrsbüro, CH-3785 Gsteig, (0 30) 5 12 31.
2 Seen. Vita-Parcours. **Unterhaltung:** Theater, Fol- kloreveranstaltungen. **Veranstaltungen:** Ende Juli: Dorfkonzert. 1. Aug.: Bundesfeier. Ende Sept.: Jahr- markt.
Pauschalangebote: Wochenarrangements mit Lift- und Seilbahnkarten.

Saanen
Verkehrsbüro, CH-3792 Saanen, (0 30) 4 25 97.
Schwimmen in 1 beh. Freibad. **Wildwasser,** Kanu-/ Kajakfahren. Fahrradverleih. **Tennis:** 4 Plätze. **Rei- ten** im Gelände, Pferdeverleih, Halle, Schule. **Rund- flüge** mit Segel-, Motorflugzeug, Helikopter. **Schie- ßen:** Luftgewehr, Tontauben. Grasski. Vita-Parcours.

Unterhaltung: Gartenschach, Konzerte. **Hobbykur- se und Aktivangebote:** Batik, Brot backen, Fotosa- fari, Frauen-Entspannungswochenende, Holzarbei- ten, Kinderferienkurse, Koch-Flambier-Kurs, Model- lieren, Schnitzen, Schönheit und Fitness, Schoßpup- penkurs, Töpfern. **Veranstaltungen:** Juni: Grümpel- turnier. Juli: Waldfest. Juli/Aug.: Dorf-Märkte. Aug.: Menuhin-Konzert.

Saanenmöser
Verkehrsverein, CH-3777 Saanenmöser, (0 30) 4 22 22.
Tennis: 2 Plätze. **Golf:** Platz mit 9 Loch.

Schönried
Verkehrsbüro, CH-3778 Schönried, (0 30) 4 19 19.
Schwimmen in 1 beh. Freibad, 1 Solbad. **Reiten** im Gelände, 15 km Wege, Pferdeverleih, Halle, Schule. **Tennis:** 2 Plätze. **Schießen:** Tontauben. Kunsteis- stadion. Grasski. **Gesundheit:** Vita-Parcours, Fit- ness-Zentrum, Kur- und Bäderbetrieb. **Unterhal- tung:** Gartenschach. **Veranstaltungen:** Ende Aug.: Rellerli-Alp Schwingen. **Pauschalangebote:** Mai– Okt.: Wandern.

Zweisimmen
Verkehrsverein, CH-3770 Zweisimmen, (0 30) 2 11 33, Tx 9 22 284.
Schwimmen in 1 beh. Freibad. Segel-, Motorfliegen. **Rundflüge** mit Segel-, Motorflugzeug, Helikopter. **Tennis:** 3 Plätze. Vita-Parcours.
Unterhaltung: Dia-Vorträge, Bauernbuffets. **Veranstaltungen:** 1. Aug.: Bundesfeier. **Pauschalangebote:** 7- bzw. 14-Tage-Arrangements mit Aktion Wanderschuh, Veranstaltungen.

Lage und Zufahrt: Kartenteil Seite 11 C 1/2.

Anzeigen

Schönried

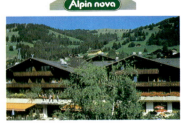

Gastgeber: Peter + Antoinette Rix
CH-3778 Schönried - Tel.: 030/83311
Das gemütlich-komfortable Chalet-Hotel. Geräumige Zimmer und Appartements mit Bad/Du/WC, Minibar, Radio, Telefon. Restaurant. Hallenbad, Liegewiese, Sauna, Solarium, Fitneß. Solebad gegenüber.
Spezialität: Wöchentliche Unterhaltungs- und Wanderprogramme mit Picknick auf dem Hochplateau.

LENK
Berner Oberland

Lenk ist der zentrale Ort im Obersimmental.

DIE STÄRKSTEN ALPINEN SCHWEFELQUELLEN EUROPAS

Der am Fuße des Wildstrubels gelegene Ferienort ist nicht nur Ausgangspunkt für unzählige Wanderungen – auch als Kurort hat er sich einen Namen gemacht.

Im Obersimmental ist Lenk der bedeutendste Ort. Er hat im gesamten Simmental die größte Betten-Kapazität. Da spielt natürlich eine Rolle, daß man ein Doppelleben führt: Lenk ist auch als Kurort stark. Deshalb hat man hier 1977 ein modernes Kurzentrum eröffnet. Inmitten eines großen Waldparks sprudeln dort die stärksten alpinen Schwefelquellen Europas.

Der Kontakt zu den anderen Orten ist eng. Nach Zweisimmen sind es ganze dreizehn Kilometer, nach Gstaad dreißig und zum Sommerskilauf auf dem Diableretsgletscher vierzig Kilometer. Nach Gstaad kommt man am schönsten zu Fuß. Man fährt mit der Bergbahn zum Leiterli und kann fast ohne Steigung über den Tungelpaß, vorbei am bereits genannten Gelten-Wasserfall, zum

Anzeige

Lenk

Hotel Kreuz
Besitzer: Familie W. Tritten
CH-3775 Lenk
Tel.: 030/3 13 87, 3 13 88
Telex: HO KR ch 922 285
HOTEL KREUZ - das frohe Sporthotel im Herzen von Lenk!
160 Betten, drei Restaurants, Hallenschwimmbad, große Grillterrasse.

CH-13

Lauenensee hinunterwandern, um dann mit dem Bus über Gstaad zurückzukehren.
Eine schöne Wanderung auf einem neu eingerichteten Weg führt am Iffigenbach entlang in neunzig Minuten zum stiebenden Iffigenfall. Ebenfalls wildromantisch und leicht ist der Weg von Metsch zu den Simmenfällen – nur eine Stunde länger. Wie von Gsteig, so kann man auch von Lenk ins Rhonetal hinüberwechseln. Nur wird hier über den Rawilpaß (2429 m) zum Lac de Tseuzier marschiert. Es bleiben fünf Stunden Aufstieg, wenn man alle Fahrmöglichkeiten auf beiden Seiten nutzt. Die Hochalpinisten nehmen sich den Wildstrubel (3243 m) und das Wildhorn (3247 m) vor.
Nicht ganz unwichtig: Holz prägt das Ortsbild von Lenk – bei den schönen, alten Simmentaler Bauernhäusern genauso wie bei den Neubauten, die überwiegend im Chaletstil gehalten sind.
Da Lenk keine Ambitionen hat, einmal in den Kreis der mondänen Ferienzentren aufgenommen zu werden, setzt man auf Familie und Kinder. Dazu gehören der Babysitting-Dienst, der Kindergarten und die Hobbyferienkurse für Kinder.

Lenk (rechts) zieht sich mit seinen vielen einzelnen Gehöften in ein offenes, sonniges Tal. Von hier führt eine ganztägige Wanderung ins Rhonetal hinüber.

Ort	Höhe	Einwohner	Gästebetten insgesamt	in Hotels	in Gasth./ Pensionen	in Chalets/ Ferienwhg.	in Privath./ Bauernhäus.	Camping/ Stellplätze	Ferienlager
Lenk	1068 m	2300	7000	950		5000		1	1

Wandern: 200 km markierte Wege. **Beförderung:** Bus, Bahn. 1 Groß-, 1 Kleinkabinenbahn. **Hochtouren:** 1–2 Tage Dauer, 5 Führer. **Hüttentouren:** 2 bewirt. Hütten im Abstand von 3–4 Std. **Abzeichen:** Wanderpaß. **Ferner interessant:** botanische Lehrpfade, Naturschutzgebiete, Wildgehege, Höhlen, Wasserfälle, Kraterlandschaft »Gryden«.

Lenk

Verkehrsbüro, CH-3775 Lenk, (0 30) 3 15 95, Tx 9 22 225.
Schwimmen in 1 beh. Freibad, 1 Thermalbad. **Angeln** in Flüssen. Deltafliegen. **Rundflüge** mit Segel-, Motorflugzeug und Helikopter. 30 km Radwege, Fahrradverleih. **Tennis:** 10 Plätze, 1 Halle/1 Platz, Schule. **Gesundheit:** Vita-Parcours, Kur- und Bäderbetrieb. **Unterhaltung:** Heimatabende, Gartenschach, Konzerte.
Hobbykurse und Aktivangebote: Juli: Hobbyferienkurse für Kinder.
Veranstaltungen: Mai/Juni u. Okt.: Forum für Musik und Bewegung. Ende Aug./Anf. Sept.: Musikalische Sommerakademie.
Pauschalangebote: Mai–Okt.: Wander-Päckli (Wochenpauschale). Tenniswochen. Fitness-Kleeblatt. Heilpflanzen- und Gesundheitswochen.
Lage und Zufahrt: Kartenteil Seite 11 C 2.

Bergwanderungen aus den teilweise bewaldeten Tälern führen zu kleinen Bergseen und Teichen (oben).

KANDERSTEG
Berner Oberland

Was früher ein großer Nachteil war, wenn es ums Geldverdienen ging, ist nun durch den Fremdenverkehr ein Vorteil geworden: die Lage im Talschluß des Kandertals.

AM NORDEINGANG DES LÖTSCHENBERGTUNNELS

So präsentiert sich Kandersteg nun wie auf einer Bühne: ringsum die schönen Kulissen der Berge.

Wie Adelboden am Ende des Engstligentals – so liegt auch Kandersteg schön eingerahmt am Schluß des Kandertals. Hier gibt es allerdings viel Betrieb durch die Autoverladung nach Goppenstein. Doch der Durchgangsverkehr wird durch eine Umgehungsstraße vom Ort ferngehalten. Die Kandersteger bemühen sich besonders, durch strenge Bauvorschriften das traditionelle Ortsbild hochzuhalten. Das ist verständlich, denn sie haben einige besonders schöne Stücke – Bauernhäuser wie das Samishus und das Ruedihus – herzuzeigen. Dazu paßt auch, daß man in Kandersteg Kurse in Bauernmalerei (im Rokoko- und Biedermeierstil) mitmachen kann. Auch Kandersteg bietet sommerliches Kunsteis, warmes Wasser im Freibad, Forellen-

Anzeigen

Kandersteg
alfa soleil
Hotel Restaurant
Bes.: Fam. P. + A. Seiler-Schwitter
CH-3718 Kandersteg
Tel.: 033/75 17 17-18; Tx.: 922 165

Das meistbietende ★★★-Hotel am Ort ist in sonnigster Lage nahe dem Dorfzentrum gelegen, mit freiem Ausblick auf unser einzigartiges Panorama.

Es ist der persönliche und sehr gediegene Rahmen für einen erholsamen. Ihren Bedürfnissen individuell angepaßten erlebnisreichen Aufenthalt.
Zimmer mit Bad/Dusche/WC, Radio, Telefon, viele mit Balkon.
Familien-Suiten (max. bis 4 Personen)
Aufenthaltsräume mit offenem Kamin; bar «alfetta»; Lift; Spezialitätenrestaurant; Pizzeria; Kinderspielzimmer; Terrassenrestaurant; Garten mit Liegewiese. Hallenbad (Gegenstromanlage); Sauna (max. bis 4 Personen). Solarium. Fitneßgeräte.

Großes Plus: Kandersteg ist vom Autodurchgangsverkehr befreit!

Problemlos telefonieren

Wenn Sie von anderen Ländern dort anrufen wollen, müssen Sie die 0 am Anfang der Vorwahl weglassen und folgende Nummer vorauswählen:

Aus Deutschland
nach Österreich	0043
in die Schweiz	0041
nach Italien	0039

Aus der Schweiz
nach Deutschland	0049
nach Österreich	0043
nach Italien	0039

CH-14

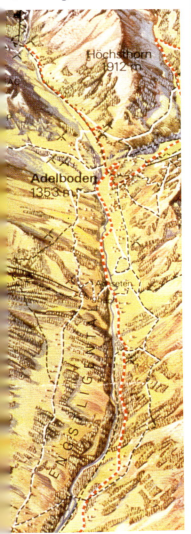

fischerei, Reiten, Tennis, Gleitschirmfliegen – und Bergsteigen, natürlich.
Dazwischen macht man auch einmal einen kleinen Ausflug zum wildromantischen Blausee, der nach einem riesigen, prähistorischen Bergsturz entstanden ist und nur vom Grundwasser gespeist wird. Hier wird Forellenzucht betrieben. Das Ergebnis kann man gleich auf der Terrasse des schön gelegenen Seerestaurants ausprobieren.
Der schönste Ausflug aber führt zum Oeschinensee, der direkt unter den vergletscherten Nordabstürzen der Blümlisalp liegt. Man startet am Parkplatz des Sessellifts zum Oeschinensee. Der bequeme Weg führt am Oeschibach entlang

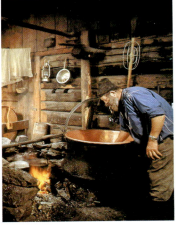

Bis weit ins Frühjahr, wenn im Kandertal die Wiesen blühen, hält sich auf den Bergen der Schnee. Für die Sennen ist dann die Zeit des Butterns und Käsens gekommen (oben).

in gut einer Stunde zum See (1578 m). Man rastet im Berghotel »Oeschinensee« (alkoholisch), beziehungsweise im schönen hölzernen Berghaus »Oeschinensee« oder auch oberhalb vom See (auf gutem Wanderweg erreichbar) im Gasthaus »Sennhütte« (alkoholfrei). Und man sollte sich genügend Zeit nehmen, die aus dem See aufsteigenden vergletscherten Gipfel der hier insgesamt recht knorrigen Blümlisalp zu bestaunen.
Die Anstiege zur Fründen- und Blümlisalphütte des Schweizer Alpenclubs sind herrliche, aber strapaziöse Bergtouren. Die Fründenhütte (2562 m) liegt in einer heroischen Hochgebirgswelt und ist Ausgangspunkt für leichte und schwere Gipfelziele. Der Weg zur Blümlisalphütte dauert vier bis fünf Stunden und wird vom wuchtigen Blümlisalpgletscher und der eindrucksvollen Blümlisalp-Nordwand beherrscht. Von der Hütte sieht man besonders schöne Sonnenuntergänge.
Im Süden von Kandersteg, dicht neben der Einfahrt in den Eisenbahntunnel, schweben die Kabinen der Luftseilbahn Kandersteg-Stock/Gemmi in die Höhe. Sie erleichtern den Übergang in das Wallis über den Gemmipaß, der vor

dem Bau der Lötschbergbahn große Bedeutung hatte.
Bereits im 14. Jahrhundert soll hier Briefverkehr zwischen Bern und Wallis stattgefunden haben. Sicher weiß man, daß 1814 ein wöchentlicher Postdienst mit Personenverkehr in Betrieb genommen wurde.
Heute ist das eine schöne Wanderung, die am Berghotel Schwarenbach und am Daubensee vorbei zum Gemmi-Berghotel führt. Mit der Bergbahn kann man nach Leukerbad hinunterfahren und am nächsten Tag auf gleichem Weg zurückkehren. Oder man fährt mit Bus und Bahn durch das Rhonetal und den Lötschbergtunnel zurück nach Kandersteg.
Mit einer neuen Luftseilbahn wurde das Gebiet der Allmenalp neu erschlossen. Besonders interessant ist die Besichtigung der Alpkäserei. Gute Wander- und Bergwege führen ins Oeschinental oder nach Adelboden. Reizvoll ist der Bergweg First – Elsigenalp – Golitschenalp – Kandersteg. Außerdem gibt es fünfzig weitere Wander- und Bergtouren. Zwei Bergsteigerschulen stehen zur Verfügung, auch der Verkehrsverein führt einmal in der Woche Wanderungen durch.

Ort	Höhe	Einwohner	Gästebetten insgesamt	in Hotels	in Gasth./ Pensionen	in Chalets/ Ferienwhg.	in Privath./ Bauernhäus.	Camping/ Stellplätze	Ferienlager
Kandersteg	1200 m	950	3500	1000		1500	—	2/80	mehrere

Wandern: 350 km markierte Wege; 5 Rundwege, 100 km. **Beförderung:** Bus, Bahn. 2 Kleinkabinenbahnen, 2 Sessellifte. Bergsteigerschule. **Geführte Wanderungen:** 1mal pro Woche. **Hochtouren:** mehrere; 7 Std. bis 2 Tage Dauer; 11 Führer. **Hüttentouren:** 10 bewirt. Hütten. **Abzeichen:** Hüttentest-Abzeichen. **Ferner interessant:** Wasserfälle, begehbare Schlucht, historische Bauten.

Kandersteg
Verkehrsverein, CH-3718 Kandersteg, (0 33) 75 12 34, Tx 9 22 111.
Schwimmen in 1 beh. Freibad, 1 See. Ruder- u. Tretboote. **Angeln** in Flüssen. Fahrradverleih. **Reiten** im Gelände, 30 km Wege, Pferdeverleih, Schule. Gleitschirmflugschule. **Tennis:** 4 Plätze. Kunsteishalle. Vita-Parcours. **Unterhaltung:** Heimatabende, Orgelkonzerte, Diavorträge. **Hobbykurse und Aktivangebote:** Blumenwanderungen, Bauernmalereikurse.

Veranstaltungen: Ende Juni: Schwing- und Aelplerfest. Mitte Juli: Reitconcours. Ende Juli: Waldfest. Anf. Aug.: Schäferfest. Anf. Sept.: Int. Sommerskispringen.
Pauschalangebote: Anf. Juni u. Anf. Sept.: Bauernmalerei-Kurs. Juni u. Juli: Botanische Wanderwochen. Außerdem: diverse Sommer- und Herbsttourenwochen.

Lage und Zufahrt: Kartenteil Seite 11 C 1.

Am Bach entlang führt der Weg zum Oeschinensee (oben).

225

AM THUNER SEE
Berner Oberland

Aeschi Beatenberg Frutigen Gunten Oberhofen Sundlauenen Thun

Anmutig liegt er zwischen Höhenzügen, die Alpen im Hintergrund: der Thuner See.

UND ABENDS EINE SEE-RUNDFAHRT

Der Thuner See ist 18 Kilometer lang, 3,5 Kilometer breit und einer der saubersten in der Schweiz.

Hier treibt man vor allem Wassersport. Die älteste und größte Segelschule der Schweiz bildet auf 70 Jollen und Jachten in den drei Stationen Hilterfingen, Spiez und Interlaken-Neuhaus Segelschüler vom Anfänger bis zum Regatta-Teilnehmer aus. Es gibt eine Wasserskischule sowie drei Windsurfingschulen in Gunten, Faulensee und Interlaken-Neuhaus. Mietboote bekommt man in allen Kurorten und auch an Strandbädern fehlt es nicht.

Es gibt viele Möglichkeiten zum Wandern. Das Niederhorn ist mit einer Sesselbahn, der Niesen mit einer Standseilbahn, das Stockhorn mit einer Gondelbahn leicht erreichbar.
Eine Besonderheit ist der 1979 eröffnete Thuner-See-Wanderrundweg.
Auf kleinem Raum sind in diesem Gebiet viele Sehenswürdigkeiten versammelt. Thun ist eine altertümliche Stadt mit schönen historischen Bauten. Die Schlösser Thun, Spiez und Oberhofen zeigen in ihren großen Sammlungen das Kulturgut der Gegend aus verschiedenen Jahrhunderten und Besitzer-Epochen. Im Schloß Hünegg in Hünibach-Hilterfingen ist das größte Jugendstil-Museum der Schweiz untergebracht. Das

Der Wasserfall (Bild oben) liegt in einem Naturpark in der Umgebung von Beatenberg.

Frutigen

HOTEL RUSTICA
CH-3714 Frutigen, Tel. 033/713071
Ihre Gastgeber: D. und A. Campell
Alle Zimmer mit WC, Bad oder Dusche, Radio und Telefon ausgestattet. Komfort und gemütliche Atmosphäre versprechen Ihnen in unserem Haus jederzeit einen angenehmen Aufenthalt. Rustikales Restaurant. Nähe Sportzentrum.

Immer reizvoll: Eine Schiffahrt auf dem Thuner See, hier mit Schloß Oberhofen im Hintergrund.

CH-15 🇨🇭

Wocher-Panorama im Schloßpark Schadau ist eine Sehenswürdigkeit besonderer Art: Auf einer 40×7,5 m großen Leinwand wird das lebensgroße Bild einer Kleinstadt um 1800 gezeigt, wie Goethe und Kleist sie sahen. Unterhaltung? Es gibt den Kursaal Thun mit Boulespiel, es gibt Freilichtspiele sowie Abendrundfahrten auf dem See mit Musik.

Hoch über dem Nordufer des Sees liegt der Luftkurort Beatenberg. Zu seinen Füßen, am Seeufer, führen die Beatushöhlen in den Fels: eine ausgedehnte Tropfsteingrotte, die 2 km weit begehbar ist.
Gegenüber, am Südufer, liegt das malerische Spiez und, ein Stückchen südöstlich, das Dorf Aeschi. Das hat eine sehr schöne Aussicht zu bieten – und eine uralte Kirche mit Fresken aus dem 14. Jahrhundert.

Vom Niesen hat man einen prächtigen Blick auf den tief im Tal liegenden Thuner und den Brienzer See.

Ort	Höhe	Einwohner	Gästebetten insgesamt	in Hotels	in Gasth./Pensionen	in Chalets/Ferienwhg.	in Privath./Bauernhäus.	Camping/Stellplätze	Ferienlager
Aeschi	860 m	1500	1050	400	53	600		1	1 JH
Beatenberg	1200 m	1250	3500	850	–	2000		–	6 FH
Thun	560 m	4050	2500	800	600		150	3/320	1 JH

Ort	Wandern Wege insg.	Wege mark.	Rundwege	geführte Wanderungen	Alpinschule	Beförderung Bus	Bahn	Sessellifte	Hochtouren Anzahl	Dauer	Hütten bewirt.	Abstand
Aeschi	42 km	42 km	mehrere	1× wöch.		×			mehrere			
Beatenberg	100 km	100 km		2–3× wöch.	1	×		×	mehrere	5–8 Std., 2 Tg.		
Thun	280 km	220 km	1/60 km	2–3× wöch.	1	×	×				6	4 Std.

Außerdem: 2 Zahnradbahnen (Aeschi, Beatenberg). **Ferner interessant:** botanische Lehrpfade, Naturschutzgebiet, Wildgehege, Wasserfälle, Höhlen. **Angeln** in Flüssen und Seen. **Unterhaltung:** Heimatabende, Bauerntheater, Gästekindergarten, Konzerte.

Aeschi
Verkehrsbüro, CH-3703 Aeschi, (0 33) 54 18 34.
Schwimmen in 1 See (Ausflugsfahrten mit dem Schiff), 1 Hallenbad, Thermalbad.
Unterhaltung: Gartenschach, Alpkäsereibesichtigungen, Mondscheinwanderungen.
Veranstaltungen: Mitte Juli: Allmidorfet. Ende Juli: Dorfchilbi. Mitte Sept.: Chemihütte-Schwinget.

Beatenberg
Verkehrsbüro, CH-3803 Beatenberg, (0 36) 41 12 86 und Tx 9 23 261.
Schwimmen in 2 Seen (Ausflugsfahrten mit dem Schiff), 1 Hallenbad. Tauchen. **Deltafliegen** am Niederhorn. **Tennis:** 3 Plätze.
Veranstaltungen: Ende Juli: Dorfchilbi. Aug.: Bodenalpchilbi. Sept.: Panoramamarsch.

Lage und Zufahrt: Kartenteil Seite 11 C 1.

Thun
Verkehrsverband Thuner See, CH-3700 Spiez, (0 33) 54 72 56, Tx 9 22 392.
Schwimmen in 1 See (Ausflugsfahrten mit dem Schiff), 14 Freibädern (4 beh.), 3 Hallenbädern. Tauchen. **Ausrüstungsverleih:** Surfen, Segeln, Ruder-, Tretboote. **Unterricht:** Surfen, Segeln, Delta-, Segel-, Motorfliegen. Rundflüge mit Motorflugzeug. 10 km Radwege, Fahrradverleih. **Reiten** im Gelände, 12 km Wege, Pferdeverleih, Halle, Schule. **Tennis:** 50 Plätze, 3 Hallen/16 Plätze, Schule.
Gesundheit: Vita-Parcours, Kneippanlagen, Fitness-Zentrum.
Veranstaltungen: Juni: Schloßkonzerte. Juli/Aug. (mittwochs): Folklore auf dem Rathausplatz. Ende Aug./Anf. Sept.: Oberländische Herbstausstellung OHA. Ende Sept./Anf. Okt. »Fulehung« Ausschiesset.
Pauschalangebote: See-Generalabonnement Thuner und Brienzer See.

Am Nordufer des Thuner Sees (oben) liegt die 2 km weit begehbare St.-Beatus-Höhle (rechts).

DIE JUNGFRAU-REGION
Berner Oberland Grindelwald Interlaken Lauterbrunnen Mürren Wengen Wilderswil

Die Jungfrau-Region im Berner Oberland ist eine alpine Ferienlandschaft, wie sie auf der ganzen Welt kein zweites Mal anzutreffen ist.

DER GRÖSSTE GLETSCHER

Sie bietet auf engstem Raum eine Mischung aus Superlativen und einer perfekten Angebotspalette für fast jede denkbare Betätigung in den Ferien.

Die Eiger-Nordwand und der größte Alpengletscher, die höchste Bergbahn und die längste Luftseilbahn Europas, ein Drehrestaurant auf knapp 3000 m, autofreie Fremdenverkehrsorte, 72 Wasserfälle, zwei prächtige Surf- und Segelseen sowie eine im besten Sinn des Wortes perfekte Fremdenverkehrsmaschinerie – das ergibt zusammen die sprichwörtliche eidgenössische Ferienqualität.

Hat Interlaken das große Dreigestirn Eiger, Mönch und Jungfrau auch nicht direkt vor der Haustüre, so sind die Entfernungen nach Grindelwald und Mürren (ganze zwanzig Kilometer auf der Straße) so gering, daß es keine Rolle spielt, wo man wohnt. Alle Attraktionen sind von jeder Ecke mit einem Minimum an Aufwand zu erreichen. Deswegen ist es sinnvoll, kurz auf Interlaken einzugehen – auch wenn es nicht direkt zur Jungfrau-Region gezählt wird. Interlaken hat eine glänzende Lage zwischen den beiden großen Seen im Osten und Westen sowie den Bergen im Süden. Dazu hat man in langen Jahren ein Kultur- und Sportprogramm aufgebaut, das heute eine hervorragende Ergänzung zum Skifahrer- und Bergsteigerprogramm der Region ist. Im Sportprogramm fehlt kaum etwas, was gut und teuer ist. Segeln und Surfen, Golfen, Reiten und Tennis sind selbstverständlich. Aber auch Drachenfliegen und Tontaubenschießen sind möglich. Im Kulturteil bietet man Symphonisches und Ballett, aber auch Jazz und natürlich Folklore. Die Tell-Freilichtspiele in Unspunnen, gekonntes Amateurtheater, feiern schon über Jahre schöne Erfolge. Die ganze Region schaut zu, wenn der Apfel fällt.

Die Spitzenstellung unter den Zielen der Jungfrau-Region gehört nach wie vor der Jungfrau-Bahn. 1896 begann man mit dem Bau der Zahnradbahn zum Jungfraujoch. Nach sechzehn Jahren, 1912, war die 9,3 km lange Strecke fertig. Sie überwindet einen Höhenunterschied von 1400 m. Der Tunnel von 7,1 km Länge verläuft quer durch Eiger und Mönch, bis er in 3454 m Höhe das Jungfraujoch und den höchsten Bahnhof Europas erreicht. Diese Tatsache allein ist vielen schon die Auffahrt wert. Man hat darüber hinaus einen hervorragenden Blick auf eine Reihe schöner Gletscher und Gipfel in nächster Nähe. Darunter ist auch der Große Aletschgletscher. Mit über 20 km Länge ist er der größte Gletscher der Alpen.

Hat man sich an den großen Dingen sattgesehen, lohnt es sich, den neben der Bergstation angesiedelten Alpengarten zu besuchen, der über 500 Pflanzenarten aufweist. Einen ganz anderen Blickwinkel auf die drei berühmten Gipfel gewinnt man über Mürren. Von Stechelberg (867 m) im Lauterbrunnental kann man mit der Schilthornbahn (1967 eröffnet), der längsten Luftseilbahn Europas, über Mürren zum Schilthorn hochfahren. Das sind 2100 m Höhenunterschied. Auf dem Gipfel des Schilthorns steht ein Restaurant, das in 2970 m Hö-

Mürren von Westen gesehen — dahinter der Eiger.

CH-16

Oben: Grindelwald. Im Hintergrund die Große Scheidegg.

Wer wandern möchte, hat die Auswahl. Die Zahl der markierten Wanderwege ist fast unübersehbar. Insgesamt sind es weit über 1000 km. Viele der Orte der Jungfrau-Region haben auch geführte Wanderungen im Programm – zum Teil mehrmals in der Woche.

DIE JUNGFRAU-REGION
Berner Oberland
Grindelwald Interlaken Lauterbrunnen Mürren Wengen Wilderswil

Ort	Höhe	Einwohner	Gästebetten insgesamt	in Hotels	in Gasth./ Pensionen	in Chalets/ Ferienwhg.	in Privath./ Bauernhäus.	Camping/ Stellplätze	Ferien- lager
Grindelwald	1050 m	3600	9450	2450		7000	—	4/440	1 JH
Interlaken	568 m	13000	4947	3594	653	700	—	7/1500	1 JH
Lauterbrunnen	800 m	1100	631	291	65	275	—	2/500	—
Mürren	1650 m	458	2100	700	200	1200	—	—	—
Wengen	1300 m	1400	4700	2200		2500	—	—	—
Wilderswil	600 m	1700	1550	700	50	800	—	1/60	—

he wie ein Karussell seine Runden dreht. Es kam einmal als Kulisse eines James-Bond-Films in die Weltpresse. Von hier zeigt sich die Jungfrau von ihrer stärksten Seite. Breit und massig beherrscht sie die Szene. Auch der Mönch macht noch einen recht guten Eindruck. Nur der Eiger kommt einem etwas linkisch vor, weil die Westflanke ein recht ungewohnter Anblick, die berühmte Nordwand aber nur im Profil zu sehen ist.

Zu den Attraktionen im Revier zählt auch das Lauterbrunnental als das Beispiel eines klassischen Trogtales. Besonders überzeugend sind hier zwei Wasserfälle von den 72, die man in der Gegend zählt. Da ist zunächst einmal der schon von weitem sichtbare Staubbach-Wasserfall, der sich direkt hinter Lauterbrunnen 300 m in die Tiefe stürzt. Weitaus spektakulärer sind die Trümmelbachfälle. Man findet sie von Lauterbrunnen drei Kilometer taleinwärts auf der gegenüberliegenden, der Ostseite des Tales. Der Trümmelbach entwässert die Gletscher, die in der Westflanke zwischen Eiger und Jungfrau liegen und stürzt dann mit einem fürchterlichen Getöse durch die Felsen in das Lauterbrunnental hinunter. Das können bis zu 20 000 Liter pro Sekunde sein. Damit man alles ganz genau besichtigen kann, wurde ein Schrägaufzug eingerichtet. Über Stufen steigt man noch zehn Minuten höher, um dann zu sehen, wie das Wasser in einem riesigen Schwall aus dem senkrechten Felsen schießt und in Gumpen in die Tiefe spritzt. Alles zusammen ist auch noch künstlich beleuchtet.

Zu den besuchenswerten Attraktionen zählt auch die 2061 m hohe Kleine Scheidegg, die sinnigerweise 100 m höher ist als die auf der anderen Talseite gelegene Große Scheidegg. Die Kleine Scheidegg ist ein recht lebhafter Touristen-Umschlagplatz, da hier die Zahnradbahnen nach Wengen, Grindelwald und zum Jung-

Grindelwald
Verkehrsbüro, CH-3818 Grindelwald, (0 36) 53 12 12, Tx 9 23 217, Fax 53 30 88.
Schwimmen in 2 beh. Freibädern, 3 Hallenbädern. **Deltafliegen,** Schule, Ausrüstung. **Tennis:** 11 Plätze, 1 Halle/4 Plätze, Schule. **Sommerski:** 1 Liftanlage, 500 m Abfahrten. Kunsteisstadion, Kunsteislaufplatz.
Gesundheit: Vita-Parcours, Fitness-Zentrum.
Veranstaltungen: Juli/Aug.: Tennisturniere. Eisschaulaufen. Berg- und Älplerfeste. Kinderprogramm (Sport, Unterhaltung).
Pauschalangebote: Mitte Mai–Mitte Okt.: 7 Tage Aufenthalt mit Besichtigungen, geführten Wanderungen, Wochenfreipaß (Sportzentrum, Freibad).

Interlaken
Verkehrsverein, CH-3800 Interlaken, (0 36) 22 21 21, Tx 9 23 111, Fax 22 52 21.
Schwimmen in 1 Freibad, 3 Hallenbädern, 2 Seen; Ausflugsfahrten mit dem Schiff. **Ausrüstungsverleih:** Surfen, Segeln, Rudern, Tretboote; Fahrradverleih. **Reiten** im Gelände, 12 km Wege, Pferdeverleih, Halle, Schule. **Schießen:** Tontauben. **Deltafliegen.**
Tennis: 7 Plätze, 1 Halle/4 Plätze, Schule. **Golf:** Platz mit 18 Loch. Vita-Parcours. **Unterhaltung:** Casino mit Theater- u. Spielsaal, Abend-Seerundfahrten.
Veranstaltungen: Mai–Sept.: Folklore-Show. Ende Juni–Anf. Sept.: Tell-Freilichtspiele. Aug./Sept.: Musikfestwochen. Anf. Sept.: Oberländer Ländlermusik-Treffen.
Pauschalangebote: Tennis-, Golf-, Segel-, Schönheits-Pauschalwoche.

Lauterbrunnen
Verkehrsverein, CH-3822 Lauterbrunnen, (0 36) 55 19 55.
Schwimmen in 1 beh. Freibad, 1 Hallenbad. **Tennis:** 2 Plätze. **Sommerski:** 1 Liftanlage, 200 m Abfahrten.
Veranstaltungen: 1. Aug.: Bundesfeier mit Umzug und Höhenfeuer. Ende Aug.: Minigolfturnier. Mitte Sept.: Volksmarsch.

Mürren
Kur- und Verkehrsverein, CH-3825 Mürren, (0 36) 55 16 16, Tx 9 23 212.

fraujoch starten. Über Jahrzehnte wurde hier auch Bergsteiger-Geschichte geschrieben.
Neun Tote gab es bereits, bis 1938 zum erstenmal die berühmte Nordwand bezwungen wurde. Weitere 31 Bergsteiger waren es bis 1976, die oft unter dramatischen Umständen zu Tode kamen.

Nur vier Kilometer südlich von Interlaken liegt Wilderswil. Sehenswert sind hier die Kirche Gsteig aus dem 12. und 13. Jahrhundert mit Fresken aus dem Mittelalter, ebenso die 1738 gebaute Gsteig-Holzbrücke und das Gasthaus Steinbock, das 1787 erbaut wurde und zu den ältesten der Schweiz zählt. Dazu gibt's im Ort noch eine große Mineraliensammlung zu besichtigen.

Ein schöner Familienspaziergang führt zur Heimwehfluh, wo ein Kinderspielplatz und eine Modelleisenbahn-Großanlage installiert sind. Alle dreißig Minuten werden die Züge in Bewegung gesetzt. Hin und zurück wandern Sie zwei Stunden.
Wer es ruhiger haben möchte, steigt in Kehren zum Abendberg (1135 m) hinauf, würdigt die Aussicht auf Interlaken und den Brienzer See und geht dann auf einem bequemen Höhenweg nach Saxeten, einem abgelegenen Bergdorf. Der Abstieg erfolgt am besten durch den Sytiwald. Die Gehzeit beträgt ungefähr vier Stunden.
Zum Großartigen zählt die Wanderung von der »Schynigen Platte« (Sie fahren mit der Bergbahn hinauf) über das Faulhorn zum First. Ein Sessellift befördert Sie anschließend nach Grindelwald. Sie müssen mit einer Marschzeit von sechs Stunden rechnen. Aber die Aussicht unterwegs ist unvergleichlich.
Die nächste Station ist Lauterbrunnen im Tal der Weißen Lütschine. Über Lauterbrunnens Attraktionen – das ganze Tal als Sehenswürdigkeit und die Wasserfälle – haben wir schon gesprochen. Der Ort ist Talstation der Wengernalpbahn und der Standseilbahn zur Grütschalp (1489 m). Die Grütschalp wiederum ist Talstation für die Adhäsionsbahn nach Mürren – die erste Möglichkeit, den 1638 m hoch gelegenen, autofreien Fremdenverkehrsort überhaupt zu erreichen. Die zwei-

Anzeigen

Wengen

Hotel Victoria-Lauberhorn
CH-3823 Wengen
Tel. 0 36/56 51 51, TX.: 9 23 232
Die persönliche und gepflegte Atmosphäre des Hauses bietet die besten Voraussetzungen für einen angenehmen und erholsamen Urlaub. Sämtliche Zimmer mit Bad/Dusche, WC, Radio und Telefon, TV auf Wunsch. Bars, à-la-carte-Restaurant, Pizzeria und Café. Reichhaltige Speisekarte und erlesene Weine.

Hotel Silberhorn
Besitzer: Familie H. J. Beldi
CH-3823 Wengen
Telefon: 0 36/56 51 31
Telex: 923222

Das Hotel Silberhorn ist ein sympathisches, elegantes ★★★★-Familienhotel.

Sonnige Lage. Rundum freie Sicht aufs ganze Panorama. Ideal für Erholungssuchende, Familien, Einzelreisende und für Sportler.

Zimmer sind komfortabel eingerichtet und sehr ruhig. Jedes Studio verfügt über eine kleine Küche. 2 oder 4 Zimmerstudio. Im Restaurant werden erlesene Gerichte serviert. Die **Silberhornstube** ist ein beliebter Treffpunkt. **Tiffany-Dancing**, selten schönes Disco-Erlebnis, von Evergreens – neuesten Top-Hits.
Für Ihre Gesundheit: Sauna, Solarium, Whirlpool.
Boutique, Friseur, Sportgeschäft.

CH-16

Ort	Wandern		geführte Wanderungen	Beförderung			Sessel-lifte	Hochtouren		Abzeichen
	Wege mark.	Rund-wege		Kabinenbahnen groß	klein	Stand-seilb.		Anzahl	Dauer	
Grindelwald	320 km		2–4× wöch.	1	1	1	2	4	6 Std.–2 Tg.	Abzeichen, Swiss-fit-Programm
Interlaken	50 km	mehrere				2		1	10 Std., 2 Tg.	
Lauterbrunnen	200 km	1/10 km		3	2	1	1	mehrere		
Mürren	300 km	5/25 km	1–2× wöch.	1		1		6	2 Tage	Wanderpuzzle
Wengen	500 km	10/30 km	1× wöch.	1	1	2	1	n. Bed.	5–8 Std., 2 Tg.	Wanderpaß
Wilderswil	100 km	2/30 km	1× wöch.			1				

Beförderung: Bus, Bahn. 4 Zahnradbahnen: 3 in Lauterbrunnen, 1 in Wilderswil. 2 Bergbahnen (Wengen). Alpinschule (Grindelwald). **Hüttentouren:** mehrere teilw. bewirt. Hütten im Abstand von 2,5–6 Std. **Ferner interessant:** botanischer Lehrpfad, Naturschutzgebiete, Alpengarten, Wildgehege, Gletscherwasserfälle, -schlucht, -wanderungen, Höhlen, Mineralienausstellung. **Unterhaltung:** Heimatabende, Bauerntheater, Gästekindergärten, Gartenschach, Dia- u. Filmabende, Konzerte, Ortsfeste. **Angeln** in Seen und Flüssen. **Rundflüge** mit Hubschrauber.

Schwimmen in 1 Hallenbad. **Tennis:** 5 Plätze, 1 Halle/1 Platz. **Squash:** 2 Hallen. Vita-Parcours.
Hobbykurse und Aktivangebote: Juni–Sept.: Mal-, Zeichen-, Photo- und Filmkurse.
Veranstaltungen: Juni/Juli: Int. Hochalpine Ballonsportwochen. Juli: Jodlerchilbi. Aug.: Dorffest.
Pauschalangebote: Juni–Okt.: Sommerferienwochen. Alpine Sommer-Sport-Wochen. Wanderwochen. Aug.: Gebirgs- und Gletscherwanderwochen.

Wengen

Verkehrsbüro, CH-3823 Wengen, (0 36) 55 14 14, Tx 9 23 271.
Schwimmen in 1 beh. Freibad, 1 Hallenbad. **Wildwasser:** 3 km befahrbare Strecke. **Deltafliegen.**
Tennis: 6 Plätze, Schule.

Sommerski: 1 Liftanlage, 500 m Abfahrten (Jungfraujoch).
Veranstaltungen: Tennisturniere.
Pauschalangebote: Wanderwochen. Familien- und Seniorenpauschalen.

Wilderswil

Verkehrsverein, Lehngasse, CH-3812 Wilderswil, (0 36) 22 84 55, Tx 9 23 355.
Schwimmen in 1 Hallenbad. Surfen, Segeln, Rudern, Tretboote. **Rundflüge** mit Motorflugzeug.
Tennis: 8 Plätze, 1 Halle/4 Plätze, Schule. **Squash:** 3 Plätze. **Sommerski:** 1 Liftanlage, 500 m Abfahrten (Jungfraujoch).
Gesundheit: Vita-Parcours, Rheumabäder.
Pauschalangebote: März–Juni: Intensiv-Tennis-Wochen.

Lage und Zufahrt: Kartenteil Seite 11 C/D 1.

---

e ist die von Stechelberg zum Schilthorn führende Luftseilbahn, die auch in Mürren haltmacht. Das Auto bleibt im Tal, die Ferien finden in der Höhe statt.

Zurück zur Grütschalp. Sie ist auch Ausgangspunkt eines Panoramawegs, eines der schönsten in der Region. Er zieht über die Pletschenalp, Oberberg und den Maurerhubel zum Allmendhubel auf 1934 m Höhe. Das sind drei Stunden Zeit, um die großen Berner Gipfel zu besichtigen. Nicht einmal den Kopf muß man drehen, da sie direkt im Blickfeld liegen. Mit der Allmendhubelbahn fährt man ab nach Mürren. Der Ort auf der großen Aussichts- und Sonnenterrasse zählt schon lange zu den klassischen Wintersportorten. Mit dem Bau großer Bergbahnen hat man den Standort-Nachteil (Mürren hat keine Straßenverbindung) ausgleichen können. Auch sonst ist man äußerst aktiv. So hat man erst 1983/84 ein neues Kur- und Sportzentrum eröffnet, mit Sporthalle, Kunsteisbahn und Hallenschwimmbad mit Sprudelbecken. An Regentagen kann man im Haus des Gastes lesen, spielen und fernsehen. Eine besondere Attraktion ist die jährlich stattfindende Ballonsportwoche. Wer gute Kondition mitbringt, sollte zu Fuß ins Lauterbrunnental hintersteigen. Der Weg führt zuerst bequem nach Gimmelwald, einer verträumten Bergbauernsiedlung. Anschließend geht es in mehreren Serpentinen nach Stechelberg im hintersten Lauterbrunnental. Zu Fuß oder mit dem Bus kommen Sie vollends nach Lauterbrunnen.

Besucht man Wengen, so besorgt die Wengernalpbahn den Aufstieg in fünfzehn Minuten. Der berühmte Fremdenverkehrsort, der wie Mürren autofrei ist, liegt weit gestreut auf einer Terrasse in der Westflanke des Männlichen. Dieser Gipfel ragt aus einem Kamm, der sich bis zum Lauberhorn südwärts zieht und nach Wengen steil abfällt. Als Wintersportort erscheint man alljährlich einmal im Fernsehen, wenn im Januar das spektakuläre Lauberhorn-Skirennen stattfindet. Der Ort bietet knapp 5000 Fremdenbetten, inszeniert allwöchentlich eine geführte Wanderung und ist stolz auf seine Landschaft. Mit Recht. Wer bloß einmal vom Männlichen (Auffahrt mit der Luftseilbahn) auf dem bequemen Panoramaweg zur Kleinen Scheidegg wandert, der weiß, warum die Wengener diese Landschaft so lieben. Eine gute Stunde ist man unterwegs. Nach Wengen kommt man mit der Zahnradbahn zurück.

Eine ausführliche Wanderung führt in die Almzone zwischen dem Lauterbrunnental unten und den Gletschern oben. Man fährt zuerst mit der Wengernalpbahn nach Wengernalp. Nun zieht ein bequemer Weg zur 1735 m hoch liegenden Biglenalp, wo man eine erste Pause einlegen kann. Anschließend geht es durch Wald, weitgehend flach, zur ebenfalls aussichtsreichen Mettlenalp. Die dritte Etappe endet in Wengen, vielleicht nach fünf Stunden. Reine Gehzeit ist drei bis vier Stunden – in aller Gemütlichkeit.

Bleibt zum Schluß noch Grindelwald, der Ort, der die größte Entwicklung erlebt hat. Knapp zehntausend Fremdenbetten stehen heute zur Verfügung. Bergbahnen ziehen in alle Himmelsrichtungen. Die Wengernalpbahn, bald hundert Jahre alt, fährt in einer halben Stunde zur Kleinen Scheidegg. Eine Gondelbahn, fünf Jahre jung, schwebt zum Männlichengipfel hoch, der First-Sessellift zieht in Richtung Schwarzhorn. Und die Pfingstegg-Kabinenbahn entläßt ihre Gäste in knapp 1400 m Höhe am Fuß des Schreckhorns. Das ist ein günstiger Startplatz für Wanderungen zum Oberen und Unteren Grindelwald-Gletscher.

Man kann in der örtlichen Bergsteigerschule Anfängerkurse belegen oder große Gletschertouren unternehmen. Das Verkehrsbüro veranstaltet jeden Dienstag und Freitag geführte Wanderungen zu Wildbeobachtungen und zur Käseherstellung auf einer Alm. Dazu werden noch ein Waldlehrpfad, eine Eissporthalle und die Möglichkeit zum Drachenfliegen geboten.

— Anzeigen

ber dem Lauterbrunnental – gegenüber von Mürren – liegt Wengen.

Wengen

Hotel Alpenrose
Inhaber: Familie von Allmen
CH-3823 Wengen
Tel.: 0 36/55 32 16, Tx.: 9 23 293
Komfortables, besonders ruhiges Hotel. Zimmer mit Bad, Du/WC, Balkon. Gutbürgerliche Küche. Lift, Bar, à-la-carte-Restaurant, Kaminzimmer, Sonnenterrasse, Aufenthaltsraum.
Ferienwohnungen nebenan im »Chalet Erika«.

Hotel Schönegg
CH-3823 Wengen
Inh.: RENE BERTHOD, ehem. Mitgl. d. Schw. Ski-Nationalmannsch. u. pat. Skilehrer. Tel.: (0, 36) 55 34 22
Ihr Ferien- u. Sporthotel für die ganze Familie, Individualisten und Einzelgäste. Zentrale, ruhige und sonnige Lage. Das Hotel mit persönlicher Note.
KEIN GRUPPENTOURISMUS!

AM BRIENZER SEE
Berner Oberland Ballenberg Bönigen Brienz Iseltwald Niederried Oberried Ringgenberg

Verträumt liegen die Ferienorte an diesem See, von dem die Brienzer sagen, er sei der sauberste der Schweiz.

MIT DAMPF AUFS ROTHORN

Während am Nordufer die steilen Berghänge fast übergewaltig erscheinen, wird die nach Süden gerichtete Seite durch eine Hügellandschaft mit grünen Matten und wildromantischen, felsigen Graten geprägt.

Dank den Schiffen sind die Dörfer am See während der warmen Jahreszeit, von April bis Oktober, miteinander verbunden.
Brienz, das Schnitzlerdorf, bietet Gelegenheit, in die Werkstätten der Holzbildhauer zu schauen, die Ausstellungen der Schnitzler- und der Geigenbauschule zu besuchen.
Oberhalb von Brienz finden Sie das Freilichtmuseum Ballenberg. Es stellt auf seinem parkartigen Gelände die wichtigsten Haus- und Siedlungsformen der Schweiz in lebendiger Weise dar. Die Dörfer Oberried und Niederried liegen an einem sanften, sonnigen Hang direkt am See. Iseltwald, am südlichen Ufer an einer romantischen Bucht, ist das Fischerdorf am Brienzer See. Die Kurorte Bönigen und Ringgenberg-Goldswil am unteren Teil des Sees sind eigentlich schon Ferien-Vororte von Interlaken. Die alten Häuser im Dorfzentrum von Bönigen stehen unter Heimatschutz. Ringgenberg-Goldswil war von 1230 bis 1380 Sitz der Freiherren von Brienz und Ringgenberg. Zeugen dieser glanzvollen Vergangenheit sind die Ruinen der Kirche Goldswil, der Schadenburg und der Burg Ringgenberg. Die wurde 1670 teilweise in die heutige Burgkirche umgebaut.
Zwei hübsche nostalgische Erlebnisse bieten sich hier an. Da ist einmal die letzte Dampf-Zahnradbahn der Schweiz, die aufs

Bei gutem Wind mit Spinnaker.

Brienz

Brienz-Rothorn-Bahn, Brienz
Einzige Dampf-Zahnradbahn der Schweiz. Täglich sind bis zu sieben Dampflokomotiven im Einsatz und befördern die Passagiere in einer einstünd. Fahrt auf das 2350 m hohe Brienzer Rothorn. Auskünfte:
**Direktion
Brienz-Rothorn
CH-3855 Brienz**
Tel.: 0 36/51 12 32, Tx 923 226

Schweizer. Freilichtmuseum Ballenberg ob Brienz B.O.
Das **Schweiz. Freilichtmuseum** für ländliche Wohnkultur – 10 Automin. v. Brienz – stellt auf einem parkartigen, 50 ha gr. Gebiet die wichtigsten Haus- u. Siedlungsformen d. Schweiz dar. Hist. Haustierhaltung. **Auskunft:** Schweizerisches Freilichtmuseum Ballenberg Betriebsleitung
CH-3855 Brienz, Tel. (0 36) 51 11 23.

CH-17

2350 m hohe Brienzer Rothorn fährt. Noch heute befördern die sieben alten Dampflokomotiven rauchend und keuchend von Juni bis Mitte Oktober viele Wanderer zum Ausgangspunkt der schönen Touren zum Brünigpaß und nach Schönbüel. Und dann gibt es, zweitens, den Alten Raddampfer »Lötschberg«. Der verkehrt immer noch fahrplanmäßig zwischen Interlaken und Brienz.

Eindrucksvoll liegt das Fischerdorf Iseltwald (oben) auf einer Halbinsel im Brienzer See.

Ganz andere Reize bietet eine sehr nahe liegende Drei-Pässe-fahrt. Rund 20 km östlich von Brienz, in Innertkirchen, zweigt nach links die Sustenstraße ab. Stolze 1600 Höhenmeter zieht die gut ausgebaute Straße hoch, bis man unterhalb des Passes (2224 m) durch die Tunnelröhre fährt. Auf dem Weg taucht links der Titlis auf. Ein Stück unterhalb der Paßhöhe gibt es rechts den Steingletscher zu besichtigen. Nach Göschenen und Andermatt beginnt das nächste Abenteuer, der Furkapaß. Ungefähr 500 m nach der Paßhöhe hat man den besten Ausblick, besonders in Richtung Wallis.

In Gletsch, bereits wieder 700 m tiefer, wird nach rechts abgebogen, zum Grimsel. Sofort folgt Kehre auf Kehre. Und in kürzester Zeit ist bereits die 2165 m hohe Paßhöhe erreicht. Durch die Aareschlucht kehrt man über Meiringen nach Brienz zurück. Die gesamte Strecke ist mit 160 km für einen Ausflug nicht übermäßig lang, die Eindrücke sind um so eindrucksvoller.

Ort	Höhe	Einwohner	Gästebetten insgesamt	in Hotels	in Gasth./Pensionen	in Chalets/Ferienwhg.	in Privath./Bauernhäus.	Camping/Stellplätze	Ferienlager
Brienzer See	560 m	10000	4500	1500		3000		–	2 JH

Wandern: 350 km markierte Wege. 7 Rundwanderwege, 250 km. **Beförderung:** Bus, Bahn, Schiff.
Geführte Wanderungen: täglich. Verschiedene geführte Hochtouren. **Abzeichen:** Wanderpaß.
Ferner interessant: botanischer Lehrpfad, Naturpark, Wildgehege, Wasserfälle, nostalgische Bahnfahrten.

Brienzer See

**Verkehrsverein, Beim Bahnhof, Postfach 59, CH-3855 Brienz, (0 36) 51 32 42, Tx 9 23 226.
Verkehrsvereine in: Iseltwald (45 11 05), Bönigen (22 12 73), Ringgenberg (22 33 88), Oberried (49 12 05), Niederried (49 13 44).**

Schwimmen in 1 See. **Angeln** in Flüssen u. Seen. Tauchen. Ruder-, Tretboote. **Tennis:** 8 Plätze, 1 Halle/3 Plätze, Schule. Vita-Parcours.
Unterhaltung: Heimatabende.
Hobbykurse und Aktivangebote: Schnitzen.
Lage und Zufahrt: Kartenteil Seite 11 D 1.

Problemlos telefonieren

Wenn Sie von anderen Ländern dort anrufen wollen, müssen Sie die 0 am Anfang der Vorwahl weglassen und folgende Nummer vorauswählen:

Aus Deutschland
nach Österreich 0043
in die Schweiz 0041
nach Italien 0039

Aus der Schweiz
nach Deutschland 0049
nach Österreich 0043
nach Italien 0039

SÖRENBERG
Zentralschweiz

Eine Auffahrt mit der Luftseilbahn, und das ganze Berner Oberland liegt Ihnen zu Füßen.

AM BRIENZER ROTHORN

Der Ort mit dem klingenden Namen Sörenberg liegt rund 50 km südwestlich des Vierwaldstätter Sees.

Den Bergwanderern und Familien mit Kindern wird ein preiswertes Bettenangebot und ein großes Betätigungsfeld geboten. Es gibt mehrere hundert Kilometer markierter Wanderwege und neben der Rothornbahn noch eine Gondelbahn zur 1465 m hoch gelegenen Roßweid. Und an Ausflugsmöglichkeiten in die Umgebung gibt es Dutzende.

Wer nun von Norden, von Luzern, gekommen ist – entweder über Wolhusen und Schüpfheim (55 km) oder über Sarnen und Giswil (53 km) –, der sollte auf jeden Fall zuerst einmal aufs Brienzer Rothorn (2350 m) hinauffahren. Denn diese Aussicht muß man gesehen haben. Die komplette Jungfrau-Region liegt einem zu Füßen. Man kann es nun beim Bewundern belassen, einen Kaffee trinken und wieder zurückschweben. Besser, man fährt mit der letzten dampfbetriebenen Zahnradbahn der Schweiz nach Brienz hinunter. Das ist an und für sich schon ein Erlebnis. Dann hängt man gleich noch eine Bootsfahrt auf dem Brienzer See nach Interlaken dran. Das ergibt schon ein volles Tagesprogramm. Routinierte Bergwanderer machen sich ebenfalls auf die Rundreise.

Vom Rothorngipfel marschieren sie auf dem Höhenweg über den Eisseesattel zum Arnihaggen (2207 m) und weiter nach Schönbüel. Rund zweieinhalb Stunden braucht man dafür. Per Gondelbahn schwebt man nach Turren und landet mit Hilfe einer Kabinenbahn in Lungern am gleichnamigen See. Mit dem Bus geht es wieder nach Sörenberg zurück. Dafür gibt es sogar Rundreise-Fahrkarten.

Eine besonders bequeme Wanderung führt über Sörenbärgli und Junkholz nach Flühli. Zwei Stunden ist man unterwegs. Der Rückweg dauert eine halbe Stunde länger, da es etwa 250 Höhenmeter aufwärts geht.

Leichte bis mittelschwere Wanderungen beginnen auf der Roßweid, an der Bergstation der Gondelbahn. Die kleine Runde, in zwei Stunden zu absolvieren, zieht über Schlacht und Flühhüttenboden zurück nach Sörenberg. Die große Runde mit vier Stunden Gehzeit führt über Schwarzenegg, Husegg und Salwideli nach Südelhöhe ins Tal.

Auf der Roßweid gibt es aber auch einen sehr schönen Spaziergang ins Hochmoor.

Das Fremdenverkehrsamt führt über den ganzen Sommer kostenlose Dienstagswanderungen durch. Diese Wanderungen füh-

Sörenberg

Hotel-Restaurant
Besitzer: Fam. Maag-Strickler
CH-6174 Sörenberg
Tel.: 041/78 12 46
Herrlich gelegen in ruhiger Umgebung. Gem. Zimmer mit Du/WC. Aufenthaltsr., Radio, Farb-TV. Feine Küche. Vollautomatische Kegelbahn. Parkplätze.

Sörenberg ist eingebettet in eine Talmulde am Fuße des Brienzer Rothorns. Ein Ort voller Gastlichkeit und Natur, nah bei den Städten, ganz in den Bergen. Wandern auf über 500 km mark. Wege. Für Fitneß - Vita-Parcours oder Hallenbad mit Sauna und Solarium. Fischen in Bergbächen. Plausch beim Kegeln, Minigolf. **Ausk.**: Luftseilbahn Sörenberg, Brienzer Rothorn, CH-6174 Sörenberg - Tel.: 041/781560

Problemlos telefonieren

Wenn Sie von anderen Ländern dort anrufen wollen, müssen Sie die 0 am Anfang der Vorwahl weglassen und folgende Nummer vorauswählen:

Aus Deutschland
nach Österreich 0043
in die Schweiz 0041
nach Italien 0039

Aus der Schweiz
nach Deutschland 0049
nach Österreich 0043
nach Italien 0039

CH-18 🇨🇭

ren in alle Richtungen um Sörenberg. Die Wanderzeiten liegen zwischen vier und sechs Stunden. Eine dieser Wanderungen führt zum Nünalpstock im Nordosten

Sörenberg (rechts) liegt in einer weiten, windgeschützten Talmulde am Fuße des Brienzer Rothorns.

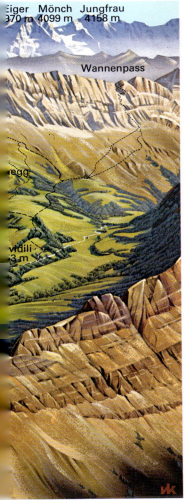

des Ortes. Ein riesiges Feld mit mächtigen Felsbrocken zieht sich über die Hänge bis zum Ort herunter. Hier ist 1910 der Berg gewandert, eine ganze Woche lang. Heute führt ein Weg durch das dichtbewachsene Geröllfeld, das besonders den Kindern gut gefällt. Einige Autoausflüge in die nähere Umgebung empfehlen sich sehr. So gehört ein Besuch in Ballenberg zum Schönsten, was einem in dieser Gegend passieren kann. Hier sind alte Bauernhöfe aus allen Regionen der Schweiz zusammengetragen und mit Möbeln und Gebrauchsgegenständen eingerichtet. Und eine Rundfahrt um den Vierwaldstätter See gehört eigentlich auch zu einem Sörenberg-Urlaub.

Ort	Höhe	Einwohner	Gästebetten insgesamt	in Hotels	in Gasth./ Pensionen	in Chalets/ Ferienwhg.	in Privath./ Bauernhäus.	Camping/ Stellplätze	Ferienlager
Sörenberg	1166 m	501	5500	450	50	4700	300	1/45	12

Wandern: 300 km markierte Wege. 4 Rundwanderwege, 25 km. **Beförderung:** Bus. Groß-, Kleinkabinenbahn, Sessellift, Seilbahn. **Geführte Wanderungen:** 1–2mal pro Woche. **Hochtouren:** mehrere, 5–8 Std. Dauer. **Hüttentouren:** mehrere Hütten im Abstand von 1–2 Std. **Ferner interessant:** Naturschutzgebiet »Glaubenbielen«, Wildgehege, Höhlen.

Sörenberg

Verkehrsverein, CH-6174 Sörenberg, (0 41) 78 11 85.
Schwimmen in 3 Hallenbädern. 1 Bergsee. Ausflugsfahrten mit dem Schiff. Wildwasser. **Angeln** in Seen und Flüssen. **Deltafliegen** am Brienzer Rothorn. **Tennis:** 2 Plätze. **Gesundheit:** Vita-Parcours. **Unterhaltung:** Heimat-, Hüttenabende, Kinderfeste, Gartenschach, Dia-Vorträge, Alpkäsereibesuche.
Pauschalangebote: Wanderpauschale: 7 Tage Aufenthalt, geführte Wanderung, Luftseil- u. Gondelbahn, Wanderkarte, Minigolf, Entlebucher Kaffee, Fondueplausch mit volkstümlicher Unterhaltung. Pauschalwochen mit sonnigen Regentagen (bei Regen 50% Ermäßigung auf ÜF). Tennisferien in Hotels.
Lage und Zufahrt: Kartenteil Seite 8 A 3.

Hinter dem Weiher in Sörenberg erhebt sich die Schrattenfluh (2091 m).

MEIRINGEN-HASLIBERG
Berner Oberland

Meiringen liegt direkt im Haslital an der Aare. 400 bis 500 Meter höher findet man auf einer weitläufigen Sonnenterrasse die Orte Hasliberg, Hohfluh, Wasserwendi, Goldern, Reuti und Weißenfluh.

HIER DURFTE SHERLOCK HOLMES NICHT STERBEN

Mit Meiringen sind die Orte, die höher liegen, durch eine Bergbahn verbunden.

Schaut man sich in der Umgebung um, dann findet man wieder einmal bestätigt, wie ungerecht es auf dieser Welt zugeht. Hier sind Touristen-Attraktionen versammelt, von denen jede einzelne andernorts die Fremdenverkehrsdirektoren ins Schwärmen geraten ließe. Nehmen wir zum Beispiel Ballenberg, das schweizerische Freilichtmuseum. Knapp 15 km in Richtung Brienz wurden auf einem riesigen Gelände über dreißig Bauernhäuser aus acht Kantonen zusammengetragen. Sie sind mit alten Möbeln und Geräten eingerichtet, und man kann dort Korbflechtern, Webern oder dem Köhler bei der Arbeit zuschauen. Dann die Aareschlucht. Sie liegt direkt bei Meiringen, ist 1400 m lang und bis zu 200 m tief in den Berg gegraben. Wege und Stege durch die Schlucht sind gut ausgebaut. Im Sommer werden sie teilweise abends beleuchtet.
Schließlich die Reichenbachfälle: Vergebens versuchte hier Conan Doyle seinen Meisterdetektiv Sherlock Holmes zu ertränken. Seine Leser erzwangen die Wiederbelebung. Die Wasserfälle sind eine beachtenswerte Spritzerei und am besten mit der Seilbahn zu erreichen. Man kann dann gleich zur Rosenlaui-Schlucht weiterwandern oder -fahren. Die bietet Natur in komprimierter Form. Doch die Verkehrsvereine von Meiringen-Hasliberg verlassen sich längst nicht mehr nur auf die Besichtigungsobjekte der Umgebung. Sie haben sich sehr abwechslungsreiche Gästeprogramme ausgedacht. Im Juli und August werden pro Monat rund 25 Veranstaltungen geboten.
Dazu gehören in der Regel der Besuch der Tell-Festspiele in Interlaken, ein Besuch bei einem Älpler mit Besichtigung der Käseherstellung, aber auch Musik- und Theateraufführungen.
Hier sind einige Hasliberg-Wandervorschläge – eine bis vier Stunden lang:
Eine Stunde: der Murmeliweg. Er beginnt mit einer Gondelbahnfahrt von Hasliberg Wasserwendi nach Käserstatt. In 1800 m Höhe gehen Sie bequem zur Mägisalp. Dort fahren Sie mit der Gondelbahn nach Reuti ab.
Zwei Stunden: der Höhenweg.

Die Kapellenstraße in Meiringen.

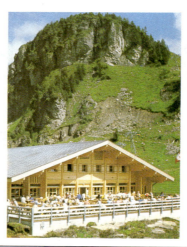

CH-19

Reisen mit der Bahn

Mit der Bahn nach Meiringen-Hasliberg.

Wenn Ihr Wanderurlaub von Anfang an streßfrei sein soll, reisen Sie am besten mit der Bahn an. Denn die Bahn bringt Sie stau- und streßfrei nach Meiringen. Schnell und bequem auf jeden Fall.

Deutsche Bundesbahn

MEIRINGEN-HASLIBERG
Berner Oberland
CH-19 🇨🇭

Oben: Mägisalp (1708 m) mit Wetterhorngruppe.

Mit der Bergbahn schweben Sie zur Planplatte (2245 m). Anschließend wandern Sie, immer leicht bergab, nach Käserstatt. Mit der Bergbahn fahren Sie hinunter.
Drei Stunden: der Panoramaweg. Das ist ein neuer, breit ausgebauter Spazierweg. Er führt von Reuti zum Brünigpaß.
Vier Stunden: der Giebelweg. Er bietet besonders prächtige Rundsichten und folgenden Verlauf: Käserstatt – Giebel – Unterhorn – Feldmoos – Lungern.
Von den Endpunkten der Wanderungen kommen Sie mit Bus oder Bahn zurück nach Meiringen-Hasliberg. (Unsere Karte auf Seite 11 im Kartenteil hilft Ihnen dort, wo unsere Panoramakarte nicht mehr ausreicht, bei der Orientierung.)
Und dann sollten Sie auf keinen Fall versäumen, vom benachbarten Brienz mit der letzten dampfbetriebenen Zahnradbahn auf das Brienzer Rothorn zu fahren. In offenen Wagen und im Schnecken- tempo zuckeln Sie nach oben. Prächtige Aussichten während der Fahrt und auf dem Gipfel sind Ihnen gewiß. Trittsichere Wanderer können gleich anschließend, in etwa drei Stunden, über Schönbüel nach Lungern marschieren und von dort mit der Bahn zurückkehren.
Noch eine Empfehlung, nur für gute Pässefahrer und nur bei schönem Wetter: das ganze Berner Oberland in einer Autotour. Auffahrt zum Grimselpaß, über Gletsch ins Rhonetal nach Fiesch. Hier mit der Seilbahn zum Eggishorn hoch; da ist der Aletschgletscher zu bewundern. Über Brig und Visp kommen Sie zum Lötschbergtunnel (mit Autoverladung) und kehren über Kandersteg, Spiez, Interlaken nach Meiringen zurück. Das ergibt zusammen rund 200 km Autofahrt, ist eine Sache von sieben bis acht Stunden und wunderschön.

Ort	Höhe	Einwohner	Gästebetten insgesamt	in Hotels	in Gasth./ Pensionen	in Chalets/ Ferienwhg.	in Privath./ Bauernhäus.	Camping/ Stellplätze	Ferienlager
Hasliberg	1000 m	1400	4000	1500		3000		6/200	1 JH
Meiringen	600 m	4000							

| Ort | Wandern | | | | | Beförderung | | | | Hochtouren | | |
	Wege insg.	Wege mark.	Rundwege	geführte Wanderungen	Alpinschule	Bus	Bahn	Kabinenbahnen groß	klein	Sessellifte	Anzahl	Dauer	Führer
Hasliberg	300 km	300 km	20/200 km	1× wöch.	×	×	×	1	3	3	7	4–6 Std., 7 Tg.	2
Meiringen			×								11	3–6 Std., 7 Tg.	5

Außerdem: Hüttentouren. Gletscherwanderungen. **Ferner interessant:** botanischer Lehrpfad, Naturschutzgebiet »Grimsel«, Wasserfälle, Aareschlucht, Rosenlauigletscherschlucht, nostalgische Bahnfahrten. Alphüttenbesichtigung – Käseherstellung. **Sommerski:** 1 Liftanlage, 0,5 km Abfahrten.

Hasliberg
Verkehrsbüro, CH-6084 Hasliberg-Wasserwendi, (0 36) 71 32 22.
Angeln in Flüssen u. Seen. Vita-Parcours.
Unterhaltung: Heimatabende, Konzerte.
Veranstaltungen: Mitte Juli: Nidlete. Anf. Sept.: Chaesteilet (Volksfeste). Berglauf.
Pauschalangebote: Oktober-Pauschalen.

Lage und Zufahrt: Kartenteil Seite 11 D 1.

Meiringen
Verkehrsverein, CH-3860 Meiringen, (0 36) 71 43 22, Tx 9 23 211.
Schwimmen in 1 beh. Freibad, 1 Hallenbad. **Angeln** in Flüssen u. Seen. 70 km Radwege, Fahrradverleih.
Reiten im Gelände, 20 km Wege, Pferdeverleih, Schule. **Tennis:** 4 Plätze, 1 Halle/3 Plätze, Schule.
Gesundheit: Vita-Parcours, Fitness-Zentrum.
Unterhaltung: Heimatabende, Gästekindergarten, Gartenschach.
Veranstaltungen: Juni: Int. Sustenpaßlauf in Innertkirchen. Ende Juni–Mitte Juli: Musikfestwochen. Sept.: Tennis-Senioren-Turnier.
Pauschalangebote: Kletter-, Bergsteigewochen. Wanderhäsliferien. Mitte Aug.: Trekking-Woche.

Eingang zur Schlucht Rosenlaui.

Auf allen Straßen richtungweisend mit den blauen Qualitätskarten

  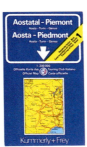 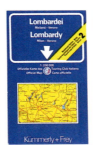   

Die blauen Qualitätskarten von Kümmerly+Frey
werden weltweit wegen ihrer Genauigkeit,
Übersichtlichkeit und guten Lesbarkeit geschätzt.
Mit Kümmerly+Frey-Straßenkarten kommen
Sie immer schnell und sicher an Ihr Ziel.

Kümmerly+Frey

MELCHSEE-FRUTT
Zentralschweiz

Melchtal   Kerns

Im Süden der Zentralschweiz liegt dicht beim lebhaften Vierwaldstätter See das weltabgeschiedene Melchtal. Das Feriendorf Melchsee-Frutt am Talende bringt es auf knapp 2000 m Höhe.

EIN BERGDORF IM HERZEN DER SCHWEIZ

Eigentlich heißt die ganze Gegend »Innerschweiz« – ein Begriff, der weit mehr ist als eine Regionsbezeichnung. Hier nämlich wurde die Schweiz erfunden, vor fast 700 Jahren: genau 1291.

So wenig bekannt wie das Tal ist auch der Kanton. Er heißt Obwalden und ist eigentlich ein Halbkanton: klein aber fein. Wer sehr ruhig schlafen und für ein paar Tage oder Wochen in einer herben Hochgebirgslandschaft leben möchte, für den ist der Ferienplatz am Melchsee eine ganze Sache. Auch deswegen, weil im engsten Umkreis Interessantes und Sehenswertes jeglicher Art in Hülle und Fülle zu finden ist: von der »Hohlen Gasse« – Wilhelm Tell läßt grüßen – bis zum Hochstollen, der als Hausberg über Melchsee-Frutt aufragt und 2480 m hoch ist.

Ob über Basel oder Zürich – man landet bei der Anfahrt in diese Idylle meist zuerst mal in Luzern. Weiter geht's dann nach Süden, ein Stückchen noch am berühmten See entlang. Nach rund 20 km taucht bei Sarnen links die Einfahrt in das Melchtal auf. Und gleich am Anfang liegt Kerns, ein kleiner Weiler, der sozusagen die Zufahrt bewacht. Es folgen dann St. Niklausen und Melchtal, beides schöne Bergdörfer, wo der Kirchturm noch das höchste Bauwerk ist. Nur die Bergflanken rechts und links, gut 1000 m aufsteigend, stellen alles in den Schatten.

Am Talende, wo die gute Fahrstraße zu Ende ist, liegt Stöckalp: die Talstation einer Gondelbahn und ein großer Parkplatz. Hier ist im

Anzeigen

Melchsee-Frutt

Hotel Posthuis
CH-6068 Melchsee-Frutt
Telefon 0 41/67 12 42

Bes.: Familie P. u. M. Rohrer Elmiger
Mittleres Berghotel mit 45 Betten, Zimmer mit Dusche, WC, oder fl. Wasser. Kleines Lager, gemütliches Restaurant, Aufenthaltsraum. Ideal für Familienferien. Gutbürgerliche Küche. Diverse Hausspezialitäten.

Sporthotel Kurhaus Frutt

Besitzer: Trudy und Sepp Durrer-Müller
CH-6068 Melchsee-Frutt
Telefon: 041/67 12 12,
Telex: 8 66 464

90 Betten im gemütlichen und urigen Berghotel. Heimelige Gästezimmer, ruhig gelegen mit schönster Aussicht. Kinderzoo, Forellenteich, Spielplatz, Kegelbahn, Spezialitätenrestaurant. Sprudelbad, Sauna, Solarium, Fitneß, TV- und Aufenthaltsraum, Sonnenterrasse, Hotel-Bar-Dancing.

Das Sporthotel für unvergeßliche Ferien.

Übernachtung/Frühstück ab Fr. 35,–
Vollpension ab Fr. 60,–.

CH-20 🇨🇭

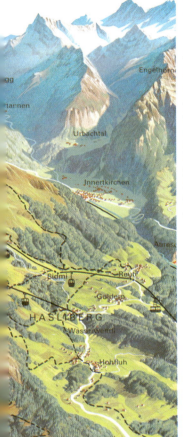

Winter (zwischen Dezember und April) der Autoverkehr am Ende. Nur Gondeln führen dann noch in glückliche Höhen.
Im Sommer (er dauert auf Melchsee-Frutt von Juli bis Oktober) führt ein 7 km langer Fahrweg zum Melchsee hinauf.
Alles in allem gibt es hier fünfzehn Hotels, davon allein neun Hotels in Melchsee-Frutt. Insgesamt stehen rund 600 Hotelbetten zur Verfügung. Darüber hinaus sind 100 Ferienwohnungen da. Stauungen muß man weder beim Wandern noch beim Einkaufsbummel befürchten. Fast alles, was zum Überleben in 2000 m Höhe nötig ist, gibt es im Frutt-Lädeli.
Tritt man durch die Haustür ins Freie, so breitet sich eine riesige grüne Hochfläche aus, die nach Südwesten von einem Bergkamm begrenzt wird: eine weite, weite Wanderlandschaft mit 150 km markierten Wanderwegen in der näheren und weiteren Umgebung. Drei kleine Bergseen – Engstlen-, Tannen- und Melchsee – bieten herrliche Rastplätze. Forellen soll es dort auch geben.
Wer's ganz gemütlich angehen will, nimmt die Kabinenbahn auf den Bonistock und die Sesselbahn auf das Balmeregghorn, um wenigstens optisch in die Ferne zu schweifen.
Neben den Spaziergängen von See zu See und drumherum sind die Aufstiege auf den Hochstollen und das Balmeregghorn besonders attraktiv. Sie bieten immer wieder Ausblicke auf den eisstrotzenden nahen Titlis und auf die Eisriesen des Berner Oberlandes. Höhepunkte bietet ein Marsch über den Joch-Paß nach Engelberg und dann über den Juchli-

Oben: bei Melchsee-Frutt.

Paß zurück ins Melchtal.
Wer es nicht lassen kann, findet zwischen dem Melchsee und Kerns so prosaische Einrichtungen wie Tennis- und Squashplätze, Diskotheken und Saunas, Bars und Dancings.
Nicht zu vergessen, daß ein riesiges Ausflugsangebot in unmittelbarer Nähe vorhanden ist. Luzern zuerst, natürlich. Dann auch berühmte Aussichtsberge: bitte schön, Pilatus, Rigi und Titlis.

Ort	Höhe	Einwohner	Gästebetten insgesamt	in Hotels	in Gasth./ Pensionen	in Chalets/ Ferienwhg.	in Privath./ Bauernhäus.	Camping/ Stellplätze	Ferienlager
Melchsee-Frutt	1920 m	–	1900	600	700	600	–	–	1 JH

Wandern: 150 km markierte Wege; 2 Rundwanderwege, 30 km. **Beförderung:** Bahn. 1 Groß-, 1 Kleinkabinenbahn, 1 Sessellift. **Geführte Wanderungen:** 1–2mal pro Woche. **Hochtouren:** 4 (4–8 Std. Dauer). **Hüttentouren:** mehrere Hütten im Abstand von 1 Stunde. **Ferner interessant:** botanischer Lehrpfad, Naturschutzgebiet, Wildgehege.

Melchsee-Frutt

Verkehrsverein, CH-6068 Melchsee-Frutt, (0 41) 67 12 10.
Schwimmen in 1 Hallenbad. 3 Bergseen. Wassersport. **Angeln** in Seen und Flüssen. **Tennis:** 1 Platz. **Squash:** 1 Halle. **Deltafliegen** am Bonistock. Fitness-Zentrum.
Unterhaltung: Heimatabende, Kinderfeste, Gästekindergarten. Juli/Aug.: Sportprogramm für Gäste. **Veranstaltungen:** 1. Aug.: Nationalfeiertag. Mitte Aug.: Schwing- u. Aelplerfest. **Pauschalangebote:** Sportwochen, Botanik-Weekend, Psychologie-Kurse.

Lage und Zufahrt: Kartenteil Seite 8 A 3.

_____ Anzeigen

Melchsee-Frutt

Jugendherberge + Berggasthof Tannalp
CH-6068 Melchsee-Frutt
Tel.: (00 41) 41/67 12 41

Ob von Meiringen, Engelberg oder Melchsee-Frutt kommend, TANNALP liegt immer am Wege Ihrer Wanderung. Heimeliges, komfortabel eingerichtetes Berghaus mit 66 Betten. Alle Zimmer mit fl. k + w Wasser, Duschen, WC vor den Zimmern. Sehr günstige Übernachtungsmöglichkeiten.
Tannalp – die Alp mit der besonderen Note!

Berghotel Distelboden
CH-6068 Melchsee-Frutt
Telefon 0 41/67 12 66

Das Haus mitten im Wandergebiet, umgeben von saftigen Alpweiden und einem Kranz von Bergen.

IN GRUPPEN, MIT DER FAMILIE ODER ALLEIN – BEHAGLICHKEIT UND WOHLBEFINDEN IN BESCHEIDENEM RAHMEN.

ENGELBERG
Zentralschweiz

Wenn nicht alles, so haben sie den Benediktinern doch vieles zu verdanken.

DEN TITLIS KANN MAN AUCH MIT DER BAHN BESTEIGEN

Die Mönche gründeten hier 1120 das Kloster Engelberg.

Nachdem ein Brand 1737 das Kloster vernichtet hatte, wurde es so wiederaufgebaut, wie es heute zu sehen ist. Es ist noch heute, neben dem dreitausend Meter hohen Titlis natürlich, die Attraktion des Tales. Die prächtige, barock ausgestattete Klosterkirche besitzt einen wertvollen Kirchenschatz und die größte Orgel der Schweiz.

In der Klosterbibliothek findet man – allerdings nur Männer, denn Frauen ist der Zutritt verwehrt – viele wertvolle mittelalterliche Manuskripte und Handschriften.

Was aber die ersten Benediktiner, als sie am Fuß des Titlis siedelten, bestimmt nicht ahnen konnten, war: daß sie mit der landschaftlich hervorragenden

Die eindrucksvolle Bergwelt oberhalb von Engelberg läßt sich durch mehrere Seilbahnen angenehm erreichen.

Problemlos telefonieren

Wenn Sie von anderen Ländern dort anrufen wollen, müssen Sie die 0 am Anfang der Vorwahl weglassen und folgende Nummer vorauswählen:

Aus Deutschland
nach Österreich	0043
in die Schweiz	0041
nach Italien	0039

Aus der Schweiz
nach Deutschland	0049
nach Österreich	0043
nach Italien	0039

CH-21

...Lage des Klosters und damit des Ortes den Engelbergern des zwanzigsten Jahrhunderts den größten Schatz sicherten.

Nämlich einen Standort, wie man ...n für den Fremdenverkehr nicht ...esser malen könnte. Allein einen ...ausberg wie den Titlis vor der ...austür zu haben, ist mit nichts ...ufzuwiegen. Er ist ein schöner ...reitausender, der dank seiner freien Lage eine glänzende Aussicht gewährt. Dazu ist er in der Gipfelzone nach allen Himmelsrichtungen mit Gletschern überzogen, so daß sein Glanz weithin strahlt.

Ein Geschenk des Himmels sind auch die kurzen Entfernungen. Engelberg liegt ganze 25 Kilometer südlich des Vierwaldstätter Sees. Und bis nach Luzern sind es keine vierzig Kilometer. So ist es kein Wunder, daß sich Engelberg mit Hilfe der Klosterbrüder, seiner Lage und des Titlis zum größten Fremdenverkehrsort der Zentralschweiz entwickelt hat.

Natürlich haben die Engelberger das ihre getan, um den Fremdenverkehr in Schwung zu bringen. Mit dem Bau von Bergbahnen haben sie ganze Arbeit geleistet. Denn zweitausend Meter Höhenunterschied zwischen dem Kloster und dem Titlisgipfel sind keine Kleinigkeit.

So wird die Auffahrt in drei Abschnitten und 45 Minuten bewerkstelligt. Etappe Nummer eins führt von Engelberg mit der neuen Hochleistungs-Gondelbahn nach Trübsee (1800 m). Die weiteren zwei Stationen heißen Stand (2428 m) und Klein Titlis (3020 m). Der höchste Titlisgipfel ist noch einmal fast 220 m höher, nämlich 3238,3 m. Ganz genau.

Im Panoramarestaurant kann man sich die Welt in Ruhe betrachten und anschließend den Gletscherweg und die Eisgrotte besichtigen. Ein lustiger Gag ist es, im Sommer auf dem Titlis einige Skischwünge in die Gletscherpiste zu zeichnen. Ein Schlepplift steht dafür zur Verfügung.

Zwei Sessellifte verbinden den Trübsee (1764 m) mit dem Engstlensee (1850 m). Die gemeinsame Bergstation befindet sich auf dem 2207 m hohen Jochpaß.

Eine weitere Luftseilbahn zieht nördlich von Engelberg nach Ristis auf 1606 m Höhe. Sie ermöglicht schöne und leichte Wiesenwanderungen zur Brunnihütte – mit einer besonders schönen Sicht auf den Titlis. Eine knappe Stunde muß man dafür rechnen. Man kann auch nach beiden Seiten in mehr oder weniger großen Schleifen wieder nach Engelberg absteigen.

Engelberg (oben) liegt in einem breiten Talbecken 30 km südlich des Vierwaldstätter Sees.

Ort	Höhe	Einwohner	Gästebetten insgesamt	in Hotels	in Gasth./ Pensionen	in Chalets/ Ferienwhg.	in Privath./ Bauernhäus.	Camping/ Stellplätze	Ferienlager
Engelberg	1050 m	3210	8960	2363	140	4580	90	1/250	1 JH

Wandern: 360 km markierte Wege. **Beförderung:** Bahn. 6 Groß-, 2 Kleinkabinenbahnen, 2 Sessellifte. **Geführte Wanderungen:** 2mal pro Woche. **Hochtouren:** mehrere, 8 Führer. **Hüttentouren:** 7 bewirt. Hütten im Abstand von 1–4 Stunden. **Ferner interessant:** Wildgehege, Wasserfälle.

Engelberg

Verkehrsbüro, CH-6390 Engelberg, (041) 94 11 61, Tx 8 66 246 und Btx ✱ 4080414 #, Fax (041) 94 41 56.
Schwimmen in 1 Freibad, 4 Hallenbädern. 1 Stausee. **Angeln** in Flüssen. **Tennis:** 10 Plätze, 1 Halle/ 2 Plätze, Schule. **Sommerski:** 1 Liftanlage, 828 m Abfahrten. **Gesundheit:** Vita-Parcours, Sportzentrum »Erlen« (Sommer-Eis).

Unterhaltung: Heimatabende, Theater, Konzerte.
Veranstaltungen: Juli/Aug.: Engelberger Konzertwochen. Mitte Juli–Mitte Aug.: »Sport für Alle«.
Pauschalangebote: Mai–Okt.: Wanderwochen (Gruppen ab 10 Personen), Familien-, Seniorenferien.
Lage und Zufahrt: Kartenteil Seite 8 A 3.

AM VIERWALDSTÄTTER SEE
Zentralschweiz

Gersau Vitznau Weggis Küssnacht Luzern Emmetten

Knapp 1800 m erhebt sich der Rigi-Stock aus den Wassern des Vierwaldstätter, Zuger und Lauerzer Sees.

RUND UM DEN RIGI

Schon vor mehr als 170 Jahren, 1816 nämlich, wurde auf dem Rigi Kulm, das ist der Gipfel des Bergstocks, das erste Gasthaus eröffnet. Als berühmtester Aussichtsberg der Schweiz mit dem berühmtesten Sonnenaufgang bekam er auch die erste Bergbahn.

Bereits 1871 stampfte eine Zahnradbahn von Vitznau, auf der Südseite, den Rigi empor (auch »die« Rigi, feminin, ist gebräuchlich). Vier Jahre später hatte die Nordseite ebenfalls eine Bahn, die von Arth auf den Rigiberg führte. Kein Wunder, daß sich die Siedlungen und Orte rund um den Rigi dem Fremdenverkehr hingaben. Verwunderlich ist daher, daß sie sich ihren kühlen Charme, ihre Individualität und ihre nostalgische Atmosphäre bis heute konservieren konnten. Massentourismus findet nicht statt.

So haben die größeren Orte, wie Gersau, Vitznau und Weggis gerade 1000 bis 2000 Betten. Küssnacht und Bürgenstock bringen nicht einmal 500 auf.

Gemeinsam schicken sie alle ihre Gäste auf den Rigi, ob mit der Bergbahn oder zu Fuß. Über 100 km markierte Wanderwege erleichtern die Planung und Zusammenstellung immer neuer Varianten, aber auch die Orientierung im Gelände! Unter Einsatz von Bergbahnen und Wasserwegen ergibt das eine Vielzahl unterschiedlichster Spazierwege und Bergwanderungen. Einen eindrucksvollen Überblick und wunderschöne Ausblicke, einen nach dem anderen, bietet der Rigi-Lehnenweg. Er führt von der Ortschaft Immensee am Zugersee über Küssnacht, Greppen, Weggis und Vitznau nach Gersau. Der Weg ist 23 km lang und verläuft über lange Strecken immer 100 bis 200 m über dem See. Wer den Weg in einem Stück machen will, muß mit 6 bis 8 Stunden rechnen.

Als alternative Sportstätte liegt überall der Vierwaldstätter See vor der Haustür. Von der beliebten Dampfer-Rundfahrt (auch mit Tanzschiffen) bis zur einfachen Kahnfahrt ist jeglicher Wassersport möglich. Und das Badewasser kann im Sommer 23 Grad erreichen. Natürlich zählen Ausflüge zum Standardprogramm eines Rigi-Aufenthalts.

Schon im Nahbereich gibt es jede Menge zu tun. Auf alle Fälle ist der Natur- und Tierpark Goldau – 400 000 Quadratmeter groß – einen Besuch wert. Dann kann Luzern auf dem Wasserweg angesteuert werden. Dicht dahinter kann man von Pilatus Kulm den Rigi und den eigenen Urlaubsort ins Visier nehmen.

Darf's etwas weiter sein, dann gehört das berühmte Kloster Einsiedeln eigentlich zum Pflichtprogramm (es ist 100 km entfernt). Zieht man den Radius noch etwas größer, dann ist beinahe die halbe Schweiz im Bereich eines Tagesausflugs. Deshalb hier nur zwei Vorschläge, die ob ihrer Qualitäten herausragen.

Da ist zunächst die Drei-Pässe-Fahrt – Furka, Grimsel, Brünig – zu nennen, 235 km lang. Tellsplatte, Schöllenen- und Aareschlucht liegen am Weg. Auch die Jungfrau heimzusuchen, über Brünig, Interlaken und Grindelwald (250 km), ist eine kleine Reise wert. Dort wimmelt es nur so von Gletschern, Wasserfällen und originellen Bergbahnen. Die Jungfraubahn hält erst in 3454 m

— Anzeige

Luzern

VIERWALDSTÄTTERSEE

Die Flotte mit Stil.

- Größte Raddampferflotte Europas
- Bester Zubringer zu vielen Bergbahnen
- Mittagsschiff und NIGHT BOAT
- Neu: Wilhelm Tell Express (Luzern—Lugano/Locarno)

Schiffahrtsgesellschaft des Vierwaldstättersees
CH-6002 LUZERN
Tel. 041/40 45 40
Telex 865 797 sgv ch
Telefax 041/44 05 47

Wahrzeichen Luzerns: Die Kapellbrücke über die Reuss (erbaut 1333)

CH-22

Höhe im Jungfraujoch, dem höchsten Bahnhof Europas. Hat es Sie nach Gersau verschlagen, können Sie wöchentlich an einer geführten Wanderung teilnehmen. Schaffen Sie vom Ort die zwei Stunden Aufstieg nach Gschwend, dann hilft von dort eine Kleinkabinenbahn, die zweite Hälfte nach Rigi-Scheidegg zu schaffen. Und sonst: Männerchor, Alphornblasen und Jodelabend.

Vitznau, nur 6 km weiter, ist durch eine weit in den See vorstoßende Landzunge von Gersau getrennt. Es hat nicht nur ein Strand-, sondern auch ein geheiztes Freibad sowie zwei Hallenbäder.
Neben der bereits genannten Zahnradbahn (35 Minuten nach Rigi Kulm, 1800 m) kann man noch zwei Kleinkabinenbahnen nach Hinterbergen und Wissifluh empfehlen – als Transportmittel zum Wandern, Schauen oder Essen.

Weggis, noch einmal 6 km weiter, läßt ebenfalls geführte Wanderungen durchführen. Es hat neben dem beheizten Freibad noch zwei Hallenbäder. Und auch ein Wildgehege.
In Küssnacht, im nördlichsten Zipfel des Vierwaldstätter Sees, machen sich überall die Herren Tell und Schiller bemerkbar. Hier fin-

Ort	Höhe	Einwohner	Gästebetten insgesamt	in Hotels	in Gasth./ Pensionen	in Chalets/ Ferienwhg.	in Privath./ Bauernhäus.	Camping/ Stellplätze	Ferienlager
Luzern	436 m	63200	5710	5330			180	1/150	1 JH/200
Emmetten	780 m	820	1890	350	–	1220	–	–	330
Gersau	440 m	1800	1500	700	200	400	–	–	1 JH/200
Vitznau	440 m	1000	1200	1000	–	200	–	1/150	
Weggis	440 m	2800	2100	1500	–	–	600	–	

| Ort | Wandern | | | | Beförderung | | | | |
	Wege insg.	Wege mark.	Rundwege	geführte Wanderungen	Bus	Bahn	Kabinenbahnen groß	klein	
Luzern					×	×			
Emmetten	50 km	50 km		2× wöch.	×			2	
Gersau	200 km	100 km	mehrere	1× wöch.	×			1	
Vitznau	30 km				×	×		2	
Weggis	50 km	50 km	1/23 km	×	×		1		

Außerdem: Bergsteigerschule (Luzern). **Abzeichen:** Wandernadeln (Gersau). **Ferner interessant:** Luzern: Wildgehege, Höhlen, Freizeitpark. Vitznau: botanischer Lehrpfad, Höhlen, nostalgische Bahnfahrten. Weggis: Naturschutzgebiet, Wildgehege.

Luzern
Verkehrsverein, Frankenstraße 1, CH-6002 Luzern, (0 41) 51 71 71, Tx 8 68 266.
Schwimmen in 3 Freibädern, 1 Hallenbad (Wellenbad), 2 Seen (Ausflugsfahrten mit dem Schiff). **Angeln** in Seen und Flüssen. Surfen, Segeln (Schule, Ausrüstungsverleih). Tretboote. Fahrradverleih. **Reiten,** Schule. **Tennis:** 10 Plätze, 1 Halle, Schule. **Golf:** Platz mit 18 Loch. Kunsteisstadion, Kunsteislaufplatz. **Gesundheit:** Vita-Parcours, Fitness-Zentrum. **Unterhaltung:** Heimatabende, Gartenschach, Theater, Konzerte, Kunstausstellungen. **Veranstaltungen:** Aug.: Ruderregatta. Aug./Sept.: Int. Musikfestwochen. **Pauschalangebote:** Luzern à la carte.

Emmetten
Verkehrsbüro, CH-6376 Emmetten, (0 41) 64 15 64.
Schwimmen in 2 Hallenbädern. **Tennis:** 2 Plätze. **Deltafliegen** in Niederbauen. Vita-Parcours.
Veranstaltungen: Ende Juli: Dorfchilbi mit Plauschsporttag.

Gersau
Verkehrsbüro, CH-6442 Gersau, (0 41) 84 12 20, Tx 8 62 489.
Schwimmen im See, in 1 Freibad. Ausflugsfahrten mit dem Schiff. **Angeln** im See. Tauchen. Fahrradverleih. **Tennis:** 2 Plätze. **Unterhaltung:** Heimat-, Unterhaltungsabende, Konzerte, Tanzschiff. **Veranstaltungen:** Aug.: Aelplerchilbi. Okt.: Sennechilbi.

Vitznau
Offizielles Verkehrsbüro, CH-6454 Vitznau, (0 41) 83 13 55, Tx 8 62 477.
Schwimmen im See, in 2 Freibädern (1 beh.), 2 Hallenbädern. Ausflugsfahrten mit dem Schiff. **Angeln** im See. **Ausrüstungsverleih:** Ruderboote, Fahrräder. **Tennis:** 3 Plätze. **Unterhaltung:** Heimatabende.
Veranstaltungen: Auskunft beim Verkehrsbüro.

Weggis
Offizielles Verkehrsbüro, CH-6353 Weggis, (0 41) 93 11 55, Tx 8 62 990.
Schwimmen im See, in 1 beh. Freibad, 2 Hallenbädern. Ausflugsfahrten mit dem Schiff. Surfen, Segeln (Schule). **Ausrüstungsverleih:** Surfen, Segeln, Rudern, Tretboote, Fahrräder. **Tennis:** 5 Plätze, Unterricht. Vita-Parcours. **Unterhaltung:** Heimatabende, Gästekindergarten, Gartenschach, Kurkonzerte, Gäste-Tennisturniere. **Hobbykurse und Aktivangebote:** botanische Wanderungen.
Veranstaltungen: Ende Juni bzw. Anf. Juli: Rosen- und Seenachtsfest.
Lage und Zufahrt: Kartenteil Seite 8 A 3.

— Anzeigen

Luzern zur Eiszeit
Einzigartiges Naturdenkmal beim Löwendenkmal. Museum, Spiegellabyrinth, überdachter Picknickplatz. 20 Millionen Jahre Erdgeschichte. Ganzjährig geöffnet.
CH-6006 Luzern
Auskünfte: Tel. (041) 51 43 40

AM VIERWALDSTÄTTER SEE
Zentralschweiz

Brunnen Schwyz Stoos

det man die hohle Gasse, die Geßlerburg und den Tellsbrunnen. Darüber hinaus aber auch eine Drachenfliegerschule, Tenniskurse und jeden Wochentag Tanz. Weggis gegenüber liegt auf der Südseite des Sees der Bürgenstock, ein gut 1000 m hoher Bergrücken, und auf ihm, 450 m über dem See, das Hoteldorf Bürgenstock. Das ist eine der ersten Adressen in Europa. Die Ferien- und Kongreßhotels bieten alles, was gut und teuer ist – vom Golfplatz bis zu alten Meistern wie Rubens, Tintoretto und Breughel – im Original, selbstverständlich. Auf der gleichen Uferseite, aber Gersau gegenüber, liegt Emmetten, ein aufstrebender Ferienort, der im Sommer mit einer Gondel- und einer Luftseilbahn schöne Aussichten und abwechslungsreiche Wanderungen ermöglicht. Wer jemals in Brunnen am Vierwaldstätter See weilte, der weiß, wovon die Rede ist. Die Lage am großen Knick, wo der Vierwaldstätter und der Urner See zusammen- oder auseinanderfließen, mit dem Blick nach Süden über den See und dahinter auf die Gletscher des Uri-Rotstocks – das allein ist schon eine Reise wert. (Übrigens: der Urner See ist gar kein eigenständiger See, sondern nur der östlichste, von Nord nach Süd verlaufende Lappen des Vierwaldstätter Sees.)

Die 1500 Hotelbetten (insgesamt verfügt man in Brunnen über 1800 Fremdenbetten) stehen alle in sehr stattlichen, soliden, zumeist auch recht repräsentativen Häusern. Man hat den Eindruck, daß hier der Wohlstand aus jedem Fenster schaut. Dazu paßt das Spielcasino. Ab und zu kommt dort auch einer als gemachter Mann heraus.

Weitaus gesünder ist es natürlich, die Kur- und Badeeinrichtungen zu benützen. Wenn einen weder die Brieftasche noch der Blutdruck drückt, kann man auch teilweise recht originelle Hobbykurse belegen. Zum Beispiel gibt es Kurse, in denen man das Alphornblasen und das Fahnenschwingen lernen kann. Aber auch Holzschnitzen und Kochen wird gegen Gebühr vermittelt.

Nur wenige Kilometer, gute fünf vielleicht, nordöstlich und land-

Links: Küssnacht am Rigi liegt an der Nordspitze des Vierwaldstätter Sees.

CH-22

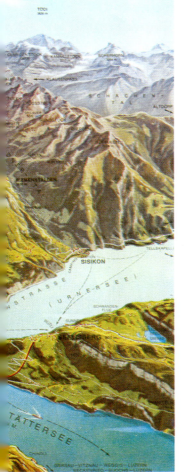

Brunnen (oben) am Ostufer des Vierwaldstätter Sees.

einwärts, liegt Schwyz, die Hauptstadt des Kantons Schwyz. Auch diese Stadt kann sich mit einem Seeufer schmücken, muß allerdings mit dem Lauerzer See, einem Winzling neben den großen Konkurrenten, vorlieb nehmen. Dafür steht dieser See unter Naturschutz und entzückt mit einem beachtlichen Seerosenteppich. Wer sich mit dem verordneten lockeren Nichtstun nicht anfreunden kann, der leiht sich ein Fahrrad. Oder besucht eines der historischen Museen.

In einer ganz anderen Lage befinden sich die Urlauber in Stoos. Dieser Sommer-Kurort liegt auf einer Alpenterrasse in 1300 m Höhe, also gut 800 m über den Talorten, mit einem wunderschönen Blick auf die Seenlandschaft. Will man am Ort ins Wasser, muß man sich an das geheizte alpine Schwimmbad halten. Dafür ist die Siedlung autofrei, also auch weitgehend lärmfrei. Und es gibt keine Parkplatzsorgen. Die Verbindung mit dem Tal wird durch eine Standseilbahn (von Schlatti) und eine Luftseilbahn (von Morschach) sichergestellt. Hier in Stoos setzt man vor allem auf die Wanderer, die hier bereits mitten in einem wunderschönen Wandergebiet wohnen.

Weitaus größer ist das Ferienangebot, das allen Orten gemeinsam zur Verfügung steht. Da sind die Seen mit allen Wassersportmöglichkeiten und die berühmten Berge ringsum – wie Rigi, Pilatus und Titlis mit ihren Bergbahnen und Wanderwegen. Dazwischen gibt's noch viele andere Wanderberge, die nicht weniger schön, nur weniger bekannt sind. Und weniger überlaufen.

Oder man fährt in die Stadt – wenn's Spaß macht, jeden Tag in eine andere: Luzern, Zug, Zürich, Bern, Basel. Oder gleich nach Ascona, nach Lugano.

Außerdem gibt es eine ganze Reihe schöner Pässe in der Runde, dazu Viertausender, Gletscher, Wasserfälle, Höhlen, Freilichtmuseen – die Auswahl ist groß.

Ort	Höhe	Einwohner	Gästebetten insgesamt	in Hotels	in Gasth./ Pensionen	in Chalets/ Ferienwhg.	in Privath./ Bauernhäus.	Camping/ Stellplätze	Ferienlager
Brunnen	435 m	6000	1800	1500	–	–	–	2	–
Schwyz	517 m	12800	1530	650	–	870	–	2/80	–
Stoos	1300 m	150	2000		400	600	–	–	1000

Wandern: 70 km markierte Wege, 1 Rundwanderweg, 15 km (Schwyz). 50 km Wege, davon 30 km markiert (Stoos). **Beförderung:** Bus, Bahn. 2 Kleinkabinenbahnen (Brunnen). 3 Luftseilbahnen (Schwyz). 2 Sessellifte (Stoos). **Ferner interessant:** Schwyz: Naturpark, Naturschutzgebiet Lauerzer See, Höhlen, Wasserfälle.

Brunnen
Offizielles Verkehrsbüro, Bahnhofstr. 32, CH-6440 Brunnen, (0 43) 31 17 77, Tx 8 66 000.
Schwimmen im See, in 1 Freibad, 1 Hallenbad. Ausflugsfahrten mit dem Schiff. **Angeln** im See. Segeln (Schule). **Ausrüstungsverleih:** Segeln, Rudern, Tretboote, Kanu/Kajak. Fahrradverleih. **Tennis:** 4 Plätze, Unterricht. **Gesundheit:** Vita-Parcours, Fitness-Zentrum, Kur- und Bäderbetrieb.
Unterhaltung: Heimatabende, Casino.
Hobbykurse und Aktivangebote: Kochen, Alphornblasen, Fahnenschwingen, Holzschnitzen.

Schwyz
Verkehrsverein, Postplatz 9, CH-6430 Schwyz, (0 43) 21 34 46.
Schwimmen in 1 See, in 1 Freibad. **Angeln** in Flüssen und Seen. Rudern (Ausrüstungsverleih). Tauchen (Schule, Ausrüstung). Fahrradverleih. **Tennis:** 3 Plätze, 1 Halle/3 Plätze, Schule. **Schießen:** Luftgewehr. Kunsteisstadion, Kunsteislaufplatz. **Gesundheit:** Vita-Parcours, Fitness-Zentrum. **Unterhaltung:** Heimat-, Hüttenabende, gef. Dorfrundgänge, Bundesbriefarchiv, Ital-Reding-Wohnmuseum.
Veranstaltungen: Auskunft beim Verkehrsverein.

Stoos
Verkehrsverein, CH-6433 Stoos, (0 43) 21 15 50.
Schwimmen in 1 beh. Freibad. **Tennis:** 1 Platz.
Unterhaltung: Gartenschach.
Pauschalangebote: Juni–Sept.: Sommer-Weekends.

Lage und Zufahrt: Kartenteil Seite 8 B 3.

— Anzeigen

Stoos

Sporthotel Stoos
ob Schwyz 1300 m. ü. M. autofrei – lärmfrei

Ihr Ferien- und Tagungshotel
110 Betten, alle Zimmer mit Bad/WC, TV, Wohnstudios.
Hallenbad (7 × 13 m, 30°C), Sauna, Solarium, Fitneßraum, Sonnenterrasse, Liegewiese, Tennis, Boccia.
Konferenzräume mit kompletter Ausstattung (5–60 Personen).
B. & D. Müller – Direktion
CH-6433 Stoos (Zentralschweiz)
Telefon: 0041/43/231515
Telex: 866077
Fax: (0041) 43/217093

AMBASSADOR SWISS HOTELS.

DIE REGION YBRIG
Zentralschweiz

Hoch-Ybrig Oberiberg Unteriberg

Viel besser kann man sich kaum betten, um gut zu liegen.

SEEN, WANDERBERGE UND GROSSTÄDTISCHES

Die kleine Ferienregion Ybrig liegt hervorragend, wenn man sie unter dem Aspekt betrachtet, wieviel Abwechslung dem Feriengast geboten wird.

Die Wanderberge im Innerschweizer Voralpengebiet hat man selbst zur Hand, mit einigen nötigen Bergbahnen. Aber dann, im Umkreis von fünfzig Kilometern! Großstädtisches in Zürich und Luzern, Seen im Dutzend, vom Vierwaldstätter bis zum Ägeri- und Wägitaler See. Man kann nach Einsiedeln wallfahren gehen oder in das größte Höhlensystem Europas einsteigen.
Fährt man nach Süden, ist man nach fünfzig Kilometern bereits im Oberalpgebiet und damit schon im Hochgebirge. Nimmt man hundert Kilometer in Kauf, ist man schon fast im Zentrum von Wallis und Berner Oberland.
Die Region Ybrig ist zuerst einmal der kleine Ferienort Unteriberg, dann das etwas höher liegende Bergdorf Oberiberg. Unter Ybrig ist alles zu verstehen, was rund um den Roggenstock zwischen dem Sihlsee und der Wasserscheide Ibergeregg zu finden ist. Dazu gehören der 1465 m hoch gelegene Seeblisee, die Almen und Wälder, die Buckel und Berge von Spirstock bis zum Druesberg.
Damit ist die Wanderregion, die mit 150 km markierten Wegen überzogen ist, grob umrissen.
Zwei neue Wanderwege sollen zuerst vorgestellt werden. Da ist zunächst die »Chlini Stöckrundi«, die kleine Stöcke-Umrundung. Auf leichten Wegen, die auch für Kinder und ältere Herrschaften geeignet sind, werden das Farenstöckli und der Roggenstock umrundet – am bequemsten, wenn man schon mit dem Laucheren-Sessellift die nötige Höhe gewonnen hat.
Über Fuederegg, Roggenhütt, Roggenegg, Tubenmoos, Mooseggen und Jäntli kommt man wieder an den Ausgangspunkt zurück. Vom Tubenmoos, nach gut der Hälfte des Weges, kann man auch direkt nach Oberiberg absteigen.
Neu ist auch die »Grossi Stöckrundi«, die große Stöcke-Umrundung. Damit sind das Seeblistöckli, der Spirstock und das Laucherenstöckli gemeint. Diese Vier- bis Fünf-Stundentour ist etwas für geübte Wanderer.
Rund vier Stunden erfordert die »7-Egg-Wanderung«, die über sieben Einschnitte führt. Ein gut ausgebauter Weg verbindet Holzegg Ibergeregg und Hoch-Ybrig. Dafür gibt es ermäßigte Spezialbilletts der Bergbahnen.

Anzeiger

Oberiberg

Eine voralpine Landschaft voll von Sehenswürdigkeiten, 170 km Wanderwege vom einfachen Spazierweg bis zum schmalen Bergpfad, Rastplätze mit Feuerstellen, phantastische Aussichtspunkte, Pflanzenschutzreservate, Bergseen, ein Tierpark, die wildromantische Minsterschlucht, heimelige Berggasthäuser und Alpwirtschaften, Sesselbahnen, eine Luftseilbahn, ein abwechslungsreiches Unterhaltungs-, Sport- und Ausflugs-Angebot, gepflegte Hotels, Pensionen, Ferienwohnungen und Gruppenunterkünfte sowie die freundliche Bevölkerung sorgen dafür, dass sich hier jeder Gast wohlfühlt.

Region Ybrig CH-8843 Oberiberg
Telefon 0041 - 55 - 56 26 26

Oben – das ist die Hoch-Ybrig-Luftseilbahn. Sie ist eine der modernsten und leistungsfähigsten der Welt.

CH-23 🇨🇭

Reine Seilbahn-Alpinisten fahren auf jeden Fall mit dem Sessellift auf den Spirstock. Von dieser 1771 m hohen Aussichtsterrasse hat man einen großartigen Rundblick, auch auf den Vierwaldstätter See, auf den Glämisch und auf den Tödi.
Zwei besonders nette Einrichtungen müssen noch genannt werden:

Der Ort im Hintergrund: Das ist Oberiberg – 1135 m überm Meer.

Vom Juli bis Oktober gibt es die »Fünflibertage«. Das heißt: An jedem 5., 15. und 25. des Monats werden Tageskarten, gültig für alle Anlagen, zu fünf Franken verkauft.
Was bringt die nächste Umgebung? Zuerst ist da Einsiedeln, die berühmteste und meistbesuchte Wallfahrtskirche der Schweiz. Wallfahrerziel ist die schwarze Marienstatue in der Gnadenkapelle. Die Kirche, ein strahlender Barockbau mit überschwenglicher Ausstattung, steht genau auf dem Platz, wo 861 der Einsiedler Meinrad umgebracht wurde.
Vielfache Abwechslung bietet natürlich der Sihlsee, der kaum fünf Kilometer von Unteriberg entfernt ist. Radfahren, Surfen, Segeln, Schiffsrundfahrten, Rudern, Angeln und auch Baden – alles ist möglich.
In der Deltaschule kann man sich zum Drachenflieger ausbilden lassen.
Eine größere Autorundfahrt mit 250 Kilometer Länge zeigt viele schöne Plätze der Schweiz. Am Urner See fährt man nach Süden, nach Hospental. Weiter geht es über den Furkapaß (Rhonegletscher) und den Grimselpaß nach Meiringen (Aareschlucht). Dann kommt der Brünigpaß, der Sarner See und schließlich Luzern. Über Küßnacht und Goldau kommt man nach Ybrig zurück.

Ort	Höhe	Einwohner	Gästebetten insgesamt	in Hotels	in Gasth./ Pensionen	in Chalets/ Ferienwhg.	in Privath./ Bauernhäus.	Camping/ Stellplätze	Ferien- lager
Hoch-Ybrig	1050–2200 m	–						–	1 JH
Oberiberg	1135 m	570	871	155	10	500		1/90	–
Unteriberg	930 m	1500		112	15			1/50	–

Wandern: 170 km Wege, davon 150 km markiert; mehrere Rundwanderwege. **Beförderung:** Bus, Bahn, Schiff. 1 Großkabinenbahn, 2 Sessellifte. **Geführte Wanderungen:** auf Anfrage. **Hüttentouren:** mehrere bewirt. u. unbewirt. Hütten im Abstand von 1 Stunde. **Ferner interessant:** geologische Wanderungen, Tierpark »Hoch-Ybrig«, Pflanzenschutzgebiet.

Region Ybrig

»Region Ybrig«, Postfach 56, CH-8843 Oberiberg, (0 55) 56 26 26 (9.00–11.30 Uhr).
Für lokale Auskünfte:
Verkehrsbüro, CH-8843 Oberiberg, 56 15 75;
Verkehrsbüro, CH-8842 Unteriberg, 56 10 10.
3 Seen; Ausflugsfahrten mit Kabinenboot auf dem Sihlsee. **Angeln** im Sihlsee. **Fliegenfischen** im Seeblisee. Surfen, Segeln, Rudern, Kanufahren im Muotatal. **Tennis** in Unteriberg und Oberiberg: 2 Plätze. **Deltafliegen** in Gross/Einsiedeln (Schule). **Rundflüge** mit Helikopter (auf Anfrage). **Reiten** in Gross und Einsiedeln. Vitaparcours.
Unterhaltung: Gartenschach, Konzerte.
Veranstaltungen: Ende Juli: Spiel und Spaß am Ybriger Familientag (Sonntag). **Pauschalangebote:** 6 Tage Halbpension in Privathäusern.
Lage und Zufahrt: Kartenteil Seite 8 B 3.

Problemlos telefonieren

Wenn Sie von anderen Ländern dort anrufen wollen, müssen Sie die 0 am Anfang der Vorwahl weglassen und folgende Nummer vorauswählen:

Aus Deutschland
nach Österreich 0043
in die Schweiz 0041
nach Italien 0039

Aus der Schweiz
nach Deutschland 0049
nach Österreich 0043
nach Italien 0039

Unteriberg liegt am Südufer des Sihlsees auf 930 m Höhe (links).

FLUMSERBERG
Ostschweiz

Flumserberg – das ist eine Region, die sich südlich des Walensees terrassenförmig bis auf 2500 Meter hochzieht.

EIN BERG ALS FERIENORT

Es ist eine typische Vorgebirgsformation mit runden Buckeln, weiten Almwiesen und romantischen Tälern.

Das Gebiet Flumserberg gilt seit neuestem als ausgedehnter Ferienort und hat eine richtige Postleitzahl. Es umfaßt die drei Siedlungen auf den verschiedenen Terrassen unterhalb des Prod- und Maschgenkamms: Bergheim, Tannenheim und Tannenbodenalp. Von Unterzen am Walensee kann man mit einer Bergbahn nach Flumserberg hinauffahren.

Von Flums, vier Kilometer östlich des Walensees, zieht eine kurvenreiche Bergstraße mit tausend Metern Höhenunterschied nach

CH-24

Tannenbodenalp hinauf. Die Region Flumserberg hat inzwischen immerhin fast 7000 Fremdenbetten, pflegt 100 Kilometer Wanderwege und geht jede Woche einmal mit seinen Gästen unter Leitung eines einheimischen Führers kostenlos auf Wanderschaft.

Daneben hat man noch ein halbes Dutzend von Pauschalwochen im Programm. Da gibt es zum Beispiel die Hündeler-Ferienwochen, die Unterkunft, Futter und täglich zwei Stunden Training für Ihren Hund im Pauschalpreis enthalten. Oder eine Spezialwoche mit einer alpinen Modell-Segelflugschule. Dann gibt es noch die Gesundheitswochen. Die dauern allerdings 14 Tage oder drei Wochen.

Zum Eingehen, Einschauen, Eingewöhnen ist der Spazierweg zum »Züribänkli« sehr geeignet. Man geht in Richtung Chrüz/Seebenalp, wandert aber beizeiten rechts ab, pilgert über Almwiesen zu einer Mauer und kommt zur Bank. Eine große Fernsicht ist der Lohn. Der Zürichsee und der Walensee liegen unter Ihnen; gegenüber ragen die Churfirsten in den Himmel. Darf's ein bißchen mehr sein, dann folgen Sie dem Wegweiser Chrüz/Seebenalp. Sie sind dann nach einer guten Stunde auf der Seebenalp mit den wunderschönen drei Bergseen. Sogar einen Kinderwagen können Sie mitnehmen; dieser Weg ist ausdrücklich kinderwagengeeignet.

Wenn es nur um die Aussicht geht, ist es natürlich am bequemsten, wenn man mit der Gondel von Tannenbodenalp zum Maschgenkamm auf 2000 m Aussichtshöhe hinauffährt oder mit den Sesselliften von Tannenheim zum Prodkamm (1939 m).

Nur zum Rauf- und Runterfahren sind die Bergbahnen fast zu schade. Wenn man aber nun schon einmal auf dem Maschgenkamm gelandet ist und gerade noch vier Stunden übrig hat, kann man eine der schönsten, nicht mehr ganz kurzen Abwärts-Wanderungen angehen. Von der Bergstation zieht ein breiter Fahrweg nach Westen zur Alp Grueb. Nun geht es leicht aufwärts und auf einem schönen Gratweg auf den Groß Güslen, ein sehr schönes Plätzchen mit hervorragender Aussicht. Anschließend werden die Seebenseen angesteuert. Auf dem »Kinderwagenweg« kehrt man nach Tannenbodenalp zurück. Damit haben Sie eine der schönsten Halbtagestouren absolviert.

Nun noch ein Vorschlag für die konditionsstarken Wanderer, die sieben bis acht Stunden klaglos bewältigen können. Sie wandern vom Maschgenkamm (Auffahrt mit der Gondel) über Ziger und Leist nach Gulmen. Weiter führt der Weg an einem kleinen See vorbei zur Alp Erdis. Dann kommt der Chammsee und eine steile Querung, bis man schließlich auf die schön gelegenen Murgseen trifft. Anschließend erfolgt der Abstieg durchs Naturschutzgebiet im Murgtal. Der Weg führt über die Almen Mornen und Merlen, bis man schließlich dem Abzweig nach rechts, nach Oberterzen, folgt. Nach Flumserberg kehrt man mit der Luftseilbahn zurück. Von den Wanderungen der leichteren Sorte gibt es rund um Flumserberg zwei Dutzend. Anspruchsvolle Routen – Marke Murgseenwanderung – findet man elf Stück mit vier bis acht Stunden Gehzeit. Schaut man etwas über die Flumserberge hinaus, zu den Churfirsten hinüber oder noch ein Stück weiter, dann wird das Wanderangebot unüberschaubar.

Nicht zu vergessen: Chur, die Metropole Graubündens, sowie Zürich und Luzern sind nicht fern. Auch nach Liechtenstein sind es nur 30 km. Genügend Ziele also, die einen Tagesausflug lohnend machen.

Wenn es in Flumserberg selbst dann einmal zum Gehen zu heiß wird, ist man in wenigen Minuten am Walensee unten beim Surfen, Segeln, Schwimmen oder nur beim Faulenzen.

Ort	Höhe	Einwohner	Gästebetten insgesamt	in Hotels	in Gasth./ Pensionen	in Chalets/ Ferienwhg.	in Privath./ Bauernhäus.	Camping/ Stellplätze	Ferienlager
Flumserberg	1000–1400 m	791	6858	900	–	4030	–	37	900

Wandern: 100 km markierte Wege. 5 Rundwanderwege, 40 km. **Beförderung:** Bus, Bahn, Schiff, 1 Groß-, 1 Kleinkabinenbahn, 2 Sessellifte. **Geführte Wanderungen:** 1mal pro Woche. **Hochtouren:** 3,5–5,5 Std. Dauer, Führung nach Absprache. **Hüttentouren:** 2 bewirt. Hütten im Abstand von 3,5–5,5 Std.
Ferner interessant: Wasserfälle, Mini-Bahn, Mini-Auto-Scooter. Panoramaweg (2000 m Höhe).

Flumserberg

Verkehrsbüro, CH-8898 Flumserberg, (0 85) 3 32 32, Tx 8 55 777.
Schwimmen in 1 See (Ausflugsfahrten mit dem Schiff); Bergseen. **Angeln** in Seen und Flüssen. **Unterricht:** Surfen, Segeln, Reiten, Tennis. **Ausrüstungsverleih:** Surfen, Segeln, Rudern. Tauchen. Deltafliegen. **Tennis:** 3 Plätze.
Gesundheit: Schaub-Diätkurse.

Veranstaltungen: 1. Aug.: Nationalfeiertag mit Alphornbläsern, Umzug, Höhenfeuer, Feuerwerk.
Pauschalangebote (je 6 Tage): Juni–Sept.: Schaub-Ferienkurse. Juli/Aug. u. Okt.: Alpine Modell-Segelflugschule. Juli–Okt.: Hündeler-Ferien.

Lage und Zufahrt: Kartenteil Seite 8 B/C 2/3.

Anzeigen

Flumserberg

Flumserberg, ein landschaftlich reizvolles Sommer-Ferienwgebiet. Ein riesiges, markiertes Wanderwegnetz. Minigolf, Tennisplätze. Ausflugsmöglichkeiten in Bergtäler mit Sehenswürdigkeiten. **Auskunft:** Verkehrsbüro CH-8898 Flumserberg Tel.: 085/3 32 32, Tx.: 8 55 777.

Hotel Mätzwiese
Besitzer: Familie R. Bless-Bless
CH-8897 Flumserberg
Telefon: (085) 3 11 28
Ruhige, sonnige u. windgesch. Lage. Zimmer m. Dusche/WC. Balkon. Heimeliges Restaurant m. vielseitigen, gepfl. Spezialitäten. Parkplätze. 10 Gehminuten bis zum Hallenbad, Tennisplatz direkt am Hotel. Idealer Ausgangspunkt für Wanderungen.

Apparthotel Edy Bruggmann
CH-8898 Flumserberg
Telefon 0 85/3 24 24 und 3 24 25
Sportlich, rustikal, familiär!
60 Betten, alle Zimmer mit Bad, Dusche, WC, Telefon, Radio und Balkon, Lift, Fernseh- und Aufenthaltsraum, Bar, Diskothek und Tanz. Kongreß- und Seminarräume. Spezialitätenrestaurant. Ski- und Sessellift in unmittelbarer Nähe.

Hotel Tannenboden
CH-8898 Flumserberg
Tel.: (0041) 85/3 11 22 und 3 24 08
Inh.: Familie Hannes Kurath
Komf. geräumige Zimmer m. Sitzgruppe, Radio, TV-Anschluß, Bad/Du, WC, z.T. Südbalk. Ideale Ortslage, 11 km ab Autob. N 3. Fitness: Sauna, Sol. Unser bekanntes Speiserestaurant vereint Gäste u. Einheimische bei feinen Mahlzeiten u. gemütlichen Stunden.

DIE WANDERREGION OBERALP
Graubünden

Andermatt Sedrun Disentis

Die Geschichte Andermatts war über acht Jahrhunderte auch immer die Geschichte des Gotthard-Passes – bis zum Herbst 1980, als der Autobahnausbau mit der Eröffnung des Tunnels abgeschlossen war.

WO GRAUBÜNDENS GRAUER BUND GEGRÜNDET WURDE

Jetzt hat man eine gute Zufahrt in die Region, aber der große Durchgangsverkehr läuft in sieben Kilometer Entfernung vorbei.

War man über Jahrhunderte in Andermatt in erster Linie Durchgangsstation, so hat man jetzt (und das seit einigen Jahrzehnten mit Erfolg) den Fremdenverkehr zum Beruf gemacht. Im Winter kann man dank der Höhenlage mit großer Schneesicherheit werben und im Sommer mit weiteren Ausflugs- und Wandermöglichkeiten. Fährt man über den Susten nach Osten, so sind es keine hundert Kilometer und man ist mitten im Berner Oberland. Über den Gotthard (oder nun durch den Gotthardtunnel) kann man nach knapp hundert Kilometern Fahrt im Tessin Kaffee trinken, in Lugano zum Beispiel. Und auf der Autobahn nach Norden ist man nach längstens einer Stunde in Luzern. Schließlich im Südwesten der Furka: einmal rauf und einmal runter – und man ist im Wallis. Wenn man »Furka« sagt, muß man auch gleich »Oberalp« sagen, denn beide Paßstraßen wurden vor rund 120 Jahren fahrbar gemacht.

Im Jahre 1926 wurde dann die Furka-Oberalp-Bahn in Bewegung gesetzt, die Disentis über Andermatt mit Gletsch verbindet. Seitdem macht Andermatt mit Sedrun und Disentis am Oberalp gemeinsame Sache – obwohl es zum Kanton Uri gehört, die anderen zu Graubünden.

Sieht man zum ersten Mal den gewaltigen Barockbau der Benediktinerabtei Disentis, der Ende des 17. Jahrhunderts errichtet wurde, nach der Zerstörung des alten Klosters aus dem 8. Jahrhundert, dann weiß man, daß hier mehr als nur Ackerbau und Viehzucht betrieben wurde. Hier im Bündner Oberland, in der Surselva, war Disentis über Jahrhunderte kultureller Mittelpunkt. Auch Politik spielte lange Zeit eine große Rolle. Bereits 1395 gründete Abt Johannes aus Disentis den »Grauen Bund«. Deshalb heißt der Kanton noch heute »Graubünden«.

Im Museum »Cuort Ligia Grischa« in Trun (10 km von Disentis), einem Bündner Heimatmuseum, gibt es einen Sitzungssaal des Grauen Bundes zu besichtigen. Anschauen muß man sich natürlich auch die Klosterkirche mit den Zwiebeltürmen, den schönsten Barockbau Bündens. Aber auch der Flügelaltar von Ivo Striegel (vor 1489) in der Pfarrkirche ist sehenswert.

Darüber hinaus kann man auch eine kleine Mineralien-Ausstellung besuchen.

Zur weiteren Erbauung führt man jedes Jahr Wochenveranstaltungen mit den verschiedensten Themen durch. So gibt es eine Geologische, Botanische und Mineralogische Woche. In Vorträgen erfährt man eine Menge über das Kloster und die rätoromanische Sprache.

Sedrun hat dagegen noch nicht viel von sich reden gemacht. Bis vor wenigen Jahren war es ein verträumtes Bergdörflein. Jetzt ist es ein sportlicher Ferienort – aber immer noch mit der Gemütlichkeit des alten Dorfs.

Das Rahmenangebot ist auf beiden Seiten des Oberalppasses etwa gleich. Das Hallenbad, Tennisplätze, eine Tennishalle, Minigolf, lokale Feste und einige Sport-Angebote – das ist es. Und in Disentis finden jeden Sommer einige Konzerte statt.

Eine wichtige Rolle spielen auch im Sommer die Bergbahnen als Zubringer für Bergtouren und Wanderrouten. Da hat Andermatt etwas Besonderes zu bieten. Die Luftseilbahn auf dem Gemsstock überwindet rund 1500 Höhenmeter und landet auf 2961 m Höhe. Sedrun bietet einen Sessellift zum Aussichtspunkt Cungieri in 1900 m Höhe. Die Disentis-Luftseilbahn endet in 1860 m Höhe beim Panorama-Restaurant.

Für Wanderer und Bergsteiger halten die drei Orte zusammen 400 km markierte Berg- und Wanderwege parat. In Disentis sitzt die

Anzeigen

Andermatt

Hotel Badus
CH-6490 Andermatt
Telefon 0 44/6 72 86
Inh. W. Danioth
Gut bürgerliches, zentral gelegenes Haus, Neubau mit großen, freundlichen Zimmern mit Bad und WC oder Dusche. Radio. Heimelige Lokalität. Lift. Selbstgeführte Küche.
Sommer- u. Wintersaison.

Reisen mit der Bahn

Mit der Bahn nach Andermatt.

Wenn Ihr Wanderurlaub von Anfang an streßfrei sein soll, reisen Sie am besten mit der Bahn an. Denn die Bahn bringt Sie stau- und streßfrei zu Ihrem Urlaubsort. Schnell und bequem auf jeden Fall.

Deutsche Bundesbahn

CH-25 🇨🇭

Bergsteigerschule Surselva, die neben den üblichen Wochenunternehmungen auch wechselnde Tagesführungen anbieten, in erster Linie Kletter- und Gletschertouren.

Auftakt aller Wanderungen von Andermatt aus ist ein Spaziergang zu den Teufelsbrücken in der berühmten Schöllenenschlucht. Sehr lohnend ist der Urschner Höhenweg, eine besonders schöne und bequeme Bergwanderung in zwei Etappen. Das Furka-Stück beginnt in Tiefenbach (2100 m) schon halb auf dem Paß und führt dann durch die Südflanke des Mittagstocks nach Osten zurück nach Andermatt. Fünf bis sechs Stunden ist man unterwegs. Der Abschnitt Oberalp beginnt mit der Bahnfahrt zur Paßhöhe Oberalp (2044 m). Anschließend folgt der Aufstieg zur Fellilücke (2478 m), dann geht's immer bergab, über den Lutersee und Nätschen bis nach Andermatt. Das sind rund fünf Stunden.

Gemsstocktouren verlangen – will man nicht im Bereich der Gurschenalp bleiben – erfahrene Bergsteiger. So auch die Routen vom Gemsstockgipfel nach Andermatt, die einmal durch das Guspital und zum anderen durch das Unteralptal führen (sechs Stunden).

Die Fortsetzung des Urschner Höhenweges in Graubünden heißt »Senda Sursilvana«, ist neunzig Kilometer lang, beginnt am Oberalppaß in etwa 2100 m Höhe und führt bis Chur, das nur noch gute 500 m hoch liegt. Es muß natürlich nicht das ganze Stück sein. Einige Etappen tun's auch; ob hintereinander oder als Einzelstücke – das spielt keine Rolle. Die ersten drei Abschnitte sehen so aus: Vom Paß nach Sedrun ist man drei Stunden unterwegs. Weiter nach Disentis sind zwei Stunden zu marschieren. Der dritte Teil endet in Trun nach etwa fünf Stunden Gehzeit. Hier verläuft die Wanderroute ziemlich in Talnähe.

In der Gegend von Sedrun begegnet man öfter dem Wort »Tujetsch«. Das ist nichts anderes als der Name der Großgemeinde. Sedrun ist (neben einem halben Dutzend weiterer Orte) nur der größte im Gemeindegebiet, das sich bis zum Oberalppaß hinaufzieht. Geübte Wanderer machen sich auf, die Rheinquelle zu suchen. Vom Oberalppaß wird zu diesem Zweck nach Süden marschiert und zum Pazolastock (2739 m) aufgestiegen. Man kann dort bis nach Chur und in die Urner Alpenwelt blicken. Der Abstieg erfolgt zur Badushütte und weiter zum »Lai da Tuma« – auf deutsch: zur Rheinquelle. Dann geht man zurück zum Paß. Die Gehzeit: vier bis fünf Stunden. Eine zweite aussichtsreiche Wanderung führt auf Gavers dil Tgom (2492 m) im Süden von Sedrun und beansprucht fünf bis sechs Stunden. Auch rund um Disentis gibt es Wanderungen genug – leichte und längere. Routinierte Bergsteiger werden auf den 3328 m hohen Oberalpstock steigen. Von Caischavedra (Seilbahn) geht es über den Brunnipaß (2739 m) zur Cavardirashütte (2649 m) des Schweizer Alpenclubs, am nächsten Tag zum Gipfel.

Ort	Höhe	Einwohner	Gästebetten insgesamt	in Hotels	in Gasth./Pensionen	in Chalets/Ferienwhg.	in Privath./Bauernhäus.	Camping/Stellplätze	Ferienlager
Andermatt	1444 m	1600	1500	750	100	650		1/50	1 JH
Sedrun	1404 m	1604	4613		366		3100	–	20
Disentis	1150 m	2400	4500	1690	64		2500	1/150	4

Ort	Wandern Wege mark.	Rundwege	geführte Wanderungen	Alpinschule	Beförderung Bus	Bahn	Hochtouren Anzahl	Dauer	Führer	Hütten bewirt.	unbew.	Abstand
Andermatt	100 km	5	1× wöch.	×	×	×	mehrere	2–9 Std.	5	6		4 Std.
Sedrun	150 km	7/70 km	1× wöch.	×	×	×	20	4–8 Std., 3 Tg.	1	9	1	4–6 Std.
Disentis	150 km	10/80 km	1–2× wöch.	×	×	×	40	½–7 Tage	6	6	6	4–6 Std.

Außerdem: 1 Großkabinenbahn (Andermatt, Disentis), 1 Sessellift (Sedrun). **Abzeichen:** Wanderpaß, Erinnerungsmedaille (Disentis). Wanderpaß Sedrun–Tujetsch. **Ferner interessant:** botanische Lehrpfade, Waldlehrpfad, Wildgehege, Mineralienmuseum, Ausflugsfahrten mit Furka-Oberalp-Bahn und Rhätischer Bahn.

Andermatt

Verkehrsbüro, CH-6490 Andermatt, (0 44) 6 74 54, Tx 8 68 604.
Bergseen. **Angeln** in Seen und Flüssen. **Reiten** im Gelände. **Tennis:** 2 Plätze, Schule. Fitness-Zentrum.
Unterhaltung: Heimatabende.

Sedrun

Verkehrsbüro, CH-7188 Sedrun, (0 86) 9 15 15.
Schwimmen in 1 Hallenbad. 1 See, 2 Stauseen. **Angeln** in Seen und Flüssen. Radwege. **Tennis:** 2 Plätze. Vita-Parcours. **Unterhaltung:** Hüttenabende, Kinderfeste, Kinderhütedienst, Gartenspiele, Konzerte, Käsereibesichtigungen, Dorfmuseum.
Veranstaltungen: Programm beim Verkehrsbüro.

Disentis

Verkehrsbüro, CH-7180 Disentis, (0 86) 7 58 22 und 7 41 54.
Schwimmen in 1 Hallenbad. 1 See. **Angeln** im See, in Flüssen und künstl. Anlagen. Surfen. Schlauchbootfahren. Fahrradverleih.
Tennis: 10 Plätze, 1 Rasenplatz, 1 Halle/2 Plätze, Schule.
Gesundheit: Vita-Parcours, Sportzentrum.
Unterhaltung: Theater, Konzerte, Vorträge, Klosterführungen, Gartenschach, Zielwanderungen, Käsereibesichtigungen, Spielnachmittage.
Pauschalangebote: Mai–Okt.: Tenniswochen. Mitte Juli: Botanische Woche.
Lage und Zufahrt: Kartenteil Seite 12 A/B 1.

Problemlos telefonieren

Wenn Sie von anderen Ländern dort anrufen wollen, müssen Sie die 0 am Anfang der Vorwahl weglassen und folgende Nummer vorauswählen:

Aus Deutschland
nach Österreich	0043
in die Schweiz	0041
nach Italien	0039

Aus der Schweiz
nach Deutschland	0049
nach Österreich	0043
nach Italien	0039

LENZERHEIDE UND VALBELLA
Graubünden

Churwalden Lantsch/Lenz

Schon vor Jahrtausenden brachte die alte Julierstraße Menschen in diese Gegend.

DER NAME IST HISTORISCH: »SCHÖNES TAL«

Auch heute ist die Julierstraße noch wichtig. Da sind es allerdings vorwiegend Touristen, die im Sommer die Landschaft durchstreifen.

Es ist von dem Abschnitt die Rede, der von Chur über Malix, Churwalden, Parpan, Valbella, Lenzerheide und Lantsch nach Tiefencastel zieht. Zusammen mit der Straße durch das Oberhalbstein ist es die schnellste Nord-Südverbindung durch die Bündner Alpen. Funde aus grauer Vorzeit besagen, daß hier bereits in der Hallstattzeit (um 1500 v. Chr.) ein reger Durchgangsverkehr stattfand. Auch die Römer haben ihre Spuren hinterlassen. Und die Reisen im Mittelalter sind schriftlich festgehalten. Der Name »Valbella« ist keine Erfindung eines cleveren Fremdenverkehrsmanagers. Er ist historisch und die realistische Beschreibung: es ist ein »Schönes Tal«. (Der Ort Valbella ist, nebenbei, auch die Sprachgrenze, da im nördlichen Teil deutsch gesprochen wird und im südlichen Teil das Rätoromanische zu Hause ist.) Ganz früher bildete der Landstrich von Lenzerheide zusammen mit dem Oberhalbstein im Süden ein durchgehendes Tal. Bis irgendwann die Albula diesem Zustand ein Ende machte und den Graben herausarbeitete, in dem heute Tiefencastel liegt.

Daß Handel und Verkehr immer schon gut fürs Einkommen waren, beweist eine Reihe prächtiger Bauten entlang der Transitwege. Daß auch heute eine gute Verkehrsverbindung das Geschäft fördert, sieht man an Lenzerheide. Bereits 1820–1840 wurde die Straße ausgebaut, 1843 fuhren die ersten Postkutschen von Chur ins Engadin. Und im Juni 1882 wurde in Lenzerheide das erste Hotel eröffnet, eine umgebaute Sennerei.

Heute bieten Lenzerheide und Valbella knapp 13 000 Fremdenbetten – eine stolze Zahl. Ein buntes Sportprogramm bietet für viele etwas.

Über ein halbes Dutzend spezielle Pauschalprogramme machen das deutlich. So gibt es Wander-, Velo- und Fischerwochen, aber auch Tennis-, Segel-, Golf-, Windsurfing- und Fitness-Wochen.

Wer das Wandern nicht gleich wochenweise betreiben will, kann sich den geführten Unternehmungen des Fremdenverkehrsamtes anschließen, die zweimal pro Woche durchgeführt werden.

Für die Individualisten unter Wanderern und Bergsteigern ist ordentlich gesorgt. Denn es steht nicht nur das üppig dimensionierte Hochtal mit dem erfrischenden Heidsee zur Verfügung, sondern rechts und links ragen auch noch prachtvolle Berggipfel bis in Höhen von 2500 bis 3000 m. Die Wanderregion wird durch mehrere Bergbahnen erweitert. Zwei Luftseilbahnen, eine Gondelbahn und zwei Sessellifte stehen zur Verfügung.

Die Spaziergänger finden vor allem in der Umgebung des Sees ein reiches Feld. Besonders interessant ist das Westufer mit seinen schönen Hochmooren. Der Rö-

— Anzeige

Lenzerheide/Sporz

Hotel Guarda Val ★★★★
CH-7078 Lenzerheide/Sporz
Tel.: 081/34 22 14, Telex: 851 776
Rustikales, erstklassiges **Maiensäss-Hoteldorf.** Alles sieht aus wie einst; die Bauernhäuser zeigen ihre alten verwitterten Fassaden. Doch die Innenausstattung überrascht. Zimmer, Studios und App. mit allem Komfort. Französisches Gourmetrestaurant, »urchige Dorfbeiz«, gemütliche Hotelbar.

merweg verbindet Lenzerheide mit Valbella und der Höhenweg oberhalb Dieschen bietet schöne Ausblicke auf das Tal.
Der Abstieg von Tgantieni, das mit dem Sessellift zu erreichen ist, über Rascheinas und Sporz ist ebenfalls sehr lohnend. Auf der gegenüberliegenden Talseite fährt die Rothornbahn zur Alp Scharmoin (1900 m), dem Ausgangspunkt für eine bequeme Wanderung ins Tal. Die Alp ist auch Ausgangspunkt für eine Wanderung zum Wasserfall unterhalb der Alp Sanaspans.
Besonders abwechslungsreich

sind mehrere Wanderungen in die Nachbarschaft.
Thusis im Domleschg am Hinterrhein ist beispielsweise in vier Stunden zu erreichen. Dazu wird zuerst über Sporz nach Obervaz marschiert. Nächste Station ist Muldain mit dem imposanten »Junkerhaus« aus dem 17. Jahrhundert. Dort beginnt dann auch der alte Schynweg, der früher als Transitweg diente.
Durch steile Flanken und finstere Tunnel geht es abwärts ins Domleschg nach Thusis. Die Rückkehr: mit Bus und Bahn.
Noch näher ist es nach Tiefencastel. Man geht ebenfalls in Richtung Obervaz. Über Zorten Nivagl und Alvaschein wird zum Karolingischen Kirchlein St. Mistail, dem Rest eines Klosters, marschiert. Noch ein Kilometer – und man ist in Tiefencastel. Nach einer guten Rast geht es mit dem Bus zurück nach Lenzerheide.
Einmal sollte es auch nach Chur und Arosa gehen. Dazu fährt man mit der Rothornbahn zur Alp Scharmoin. Von den Sennhütten geht es nach Nordosten in die Einsattelung zwischen Weißhorn und Schwarzhorn, die Urdenfürkli heißt und 2546 m hoch ist. Ein Abstecher auf den Südgipfel des Schwarzhorns ist lohnend, da er eine noch bessere Aussicht auf das Schanfigg und das Urdental bietet.
Jetzt teilen sich die Wege. Links geht es nach Chur und rechts nach Arosa.
Der Weg nach Chur beginnt mit dem Abstieg zum Urdensee. Am Urdenbach entlang kommt man nach Tschiertschen. Damit ist es schon geschafft. Vier bis fünf Stunden ist man zu Fuß unterwegs. Von Tschiertschen geht es mit dem Bus nach Chur.
Nach Arosa wird durch die Nordflanke des Parpaner Weißhorn zum Hörnligrat marschiert. Über die Sattelalp und westlich des Tschuggen führt der Abstieg nach Arosa hinunter. Das macht etwa fünf Stunden Gehzeit. Mit Bus und Bahn kommt man zurück.

Ort	Höhe	Einwohner	Gästebetten insgesamt	in Hotels	in Gasth./ Pensionen	in Chalets/ Ferienwhg.	in Privath./ Bauernhäus.	Camping/ Stellplätze	Ferienlager
Lenzerheide	1500 m	2200	12700	2700	–	10000		1	8
Churwalden	1230 m	1200	660	260	70	330	–	1/60	mehrere
Lenz	1320 m	380	520	100	–	400	20	2	–

| Ort | Wandern | | | geführte Wanderungen | Beförderung | | Kabinenbahnen | | Sessellifte | Hochtouren | | Hütten | |
	Wege insg.	Wege mark.	Rundwege		Bus	Bahn	groß	klein		Anzahl	Dauer	bewirt.	Abstand
Lenzerheide	160 km	140 km	50 km	2× wöch.	×	×	2		2	mehrere	5–7 Std.	6	
Churwalden	100 km	80 km	10/60 km	1× wöch.	×	×			1	mehrere			
Lenz	50 km	40 km	5/30 km	–	×	×							

Ferner interessant: Naturschutzgebiet am See, Wildgehege, Wasserfälle.

Lenzerheide-Valbella
Kur- und Verkehrsverein, CH-7078 Lenzerheide, (0 81) 34 34 35 und 34 34 34, Tx 8 51 700. Schwimmen in 1 See, 1 Hallenbad; 1 Japanisches Bad. **Angeln** in Flüssen u. Seen. **Surfen, Segeln** (Schule, Ausrüstungsverleih). **Deltafliegen** (Schule). 15 km Radwege. **Schießen:** Bogen, Kleinkaliber. **Tennis:** 14 Plätze, 1 Halle/2 Plätze, Schule. **Gesundheit:** Vita-Parcours. **Unterhaltung:** Heimat-, Hüttenabende, Kinderfeste, Gästekindergarten, Konzerte. **Veranstaltungen:** Sommerprogramm »Dolce far Sport«: Anf. Juni: Eröffnung; Juli/Aug.: Hauptprogramm; Okt.: Herbstprogramm. 1. Aug.: Feier. Ende Aug.: Olympische Heidseespiele. Juni–Okt.: Kinderferienprogramm. **Pauschalangebote:** Wander-, Fischer-, Tennis-, Golf-, Segel-, Windsurfing-, Romantik-, Schönheits-, Fitnesswochen.

Churwalden
Verkehrsbüro, CH-7075 Churwalden, (0 81) 35 14 35. Schwimmen in 1 beh. Freibad. **Angeln** in Flüssen und Seen. **Tennis:** 3 Plätze. **Schießen:** Luftgewehr. **Gesundheit:** Vita-Parcours. **Veranstaltungen:** Mitte Juli: Großer Familienwanderplausch. **Pauschalangebote:** Juli/Aug.: »Schönwettergarantie«.

Lantsch/Lenz
Verkehrsverein, CH-7083 Lantsch/Lenz, (0 81) 71 11 27. Angeln in Flüssen u. Seen. **Tennis:** 1 Platz. **Golf:** Platz mit 18 Loch. **Veranstaltungen:** Ende Juli: Waldfest. **Lage und Zufahrt:** Kartenteil Seite 9 C 3.

— Anzeigen

Valbella

Hotel Kulm

CH-7077 Valbella
Tel.: 081/341180
Ihr Kleinhotel mit gemütl. Atmosphäre. Zimmer m. Bad oder Dusche/WC, Radio, Telefon, Minibar. Genießen Sie unsere feine und leichte Küche in folgenden Lokalen: Bündnerstube; rust. à la carte - Rest. »Tenne«. Apéro-Bar »Schöpfli« Gem. Bar-Dancing mit Musik.

KLOSTERS
Graubünden

Seit über 100 Jahren betreibt man in Klosters das Geschäft Fremdenverkehr. Schon zwischen 1870 und 1890 wurden die ersten Hotels in Betrieb genommen.

DIE GÄSTE KOMMEN SEIT MEHR ALS HUNDERT JAHREN

Im Jahre 1890 erreichte die Rhätische Bahn den jungen Ferienort; der Kurverein wurde gegründet. Bereits im Winter 1904/1905 tauchten die ersten Skifahrer auf.

Aber man hat auch für die Sommersaison gute Trümpfe in der Hand. Denn der Rätikon und die Silvretta, zwei große Berggruppen, beginnen direkt vor der Haustür. Auf der Parsennseite, im Süden und Westen von Klosters, gibt es besonders viele leichte Wanderungen mit schönen Ausblicken auf Rätikon und Silvretta sowie mehreren gemütlichen Raststationen. Auch die Silvrettagruppe gibt etwas her – zum Beispiel einen Ausflug ins Vereinatal. Damit hat man für die wichtigste Sommerdisziplin, das Bergwandern, eine besonders günstige Ausgangsposition.

Um die Wanderungen für die Gäste zu erleichtern, hat man eine ganze Menge getan und tut dies auch weiterhin. So gibt es in der weiten Runde inzwischen 250 km gut markierte Spazier- und Wanderwege – auch mit botanischen Varianten.

Der Kur- und Verkehrsverein veranstaltet jede Woche eine geführte Wanderung. Darüber hinaus wird von der Madrisa-Bahn eine Drei-Tage-Tour organisiert, die von der Saaser Alp über St. Antönien nach Österreich ins Montafon führt (mit Übernachtungen ins St. Antönien und Gargellen). Über das Schlappinerjoch wird wieder nach Klosters zurückmarschiert.

Eine wichtige Rolle spielen die zwei Bergbahnen mit Sommerbetrieb. Die Luftseilbahn von Klosters-Platz zum Gotschnagrat (2285 m) erleichtert den Einstieg in viele Parsennwanderungen erheblich. Darüber hinaus liefert sie eine hervorragende Aussicht. Von Klosters-Dorf schwebt die Madrisa-Gondelbahn auf die Saaser Alp in 1884 m Höhe. Die ist ein günstiger Ausgangspunkt für Wanderungen in die Rätikongruppe.

Die Paradewanderung von Klosters für geübte und leistungsfähige Bergwanderer ist der Prättigauer Höhenweg, der an der eben genannten Madrisa Bergstation beginnt. Dieser noch recht neue Höhenweg ist gut markiert und führt in fünf bis sechs Stunden nach St. Antönien. Dabei wird die Höhensiedlung Zastia (1922 m) passiert und im Fürggli der höchste Punkt auf 2255 m erreicht. Hier bietet sich eine eindrucksvolle Aussicht auf die Rätikon-Gipfel Schesaplana, Sulzfluh und Drusenfluh. Anschließend erfolgt der Abstieg zur Ascharriner Alp. Über den Stafel kommt man nach St.

Problemlos telefonieren

Wenn Sie von anderen Ländern dort anrufen wollen, müssen Sie die 0 am Anfang der Vorwahl weglassen und folgende Nummer vorauswählen:

Aus Deutschland
nach Österreich	0043
in die Schweiz	0041
nach Italien	0039

Aus der Schweiz
nach Deutschland	0049
nach Österreich	0043
nach Italien	0039

CH-27 🇨🇭

Antönien Platz. Das Postauto befördert Sie nach Küblis und die Rhätische Bahn zurück nach Klosters. Dafür gibt es ein Rundreisebillett. Selbständige Bergsteiger aber lassen Bus und Bahn links liegen und erweitern mit einer zweiten Etappe das Ganze zu einer Rätikon-Rundtour. Dabei wird in St. Antönien übernachtet und an-

Die drei Wandergebiete Madrisa, Gatschna/Parsenn und Silvretta eröffnen rund um Klosters fast endlose Wandermöglichkeiten.

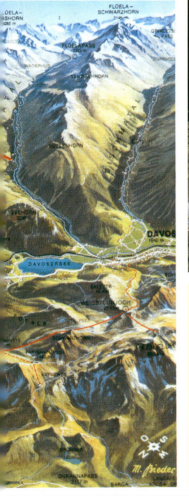

derntags in das Gafiertal hineingewandert.
Nach dem Gasthof Edelweiß (1747 m) wird zwischen den Gafierplatten und dem Juonenfürkli zum Rätschenjoch (2602 m) aufgestiegen. Ein Abstecher zum 100 m höheren Rätschenhorn ist möglich. Durch die Kühcalanda wird zur Saaser Alp abgestiegen. Die Madrisabahn befördert einen dann nach Klosters zurück.
Für alle Ansprüche sind Wege und Wanderkombinationen vorhanden. Einige sollen hier noch beispielhaft angeführt werden. Sehr bequem ist eine Zwei-Stunden-Wanderung der Landquart entlang nach Bad Serneus. Schon etwas länger ist die Wanderung von Gotschnaboden (1779 m) durch den Schluchtweg zurück nach Klosters (3½).
Anspruchsvolle, aber lohnende Touren führen von der Saaser Alp (Madrisabahn) zum Schlappiner Joch (2202 m) und über Schlappin nach Klosters zurück (5 Stunden) oder in fünf Stunden Anstieg zur Silvrettahütte (2341 m) oder in vier Stunden zum Berghaus Vereina im Vereina-Tal.
Besondere Schwerpunkte im Sommerprogramm von Klosters bilden die Tennisaktivitäten und die jährlich stattfindenden Klosterer Sommerkonzerte. Dabei sind regelmäßig international bekannte Interpreten zu hören.

Ort	Höhe	Einwohner	Gästebetten insgesamt	in Hotels	in Gasth./ Pensionen	in Chalets/ Ferienwhg.	in Privath./ Bauernhäus.	Camping/ Stellplätze	Ferienlager
Klosters	1200 m	3500	8600	1800	200	6600	–	–	1 JH

Wandern: 250 km markierte Wege. **Beförderung:** Bus, Bahn, Seilbahn. **Geführte Wanderungen:** 1mal pro Woche. Hochtouren. Alpinschule. **Ferner interessant:** geologischer und botanischer Lehrpfad, nostalgische Bahnfahrten.

Klosters

Kur- und Verkehrsverein, CH-7250 Klosters, (0 83) 4 18 77, Tx 8 53 333.
Schwimmen in 1 See, 1 beh. Freibad, 4 öffentl. Hotelhallenbädern, Thermalbad. **Angeln** in Seen und Flüssen. **Ausrüstungsverleih:** Tretboote, Fahrräder. **Deltafliegen,** Schule. **Tennis:** 13 Plätze, 1 Halle/4 Plätze (in Davos und Küblis), Unterricht. **Squash.**

Gesundheit: Vita-Parcours, Heubäder, Fitness-Zentren, Kur- u. Bäderbetrieb (Schwefelheilbad).
Unterhaltung: Heimat-, Hüttenabende, Kinderfeste, Konzerte, Tennis-Plausch-Turniere.
Veranstaltungen: Juli: Int. Tennis-Juniorenmeisterschaften der Schweiz. Aug.: Int. Seniorenmeisterschaften von Klosters.
Lage und Zufahrt: Kartenteil Seite 9 C 3.

Anzeigen

Wirkt die Landschaft nicht wie im Bilderbuch (Foto ganz links)? In Klosters (links) werden viele geführte Wanderungen und Touren angeboten. Eine davon führt sogar ins Montafon im benachbarten Österreich.

Klosters

Neues, gemütliches Sporthotel in idyllischer Lage. Rustikale Gästezimmer mit allem Komfort. Vielseitiges Sportangebot. Sand-Tennisplätze, Hallenbad, Sauna und Fitneß. Sonnenterrasse. Gemütliche Bar, Dorfstube für Gourmets, ausgezeichnete Küche.
CH-7252 Klosters
Tel.: (00 41) 83/4 46 56, Tx.: 8 53 300

DAVOS
Graubünden

Davos

Davos-Platz

HOTEL OCHSEN
CH-7270 Davos Platz
Tel. 083/3 52 22; Fax. 083/5 39 39
Fam. K. Künzli
Das traditionelle Familienhotel im Zentrum von Davos, 5 Gehminuten vom Bahnhof, Jakobshornbahn und Loipe entfernt, ist völlig renoviert worden. Alle Zimmer weisen Bad oder Dusche/WC, Radio, TV, Minibar u. Selbstwahltelefon auf. Gutes Preis-/Leistungsverhältnis.

CH-28

Anzeigen

Davos-Dorf

Hotel Bünda
CH-7260 Davos-Dorf
Telefon 0 83/5 37 37/58
Bes.: Familie Hsj. Cavegn
Das bekannte Familienhotel in äußerst ruhiger und sonniger Lage. Die meisten Zimmer haben Bad/WC. Alle Zimmer mit Direktwahl-Telefon. Große Sonnenterrasse. Rustikales Restaurant mit gepflegter Küche. Wildspezialitäten.
Unsere Besonderheit: Reitkurse. Halb-tagesreitkurs: 7 Tage HP alle incl. 6 Tage täglich 1½ bis 2 Stunden Reitunterricht pro Person. Vollreitkurs, 7 Tage HP alles incl. 6 Tage täglich 2 bis 4 Stunden Reitunterricht, Pferdepflege und Theorie pro Person. Im Frühjahr und Herbst geführte Geländeritte in der Bündner Herrschaft. Bitte schreiben Sie uns, wir geben Ihnen gerne Auskunft.

DAVOS
Graubünden

Mancher fragt sich, ob es Davos, den Wintersportort, im Sommer überhaupt gibt.

AUF DEM ZAUBERBERG

Und ob! Allerdings ist, was sich im Sommer tut, längst nicht so spektakulär wie die Winter-Veranstaltungen – etwa die Meisterschaften, die den Ort immer wieder weltweit ins Fernsehen bringen.

Im übrigen aber kann man auf 120 Jahre Erfahrungen im Umgang mit Sommergästen zurückgreifen. Bereits 1860 hatte Alexander Spengler, ein deutscher Landschaftsarzt (was immer das sein mochte) in Davos, die ersten Kurgäste in seinen Geschäftsbüchern verzeichnet. Ein halbes Jahrhundert lang waren es die Lungensanatorien, die den Ort berühmt machten. Ein wenig hat da auch Thomas Mann mitgeholfen, der mit dem »Zauberberg« einen Davoser Schlüsselroman schrieb. (In die Davoser Prominentenliste ist Thomas Mann allerdings nie eingetragen worden.) Ein Klima, das für Kranke so gut war, konnte für Gesunde auch nicht schlecht sein. Bald erkannte man auch die Eignung der Berge rechts und links des Tales für den alpinen Skisport. Die Eröffnung der Parsenn-Standseilbahn im Jahre 1931 brachte den Wintersport vollends in Schwung. Weitere Bahnen folgten. Von denen ist ein Dutzend nun auch im Sommer in Betrieb. Dazu gibt es über 300 km markierte Spazier- und Wanderwege, eine große Eissporthalle, eine Bergsteigerschule, einen Golfplatz mit 18 Loch und ein großes Veranstaltungsprogramm. Das zeigt die Dimensionen des sommerlichen Davos.
Es lohnt sich, die Veranstaltungen genauer zu betrachten. Typisches wird jeden Mittwoch geboten: bei gutem Wetter den »Aelperchilbi«, abends bei jedem Wetter den »Puureznacht mit Ländlermusik«. Sehr traditionell ist die »Schwigervergrabig« auf der Stafelalp, ein Alpfest nach altem Davoser Brauch. Es findet Ende August oder Anfang September statt. Für Sportfreunde werden regelmäßig ein Volkslauf rund um den Davoser See und ein Nachtlauf durch die Straßen des Orts gestartet. Aktiven Einsatz verlangt auch das Senioren-Schachturnier im Berghotel Schatzalp. Dort treffen sich ebenfalls die Kreativen, die in einem Töpfer- und Keramikkurs ihrer Phantasie freien Lauf lassen. Kostbares finden sie auf der Schatzalp in 1900 m Höhe. Dort liegt ein Alpinum, zwei Hektar groß, das über 8000 Alpenpflanzen von 500 verschiedenen Arten enthält. Darunter sind Raritäten

Die Bahn oben, die Parsenn-Standseilbahn, wurde im Jahre 1931 eröffnet. Sie brachte den Fremdenverkehr in Davos vollends in Schwung.
Unten sehen Sie den Davoser See. Dahinter Davos-Dorf, das einst »Davos-Dörfli« hieß. Dafür ist es heute freilich zu groß und modern.

aus Amerika, Asien und vielen europäischen Regionen. Mit der Schatzalpbahn fahren Sie direkt in diesen Pflanzengarten hinein. Diese Bahn wurde gerade noch im 19. Jahrhundert, nämlich 1899, in Dienst gestellt. In einer Stunde sind Sie bequem wieder unten in Davos. Wer es ausgedehnter haben möchte, wandert über die Podestatenalp, die Lochalp und die Grüenialp nach Davos zurück; er ist dann zwei bis zweieinhalb Stunden unterwegs. Auch die Parsennbahn vergrößert den Aktionsradius der Wanderer. Besonders attraktiv ist da der Panoramaweg. Er führt von der Mittelstation »Höhenweg« der Parsennbahn in anderthalb Stunden zum Strelapaß. In der gleichen Zeit können Sie aber auch über den Meierhofer Berg zum Davoser See hinuntersteigen.

Am Weißfluhjoch, stattliche 2663 m hoch, endet die Parsennbahn. Von dort können Sie erstens in einer Stunde zum Weißfluhgipfel hochwandern, zweitens in zwei Stunden über die Parsennhütte zum Gotschnagrat pilgern (und mit Seil- oder Eisenbahn über Klosters nach Davos zurückkehren). Drittens können Sie auch über die Kreuzweghütte und die Serneuser Schwendi – ein gemütliches Bergrestaurant – nach Klosters hineingehen. Das sind vier Stunden.

Das Jakobshorn (2590 m) auf der gegenüberliegenden Talseite wurde 1958 durch eine Luftseilbahn erschlossen. Sie können von Davos mit dieser Bahn zur Ischalp (1913 m) fahren, in zwei Stunden auf das Jakobshorn wandern, schauen, rasten und mit der Bahn zurückfahren. Sie können aber auch im großen Bogen nach Süden ins Sertigtal absteigen. Und von Sertig-Dörfli den Postbus nach Davos nehmen.

Die Luftseilbahn Pischa wurde 1967 eröffnet. Sie führt auf den Grat (2485 m), der sich vom 2980 m hohen Pischahorn herunterzieht. Die ganze Südflanke unter dem Grat ist Pflanzenschutzgebiet. Eine Kammwanderung nach Nordwesten über Hüreli nach Wolfgang oder Davos-Dorf dauert drei Stunden – ohne An- und Auffahrt und die nötigen Pausen. Insgesamt ist das eine schöne Tagestour.

Bereits 1969 wurde die fünfte und letzte große Wanderregion mit einer Bergbahn versehen: die Gegend am Rinerhorn. Von Jatzmeder (2045 m), der Bergstation, führt eine Höhenwanderung durch eine recht ruhige Landschaft über Leidbachmeder und Hauderalp nach Monstein.

Das waren nur wenige Beispiele dafür, was man mit den 320 km markierten Wanderwegen anfangen kann. Natürlich lassen sich diese Abwärtswanderungen auch als Aufstieg machen; man fährt dann mit der Seilbahn hinunter. Häufig ist das sogar die zweckmäßigere Methode – vor allem für Leute mit angegriffenen Kniegelenken.

Neben dem Wandern lohnt sich aber auch eine Auto-Rundfahrt. Die zeigt Ihnen Sehenswertes in der nächsten Umgebung. Wenn Sie Davos in Richtung Tiefencastel verlassen, kommen Sie bald nach Frauenkirch durch die romantische Felsschlucht »In den Zügen«. Tunnel und Viadukte, Wasserfälle und schöne Ausblicke machen viel Spaß, wenn man langsam fährt. Von Thusis aus lohnt sich ein Abstecher in Richtung Splügen zur ehemals berüchtigten Via Mala und zur früher gefürchteten Roflaschlucht. Weiter geht es dann von Thusis durch das Domleschg, das romantische Rheintal der Schweiz, mit Burgen und Ruinen. Dann sind Sie in Chur, der Hauptstadt Graubündens – voller Kunst, Kultur und Geschichte. Die Rundfahrt führt Sie schließlich über Landquart, Küblis und Klosters zurück nach Davos und ist ganze 150 km lang.

Der Laret-See, herrlich gelegen in der Nähe von Davos.

Oben sehen Sie die Bahn, die zum Jakobshorn (2590 m) hinaufführt. Ein Dutzend Bahnen sind nun in Davos auch im Sommer in Betrieb.

Ort	Höhe	Einwohner	Gästebetten insgesamt	in Hotels	in Gasth./ Pensionen	in Chalets/ Ferienwhg.	in Privath./ Bauernhäus.	Camping/ Stellplätze	Ferien- lager
Davos	1560 m	12000	21400	6600	–	14000	800	1/150	1 JH

Wandern: 320 km markierte Wege. 5 Rundwanderwege, 80 km. **Beförderung:** Bus, Bahn. 5 Großkabinenbahnen, 1 Kleinkabinenbahn, 1 Sessellift, 3 Standseilbahnen. **Geführte Wanderungen:** 2mal pro Woche (Juli/Aug.). **Ferner interessant:** Naturlehrpfad Jatzmeder – Sertig Dörfli, Pflanzenschutzgebiet Pischa, Alpinum Schatzalp, Wasserfälle, nostalgische Bahnfahrten.

Davos

Kur- und Verkehrsverein, Promenade 67, CH-7270 Davos Platz, (0 83) 3 51 35, Tx 853 130, Fax 3 84 10.
Schwimmen in 1 beh. Freibad, 1 Hallenbad; Davoser See, Laret See, Bergseen. Surfen, Segeln. **Angeln** in Seen und Flüssen. **Unterricht:** Reiten, Deltafliegen, Tennis, Squash, Surfen, Eislaufen. Fahrradverleih. **Reiten** im Gelände, 100 km Wege, Halle, Pferdeverleih. **Schießen:** Tontauben, Kleinkaliber. **Tennis:** 12 Plätze, 1 Halle/4 Plätze. **Squash:** 2 courts. **Golf:** Platz mit 18 Loch. Kunsteisstadion, offene Kunsteisbahn. **Gesundheit:** Vita-Parcours, Fitness-Zentren, Kurbetrieb.
Unterhaltung: Heimatabende, Kinderfeste, Kinderbetreuung. Stadtführungen, Museumsbesichtigungen.
Hobbykurse und Aktivangebote: Auskunft beim Verkehrsverein.
Veranstaltungen: Mitte Juli: Davoser Nachtlauf. Mitte Juli: Young artists in concert. Ende Juli: Swiss Alpine Marathon. Mitte Juli–Anf. Aug.: Int. Fechtwochen. 1. Aug.: Offizielle Bundesfeier. Mitte Aug.: Davoser Eisstockwoche. Mitte–Ende Aug.: Int. Eistanzwochen. Mitte Sept.: Int. Curlingfestival.
Pauschalangebote: Juni–Sept.: Wanderwochen, Golf, Tennis, Eislauf. Ende Mai–Anf. Okt.: Reiten.

Lage und Zufahrt: Kartenteil Seite 9 C 3.

Kur- und Sommergäste gibt es in Davos (rechts) schon länger als skifahrende Winterurlauber. Inzwischen wurden in der Region über 300 km Wanderwege markiert (links).

DAS UNTERENGADIN
Graubünden

Bad Scuol Ftan Tarasp-Vulpera

Das Unterengadin, in der östlichen Ecke der Schweiz, ist wie geschaffen für den Fremdenverkehr.

GLEICH VOR DER TÜR LIEGT DER NATIONALPARK

Bad Scuol, Tarasp und Vulpera sind hier die bekanntesten Ferienorte, doch Guarda ist der schönste von allen.

Hier im Zentrum der rätoromanischen Sprache und Kultur gibt es viel Verständnis für die Bewahrung alter Werte. Am deutlichsten merkt man das an Guarda. Es ist ein Engadiner Bergdorf, das sich sein altes romanisches Ortsbild erhalten konnte — so schön, daß es vielfach mit einem Freilichtmuseum verglichen wird. Dann allerdings ist es ein sehr lebendiges Museum. Aber auch Ardez beteiligt sich mit schönen Holzhäusern und einem lebendigen alten Ortsbild am Schönheitswettbewerb der Unterengadiner Dörfer. In Lavin fand man in der kleinen Kirche (sie entstand von 1500 bis 1510) erst 1956 bei Restaurierungsarbeiten Temperafresken aus der Zeit des Kirchenbaues mit einer ungewöhnlichen Darstellung von Christus als Weltbeherrscher.

Da braucht sich Bad Scuol ebenfalls nicht zu verstecken. Bietet der Ort auch keine so geschlossene Einheit mehr, so findet man in Scuol doch behäbige Bauern- und prächtige Bürgerhäuser, dazwischen schöne Plätze mit Dorfbrunnen, aus denen gutes Tafel-Mineralwasser fließt. (Man kann an Führungen durch das alte Dorf teilnehmen.)

Das moderne Bad Scuol wurde durch den Badebetrieb groß — ab dem 16. Jahrhundert, als man einige der zwanzig Mineralquellen in Trink- und Badekuren anwendete. Heute hat man die Entwicklung auf eine viel breitere Basis gestellt. Bad Scuol ist Touristenort und sehr im Wintersport engagiert. Doch für den Sommer ist man ebenfalls gut gerüstet.

Die schönen Dörfer sind Ausflugsziele. Der Schweizer Nationalpark liegt vor der Tür. Er wurde bereits 1909 gegründet und umfaßt heute 175 Quadratkilometer. Der höchste Gipfel im Park ist der 3165 m hohe Piz Quattervals; er kann bestiegen werden.

Auch sonst ist Bad Scuol von einer vielversprechenden Wander- und Bergsteigerlandschaft umgeben.

Täglich, außer Samstag und Sonntag, gibt es geführte Wanderungen. Da werden zum Beispiel einzelne Tagesetappen des Unterengadiner Höhenwegs gemacht oder romantische Abstecher in die Clemgiaschlucht, ferner heimatkundliche Wanderungen zu einem prähistorischen Bergsturzgebiet, wobei auch das vielgerühmte Guarda besucht wird.

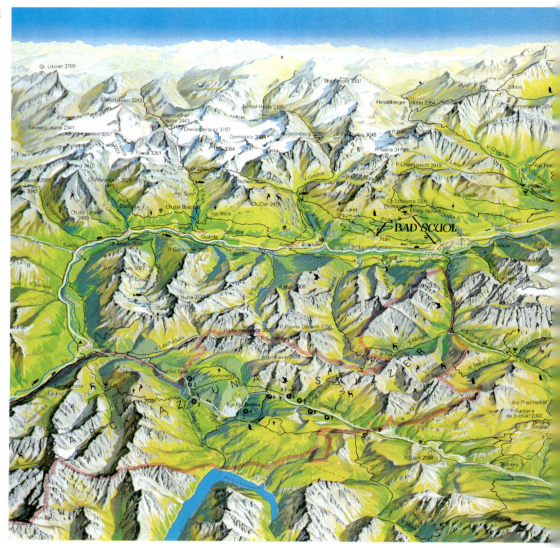

Dorfplatz in Bad Scuol.

Schloß Tarasp gilt als Symbol des Unterengadins.

CH-29

Natürlich wird auch in den Nationalpark spaziert, zu den Hirschen und Gemsen ins Val Mingèr. Oder man macht eine Abendwanderung zur Wildbesichtigung. Eine der lohnendsten Unternehmungen ist der Panorama-Höhenweg Unterengadin, der die schönsten Dörfer durch Tagesetappen verbindet. Die ganze Strecke ist sechzig Kilometer lang und eine leichte Familienwanderung. Sie beginnt in Lavin und führt über Guarda, Ardez, Ftan, Sent und Vnà nach Tschlin und Vinadi. Wenn man sie in sechs Etappen absolviert, sind täglich drei bis vier Stunden zu wandern. Und man hat viel Zeit zum Rasten und Schauen.

Zwei Gipfel, die zu den leichteren Bergtouren gehören, sind sehr empfehlenswert. Zum Piz Minschun kommt man von Scuol aus. Erst fährt man mit der Seilbahn nach Motta Naluns, dann geht es über die Schliverahütte zur Alp Clünas und zum Minschunsee (2642 m). Es folgt der Aufstieg in die Lücke und auf dem Grat zum Gipfel (3068 m). Dort hat man eine große Aussicht mit Bernina, Ortler, Silvretta und den Ötztaler Alpen. Die Gehzeit einschließlich Abstieg beträgt sechs Stunden. Das ganze Wanderangebot gilt natürlich für die Nachbargemeinden Tarasp und Vulpera genauso. Mit Tarasp meint man das Schloß, das imposant auf dem Felsen thront und als Symbol des Unterengadins gilt. Es stammt aus dem 11. Jahrhundert, wurde öfter restauriert und renoviert und kann heute besichtigt werden. Man sieht viel – von der Waffensammlung bis zu Möbeln, vom Zinn bis zu Glasgemälden. Im übrigen ist Tarasp eine Sammlung von kleineren Ortsteilen, die ebenfalls Kuren anbieten und Wanderfreunde beherbergen. Unter diesen Ortsteilen von Tarasp spielt Vulpera eine Sonderrolle. Es hat großzügig konzipierte Kurhotels, Geschäfte und Parkanlagen, sogar ein eigenes Strandbad, eine Tennishalle und einen Golfplatz. Auch die Tarasper Gäste können fast täglich mit dem Fremdenverkehrsamt zum Wandern gehen –, nur samstags und sonntags nicht.

Bad Scuol im Engadin ist nicht nur Heilbad, sondern auch beliebter Urlaubsort.

Ort	Höhe	Einwohner	Gästebetten					Camping/	Ferien-
			insgesamt	in Hotels	in Gasth./ Pensionen	in Chalets/ Ferienwhg.	in Privath./ Bauernhäus.	Stellplätze	lager
Bad Scuol	1250 m	1750	3500	1000			2500	1/100	–
Tarasp-Vulpera	1270 m	293	2063	1000	22	1041		–	–

Ort	Wandern		Beförderung				Hochtouren			Hütten		
	Wege mark.	geführte Wanderungen	Bus	Bahn	Kabinenbahnen groß / klein	Sessel- lifte	Anzahl	Dauer	Führer	bewirt.	unbew.	Abstand
Bad Scuol	200 km	werktags	×	×	2	1	mehrere	auf Wunsch	ja	3	1	4–8 Std.
Tarasp-Vulp.	100 km	werktags	×	×	1	1	3	5 Std.–3 Tg.	2			

Ferner interessant: geologische und botanische Exkursionen, Schweizer Nationalpark, Pflanzenschutzgebiete auf Motta Naluns.

Bad Scuol

Kur- und Verkehrsverein, CH-7550 Bad Scuol, (084) 9 94 94, Tx 8 54 163.
Schwimmen in 1 beh. Freibad, 2 Hallenbädern. **Wildwasser:** 80 km befahrbare Strecke. **Angeln** in Flüssen. Kanu-, Kajak-, Schlauchbootfahren. **Deltafliegen** auf Motta Naluns. **Tennis:** 6 Plätze. **Schießen:** Luftgewehr.
Gesundheit: Vita-Parcours, Kur- u. Bäderbetrieb.
Hobbykurse und Aktivangebote: frühmorgens: Wildbesichtigung mit Jäger.
Veranstaltungen: Juli/Aug.: Engadiner Konzerte. Mitte Aug.: Unterengadiner Sommerlauf.

Lage und Zufahrt: Kartenteil Seite 9 D 3.

Tarasp-Vulpera

Kur- und Verkehrsverein Tarasp-Vulpera, CH-7552 Vulpera, (084) 9 09 44, Tx 74 427.
Schwimmen in 1 beh. Freibad, 1 Mineralbewegungsbad. **Angeln** in Flüssen. **Tennis:** 4 Plätze, 1 Halle/3 Plätze. **Schießen:** Armbrust, Bogen. **Golf:** Platz mit 9 Loch. **Gesundheit:** Kurzentrum.
Unterhaltung: Kinderfeste, Filmabende, Gästetennis- und Golfturniere, Sportprogramme.
Hobbykurse und Aktivangebote: Golf-, Seidenmal-, Yogakurs, Abendwildbesichtigungen, Aelplerfrühstück.
Veranstaltungen: Vulpera-Sportstaffette. Vulpera-Lauf. Juli/Aug.: Tarasper Schloßkonzerte.
Pauschalangebote: Anf. Juni–Anf. Juli, Mitte Aug. bis Ende Sept.: Golf-, Tennis- und Wanderwochen. Mitte Juni–Ende Sept.: Spezielle Kinderprogramme.

Problemlos telefonieren

Wenn Sie von anderen Ländern dort anrufen wollen, müssen Sie die 0 am Anfang der Vorwahl weglassen und folgende Nummer vorauswählen:

Aus Deutschland
nach Österreich	0043
in die Schweiz	0041
nach Italien	0039

Aus der Schweiz
nach Deutschland	0049
nach Österreich	0043
nach Italien	0039

Oben: die Tennisanlage in Vulpera.

SAMNAUN
Graubünden

Es soll Leute geben, die nur deswegen ins Samnauntal hineinfahren, weil man dort einiges – wie Benzin, Schnaps und Zigaretten – billiger bekommt.

EINKAUFSWUNDERLAND SAMNAUN

Und wenn man die knapp hundertseitige Einkaufsinformation in die Hand nimmt, dann merkt man, daß Samnaun in diesem Sektor tatsächlich einiges zu bieten hat.

In Wirklichkeit bietet Samnaun natürlich mehr als preiswerte Schnäpse. Es ist ein schönes Hochtal. Der Hauptort, Samnaun, liegt schon auf rund 1800 m Höhe. Es bietet Bergwanderungen in Hülle und Fülle. Auch anspruchsvollere Bergsteiger finden Gipfel entsprechend ihren Ansprüchen. Nun muß man wissen, daß das Samnauntal sehr lange tatsächlich am Ende der Welt lag. Und zwar ist es das letzte Tal links, wenn man aus dem Unterengadin, also von Scuol aus ins Oberinntal nach Österreich hineinfährt. Im letzten Jahrhundert gab es noch nicht einmal eine Straße ins eigene Mutterland, die Schweiz, aber viel Armut. Deshalb bekam das Samnauntal bereits 1892 den Status einer Zollfreizone. Und das muß geholfen haben, denn von 1900 bis 1980 hat sich die Einwohnerzahl immerhin von 357 auf rund 600 fast verdoppelt. Ab 1913 gab es dann schon eine Straße in die Schweiz. Die Geburtsstunde des Fremdenverkehrs hat man ins Jahr 1933 gelegt. Damals wurde das Skihaus Alp Trida gebaut. Aber nur ganz betulich entwickelte sich der Tourismus in dieser immer noch abgelegenen Ecke – erst im letzten Jahrzehnt. Dabei hat sicher der boomartige Aufstieg von Ischgl, das auf der Nordseite der Samnaungruppe liegt, Hilfestellung gegeben. Besonders, seit man mit dem österreichischen Nachbarn eine gemeinsame Skischaukel betreibt, zum Nutzen beider Seiten und auch der Touristen.

Die Samnaungruppe bildet die natürliche Verlängerung der Silvrettagruppe nach Nordosten. Der Bergkamm, der teilweise die Landesgrenze zwischen der Schweiz und Österreich markiert, erreicht gerade noch die Dreitausend-Meter-Grenze, wie am Hexenkopf (3035 m) und am Furgler (3004 m). Sonst liegt das Gros der Gipfel zwischen 2500 und 3000 m.

Für die Bergwanderer, auch für die weniger Talentierten oder nicht so Konditionsstarken gibt es einige Hilfestellungen. So bietet das Fremdenverkehrsamt den Sommer über wöchentlich zwei geführte Wanderungen an. Insgesamt sind 100 km Wanderwege markiert. Eine gute Entscheidungshilfe ist dabei die farblich unterschiedliche Markierung der Wege. Gelbe Markierungen besagen, daß es sich hier um leichte Talwanderungen handelt, weiß-

Samnaun

HOTEL SILVRETTA
Direktion: Fam. E. Jaeger-Zegg
CH-7563 Samnaun
Telefon: 084/9 54 00
Telex: 74409
Neuerb. ★★★★-Erstklasshotel im Bündnerstil; wunderschöne Zimmer, ganz in Arvenholz, 70 Betten. Alle Zimmer mit Bad/WC oder Dusche/WC. Telefon, Radio, TV-Anschluß.
Das Hotel verfügt über Hallenbad, Sauna, Whirlpool, Solarium, Coiffeursalon, Nightclub, Bar mit Cheminée, Bündnerstube, Bistro, Shopping-Ladenstraße mit Zollfreieinkauf, Wechselbank, Tennisplätze in der Nähe vom Hotel.
Halbpension ab sFr. 55.-
Cristalwanderwochen ab sFr. 430.-
Menüwahl, Salat- und Käsebuffet, Begrüßungscocktail, Spezial-Weekends mit Älpler-Frühstück auf der Alp Trida.
Erholsame Sommer- und Herbstferien in herrlicher Bergluft, im Wanderparadies Samnaun, oder ein Weekend mit Einkaufsbummel in den zollfreien Geschäften.
Hotel – heimelige, gemütl. Atmosphäre, erstkl. Küche, wo n. Frischprodukte verwendet werden.

CH-30

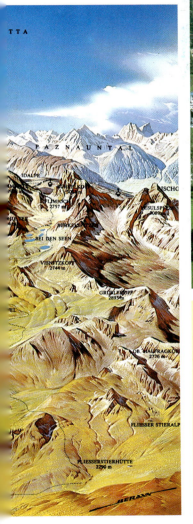

rote Farbkleckse weisen auf Rundtouren oder Gebirgswanderungen hin.
Wer zu Beginn seiner Bergferien noch einen kleinen Trainingsrückstand aufweist, kann die Luftseilbahn zu Hilfe nehmen, um rasch höher zu kommen – oder auch zum bequemeren Abstieg. Wer dagegen fit ist, der wird sich, sobald das Wetter mitmacht, den Muttler vornehmen. Das ist mit 3294 m der höchste Samnaungipfel. Flotte Marschierer dürfen schon mit fünf Stunden reiner Gehzeit rechnen, nur aufwärts natürlich, der Abstieg ist noch einmal mit drei Stunden zu kalkulieren. Dann kommen noch Pausen dazu, wenigstens 2 Stunden. Damit ist ein 10-Stunden-Tag ausgefüllt. Aber für solch eine Gipfelschau nimmt man schon einiges in Kauf. Weitere große Touren sind zum Beispiel Samnaun – Zeblas – Alp Trider Sattel – Compatsch (mit 6 Stunden) oder von Samnaun über das Zeblasjoch und die Bodenalpe nach Ischgl (ebenfalls 6 Stunden). Ebenso lang ist der Übergang zur Heidelberger Hütte. Sehr schöne und doch geruhsame Wanderungen führen von der Bergstation der Bergbahn zum Piz Munschuns (1½ Stunden), zur Alp Bella (1 Stunde) und zu den 5 Seen (2½ Stunden). Leichte Talwanderungen gibt es in Hülle und Fülle.
Einmal sollte man eine Ausflugsfahrt in den Schweizer Nationalpark mitmachen und die Wanderung, die dazu angeboten wird. Neben schönen Ecken und Winkeln kann man hier auch gleich Anschauungsunterricht in Sachen Waldsterben nehmen.

Samnaun (links) ist der Hauptort des gleichnamigen Tals.

Ort	Höhe	Einwohner	Gästebetten insgesamt	in Hotels	in Gasth./ Pensionen	in Chalets/ Ferienwhg.	in Privath./ Bauernhäus.	Camping/ Stellplätze	Ferienlager
Samnaun	1800 m	600	1700	870	100	730	50	–	–

Wandern: 150 km Wege, davon 100 km markiert; 10 Rundwanderwege, 50 km. **Beförderung:** Bus, 1 Großkabinenbahn. **Geführte Wanderungen:** 2mal pro Woche. **Hochtouren:** 5; 5–10 Std. Dauer, 1 Führer. **Hüttentouren:** 3 bewirt. Hütten im Abstand von 5–10 Std. **Abzeichen:** Samnauner Wandernadel u. Wanderstock. **Ferner interessant:** Wasserfälle.

Samnaun

Verkehrsverein, CH-7563 Samnaun, (0 84) 9 51 54, Tx 8 54 111 mit Compatsch, Laret, Plan, Ravaisch, Samnaun-Dorf.
Schwimmen in 1 Hallenbad. **Angeln** in Flüssen.
Tennis: 2 Plätze. Vita-Parcours.
Unterhaltung: Platzkonzerte, Unterhaltungsabende.

Veranstaltungen: Mitte Aug.: Sommerfest. Ende Aug./Anf. Sept.: Cristalmarsch.
Pauschalangebote: Anf. Juli–Mitte Okt.: Cristal-Wanderwochen. Spezial-Weekends.

Lage und Zufahrt: Kartenteil Seite 9 D 3.

Anzeigen

Samnaun

Hotel Montana
CH-7563 Samnaun
Telefon 0 84/9 51 93, Tx 74 409
50 Betten. Alle Zimmer mit Bad/WC oder DU, Telefon, Radio, teilw. Balkon und TV. Zentrale Lage, schöne Aussicht. Spezialitätenrestaurant, internat. Küche auf Wunsch Diät. Lift, Gar., P., Hallenbad, Türk. Dampfbad, Sauna, Solarium. Zollfreies Parfümerie- u. Schmuckangebot. Salon de Coiffeur. Bar – Dancing.

Samnaun-Laret

Hotel Cresta-Rustica ★★★
Besitzer: Familie Brigger-Prinz
CH-7562 Samnaun-Laret
Tel.: (0 84) 9 52 23; Fax: 084/9 55 20
42 Betten. Alle Zimmer mit Bad/Du, WC, Telefon, Radio, Fernseher a. W., Balkon. Besonders ruhige Lage außerh. d. Ortes, schöne Aussicht. Lift. Spez.-Rest. m. int. Küche, Diät. Garagen, P, Haustaxi. Sauna, Sol. TV- u. Aufenthaltsr., Tanz. **Unter gl. Leitung:** Ferienapp. f. 2 bis 6 Pers.

Samnaun

Panorama

Besitzer: Familie H. P. Heis-Gander
CH-7563 Samnaun, Tel.: (084) 9 53 43
Unser **Appartement-Haus** liegt sonnig, sehr ruhig und doch zentral. 12 rustikal, gem. eingerichtete Wohnungen mit Küche, Bad oder Du/WC, Tel., TV, Radio u. Balkon. Liegewiese, Sauna, Sol. Massage, Dampfbad, Aufenthalts-/Fitneßraum, 10 m Schießstand für LG u. LP. Reichhaltiges Frühstück.

HOTEL SAMNAUNER HOF
Familie Zegg-Greil
CH-7563 Samnaun/Unterengadin
Tel.: (00 41) 84/9 51 88
Unser Hotel, in ruhiger Lage, inmitten der herrlichen Bergwelt im Samnaun, bietet alle Voraussetzungen für vollkommenen Feriengenuß: Persönlicher Service, gemütliche Atmosphäre, Komfortzimmer mit Bad/Du, WC, Radio, Tel., TV, Balkon. Hotellift. Sonnenterrasse u.v.m. Hervorragende Küche mit Schweizer Spezialitäten.
Zollfreie Einkaufsmöglichkeiten.

DAS OBERHALBSTEIN
Graubünden

Bivio Savognin

Das Oberhalbstein ist ein freundliches Hochtal, das von Tiefencastel nach Süden zum Julierpaß hochzieht.

FAMILIEN-FREUNDLICH

Das Tal ist dicht besiedelt und steigt in Stufen bis zum 2284 Meter hohen Julierpaß hinauf.

Die wichtigsten Fremdenverkehrsorte, im Vorhof des Oberengadins sozusagen, sind Savognin und Bivio. Durch das Oberhalbsteintal verläuft die wichtigste Zufahrt nach St. Moritz. Und Bivio liegt nur noch fünfzehn Kilometer vom Piz Corvatsch entfernt, dem sehr bekannt gewordenen Ganzjahres-Skiberg.

Natürlich haben auch die kleineren Orte wie Cunter, Tinizong, Rona und Mulegns Fremdenbetten zu vermieten. Das Dorf Marmorera am gleichnamigen Stausee macht noch einen recht frischen Eindruck. Kein Zufall, denn es wurde erst mit dem Kraftwerkbau errichtet. 1954 wurde das alte Marmorera überflutet.

Sehr für die Schönheit des Oberhalbstein spricht, daß Giovanni Segantini, der berühmte Alpenmaler, von 1886–1894 in Savognin lebte und arbeitete. Wie es zu Lebzeiten des Malers und auch früher zuging, erfährt man andeutungsweise im Haus Wasescha dem Museum Regiunal in Savognin. Da wird die Einrichtung eines richtigen alten Bauernbetriebs gezeigt.

Am Ort hat man noch ein geheiztes Freibad parat. Zum übrigen Wassersport muß man sich zum Marmorera-Stausee begeben oder ins nahe Oberengadin. Das ist kein großes Problem, da die Strecke von Savognin nach Bivio nur knapp zwanzig Kilometer beträgt und das gesamte Angebot des Oberhalbstein von jeder Ecke aus leicht erreichbar ist. Savognin, mit 7700 Fremdenbetten und der meisten Erfahrung mit Gästen, sorgt mit Spezialangeboten für Aktivitäten.

Das beginnt schon früh am Morgen. Die Abfahrt im Taxi zum Alphütten-Frühstück ist jeden Dienstag um 6 Uhr. Es wird zuerst auf

Römersäule in Bivio.

Savognin begeistert seine Gäste mit zahlreichen Spezialangeboten.

CH-31 🇨🇭

die Alp Tarvisch gefahren, wo der Almbetrieb vorgeführt wird. Dann gibt es eine Höhenwanderung zur Alp Tscharnoz, die eine schöne Aussicht bietet, und nach einer Stunde ist man wieder zurück auf der Alp Tarvisch. Nun kommt das Aelpler Frühstück in freier Natur. Wer mit dem Taxi zurückfährt, ist um 9.30 Uhr bereits wieder im Tal. Wer zu Fuß geht, braucht etwas länger. Um 9 Uhr ist Abfahrt, ebenfalls mit dem Taxi, zu einem anderen Ausflug: nach Pensa ins Val d'Err in der Errgruppe, zum Eidgenössischen Wildreservat. In zwei bis drei Stunden kann man dann zur Alp d'Err wandern. Die Rückfahrt erfolgt ab Pensa um 16 Uhr – und das jeden Montag, Mittwoch und Freitag. Die Wanderungen lohnen sich; Berge und Täler rund um den Piz Calderas (3397 m), dem höchsten der Errgruppe, sind wegen ihrer reichen Fauna und Flora bekannt.
Jeden Freitag um 10 Uhr wird eine »Würstli-Wanderung« inszeniert. Jeden Dienstag steht Kultur im Programm. Um 11.30 Uhr wird nach Salouf aufgebrochen. In diesem alten Bauerndorf gibt es Altertümliches zu sehen: Wohntürme aus dem Mittelalter, das Kapuzinerhospiz, ein Wasch- und Backhaus, eine alte Mühle, die noch in Betrieb ist, und einiges mehr. Dazu kommen zweitägige Alpensafaris zur Alp d'Err. Mit Übernachtung in einer Hütte, wobei die leichte Version sechs Stunden Gehzeit an zwei Tagen erfordert, die längere etwa neun Stunden. Bei diesen Unternehmungen ist die Führung jeweils kostenlos. Selbstverständlich kann man diese Touren auch allein machen, man muß nur da und dort länger marschieren und sich selbst um alles kümmern. Klugerweise macht man das gerade an den Tagen, an denen der Verkehrsverein nicht unterwegs ist. Auf der Westseite des Tales bieten die Berge der Adulagruppe (höchster ist hier der Piz Platta mit 3393 m) schöne Wanderungen und Bergtouren. Einige davon können mit der Hilfe von Bergbahnen angegangen werden. Eine Gondelbahn schwebt nach Radons (1860 m) hoch, eine Sesselbahn in zwei Etappen nach Somtgant, auf 2112 m Höhe.
Schöne Drei-Stunden-Wanderungen führen von Radons zur Alp Schmorras (2274 m) und auf der Errseite von Sur zur Alp Flix (1670 m). Eine Fünf-Stunden-Wanderung bringt Sie zur Motta Palousa (2143 m) und beschert prächtige Ausblicke in das Albulatal, in das Domleschg und in die Lenzerheide. Bivio ist Ausgangspunkt für eine Wanderung über den bereits in früherer Zeit bedeutenden Septimerpaß nach Maloja. Fünf Stunden dauert das Vergnügen.
Eine große Tour führt von Bivio über den Stallerberg (2570 m) zur Fallerfurka (2838 m) und durch das Val Bercia ins Tal nach Mulegns.

Ort	Höhe	Einwohner	Gästebetten					Camping/	Ferien-
			insgesamt	in Hotels	in Gasth./ Pensionen	in Chalets/ Ferienwhg.	in Privath./ Bauernhäus.	Stellplätze	lager
Bivio	1776 m	260	1100	250	–	750	100	–	20
Savognin	1200 m	1000	7700	700	–	6950	50	1/50	14

Ort	Wandern				Beförderung				Hochtouren		Hütten	
	Wege insg.	Wege mark.	Rund- wege	geführte Wanderungen	Bus	Bahn	Kabinenbahnen groß	klein	Sessel- lifte	Anzahl	Führer	bewirt.	Abstand
Bivio	40 km	30 km	2/20 km		×					mehrere	–	1	6 Std.
Savognin	200 km	200 km	18/120 km	täglich	×	×		2	2	mehrere	1	10	4 Std.

Abzeichen: Wandernadeln: Orientierungslauf, Zielwanderung (Savognin). **Ferner interessant:** botanische Lehrpfade, Waldlehrpfad, Naturschutzgebiete.

Bivio
Kur- und Verkehrsverein, CH-7457 Bivio, (0 81) 75 13 23.
1 Stausee. **Angeln** in Seen und Flüssen. Surfen. **Tennis:** 1 Platz. Vita-Parcours.
Veranstaltungen: Auskunft beim Verkehrsbüro.

Savognin
Kur- und Verkehrsverein, CH-7460 Savognin, (0 81) 74 22 22, Tx 8 51 315.
Schwimmen in 1 beh. Freibad, 1 Hallenbad. **Angeln** in Seen und Flüssen. Surfen. Fahrradverleih. **Reiten** im Gelände, Pferdeverleih, Reitgarten, Schule.
Schießen: Pistole, Kleinkaliber. **Tennis:** 9 Plätze, Unterricht. Vita-Parcours.
Unterhaltung: Kinderfeste, Bergchilbi, Musikständchen, Regionalmuseum, Ausstellungen im Kulturzentrum.
Veranstaltungen: Mitte Juli: Benedikt-Fontana-Lauf. Juli: Graubünden Grand Prix und Head Cup (Tennis-Turnier). Familienfest auf dem Vita-Parcours.
Pauschalangebote: Wanderwochen, Tennis-Gruppenpauschalen, Reit-Wochen, Regenschirm-Programm, Sprachkurs.

Lage und Zufahrt: Kartenteil Seite 13 C 1/2.

Anzeigen

Bivio
Hotel-Restaurant Grischuna
CH-7451 Bivio
Tel.: 0 81/75 11 36

80 B. Zimmer mit Bad, Dusche, WC, Radio, TV, Balkon. Zentrale Lage, besonders ruhig mit schöner Aussicht in Seenähe. Lift, Garagen, P, Aufenthaltsraum, Kinderspielplatz, Terrasse, Gartengrill, Spezialitätenrestaurant mit intern. Küche, Diät a.W. Betriebsferien den ganzen November.

Savognin
Hotel Bela Riva
Besitzer: Familie Cavegn-Uffer
Tel.: (0 81) 74 24 25
CH-7460 Savognin/GR

● das neue familienfreundl. Hotel direkt bei der Skischule und LL-Loipe ● zwei Gehminuten z. d. Bergbahnen ● schöne sowie heimelige Zimmer ● gemütliches Speiserestaurant ● Sonnenterrasse ● Saisonspezialitäten ● Garni oder Halbpension. Wir freuen uns auf Ihren Besuch.

DAS OBERENGADIN
Graubünden

Pontresina St. Moritz Silvaplana Sils Maloj

Wo kann man die höchste Schiffahrtslinie Europas mit fahrplanmäßigem Betrieb ebenso antreffen wie »Weiße Wochen« im Sommer? Sils, am Silser See im Oberengadin, macht das möglich. Es gibt aber noch eine ganze Menge mehr zwischen Berninapaß, Samedan und Malojapaß zu erleben.

DAS INTERESSANTE DREIECK IM SÜDOSTEN

Von Samedan, wo sich die Engadin-Straße gabelt, sind es zu den beiden Pässen nur jeweils zwanzig Kilometer. Was hat dieses Dreieck im Südosten der Schweiz nicht alles zu bieten? Das beginnt schon beim Klima. Der Schweizer Wetterbericht nennt das Engadin meist zusammen mit dem Tessin. Das heißt, daß es eine recht sonnige Gegend ist.
Die Einheimischen sprechen rätoromanisch (oder oberengadinisches Ladin, wie man es auch nennt). Der Piz Bernina, Grenzgipfel nach Italien, ist mit 4049 Metern der östlichste Viertausender der Alpen. Und der einzige in der östlichen Schweiz.

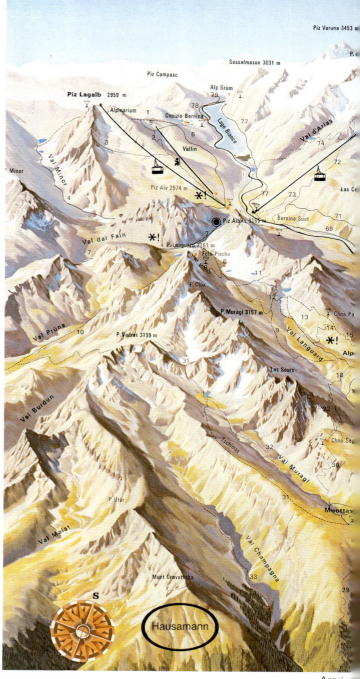

Eine besondere Spezialität ist der Malojawind, der mittags regelmäßig durch die Gegend bläst und die drei Seen, den Silser-, den Silvaplaner- und den St. Moritzer See, zu erstklassigen Surf- und Segelrevieren macht. Deshalb veranstaltet man auf dem Silser See jährlich den Engadiner Surfmarathon über 40 km. Die Teilnehmerzahl wird dabei auf 500 begrenzt.
Natürlich gibt es hier Surf- und Segelschulen, aber in St. Moritz sind auch eine Reitschule (mit Reithalle) und eine Sommer-Skischule zu finden. Die Skikurse und die am Anfang genannten »Weißen Wochen« im Sommer finden auf dem Corvatschgletscher statt. Eine Spezialität dieser Skischule ist die Lehrmethode mit dem Mini-Ski, die Martin Puchtler, ein Skipädagoge aus dem Fichtelgebirge, entwickelt hat. Dadurch wird Anfängern das Lernen besonders leicht gemacht. Weitere Sommer-Skischwünge können auf der Diavolezza über dem Berninapaß in den Butterfirn (oder in den Schneematsch, je nachdem) gezogen werden.
Am bequemsten kommen Sie ins Engadin, wenn Sie ein kleines Flugzeug zur Hand haben. In Samedan gibt es den dafür nötigen Flugplatz. Der ist zugleich ein internationaler Segelflugplatz. Darüber hinaus kann Samedan noch eine andere Sportstätte zur Verfügung stellen: einen Golfplatz mit achtzehn Loch.
Sportfreunde können beim Silserseelauf und beim Engadiner Sommerlauf ihre Höhentauglichkeit beweisen.
Aber auch die musische Seite ist gut entwickelt. Zu den Höhepunkten zählen da die Engadiner Konzertwochen. Darüber hinaus bieten die Orte ein zusätzliches Konzertprogramm an – aber stets auch andere feine Veranstaltungen.
Es gibt aber auch einiges zu besichtigen: Altes, Schönes, Interessantes. Steinalt sozusagen ist die

Champfèr

Hotel Europa St. Moritz ★★★★
CH-7512 Champfèr
Tel.: (0 82) 2 11 75,
Tx.: 74 458 (ab Mai 88 – 8 52 112)
Sehr ruhiges, komf. Haus. Allegra-Bar m. Tanzmusik ★ Aufenthalts- u. Konferenzr. ★ Hallenbad (10x14 m) 28° ★ Massagedüsen ★ Sauna ★ Sol. ★ Fitneßr. ★ Kinderspielz. ★ Tennispl. Alle DZ m. Bad/WC, Bidet, Fön, Balkon, Radio... **Sommer u. Winter das ★★★★-Sporthotel des Oberengadins.**

Anzeige

Reisen mit der Bahn

Mit der Bahn ins Oberengadin

Wenn Ihr Wanderurlaub von Anfang an streßfrei sein soll, reisen Sie am besten mit der Bahn an. Denn Busse und Bahn bringen Sie stau- und streßfrei zu Ihrem Urlaubsort. Schnell und bequem auf jeden Fall.

Deutsche Bundesbahn

CH-32

Die drei Seen des Oberengadins sind ein Eldorado für Surfer und Segler.

DAS OBERENGADIN
Graubünden

Pontresina St. Moritz Silvaplana Sils Maloja

Kirche Santa Maria in Pontresina mit ihrer Arven-Holzdecke und den Fresken aus dem 13. und 15. Jahrhundert. Eine Kassettendecke aus dem 13. Jahrhundert hat die Kirche San Gian in Celerina vorzuweisen.

Einen größeren Ausflug über den Ofenpaß ist die Kirche zu Müstair wert. Sie stammt teilweise noch aus der Zeit Karl des Großen, der hier ein Benediktinerinnenkloster gegründet hat. Die Fresken aus frühchristlicher Zeit gelten als die bedeutendsten in der ganzen Schweiz. Sils, das rätoromanische Segl, kann Fresken aus dem 16. Jahrhundert vorweisen: in der Bergkirche Fex-Crasta. Und, nicht zu vergessen, Nietzsche war hier. Er hat hier gelebt – nicht Urlaub gemacht, sondern am »Zarathustra« geschrieben. Man kann sein Haus und seine Original-Handschriften besichtigen. Ja, man kann sogar Nietzsche-Exkursionen mitmachen.

Interessantes finden sie im Engadiner Museum in St. Moritz. Geschnitzte Möbel und alter Hausrat gestatten einen kleinen Rückblick, wie's früher war. Besonders Schönes erwartet Sie im Segantini-Museum. Der Maler aus Italien, Giovanni Segantini (1858–1899), machte das Engadin zu seiner Wahlheimat.

Und über St. Moritz findet sich die Hütte, in der die kleine Heidi aus den Heidi-Filmen ihren Großvater besuchte.

Die kohlensäurehaltige Eisenquelle, die St. Moritz schon im Mittelalter bekannt gemacht hat, arbeitet noch heute im Dienste der Gesundheit. Ganz nebenbei ist St. Moritz also auch noch Kurort – und kein langweiliger. (Das Kurzentrum wurde kürzlich modernisiert.)

Welches der rund 25 000 Gästebetten soll man nehmen? Da sind nur Ihre Lebensart und der Kontostand zu berücksichtigen. Große Standortvorteile kann keiner der Orte vorweisen, weil diese grandiose Freizeitlandschaft zugleich mit äußerst kurzen Wegen aufwartet. Von Sils nach Pontresina sind es nicht einmal fünfzehn Kilometer.

Die Hauptstadt, Dreh- und Angelpunkt im Oberengadin, ist natürlich St. Moritz, die Stadt im Hochgebirge. Dagegen sind Sils, Silvaplana und Champfèr fast rustikal; sie wirken noch sommerfrischlerisch. Pontresina, das rätoromanische Puntraschigna, ist aber nur noch sehr entfernt ein Dorf, auch wenn es noch eine Reihe schöner Engadiner Häuser gibt.

Nach dem Rahmenprogramm zur Hauptsache: zu Bergen und Tälern, Wegen und Hütten, zu Schweiß und Muskelkater. Fünfhundert Kilometer markierte Wege sind präpariert. Vorschläge, die eine bunte Mischung schöner Unternehmungen nennen, sollen Ihnen den Einstieg in die Bernina-Szene erleichtern.

Die Möglichkeiten werden von uns hier einfach der Reihe nach rechts und links der Straße angesagt – beginnend am Berninapaß, bis hin zum Malojapaß.

Ob man Bergfan ist oder nicht – man muß einmal auf die Diavolezza. Das ist eine der großartigsten Aussichtskanzeln der ganzen Alpen. In 2973 m Höhe steht man den zentralen Berninagipfeln Piz Palü (3905 m), Bellavista (3922 m) und Piz Bernina (4049 m) gegenüber – das ist einfach eindrucksvoll. Die Bergbahn befördert Sie in wenigen Minuten hinauf.

Geübte Wanderer schließen sich sodann einer der Führungen an, die täglich von der Diavolezza nach Morteratsch durchgeführt werden. Die Wanderung über den Pers- und Morteratschgletscher nimmt etwa vier Stunden in Anspruch. Es lohnt, sich ab und zu umzuschauen!

Eine sehr leichte Rundwanderung mit geringen Höhenunterschieden führt vom Berninahospiz am Lago Bianco entlang über Sassalmason mit seinen charakteristischen Steinpyramiden nach Alp Grüm. Hier gibt es Restaurants mit schöner Aussicht in das Puschlavertal, auf die Adamello- und Bergamasker Berge. Hin und zurück läßt sich das ganz bequem in vier Stunden wandern.

Von Pontresina aus wandert man entweder klassisch oder man promeniert. Von der Alp Languard (Bergstation der Sesselbahn) zieht ein sieben Kilometer langer, fast ebener Höhenweg über der 2000-m-Grenze nach Muottas Muragl. Das ist die Bergstation der bald achtzigjährigen Zahnradbahn (die Eröffnung war 1907). Der Weg bietet schöne Aussichten, auf halbem Weg eine Raststation, und dauert zwei bis drei Stunden.

Die Promenade führt ins Val Roseg. Auf der rechten Talseite, teilweise durch Arven- und Lärchenwald sowie durch Alpenrosenfelder, pilgert man bequem in zwei Stunden zum Restaurant »Roseg Gletscher« (1999 m). In der gleichen Zeit kommt man auch wieder zurück. Man kann diesen Ausflug auch mit dem Pferdeomnibus machen oder in einer privaten Kutsche – nur nicht mit dem Auto.

Engagierte Bergwanderer nehmen den Promenadenweg nur zum Aufwärmen und steuern anschließend die Fuorcla Surlej in 2755 m Höhe an. Dieser gut zweistündige Aufstieg ist schon etwas steil, südseitig und sehr warm, aber herrlich aussichtsreich – besonders auf den Piz Roseg (3937 m). Den schnellsten Abstieg zu den Engadiner Seen ermöglicht die Corvatsch-Luftseilbahn. Der schönste und beste zu Fuß ist der nach Sils am Silser See, er dauert zwei bis drei Stunden.

Ausgangspunkt St. Moritz: Sie fahren mit der Luftseilbahn nach Signal. Der neue Oberengadiner Höhenweg heißt »Via Engiadina«, ist neunzehn Kilometer lang und führt von der Bergstation Signal nach Maloja. In respektabler Höhe über den Seen blickt man immer wieder fasziniert auf die Bernina-, Sella- und Bergellgipfel. Wer diese leichte Wanderung in einem Stück absolvieren will, muß mit sechs Stunden Gehzeit rechnen. Man kann dazwischen aber nach je zwei Stunden abbrechen und zurückkehren oder auch übernachten. Es gibt dafür ermäßigte Wanderbilletts.

Ein attraktiver Spaziergang – nicht nur für die Beine, sondern auch für die Augen – ist der St. Moritzer Waldlehrpfad. Auf der Südseite des Lej da San Murezzan (wie der St. Moritzer See auf rätoromanisch heißt) ist auf dreieinhalb Kilometer eine interessante Naturkundestunde zur Selbstbedienung eingerichtet.

Seilbahnalpinisten werden auf jeden Fall an einem schönen Sonntag dem Piz Corvatsch aufs Dach steigen, mindestens aber die Bergstation in 3303 m Höhe aufsuchen. Die Luftseilbahn schafft das in wenigen Minuten. Es gibt dort wohl einige Sommer-Skifahrer zu begutachten; in der Hauptsache spielen hier aber die nun schon oft genannten Berninagipfel die große Rolle.

Die Wanderer fahren nur bis zur Mittelstation Murtèl (2699 m). Dann pilgern sie in aller Gemütsruhe nach Norden und stetig abwärts bis zum Hahnensee. Spätestens hier legt man an der Brotzeitstation eine Rast ein. Der zweite Teil führt durch Wald nach St. Moritz zurück. Für die rund 1000 Höhenmeter sind zweieinhalb Stunden einzukalkulieren. Gesünder für Ihren Bewegungsapparat ist es, wenn Sie drei Stunden dafür aufwenden.

Von Sils aus bietet sich eine Rundumtour an, die eine Variante der Oberengadiner Alpenschönheit zeigt. Einige Ausdauer ist vonnöten, da etwa fünf bis sechs Stunden Marschzeit zusammenkommen, bis man wieder in Sils ist. Die Furtschellas-Luftseilbahn befördert Sie gleich in 2300 m Höhe. Dann steuern sie den »Schauerlichen See« an. (Unter »Lej Sgrischus«, das ist sein richtiger Name, finden Sie ihn in Karten und Prospekten.) Noch eine knappe halbe

Links sehen Sie das Bergkirchlein von St. Maria, oberhalb von Pontresina.
Das Bild oben zeigt die Bahn, die zum Muottas Muragl (2568 m) hinaufführt.

CH-32

Stunde weiter, und Sie stehen auf dem Piz Chüern, 2689 m hoch. Das ist zwar keiner der großen Gipfel, aber einen prächtigen Rundblick liefert er allemal. Der Abstieg erfolgt über Curtins und durch das Fextal nach Sils. Völlig unkompliziert ist die Wanderung von Sils in das Val Fex hinein bis zum Gletscher. Das dauert drei Stunden. Eine schöne Sache! Darüber hinaus gibt es eine riesige Menge von Spaziergängen, Wanderungen, Berg- und Gletschertouren. Zwei Bergsteigerschulen, eine in Pontresina und eine in Sils, bieten alle möglichen Wander- und Bergführungen. Dabei kann man viel lernen und völlig sicher schöne Touren machen.

Dann gibt es da noch etwas Lustiges: Wanderungen mit Hilti und zwei Maultieren – 5 bis 25 Kilometer rund um die Seen. Verpflegung und Getränke führen die Tiere mit, Hilti kocht und serviert. Auskünfte gibt's im Sportsekretariat von St. Moritz.

Notabene: noch vier Ausflüge. Es könnte ja sein, daß sich noch ein paar Stunden dafür finden lassen. Erstens sollte man nach Soglio fahren, zwanzig Kilometer hinter dem Malojapaß, um den Ort und das Bergell zu besichtigen. Das ist einfach wunderschön.

Zweitens: eine Fahrt in den nahen Schweizer Nationalpark (Samedan-Zernez 27 km). Das ist fast eine Pflichtübung in dieser Zeit des sauren Regens.

Drittens: Mit Europas höchstem Zug, dem Bernina-Expreß von Chur über St. Moritz nach Tirano machen Sie eine der schönsten Bahnfahrten, die es gibt.

Und gleiches gilt für Nummer vier: eine Reise mit dem Glacier-Expreß, Europas langsamstem Schnellzug, der zwischen St. Moritz und Zermatt verkehrt.

Wer die Surfbretter mit ins Oberengadin nimmt, kann sich's aussuchen: mehrere Seen sind hervorragend geeignet. Links unten: auf dem Silvaplanersee.

Ort	Höhe	Einwohner	Gästebetten insgesamt	in Hotels	in Gasth./ Pensionen	in Chalets/ Ferienwhg.	in Privath./ Bauernhäus.	Camping/ Stellplätze	Ferienlager
Pontresina	1800 m	1700	5200	2340	160	1800	150	1/300	7/1 JH
St. Moritz	1856 m	6000	12442	5958		6500		1/150	1 JH
Sils	1800 m	500	3000	1200		1500		–	3
Silvaplana	1816 m	800	4500	970		3500		1/250	–

Ort	Wandern Wege mark.	geführte Wanderungen	Alpinschule	Beförderung Bus	Bahn	Kabinenbahnen groß	klein	Standseilb.	Sessellifte	Hochtouren Anzahl	Dauer	Führer	Hütten bewirt.
Pontresina	220 km	täglich	x	x	x	5	1	2	2	18	8 Std.–7 Tg.	70	17
St. Moritz	500 km	täglich	x	x	x	5	1	2	2	10	1,5–2 Tg.	30	11
Sils	100 km	2× wöch.	x	x	x	1				7	1–1,5 Tg.	20	
Silvaplana	150 km	2× wöch.		x		1	2			5	1–1,5 Tg.	17	

Abzeichen: Panoramapaß und -preis (St. Moritz). **Ferner interessant:** botanisch, geologisch und mineralogisch geführte Exkursionen, Naturschutzgebiete, Wasserfälle, Wildexkursionen (Pontresina), nostalgische Bahnfahrten, Pferdeomnibusfahrten, Exkursionen ins alte Bergbaugebiet Val Minor (Pontresina). **Sommerski** auf Corvatsch und Diavolezza: 5 Liftanlagen, 2 km Abfahrten. **Wildwasser:** ca. 50 km befahrbare Strecke im Oberengadin. **Rundflüge** mit Segel-, Motorflugzeug u. Helikopter. **Golf:** Platz mit 18 Loch in Samedan. **Veranstaltungen:** 1. Aug.: Bundesfeier. Juli/Aug.: Engadiner Konzertwochen. Anf. Aug.: Engadiner Surfmarathon. Mitte Aug.: Engadiner Sommerlauf.

Pontresina

Kur- und Verkehrsverein, CH-7504 Pontresina, (0 82) 6 64 88, Tx 8 52 595.
Schwimmen in 1 Hallenbad; 6 Bergseen. **Angeln** in Seen und Flüssen. **Unterricht:** Segel-, Deltaflug-, Motorflug-, Tennisschule. **Ausrüstungsverleih** für Deltafliegen, Hochtouren; Fahrräder. **Tennis:** 16 Plätze, Vita-Parcours. **Unterhaltung:** Gästekindergarten, Gartenschach, Konzerte, Theater, Museum Alpin.
Aktivangebote: Töpfern, Schnitzen, Färben/Spinnen, Weben. **Veranstaltungen:** Anf. Juli: Waldfest. Ende Sept.: Pontresiner Korbballturnier.
Pauschalangebote: Mitte Juni–Ende Sept.: Pauschal-Wanderwochen. Juni–Okt.: Ausbildungs- und Tourenwochen.

St. Moritz

Kur- und Verkehrsverein, CH-7500 St. Moritz, (0 82) 3 31 47, Tx 8 52 129.
Schwimmen in 9 Hallenbädern (Thermalbad, Wannenbäder); 1 See, Bootsvermietung. **Angeln** in Seen und Flüssen. **Unterricht:** Surfen, Segeln, Kanu-, Riverrafting, Tennis, Reiten, Golf, Eislauf, Sommerski. **Ausrüstungsverleih:** Bergsteigen, Surfen, Segeln; Fahrräder. Geführte Floßfahrten. **Reiten** im Gelände, 300–400 km Reitwege, Pferdeverleih, Reithalle. **Schießen:** Luftgewehr, Tontauben, Bogen; Pistole (auf Anfrage). **Tennis:** 30 Plätze, 1 Halle/4 Plätze. **Squash:** 2 courts. **Eislauf:** Freiluft-Kunsteisbahn. **Gesundheit:** Vita-Parcours, Kneipp-Anlagen, Kur- und Bäderbetrieb, Fitness-Zentrum.
Unterhaltung: Gästekindergarten, Gartenschach, Theater, Folkloreabende, Konzerte.
Aktivangebote: Inspiriertes Malen und Zeichnen, Vokal- und Instrumentalmusikkurse.
Veranstaltungen: Aug.: Ortsfest. »Dumengia-Bella«. Anf. Aug.: Int. Sommer-Bridge-Turnier.
Pauschalangebote: Mai–Okt.: Fitness-Sport-Wochen und -Kurse. Juni: Engadiner Bergblumentage. Juni/Juli: Kurse für Gesundheit und Lebenshilfe; Inspiriertes Malen + Zeichnen. Juli: Musische Wochen für Kinder. Mitte Juni–Mitte Juli, Mitte Aug.–Ende Sept.: Alles-inbegriffen-Ferien: 14 Tage Aufenthalt mit Exkursionen, Wanderungen, Veranstaltungen. Ende Juni/Mitte Sept.: Freizeit für Senioren.

Sils

Kur- und Verkehrsverein, CH-7514 Sils, (0 82) 4 52 37.
Schwimmen in 1 beh. Freibad, Solbad; 2 Seen, Ausflugsfahrten mit dem Schiff. **Angeln** in Flüssen und Seen. **Unterricht:** Surf-, Ruder-, Tennisschule. **Ausrüstungsverleih** für Surfen und Rudern. Tauchen. Deltafliegen. **Tennis:** 7 Plätze, 1 Halle/1 Platz. Vita-Parcours.
Unterhaltung: Konzerte, Dia- und Filmabende.
Aktivangebote: Mineralogie, Fotografieren, Bergsteigen, Sticken, Aquarellieren (Juni–Okt.), Fischen.
Veranstaltungen: Juli: Silser Seelauf.
Pauschalangebote: Juni–Okt.: Surfen; Botanik und Wandern; Sticken und Wandern; Fischen.

Silvaplana

Kur- und Verkehrsverein, CH-7513 Silvaplana, (0 82) 4 81 51, Tx 8 52 155.
Schwimmen in 1 See. **Angeln** in Flüssen und Seen. Surfen, Segeln (Unterricht, Ausrüstung). Tauchen. Rudern. **Tennis:** 2 Plätze. **Squash:** 2 courts.
Unterhaltung: Theater, Konzerte, Heimatabende.
Veranstaltungen: Int. Segel- und Surfregatten.
Pauschalangebote: Weiße Wochen – Sommer-Skifahren am Corvatsch.

Lage und Zufahrt: Kartenteil Seite 13 C 1/2.

In Pontresina steht dieses historische Haus (oben). Rechts - das ist St. Moritz.

Auf allen Strassen richtungweisend. Die Strassenkarten von Kümmerly + Frey.

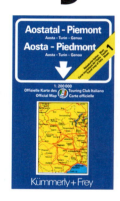
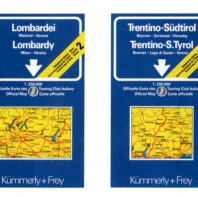
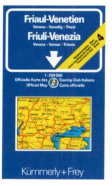
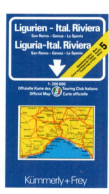

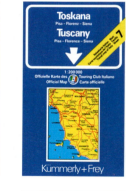

URLAUB IN DEN BERGEN
ITALIEN

Südtirol ist »in«. Lange schon. Mit Meran und den gesunden Weintrauben fing es an. So werden bereits seit 150 Jahren mit Hilfe der Traubenkur Gäste und Gastgeber gesund. Am Anfang waren es in erster Linie gekrönte Häupter mit Anhang, die sich im milden Klima Südtirols über die Wintermonate gesund aßen. Heute ist im Burggrafenamt – das ist Meran mit Umgebung – immer Saison. Das beginnt im Frühjahr mit der Obstbaumblüte, anschließend kommt die sommerliche Hochsaison, dann schließt sich das Törggelen an. Und zum Schluß, im Winter, hat man auch noch eine Skisaison etabliert.

Bei den Kletterern zählte Südtirol ebenfalls schon zu den Topzielen, als von Tourismus keine Rede war. Die Gipfel und Wände zwischen Langkofel und Drei Zinnen waren gefragt. Später entwickelte sich ein fröhlicher, aber immer noch bescheidener Sommerfrischler-, Bergbewunderer- und Bergwanderer-Tourismus.

Erst nach dem Zweiten Weltkrieg, aber dann mit ungeheurer Dynamik, setzte der Touristenboom ein. Jetzt wurden Hotels und Pensionen gebaut, Betten aufgestellt und alle Gegenden mit Bergbahnen und Liften überzogen. Jetzt wurde das Grödner Tal zum Inbegriff für Südtirol. Heute ist es zum Paradebeispiel für Massentourismus geworden.

Kein Wunder bei dieser Kulisse! Der klotzige Sellastock, der wuchtige Langkofel, die eigenwilligen Geislerspitzen und dazwischen Wiesen, Wanderwege und Weitblicke summieren sich zu einer hinreißenden Ferienlandschaft. Zur Zeit sind gerade die Italiener dabei, Südtirol als Ferienziel zu entdecken. Nicht zuletzt auch deswegen, weil die klassischen Ferienreviere wie Adria und Riviera schon recht teuer geworden sind, während es in Südtirol immer noch eine Reihe von Regionen gibt, die sehr preiswert sind. Dazu gehören eigentlich alle nördlichen Seitentäler des Pustertals wie Gsieser-, Antholzer-, Tauferer- und Ahrntal, aber auch das Sarn- und das Passeiertal.

Soll es aber exklusiv und luxuriös sein, dann logiert man am besten gleich in Cortina d'Ampezzo. Wer sein Geld besonders zusammenhalten muß oder ganz bewußt das einfache Leben sucht, der kann auf einigen hundert Bauernhöfen schon für 15 Mark ein Bett mit Frühstück haben – und mit etwas Glück auch noch Familienanschluß.

Bevor man losgeht, auf leichten Wanderwegen, anspruchsvollen Gipfelanstiegen oder einer Kletterei, sollte man sich im klaren sein, was man eigentlich will. Soll es Berühmtes sein wie die Drei Zinnen, Sella, Langkofel, Seiser Alm – dann kann man das zumeist nur mit Gesinnungsgenossen genießen, oft mit recht vielen. Andererseits gibt es Wander- und Bergsteigerziele genug, natürlich die unbekannten, wo man noch recht einsam durch die Landschaft streifen kann. Im Zweifel mischt man einfach: ein Tag laut, der nächste wieder leise.

Betrachtet man Südtirol im Detail, wird sichtbar, wie vielseitig, vielschichtig und vielsprachig das Land südlich des Brenners ist. Von der Riesenfernergruppe im äußersten Nordosten, die zu den Zentralalpen zählt, bis zur Ortlergruppe, die schon weit in die Lombardei hineinreicht und mit hundert Gletschern ausgesprochen Westalpen-Charakter aufweist, ist das einzig Beständige der Wechsel.

Die Dolomiten, die zu den Glanzpunkten der gesamten Alpen zählen, geben sich sehr eigenwillig bis bizarr. Dringt man gar noch in den italienisch-sprachigen Teil der Dolomiten vor, wird die Vielfalt potenziert. Allein die Brenta – mit Madonna di Campiglio als Reklameprodukt – ist seit Jahrzehnten Ziel der Anhänger alpiner »Eisenwege« aus aller Welt. Diese Form alpiner Erschließung – wenn's nicht mehr weitergeht, einfach mit Drahtseilen und Eisenleitern Wegebau zu betreiben, notfalls auch senkrecht durch die Felsen – ist nicht unumstritten. In den Dolomiten gibt es diese Eisensteige dutzendweise, gedruckte Führer dazu ebenso.

Diese Gebirgsszenerie wird von südlicher Sonne umflutet, die selbst in die steinigsten Ecken Ferien-Fröhlichkeit zaubert. Kein Wunder, daß hier in manchen Ballungsgebieten bereits zuviel an Tourismus gemacht wird. Das tut inzwischen auch Luis Trenker kund, der jahrzehntelang der erfolgreichste Südtirol-Werber war. Er hat sich mit anderen zusammengetan, um eine weitere Erschließung der berühmten Seiser Alm zu verhindern.

J.R.

Südtirol hat besonderen Reiz. Umströmt von südlichem Licht ragen hier, in der Heimat von Luis Trenker und Reinhold Messner, berühmte Berge empor: der klotzige Sellastock, der wuchtige Langkofel, die schroffen Dolomiten. Sie sind für Bergsteiger da. Doch die Möglichkeiten für Bergwanderer und Spaziergänger sind noch viel, viel größer.

ITALIEN

Diese Karte soll Ihnen einen Überblick geben. Sie sehen darauf rote Punkte mit Zahlen. Sie bezeichnen die Gebiete, die wir auf den folgenden Seiten beschreiben. Dort finden Sie die Zahlen wieder – rechts oben auf den Seiten. Detaillierte Straßenkarten der Alpenregionen im Maßstab 1 : 500 000 finden Sie im Anhang dieses Buchs.

Allgemeine Informationen erhalten Sie bei:

Staatliches Italienisches Verkehrsamt ENIT
Kaiserstraße 65
6000 Frankfurt
(0 69) 23 12 13
Tx 4 14 672.

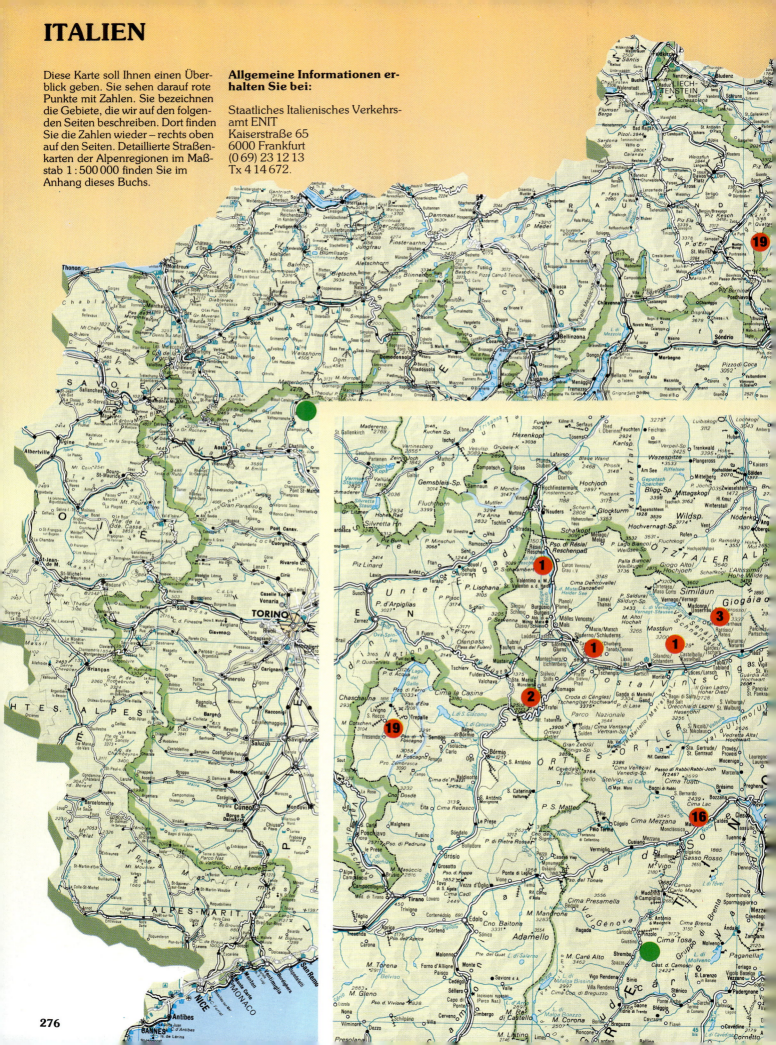

276

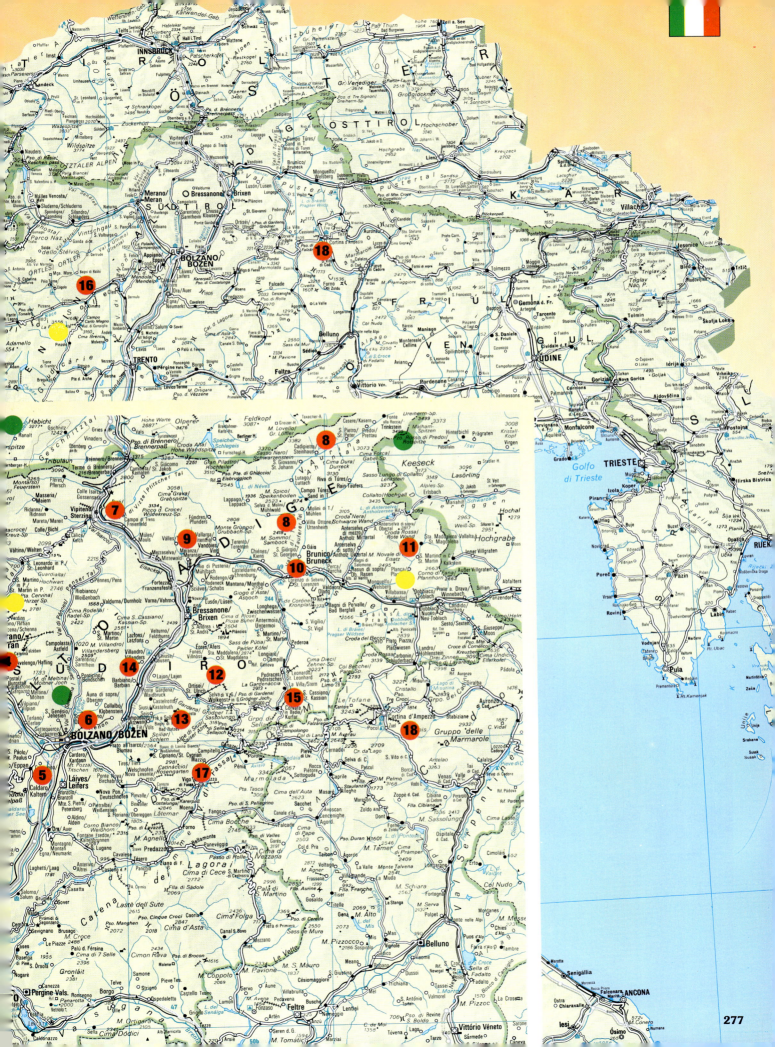

SÜDTIROL

DER VINSCHGAU
Südtirol

Graun Langtaufers Reschen St. Valentin Mals Burgeis Schluderns

Bereits zur Römerzeit wand sich eine Straße, die Via Claudia Augusta, aus dem Raum von Meran – immer dem Oberlauf der Etsch folgend – zum Reschenpaß hinauf. Das breite Etschtal ist die Lebensader des Vinschgaus, wie die Landschaft hier heißt.

OBST UND WEIN ZWISCHEN BURGEN UND DÖRFERN

Die wirtschaftliche Basis bilden Obst, Wein und Feriengäste. Das trifft auf alle Orte des Vinschgaus zu, ob sie nun direkt im Etschtal liegen – wie Latsch, Schlanders und Schluderns – oder in einem der vielen Seitentäler.

Eines kann man als Regel unterstellen: Wo einst die Römer waren, gibt es heute Burgen und Schlösser. Der Vinschgau, immer schon ein prächtiges Stück Land und regelmäßig heiß umkämpft, kann einige besonders schöne Exemplare vorweisen. Zwischen Burgen und Dörfern dehnen sich riesige Obst- und Weingärten aus. Um der Fruchtbarkeit nachzuhelfen, versprühen rechts und links der Straße Berieselungsanlagen Wasser über die Kulturen. Deren Vorläufer waren die sogenannten Waale: kunstvoll aufgebaute und abgestimmte Wasserverteil-Systeme, die nach einem festgelegten Schlüssel jedem Bauern zu seinem Wasseranteil verhalfen. Denn der Vinschgau gehört zu den niederschlagärmsten Regio-

Unten sehen Sie das Dörfchen Rojen westlich oberhalb vom Reschensee. Es liegt 1968 m hoch; eine steile Straße führt vom Nordende des Reschensees hinauf.

Oben und darüber – das ist der Reschensee – ein Stausee. Ein Dorf samt Kirche geriet unter Wasser.

Schlanders   Latsch   I-1

nen Mitteleuropas. Diese Waale kann man heute noch bestaunen. Der längste dieser Kanäle mißt elf Kilometer und befördert Wasser aus 2600 m Höhe bis 650 m herunter.

Beginnen wir die Reise durch den Vinschgau von Norden her. Wenn wir von Landeck dem Oberlauf des Inns folgen, erreichen wir den Reschenpaß. Die Fahrt zum Reschensee, kurz unter dem Paß und ein Abstecher hinein ins Langtauferertal bietet schöne Hochgebirgsbilder und die aus dem See ragende Kirchturmspitze der alten, im See versunkenen Ortschaft Graun.

Reschen ist ein Feriendorf: fast 1500 m hoch, sonnig und mit vielen Sportmöglichkeiten am See. Nachdem die Abfahrt vom Reschenpaß endgültig hinter uns liegt, erreichen wir an den östlichen Ausläufern des Sesvennagebirges den Ort Burgeis. Bekannt ist vor allem sein hoch am Berg liegendes Benediktinerkloster Marienberg.

Wanderer halten sich an den 2557 m hohen Watles (den man mit einer Bahn erreicht), um zur Höferalm und zur Plantapatsch-Hütte aufzusteigen, zum Pfaffensee zu wandern oder zum Schafberg hinüberzuqueren. Fast überall hat man einen Überblick über den ganzen Vinschgau, soweit der Dunst es zuläßt. Im benachbarten Mals sind es die Fresken von St. Benedikt aus dem 9. Jahrhundert, die den Ort interessant machen. Sie zählen zu den ältesten Wandmalereien im deutschsprachigen Raum.

Gleich um die Ecke liegt das Städtchen Glurns. Es ist die einzige Siedlung in Südtirol, die noch vollständig von einer Stadtmauer umgeben ist.

Hier sieht alles noch sehr mittelalterlich aus, ob es nun original oder restauriert ist; manches ist auch keineswegs mittelalterlich, sondern nur nicht mehr ganz neu. Aber alles zusammen gibt ein hübsches Bild ab.

Die nächste größere Siedlung, keine 5 km weiter, ist Schluderns. Es wird von der mächtigen Churburg überragt, einer der stattlichsten in Südtirol. Sie besitzt einen schönen Arkadenhof und eine sehr interessante Rüstkammer. Weit unauffälliger, ja eigentlich nur dem Wissenden erkennbar, ist die Schludernser Aue. Sie ist ein geschütztes Biotop und zeigt auf einer großen Fläche ein Landschaftsbild, wie es ehedem für den Oberen Vinschgau typisch war. Auf zwei längeren Wanderungen kann man die Schönheit dieser Aue kennenlernen.

Einen Hinweis auf die unsicheren Zeitläufe in der Gegend geben die Burgruinen von Matsch im Matscher Tal, die man von Schluderns in zwei Stunden bequem erwandern kann.

Eine Spezialität von Schluderns sind die Waalwege. Sie wurden entlang der alten Waale angelegt, die teilweise schon im 12. Jahrhundert die Wasserprobleme der Bauern zu lösen hatten. Heute sind sie schöne, ebene Spazierpfade.

Ein Ausflug nach Sulden und eine Seilbahnfahrt zur Schaubachhütte führt Sie mitten hinein zwischen die großen Ortlergipfel.

Laas, die nächste Ortschaft im Etschtal, hat Besonderes zu bieten: Marmor. Der weltberühmte Laaser Marmor kommt aus Steinbrüchen, die bis zu 2000 m hoch liegen. Auch die bayerischen Königsschlösser wurden mit ihm veredelt.

Die nächsten Stationen sind der stattliche Ort Schlanders und davor das Dorf Kortsch. Das ist allein wegen seiner rustikalen Anlage besuchenswert. Von Schlanders können tüchtige Berggeher durch das Schlandrauntal und über das Taschljöch (2765 m) ins Schnalstal wandern. Mit sieben bis acht Stunden Gehzeit müssen Sie rechnen.

Einige Ausdauer erfordert auch der Besuch des Göflaner Sees, der stolze 2519 m hoch liegt. Gehzeit: vier bis fünf Stunden. Die Göflaner Alm und die verfallenen Marmorbrüche auf halbem Weg sind sehenswert.

Auch das Martelltal führt Sie in die Ortlergruppe. Von Goldrain sind es 27 km bis hinter den Zufrittsee. Dieses Stück Berglandschaft zählt zum Schönsten in Südtirol.

Auf der Ötztaler Seite ist das Schnalstal in den letzten Jahren ins Gespräch gekommen. Inzwi-

Ort	Höhe	Einwohner	Gästebetten insgesamt	in Hotels	in Gasth./ Pensionen	in Chalets/ Ferienwhg.	in Privath./ Bauernhäus.	Camping/ Stellplätze	Ferienlager
Mals	980 m	1700	2200	53	800	300	1047	1/40	3
Schluderns	920 m	1600	500	105	354	41	30	–	–
Vinschg. Oberl.	1470 m	2900	2500		2100		400	1/20	2 JH

Ort	Wandern Wege insg.	Wege mark.	geführte Wanderungen	Beförderung Bus	Bahn	Hochtouren Anzahl	Dauer	Führer	Hütten bewirt.	unbew.	Abstand	Abzeichen
Mals	290 km	290 km		×	×	mehrere		mehrere	3		2 Std.	Wandernadeln
Schluderns	70 km	50 km				1	6–8 Std.			2	4 Std.	Wanderabzeichen
Vinschg. Oberl.	120 km	120 km	1× monatl.	×		2	5–7 Std.		3		5 Std.	Vinschg.Oberland

Außerdem: 1 Sessellift (Mals, Vinschgauer Oberland). 4 Rundwanderwege, 60 km (Schluderns). Alpinschule (Mals). **Ferner interessant:** Stilfser Nationalpark, Biotop »Auegebiete Schluderns«, Waalwege, Wildgehege.

Mals
Verkehrsverband der Gemeinde Mals, Peter-Glückh-Platz 3, I-39024 Mals, (04 73) 8 11 90, Verkehrsbüro, I-39024 Burgeis, (04 73) 8 14 22 mit Laatsch, Tartsch, Schleis, Schlinig, Matsch, Planeil. **Schwimmen** in 1 See, 1 Stausee, 1 beh. Freibad, 1 Hallenbad. **Angeln** in Seen, Flüssen u. künstl. Anlagen. **Ausrüstungsverleih:** Surfen, Rudern. Surfschule. **Tennis:** 1 Platz, Schule. **Drachenfliegen** am Watles. Trimmpfad. **Unterhaltung:** Heimatabende, Bauerntheater, Filmabende, Ortsfeste.

Schluderns
Verkehrsverein, I-39020 Schluderns, (04 73) 7 58 58. **Schwimmen** in 1 Stausee. **Angeln** in Flüssen. Drachenfliegen. 25 km Radwege. **Tennis:** 2 Plätze. **Schießen:** Luftgewehr. Trimmpfad.

Unterhaltung: Heimatabende, Bauerntheater, Parkfeste, Filmabende.

Vinschgauer Oberland
Verkehrsamt Vinschgauer Oberland, I-39020 Graun, auch für Langtaufers, **(04 73) 8 32 33,** I-39020 St. Valentin, Tel. 8 46 03 und I-39027 Reschen, Tel. 8 31 01. **Schwimmen** in 1 See, 2 Stauseen, 1 beh. Freibad, 1 Hallenbad. **Angeln** in Flüssen u. Seen. Surfen, Segeln, Rudern, Tretbootfahren. **Drachenfliegen** von der Haider-Alm. **Tennis:** 1 Platz. **Unterhaltung:** Heimatabende, Kinder-, Vereins-, Ortsfeste.

Lage und Zufahrt: Kartenteil Seite 27 C 1.

Anzeigen

Problemlos telefonieren

Wenn Sie von anderen Ländern dort anrufen wollen, müssen Sie die 0 am Anfang der Vorwahl weglassen und folgende Nummer vorauswählen:

Aus Deutschland
nach Österreich	0043
in die Schweiz	0041
nach Italien	0039

Aus Italien
nach Deutschland	0049
nach Österreich	0043
in die Schweiz	0041

St. Valentin

Pension-Appartements Hohenegger
Besitzer: E. Hohenegger
I-39020 St. Valentin auf der Haide
Telefon: 0473/8 46 53/8 46 40

App. und Ferienw. für 2–5 Personen m. Du, WC, Balkon, TV-Anschluß und Kochnische. **Günstige App. Preise ZF ab DM 27.–.** Gästezimmer mit Frühstück. Sehr schöne Lage am Waldrand. Hallenbad, Sauna u. Fitneßraum. Taverne u. Bar für unterhaltsame Stunden.

DER VINSCHGAU
Südtirol

Graun Langtaufers Reschen St. Valentin Mals Burgeis Schluderns

schen hat sich auf dem Hochjochferner der Sommerskilauf etabliert, die Ausblicke auf Gletscher, Ötztaler- und Ortlergipfel sind atemberaubend, und das ganze Tal zeigt eine Ursprünglichkeit wie nur noch wenige.

Bevor wir hinter Naturns den Vinschgau verlassen und Meran erreichen, machen wir in der Gegend um Latsch noch einmal Halt. Die Zahl der Wandermöglichkeiten ist wie im Vinschgau auch hier schier endlos.

Viele routinierte Bergwanderer kennen das »Hasenörl« (3256 m). Es zählt zu den schönsten Aussichtsbergen des Vinschgaus. Hier gibt es, am Ostrand der Ortlergruppe, bereits die ersten Gletscher. Der Aufstieg von Latsch aus erfordert sieben Stunden.

Auf der Ötztaler Seite ist der Übergang von St. Martin (man erreicht es von Latsch mit der Bergbahn) ins Schnalstal ein schönes Unternehmen. In knapp drei Stunden sind Sie auf dem Niederjöchl (2662 m), nach drei weiteren im Schnalstal. Aber es gibt auch Spazier- und leichte Wanderwege in Hülle und Fülle. Die sonnigsten Wege ziehen durch die nach Süden gerichteten Flanken der Ötztaler Alpen, an der Nordseite des Tales. Sie sind deshalb besonders für Frühling und Herbst geeignet. Für den Sommer empfiehlt sich

Ganz rechts – das ist der Herrenhof Mühlrein in Latsch. Daneben: die St. Ägidiuskirche oberhalb von Kortsch.

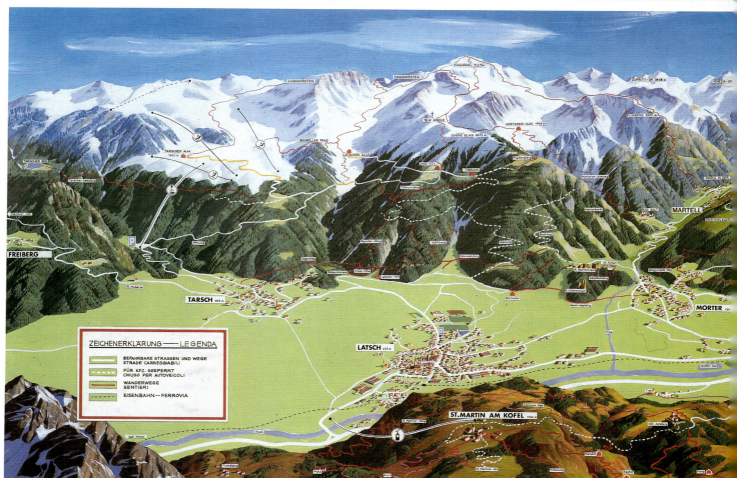

Mals, der Hauptort des Obervinschgaus (Bilder links und rechts) hat seinen Gästen viel zu bieten: Zahlreiche traditionelle Feste im Sommer, Wander- und Klettermöglichkeiten für jeden Geschmack und — zur Entspannung — ein beheiztes Freischwimmbad.

Schlanders Latsch

I-1

die Südseite des Tales. Dort geht es schattiger zu – auch, weil die Ausläufer des Ortler stark bewaldet sind.
Eine leichte Wanderung führt von Tiss (bei Latsch) zum Schloß Annaberg, weiter zu den Latscher Wänden und dann wieder hinunter nach Latsch. Die Landschaft ist originell; am Sonnenberg sieht es aus wie in Andalusien. Zwei bis drei Stunden ist man unterwegs.
Auf der Ortlerseite ist die Höhenwanderung von der Latscher Alm über die Tarscher Alm zum Tarscher See besonders empfehlenswert. Sie verläuft zwischen 1700 und 2000 m Höhe. Das dauert, hin und zurück, vier Stunden. Eine Stunde brauchen Sie zum Aufstieg von Morter (zwischen Latsch und Schlanders) zum Scheibenkofel (1042 m). An klaren Tagen gibt es als Belohnung eine wunderschöne Aussicht über Meran hinweg bis ins Passeiertal.

Ort	Höhe	Einwohner	Gästebetten					Camping/ Stellplätze	Ferien- lager
			insgesamt	in Hotels	in Gasth./ Pensionen	in Chalets/ Ferienwhg.	in Privath./ Bauernhäus.		
Latsch	650–800 m	3895	2600	350	1200	600	450	2/150	–
Schlanders	720 m	5000	1505	298	808	208	191	–	–

Ort	Wandern			Beförderung		Hochtouren			Hütten		Abzeichen
	Wege insg.	Wege mark.	geführte Wanderungen	Bus	Bahn	Anzahl	Dauer	Führer	bewirt.	Abstand	
Latsch	270 km	195 km	1× wöch.	×	×	mehrere	5–8 Std.	2	4	6 Std.	Wandern., IVV Abz.
Schlanders	80 km	50 km	1× wöch.	×	×	mehrere	4 Std.–2 Tg.	3	5	3 Std.	

Außerdem: 1 Kleinkabinenbahn, 1 Sessellift (Latsch). 28 Rundwanderwege, 195 km. **Ferner interessant:** Stilfser Nationalpark, Waalwege. Geologischer Lehrpfad, Wildgehege, Falknerei (Latsch). Botanischer Lehrpfad (Schlanders).

Latsch

Verkehrsverband Latsch (mit Goldrain, Morter, Tarsch), Hauptstraße 38 a, I-39021 Latsch, (04 73) 62 31 09 oder 62 33 22, Tx 4 00 892.
Schwimmen in 1 beh. Freibad, 1 Hallenbad. **Angeln** in Flüssen. Drachenfliegen. 39 km Radwege, Fahrradverleih. **Tennis:** 3 Plätze, 1 Halle mit 1 Platz, Kurse.
Schießen: Luftgewehr. Trimmpfad. Fitness-Zentrum.
Unterhaltung: Heimatabende, Garten- und Nachtfeste, Dia- und Filmabende.
Veranstaltungen: IVV-Vinschgauer Rundwanderung.
Pauschalangebote: Morter: Juni, Juli u. Okt.: Int. Wanderwochen: 7 Tage Aufenthalt mit geführten Wanderungen, Ausflügen, Feiern, Wandernadel.

Schlanders

Verkehrsverband, Kapuzinerstr. 10, I-39028 Schlanders, (04 73) 7 01 55, Tx 4 01 412 mit Kortsch, Göflan, Vetzan.
Schwimmen in 1 beh. Freibad, 1 Hallenbad. **Angeln** in Seen u. Flüssen. Fahrradverleih, 30 km Radwege.
Tennis: 4 Plätze. Fitness-Zentrum.
Unterhaltung: Heimatabende, Konzerte, Vorträge.
Veranstaltungen: Mitte Mai: Int. Halbmarathonlauf. Ab Anf. Juli: Wiesenfeste.
Pauschalangebote: April–Juni: Frühlingsangebot »Grüne Wochen«.

Lage und Zufahrt: Kartenteil Seite 15 C 3.

Auf dem Bild rechts sehen Sie Burgeis, einen malerischen Ferienort, mit seinen romantischen alten Bauernhäusern.

DAS ORTLERGEBIET
Südtirol

Sulden Trafoi Prad Gomagoi Stilfs-Stilfser Joch

Sagt man Südtirol, so denkt man an Kühe auf der Seiser Alm, meint man endlose Obstgärten und Weinberge rechts und links der Autobahn. Im Ortlergebiet ist es anders.

HERBER IM TAL, DRAMATISCHER IM GEBIRGE

Wer über den Reschenpaß nach Südtirol in Richtung Meran fährt, sieht bald die imposanten Berggestalten vor sich, deren Gletscher immer wieder in der Sonne aufblitzen. Es ist die Ortlergruppe, die größtenteils zu Südtirol zählt.

In dieser Gegend ist alles eine Spur weniger lieblich als im übrigen Südtirol. Herber ist es schon im Tal, dramatischer im Hochgebirge. Die höchsten Gipfel, die nahe an die Viertausend-Meter-Grenze reichen, und die über 100 Gletscher verleihen diesem westlichen Stück Südtirols Westalpen-Charakter.

Um in diese hochalpine Region zu kommen, verläßt man in Spondi-

Prad, das unser Foto oben zeigt, ist der größte Ort im Ortlergebiet. Für diese Gegend liegt er recht tief: nur etwa 900 Meter. Aber auch hier gibt es schon viele schöne Wandermöglichkeiten.

———————————————————————————— Anzeigen

Bormio

Hotel Folgore
I-23032 Bormio
Tel.: 01.06.-04.11. (0342) 90 31 41
04.11.-01.06. (0342) 90 33 61

Hotel Folgore bef. sich über dem Stilfserpaß (Höchster Alpenpaß, 2760 m). Moderne m. Komf. ausgest. Zimmer, Bar, Taverne-Diskothek, Restaurant. Aufenthaltsräume. Im ganzen Oktober Skilanglauf m. Skilehrer. Langlaufloipe direkt beim Haus.

I-2

Auf der Stilfser-Joch-Paßstraße (rechts) prüfen Autotester die Bremsen ihrer Fahrzeuge. Sportliche Fahrer lieben die Kurven. Aber man kann auch langsam fahren und einfach die Aussicht genießen.
Links Sommerski am Stilfser Joch.

Problemlos telefonieren

Wenn Sie von anderen Ländern dort anrufen wollen, müssen Sie die 0 am Anfang der Vorwahl weglassen und folgende Nummer vorauswählen:

Aus Deutschland
nach Österreich	0043
in die Schweiz	0041
nach Italien	0039

Aus Italien
nach Deutschland	0049
nach Österreich	0043
in die Schweiz	0041

285

DAS ORTLERGEBIET
Südtirol

Sulden   Trafoi   Prad   Gomagoi   Stilfs-Stilfser Joch

nig das Etschtal nach Südwesten und gelangt über Prad, Stilfs, Gomagoi und Trafoi bereits nach knapp dreißig Kilometern auf das Stilfser Joch. Fehlt nur noch Sulden, das gut zehn Kilometer südlich von Gomagoi liegt – damit sind alle wesentlichen, zentralen Südtiroler Ortlerorte genannt.

Die Stilfser-Joch-Straße ist als Attraktion schon lange ein Begriff. Wer jemals die 48 Haarnadelkurven heruntergekurbelt hat, mag sich wundern, daß diese Straße bereits seit 1825 in Betrieb ist. Man kommt aber aus dem Staunen nicht heraus, wenn man erfährt, daß das stolze 2758 m hohe Stilfser Joch bereits in vorchristlicher Zeit als Alpenübergang benutzt wurde.

Dieses Joch hat aber auch noch auf einem anderen Gebiet von sich reden gemacht. Hier wurde nämlich bereits Sommerskilauf betrieben, als man andernorts noch gar nicht wußte, daß es sowas überhaupt gibt. Inzwischen hat sich in dieser luftigen Höhe eine kleine Hotelsiedlung etabliert, eine Kabinenbahn und ein halbes Dutzend Skilifte sind installiert und mehrere Skischulen üben mit ihren Gästen das Kleine Ski-Einmaleins – immer von Juni bis Oktober. Die restliche Zeit ist der Paß geschlossen, wegen zuviel Schnee.

Fast alle der 4500 Gäste, die hier unterkommen können, sind entweder Sommerfrischler vor einer wunderschönen Bergkulisse oder Bergsteiger im weitesten Sinn. Oder sie kombinieren beides. Eines ist sicher: Die Hochtouristen – ob Kletterer oder Eisgeher – finden im Ortler mehr Möglichkeiten als die schlichten Wanderer.

Aber keine Sorge: es gibt auch für Gelegenheits-Alpinisten noch genügend zu marschieren. Schon Prad, das mit 900 m für diese Gegend noch sehr tief liegt, bietet ein

Stilfs – auf dem Bild rechts – ist der Ort, der dem Stilfser Joch den Namen gab.

Im Sommerskigebiet Stilfser Joch (links) sind – wenn es die Schneeverhältnisse erlauben – zehn Lifte in Betrieb. 20 km Abfahrten sorgen dafür, daß keine Langeweile aufkommt.

Dutzend verschiedene Wanderungen an. Eine besonders interessante, sehr leichte, aber auch sehr lange führt nach Sulden. Man wandert immer über die Osthänge des Tales und hat großartige Aussichten auf den ganzen Ortlerstock. Mit sechs Stunden ist zu rechnen, die Rückkehr erfolgt per Bus.

Leichte Wanderungen im Tal führen zu den Nachbarorten Tschengls, Lichtenberg und Stilfs. Trafoi liegt schon 1600 m hoch und kann einen Doppelsessellift als Wanderhilfe zur Verfügung stellen. Die Bergstation an der Furkelhütte liegt 2250 m hoch und ist Ausgangspunkt für einen schönen Höhenweg, der über den Goldsee zum Stilfser Joch zieht. Er bietet schöne Einblicke in die Ortler-Nordflanke und beansprucht etwa vier Stunden Gehzeit. Wanderungen auf die Alpenrosehütte (2028 m) und zur Berglhütte (2212 m) in der Ortler-Nordwestflanke erfordern zwei bis drei Stunden Aufstieg.

Besonders attraktiv sind Unternehmungen rund um Sulden. Auch hier kann mit Bergbahn-Unterstützung gerechnet werden. Zum Schönsten zählt die Hochgebirgswanderung von der Schaubachhütte auf das Madritschjoch (3123 m) mit dem Abstieg in das Martelltal zur Zufallhütte. Dieser Weg ist nur für gute und gut ausgerüstete Hochgebirgswanderer geeignet. Wenn man mit der Seilbahn zur Hütte auffährt, sind noch vier Stunden Gehzeit einzukalkulieren. Plus mindestens einer Stunde, um am Joch die Gegend zu bewundern und ordentlich Pause zu machen.

Mit dieser Methode kommt man sozusagen durch den Hintereingang in eines der schönsten Südtiroler Täler. Das hat nur einen kleinen Nachteil. Man muß sich immer umdrehen, denn das, worauf es ankommt, nämlich die Eisgipfel, liegt hinten. Man kann das Martelltal selbstverständlich auch durch den Haupteingang aufsuchen. Dazu fährt man ins Etschtal, Richtung Meran, und biegt in Goldrain rechts in das Martelltal ein. Mit dem Auto kann man bis zum Hotel Paradiso fahren, und zum Schluß zur Zufallhütte wandern. Das ist fast genauso schön, aber nicht so ermüdend. Kleinere Wanderungen gehen zur Hintergrathütte, zur Düsseldorfer Hütte und auch zur Tabarettahütte. Zwischendurch kann man in Prad ins geheizte Freibad springen.

Eine großartige Autofahrt rund um den Ortler ist zugleich eine Vier-Pässe-Fahrt: Stilfser-Joch, Apricapaß, Tonalepaß und Mendelpaß.

Ort	Höhe	Einwohner	Gästebetten insgesamt	in Hotels	in Gasth./ Pensionen	in Chalets/ Ferienwhg.	in Privath./ Bauernhäus.	Camping/ Stellplätze	Ferienlager
Gomagoi	1273 m	125	175	–	125	–	50	–	–
Prad	910 m	2871	1090	560		530		2/600	–
Stilfs	1310 m	759	200	–	120	80		–	–
Sulden	1900 m	420	2000	830	550	320	300	–	–
Trafoi	1600 m	140	465	415		–	50	1/200	–
Stilfser Joch	2760 m	–	1500	800	700				

Ort	Wandern		Beförderung				Hochtouren		
	Wege insg.	geführte Wanderungen	Bus	Bahn	Kabinenbahnen groß	klein	Sessellifte	Dauer	Führer
Gomagoi	20 km	auf Wunsch	×		1		1	2–6 Std.	×
Prad	50 km	1–3× wöch.	×	×			1		×
Stilfs	50 km	auf Wunsch	×		2		1	3–7 Std.	×
Sulden	50 km	auf Wunsch	×	×	1		2	1–2 Tage	×
Trafoi	50 km	auf Wunsch	×		2		1	2–6 Std.	×
Stilfser Joch	20 km	auf Wunsch	×		2		1	1–10 Std.	×

Sommerski: 10 Liftanlagen, 20 km Abfahrten am Stilfser Joch.

Prad am Stilfser Joch
Verkehrsamt für das Ortlergebiet, I-39029 Prad, (04 73) 7 60 34, (I-39020 Gomagoi, Stilfs, Trafoi, Stilfser Joch).
Schwimmen in 1 beh. Freibad, 2 Hallenbädern (Trafoi). **Angeln** in Flüssen. **Drachenfliegen** am Velnairberg. Radwege. **Tennis:** 3 Plätze, Schule (Prad), 1 Platz (Trafoi). Vita-Parcours (Trafoi).
Unterhaltung: Heimatabende.
Veranstaltungen: Konzerte, Zeltfeste der Vereine.
Pauschalangebote: Ende Mai–Ende Okt.: Sommerskiwochen.

Sulden am Ortler
Verkehrsamt, I-39029 Sulden, (04 73) 7 54 15.
Schwimmen in Hallenbädern.
Tennis: 2 Plätze.
Unterhaltung: Heimatabende, Hüttenabende.

Lage und Zufahrt: Kartenteil Seite 27 C 2.

Abzeichen: Wandernadeln.
Außerdem: 30 km Rundwanderwege (Stilfs). Alpinschule (Sulden).
Hüttentouren: teilw. bewirt. Hütten im Abstand von 2–5 Std.
Ferner interessant: Naturschutzgebiete, Stilfser Joch Nationalpark, Wildgehege.

Links sehen Sie Gomagoi, einen ganz kleinen, aber ungemein angenehmen Ort.

DAS SCHNALSTAL
Südtirol

Katharinaberg Karthaus Kurzras Unser Frau Vernagt

Mit seinen 24 Kilometern ist das Schnalstal das längste Nebental des Vinschgaus. Gleichzeitig ist es eines der sonnigsten Täler Südtirols.

EIN STILLES FERIENGEBIET

Bei Höhen zwischen 800 und 2000 Metern liegen die Durchschnittstemperaturen höher als in anderen Orten gleicher Höhenlage. Das Schnalstal bietet aber noch weitere Vorzüge: Ruhe und Abgeschiedenheit, viele Urlaubs-Bauernhöfe und auch Sommerskilauf.

Anzeige

Vernagt am See

VERNAGT ★★★ HOTEL
...für nette Leute mit Schwung

Willkommen im Vernagt-Hotel, dem sportiven und familienfreundlichen Drei-Sterne-Haus direkt am See. Großzügige Zimmer mit allem Komfort. Gemütliche Halle mit offenem Kamin, Weinstube und Taverne. Genießen Sie die heimischen und italienischen Spezialitäten unserer guten Küche. Hallenbad, Sauna, Solarium, Hot-Whirl-Pool, Fitnessraum, Tennis, Surfen. Sommer- u. Winterskilauf (Gletscher 3.200 m und Gletscherbahn). Geführte Wanderungen.

Familie Platzgummer
I-39020 Vernagt am See - Schnalstal/Südtirol
Tel.: (0039) 473/8 96 36, 8 96 92

Rechts: die Wallfahrtskirche in Unser Frau (1500 m).

I-3

Jahrhundertelang war das Schnalstal durch eine fast unzugängliche Felsenschlucht im Taleingang von der Außenwelt isoliert. Die Bewohner stellen fast alles, was sie im Laufe ihres Lebens brauchten, selber her. Erst 1875 wurde ein fahrbarer Weg durch die Schlucht gebaut, 1931 eine Art Fahrstraße. Erst ab 1959 verbesserten sich die Verkehrsbedingungen. Dennoch ist das Schnalstal ein sehr stilles Feriengebiet geblieben. In einer

Der Vernagt-Stausee und mehrere romantische Bergseen prägen das Bild des Schnalstals ebenso wie hübsche, blumengeschmückte Holzhäuser an den Hängen.

Handvoll Dörfer wohnen insgesamt 1400 Menschen. Sie haben in den letzten Jahren einige Einrichtungen geschaffen, die dem Urlauber zugute kommen. Dazu gehört das Sommerskigebiet oberhalb von Kurzras, das durch eine Großkabinenbahn vom Tal aus und oben durch mehrere Schlepp- und Sessellifte erschlossen ist. Auch Wanderer nützen gern die Auffahrt mit der Bahn, um auf der Südseite der Ötztaler Alpen unterwegs zu sein und prächtige Blicke auf Gletscher und Gipfel des hier 3500 m hohen Alpenhauptkamms zu haben. Drei Schutzhütten gibt es da oben. Bergpfade führen in die Seitentäler des Ötztales, die in früheren Jahrhunderten vom Schnalstal aus besiedelt worden sind.
Das Sommerskigebiet in 3200 bis 3400 m Höhe gilt als eines der sonnigsten in Südtirol. Auch im Sommer findet man hier ausgedehnte Langlaufmöglichkeiten. Auf dem Hochjochgletscher trainiert die Weltelite im nordischen und alpinen Skisport.
Im Tal kann man auf dem Vernagt-Stausee surfen, im See und im Schnalserbach angeln und ein Hallenbad besuchen. Tennissportler finden drei Plätze.
Für Unterhaltung sorgen Heimat- und Hüttenabende, Dorffeste mit Konzerten und Dorfbälle. Die Besucher des Schnalstales kommen allerdings vor allem, um am Gletscher skizufahren, auf 180 km markierten Wegen zu wandern (der Naturpark Texelgruppe schließt direkt ans Schnalstal an) und Hochtouren mit oder ohne Führer zu unternehmen. Dafür werden sie mit der Wandernadel der Schnalstaler Bergwelt belohnt.

Ort	Höhe	Einwohner	Gästebetten insgesamt	in Hotels	in Gasth./ Pensionen	in Chalets/ Ferienwhg.	in Privath./ Bauernhäus.	Camping/ Stellplätze	Ferienlager
Schnalstal	1245–3200 m	1400	2700	850	600	800	500	—	—

Wandern: 180 km markierte Wege. **Beförderung:** 1 Großkabinenbahn, 1 Sessellift. **Geführte Wanderungen:** 2mal pro Woche im Hochsommer. **Hochtouren:** 6; 2–12 Std. bzw. 2 Tage Dauer; 2 Führer. **Hüttentouren:** 3 bewirt. Hütten im Abstand von 2–5 Std. **Abzeichen:** Wandernadel der Schnalstaler Bergwelt. **Ferner interessant:** Naturpark »Texelgruppe«. **Sommerski:** 1 Sessellift, 2 Schlepplifte, 5 km Abfahrten, 1 Loipe mit 4 km.

Schnalstal

Verkehrsverband Schnalstal, I-39020 Schnalstal, (04 73) 8 91 48, Tx 4 01 593.
Schneeinformation Sommerskigebiet: Schnalstaler Gletscherbahn AG, I-39020 Kurzras, (04 73) 8 75 51, Tx 4 01 174.
Schwimmen in 1 Stausee, 1 Hallenbad.
Angeln in Flüssen u. Seen. **Surfen.**
Schießen: Luftgewehr. **Tennis:** 3 Plätze.

Unterhaltung: Heimat-, Hüttenabende, Konzerte.
Veranstaltungen: Mitte Mai: Similaunrennen. Mitte Juni: Schafübertrieb. Mitte Juli: Kirchweihfest in Karthaus. Mitte Juli–Mitte Aug.: Int. Sommerschießen. 15. Aug.: Kirchtag in Unser Frau. Mitte Sept.: Schafabtrieb. Dorffest in Katharinaberg.

Lage und Zufahrt: Kartenteil Seite 15 C 3.

_____ Anzeigen

Schnals

Ferienappartements mit Pfiff – für Leute mit Schwung!
Modernes Gebäude, nur 50m von der Seilbahn entfernt. Behagliche Appartements (für 2–7 Personen), mit viel Holz ausgestattet, Telefon-, Radio- und TV-Anschluß vorhanden. **Abwechslungsreiches Animationsprogramm!** Alles fürs Trimmen und Relaxen: Großes Hallenbad, Sauna, Sonnenbank, Hot-Whirl-Pool, Massage, Bodybuilding-Geräte. Sportshop, Supermarkt, Friseur und Restaurant im Hause. Und abends? Vielleicht auf einen Drink in die Bar oder zum Tanzen in die Disco gleich nebenan. Oder in den Salon zu einem Plausch mit netten Leuten am Kamin! **Himmlisches Wandervergnügen** bei uns i. Schnalstal, i. Herzen der Ötztaler Alpen. Von der Haustür a. z. den schönsten Zielen starten. Über 150 km gut markierte Wege warten darauf, von Ihnen »entdeckt« zu werden: Auf die Almen zur Alpenrosenblüte, in den Naturp. Texelgruppe-Pfossental zu Steinböcken, Gemsen u. Murmeltieren o. a. große Tour hinauf z. d. Schutzhütten u. Firnregionen.

Residence Kurz-Zirm, I-39020 Schnals, Tel.: (0039) 473/87400, Telefax: (0039) 473/88099

MERAN UND UMGEBUNG
Südtirol

Algund Dorf Tirol Hafling Lana Marling Schenna

Meran und seine Umgebung im Burggrafenamt eröffnen jedes Jahr als erste den Sommer der Bergurlauber – und beenden ihn als letzte.

ZWISCHEN KUR UND SOMMERSKI

Der Auftakt ereignet sich bereits um Mitte April mit einem Blütenmeer in Weiß und Rosa, das sich vom Talboden nach oben zieht. Und der Sommer endet im Oktober – in einem Weinmeer.

Eine weitere Dimension dieser Landschaft ist ebenso faszinierend. Läßt man sich beispielsweise in Merans modernem Kurzentrum an einem schönen Frühsommertag um acht Uhr morgens noch gegen das Zipperlein behandeln, kann man bereits um zehn Uhr des gleichen Tages am Hochjochferner Skischwünge in den Firnschnee ziehen. Auch wenn es kein großer Skilauf ist – es macht einfach Spaß. Von Meran sind es durch das Schnalstal ganze vierzig Kilometer nach Kurzras, zur Talstation der Gletscherbahn. Vier Lifte laufen im Sommer-Skirevier. Und noch etwas ist bestechend: Diese räumlich kleine Ferienregion zwischen Naturns im Vinschgau und Lana südlich von Meran – das ist eine Entfernung von höchstens 20 km – hat inzwischen rund 30 000 Fremdenbetten. Das ist andernorts natürlich auch schon geschafft worden, aber meist fällt es dann auch gleich auf – oft recht unangenehm. Rund um Meran aber – sieht man von einzelnen kleinen Entgleisungen ab – ist sehr viel noch sehr harmonisch. Selbst wenn man unterstellt, daß die südliche Sonne, die Obstblüten und die Gletscherfirne manches verschönen.

Die wichtigsten Fremdenverkehrsorte sollen kurz vorgestellt werden. Algund liegt 3 km westlich von Meran. Hauptort der Gemeinde ist Mühlbach mit den wichtigsten Einrichtungen. Weitere sechs Fraktionen (so nennt man in Südtirol die Ortsteile) verteilen

Eine Promenade, die kein Meran-Urlauber versäumen sollte: Der Tappeiner Weg mit seinen herrlichen Durch- und Ausblicken inmitten üppiger südlicher Vegetation.

Anzeigen

Hafling

★★★ HOTEL HIRZER
Fam. Mair
I-39010 HAFLING - Falzebenstr. 17
Südtirol - Italien
Tel. 0473/99306

Das kleine Komforthotel mit der persönlichen Note und dem zeitgemäßen Komfort. Alle Zimmer mit Du/Bad/WC, Tel., TV-Anschluß, Safe, Balkon. Gemütlicher Aufenthaltsraum, sonniger Speisesaal; **Hallenbad, Sauna, Sonnenbank.**
Urlaub vom ersten Moment an: Wir sind bequem zu erreichen, trotzdem abseits von Verkehr und Lärm, unverbaut am Südhang gelegen. Wanderwege direkt vor der Haustür. Für Ihr leibliches Wohl kommt Gepflegtes aus Küche und Keller. Nützen Sie unsere günstigen **Vorsaisonpreise** von Anfang Mai bis Mitte Juli.
Daß Sie sich bei uns wohlfühlen ist unser Bestreben!

★★★ Hotel Viertlerhof

I-39010 Hafling (1400 m) bei Meran
Tel.: (0039) 473/9 94 28
Der gepflegte Fam.betrieb bietet: Balkonzi. (40 Betten) m. Bad o. Du/WC, Radio, TV-Anschluß, DW-Tel. **Hallenbad (28°C),** Sauna, Sol.; Lift, Tiefgaragen. Bekannt gute Küche, Salatbuf. u. reichh. Frühstücksbuffet. **Gruppenermäßigung i. d. Vorsaison (Mai/Juni).**

Hotel-Restaurant-Café VIKTORIA ★★★
Besitzer: Familie Platzer
I-39010 Hafling
Tel.: (0039) 473/9 94 22
Sonnig u. windgeschützt gel. gepfl. Familienbetrieb. Zi. m. Bad/Du, WC, Haustel. u. Balkon. Int. Küche, Frühst.- u. Salatbuffet, gemütl. Aufenthalts- u. Speiseräume. Eig. Café-Rest. m. Sonnenterrasse (hausgem. Kuchen, ital. Eisbecher). Fitnessr., Sauna, Sol., Whirlpool, Liegewiese, TT. Wir veranstalten Grill-Partys, Lichtbildervorträge, Fondue- u. Unterhaltungsabende für Sie!

MERAN UND UMGEBUNG
Südtirol

Algund   Dorf Tirol   Hafling   Lana   Marling   Schenna

sich locker weit und breit bis in 1350 m Höhe. Meran direkt gegenüber – genau dort, wo die Passer in die Etsch fließt – liegt Marling (363 m) mit prächtigem Ausblick auf Meran und das Etschtal. Die große Attraktion des Ortes ist das Tennis-Camp. Neben den zwei Plätzen in der modernen Halle gibt es fünf Freiplätze und eine Trainingswand.

Im Norden von Meran bietet Schenna ein Schloß, das mit einer sehenswerten Waffensammlung aufwarten kann, sowie mit Andreas Hofers Wiege.

Gleich gegenüber liegt das Dorf Tirol, überragt vom geliebten Schloß Tirol, dem Wahrzeichen und Namensgeber des Landes. Nachdem die Restaurierungsarbeiten abgeschlossen sind, kann das Schloß nun wieder besichtigt werden; dort ist eine Dauerausstellung über die Geschichte Tirols eingerichtet.

Meran, seit 1305 eine Stadt und kurze Zeit auch Tirols Hauptstadt, hat bereits einiges an Geschichte hinter sich. Bis um die Jahrhundertwende konnte man hier gekrönte Häupter samt Troß zur Winterkur empfangen. Heute kommt alle Welt, im Winter wie im Sommer. Im Winter spielt man Skiort, spätestens ab April erwartet man die Frühjahrs-Spaziergänger, anschließend die Bergwanderer, Sommerfrischler und Ausflugsurlauber. Dann kommt die Traubenkur, dicht gefolgt vom Törggelen, dem mit Wandern verbundenen Probieren des neuen und alten Weins. Das ganze Jahr gibt es Kuren und jede Menge Tagesgäste aus der näheren und weiteren Umgebung. Meran hat's damit nicht leicht. Man hat's auch nicht leicht mit Meran, da die ruhige Zeit, wo man das Auto bequem abstellen könnte, nicht leicht auszumachen ist.

Die Ausstattung mit Freizeiteinrichtungen ist im Burggrafenamt vorbildlich. So gibt es weit über hundert private Freibäder in Hotels und Pensionen, viele davon beheizt, sowie einige Dutzend Hallenbäder. Dazu hat man rund zwei Dutzend Bergbahnen, die bis weit über die 2000-Meter-Grenze hinaufreichen. Das ist eine ganze Menge, wenn man weiß, daß die Orte im Tal gerade etwas höher als 300 m über dem Meer liegen. Minigolf und Tennisplätze, Fahrrad- und Pferdeverleih findet man fast überall. In Völlan kann man im Bauernmuseum Altes von Haus und Hof und Handwerk sehen. Für Wildwasserfahrer werden 65 Kilometer Wildwasser unterschiedlicher Schwierigkeitsgrade angeboten; für die Spaziergänger oder Wanderer ist das Angebot riesig und vielfältig, in allen Höhenlagen und Himmelsrichtungen. Es gibt so viele Wanderwege, daß man jede Viertelstunde über einen stolpert – wenn nicht früher. Gut 500 Kilometer werden in Schuß gehalten. Dabei gibt es schon Klassisches wie den Tappeiner Weg – eine Promenade, die der Kurarzt Dr. Tappeiner bereits 1892 anlegen ließ. Dieser Weg führt im Norden der Stadt eben durch die Ausläufer des Küchlbergs und bietet immer wieder schöne (vor allem romantische) Ausblicke auf das Etschtal und die Stadt. Andere klassische Spazierwege sind die Passerpromenade und die Gilfpromenade. Aber es gibt auch relativ Neues. Damit ist der »Meraner Höhenweg« gemeint.

Dieser Höhenweg war bis vor kurzem ein achtzig Kilometer langer Weitwanderweg am Naturpark Texelgruppe, der von Bauernhof zu Bauernhof führte. Der ist nun zu einem Rundwanderweg erweitert worden. Er ist jetzt 130 Kilometer lang. Die gesamte Gehzeit liegt bei rund 35 Stunden. So kann man in sechs bis sieben Tagen die ganze Texelgruppe umrunden. Dabei hat man im Südteil die südliche Sonne und viel Abwechslung auf der Wanderung durch die Kulturlandschaft. Die nördliche Hälfte dagegen führt in die herbe Hochgebirgsgegend der

Das Tennis-Camp in Marling (oben) zählt zu den modernsten Einrichtungen dieser Art in ganz Südtirol.

― Anzeiger

Algund

Hotel Pension Ludwigshof ★★★
I-39022 Algund
Tel.: (0039) 473/22 03 55
Persönlich von **Frau Hinteregger** geführt. Inmitten von Obstgärten gelegenes, gemütliches Familienhotel m. a. Komfort. Frühstücksbuffet. Südtiroler und gutbürgerliche Menüs verwöhnen den Magen. Hallenbad, Sauna, Solarium, Tischtennis. Idealer Ausgangspunkt für Wanderungen in die Texelgruppe.

Schenna

Hotel Ifinger ★★★
I-39017 Schenna
Telefon (0039) 473/9 56 40
Bes. Familie Dosser.
Absolut ruhig gelegenes, komfortables, rustik. Haus mit 65 Betten. Alle Zi. m. Bad, Du, WC, Dw-Tel., Balkon, auf Wunsch TV. Hallenbad mit Sauna, Sol. TV-Raum, Bar, Terrasse. Internat. Küche; Frühstücksbuffet, Schwimmbad mit Liegewiese. Grillparties.

Reisen mit der Bahn
Mit der Bahn nach Meran.

Wenn Ihr Wanderurlaub von Anfang an streßfrei sein soll, reisen Sie am besten mit der Bahn an. Denn die Bahn bringt Sie stau- und streßfrei nach Meran. Schnell und bequem auf jeden Fall.

Deutsche Bundesbahn

I-4

Ötztaler Alpen. Man erreicht beim Eisjöchl mit der Stettiner Hütte eine Höhe von 2895 m.

Natürlich lassen sich auch einzelne Etappenstücke herauspicken, die einem besonders attraktiv erscheinen oder die günstig erreichbar sind – zum Beispiel mit einer Bergbahn. Abends kehrt man dann wieder ins gemachte Bett zurück.

Eine spezielle Art sind die Waal-Wanderungen. Die Waale sind Bewässerungsanlagen, die das Wasser von den Höhen, teilweise von dem Gletscher in die Tiefe leiten, um hier in einer der regenärmsten Region Landwirtschaft erst möglich zu machen. An diesen Bewässerungsanlagen führen Wege entlang, die man heute als Wanderpfade nutzt. Zuletzt müssen noch die Spronser Seen genannt werden, die im Herzen der Texelgruppe liegen. Ein halbes Dutzend lustiger Gewässer schmückt hier zwischen 2100 bis 2500 m das herbe Hochgebirge. Die schönsten Teile der Texelgruppe sind seit 1976 als Naturpark ausgewiesen, um die weitgehende Erhaltung dieser Landschaft sicherzustellen.

Ort	Höhe	Einwohner	Gästebetten insgesamt	in Hotels	in Gasth./ Pensionen	in Chalets/ Ferienwhg.	in Privath./ Bauernhäus.	Camping/ Stellplätze	Ferienlager
Algund	330 m	3750	4107	235	2460	591	821	–	–
Dorf Tirol	400–800 m	2200	5000	–	4017	–	1170	–	–
Hafling	1250 m	600	666	378	131	81	75	–	1
Marling	363 m	2000	2000		1500	500		–	–
Meran	324 m	34000	10500		7500	3000		1/150	–
Schenna	600 m	2600	5400	1800	2200	800	600	–	–

Ort	Wandern			Beförderung				Hochtouren			Hütten	
	Wege mark.	Rundwege	geführte Wanderungen	Bus	Bahn	Kabinenbahnen groß	Sessellifte klein	Anzahl	Dauer	Führer	bewirt.	Abstand
Algund	50 km	8/70 km	2× wöch.			1	1	6	1–8 Std, 2 Tg.	3	2	2–3 Std.
Dorf Tirol	60 km		3× wöch.	×	×	1	1	mehrere	1 Tag		3	
Hafling	40 km	5/20 km		×		1	2				mehrere	2 Std.
Marling	40 km	3/30 km	2× wöch.	×		1	1	2	6 Std.–3 Tg.	mehrere		6–7 Std.
Meran	300 km	1/130 km	20× im Jahr	×	×	1	1	mehrere		16		
Schenna	75 km	8/45 km	1× wöch.	×		3	3	8	1–2 Tage	5	3	2 Std.

Außerdem: Anschluß an Fernwanderweg E 5 Bodensee–Venedig. **Beförderung:** 1 Gondellift (Algund). **Abzeichen:** Burggräfler Wandernadel. **Ferner interessant:** geologische und botanische Lehrpfade, Naturpark »Texelgruppe«, Wasserfälle, Gaulschlucht, Erdpyramiden. **Unterhaltung:** Heimatabende, Bauerntheater, Konzerte, Dia- und Filmvorträge, Turniere.

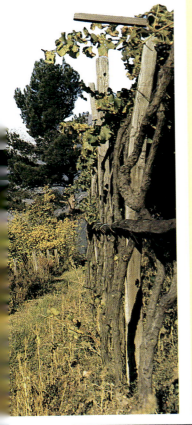

Algund
Verkehrsamt im Peter-Thalguter-Haus, I-39022 Algund, (0473) 4 86 00.
Schwimmen in 1 Freibad. **Tennis:** 5 Plätze. **Schießen:** Luftgewehr. **Unterhaltung:** Freilichtaufführungen. **Veranstaltungen:** Sommer- und Herbstfeste. **Pauschalangebote:** März–Juni: Frühjahrsurlaub.

Dorf Tirol
Verkehrsamt, Hauptstr. 31, I-39019 Dorf Tirol, (0473) 9 33 14.
Schwimmen in 1 beh. Freibad. 11 Hochgebirgsseen. **Angeln** in Seen. **Schießen:** Luftgewehr. Trimmpfade. **Unterhaltung:** Kinder-, Sommer-, Herbstfeste. **Aktivangebote:** botanische und heimatkundliche Führungen.

Hafling
Verkehrsverein, I-39010 Hafling, (0473) 9 94 57, Btx ∗ 22022-134 #.
Reiten im Gelände, Pferdeverleih. **Veranstaltungen:** Vereins-, Volksfeste, Sommerkonzerte.

Marling
Verkehrsverband, I-39020 Marling, (0473) 4 71 47.
Tennis: 9 Plätze, 1 Halle/2 Plätze, Schule. Fahrradverleih, 12 km Radwege. Trimmpfade. **Unterhaltung:** Theater, Ausstellungen, Wiesenfeste. **Pauschalangebote:** März–Okt.: Sport-Tennis-Wochen, Gesundheitswochen.

Meran
Kurverwaltung, Freiheitsstr. 34, I-39012 Meran, (0473) 3 52 23, Tx 4 00 026.
Schwimmen in 2 Freibädern, 1 Hallenbad, 1 Thermalbad. 5 Bergseen. **Wildwasser:** 20 km (Etsch) und 15 km (Passer) befahrbare Strecke. **Angeln** in Flüssen, Seen und künstl. Anlagen. Fahrradverleih. **Reiten** im Gelände, Pferdeverleih, Schule. **Schießen:** Luftgewehr. **Tennis:** 11 Plätze, 1 Halle/3 Plätze, Schule. **Gesundheit:** Fitness-Zentrum, Kur- u. Bäderbetrieb. **Veranstaltungen:** April: Umzug der Haflinger Pferde mit Musikkapellen, Bauerngalopprennen. Frühlingsmarathonlauf. Letzter Sept.-Sonntag: Pferderennen. 2. Okt.-Sonntag: Trad. Traubenfest mit Umzug. **Pauschalangebote:** bis 31. Okt.: Paket für Brautpaare.

Schenna
Verkehrsamt, I-39017 Schenna, (0473) 9 56 69, Tx 4 01 018.
Schwimmen in 1 Freibad. **Wildwasser:** 8 km befahrbare Strecke. **Angeln** in Flüssen und künstl. Anlagen. **Reiten** im Gelände, 20 km Wege, Pferdeverleih. **Tennis:** 2 Plätze. **Unterhaltung:** Hüttenabende. **Veranstaltungen:** Schloßkonzerte, Schloßfeste, Tennisturniere. **Pauschalangebote:** März/April: Noch Winter – schon Frühling.

Lage und Zufahrt: Kartenteil Seite 15 C 3.

Anzeigen

Marling

SÜDTIROLER TENNIS CAMP
Die große Attraktion des Ortes Marling
2 Hallenplätze
5 Freiplätze (Sand)
Spezial-Tennis-Trainingswand, Club-Café mit herrlicher Sonnenterrasse, Tennis-Shop und internationaler Tennisschule.
Pauschal-Tenniswochen mit Halbpension werden angeboten über die hauseigenen Hotels:
ROMANTIK HOTEL OBERWIRT UND SPORTHOTEL NÖRDER

Romantik-Hotel Oberwirt ★★★★
I-39020 Marling
Telefon 0473/4 71 11, Fax 0473/4 71 30
Sonnig – romantisch – erholsam
Ein erstklassiges Haus im alpenländischen Stil. Komfort-Zimmer, Hallenbad, Sauna, Freibad mit Liegewiese. Gourmet-Restaurant und Gastgarten, Tennis (2 Hallen-, 5 Freiplätze - Tennisschule). »Familien-Tennis- und Fitwochen«. Familie Waldner freut sich auf Ihren Besuch.

Sporthotel Nörder ★★★★
I-39020 Marling
Telefon 0473/4 70 00, Fax: 0473/4 73 70
Bes. Familie Waldner
Sonne – Ruhe – Erholung – Wandern – Genießen – Faulenzen – Gaudi – Tennis – Fitneß – Spaß etc. etc. Tanz – Feinschmecker-Restaurant – Gourmetecke. Eine Urlaubsadresse besonderer Art. Erlebnis – beheiztes Freischwimmbad, 2 Tennissandplätze am Haus.

AN DER SÜDTIROLER WEINSTRASSE
Südtirol   Eppan   Kaltern   Tramin

Denkt man an eine Feriengegend schlechthin, dann erwartet man eine heitere Landschaft, ein mildes Klima – und ein positives Ambiente von der Siedlungsform bis zur Gastlichkeit.

WO DIE WEINSTRASSE ZUR TOURISTENSTRASSE WIRD

Der Streifen Land südwestlich von Bozen, den die »Südtiroler Weinstraße« durchzieht, bringt alle diese Voraussetzungen mit.

Noch ist der Weinbau in Eppan, Kaltern und Tramin das Wichtigste. Aber, die Touristen sind nicht zu bremsen. Rund 15 000 Fremdenbetten haben die drei Orte inzwischen aufgestellt. Über 200 km Wanderwege wurden etabliert und markiert. Neben dem großen Freibad – dem Kalterer See – gibt es noch zwei, die beide beheizt sind. Ein bißchen Tennis, ein wenig Radfahren, ja sogar Drachenfliegen kann man im Revier. Und natürlich sind die üblichen Wassersportarten von Surfen bis Segeln geboten.

Nicht zu vergessen die vielerlei Möglichkeiten, sich mit dem Wein zu beschäftigen. Das beginnt ganz harmlos mit der Besichtigung eines Weinkellers. Dann gibt es »unverbindliche« Weinkostwochen. Weinfeste schließen sich an – einzelne zuerst, dann ganze Wochen. Und wen es erwischt hat, der landet unweigerlich im Wein-Seminar.

Wandern kann man überall. Besonders leicht wird es einem in Kaltern gemacht, das bereits seit 1903 eine Standseilbahn auf den Mendelpaß schickt. Da die Orte dicht zusammenliegen, kann man überall hineinschauen.

Am Beispiel Eppan, dem größten Ferienort, hier ein paar Informationen, wie man sich seinen »Weinstraßenurlaub« einrichten kann.

Eppan ist der Sammelname und die Verwaltungseinheit für ein Dutzend Orte im sogenannten Überetsch; der Hauptort ist St. Michael.

Man besitzt das größte Weinbaugebiet Südtirols, keltert pro Jahr knapp 150 000 Hektoliter Wein (das sind 30 Prozent der Südtiroler Weinproduktion) und erntet über 2000 Waggon Obst.

Sehr sehenswert ist auch das romantische Weinbauerndorf St. Pauls und da wieder die Pfarrkir-

Anzeigen

Kaltern

Pension Thalhof ★★★
Besitzer: Familie Sparer
I-39052 Kaltern
Tel.: 0471/96 01 63
Das Haus liegt in sonniger Weinberglage, nur 1 Gehminute vom Badestrand entfernt (Privatstrand). Solide Komfortzimmer m. Dusche/WC, Balkon, Telefon. Geschlossener Parkplatz. Große Liegewiese und Terrasse.
Ganzjährig geöffnet.

Ferienappartements Haus Kalterersee

I-39052 Kaltern/Klughammer
Tel.: (0039) 471/96 00 96
Appartements für 2–7 Personen. Ruhige Lage oberhalb des Sees, große Terrassen mit Seeblick, Grillplatz, Sandkasten, TT, überdachter Parkplatz, Garage. Individuelle Heizmöglichkeit, Haustiere willkommen, kein Wochenzwang, Sonderpreise März–Mai und Ende Oktober.
Anfragen: Cornelia Schnitzer, Sonnhof, I-39011 Lana, Tel.: (00 39) 4 73/5 12 56.

Pension Tannhof ★★
Besitzer: Familie Straudi
I-39052 Kaltern
Tel.: 0471/5 23 77 oder 86 01 23
Bei uns ist jede Jahreszeit Urlaubszeit. Alle Zimmer mit Du/WC/Balkon. Gutbürgerliche Küche nach deutscher, italienischer und Tiroler Art, sorgt für das leibliche Wohl. **Unter gleicher Führung: Pension Rechtenthal, Tramin;** 60 Betten; geeignet für Busreisen.

Kartheiner Hof

Besitzer: Familie Decarli
I-39052 Kaltern
Tel.: (0039) 471/963240
Telex: 400333 kahoka
Komfortabel eingerichteter Neubau im rustikalen Stil. 64 Betten, Zimmer mit Radio, TV und Selbstwahltelefon. À-la-Carte-Restaurant, Terrassencafé, Grillfest am privaten Strandsee, Kerzen-Diner und Weinproben bei Zithermusik. Hallen- und Freibad, Ozon-Whirlpool, Sauna, Solarium.

che, die größte Dorfkirche Südtirols mit einer besonders schönen Einrichtung: dem Chorgestühl, dem Kruzifix und den Apostelstatuen.
Besonders sehenswert ist der Ausblick vom 1742 m hohen Penegal. Zu Füßen liegt Ihnen die Überetscher Weinlandschaft, der Kalterer und die Montiggler Seen. Im Westen ragen Brenta, Ortler, Stubaier und Ötztaler Gipfel auf, im Osten die Dolomitenmauern des Rosengartens und Latemar. Man kann mit dem Auto diese Aussichtsplattform über den Mendelpaß erreichen. Doch zu Fuß ist das noch schöner.
Wer nicht viel von Gipfeln hält, die mit dem Auto erreichbar sind, nimmt sich den Eppaner Burgweg vor. Er verbindet das Schloßhotel Korb in Missian mit Hocheppan und der Burgruine Boymont, die vom restaurierten Bergfried eine vorzügliche Aussicht gestattet. Zwei Stunden ist man unterwegs. Dreimal so lange dauert eine Wanderung von St. Michael über Matschatsch nach Buchwald und zurück, nämlich sechs Stunden. Das schönste Stück davon ist der Eppaner Höhenweg, der an der »Michaeler Riebn« nahe beim Gasthaus Matschatsch beginnt und nach Buchwald zieht. Er bietet idyllische Landschaftsbilder, schöne Aussichten und eine himmlische Ruhe.
Bequem, schattig und sehr ruhig ist ein Fußmarsch von St. Michael über den Patersteig zu den romantischen Montiggler Seen und über Girlan zurück, alles in vier Stunden Gehzeit.
Eine schöne Wanderung südwärts führt nach Hocheppan. Damit steht man auch schon vor der schönsten und größten Burganlage Eppans – denn allein im Bereich von Eppan gibt es dreißig Schlösser und Edelsitze. Hocheppan wurde ums Jahr 1125 auf einem steilen Felsen gebaut, es ist gut erhalten, und man kann es besichtigen. Am lohnendsten ist die romantische Kapelle im inneren Burghof mit Fresken aus dem 12. Jahrhundert.
Einen halben Tag sollte man für den Naturlehrweg »Gleif-Eislöcher« einplanen, der etwa sieben Kilometer lang ist und den man bequem in zwei Stunden durchwandern kann. Aber man sollte sich Zeit lassen fürs Schauen und Betrachten.

Ort	Höhe	Einwohner	Gästebetten insgesamt	in Hotels	in Gasth./ Pensionen	in Chalets/ Ferienwhg.	in Privath./ Bauernhäus.	Camping/ Stellplätze	Ferienlager
Eppan	411 m	10250	7500	1000	2000	1000	3500	–	1 JH
Kaltern	426 m	6000	4630	430	700	500	3000	2/600	1 JH
Tramin	276 m	3000	2000	400	800	200	600	–	–

Ort	Wandern Wege insg.	Wege mark.	Rundwege	geführte Wanderungen	Beförderung Bus	Bahn	Hochtouren Anzahl	Dauer	Führer	Hütten bewirt.	Abstand	Abzeichen
Eppan	270 km	270 km	17/200 km	auf Wunsch	×		4	6–8 Std./2 Tg.	×			Wandermedaille
Kaltern	150 km	150 km	2/15 km	mittwochs	×							Wandernadel
Tramin	80 km	80 km	3/40 km	2× wöch.	×		mehrere	6–8 Std.		3	1–3 Std.	Wandernadel

Beförderung: 1 Standseilbahn (Kaltern). **Außerdem:** Anschluß an Fernwanderweg »Südtiroler Weinstraße«.
Ferner interessant: Eppan: botanischer Lehrpfad, Naturschutzgebiet »Montiggler Wald«, Eislöcher. Kaltern: naturkundliche Wanderungen, Wasserfälle. Tramin: Klammen, Freizeitpark.

Eppan
Verkehrsamt, Rathausplatz 1, I-39057 Eppan, (0471) 5 22 06.
Schwimmen in 2 Seen, 1 beh. Freibad, 2 Hallenbädern. **Angeln** in Seen. Rudern. 3 km Radwege.
Schießen: Tontauben, Kleinkaliber. **Tennis:** 23 Plätze. Kunststoffbahn für Eisstockschießen. Vita-Parcours.
Unterhaltung: Heimat-, Film- und Dia-Abende, Konzerte, Weinkellereibesichtigungen, Feste im Freien.
Pauschalangebote: April–Juli: Frühlingssonderangebot (Auskunft beim Verkehrsamt).

Kaltern
Verkehrsamt, I-39052 Kaltern, (0471) 96 31 69.
Schwimmen in 1 See, 1 beh. Freibad. **Angeln** im See. Surfen (Schule, Ausrüstungsverleih). Tretboote. 4 km Radwege, Fahrradverleih. **Reiten** im Gelände, Pferdeverleih, Schule. **Tennis:** 6 Plätze, Schule.
Schießen: Luftgewehr. **Drachenfliegen.**
Unterhaltung: Heimatabende, Bauerntheater, Konzerte. **Aktivangebote:** Mitte April–Mitte Juni: Weinseminare.
Veranstaltungen: Juli u. Aug.: Weinfeste (Wochenende). Ende Aug.–Anf. Sept.: Weinfestwoche.

Tramin
Verkehrsverband, Rathausplatz, I-39040 Tramin an der Weinstraße, (0471) 86 01 31.
Schwimmen in 1 See. **Angeln** im See und in Flüssen. Surfen (Schule, Ausrüstungsverleih), Segeln, Rudern, Tretboote. 100 km Radwege, Fahrradverleih.
Schießen: Kleinkaliber.
Unterhaltung: Heimatabende, Bauerntheater, Kinderfeste, Konzerte, Dia-Vorträge, Weinkellerbesichtigungen.
Hobbykurse und Aktivangebote: April–Juni: Frühlings-Aktiv-Urlaub (Unterhaltungs- u. Wanderprogramm).
Veranstaltungen: Mai: Internat. Weinkostwoche. Juli–Sept. (Wochenende): Weinfeste. 1. Samstag im Okt.: Traminer Herbsttag. Letzte Oktoberwoche: Winzer-Wander-Woche.
Pauschalangebote: Mai/Juni: Frühlingsurlaub zum Freundschaftspreis. Ende Okt.: Winzer-Wander-Woche.

Lage und Zufahrt: Kartenteil Seite 27 D 2.

Anzeigen

Kaltern

QUALITÄT HAT GESICHT UND NAMEN

Willkommen in unserer traditionsreichen Kellerei (gegr. 1900): Schon seit Jahrzehnten werden hier Spitzenweine in altbewährten Eichenfässern gepflegt und ausgebaut. Wir bemühen uns, unseren Gästen Rot- u. Weißweine höchster Qualität anzubieten.
Besuchen Sie uns in unserer gemütlich-rustikalen Weindiele, wo Sie unsere weithin bekannten Südtiroler Qualitätsweine – direkt an der Produktionsstätte – kosten und erwerben können!

ERSTE & NEUE
Kellereigenossenschaft m.b.H
I-39052 Kaltern
Kellereistraße 5/10
Tel.: (0039) 471/963122, 963123

Hotel Restaurant Andergassen ★★★
Besitzer: Familie Emil Andergassen
I-39052 Kaltern/Oberplanitzing
Tel.: (0471) 5 21 36
Drei-Sterne-Hotel in herrlicher Panoramalage in den Weinbergen. Komfortzimmer. Hallenbad, Sauna, Terrasse, eigener Reitstall.
Im gleichen Besitz: Gasthof Sonne
I-39057 Eppan, Tel.: (0471) 5 21 10.
Traditionsreiches Haus in zentraler Lage, komfortable Zimmer, gemütliche Restaurationsräume, Bar, Bierstube, Weinkeller.

FERIENWOHNANLAGE ST. ANTON

Leitung: Familie Planatscher
I-39052 Kaltern, Altenburger Weg
Telefon: 0471/96 30 55
Die **Ferienwohnanlage** bietet ideale Voraussetzungen, um nach eigener Lust und Laune zu urlauben. Ein–Drei-Zimmer-Appartements, komfortabel und zweckmäßig ausgestattet.
Zur Anlage gehören: Parkplatz; Liegewiese; Schwimmbad.; Tennisplatz; Tischtennisraum, Sandkasten, Schaukeln.

BOZEN UND RITTEN
Südtirol   Klobenstein

Wenn andere Sommerfrischen ihren Gästen Bergwanderungen anbieten, organisiert man in der Region Bozen geführte Kellerbesichtigungen mit Weinproben.

DIE HAUPTSTADT MIT DEM WANDERPROGRAMM

Im September und Oktober stehen jede Woche zwei Törggele-Fahrten auf dem Programm.

Wer es noch nicht weiß; vom »Törggelen« spricht man, wenn man auszieht, um beim Weinbauern den neuen Wein auszuprobieren, verbunden mit einer »Marende«, einer Brotzeit mit Speck, Käse und Wein und am besten zu Fuß. Das Wort »Törggele« wird von der Torggl abgeleitet, was soviel wie »Weinpresse« heißt.

Noch etwas wird klar: welche Art von Aktivitäten man hier im Urlaub auch entwickeln will, etwas Wein ist immer dabei. Ob draußen in der freien Natur, wo Weinberge und Weingärten auftreten, so weit das Auge reicht, oder in der nächstbesten Schenke, wo der Wein jedes zweite Gespräch beherrscht.

Auch sonst ist hier einiges für einen Bergurlaub eher untypisch. Daß man zum Beispiel in einer Hauptstadt wohnen kann. Bozen, die Hauptstadt der autonomen Provinz Südtirol, ist uralt, hat über 100 000 Einwohner und kann zum Wander- und Bergsteigerangebot ein erstklassiges Alternativprogramm anbieten. An Abwechslung wird es nicht fehlen. Nur durch die Altstadt zu bummeln, ist schon einige Urlaubstage wert. Man kann den alten Obstmarkt besuchen, durch die Laubengassen pilgern, unter einem Sonnenschirm das Mittagessen einnehmen und auf dem Waltherplatz im Straßencafé einen Cappucino trinken.

Dann gibt es einiges zu besichtigen, wenigstens das Wichtigste, wie den Dom und das ehemalige Dominikanerkloster, die Franziskanerkirche und das Merkantilgebäude. Aber auch die Schlösser Runkelstein (mit schönen Fresken) und Maretsch, welches hauptsächlich als Tagungszentrum dient, sind äußerst anschauenswert.

Das Veranstaltungsprogramm ist umfangreich: Konzerte, Theater und Ausstellungen in bunter Folge. Dazwischen geht man wandern. Eine friedliche Tour, mit schönen Ausblicken auf Schlern, Rosengarten und Latemar, findet sich am Kohlern, einem bewaldeten Buckel im Südosten der Stadt. Mit der Seilbahn schwebt man nach Herren-Kohlern in 1100 m Höhe. Über die Schneiderwieser steigt man bis auf 1500 m Höhe und kehrt in großem Bogen zur Bergbahn zurück. Man hat dann drei Stunden Marsch hinter sich.

— Anzeige —

Reisen mit der Bahn

Mit der Bahn nach Bozen.

Wenn Ihr Wanderurlaub von Anfang an streßfrei sein soll, reisen Sie am besten mit der Bahn an. Der EuroCity „Leonardo da Vinci" bringt Sie aus dem Ruhrgebiet direkt und ohne umzusteigen nach Bozen. Schnell und bequem.

Deutsche Bundesbahn **DB**

I-6

Ein anderes Wanderrevier liegt am Salten, im Nordwesten der Stadt. Man benützt die Seilbahn nach Jenesien, die vom Eingang zur Sarner Schlucht auf 1087 m hochführt. Von dem alten Bergdorf geht es nach Norden zum Gasthaus Edelweiß, dann ein Stück auf dem Europa-Fernwanderweg weiter und schließlich erreicht man über Mölten das Gasthaus Etschblick sowie die Bergbahn nach Vilpan im Etschtal. Die Rückkehr: mit Bus oder Bahn. Lockert man die vier Stunden Gehzeit ausgiebig durch Pausen auf, dann ergibt das bereits eine Tagestour.

Das Naheliegendste ist, auf den Ritten zu steigen, Bozens Hausberg, der einem jegliche Hilfe anbietet. Die ersten tausend Höhenmeter schafft einen schon die Seilbahn nach Oberbozen hoch. Attraktion Nummer zwei ist anschließend die Fahrt mit der uralten elektrischen Straßenbahn nach Klobenstein. Dieser Ort ist auch auf einer neuen, fünfzehn Kilometer langen Bergstraße zu erreichen. Aber warum einen schönen Parkplatz in Bozen aufgeben, wenn es nicht unbedingt nötig ist? Ab Klobenstein geht es zu Fuß weiter. Am besten nimmt man den Weg über die berühmten Erdpyramiden und steuert dann auf das Gasthaus Pemmern zu. (Die schönsten Erdpyramiden sind im Finsterbachgraben und im Katzenbachtal zu finden: bis zu zehn Meter hoch.)

Den nächsten Absatz auf die Schwarzseespitze hilft ein Sessellift überwinden. Nun kann zum Gipfelsturm auf das Rittner Horn (2260 m) angesetzt werden. Über das Unterhorner Haus ist man in einer knappen Stunde oben, auf einem der allerschönsten Aussichtsgipfel überhaupt.

Wer das Städtische entbehren kann oder sogar möchte, kann sich natürlich gleich auf dem Ritten niederlassen. Über dreitausend Fremdenbetten stehen zur Verfügung. Und wenn es einem dort einmal zu ruhig ist, kommt man mit der Bergbahn auch in fünfzehn Minuten nach Bozen.

Oben: Bozen. Im Hintergrund das Rosengartenmassiv.

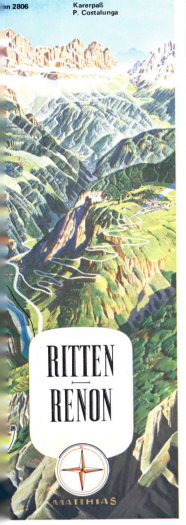

Ort	Höhe	Einwohner	Gästebetten insgesamt	in Hotels	in Gasth./ Pensionen	in Chalets/ Ferienwhg.	in Privath./ Bauernhäus.	Camping/ Stellplätze	Ferienlager
Bozen	265 m	105000	3633	1579	1810	–	244	1/140	–
Ritten	1200–2265 m	5500	3243	343	1565	628	707	–	1 JH

Ort	Wandern Wege insg.	geführte Wanderungen	Beförderung Bus	Bahn	Kabinenbahnen groß	klein	Sessellifte	Hochtouren Anzahl	Dauer	Führer	Hütten bewirt.	Abstand
Bozen	30 km		×	×	3							
Ritten	350 km	auf Wunsch	×	×			1	2			2	2–3 Std.

Ferner interessant: Naturparks. Erdpyramiden, nostalgische Bahnfahrten (Ritten).

Bozen

Verkehrsamt der Stadt Bozen, Waltherplatz 8, I-39100 Bozen, (0471) 97 56 56, Tx 4 00 444.
Schwimmen in 1 Freibad, 1 Hallenbad. **Rundflüge** mit Motorflugzeug. **Reiten:** Schule, Halle. **Tennis:** 9 Plätze, 1 Halle/2 Plätze. Kunsteisstadion.
Veranstaltungen: April: Weinkost. Juli–Aug.: »Bozner Sommer« (verschiedene kulturelle Veranstaltungen). Int. Wasserspringmeeting. Ende Aug.–Anf. Sept.: Int. Pianistenwettbewerb F. Busoni. Sept.: Int. Mustermesse und traditioneller Messeumzug am 1. Messesonntag.

Der Ritten

Verkehrsamt Ritten, I-39054 Klobenstein, (0471) 5 61 00, Tx 4 01 251.
Schwimmen in 2 Freibädern, öffentlich zugänglichen Hotelhallenbädern. 1 See. **Angeln** im See. **Reiten** im Gelände, 20 km Wege, Schule, Pferdeverleih. **Tennis:** 4 Plätze.
Unterhaltung: Heimatabende, Bauerntheater.
Veranstaltungen: Mitte Juni–Ende Aug.: Vereinsfeste (jeden Sonntag). Ende Juli–Mitte Aug.: Rittner Sommerspiele (Freilichttheater). Ende Aug.: Bartholomäusmarkt.

Lage und Zufahrt: Kartenteil Seite 24 A 2.

Anzeigen

Wolfsgruben

Hotel Maier
Besitzer: Familie Maier
I-39059 Wolfsgruben/Ritten
Tel.: 0471/5 51 14

Ihr gemütliches Familienhotel, mitten am Rittner Hochplateau. Alle Zimmer mit Dusche oder Bad/WC, TV, Balkon.

Sauna, Tennis, Boccia, beheiztes Freibad. Zahlreiche Wander- und Ausflugsmöglichkeiten.

Welschnofen

Pension Nigglhof*
Besitzer: Familie Serafina Welscher
I-39056 Welschnofen
Tel.: (0471) 61 31 17, Direktwahl aus D und CH (00 39) 471 61 31 17
Ein Familienbetrieb in herrlicher, ruhiger, sonniger Lage mit Blick auf das Dorf und die naheliegenden Dolomiten (Rosengarten, Latemar).
Alle Zimmer mit Dusche und WC.
Wir bieten eine gepflegte, gutbürgerliche Küche und erlesene Spitzenweine. Speisesaal, Bar. Behagliche Aufenthaltsräume mit Hausbar. Liegeterrasse, hauseigener Tennisplatz. Überdachte Autoboxen.
Wir haben ganzjährig geöffnet. Kinderfreundlich.

Problemlos telefonieren

Wenn Sie von anderen Ländern dort anrufen wollen, müssen Sie die 0 am Anfang der Vorwahl weglassen und folgende Nummer vorauswählen:

Aus Deutschland
nach Österreich	0043
in die Schweiz	0041
nach Italien	0039

Aus Italien
nach Deutschland	0049
nach Österreich	0043
in die Schweiz	0041

DIE GROSSGEMEINDE RATSCHINGS
Südtirol

Stange Gasteig Mareit Telfes

Auf der südlichen Seite des bequemsten Alpenübergangs, am Brenner, liegt Gossensaß. Dann kommt man zum historischen Fuggerstädtchen Sterzing.

HIER KÖNNEN SIE IHREN SCHMUCK SELBER SUCHEN

Westlich davon sind drei weitgehend ursprünglich gebliebene Nebentäler unter dem Begriff »Großgemeinde Ratschings« bekannt geworden: das Jaufen-, das Ratschings- und das Ridnauntal.

Wer über die großzügig trassierte Brennerautobahn nach Süden fährt, der ahnt kaum, wie still es in den Seitentälern ist. Seltene Tiere und Pflanzen sowie altes Tiroler Brauchtum haben hier alle Entwicklungen bis heute überstanden. Von Sterzing, das 950 m hoch im Eisacktal liegt, ziehen sich die Täler der Großgemeinde Ratschings fast parallel in westlicher Richtung zur Südseite des Alpenhauptkamms, der hier etwa

Es ist gut für den Umweltschutz und die Sicherheit der Berghänge wenn Äcker und Wiesen waagrecht zum Hang bearbeitet werden. So gibt es keine Spuren, in denen die Erde zu Tal gespült werden kann (links).

Ridnauntal Ratschingstal Kalch-Jaufen Jaufental

I-7

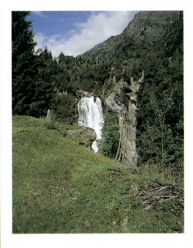

Der Wasserfall Hölle bei Pflersch.

Mehrere Orte bilden gemeinsam die Großgemeinde Ratschings. Oben links der Ort Stange.

3500 m hoch ist. Auch wer nicht in solche Höhen vordringen will, findet in den Tälern und auf den etwa 2600 m hohen Rücken dazwischen ein ausgedehntes Netz von 500 km markierten Wanderwegen. Für Hochtouren im Gebiet des 3507 m hohen Zuckerhütles stehen Tourenführer bereit, die fünfstündige bis fünftägige Unternehmungen zusammenstellen. Sechs bewirtschaftete Hütten bieten sich bei Wanderungen als Stützpunkte an.
Hier gab es früher viel Bergbau. Am Schneeberg kann man noch heute auf mittelalterlichen Brems- und Förderwegen spazieren.

Im Bett des Ridnaunerbachs lassen sich mit einigem Glück nach wie vor Granate und andere Mineralien finden. Ein einheimischer Schleifer glättet und poliert die Steine.
In der Umgebung befinden sich auch die Brüche, wo der berühmte weiße Marmor gewonnen wurde, den man an den Schlössern Schönbrunn und Herrenchiemsee sieht.
Es gibt Wanderungen und Spaziergänge fast ohne Höhenunterschiede entlang den Bächen in den Tälern. Dort kann man auch mit geliehenen Pferden reiten.
Wer Abwechslung möchte, fährt

Ort	Höhe	Einwohner	Gästebetten insgesamt	in Hotels	in Gasth./ Pensionen	in Chalets/ Ferienwhg.	in Privath./ Bauernhäus.	Camping/ Stellplätze	Ferien- lager
Ratschings	980–1470 m	3504	2500		2100		400	1	2 JH

Wandern: 500 km markierte Wege. **Beförderung:** Bus. 1 Gondelbahn, 1 Sessellift. **Geführte Wanderungen:** auf Wunsch. **Hochtouren:** 5–6; 7–10 Std. bzw. 2–5 Tage Dauer. **Hüttentouren:** 6 bewirt. Hütten im Abstand von 1–7 Std. **Abzeichen:** 3 Wandernadeln.

Großgemeinde Ratschings

Verkehrsamt Ratschings, I-39040 Stange, (04 72) 6 66 66 für Gasteig, Mareit, Telfes, Ridnauntal, Ratschingstal, Kalch-Jaufen, Jaufental.
Schwimmen in 1 Freibad (Sterzing), 1 Hallenbad.
Reiten im Gelände, Pferdeverleih.

Hobbykurse und Aktivangebote: geführte botanische Wanderungen auf Wunsch.
Veranstaltungen: Vereins-, Ortsfeste.
Lage und Zufahrt: Kartenteil Seite 15 C/D 2.

_____ Anzeigen

Problemlos telefonieren

Wenn Sie von anderen Ländern dort anrufen wollen, müssen Sie die 0 am Anfang der Vorwahl weglassen und folgende Nummer vorauswählen:

Aus Deutschland
nach Österreich 0043
in die Schweiz 0041
nach Italien 0039

Aus Italien
nach Deutschland 0049
nach Österreich 0043
in die Schweiz 0041

Ridnaun/Sterzing

Hotel Sonklarhof ★★★
Besitzer: Familie Leider
I-39040 Ridnaun/Sterzing
Telefon: (0039) 472/6 62 12 - 6 62 24
Haus in ruhiger Sonnenlage, mit traditioneller Gastfreundschaft u. modernem Komf. Gemütliche Gästezimmer. TV- und Leser., Kaminzimmer, Kellerb. Gepflegte Küche, Frühstücks- u. Salatbuffet. Hallenbad, Sauna, Solarium, Whirlpool, Fitneßgeräte, Freibad. Tischtennisraum, Tennisplatz, Minigolf, Sommereisstockbahn, Kegelbahn, Fahrradverleih; Fischerei. Wir freuen uns auf Ihren Besuch!

Gasse/Ridnaun

Hotel Plunhof ★★★ (1350 m ü.M.)
Besitzer: Familie Volgger
I-39040 Gasse/Ridnaun
Telefon: 0472/6 62 47 - 48 - 49

Unsere Zi. sind m. Du o. Bad sowie WC u. Balkon, Radio, TV u. Tel. ausgestattet. Sauna, Sol., Whirlpool u. Fitneßr.
Ein neuerbautes Haus, bequem u. behaglich eingerichtet. Lift; Fernseh. Gepfl. Atmosphäre, gem. Haustaverne m. schwungv. Musik. Frühstücksbuffet.

Ratschings/Sterzing

Berghotel ★★★ (1.300m)
Besitzer: Familie Rainer
I-39040 Ratschings/Sterzing
Telefon: (0472) 6 91 80
Alle Zi. m. Du/WC, Balk., Farb-TV, Radio u. Tel. ausgestattet. Hallenbad, Sauna, Fitneßr. Wöch. Bowleabend, Aperitiftheke, Musik- u. Tanzabend, Grillparty, Kerzenlichtabend – alles i. Preis inbegr. Besonders ruhige Lage. Ford. Sie unseren Hausprospekt an!

GOSSENSASS UND STERZING
Südtirol — Brenner Pflersch

I-7

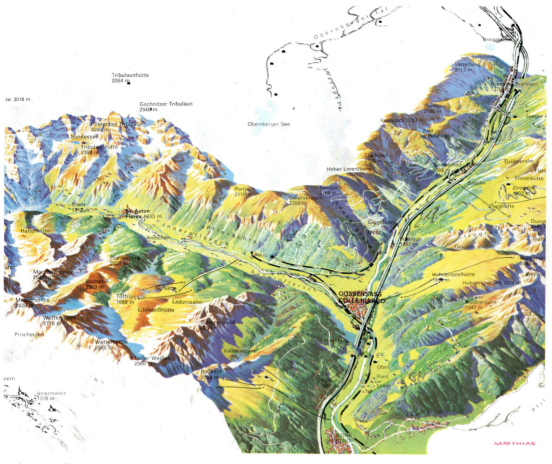

Die Tribulaunhütte in der Nähe von Gossensaß ist Ausgangspunkt für Wanderungen und Klettertouren in den Dolomiten.

in das nahe Fuggerstädtchen Sterzing mit seinen prächtigen, erkergeschmückten Steinhäusern und Bogengängen, den Türmen und Stadttoren. Dort ist auch einiges an Sport geboten. Es gibt einen Segelflugplatz, wo auch Rundflüge möglich sind, einen Kunsteislaufplatz, Freibad und Hallenbad. Talaufwärts in Richtung Brenner liegt 1100 m hoch Gossensaß. Sessellifte führen von dort nach Osten zum 2749 m hohen Hühnerspiel und vom Pflerschtal, das bei Gossensaß ins Eisacktal mündet, zur 2000 m hohen Edelweißhütte. Dort beginnen Bergwanderungen und Hochtouren.

Wer fleißig unterwegs ist, kann sich Wanderabzeichen erwerben. Berühmtester Kurgast in Gossensaß war im vergangenen Jahrhundert Henrik Ibsen. Der norwegische Dichter, der hier oft seine Sommerferien verbrachte, hinterließ im Gästebuch die goldenen Worte: »Sei stets beglückt, du schöne Gegend!«.

Die Einheimischen nannten ihn, weil er gerne an den Ufern von Eisack und Pflersch spazieren ging, das »Bachmandl«.

Ort	Höhe	Einwohner	Gästebetten insgesamt	in Hotels	in Gasth./Pensionen	in Chalets/Ferienwhg.	in Privath./Bauernhäus.	Camping/Stellplätze	Ferienlager
Gossensaß	1100 m	2412	912	490	254	53	151	–	1 JH

Wandern: 25 km markierte Wege. **Beförderung:** Bus. 3 Sessellifte. **Hochtouren:** 3–5; 8–10 Std. Dauer; 2 Führer. **Hüttentouren:** 3 bewirt. Hütten im Abstand von 2–5 Std.

Gossensaß

Kurverwaltung, I-39040 Gossensaß, (04 72) 6 23 72, Tx 4 00 286.
Schwimmen in 1 beh. Freibad. **Angeln** in Flüssen.
Tennis: 2 Plätze (Club).
Unterhaltung: Heimatabende, Vereins-, Ortsfeste.
Lage und Zufahrt: Kartenteil Seite 24 A 1.

TAUFERER-AHRNTAL
Südtirol

I-8

Gesäumt von den Zillertaler Alpen und der Riesenferner-Gruppe, hat sich der Ahrnbach seinen fast 60 Kilometer langen Weg bis zum Pustertal gebahnt.

ZWEI TÄLER, DIE EIN EINZIGES SIND

Auf halbem Wege trennt eine enge Schlucht zwei weite Talöffnungen. Beide haben sich zu unterschiedlichen Ferienregionen entwickelt: das Tauferertal am Unter-, das Ahrntal am Oberlauf.

Von Bruneck öffnet sich das Tauferertal nach Norden. Bei Sand i. Taufers endet es am Fuß einer mächtigen Burg. Westlich führt das Tal des Mühlwalderbachs zum 3510 m hohen Hochfeiler in den Zillertaler Alpen. Zwischen diesen hochalpinen Regionen und dem breiten, grünen Talgrund um 830 m Höhe bewegen sich die Ferienmöglichkeiten des Tauferertals. Hauptsache ist ein 200 km umfassendes markiertes Wanderwegenetz. Zweimal wöchentlich gibt es geführte Wanderungen über die besonders lohnenswerten Routen. In die Hochregionen führen nicht weniger als 20 verschiedene Touren, die bis zu drei Tage dauern. Sieben bewirtschaftete Hütten bieten sich als Etappenziele an.
Wer vom Bergwandern zum Bergsteigen oder Klettern übergehen will, kann die Dienste einer Alpinschule in Anspruch nehmen und dort lernen, wie man sich gefahrlos und sicher in Fels und Eis bewegt. Oben findet der Wanderer auch immer wieder zu hübschen Bergseen. Fast zwei Dutzend davon liegen in den Karen und Mulden rund um das Tauferertal. Zwei Sessellifte helfen beim Anstieg. Aber auch unten im Tal besteht einiges an Freizeitmöglichkeiten. Da gibt es zehn Kilometer befahrbare Wildwasserstrecke, Angelmöglichkeiten in mehreren Flüßchen, vier Tennisplätze und 20 km Radwege mitsamt einem Fahrradverleih. Außerdem gibt es Drachenfliegen in Ahornach, Luftgewehrschießen und Minigolf. Sportliche Gästeturniere sorgen den ganzen Sommer über für Unterhaltung und Gaudi.
Das seit 900 Jahren besiedelte Tauferer- und Ahrntal hat auch einiges an baukünstlerischen Sehenswürdigkeiten zu bieten. Die interessanteste ist das mächtige Schloß Taufers oberhalb von Sand, das vor dem Hintergrund der Zillertaler Gletscher diesen Teil des Tales abschließt. Viele

Im Tauferertal und Ahrntal stehen eine ganze Reihe hübscher Ferienorte zur Wahl. Rechts: Luttach.

Ort	Höhe	Einwohner	Gästebetten insgesamt	in Hotels	in Gasth./ Pensionen	in Chalets/ Ferienwhg.	in Privath./ Bauernhäus.	Camping/ Stellplätze	Ferienlager
Luttach	970–1336 m	3000	4000	3000		300	700	–	–
Steinhaus	1052–1366 m	2000	2500	1600		900		–	–
Prettau-Kasern	1300–1600 m	681	370					–	–

Wandern: 270 km markierte Wege. **Beförderung:** Bus. 3 Sessellifte. **Geführte Wanderungen:** 1mal pro Woche. **Hochtouren:** 70; 8–10 Std. bzw. 2–8 Tage Dauer; 10 Führer. **Hüttentouren:** 5 bewirt. Hütten im Abstand von 6–8 Std. Alpinschule. Wanderpaß. **Ferner interessant:** Ahrntalfahrten (1mal pro Woche).

Ahrntal

Verkehrsverein Ahrntal (Luttach-St. Johann-Weißenbach), I-39030 Luttach, (0474) 6 11 36, Tx 4 01 257. I-39030 St. Johann, (0474) 6 12 57. Verkehrsverein Ahrntal (Steinhaus-St. Jakob-St. Peter), I-39030 Steinhaus, (0474) 6 21 98. Verkehrsverein, I-39030 Prettau/Kasern, (0474) 6 41 23.

Schwimmen in 1 Hallenbad; 5 Seen. **Angeln** in Flüssen. **Reiten** im Gelände, Pferdeverleih, Schule. **Tennis:** 6 Plätze, Schule. Trimmpfad.
Unterhaltung: Heimatabende, Bauerntheater, Kinderfeste, Konzerte, Dia- u. Filmvorführungen, Kirchtagsfeier, Almabtrieb, Vorträge, Sommerfeste.
Pauschalangebote: Juni: Frühlingswochen.
Lage und Zufahrt: Kartenteil Seite 22 A 2.

Anzeigen

Sand in Taufers

Hotel Spanglerhof
Besitzer: Familie Moser
I-39032 Sand in Taufers
Tel.: 0474/6 81 44 - 6 81 45
Hier dominiert gastliche Raffinesse eines Hauses. Gesellligkeit, Unterhaltung, Ruhe, all das erwartet Sie bei uns. Zimmer mit jeglichem Komfort. Hallenschwimmbad, Sauna, Solarium. Parkplatz. Unser Haus ist ganzjährig geöffnet. Wir freuen uns auf Sie!

HOTEL - APPARTHOTEL TUBRIS ★★★
Familie Regensberger
I-39032 Sand in Taufers
Tel.: (0039) 474/68488; Tx.: 400439 S-TOUR
Wohnen Sie individuell im Hotelzimmer oder Ferienappartement (alle mit Bad oder Dusche, Balkon/Terrasse, Radio, Farb-TV, Telefon, Minisafe). **Komfort des Hauses:** Restaurant, Bar, Weinstube, Terrassen-Café, rustikale Zirmstube, reichhaltiges Frühstücksbuffet.
Zum Fitbleiben: Hallenbad mit Gegenstromanlage, Sauna, Solarium, Fitnessraum. Nur 200 m zum Tennisplatz.

TAUFERER-AHRNTAL
Südtirol — Gais   Uttenheim   Sand in Taufers   Mühlen   Ahornach   Kematen   Rein   Mühlwald

Teile des Bauwerks und schöne Malereien stammen aus romanischer Zeit.

Am Eingang von Sand liegt der Edelsitz Neumelans aus dem 16. Jahrhundert. Auch die Pfarrkirche von Taufers ist bedeutend. Sehenswert sind ferner die Schloßkreuzkapelle unterhalb der Burg Taufers, die Pfarrkirche in Ahornach, die Kapelle in Bad Winkel, die gotische Nikolauskirche von Kematen und das zierliche Kirchlein von St. Waldburg aus dem Jahre 1433. Einmalig ist das Gotteshaus von Mühlen. Dort finden Sie unter einem gemeinsamen Dach zwei Kirchen, eine aus dem 14. und eine aus dem 16. Jahrhundert.

Nur scheinbar endet das Tal gleich hinter Burg Taufers, wo die Ahr (oder der Ahrnbach, wie Sie wollen; beides gilt) aus einer tiefen Schlucht herausschäumt. Nach einigen Kilometern öffnet es sich wieder, wendet sich nach Nordosten, heißt nun »Ahrntal« und bietet einer Handvoll hübscher Dörfer vor der majestätischen Kulisse der Zillertaler Alpen Platz. Luttach liegt 962 m hoch, St. Johann 1018 m, dann geht es sanft ansteigend weiter über Steinhaus (1052 m), St. Jakob (1192 m), St. Peter (1366 m) bis Prettau, das 1476 m hoch liegt. Dahinter folgen einige kleinere Weiler und Ansiedlungen. In einem nach Nordwesten gerichteten Nebental liegt 1334 m hoch der Ort Weißenbach.

Hier, direkt am Alpenhauptkamm, erstreckt sich ein beliebtes Hochtourennetz, das Wanderungen zwischen acht Stunden und acht Tagen ermöglicht. Ein Dutzend Bergführer begleitet die Gäste auf den schwierigsten Touren. Auch wer nicht ganz so hoch hinaus will, kann bei geführten Wanderungen die Dienste ortskundiger Experten in Anspruch nehmen. Eine Alpinschule unterrichtet zukünftige Bergsteiger.

Mit drei Sesselliften kommt man bequem zu den Ausgangspunkten

Oben: in der Nähe von Rein in Taufers.

der lohnenden Halbhöhenwege. Mit der Entwicklung des Alpinismus Ende des vergangenen Jahrhunderts begann für das abgeschiedene Ahrntal eine neue Epoche. Luttach beispielsweise gewann schnell bergsteigerischen Ruf. Wer hier nicht zu den Dreitausendern aufsteigen will, kann eine schöne Wanderung zum 2044 m hohen Wolfskofel unternehmen. Man erreicht diesen Aussichtsberg durch die Schwarzenbachklamm,

Der Startplatz der Drachenflieger liegt in Ahornach (1300 m).

an einem Wasserfall vorbei, auf einem guten Bergsteig. Auch von den anderen Orten im Ahrntal gibt es lohnende Wanderungen und Touren. Die ältesten Höfe im Tal haben ihre Almweiden jenseits des Alpenhauptkamms im Hochtal der Krimmler-Ache – auf österreichischer Seite. Das ist ein Überbleibsel der bajuwarischen Landnahme im 7. bis 9. Jahrhundert. Diese geographische Eigenheit führt dazu, daß es eine ganze Reihe praktischer Bergübergänge vom Inneren Ahrntal auf die Nordseite des Alpenhauptkamms gibt. Unten im Tal gehen die Gäste auf

—Anzeige—

Steinhaus

Hotel-Pension Pöhl ★★
Besitzer: Familie Pöhl
I-39030 Steinhaus im Ahrntal
Telefon: 0474/6 21 41
Zentrale Lage. 45 Betten. Alle Zimmer mit Dusche/WC und Balkon. Dependance mit 10 Betten. Gemütliche und gepflegte Aufenthaltsräume. Café-Bar, schöne Sonnenterrasse mit Liegewiese. Privatparkplatz. Tennisplatz in unmittelb. Nähe. Freier Eintritt ins Ozonhallenbad.

St. Jakob

Hotel Untersteinerhof ★★★
Besitzer: Familie Steinhauser
I-39030 St. Jakob im Ahrntal
Tel.: 0474/6 01 75, 6 01 37
Zimmer mit Dusche, WC, Balkon, TV-Anschluß, Tel. Hotel in ruhiger u. sonniger Lage m. beachtl. Komfort ausgest. Rezeption mit Aufenthaltsr. Speisesaal und Café-Bar für Hausgäste. Gartenterr. Aufenthaltsraum für Kinder. Kostenl. Benützung d. öffentl. Hallenbades i. Luttach.

I-8

Lappach   Luttach   St. Johann   Weißenbach   Steinhaus   St. Jakob   St. Peter   Prettau

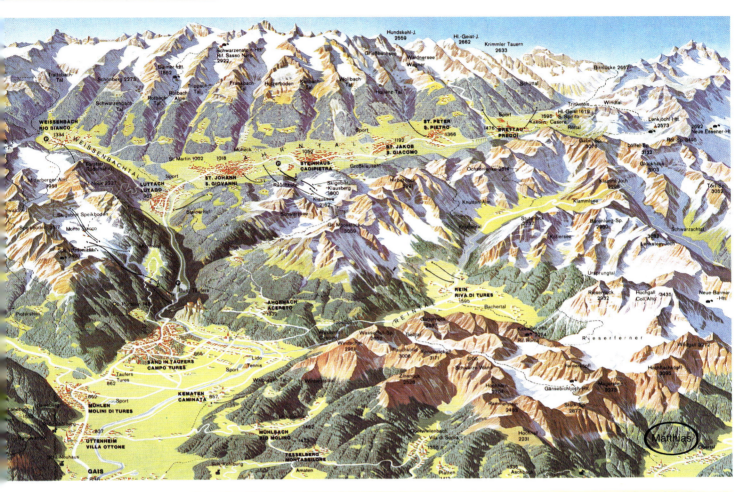

hügeligen Wegen spazieren, schwimmen im Luttacher Ozon-Hallenbad, angeln in Flüssen, kegeln, trimmen sich auf dem Fitnessplatz oder -pfad in Luttach, spielen Tennis auf einem halben Dutzend Plätzen oder unternehmen Ritte ins Gelände.
Eine Reitschule erteilt Unterricht und verleiht Pferde.
Und die Heimatabende, das Bauerntheater und die Kinderfeste sind lustige Angelegenheiten – außerdem gibt es Tiroler Abende, die jede Woche auf dem Programm stehen.

Ort	Höhe	Einwohner	Gästebetten insgesamt	in Hotels	in Gasth./ Pensionen	in Chalets/ Ferienwhg.	in Privath./ Bauernhäus.	Camping/ Stellplätze	Ferienlager
Tauferertal	860 m	4000	3200	2400			800	–	–

Wandern: 300 km markierte Wege. **Beförderung:** Bus. 2 Sessellifte. **Geführte Wanderungen:** 2mal pro Woche. **Hochtouren:** 20; 8–10 Std. bzw. 2–3 Tage Dauer; 10 Führer. **Hüttentouren:** 7 bewirt. Hütten im Abstand von 8–10 Std. Alpinschule. **Abzeichen:** Wandernadel Tauferer-Ahrntal. **Ferner interessant:** Reinbachwasserfälle.

Sand i. Taufers

Verkehrsverband, Jungmannstr. 8, I-39032 Sand i. Taufers, (0474) 6 80 76, Tx 4 00 439 mit Mühlen, Kematen, Ahornach, Rein. **Schwimmen** in 1 beh. Freibad; Seen, Bergseen. **Angeln** in Flüssen. **Drachenfliegen** in Ahornach. Radwege, Fahrradverleih. **Reiten** im Gelände, Pferdeverleih, Schule. **Tennis:** 4 Plätze, Schule. **Unterhaltung:** Heimat-, Hüttenabende, Konzerte, Vorträge, Kinderfeste, Gartenschach, Gästeturniere, Sommerfeste.

Lage und Zufahrt: Kartenteil Seite 22 A 2.

Das Bild oben zeigt es: Steinhaus liegt direkt am Ahrnbach.

Oben: Die markanten Berge oberhalb des Ahrntals.

MERANSEN
Südtirol

Der Ort liegt auf einem sonnigen, nach Süden geöffneten Hochplateau, das sich oberhalb von Eisacktal und Pustertal ausdehnt.

GUTE AUSSICHT RINGSUM

Von diesem 1400 Meter hohen Aussichtsbalkon kann man nach drei Seiten über große Teile Südtirols blicken. Das milde Klima begünstigt trotz der Höhenlage Vegetation bis weit über 2000 Meter Höhe hinauf.

Von Mühlbach im Pustertal führt eine gut ausgebaute Straße in Serpentinen durch den Wald hinauf nach Meransen. Die bewaldete Steilstufe kann auch mit einer Seilbahn überwunden werden.
Unten im Tal erstrecken sich mehrere Seen, oben beginnt das weitläufige, sonnige Wandergebiet an den südlichen Ausläufern der Zillertaler Alpen. »Seefeldgruppe« heißt dieses Gebiet, dessen Grashänge reich an Alpenblumen sind. Auch das seltene Edelweiß kann man hier noch sehen.
Eine leichte der vielen Wanderungen führt vom Seilbahnplatz in der Ortsmitte von Meransen an der Westseite des Greitenecks entlang zu den Walderhöfen. Dann geht es ansteigend zum Altfaßtal, vorbei an einem künstlichen See, zum 1583 m hohen Greiteneck. Von dort reicht die Aussicht auf das Dolomitenpanorama bis zum Schlern. Die Tour erfordert anderthalb bis zwei Stunden. Anstrengender und länger ist der Höhenweg zur 2715 m hohen Seefeldspitze. Vorbei an der bewirtschafteten Moserhütte geht es ziemlich steil aufwärts zur oberen, verfallenen Hütte und über den langgezogenen Kamm des Kleinen Gitsch (2260 m) zum Sattel des Ochsenbodens. Dann wird ein felsiger Hang gequert; am Falzarer Joch vorbei führt der Steig quer über die steile Westflanke des Fallmetzer zum Sattel östlich des großen Sees. Durch ein von steilen Hängen umgebenes Hochtal geht es zum mittleren See und später zum kleinen Seefeldsee (2514 m). Über einen guten Steig erreicht man die Seefeldspitze. Von hier hat man einen Blick zum Zillertaler Hauptkamm, zu den Tauern und dem Rieserferner sowie nach Süden zum langgezogenen Dolomitenpanorama. Für den Auf- und Abstieg von und nach Meransen sind achteinhalb bis neun Stunden nötig, der Höhenunterschied beträgt 1300 m.

Man kann rund um Meransen auch viel gemächlicher wandern. 70 km Wege mit Rundtouren vor einer bis zu zehn Stunden stehen zur Wahl. Die Bahn an der Gaisraste erleichtert den Aufstieg zu vielen der Wanderstrecken.
Im Abstand von zwei bis zweieinhalb Stunden gibt es mehrere bewirtschaftete Hütten. Und wer fleißig gewandert ist und sich dies durch Stempel im Wanderpaß bestätigen ließ, wird mit der Eisacktaler Wandernadel belohnt.

Meransen

★★★ HOTEL HOLZERHOF
I-39037 Meransen
Tel.: (0039) 472/50100

Besonders ruhige und schöne Aussichtslage mit Hotelpark. Forellenteich und Liegewiese. Alle Zimmer mit Bad o. Du/WC, teils mit Balkon, Safe. Wanderwege unmittelbar beim Hotel. Sauna; Solarium; Hallenbad, Tischtennis, 3 Fernsehräume. Gemütliche Hotelbar mit großer Sonnenterrasse. Ideal für Ihren Aktiv- und Erholungsurlaub.
Wir schicken Ihnen gern unseren Hausprospekt zu. Ihre Fam. Hofer.

Gasthof Stubenrüß ★★★
Besitzer: Familie Oberhofer
I-39037 Meransen
Tel.: 0039/472/50122, 50256

Unser Familienhotel, in sonniger, zentraler Lage, ist mit seinen gemütlichen Aufenthaltsräumen und Gästezimmern, die mit Dusche/WC, Telefon und Safe ausgestattet sind, der ideale Treffpunkt für einen entspannten und angenehmen Urlaubsaufenthalt. Im Restaurant servieren wir Tiroler und internationale Spezialitäten und abends veranstalten wir gelegentlich Grill-Parties mit zünftiger Unterhaltungsmusik. Frühstücksbuffet. Menüwahl. Café-Bar mit großer Gartenterrasse und Eisspezial., Tischtennis, Privatparkplatz. Idealer Ausgangspunkt für Berg- u. Almwanderungen. Kinderermäßig.

I-9 🇮🇹

Bergseen, grüne Matten, Almabtrieb des Viehs – zauberhafte Motive rund um Meransen.

Eine Kleinkabinenbahn erleichtert den Aufstieg auf den Gitschberg. Die letzte Strecke zum Gipfelkreuz (unten) muß man jedoch zu Fuß zurücklegen.

Ort	Höhe	Einwohner	Gästebetten insgesamt	in Hotels	in Gasth./ Pensionen	in Chalets/ Ferienwhg.	in Privath./ Bauernhäus.	Camping/ Stellplätze	Ferien- lager
Meransen	1414 m	650	2060	400	800	80	100	–	680

Wandern: 70 km markierte Wege. **Beförderung:** 1 Groß-, 1 Kleinkabinenbahn. **Hüttentouren:** 5 bewirt. Hütten im Abstand von 2–2,5 Std. **Abzeichen:** Eisacktaler Wandernadel.

Meransen

Verkehrsverein, I-39037 Meransen, (0472) 50197 und 50125, Tx 400608.
3 Bergseen. **Angeln** in Seen.
Tennis: 1 Halle/1 Platz.
Unterhaltung: Heimat-, Hüttenabende, Konzerte.

Veranstaltungen: Anf. Juli: Kirchweihfest. Mitte Aug.: Großes Sommerfest.

Lage und Zufahrt: Kartenteil Seite 24 A 1.

Anzeigen

Meransen

Pension Oberhofer ★★
Fam. Stefan Oberhofer
I-39037 Meransen
Tel. (0039) 472/5 02 91
Neuerbaute Familienpension m. 16 Zi. Alle m. Du/WC, Balk., TV. Sonnenterr., Liegew., Parkpl. Gutbürgerliche Kü. m. Hausspez. HP m. Frühstücksbuf. 1 × wöchentl. Unterhaltungsabend in altgot. Bauernstube u. Bergwanderung z. hauseig. Almhütte.

DOLOMITENBLICK
Familie Rieder
I-39037 Meransen
Südtirol
Tel. (0039) 472/50275

Ihr Urlaubsdomizil mit der pers. Atmosphäre! Das neuerb. Hotel verfügt über zeitgemäßen Komfort. Südtiroler Spezialitäten kommen aus Küche u. Keller. **Und nach dem Wandern: Der Treffpunkt – Tonis Pub.**

Pension Bacherhof ★★★
Tel.: (0039) 472/50128

Familien-Pension mit gepflegter Atmosphäre. Zimmer mit erstklassigem Schlafkomfort; Bad oder Dusche/WC. Telefon. Balkon. Safe. Aufenthaltsräume, romantische Kellerbar. Sonnenterrasse, gepflegte Liegewiese. Fitneßraum. Sauna. Solarium. Whirlpool. Ausgezeichnete Küche für Genießer; Weinspezialitäten.
Bitte fordern Sie unseren Hausprospekt an!

Hotel Erika ★★★
Besitzer: Familie Lechner
I-39037 Meransen
Telefon 0039/472/5 01 96
Die sonnige, ruhige Lage u. die herrl. Wanderwege durch Wiesen u. Wälder bieten ideale Erholungsmöglichkeiten. Einrichtg. im rustikalen Stil, fam. Betreuung, vorzügl. Küche, Café, Bar. Zimmer m. Du, WC, Balk., Tel., Radio, TV auf Wunsch. Safe. Hallenb., Sol., Sauna, sonn. Liegewiese. **Tennispl.** Garage.

DIE CRONTOUR-ORTE
Südtirol

Bruneck   Pfalzen   St. Vigil i. E.   St. Lorenzen   Taisten

Zehn Orte im Pustertal haben sich zusammengeschlossen, um den Urlaubsgästen ein umfassendes gemeinsames Ferienangebot zu machen.

RUND UM DEN KRONPLATZ

Darunter sind Bruneck, St. Vigil in Enneberg, St. Lorenzen, Olang, Pfalzen, Taisten und andere. »Crontour-Orte« nennen sie sich.

Die alte Stadt Bruneck ist Hauptort des Pustertals. Im Halbkreis schmiegt sich die Stadt um einen Hügel, auf dem sich die prächtige Bischofsburg erhebt. Stadt und Bischofsburg liegen in einem weiten Talkessel, der vom Kronplatz abgeschlossen wird. Dieses sonnige Hochplateau – italienisch »Plan de Corones« – gab dem Gebiet Crontour den Namen.

Die lebendige Stadt Bruneck ist hier schon seit Jahrhunderten kultureller, wirtschaftlicher und verkehrsgeographischer Mittelpunkt. Von welcher Seite man sich der Stadt auch nähert, immer erblickt man zuerst die wuchtige Bischofsburg, das Schloß Bruneck. Es wurde um 1250 begonnen und im Laufe der Zeit mehrmals erweitert. Die letzte Restaurierung, die zum heutigen Zustand führte, geschah um die Jahrhundertwende. Die Pfarrkirche, die Spitalkirche zum Heiligen Geist, das Kapuzinerkloster, die Klosterkirche der Ursulinen und der Heldenfriedhof sind bedeutende Sehenswürdigkeiten der Stadt.

In Dietenheim, gleich bei Bruneck, breitet sich auf einem 2,5 Hektar großen Freigelände das sehenswerte Landesmuseum für Volkskunde aus.
Ringsum bieten Berge, Täler und ein ausgedehntes Netz von Wanderwegen viele Möglichkeiten. Von Bruneck-Reischbach führen eine Kleinkabinenbahn und ein Sessellift zum Kronplatz. Wer nicht nur wandern, sondern richtige Bergtouren machen will, der kann die Dienste von mehreren geprüften Bergführern in Anspruch nehmen.
Ein Reitstall vermietet Pferde und veranstaltet im Sommer Halb- sowie Ganztagesritte. Eine Tennishalle in Bruneck und mehrere Freiplätze in den Nachbarorten machen auch den Tennissport möglich. Es gibt ein Freibad und

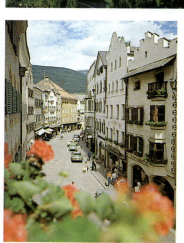

Mit prächtigen Fassaden, Arkadengängen und schönen alten Häusern lädt das Städtchen Bruneck (rechts) zum Bummeln ein. In der Umgebung gibt es viele Wandermöglichkeiten.

Oben: St. Lorenzen und die Michelsburg. Die Burg ist nicht das einzige Zeugnis der 2000jährigen Geschichte des Orts. Waldhügel geben Reste der Bronzezeit frei. Mauerreste der römischen Soldatensiedlung Sebatum kann man heute noch genauso besichtigen wie das frühere Kloster Sonnenburg; das wurde in ein Schloßhotel umgebaut.

— Anzeigen

Reischach-Bruneck

Besitzerin: Frau Rubner
I-39031 Reischach-Bruneck
Tel.: (0039) 474/21223, Telex: 400 579

Lassen Sie sich bei Ihrem Sommerurlaub im komfortablen Rubner-Hotel Rudolf verwöhnen. Zum Entspannen von einem sportlichen Wander- oder Tennistag laden wir Sie in Schwimmbad, Sauna, Hot-Whirl-Pool und Solarium ein. Massagen auf Wunsch. Unser Hotel verfügt über 38 komfortable Zimmer mit Du/Bad/WC, Selbstwähltelefon, Farbfernsehgerät mit Fernbedienung, Minibar und Balkon.
Viel Unterhaltung erwartet Sie bei Fondue-Abenden in der Tenne, Grillabenden auf der Sonnenterrasse, beim Bauernbuffet oder dem großen Galadiner.
Geeignet für Seminare und Tagungen.
Ganzjährig geöffnet.

Hotel ★★★★ Schönblick

Besitzer: Familie Wolfsgruber
I-39031 Reischach/Bruneck
Tel.: (0039) 474/8 57 74
Telefax: (0039) 474/8 53 44

Ihr **Ferienhotel** mit 1.-Klasse-Service, in ruhiger Lage am Fuße des Kronplatzes.
54 Betten. Alle Zimmer mit Bad/Dusche/WC, Radio, TV, Telefon, Minisafe und teilweise Balkon.
Frühstücksbuffet, Menüwahl.
Aufenthaltsräume ◆ Café ◆ Rest. ◆ Garten ◆ Sonnenterr. ◆ Hallenb. ◆ Whirlpool ◆ Sauna ◆ Sol. ◆ Massagen ◆ Kinderspielpl. ◆ Tiefgarage.
Rufen Sie uns einfach an.

I-10

St. Lorenzen

Ferienregion KRONPLATZ ST. LORENZEN

Verkehrsverein I-39030 St.Lorenzen / Pustertal
☎ 0474/44092 · aus BRD + BL 0039 474/44092
aus A 040 474/44092 - NL 0939 474/44092

Pustertal/Südtirol

ST. LORENZEN-BRUNECK 813 m ü.d.M. Die Marktgemeinde St. Lorenzen im Pustertal am Eingang ins Gadertal zu den Dolomitentälern, zählt zu den gefälligsten Ortschaften des Tales. Die günstige Verkehrslage macht den Ort St. Lorenzen, 813 m ü.d.M., im Herzen des Pustertales, zum Ausgangspunkt für Touren in die Dolomiten, in die Zillertaler-Alpen, zu den Pragser und Antholzer Bergseen und den drei Zinnen. Den Erholungssuchenden werden ausgedehnte Wandermöglichkeiten, Spazierwege bis hin zu Klettertouren geboten.

Weitere Informationen erhalten Sie im Verkehrsbüro St. Lorenzen!

***Hotel Sonnenburg	Tel. 474/4 40 99	**Gasthof Sonne	Tel. 474/4 40 35
***Hotel Mühlgarten	Tel. 474/2 09 30	**Gasthof Traube	Tel. 474/4 40 13
***Hotel Martinerhof	Tel. 474/4 40 37	**Gasthof Alpenrose	Tel. 474/4 31 49
***Hotel Lanerhof	Tel. 474/4 31 33	*Appartement Schaller	Tel. 474/8 42 33
***Hotel Mondschein	Tel. 474/4 40 91	Zimmer m. Frühst.	
**Pension Florian	Tel. 474/8 40 68	Gutwenger Johann	Tel. 474/4 40 00
**Pension Auerhof	Tel. 474/4 40 30	ZI/FR. Promberger Viktor	Tel. 474/4 31 06
**Frühst.-Pension Mair	Tel. 474/4 40 62	Camping Wildberg	Tel. 474/4 40 80

307

DIE CRONTOUR-ORTE
Südtirol

Bruneck   Pfalzen   St. Vigil i. E.   St. Lorenzen   Taisten

ein Hallenbad. Und angeln darf man – mit Erlaubnisschein – in der Rienz.

Wenige Kilometer von Bruneck entfernt, ebenfalls am Fuß des 2275 m hohen Kronplatzes, liegt St. Lorenzen. Wer hier wohnt, kann die Annehmlichkeiten eines kleinen Feriendorfs mit den Möglichkeiten der nahen, lebendigen Stadt Bruneck verbinden. Auch St. Lorenzen hat seine Burgen: die tausend Jahre alte Sonnenburg (die im Mittelalter ein Benediktinerinnenkloster war und inzwischen ein Schloßhotel ist) sowie die mächtige Michelsburg. Auch die wurde ums Jahr 1000 herum gegründet und hat eine wechselvolle Geschichte hinter sich.

Unter den vielen Wanderungen tut sich die Kronplatztour besonders hervor. Wer nicht mit der Seilbahn aufsteigen, sondern diesen Berg mit seiner freien, kuppenartigen Hochfläche zu Fuß angehen will, braucht für den Aufstieg etwa vier Stunden. Zunächst geht es sanft, später steigend zum Gasthof Haidenberg (1300 m). Von dort weist die Markierung Nr. 4 steil durch den Wald zum Westrücken des Kronplatzes. Oben geht es etwas flacher bis zum 2275 m hohen Gipfel.

Landschaftlich schöner, auch nicht so steil ist der Aufstieg von Maria Saalen über die Moosener Kaaser (1810 m), dann durch den Wald auf den Kronplatz. Dieser Weg hat die Markierung Nr. 8. In beiden Fällen braucht man für Auf- und Abstieg sieben bis acht Stunden. Es ist also eine gute Tageswanderung. Am Südhang des Kronplatzes liegt St. Vigil in Enneberg auf 1193 m Höhe. Von hier

Problemlos telefonieren

Wenn Sie von anderen Ländern dort anrufen wollen, müssen Sie die 0 am Anfang der Vorwahl weglassen und folgende Nummer vorauswählen:

Aus Deutschland
nach Österreich 0043
in die Schweiz 0041
nach Italien 0039

Aus Italien
nach Deutschland 0049
nach Österreich 0043
in die Schweiz 0041

I-10

Das Foto oben zeigt St. Lorenzen und auf dem Bild rechts daneben sehen Sie St. Vigil. In der Umgebung gibt es nicht weniger als fünf Seen.

kann der Gipfelplatz mit einer Kleinkabinenbahn erreicht werden. Geologisch gehört St. Vigil zum Nordrand der Dolomiten. Im Südwesten des Ortes beginnt der Naturpark Fanes-Sennes-Prags mit bizarren Dolomitenbergen, weiten Hochebenen und dem Pragser Wildsee. Hier kann man charakteristische Erosionsformen, tief ins Gestein eingegrabene Bäche und in Rinnen abgeschliffene Berghänge sehen – sowie eine vielfältige Alpenflora, die zwischen dem Rand und dem Kern des Schutzgebietes völlig unterschiedlich ist.
Etwa 95 km Wanderwege in der Umgebung von Taisten haben Markierungen. Die meisten sind leicht bis mittelschwer. Im Abstand von 14 Tagen gibt es geführte Wanderungen zu den schönsten Zielen. Fleißige werden mit der Wandernadel belohnt.
Alle Crontour-Orte bieten eine gemeinsame Gästekarte, den Crontour-Cheque, der von Mitte Mai bis Mitte Juli und von Anfang September bis Mitte Oktober gilt. Er gibt Nachlässe bei Bergbahnen, Ausflugsfahrten, Frei- und Hallenbädern, auf Tennisplätzen, Minigolfanlagen und beim Reiten.

Ort	Höhe	Einwohner	Gästebetten insgesamt	in Hotels	in Gasth./ Pensionen	in Chalets/ Ferienwhg.	in Privath./ Bauernhäus.	Camping/ Stellplätze	Ferienlager
Bruneck	835–950 m	11000	4000	1159	1230	826	785	1/800 qm	–
Pfalzen	1020 m	1850	1350		700		650		1 JH
St. Vigil	1100 m	2200	2900		1780		1125	–	
St. Lorenzen	813 m	3150	2100	350	970	380	40	1/66	mehrere

Ort	Wandern				Beförderung				Hochtouren		
	Wege insg.	Wege mark.	Rundwege	geführte Wanderungen	Bus	Bahn	Kabinenbahnen groß	klein	Sessellifte	Anzahl	Dauer	Führer
Bruneck	40 km	30 km		1× wöch.	×	×		1	1	mehrere		1
Pfalzen		30 km										
St. Vigil		150 km		1× wöch.	×			1	1			
St. Lorenzen	25 km	25 km	8/72 km		×	×	1			8–15	8–12 Std., 2 Tg.	

Abzeichen: Crontour-Nadel. Crontour-Wanderpaß (Bruneck). **Ferner interessant:** Naturparks, Naturschutzgebiete, botanischer Lehrpfad, Wasserfälle, Erdpyramiden, römische Ausgrabungen, Landesmuseum für Volkskunde.

Bruneck
Verkehrsamt, I-39031 Bruneck, (04 74) 8 57 22, Tx 4 00 350.
Schwimmen in 1 beh. Freibad, 1 Hallenbad. **Angeln** in Flüssen u. künstl. Anlagen. **Reiten** im Gelände, Halle, Schule. **Tennis:** 11 Plätze, 1 Halle/2 Plätze.
Unterhaltung: Heimatabende, Konzerte, Orts- und Vereinsfeste.
Aktivangebote: Juni/Juli: Ferienakademie: Malerei und Zeichnen, Formen (Modellieren in Ton), Kunstgraphik.
Veranstaltungen: Mai–Okt.: Zeltfeste. Juni–Sept.: Sommer-, Sport- u. Vereinsfeste. Juni u. Sept.: Kirchweihfeste. Okt.: Stegener Markt.
Pauschalangebote: Frühjahrsangebote, Herbstwochen.

Pfalzen
Verkehrsverband, I-39030 Pfalzen, (04 74) 5 81 59.
Schwimmen in 1 Badesee (Issingersee). **Angeln** im See. **Drachenfliegen** in Platten. **Tennis:** 2 Plätze.
Unterhaltung: Konzerte, Dia-Vorträge, Liederabende.
Veranstaltungen: Mai: Florianifeier. Mitte Aug.: Sommerfest. Aug.: Kirchtag in Issing. Okt.: Kirchtag in Pfalzen.

St. Vigil in Enneberg
Verkehrsamt, I-39030 St. Vigil in Enneberg, (04 74) 5 10 37, Tx 4 00 350.
5 Seen. **Angeln** in Flüssen u. Seen. **Tennis:** 3 Plätze.
Unterhaltung: Heimatabende, Vereins-, Orts-, Volksfeste, Gäste-Fußball-Turnier.

St. Lorenzen
Verkehrsverein, I-39030 St. Lorenzen, (04 74) 4 40 92.
Schwimmen in 2 Freibädern (1 beh.), 1 Hallenbad. **Angeln** in Flüssen. **Reiten** im Gelände, 120 km Wege. **Schießen:** Luftgewehr, Sportschießen. **Tennis:** 2 Plätze.
Unterhaltung: Heimatabende, Kinderfeste, Konzerte, Volks- und Vereinsfeste.

Lage und Zufahrt: Kartenteil Seite 15 D 2/3.

St. Lorenzen (Bild rechts): ein Ferienort zum Erholen und Wohlfühlen.

DIE CRONTOUR-ORTE
Südtirol   Olang

Olang-Geiselsberg

Hotel Christoph ★★★ **Besitzer: Familie Lanz**
I-39030 Olang-Geiselsberg
Tel.: (00 39) 474/4 64 26
Urlaub i. waldreichen grünen Pustertal – ein **unendliches Wanderparadies**. Fam. rustikale, ger. Balkon-Zimmer mit Bad od. Du/WC, Radio, Tel., Frühstücksbuffet, Abendessen mit Salatbuffet. Hallenbad 28°, Unterwassermas., Sauna, Sonnenbank. Kindererm. bis 10 Jahre. Parkpl., Garage. Freib. u. Tennispl. i. Ort.

Anzeigen

I-10

Drei Kilometer abseits der Hauptstraße durch das Pustertal liegt Olang, 1050 Meter hoch, an der Nordseite des Kronplatzes. Olang gehört zu den »Crontour-Orten«, die einen gemeinsamen Gästepaß und – alle zusammen – ein umfassendes Ferienangebot haben. Und das Olanger Kirchweihfest ist weithin bekannt.
Das Landschaftsbild wird vom Kronplatz und den Dolomitengipfeln geprägt. Ein kleiner Natursee und ein mehrere Kilometer langer Stausee der Rienz bereichern das Landschaftsbild. Baden kann man im beheizten Freibad. Und 10 km verkehrsarme Radwege führen auf hügeligen Straßen durch das Tal.
Zu den vielen Spaziergängen und Wandermöglichkeiten (insgesamt gibt es 200 km Wanderwege) gehören auch Hochtouren von sechs bis zehn Stunden Dauer, die man auf zwei Tage ausdehnen kann. Sie führen zu vier bewirtschafteten und einer unbewirtschafteten Hütte in den Hochregionen. Eine achtstündige Tour bringt Sie beispielsweise von Olang über den Furkelpaß, den geologischen Beginn der Dolomiten, zum Piz da Peres (2507 m), der südlich von Olang aufragt. Dazu müssen Sie allerdings einen mühsamen und steilen Steig überwinden. Über den Hochalpensee und die Lapeduresscharte geht es dann wieder zurück nach Olang. Für diese eindrucksvolle Tour brauchen Sie gut acht Stunden. Etwa gleichviel Zeit ist nötig, um statt des Piz da Peres die 2479 m hohe, unmittelbar benachbarte Dreifingerspitze zu erreichen.
Alljährlich am ersten Sonntag im September wird in Olang ein großes Fest gefeiert: das Kirchweihfest, das ungemein feierlich begangen wird. Dazu stellt man einen 25 m hohen, prachtvoll geschmückten Baum auf. Historische Bräuche und alte Traditionen werden an diesem Tag lebendig; das Fest ist in der ganzen Gegend bekannt.
Doch auch den ganzen Sommer hindurch ist in Olang etwas los. Da gibt es Konzerte, Heimatabende, Lichtbildervorträge, Bauerntheater und Kinderfeste.

Großes Foto ganz links: Mittel- und Oberolang, vom Geiselberg aus gesehen. Im Hintergrund das Rudelhorn und die Toblacher Berge.
Alte Bauernhäuser (links) sieht man in der Gegend oft.

Ort	Höhe	Einwohner	Gästebetten insgesamt	in Hotels	in Gasth./ Pensionen	in Chalets/ Ferienwhg.	in Privath./ Bauernhäus.	Camping/ Stellplätze	Ferienlager
Olang	1050 m	2300	2600	359	588	970	683	–	–

Wandern: 200 km Wege (150 km markiert). **Beförderung:** Bus, Bahn, 1 Kleinkabinenbahn. **Geführte Wanderungen:** 1mal pro Woche. **Hochtouren:** 10; 6–10 Std. bzw. 1–2 Tage Dauer. **Hüttentouren:** 5 Hütten (4 bewirt.) im Abstand von 4 Std. **Abzeichen:** Wandernadel. **Ferner interessant:** Naturpark »Fanes-Sennes-Prags«, Biotop (Moor) in Rasen.

Olang

Verkehrsverband, I-39030 Olang, (04 74) 4 26 96, Tx 4 00 652.
Schwimmen in 1 beh. Freibad, 1 See, 1 Stausee.
Angeln in Flüssen u. Seen. 10 km Radwege.
Drachenfliegen. Trimmpfad.
Tennis: 2 Plätze, Unterricht.

Unterhaltung: Heimatabende, Bauerntheater, Kinderfeste, Dia-Vorträge, Filmabende, Konzerte, Vereins- u. Ortsfeste.
Veranstaltungen: Veranstaltungskalender auf Anforderung.
Lage und Zufahrt: Kartenteil Seite 22 A 3.

Wanderungen und Hochtouren in den Bergregionen, Tennis, Unterhaltung und ein abwechslungsreiches gastronomisches Angebot im Tal – das ist die Ferienmischung von Olang.

DAS GSIESERTAL
Südtirol

St. Magdalena   St. Martin

Wo das Tal endet, hört auch die Straße auf. Und wenn Sie nicht aufpassen, finden Sie sogar den Eingang des Gsiesertals schwer.

SÜDTIROLS EXTRA-STÜBERL

Wer das verkehrsarme Tal entdeckt hat, fühlt sich weitab von Tempo und Hektik.

Bei Welsberg müssen Sie vom Pustertal nach Norden abzweigen. So kommen Sie in das 18 km lange Gsiesertal. 2000 Einwohner zählen die drei kleinen Dörfer Pichl, St. Martin und St. Magdalena, die im Tal aufgereiht sind. Sie stellen offene Streusiedlungen dar – mit vielen Gehöften, die sich in dem von saftigen Wiesen eingerahmten Talgrund erstrecken. Das Tal ist bis zum Ende fast eben; der niederste Ort Pichl liegt 1260 m hoch, St. Magdalena – kurz vor dem Talschluß – auf 1398 m. Die Hänge beiderseits des Talbodens sind mit dichten Tannen- und Fichtenwäldern bewachsen. Der größte Teil des Tals, das in Nord-Süd-Richtung verläuft, liegt den ganzen Tag im Sonnenlicht.

In den nordöstlichen Tälern Südtirols – wo auch das Gsiesertal (links) liegt – kann man noch sehr preisgünstig Urlaub machen. Ruhe, Gemütlichkeit und Tradition stehen vornean.

I-11

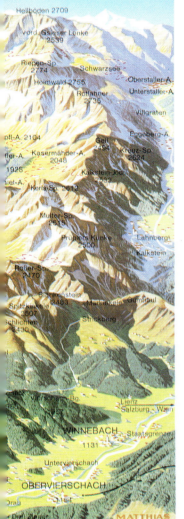

Über den Wäldern erstrecken sich m 2000 m die Hochalmen – ausgedehnte, großenteils leichte Wanderreviere. Darüber erhebt sich das Deferegger Pfannhorn (2819 m) auf der einen, die 2739 m hohe Hochkreuzspitze auf der anderen Seite des Tals. Bergpfade führen hinüber ins Ost-Tiroler Defereggental; auf der Höhe des Sattels verläuft die öster-

Eine freundliche Landschaft, prächtig geschmückte alte Bauernhäuser und farbenfrohes Brauchtum: das finden Sie im Gsiesertal.

reichisch-italienische Grenze. Im Gsiesertal leben Einheimische und Gäste so, wie man es dort seit Generationen gewohnt ist: ohne Tempo und Hektik. Auf der Straße im Tal und den Wirtschaftswegen zu beiden Seiten kann man gemächlich mit Fahrrädern unterwegs sein; die Räder gibt es zu leihen. 60 km markierte Wanderwege führen auf die umgebenden Höhen. Und wer seine Wanderleistung durch Stempel nachweisen kann, wird mit der Gsieser Wandernadel belohnt.

Auf Urlaubsleistung setzt man im Gsiesertal allerdings weniger als anderswo. Supersportanlagen oder Freizeitzentren braucht man nicht. Aber es gibt einige Tennisplätze, ferner Möglichkeiten zum Angeln im Pidigflüßchen. Man bietet einige Heimatfeste und Brauchtumsabende, einmal wöchentlich geführte Wanderungen, ein wenig Hüttenzauber und Spaß am Grill – sonst aber vor allem die Natur. »Das Extra-Stüberl von Südtirol« hat ein Liebhaber des Gsiesertals einmal formuliert. Die Leute dort hören das gern.

Ort	Höhe	Einwohner	Gästebetten insgesamt	in Hotels	in Gasth./ Pensionen	in Chalets/ Ferienwhg.	in Privath./ Bauernhäus.	Camping/ Stellplätze	Ferienlager
Gsiesertal	1100–1400 m	2000	1200		700		500	–	3 JH

Wandern: 60 km markierte Wege, 30 km Talblickweg. **Beförderung:** Bus. **Geführte Wanderungen:** 1mal pro Woche. **Abzeichen:** Gsieser-Wandernadel.

Gsiesertal
Verkehrsverein Gsiesertal, I-39030 St. Martin, (04 74) 31 25.
Angeln in Flüssen. 18 km Radwege, Fahrradverleih.
Tennis: 2 Plätze. **Schießen:** Luftgewehr.

Unterhaltung: Heimatabende, Bauerntheater, Vereins-, Ortsfeste.

Lage und Zufahrt: Kartenteil Seite 24 B 1.

DAS GRÖDNERTAL
Südtirol

St. Ulrich St. Christina Wolkenstein

Val Gardena heißt es auf italienisch: das Grödnertal, das neben Meran der Deutschen liebstes Stück Südtirol ist.

MINNESÄNGER OSWALDS HEIMAT

In einem Zug mit diesem Tal muß auch die Seiseralm genannt werden, die großenteils die Südflanke des Tales bildet. Von ihr wird auf den folgenden Seiten die Rede sein. Dort finden Sie auch die Panorama-Karte, die das Grödnertal zeigt.

Im Grödnertal deuten ungewöhnlich klingende Namen auf die Besiedlung in grauer Vorzeit hin. Die Ladiner, die hier leben, sind Nachfolger der Räter (ebenso wie die Rätoromanen im Schweizer Kanton Graubünden), die vom großen Strom der Völkerwanderung nicht hinweggeschwemmt wurden. Diese 15 000 Menschen, die den größten Teil der Bevölkerung des Grödnertales bilden, haben ihre Sprache bis heute erhalten.

Im Tal gibt es bei kirchlichen und weltlichen Festen immer noch prächtige Trachten zu sehen, wenn sie auch aus dem Alltag lange verschwunden sind. In den verschiedensten Vereinen wird diese Tradition mit viel Liebe gepflegt – zur Freude der Einheimischen und der fremden Zuschauer.

Eine Mischung aus Tradition und Spaß am Heute ist der 1983 erstmals durchgeführte »Oswald-von-Wolkenstein-Ritt«. Dorf-Vierermannschaften aus ganz Südtirol nehmen teil. In Reiterprüfungen vom Start an der Trostburg bei Waidbruck, der Geburtsstätte des hohen Herrn Oswald, bis zum Ziel in Schloß Prösels werden die Sieger ermittelt. An allen Etappenzielen werden Volksfeste und am Ziel ein Schloßfest veranstaltet. Weil es so schön war, wird der Ritt nun alljährlich durchgeführt.

Oswald von Wolkenstein, einer der Herren dieses Geschlechts, das im Grödnertal herrschte, hat im 15. Jahrhundert von sich reden gemacht – als Minnesänger und durch sein abenteuerliches Leben. Ein anderer, nämlich Christian Trebinger, der zu Beginn des 17. Jahrhunderts bei St. Ulrich lebte, hat den Grödnertalern zu noch Besserem verholfen. Er gilt als der erste Bildhauer des Tales und Begründer der Holzschnitzerei. Auch heute noch ist dieses Gewerbe, nach dem Fremdenverkehr, eine wichtige Existenzgrundlage für viele Menschen im Tal. Zwei Fachschulen in St. Ulrich und Wolkenstein kümmern sich um geeigneten Nachwuchs. Leise Wehmut beschleicht den Betrachter der alten Dampflok, die bei St. Ulrich zu besichtigen ist. Erinnert sie doch an eine Zeit, die gern »die gute alte« genannt wird, ob zu Recht oder nicht. Der Bau der Grödnertalbahn im Jahre 1916 dauerte ganze drei Monate. 12 000 Mann vollendeten in dieser kurzen Zeit den dreißig Kilometer langen Schienenweg. Erst die Touristen-Invasion brachte die Bahn am 28. 5. 1960 zum Stehen. Sie war dem Ansturm nicht gewachsen. Den größten Aufschwung im ganzen Revier hat ganz sicher Wolkenstein erlebt.

War es vor gut zwanzig Jahren noch ein Bergbauerndorf, so hat es inzwischen die größte Zahl an Fremdenbetten im Tal. Achttausend sind es heute. Daß es damit allein nicht getan ist, weiß man und bietet neben Wanderwegen noch dies und das als Kundendienst. Gegen geringe Gebühr bieten die Fremdenverkehrsämter St. Ulrich, St. Christina und Wolkenstein wöchentlich drei geführte Berg- und Almwanderungen. Daneben ist die Reitschule in Plan zu nennen, die Reitunterricht gibt und Ausritte ermöglicht.
Vernünftigerweise ergänzen sich die Orte in Gröden mit verschiedenen Freizeitangeboten. So bringt St. Christina die Kletterschule Raiser ein. St. Ulrich, als Hauptort im Tal, bietet ein geheiztes Freibad, ein Kunsteisstadion, das auch im Sommer in Betrieb

Anzeiger

St. Christina

Pension Ciamp ★★
Besitzer: Familie Senoner
I-39047 St. Christina
Telefon: (0039) 471/7 72 03
Pension in sonniger und ruhiger Hanglage. Wanderwege direkt v. d. Haustür! Alle Zimmer mit Du/WC, Balkon, Telefon. Bar, Restaurant; italienische und deutsche Küche (Südtiroler Spezialitäten). Parkpl. Sonderpr. z. Saisonbeginn im Juni. Wir freuen uns auf Sie.

Wolkenstein

Hotel Dorfer ★★★
Besitzer: Familie Dorfer
I-39048 Wolkenstein
Tel.: (0039) 471/75204
Tx.: 400359 turselva für Dorferhotel
Haus im Tiroler Stil. Zimmer mit Bad/Du/WC, Safe, TV-Anschluß, Telefon, Radio, Balkon. Aufenthaltsraum; Garten, Sonnenterrasse. Whirlpool, Solarium, Sauna, Fitnessraum. Erlesene Küche mit Menüwahl u. Diät. **Idealer Ausgangspunkt für Wander- und Klettertouren. Tennishalle und -plätze nur 300 m entfernt.**

Hotel Post zum Hirschen ★★★
I-39048 Wolkenstein
Telefon (0039) 471/7 51 74

Bes.: Familie Pitscheider
Sämtliche Zimmer sind mit Bad oder Dusche und Telefon ausgestattet. Unser Hotel mit hundertjähriger Tradition liegt zu Füßen der Sella im Herzen der Dolomiten. Zentraler Ausgangspunkt für sämtliche Wanderungen. Ausgezeichnete Küche ist bei uns selbstverständlich.

Problemlos telefonieren

Wenn Sie von anderen Ländern dort anrufen wollen, müssen Sie die 0 am Anfang der Vorwahl weglassen und folgende Nummer vorauswählen:

Aus Deutschland
nach Österreich	0043
in die Schweiz	0041
nach Italien	0039

Aus Italien
nach Deutschland	0049
nach Österreich	0043
in die Schweiz	0041

I-12

Das grüne Tal wird von markanten Dolomitenmassiven überragt. Oben: St. Ulrich; unten: Wolkenstein.

ist, das Grödner Heimatmuseum und fast einen richtigen sommerlichen Konzertbetrieb für fast jeden Geschmack.
Es gibt Wandernadeln für das Grödnertal. Sie heißen »Odla d'or«. Eine Spezialität ist die Grödner Gipfelnadel. Sie ist nur auf Touren mit einem Grödner Bergführer zu erhalten. Das Besondere ist, daß die Punkte pro 100 Höhenmeter und Schwierigkeitsgrad vergeben werden. So bringen 100 Höhenmeter im I. Schwierigkeitsgrad einen Punkt, im III. Grad drei Punkte und im VI. Grad zehn Punkte.
Im Jahre 1977 entstand der Naturpark Puez-Geisler. Durch das Langental kommt man hin. Unter der eindrucksvoll angebrachten Ruine Wolkenstein spaziert man gemütlich ins Tal hinein. Nach einer guten Stunde läßt man sich auf dem Almboden Pra da Ri (1800 m) ins Gras fallen und wandert dann wieder zurück.
Interessanter ist es, zur Puezhütte hinaufzusteigen; es dauert auch länger. Vier Stunden ist man unterwegs, bis man die karge, vegetationsarme, ja fast triste Gegend erreicht.
Weitaus lieblicher sind die Wege in der Südflanke der Seceda, ob man nun zu Fuß unterwegs ist oder zum Col Raiser oder zur Seceda mit Seilbahnen und Sessellift fährt. Beliebte Ziele sind die Regensburger und Fermeda-Hütte, die Jausenstationen Sophie und Troieralm. Hier finden Sie die besten Langkofel-Blicke und Fotostandplätze.
Zu den besonders schönen Wegen und Plätzen zählt die Runde von der Seceda-Bergstation zur Broglesalm und über die Broglesscharte zurück nach St. Ulrich.
Ähnlich attraktiv kann der Übergang in das Villnößtal sein. Zu diesem Zweck läßt man sich mit dem Raschötzer Sessellift hochbringen und wandert über die Flitzer Scharte oder den Tschatterlinsattel nach St. Magdalena ins Villnößtal hinunter.
Zum Schluß noch ein Vorschlag etwas außerhalb des Grödnertals. Gehen Sie einmal über den Bindelweg zur Marmolada!
Dazu muß man, wenn man aus dem Grödnertal kommt, zuerst über das Sellajoch zum Pordoijoch fahren. Direkt vom Joch zieht der Weg nach Süden, schwenkt dann nach Osten und endet schließlich nach rund drei Stunden am Fedaiasee. Der breite Weg mit geringen Höhenschwankungen läßt Ihnen genügend Zeit, der eisgepanzerten Marmolada Reverenz zu erweisen.

Ort	Höhe	Einwohner	Gästebetten insgesamt	in Hotels	in Gasth./ Pensionen	in Chalets/ Ferienwhg.	in Privath./ Bauernhäus.	Camping/ Stellplätze	Ferienlager
St. Ulrich	1236 m	4500	6300	1888	975	2421	1016	–	–
St. Christina	1428 m	1504	3044	744	824	815	435	–	–
Wolkenstein	1563 m	2300	8000	3700		4300		–	–

Ort	Wandern			Alpinschule	Beförderung			Hochtouren		Abzeichen
	Wege mark.	Rundwege	geführte Wanderungen		Kabinenbahnen groß	klein	Sessellifte	Dauer	Führer	
Gröden	90 km	70 km	2× wöch.	2	5	4	9	21		Wander-, Gipfelnadel

Beförderung: Bus. **Hüttentouren:** mehrere meist bewirt. Hütten im Abstand von 1–5 Std.
Ferner interessant: Naturparks »Schlern« und »Puez Geisler«, Klammen, Wasserfälle.

Gröden

Fremdenverkehrsamt, I-39046 St. Ulrich/Ortisei, (04 71) 7 63 28, Tx 4 00 305.
Verkehrsamt, Via Chemun 25 b, I-39047 St. Christina, (04 71) 7 30 46, Tx 4 00 025.
Verkehrsamt, I-39048 Wolkenstein, (04 71) 7 51 22, Tx 4 00 359.
Schwimmen in 1 Hallenbad, 1 beh. Freibad. **Angeln** in Flüssen. Drachenfliegen. **Reiten** im Gelände, Schule. **Tennis:** Plätze, Unterricht. Kunsteisstadion.

Unterhaltung: Heimatabende, Bauerntheater, Konzerte, Folklorefeste, Dia- und Filmabende.
Aktivangebote: Schnitzkurse (St. Ulrich).
Veranstaltungen: Tennisturniere, Reitturniere, Volksfeste, Trachtenumzüge. Ende Juni: Oswald-von-Wolkenstein-Ritt. Mitte Juli–Mitte Aug.: Grödner Konzertwochen. Ende Juli: Kirchweihfest in St. Christina mit Wiesenfest und Trachtenumzug. 1. Aug.-Sonntag: Gröden in Tracht. Mitte Aug.: Wiesenfest mit Trachtenumzug und Konzert. 1. Sept.-Wochenende: Luis-Trenker-Volkswandertag.
Lage und Zufahrt: Kartenteil Seite 15 D 3.

SCHLERNGEBIET UND SEISER ALM
Südtirol

Kastelruth   Seis   Seiser Alm   Völs

Die Seiser Alm – das ist die größte und schönste Hochalm Europas mit einer Ausdehnung von 52 Quadratkilometern.

EUROPAS SCHÖNSTE HOCHALM

Sie ernährt im Sommer 2000 Stück Großvieh und auch sonst ihren Mann.

Mit 1500 Fremdenbetten zwischen den Almwiesen und den jahrhundertealten, sonnenverbrannten Almhütten und Heustadeln haben die Kühe große Konkurrenz bekommen. Immerhin: Den Kühen bleiben die saftigen, bunten Blumenwiesen und den Touristen die frische Landluft nebst der schönen Aussicht auf steile sagenumwobene Dolomitenberge.

Das Schlerngebiet, der Seiser Alm im Westen terrassenartig vorgelagert, grenzt die ganze Region gegen das Eisacktal ab. Die Orte Völs, Seis und Kastelruth sind damit Teilnehmer am großen Berg-Wanderzirkus zwischen Waidbruck und dem Grödner- und Selljoch. Berühmte Dolomitengipfel bilden den eindrucksvollen Rahmen für diese große Touristenlandschaft. Im Westen überragen der klotzige Schlern und die dynamische Santnerspitze die Kirchturmspitzen von Völs und Seis um runde 1500 Meter. Im Osten be-

Der mächtige Schlern erhebt sich steil über Völs mit dem hübschen Völser Weiher.

— Anzeiger

Seiser Alm

40jähriges Jubiläum

Sporthotel ★★★★ Floralpina

**Besitzer: Familie Schenk-Kofler
I-39040 Seiser Alm
Tel.: (0471) 7 29 07, priv. 7 12 65**

Das Neunzig-Betten-Hotel liegt inmitten von Wald auf der Seiser Alm. Ausgangspunkt für herrliche Wanderungen. Zimmer mit Dusche/WC, Telefon, zum Teil mit Fernsehanschluß.
Zum Frühstück gibt es ein reichhaltiges Buffet und abends zwei Menüs zur Auswahl.
Abwechslung bringen unsere unterhaltsamen Buffets und Gala-Dinners.
Außerdem bietet unser Hotel: Sauna, Solarium, Hot-Whirl-Pool. Freibad mit Liegewiese, Hallenbad. Tennisplatz und Tiefgarage.
Ein herzliches Berg-Heil und auf Wiedersehen!
Ihre **Familie Verena u. Josef Kofler.**

I-13

Seiser Alm

Gasthof Goldknopf, Besitzer: Familie Malfertheiner
I-39040 Seiser Alm, Tel.: (0039) 471/7 29 15

Gemütlich geführter Familiengasthof. 80 Betten. Alle Zimmer mit Du/WC, zum großen Teil m. Balkon. Windgeschützte, sonnige Lage. Große Sonnenterrasse mit herrl. Fernsicht. **Günstigster Ausgangspunkt** der Alm für Wanderungen und Spaziergänge zum Schlern, ins Grödner Tal, zur Langkofelgruppe u. zur Überquerung ins Fassatal.

Wandern und Bergsteigen auf der Seiseralm — ein unvergeßliches Erlebnis!

Nützen Sie
unser Sonderangebot
als Gast im Goldknopf
vom **1. Juni bis 15. Juli**
und vom **1. September bis Ende Oktober**

Gerne teilen wir Ihnen Einzelheiten mit!

Gasthof Ritsch-Schwaige
Besitzer: Familie Malfertheiner
I-39040 Seiser Alm
Telefon: (0039) 471 / 7 29 10
Alle Zimmer sind mit Dusche, WC und viel Geschmack eingerichtet. Gemütliche Aufenthaltsräume, Sonnenterrasse sowie Zufahrt zum Haus sind vorhanden. Der familiär geführte Gasthof liegt zentral im Wandergebiet. Wir freuen uns auf Ihren Besuch.

SCHLERNGEBIET UND SEISER ALM
Südtirol — Kastelruth Seis Seiser Alm Völs — I-13

herrschen drei berühmte Kletterberge die Landschaft: der kolossale Langkofel, die eher feingliedrige Fünffingerspitze und die behäbige Grohmannspitze. Alle drei haben Klettergeschichte und Klettergeschichten geschrieben.
St. Ulrich bietet einen schnellen und bequemen Einstieg in die Seiser Alm. Die Seilbahn macht's möglich, die auf 2005 m hochzieht. Nehmen Sie sich gleich den schönsten Weg vor! Er ist bequem zu gehen, nimmt drei Stunden in Anspruch und schenkt verschwenderisch schöne Landschaftsbilder. Dabei hat man immer die Schokoladenseite der Langkofelgruppe vor Augen, wenn man über die Saltria Niederung und den Confinboden nach Monte Pana wandert.
Hochsensibilisiert für Schützens- und Bewahrenswertes hat man auf der Seiser Alm einen großen Naturpark eingerichtet. Im Jahre 1974 wurde der Schlern zum Schutzgebiet erklärt. Gams und Steinadler, Murmeltier und Alpendohle und vieles – wenn auch weniger Bekanntes – kann sich hier relativ unbedrängt entwickeln. Auch im Schlerngebiet kann man täglich im Schutz des Verkehrsamtes wandern. Als Wandernadel gibt es die »Schlernhexe«. In Seis lohnt es sich, das St.-Valentins-Kirchlein und die Ruine Hauenstein anzuschauen. Kastelruth konnte 1983 nachgewiesen das tausendjährige Bestehen feiern, und Völs bietet neben der trutzigen Burg Prösels warme Heubäder an.
Für Ausflügler und Wanderer sind auch im Sommer über ein Dutzend Seilbahnen und Lifte in Betrieb. Zu den attraktivsten zählt der Kabinenlift vom Sellajoch zur Langkofelscharte. Auffahrt und Aussicht sind großartige Erlebnisse. Man kann in der Scharte auch eine der schönsten Hochgebirgswanderungen angehen, die es hierzulande gibt. Die Rundtour führt um den Langkofel und dauert fünf Stunden. Die großen Geher umrunden gleich die ganze Langkofelgruppe, also noch Plattkofel, Grohmannspitze und Fünffingerspitze dazu. Das sind dann allerdings sieben bis acht Stunden reine Gehzeit.
Im Schlerngebiet versucht man natürlich dem Schlern aufs breite Dach zu steigen. Von Seis aus kann man mit dem Auto bis Bad Ratzes hinauffahren. Zu Fuß geht es zum Schlernboden hoch. Erste Rast: in der Schlernbodenhütte. Dann geht es in weitem Bogen zum Touristensteig und auf ihm zu den Schlernhäusern in 2457 m Höhe. Das dauert drei bis vier Stunden.
Dieses schöne Ziel kann man aber auch von Völs ansteuern. In diesem Fall findet der Anstieg durch die Westflanke statt, und man landet nach vier bis fünf Stunden ebenfalls bei den Schlernhäusern. Am besten ist es dann, den Abstieg nach Seis einzuplanen. Damit hat man die schönste Schlernüberschreitung.

Ort	Höhe	Einwohner	Gästebetten insgesamt	in Hotels	in Gasth./ Pensionen	in Chalets/ Ferienwhg.	in Privath./ Bauernhäus.	Camping/ Stellplätze	Ferienlager
Kastelruth	1060 m	1772	2636	1419		1217		–	–
Seis am Schlern	1000 m	1100	2284	1378		906		–	–
Seiser Alm	1800–2300 m	168	1528	1510		18		–	–
Völs am Schlern	900 m	2500	1640	833		757		1	–

Ort	Wandern Wege mark.	Rundwege	Alpinschule	Beförderung Kabinenbahnen groß	klein	Sessellifte	Hochtouren Anzahl	Dauer	Führer	Hütten bewirt.	Abstand	Abzeichen
Kastelruth Seis am Schlern Seiser Alm	350 km	mehrere	×	1	1	7	mehrere	4–7 Std., 1–3 Tg.	10	mehrere	1–3 Std.	Schlernhexe
Völs am Schlern	80 km	4/20 km						6–10 Std., 2–3 Tg.	2	mehrere	3–4 Std.	Wanderpaß

Beförderung: Bus. **Ferner interessant:** Naturpark »Schlern«, Klammen, Wasserfälle, prähistorische Stätten. **Unterhaltung:** Heimatabende, Bauerntheater, Konzerte, Dia- und Filmabende, Alphornblasen, Ausstellungen. **Rundflüge** mit Motorflugzeug und Helikopter ab Flugplatz Bozen. **Veranstaltungen:** Ende Juni: Oswald-von-Wolkenstein-Ritt. Kammermusikwoche. Wettmähen. Almabtrieb. Maienpfeifen.

Südtiroler Trachten gehören zum üblichen Bild an Sonntagen und bei den vielen Festen.

Kastelruth
Verkehrsamt Schlern, I-39040 Kastelruth, (04 71) 7 13 33, Tx 4 00 110.
Schwimmen in 1 beh. Freibad. **Angeln** in Seen, Flüssen u. künstl. Anlagen. **Reiten** im Gelände, Pferdeverleih. **Tennis:** 4 Plätze, 1 Halle/3 Plätze, Schule. **Squash:** 1 Platz.

Seis am Schlern
Verkehrsamt Schlern, I-39040 Seis, (04 71) 7 11 24, Tx 4 00 110.
Schwimmen in 1 beh. Freibad. **Angeln** in Seen, Flüssen u. künstl. Anlagen. **Reiten** im Gelände, Pferdeverleih. **Tennis:** 3 Plätze, 1 Halle/3 Plätze, Schule. **Squash:** 1 Platz.

Lage und Zufahrt: Kartenteil Seite 15 D 3.

Seiser Alm
Verkehrsamt Schlern, I-39040 Seiser Alm, (04 71) 7 29 04, Tx 4 00 110.
Reiten im Gelände, Pferdeverleih. **Tennis:** 1 Platz. 7 km Radwege, Fahrradverleih. **Drachenfliegen.**

Völs am Schlern
Verkehrsverein, I-39050 Völs am Schlern, (04 71) 7 20 47.
Schwimmen in 2 Seen, 1 Freibad, 1 Hallenbad. **Angeln** in Seen. **Rudern** (Bootsverleih). **Reiten** im Gelände, 50 km Wege, Pferdeverleih. **Tennis:** 2 Plätze. Eisstockschießen (Kunststoffbahn). **Drachenfliegen.** **Gesundheit:** Trimmpfad, Heubäder. **Veranstaltungen:** 15. Aug.: Völser Kirchtag mit Trachtenumzug und Kirchweihfest. Wiesenfeste.

Anzeiger

Seiser Alm

AlmHotel Compatsch — Sehr familiär und mehr
I-39040 Seiser Alm, Tel.: (00 39) 4 71/7 29 70
Freistehendes, kinderfreundliches Hotel in sehr ruhiger Lage, idealer Ausgangspunkt für unzählige Wanderungen und Touren. Direkt vor der Haustür beginnen auch die kostenlos geführten Wanderungen.
Gemütlich eingerichtete Zimmer mit Du/WC. Halbpension mit ausgedehntem Frühstücksbuffet, abwechslungsreiches Abendessen mit gesundem Salatbuffet. Familiäre und gesellige Atmosphäre, in der sich viele Urlaubsabende in netter Runde bei einem guten Tröpfchen verplaudern lassen ...

Hotel BELLAVISTA ★★★
Besitzer: Familie Tröbinger
I-39040 Seiser Alm
Tel.: (00 39) 4 71/7 29 72
Komfortabel wohnen in einem gepfl. Gastbetrieb. Genießen Sie d. Vorzüge einer guten Küche. Tiefgarage. Sonnenterrasse ◆ Finnische Sauna ◆ Heubad - von Juni bis August ◆ Römisches Dampfbad ◆ Hot-Whirl-Pool ◆ Fitneß ◆ Wir freuen uns auf Ihren Besuch.

KLAUSEN UND UMGEBUNG
Südtirol — Villanders

I-14

Ein Stier vom Pfundererhof legte mit seinen Hufen eine Silberader frei. Das war der Sage nach der Beginn für den mittelalterlichen Silber- und Kupferbergbau bei Villanders.

SEIN REICHTUM: DIE LAGE

Heute ist das ehemalige Bergwerk mit seinen Halden ein beliebtes Ausflugsziel.

Wie kommt man nach Villanders? Von Klausen, das 523 Meter hoch im Eisacktal liegt, führt eine Straße hinauf. Die endet in Villanders: 880 Meter hoch. Zwischen dem 11. und dem 16. Jahrhundert wurden viele Kilometer Gänge ins Gestein gegraben, Kupfer und Zinkerze, Schwefelkies, Silber und – nach manchen Quellen – auch Gold in großen Mengen gewonnen. Seit damals existiert Villanders.

Von dem Dorf über dem Eisacktal sieht man die markanten Dolomiten und das gegenüberliegende Grödnertal, im Dorf eine interessante Gasse mit alten Steinhäusern, zwei Kirchen und gut erhaltene Adelssitze. Sie zeugen von Pracht und Reichtum früherer Jahrhunderte. Heute besteht der Reichtum von Villanders vor allem in seiner landschaftlichen Lage. 80 km markierter Wanderwege führen kreuz und quer durch die ausgedehnte Villanderer Alm mit ihrer wechselvollen Landschaft aus Wald, Weiden und Hängen. Unter Führung von Kennern dieses Gebietes werden regelmäßig die schönsten Wege begangen.

Vier malerische Bergseen sind ebenfalls beliebte Wanderziele. Fleißige werden mit dem Wanderpaß Eisacktal belohnt.
Wer das Almgebiet lieber auf dem Rücken eines Pferdes erlebt, kann das haben. Es gibt Pferde zu leihen. An den sonnigen Hängen ziehen sich Weinberge empor. In vielen Höfen und Gaststätten gibt es deshalb alljährlich im Herbst die Gelegenheit zum Südtiroler Törggelen. Selbstgekelterter Wein – mit Kastanien, Nüssen und Villanderer Bauernspeck serviert – heizt die Stimmung der Törggelengäste in kurzer Zeit an. Dann greift der Wirt zur Gitarre oder zur Zieharmonika, und alles singt die schönen, alten Südtiroler Heimatlieder.

Ort	Höhe	Einwohner	Gästebetten insgesamt	in Hotels	in Gasth./ Pensionen	in Chalets/ Ferienwhg.	in Privath./ Bauernhäus.	Camping/ Stellplätze	Ferienlager
Klausen	525 m	4000	1200	160	550	60	430	1/60	–
Villanders	880 m	1700	693	123	354	103	103	–	–

Wandern: Klausen: 60 km markierte Wege. Villanders: 80 km markierte Wege. **Beförderung:** Bus, Bahn. **Geführte Wanderungen:** 1mal pro Woche (Villanders). **Hochtouren, Hüttentouren:** 4 bewirt. Hütten im Abstand von 2 Std. (Klausen). **Abzeichen:** Wanderpaß Eisacktal, Wanderpaß Villanders, Wanderabzeichen Klausen.

Klausen
Verkehrsverband, I-39043 Klausen, (04 72) 4 74 24.
Schwimmen in 1 Freibad. **Angeln** in Flüssen.
Schießen: Luftgewehr. **Tennis:** 2 Plätze.
Unterhaltung: Konzerte im Pavillon.
Veranstaltungen: Vereins-, Orts-, Volksfeste.

Villanders
Verkehrsverein, I-39040 Villanders, (04 72) 5 31 21.
Schwimmen in 4 Seen. **Reiten** im Gelände, Pferdeverleih. **Schießen:** Luftgewehr. **Unterhaltung:** Heimatabende, Dia-Vorträge, Vereins-, Orts-, Volksfeste.

Lage und Zufahrt: Kartenteil Seite 24 A 2.

Anzeigen

Reisen mit der Bahn

Mit der Bahn nach Klausen.

Wenn Ihr Wanderurlaub von Anfang an streßfrei sein soll, reisen Sie am besten mit der Bahn an. Denn Busse und Bahn bringen Sie stau- und streßfrei zu Ihrem Urlaubsort. Schnell und bequem auf jeden Fall.

Deutsche Bundesbahn

ALTA BADIA/HOCHABTEITAL
Südtirol

Colfosco Corvara La Villa Pedraces San Cassian

Fünf Orte liegen im Nordosten der Sella-Gruppe, einem der zentralen Massive der Dolomiten.

WANDERTOUREN IN DER SELLA-GRUPPE

Die Orte haben sich zur Aktionsgemeinschaft Alta Badia (zu deutsch: Hochabteital) zusammengeschlossen.

Die benachbarten Orte Corvara und Colfosco liegen zwischen 1550 und 1650 m hoch, direkt an der Sella-Gruppe. Zwei Großkabinenbahnen und sechs Sessellifte führen auf Höhen bis 2500 m. Dort er-

streckt sich ein ausgedehntes Tourengebiet. Die Wanderwege im Tal und an den Hängen, etwa 80 km, sind markiert. Die eifrigsten Wanderer im Hochabteital werden mit dem Goldenen Rucksack als Wanderabzeichen belohnt.

Eine besonders schöne, aber auch anspruchsvolle Hochtour führt von Corvara zur Boéspitze, die 3151 m hoch ist. Den Aufstieg zum Crep de Mont, 2220 m hoch, erleichtert eine Seilbahn. Von dort geht es zum Boésee und weiter über die Spuren eines Steiges, der mehr oder weniger dem Vallon-Sessellift folgt, zur Ruine der Vallonhütte. Ein kurzes Stück muß man nun abwärts gehen, dann steigt der Weg in südlicher Richtung zu Füßen einer Felswand zunächst sanft bis zu einer Schlucht mit mehreren natürlichen Höhlen. Dort geht es steil aufwärts zur darüberliegenden Terrasse und zum kleinen Eissee. Über graue Felsplatten und Geröllhalden erreicht man den Gipfel des Piz Boé. Die Tour dauert etwa fünfeinhalb Stunden.

Fünf Touren in der Sella-Gruppe gelten als besonders lohnenswert und schön. Dafür stehen mehrere Führer zur Verfügung. Im Abstand von zwei bis fünf Stunden stehen in der Bergwelt der Umgebung

Anzeige

St. Kassian

Geöffnet von Dezember bis April und Juni bis September. Zimmer mit Bad/WC, Tel., Balkon, TV, Frigobar. Restaurant – gepflegte internationale Küche. Bar, Aufenthaltsraum, gr. Sonnenterrasse. **Salares Fitness-Center** mit Hallenbad, Sauna, Hot-Whirl-Pool, Dampfbad u. Body-Building. Mountain-Bikes, Bocciabahn, Reitsport, Angelmöglichkeit. Garage. Schach im Freien. **Familie Wieser** freut sich auf Ihren Besuch.

I-39030 St. Kassian-Armentarola
Tel.: (0471) 84 94 45 - 84 95 89
Telex: 40100 ABADIA, Fax: 0471/84 70 37

Besitzer: Familie Wieser
I-39030 St. Kassian
Tel.: (0471) 84 95 22
Telefax: (0471) 849389
Rustikal und komfortabel. Zimmer mit Bad/WC, Telefon und Balkon.
Gepflegte internationale Küche; Restaurant, Bar, Kaminzimmer, Sonnenterrasse, Hallenschwimmbad, Sauna, Solarium, Tennisplatz, Kinderspielplatz, Reitsport, Fischerei…

HOTEL LA STÜA ★★★
I - St. Kassian - Alta Badia/Dolomiten
Tel. 0039/471/849456
Gepfl. Haus mit fam. Atmosphäre in ruhiger, sonniger u. zentraler Lage. Zi. mit Du, WC, Balkon, Tel. Bar, Spielraum Kaminzi. Aufenthaltsr., Whirlpools, Sauna, Dampfbad, Kneippbecken, Solarium, Fitnessraum. Jede Woche ladinische Spez., oder Grillparty. Wollen Sie nicht auch unser Stammgast werden?

I-15

insgesamt 20 bewirtschaftete Hütten.

Auch im Tal ist einiges geboten. Da gibt es Tennisplätze, Reitställe und Pferdeverleih, Volksfeste. Eine Besonderheit sind Bauerntheater, die ihre Stücke teilweise in ladinischer Sprache aufführen. Die Ladiner sind eine Volksgruppe, die sich in einigen Südtiroler Tälern rund um die Sella-Gruppe konzentrieren und einen eigenen Dialekt innerhalb der rätoromanischen Volksgruppe sprechen. Der ist weder mit Italienisch noch mit

Ort	Höhe	Einwohner	Gästebetten insgesamt	in Hotels	in Gasth./ Pensionen	in Chalets/ Ferienwhg.	in Privath./ Bauernhäus.	Camping/ Stellplätze	Ferienlager
Corvara Colfosco	1568 1642	1200	5300	2650		2650		1/200	1

Wandern: 80 km markierte Wege. **Beförderung:** Bus, 2 Großkabinenbahnen, 6 Sessellifte. **Geführte Wanderungen:** 2mal pro Woche. **Hochtouren:** 5; 8–10 Std. Dauer; 5 Führer. **Hüttentouren:** 20 bewirt. Hütten im Abstand von 2–5 Std. **Abzeichen:** Goldener Rucksack.

Corvara, Colfosco

Verkehrsamt, I-39033 Corvara, (04 71) 83 61 76, Tx 4 01 555;
Auskunftsbüro Colfosco, (04 71) 83 61 45.
Schwimmen in 1 Hallenbad. **Angeln** in Flüssen und Seen. **Reiten** im Gelände, Pferdeverleih.

Tennis: 4 Plätze. **Unterhaltung:** Heimat-, Hüttenabende, Bauerntheater (Ladinische Sprache), Kinderfeste, Dia-Vorträge, Konzerte, Vereinsfeste, Ortsfeste.

Lage und Zufahrt: Kartenteil Seite 15 D 3.

Anzeigen

Problemlos telefonieren

Wenn Sie von anderen Ländern dort anrufen wollen, müssen Sie die 0 am Anfang der Vorwahl weglassen und folgende Nummer vorauswählen:

Aus Deutschland
nach Österreich 0043
in die Schweiz 0041
nach Italien 0039

Aus Italien
nach Deutschland 0049
nach Österreich 0043
in die Schweiz 0041

Corvara

★★★★
Sporthotel Panorama

Besitzer: Familie Costamoling
I-39033 Corvara
Tel.: (0039) 471/83 60 83
Tx.: 4 01 220 Parama

Familiär geführtes Haus ersten Ranges, am Sonnenhang gel. Alle Zimmer mit sämtlichem Komfort, Bad/Du/WC, Tel., Radio, TV.
Gemütl. Aufenthaltsr., ◆ Bar ◆ Kaminzimmer ◆ Tiroler Stuben ◆ Spielraum ◆ Garage ◆ Hallenbad ◆ Sauna ◆ Solarium ◆ Hot-Whirl-Pool ◆ Massage ◆ Sonnenterrasse ◆ Liegewiese ◆ eigener Tennis-Sandplatz.

Hotel Post Zirm ★★★★
I-39033 Corvara
Tel.: (0039) 471/83 61 30, Tx.: 4 00 844

Schwimmbad, Sauna und Solarium. Die Verpflichtung des Hauses lautet: Moderner Komfort und Unterhaltung bieten, ohne mit der Tradition gastlicher Bewirtung zu brechen. Das **Hotel Post Zirm** öffnete im Jahre 1808 seine gastl. Tore. Noch immer stehen sie dem Bergwanderer und Skifahrer offen.

ALTA BADIA/HOCHABTEITAL
Südtirol

Colfosco   Corvara   La Villa   Pedraces   San Cassiano

Deutsch nahe verwandt. Untereinander sprechen die Einheimischen noch Ladinisch. Doch sie verstehen auch sehr gut deutsch (und andere europäische Sprachen).
In der Gabel des Gaderbachs, dem eigentlichen Hochabteital, bilden die Orte Pedraces, La Villa/Stern und St. Kassian eine touristische Einheit. Sie haben sich kommunalpolitisch zur Gemeinde Abtei zusammengeschlossen. Mit insgesamt 2580 Einwohnern sind die drei Teilorte nicht gerade groß, bieten jedoch einiges an Urlaubsvergnügen. Dazu gehören beispielsweise 20 km Wildwasserstrecke auf der Gader, die Drachenflugmöglichkeit am Pralongiá, aber auch Tennisplätze und Tennishallen, Pferdeverleih mit Ausritten ins Gelände, ein Hallenbad und viele Feste in den Teilorten.
Rund 100 km markierter Wanderwege, dazu nicht weniger als 30 Hochgebirgstouren stehen zur Auswahl. Wer eine solche Hochtour nicht allein unternehmen will,

Anzeigen

La Villa

Pension Rezia
Besitzer: Familie Crazzolara
I-39030 La Villa
Tel.: (0039) 471/84 71 55
Unsere **Pension Rezia** befindet sich in ruhiger u. sonniger Lage, m. herrlichem Panoramablick über das ganze Tal.
Wanderwege direkt vor d. Haustür!
Alle Zi. m. Du/WC u. ein Teil m. Balk. Bar, Rest., Parkplatz. Freundliche Atmosphäre m. familiärer Führung.

Über Corvara schwebt die Seilbahn auf Crep de Mont (2152 m). Von der Bergstation ist es nicht weit zum Boésee. Anspruchsvoll ist hingegen die Wanderung auf den Gipfel des Piz Boé (3151 m).

I-15

Sessellifts unterhalb des Hofes Sorega steigen Sie dann über Weiden und durch einen schütteren Wald aufwärts. Über Armentarola geht es, immer auf gut sichtbarem Weg, am Ufer des Pocolbachs bis zur Waldgrenze hinauf. Über Almwiesen erreichen Sie auf mäßig steilem Kamm das Schutzhaus an der Pralongiá. Bis zum 2140 m hohen Gipfel sind es dann noch etwa 60 m Höhenunterschied. Der Aufstieg dauert rund zwei Stunden.

*Schindelgedeckte Holzhäuser in der Nähe von St. Leonhard (links) und kleine Seen freuen den Wanderer im Hochabteital.
Ganz links: der Blick auf Cassiano. Darunter: das mächtige Bergmassiv La Varella.*

engagiert sich einen der Tourenführer für die schönsten und sichersten Wege zu den Gipfeln. Je nach Strecke dauert eine solche Tour sieben bis neun Stunden. Wer Hüttentouren unternehmen will, findet jeweils im Abstand von drei bis fünf Stunden bewirtschaftete Hütten.
Eine schöne, aber nicht allzu anstrengende Bergwanderung führt von St. Kassian zur Pralongiá-Hütte. Dabei muß ein Höhenunterschied von 600 m überwunden werden. Von der Talstation des

Ort	Höhe	Einwohner	Gästebetten insgesamt	in Hotels	in Gasth./ Pensionen	in Chalets/ Ferienwhg.	in Privath./ Bauernhäus.	Camping Stellplätze	Ferienlager
Abtei	1324–1433 m	2580	7000	4600		2400		1/300	–

Wandern: 100 km markierte Wege. **Beförderung:** Bus. 1 Großkabinenbahn, 2 Sessellifte.
Geführte Wanderungen: 2mal pro Woche. **Hochtouren:** 30; 7–9 Std. Dauer; 5 Führer.
Hüttentouren: 9 bewirt. Hütten im Abstand von 3–5 Std. **Abzeichen:** Goldener Rucksack.

Abtei

Verkehrsamt Abtei, I-39030 La Villa, (0471) 84 70 37, Tx 4 01 005. Die Angaben gelten auch für die Orte: San Cassiano, (04 71) 84 94 22, Pedraces, (04 71) 83 96 95 (Auskunftsbüros).
Schwimmen in 1 Hallenbad. **Wildwasser:** 20 km befahrbare Strecke. **Angeln** in Flüssen. **Drachenfliegen** am Pralongiá. **Reiten** im Gelände, Pferdeverleih. **Tennis:** 3 Plätze, 2 Hallen/je 1 Platz.
Unterhaltung: Dia-Vorträge, Konzerte, Vereins-, Orts-, Volksfeste.
Lage und Zufahrt: Kartenteil Seite 15 D 3.

Am Fuß des Sassongher liegt Colfosco (rechts). Der Berg im Hintergrund ist das Heilig Kreuz. In der Nähe des Orts liegen die Berghöfe (links) in 1650 m Höhe.

323

DAS VAL DI SOLE

Trentino — Malè Rabbi Dimaro Folgarida Commezzadura Mezzana Marilleva Pellizzano

Trotz seines sonnigen Namens ist das Val di Sole vorläufig für viele Interessenten noch ein nebulöser Begriff. Sagt man »Ortler-Südseite«, ist wenigstens die Himmelsrichtung geklärt. Ein gutes Dutzend Dörfer und mehrere Täler sind in diesem Fremdenverkehrsrevier zusammengeschlossen.

AM STILFSER-JOCH-NATIONALPARK

Würdigt man die glänzende Lage dieser angehenden Ferienregion in nächster Nähe von Bozen, Meran und Gardasee, dann ist verwunderlich, wieviel Ursprünglichkeit hier noch zu finden ist.

Die Region, 70 bis 100 km westlich von Bozen, reicht von Malè bis zum Tonalepaß, der zugleich die Grenze zur Lombardei bildet. Die Seitentäler, die nach Norden in die Ortlerregion ziehen – Val di Pejo und Val di Rabbi – zählen ebenso zum Gebiet wie Folgarida, das gerade noch 10 km von Madonna di Campiglio entfernt liegt.

Der einzige international bekannte Ort im Val di Sole ist Passo Tonale, ein Wintersportplatz mit über 30 Bergbahnen und einem riesigen Skigebiet. Im Sommer ist es hier viel ruhiger, auch wenn am Presenagletscher Sommer-Skilauf stattfindet. Eine Zubringerbahn und sechs Lifte halten einen kleinen Skizirkus in Bewegung; sechs Skischulen wedeln um die Wette. Alle übrigen Siedlungen zeigen gewachsene Ortsstrukturen mit einem Eigenleben, das noch nicht von Fremdenverkehrsströmen überrollt worden ist. Hier stehen 40 000 Fremdenbetten immer noch 15 000 Einwohnern gegenüber.

Es gibt zwar auch einige Tennisplätze, in Malè ein Hallenbad und in Folgarida und Pejo je eine Bergbahn, die auch im Sommer in Betrieb sind. Eine große Rolle spielen die Einrichtungen aber nicht – Landschaft und Natur dagegen eine um so größere. Rund 150 km markierte Wanderwege führen in alle Himmelsrichtungen, fast hinter jeder Ecke liegt ein kleiner See.

Von Rabbi und Pejo gibt es zweimal wöchentlich kostenlos eine geführte Wanderung in den Stilfser-Joch-Nationalpark. Darüber hinaus kann man mit den Bergführern fast alles erwandern, was rundum hoch und weit ist.

Für eine spezielle Sportart ist man besonders gut gerüstet: für die Wildwasserfahrer. Sie finden im Val di Sole den Noce-Fluß, der schwerstes Wasser für die Spitzenfahrer bietet, aber auch gemäßigte Abschnitte für die Wanderfahrer.

Eine besondere Rolle spielen die Orte Pejo und Rabbi am Ende der gleichnamigen Täler. Sie bilden die direkten Ausgangspunkte für kleine und große Ortlertouren. Dabei kann Pejo bereits mit einer Gondelbahn am Fuß des Monte Vioz nachhelfen. Hier beginnt der Aufstieg zur Cevedale- und Casatihütte. Damit ist man bereits am Fuß der Königsspitze und im Zentrum der Ortlergruppe.

Wer es ganz ruhig haben will, fährt gleich ins Val di Rabbi. Streusiedlungen und Einzelhöfe, Almen

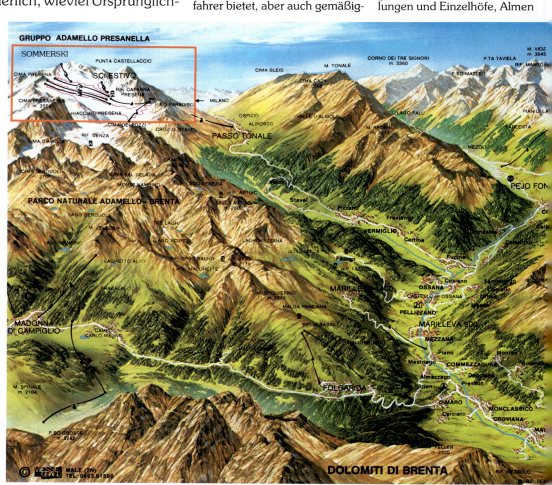

Problemlos telefonieren

Wenn Sie von anderen Ländern dort anrufen wollen, müssen Sie die 0 am Anfang der Vorwahl weglassen und folgende Nummer vorauswählen:

Aus Deutschland
nach Österreich   0043
in die Schweiz   0041
nach Italien   0039

Aus Italien
nach Deutschland   0049
nach Österreich   0043
in die Schweiz   0041

Ossana Cogolo Pejo Vermiglio Passo Tonale Terzolas Caldes

und Berghütten bestimmen die Landschaft. Von Jahrhunderten gegerbt die Häuser, unverkrampft und ohne Hektik das Leben. Ganz anders der Zugang zur Presanellagruppe. Vom Tonalepaß kann man mit der Bergbahn bis in rund 2800 m gondeln, allerdings kaum einsam und allein. Ebenfalls nicht weit liegt Madonna di Campiglio mit seinen Brenta-Angeboten in allen Schwierigkeitsgraden.

Rechts: einer von den 23 kleinen Seen im Val di Sole.

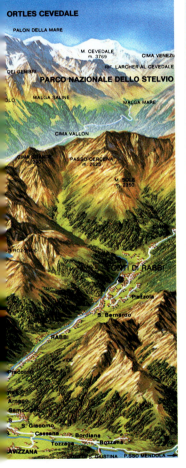

Ort	Höhe	Einwohner	Gästebetten insgesamt	in Hotels	in Gasth./ Pensionen	in Chalets/ Ferienwhg.	in Privath./ Bauernhäus.	Camping/ Stellplätze	Ferienlager
Val di Sole	682–1883 m	15000	40000	7000	2000		28000	2/1200	–

Wandern: 200 km Wege, davon 150 km markiert; mehrere Rundwanderwege. **Beförderung:** Bus. 1 Groß-, 2 Kleinkabinenbahnen, 1 Sessellift. **Geführte Wanderungen:** 2mal pro Woche (Juli/Aug.). **Hochtouren:** mehrere; 8 Führer. **Hüttentouren:** 14 bewirt. Hütten. **Ferner interessant:** Stilfser-Joch-Nationalpark, Adamello-Brenta-Naturpark, Wasserfälle. **Sommerski** am Presenagletscher (Passo Tonale): 1 Seilbahn, 2 Sessellifte, 4 Schlepplifte. 8 km Abfahrten. 6 Sommerskischulen.

Val di Sole

Azienda Soggiorno Valli di Sole, Pejo e Rabbi, I-38027 Malè, (04 63) 9 12 80, Tx 4 00 810 für Malè, Dimaro, Folgarida, Commezzadura, Mezzana, Marilleva, Pellizzano, Ossana, Cogolo, Pejo, Vermiglio, Passo Tonale, Rabbi, Terzolas, Caldes.
Schwimmen in 1 Hallenbad, 5 Hotelhallenbädern; 23 Kleinseen, 3 Stauseen. **Wildwasser** mit 20 km befahrbarer Strecke. **Kanu/Kajak:** Ausrüstungsverleih, Kurse (Dimaro). **Reiten** im Gelände, Pferdeverleih. **Tennis:** 13 Plätze.

Gesundheit: Trinkkuren (Pejo, Rabbi).
Unterhaltung: Konzerte, Dia-Vorführungen, Ausstellungen, folkloristische Vorführungen.
Veranstaltungen: Aug.: Kinderspiele »Giochi sul Prato« (Pellizzano). Ende Juni–Anf. Sept.: Wiesenfeste, Volksmärsche, Orientierungs-, Kanuveranstaltungen, Skiwettkämpfe am Presenagletscher (Passo Tonale).

Lage und Zufahrt: Kartenteil Seite 27 D 2.

Der Fluß Noce bietet eine 20 km lange Wildwasserstrecke.

DAS FASSATAL
Trentino

Alba di Canazei   Campitello   Canazei   Mazzin di Fassa   Moena

Zwischen Südtirol im Nordwesten und dem Belluno im Osten zieht sich das geschwungene Fassatal in die Dolomiten hinein: der nordöstlichste Zipfel des Trentino.

ZWISCHEN TALAUEN UND GLETSCHERBERGEN

Sanfte Talauen mit schmucken Dörfern, bewaldete Hänge, darüber die geschwungene Mattenlandschaft und über all diesem die schroffen Kalktürme von Marmolada, Sellagruppe und Rosengarten – das bildet die Kontraste, die diese Landschaft so eindrucksvoll machen. Sogar ein größerer und ein halbes Dutzend kleinerer Gletscher gehören dazu.

Mit »Fassatal« wird der Oberlauf des Avisio von der Quelle bis zum Ort Moena bezeichnet. Unterhalb von Moena ist es als Fleimstal bekannt. Im großen Bogen zieht sich das Fassatal zuerst in nordöstlicher, dann in südöstlicher und zuletzt in östlicher Richtung in die Dolomitenbergwelt hinein. Hier liegen die Orte Soraga, Vigo und Pozza di Fassa, Mazzin, Campitello, Canazei, Alba und Penia. Und von hier sind vier Arten von Wanderungen möglich. Insgesamt stehen über 500 km Wanderwege in allen Höhenlagen zur Auswahl. Das sind einmal die Spaziergänge im Tal, bequeme Pfade zwischen den einzelnen Orten, die am Avisio entlanglaufen und je nach Entfernung zwischen einer halben und zwei Stunden brauchen. Die Busverbindungen im Tal erlauben bequeme Rückkehr.

Die zweite Art der Wanderungen führt in die Seitentäler des Fassatals, beispielsweise von Alba ins Val Contrin, von Canazei ins Mortic-Tal, von Campitello ins Durontal oder von Pozza di Fassa ins Val San Nicolo. Meist ist man in einer bis zwei Stunden schon recht weit vorgedrungen; auf dem gleichen Weg kehrt man zurück.

An dritter Stelle stehen die Höhenwege, die über der Waldgrenze in der Mattenregion verlaufen und durchweg großartige Panoramablicke bieten. Die Steilaufstiege aus den Talorten werden mit Seilbahnen oder Sesselliften überwunden. Eine solche lohnenswerte Tour führt beispielsweise von Canazei mit der Seilbahn zum Pecol (1926 m) und mit einer weiteren Seilbahn zum Col dei Rossi (2384 m). Hier beginnt die Wanderung und führt an der Kette des Padon entlang zur Bindelweghütte und dann weiter, steil abfallend zum Fedaia-See, einem Stausee am Fedaia-Paß. Mit dem Lift geht es weiter zum Marmoladagletscher, wo man ab der Castiglioni-Hütte mit dem Autobus nach Canazei zurückfahren oder über den Weg 605 absteigen kann. Die Wanderzeit ohne Omnibus dauert fünf Stunden, mit Busfahrt etwa drei. Ähnliche Höhenwege gibt es auch von Campitello, Alba, Pozza di Fassa und Vigo di Fassa aus – überall dort, wo Bahnen auf die Höhen hinaufführen. Vierte Wanderart sind die Hochtouren, die Kondition und auch Trittsicherheit erfordern, da sie teilweise über Felsen, Schnee und Gletscher führen. Dreieinhalb Stunden dauert beispielsweise der Aufstieg vom Fedaia-See auf den höchsten Punkt der Dolomiten, den 3342 m hohen Punta Penia in der Marmolada. Dabei muß man ein wenig klettern und auch

Pozza di Fassa Soraga di Fassa Vigo di Fassa   I-17 🇮🇹

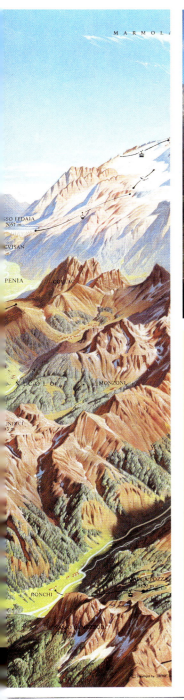

Campitello von der Rotwand aus gesehen.

den Gletscher überqueren. Zur Marmolada-Scharte, dem Einstieg zum Klettersteig über den Westgrat, braucht man nur anderthalb Stunden. Für diesen Weg sollte man sich allerdings einen Führer nehmen. Ähnliche Hochtouren führen vom Pordoi-Paß zur Pordoi-Spitze und weiter zum Piz Boé (3152 m), vom Sellajoch zur Langkofelgruppe oder von Vigo di Fassa in die Rosengartengruppe hinein.
Übrigens Pässe: Davon gibt es rund ums Fassatal gerade genug. Bei einer Tour um die Sellagruppe kommen Sie auf rund 50 km kurvenreicher Straßen über nicht weniger als vier Pässe: den 2239 m hohen Pordoi-Paß, Arabba (1605 m), den 1875 m hohen Paß Campolongo nach Corvara (1570 m), dann das 2137 m hohe Grödnerjoch und schließlich das 2218 m hohe Sellajoch. Der Ausgangspunkt Canazei liegt 1463 m hoch.
Auch wer nicht zu Fuß, mit der Seilbahn oder dem Auto unterwegs sein will, kann im Fassatal einiges unternehmen. Beispielsweise Tennis spielen, Hallenbäder besuchen, im Kunsteisstadion eis laufen oder das Ladinische Kulturinstitut in Vigo di Fassa besuchen. Zur Unterhaltung tragen Trachtenumzüge und Konzerte der einheimischen Musikkapellen, Folkloreabende, Eishockeyspiele und Eisrevuen im Kunsteisstadion, Filme und Dia-Vorführungen, Schach- und Tennisturniere bei. Am 15. August begeht Campitello das Fest der Bergführer, die in einer so wichtigen Bergsteigerregion natürlich eine beträchtliche Rolle spielen.

Ort	Höhe	Einwohner	Gästebetten insgesamt	in Hotels	in Gasth./Pensionen	in Chalets/Ferienwhg.	in Privath./Bauernhäus.	Camping/Stellplätze	Ferienlager
Canazei	1470 m	2500	15000	7350		7650		2	–
Centro Fassa	1210–1382 m	3108	11546	4841		6396	309	3	–

Ort	Wandern					Beförderung		Hochtouren			Hütten	
	Wege insg.	Wege mark.	Rundwege	geführte Wanderungen	Alpinschule	Kabinenbahnen groß	Sessellifte klein	Anzahl	Dauer	Führer	bewirt.	Abstand
Canazei	500 km	200 km	10/100 km mehrere	3× wöch. täglich	×	4	2	2	10 mehrere	4 Std.–4 Tg.	mehrere	30	2–3 Std.
Centro Fassa	130 km			×	1		1			15	16	1,5 Std.

Außerdem: 1 Gondellift (Centro Fassa). **Abzeichen:** Fassatal Wanderpaß u. Wandernadel.
Ferner interessant: Wasserfälle, Freizeitpark, Monzonital (mineralogisches Gebiet).

Canazei
Verkehrsamt, Via Roma 34, I-38032 Canazei, (04 62) 6 11 13, Tx 4 00 012 für Canazei, Campitello di Fassa, Alba, Mazzin.
Schwimmen in 1 Hallenbad. **Angeln** in Flüssen und Seen. **Tennis:** 4 Plätze. **Drachenfliegen** am Belvedere. Kunsteisstadion.
Unterhaltung: Heimatabende, Kirchenkonzerte, Diavorträge.
Veranstaltungen: Eishockeyspiele, Eisrevue. Aug.: Uppa Su (Volkswanderung). 15. Aug.: Fest der Bergführer. Ende Aug.: Zeltfest und Umzug. Anf. Sept.: Trofeo Contrin.

Lage und Zufahrt: Kartenteil Seite 24 A 2.

Centro Fassa
Autonomes Fremdenverkehrsamt »Centro Fassa«, Via Roma 18, I-38039 Vigo di Fassa, (04 62) 6 40 93 und 6 40 94, Tx 4 00 540; Informationsbüros: Piazza Municipio, I-38036 Pozza di Fassa, (04 62) 6 41 36 und 6 41 17 (auch für Pera di Fassa); Stradon di Fassa, I-38030 Soraga di Fassa, (04 62) 6 81 14.
Schwimmen in 1 Hallenbad. **Angeln** in Flüssen und Seen. **Tennis:** 5 Plätze, Schule.
Unterhaltung: Ladin. Museum, Heimatabende, Konzerte, Film- und Diavorführungen.
Veranstaltungen: Juli: Schachturnier in Soraga. Juli bzw. Aug.: Treuefest des Gastes. Volksmärsche: Juli: Marcia de Mesal; Aug.: 7 Mases und 5 Campanili. Aug.: Bocciaturnier in Vigo und Pozza; Tennisturnier in Pozza.

Anzeigen

Karerpaß

Hotel-Restaurant Savoy ★★★
Besitzer: Familie Tamion
I-38039 Karerpaß
Tel.: (0471) 61 68 24
Tx.: 4 00 540
Ruhige Lage. Zimmer mit Bad/Du/WC, TV, Telefon. Von unserem Hotel aus wandern Sie direkt in das grandiose Rosengartengebiet. Gutbürgerliche Küche auch Diät möglich. Bar. Sauna, Solarium. Kinderbetreuung. Garage.

Campitello

HOTEL GRAN PARADIS
I-38031 CAMPITELLO DI FASSA
TEL.: 0462/67333
TEL. D + CH: (0039) 462/67333
TEL. A: (040) 462/67333
EINE BESONDERS VERLOCKENDE URLAUBSADRESSE! HIER DOMINIERT DIE GASTLICHE RAFFINESSE EINES ERSTRANGIGEN HAUSES! GESELLIGKEIT ● UNTERHALTUNG ● RUHE. HALLENBAD 7 × 10 m ● LIEGEWIESE ● VIEL LIEBEVOLLPERSÖNLICHE ATMOSPHÄRE.
HERZLICH WILLKOMMEN! FAM. COLCUC

Canazei

Hotel Tyrol ★★★
Bes. und Leitung: Familie Soraruf
I-38032 Canazei
Telefon: (0039) 462/61156 oder 62248
Moderne, behagliche Balkonzimmer, alle mit Bad u. Dusche, WC, Telefon, TV-Anschluß. Sehr gemütlicher Speisesaal u. Aufenthaltsraum, Hotelbar, TV-Raum, große Sonnenterrasse. Lift, großer Parkplatz, Garagen. Solarium, Tischtennis. Ruhige sonnige Südlage. Gepflegte internationale Küche. Appartementhaus im Hintergrund der Abbildung.

Hotel Croce Bianca ★★★
Besitzer: Familie Armin Detone
I-38032 Canazei
Telefon: (0039) 462/6 11 11
Haus mit 80 Betten, gehobener Komfort, Restaurant, Kaminzimmer, stilvoll und behaglich die Aufenthaltsräume. Originelle Hausbar. Zentrale Lage. Gastlich und freundlich. Tradition verpflichtet. Treffpunkt von Wanderfreunden und Urlaubern aus aller Herren Länder.

CORTINA D'AMPEZZO
Belluno

Cortina d'Ampezzo mit Zahlen zu umreißen, ist nahezu unmöglich.

ELEGANZ ZWISCHEN DEN BERGEN

In Cortina wird ohne Unterlaß gebaut, ergänzt, erweitert und perfektioniert. Das hat sich seit den Olympischen Winterspielen 1956 bis heute nicht geändert.

Eines allerdings ist seit Jahrhunderten unverändert: der weite, offene Talkessel von Cortina, dessen Ränder von einem Kranz wilder Dolomitenzinnen gebildet werden. Diese Felsen haben schon immer die Kletterer angelockt. 35 Bergführer stehen bereit, um Gäste, die nicht ganz so geübt sind, sicher hinauf und auch wohlbehalten wieder zurückzubringen. In einer Bergsteigerschule kann jeder lernen, wie er sich im Fels richtig bewegt. Und sieben gesicherte Klettersteige erlauben etwas anspruchsvollere Touren auch ohne Bergführer.

Im Tal und auf halber Höhe stehen über 300 km bezeichnete Wanderwege zur Auswahl. In den Bergflüssen und mehreren Seen der Umgebung kann geangelt werden, am Boitefluß ist auch Kanufahren möglich.

Die Berglandschaft rund um Cortina d'Ampezzo bietet zu jeder Tageszeit neue, völlig andere Motive und Impressionen.

Auch sonst bietet Cortina d'Ampezzo alles, was ein Nobelort mit Weltruf seinen Gästen schuldig ist. Zum Beispiel Golfplatz, Reitschule und Pferdeverleih, über ein Dutzend Tennisplätze im Freien und in der Halle. Im Olympia-Eisstadion können Sie auch im Sommer eislaufen oder Curling spielen. Mehrere Frei- und Hallenbäder, Saunaanlagen und dergleichen mehr gehören zum Freizeitangebot, dazu Bars und Diskotheken. Zur Auswahl stehen über drei Dutzend Restaurants von rustikal bis elegant, dazu noch mehr Speisemöglichkeiten in den Hotels. Und wer wandert, kann in mehr als einem halben Hundert Berg-

— Anzeige

Reisen mit der Bahn

Mit der Bahn nach Cortina d'Ampezzo.

Wenn Ihr Wanderurlaub von Anfang an streßfrei sein soll, reisen Sie am besten mit der Bahn an. Denn Bahn und Busse bringen Sie stau- und streßfrei nach Cortina d'Ampezzo. Schnell und bequem auf jeden Fall.

Deutsche Bundesbahn

I-18

hütten und Bergrestaurants der Umgebung einkehren.
Ein eleganter Ort wie Cortina d'Ampezzo hat natürlich auch elegante Geschäfte, in denen es Mode und Schmuck, Kunst und Kunsthandwerk zu kaufen gibt. In Cortina gibt es aber nicht nur eine Handvoll einschlägiger Boutiquen wie in vielen Ferienorten. Hier sind es nicht weniger als 250 qualifizierte Geschäfte. Schon allein das ist ein urlaubsfüllendes Programm.

Ort	Höhe	Einwohner	Gästebetten insgesamt	in Hotels	in Gasth./ Pensionen	in Chalets/ Ferienwhg.	in Privath./ Bauernhäus.	Camping Stellplätze	Ferienlager
Cortina	1224 m	8500	22500	4500		18000		4/2500	–

Wandern: 300 km markierte Wege. **Beförderung:** Bus. 24 Bergbahnen. **Geführte Wanderungen:** täglich. **Hochtouren:** 6; 12 Std. bzw. 8 Tage Dauer, 35 Führer. **Hüttentouren:** 56 bewirt. Hütten. Alpinschule. **Ferner interessant:** geologische u. botanische Lehrpfade, Naturschutzgebiet »Senes Alm«, Wildgehege, Wasserfälle.

Cortina d'Ampezzo

Verkehrsamt, I-32043 Cortina d'Ampezzo, (04 36) 32 31 und 27 11, Tx 4 40 004, Fax 32 35.
Schwimmen in 3 Freibädern, 2 Hallenbädern.
Angeln in Flüssen u. Seen. Kanufahren.
Reiten im Gelände, Pferdeverleih, Schule.
Schießen: Bogen.
Tennis: 17 Plätze, 1 Halle, Schule.
Golf: Platz mit 9 Loch. Olympia-Eisstadion.

Unterhaltung: Naturwissenschaftliches Museum, Heimatmuseum, Galerie der modernen Kunst, Hüttenabende, Konzerte, Volksfeste, kulturelle u. sportliche Veranstaltungen.
Aktivangebote: Ausflüge mit dem Jeep.
Pauschalangebote: Cortina Card.

Lage und Zufahrt: Kartenteil Seite 24 B 2.

Anzeigen

Cortina d'Ampezzo

Hotel Impero-Garni ★★★
Besitzer: Familie Guedina
I-32043 Cortina d'Ampezzo
Telefon 04 36/42 46/7/8,
Tx 440066 - COSVIT - I

In unserem familiär geführten Haus finden Sie Zimmer mit bestem Komfort, größtenteils m. Balkon, Farb-TV u. Miniküche auf Wunsch, Snackbar. Für Gäste, welche die Stille lieben, ein Platz am Kaminfeuer, wer es eilig hat, findet stets ein kaltes Buffet vor. Parkpl. u. Garage.

Hotel Pocol ★★
I-32043 Cortina d'Ampezzo
Tel. (00 39) 4 36/26 02, 26 83; Tx. 440066

45 Betten. Alle Zimmer mit modernem Komfort ausgestattet. 5 km vom Stadtzentrum entfernt an der großen Dolomiten-Straße in unmittelbarer Waldnähe gelegen. Von seinen Fenstern nach Süden sieht man nur Wiesen, Wälder, Täler, Gebirge und Himmel. Wir werden Sie verwöhnen und freuen uns auf Sie.

LIVIGNO
Sondrio

Ein auch heute noch abgelegenes Hochtal, dazu rechts und links langgezogene, dreitausend Meter hohe Bergrücken, auf die Seilbahnen führen. Und obendrein gute Sportmöglichkeiten im Tal – das ist Livigno.

VOM KRAFTWERK: TUNNEL UND SEEN

Livigno liegt so abgeschieden, daß man ihm zur Unterstützung der heimischen Wirtschaft den Status einer zollfreien Zone gegeben hat.

Anzeigen

Livigno

WILLKOMMEN IM ZOLLFREIEN PARADIES LIVIGNO

ZONA EXTRADOGANALE
DUTY FREE SHOP
ZOLL FREI ZONE

Ein reichhaltiges Angebot an Konsumgütern und Genußmitteln erwartet Sie in mehr als 100 Läden und Handelsgeschäften. Versorgen Sie sich mit Tabakwaren, Spirituosen, Schokolade, Wintersportausrüstungen und Sportbekleidung, elektronischen Artikeln, Uhren, Lederwaren, Parfums und Kosmetika, Geschenkartikeln und Souvenirs zu enorm günstigen Preisen. Das Benzin ist bei den Tankstellen zu den tiefsten Preisen in Europa erhältlich.

Und auch sonst hat Livigno einiges zu bieten:
- 7.012 Betten in Hotels zwischen 1- und 4-Stern-Kategorie
- Zentrale Lage mit Ausflugsmöglichkeiten nach St. Moritz oder Lichtenstein, an den Comer See oder nach Meran
- Camping, Sommerski, geführte Bergwanderungen
- Tennis, Minigolf, Tanz, folkloristische Darbietungen

Informationen erhalten Sie über das Verkehrsamt I-23030 Livigno
Tel.: (00 39) 3 42/99 64 02, 99 63 79; Telex: 3 50 400
Telefax: 03 42/99 71 94

Hotel Intermonti
I-23030 Livigno
Telefon 03 42/99 63 31 - Telex: 320224
Telefax: 0342/996786
Gemütliche Zimmer mit Appartementcharakter in 4 Häusern, die unterirdisch miteinander verbunden sind. Hallenbad, Sauna, TV, Billardzimmer, Kinderspielraum, Kaminzimmer. Bar und Abend-Diskothek. Zwei Restaurants zum Verwöhnen.
Italienische und internationale Küche.

Hotel Bucaneve ★★★
Besitzer: Familie Talacci
I-23030 Livigno
Tel.: 0342/99 62 01
Ruhige, schöne Panoramalage. Alle Zimmer mit Bad/WC ● Telefon ● Gemütl. Aufenthaltsr. ● Bar ● Restaurant ● Taverne mit Kamin ● internationale Küche - reichlich u. gepflegt ● großer Garten mit Kinderspielanlage ● Tennis und Boccia ● Hallenbad ● Sauna.

I-19

Früher kam man vom Norden überhaupt nicht in dieses einsame Hochtal. Doch beim Bau eines Kraftwerks wurde ein mehrere Kilometer langer Tunnel durch einen Berg geschlagen. Jetzt kann man vom Schweizer Unterengadin durch den Tunnel nach Livigno fahren.

Einen grandiosen Panoramablick auf Dutzende von Gipfeln hat man von den Höhen über Livigno (großes Foto). Zurück ins Tal können Sie wandern oder fahren.

Das erste, was man auf der anderen Seite des Berges sieht, ist der kilometerlange Lago di Livigno, einer der Stauseen des Kraftwerks. Am Ende des Sees liegt Livigno in einem sonnigen Nord-Süd-Tal. Es ist ein schneereiches Wintersportgebiet, das aber auch im Sommer einiges zu bieten hat. Dazu gehören im Tal Tennisplätze und öffentliche Hotelhallenbäder. Wer im Sommer Skifahren will, fährt zum 20 km entfernten Schweizer Sommerskigebiet Diavolezza. Er kann allerdings auch direkt am Ort, in Livigno, eine Grasskipiste abfahren.
Am Stausee und am Flüßchen Spöl gibt es Angelmöglichkeiten.

Zwei Gondelbahnen und drei Sessellifte führen auch im Sommer auf die Höhenrücken zwischen 2700 und 3000 m Höhe. Von dort schweben Drachensegler ins Tal hinab. Dort beginnen aber auch die Wanderwege über die Höhenzüge und in die umliegenden Täler. Mehrmals wöchentlich werden geführte Wanderungen angeboten.
Vier Stunden dauert beispielsweise eine leichte Strecke durch großartige Alpenflora zum 2250 m hohen Baitel del Mott. Zum Paradisino-Gletscher ist man schon neun Stunden unterwegs. Zum 3059 m hohen Monte Vago mit seiner eindrucksvollen Aussicht auf die Gletscherwelt des Piz Palü und der Bernina gibt es ebenfalls regelmäßig geführte, allerdings ziemlich anstrengende Touren.
So liebenswert sich Livigno als Urlaubsziel auch gibt: die Landschaft wirkt stellenweise streng, fast unnahbar. »Klein Tibet« wird das Tal oft genannt – ein Alpenerlebnis besonderer Art.

Ort	Höhe	Einwohner	Gästebetten insgesamt	in Hotels	in Gasth./ Pensionen	in Chalets/ Ferienwhg.	in Privath./ Bauernhäus.	Camping/ Stellplätze	Ferienlager
Livigno	1816 m	3600	7137	3985		3152		1/80	–

Wandern: 100 km markierte Wege. **Beförderung:** 2 Gondelbahnen, 3 Sessellifte. **Geführte Wanderungen:** 3mal pro Woche. **Hochtouren:** 3 Führer. **Hüttentouren:** 2 bewirt. Hütten im Abstand von 3 Stunden.

Livigno
Azienda Autonoma Soggiorno e Turismo,
I-23030 Livigno, (03 42) 99 63 79 und 99 64 02,
Tx 3 50 400.

Schwimmen in 1 Hotelhallenbad. 1 Stausee. **Angeln** in Flüssen und im See. **Drachenfliegen.** Fahrradverleih. **Tennis:** 3 Plätze, Unterricht. Grasski. **Unterhaltung:** Ortsfeste.
Lage und Zufahrt: Kartenteil Seite 27 C 2.

— Anzeigen

Livigno

Hotel Alpina
I-23030 Livigno
Telefon 03 42/99 60 07
Besitzer: Familie Galli
Bei uns befinden Sie sich im bekanntesten und ältesten Hotel in zentraler Lage. Alle unsere Zimmer sind mit Bad, WC und Telefon ausgestattet. Wir verfügen über freundliche und gemütliche Aufenthaltsräume. Familienbetrieb, ganz in der Nähe der Lifte gelegen. Wir freuen uns auf Ihren Besuch.

Sporthotel Livigno
Besitzer: Familie Compagnoni
I-23030 Livigno
Tel.: 0342/99 61 86
Ruhig am Ortsrand liegt unser gemütl. Hotel. Alle Zimmer mit Bad/WC. Gepflegte Aufenthaltsräume mit TV. Sonnenterrasse und Balkon. Sauna, Whirlpool, Solarium. Vorzügliche Küche mit Südtiroler und Veltliner Spezialitäten. Parkplätze und geheizte Garagen.

BOHINJ - TRIGLAVER NATIONALPARK
Slowenien - Julische Alpen

Anzeige

Jugoslawien

IM KÖNIGREICHE ZLATOROGS

Im Königreiche Zlatorogs (so benannt nach dem gleichnamigen goldhornigen Gemsbock der slowenischen Alpensage) unter dem Triglav, dem höchsten Gipfel der Julischen Alpen und Jugoslawiens, liegt die Perle dieses Königreichs — **Bohinj**.

Der herrlich gelegene See von Bohinj

Bohinj ist eines der schönsten Täler im Herzen der Julischen Alpen im nordwestlichen Teil Sloweniens.

Es erstreckt sich von Soteska im Osten bis Ukanc am westlichen Rande des Tales. An der Südseite wird es vom Gebirgszug Spodnje Gore, nach Norden hin vom Gebirge Triglavsko pogorje und der Waldhochebene Pokljuka umgrenzt.

In dieser typischen Alpenwelt leben 5000 Menschen in 22 Siedlungen.
Bohinj besteht aus dem Oberen und dem Unteren Tal.

Wirtschaftlicher Mittelpunkt ist Bohinjska Bistrica, das an der Bahnlinie Jesenice—Nova Gorica liegt.

Bohinj liegt ungefähr 70 km entfernt von der Staatsgrenze zu Österreich (Wurzenpaß und Loiblpaß) und zu Italien (Rateče). Bis zum nächsten Flughafen Ljubljana-Brnik sind es 60 km.

Gute Verkehrsverbindungen bestehen zwischen Bohinj und der näheren Umgebung sowie zu den größeren Orten Sloweniens.

Der Tourismus hat in Bohinj bereits eine hundertjährige Tradition und ist überall entwickelt, besonders am idyllischen See von Bohinj (523 m ü.M.).

Der See ist 4,3 km lang und 1,1 km breit, die durchschnittliche Wassertemperatur im Sommer liegt bei 19,9 °C.

Der See von Bohinj gehört zum Triglaver Nationalpark, der den schönsten und von seiner Natur her reichhaltigsten Teil des Gebietes von Bohinj umfasst, einschließlich des Tales der Triglaver Seen, der Komarča-Wand und des Wasserfalles Savica.

Die Lage Bohinjs im Triglaver Nationalpark ist ein idealer Ausgangspunkt sowohl für Naturliebhaber als auch für Wanderer und Bergsteiger, die die Gipfel und Almen der Julischen Alpen genießen möchten. Zur Verfügung stehen Bergführer für Bergausflüge und -touren. Zweimal wöchentlich gibt es auch regelmäßig organisierte Ausflüge mit Bergführern.

Wer romantische Spaziergänge liebt wird vielfältige Möglichkeiten auf gepflegten und gekennzeichneten Spazierwegen finden, die durch die schönsten und attraktivsten Gegenden des Tales von Bohinj führen.

Am See in der Ortschaft Ribčev Laz befindet sich die Kajakschule Bohinj, die Wildwasser-Kajakkurse sowie Führungen auf der Sava Bohinjka, der Radovna und der Sava Dolinka bietet, Ausrüstungen verleiht und Transporte durchführt.

Am See können Ruderboote und Kanus gemietet werden. Es werden ferner Kanuausflüge auf dem See mit Picknick und Vergnügung organisiert. Sehr interessant ist auch das Rafting auf der Sava Bohinjka.

Den Anglern bieten der See von Bohinj und die Sava Bohinjka den Fang von Bachforelle, Regenbogenforelle, Äsche, Weißfisch, Weißling, Saibling, Seeforelle und Quappe. Mit dem 1. Mai beginnt die Angelsaison an der Sava Bohinjka; sie dauert bis Ende November. Im See von Bohinj ist das Angeln zwischen dem 1. April und dem 30. September erlaubt.

Bohinj ist auch ein bekanntes slowenisches Skigebiet mit den Skizentren Vogel und Kobla sowie Loipen, auf denen jeden Winter FIS-Wettläufe und Wettkämpfe um den Langlaufweltpokal stattfinden.

Bohinj

Verkehrsverein,
YU-64265 Bohinjsko jezero,
Tel.: (00 38) 64/7 63 70.
Höhe: 523 m.
Einwohner: 5.400.
Gästebetten: Insgesamt 2.000 in Hotels, Appartements, Gasthäusern und Privatpensionen.
1 Campingplatz mit 300 Stellplätzen.
Wandern: Gut markierte Wege im Triglav-Nationalpark.
Geführte Wanderungen: Zweimal pro Woche.
Beförderung: Linienbusverbindungen, Bahn, 1 Kabinenbahn, 1 Sessellift im Sommer, mehrere Lifte im Winter.
Hochtouren: Auf Wunsch 5 Stunden bis 2 Tage m. Führer.
Hütten (bewirtschaftet): 15/2-9 Stunden Abstand.
Schwimmen: Bohinj-See, Hallenbad im Hotel Zlatorog und beheiztes Freischwimmbad beim Hotel Kompas.
Angeln: Im See und im Fluß Sava.
Wildwasser: Fluß Sava.
Kanu- und Ruderboote auf dem See, **Fahrradverleih.**
Veranstaltungen: Unterhaltungsabende in Hotels und verschiedene Veranstaltungen am Veranstaltungsplatz POD SKALCO; Ende Juni Segelregatta am Bohinj-See; zweite Hälfte Juli: Bauernhochzeit; Mitte August: Johannisnacht auf dem See; Mitte September: Traditioneller Kuhball.

Anzeigen

Bohinjsko jezero

HOTEL ZLATOROG - B Kat.
YU-64265 Bohinjsko jezero
Tel.: (064) 76-381/76-441
Tx.: 34 619 TURIST YU
94 Betten. Alle Zimmer mit Dusche u. WC, Radio, Telefon. Restaurant, Klubzimmer, Hallenbad, Sauna. Terrasse, Parkplatz, zwei Tennisplätze.
Nebengebäude Ukanc - B Kat.
59 Betten. Alle Zimmer mit Dusche/WC, Radio, Telefon. Konferenzzimmer.

FERIENWOHNUNGEN TRIGLAV - B Kat.
YU-64265 Bohinjsko jezero
Tel.: (064) 76371/76441
Tx.: 34619 TURIST YU
27 bequem eingerichtete Appartements für 2, 3, 4 oder 5 Personen (19 - 42 qm), mit Telefon.
Restaurant ● Trimkabinett ● Terrasse ● Parkplatz.

HOTEL KOMPAS BOHINJ
YU-64265 Bohinjsko jezero
Tel.: (064) 76 471
55 Zimmer; alle mit Dusche/WC, Telefon. Restaurant ● Aperitif-Bar ● Pizzeria.
Beheiztes Freischwimmbad, zwei Tennisplätze.

HOTEL MLADINSKI DOM
YU-64265 Bohinjsko jezero
Ribčev laz 63
Tel.: (064) 76469 u., 76477
Idyllisch in einem kleinen Wäldchen über dem Bohinj-See gelegen. 163 Betten, Zimmer mit Du/WC bzw. Kalt-/Warmwasser.
Restaurant, Aperitif-Bar, Zimmer für gemütliches Beisammensein und Gesellschaftsspiele, Terrasse.

Zreče - Slowenien 1.517 m

Jugoslawien

Anzeige

Zreško Pohorje, über dem oberen Tal der Dravinja gelegen, umfaßt den mittleren südlichen Teil des Gebirges Pohorje.
Wenn die kräftige Maisonne die letzten Schneereste wegtaut und verschiedene seltene Alpenpflanzen aufblühen, beginnt auf der Rogla der Sommer. Die Wälder von Pohorje sind voller Himbeeren, Blaubeeren und Preiselbeeren und auch der Pilzsammler kommt auf seine Kosten.

Diese grüne Insel Sloweniens wird zur Zufluchtsstätte für alle, die dem Lärm und der Hektik der Großstadt einmal entfliehen wollen.
Die Vegetationsfülle und die Meereshöhe von 1.500 m bilden aber auch die ideale Basis für das Konditionstraining von Hochleistungssportlern.

Wanderungen und Spaziergänge in der reinen kräftigen Luft der ausgedehnten Nadelwälder sind eine ideale Kur für Herz-, Kreislauf- und Gefäßerkrankungen sowie überreizte Nerven.

Hier einige Vorschläge für interessante längere **Spaziergänge und Wanderungen:** Zu den Lovrenško jezero-Seen geht man eine Stunde, bis zur Ribniška koča-Hütte mit dem See am Fuße des Črni vrh sind es 3 Gehstunden, zur Kopa (Berggipfel mit Hütten) 4 Gehstunden; von hier aus gelangt man zum »Urwald« Sumik-Črno jezero mit seinem naturbelassenen Bestand an gewaltigen Buchen und Tannen.

Anreise:
Salzburg - Tauernautobahn/A10 - Villach - Klagenfurt - Dravograd - Maribor - Sl. Konjice - Zreče oder
Salzburg - Liezen - Graz - Spielfeld - Maribor - Sl. Konjice - Zreče
Flughäfen:
Zagreb 125 km - Maribor 40 km - Ljubljana 100 km - Klagenfurt 125 km - Graz 100 km

Inmitten der immergrünen Wälder, auf einer Meereshöhe von 1.500 m, befindet sich das touristische Rekreationszentrum UNIOR mit dem Hotel Planja, einer Dependance und Bungalows (insgesamt 900 Betten).
Hotelangebot:
Empfangshalle mit Rezeption, Speisesaal, À-la-carte-Restaurant, Aperitifbar, Kaminzimmer, Taverne, Diskothek, Sportshop. Medizinisches Zentrum mit Massagen. Kindergarten, Friseur- und Kosmetiksalon. Fitnesszentrum mit Sauna, Solarium und Sonnenterrasse. Parkplatz, Garage. Spezialisiert für Konferenzen, Seminare und Bankette.
Der Autobus Zreče-Rogla-Zreče verkehrt dreimal täglich.
Ausflüge, Exkursionen.

Auskunft:
RTC UNIOR ZREČE
Tel.: 063/761122, Tx.: 33878
Fax: 063/761010, 761643

HOTEL DOBRAVA ZREČE
Tel.: 063/761599
104 Doppelzi. m. Du/WC und Tel.
HOTEL PLANJA ROGLA
Tel.: 063/751322
115 Doppelzimmer, 2 Appartements

SPORTANLAGEN IM HÖHENKLIMA VON ROGLA 1.517 m
Hochmoderne öffentliche Sommersportanlage:
Leichtathletik-Stadion (400-m-Bahn, Weitsprung, Hochsprung, Stabhochsprung, Fußball-Stadion, Handball, Basketball, 4 Tennisplätze)

SPORTHALLE ROGLA 2.200 m²
3 Tennisplätze, 2 Squashcourts, Handball, Volleyball, 2 Basketball-Spielfelder, 5 Tischtennisplatten, Ringen, Boxen, Mini-Trimmparcours, Fitness-Centrum, Sportshop, Garderoben und Duschen, Tennis- und Squash-Kurse.

Anzeigen

Bled

GOLF HOTEL

HOTEL GOLF   A-Kategorie
YU-64260 Bled, Cankarjeva 6
Tel.: (0038) 64/77-591; Telex: 34531 YU GHBLED
Komfortables 400-Betten-Hotel mit Restaurant, Café mit Terrasse, Konditorei, Pizzeria, Aperitifbar, Rikli-Bar, Tanzsaal Kazina, Diskothek »STOP«, Nachtrestaurant Taverna, Konferenzräumen, Frisiersalon, Hallenbad, Sauna, Massage und verschiedenen Geschäften.

PARK HOTEL

HOTEL PARK   A-Kategorie
YU-64260 Bled, Cesta svobode 15
Tel.: (0038) 64/77-945
Telex: 34504 YU PHBLED
290 Betten. Restaurant, Aperitifbar, Café mit Gartenterrasse, Konferenz- und Bankettsäle, Restaurant »Taverna«, Frisiersalon, Thermalhallen- und Freibad, Sauna, Massage, Tennis.

# DSV MAGAZIN

Skifahren ist sooo schön...

...daß eine Reihe unentwegter Pistenfans auch in den Sommermonaten nicht auf seine Bretter verzichten will. Zugegeben, der Sommerskilauf hat in den vergangenen Jahren wieder an Prestige eingebüßt. Bis etwa Anfang der 80er Jahre galt es noch als ausgesprochen »chic« und »in«, auf den Gletschern dem Skivergnügen zu frönen. Die Zahl der Skienthusiasten wuchs zunehmend. Um ihre Sommerskigäste heute »bei der Stange« halten zu können, haben die betreffenden Fremdenverkehrsämter eine Reihe von Extra-Angeboten geschaffen. Der Sommerskilauf wurde so wieder attraktiver gestaltet. Das Ganze beginnt mit der Überlegung, daß die kräftige Sommersonne den Pisten in den 3000-Meter-Regionen erheblich zusetzt und den Skibetrieb oft nur bis in die Mittagsstunden ermöglicht. Der Gast hat somit nach dem Skifahren noch einen großen Teil des Tages zur Verfügung, den er – je nach Lust und Kondition – aktiv, auf jeden Fall sinnvoll nutzen möchte. Deshalb haben sich die Gemeinden in den letzten Jahren verstärkt darum bemüht, ein breites Freizeit-, Sport- und Unterhaltungsprogramm zu schaffen. Der Sommerskilauf wird zwar integriert, aber nicht mehr so in den Vordergrund gerückt. Die sportlichen Alternativen reichen von Tennis, Surfen, Segeln über Golf, Reiten, Bergsteigen bis hin zum Fischen und Kanufahren. Beim Sommerskilauf auf den Gletschern sollte man unbedingt an die intensive Sonnenstrahlung im Hochgebirge denken. Gefährliche Verbrennungen können bei nicht ausreichendem Sonnenschutz leicht die Folge sein. Auch das Herz- und Kreislaufsystem unterliegt einer stärkeren Belastung, da innerhalb kurzer Zeit extreme Höhenunterschiede überwunden werden.

Ort	Skigebiet	Höhen (m)	Saison	Lifte	Abfahrt	Loipe	Seen
Deutschland D-8100 Garmisch-Partenkirchen Verkehrsamt, Bahnhofstr. 34, (0 88 21) 18 00 Tx 0 59 660	Zugspitzplatt	2300–2800	Juni–August	8	–		Eibsee
Österreich (Telefonvorwahl von Deutschland 00 43)							
A-6524 Feichten (Kaunertal) Fremdenverkehrsverband Kaunertal-Kaunerberg (0 54 75) 3 08	Weißseeferner	2800–3200	Mai–Oktober	3	10 km	3–5 km	–
A-5710 Kaprun Verkehrsverein (0 65 47) 86 43 Tx 66 763	Kitzsteinhorn	2450–3020	Juni–Oktober	5	45 km	3 km	Zeller See
A-6293 Lanersbach Fremdenverkehrsverband Tuxer Tal (0 52 87) 2 07/3 74 Tx 53 155	Gefrorene Wand	2660–3250	Juni–November	5	10 km	–	–
A-6167 Neustift Fremdenverkehrsbüro (0 52 26) 22 28 Tx 5 33 343	Stubaier Gletscher mit Dannkogel-, Schaufel- und Fernauferner	2300–3200	April–Oktober	21	70 km	1,3 km	–
A-8972 Ramsau/Dachstein Verkehrsverein (0 36 87) 8 18 33/8 19 25 Tx 3 819 528	Dachsteingletscher	2450–2700	Juni–August	4	7 km	12 km	–
A-6450 Sölden Fremdenverkehrsverband Inner-Ötztal (0 52 54) 22 12 Tx 5 33 247	Rettenbach- und Tiefenbachferner	2700–3370	Mai–November	10	30 km	–	–
A-6481 St. Leonhard Verkehrsverband Innerpitztal (0 54 13) 82 16/5 06 Tx 58 248	Pitztal Gletscher	2860–3280	Mai–November	6	24 km	10 km	–
Schweiz (Telefonvorwahl von Deutschland 00 41)							
CH-3963 Crans Verkehrsbüro (0 27) 41 21 32 Tx 4 73 203	Plaine Morte	2500–3000	Mai–Oktober	3	2 km	12 km	Genfer See
CH-1865 Les Diablerets Office du Tourisme (0 25) 53 13 58 Tx 4 56 175	Diablerets Gletscher	2850–3000	Mai–Oktober	3	3,5 km	5 km	Genfer See
CH-6390 Engelberg Kur- und Verkehrsverein (0 41) 94 11 61 Tx 8 66 246, Btx ✱ 4080414 #, Fax (0 41) 94 41 56	Titlis	3010–3090	Mai–Oktober	1	500 m	–	Vierwaldstätter See
CH-3822 Lauterbrunnen Verkehrsbüro (0 36) 55 19 55	Schilthorn und Jungfraujoch	2700–2970 3400–3450	Mai–Oktober	4	3,5 km	–	Thuner und Brienzer See
CH-7031 Laax Verkehrsverein (0 86) 2 43 43 Tx 8 56 111	Piz Vorab	2570–3010	Mai–Oktober	3	6 km	6 km	Walensee
CH-7504 Pontresina Kur- und Verkehrsverein (0 82) 6 64 88 Tx 8 52 595	Diavolezza	2900–3050	Mai–August	2	2 km	–	St. Moritzer See
CH-3906 Saas-Fee Verkehrsbüro (0 28) 57 14 57, Tx 4 72 230	Egginer Joch Mittelallalin Felskinn	2700–3500	Mai–Oktober	8	20 km	–	–
CH-7513 Silvaplana Kur- und Verkehrsverein (0 82) 4 81 51 Tx 8 52 155	Piz Corvatsch	3040–3390	Mai–Oktober	2			Silvaplaner See
CH-3920 Zermatt Offizielles Verkehrsbüro (0 28) 66 11 81 Tx 4 72 130	Theodulgletscher, Plateau Rosa	2700–3370	Mai–Oktober	8	18 km		

SOMMERSKIGEBIETE

Ort	Skigebiet	Höhen (m)	Saison	Lifte	Abfahrt	Loipe	Seen
Italien (Telefonvorwahl von Deutschland 00 39)							
I-13021 Alagna Azienda di Soggiorno (01 63) 9 11 18	Punta Indren/ Monte Rosa	3160–3500	Mai–September	3	–	–	–
I-10052 Bardonecchia Azienda Autonoma di Soggiorno Viale Vittoria (01 22) 9 90 32 und 90 70 88	Colle Sommeiller	2900–3180	Juni–August	3	700 m		
I-11021 Breuil-Cervinia Azienda Autonoma di Soggiorno (01 66) 94 90 86/94 91 36 Tx 2 11 822	Plateau Rosa	3300–3817	Mai–Oktober	9			
I-11013 Courmayeur Azienda Autonoma di Soggiorno e Turismo Piazzale Monte Bianco (01 65) 84 20 60/84 20 72 Tx 2 15 871	Colle del Gigante	3000–3460	Juni–Oktober	6	6 km	–	–
I-32022 Alleghe Azienda Autonoma di Soggiorno e Turismo (04 37) 72 33 33	Marmolada	2570–3270	Mai–August	3	12 km	10 km	Alleghesee
I-28030 Macugnaga Azienda Autonoma di Soggiorno Piazza Municipio (03 24) 6 51 19	Passo Moro	2700–2900	Juni–September	2	800 m	–	–
I-39029 Prad am Stilfser Joch Verkehrsamt für das Ortlergebiet Hauptstraße (04 73) 7 60 34	Stilfser Joch	2800–3450	Juni–Oktober	11	20 km	–	–
I-38027 Malè Azienda Autonoma di Cura e Soggiorno delle Vali di Sole Pejo e Rabbi (04 63) 9 12 80 Tx 4 00 810	Passo Tonale	2740–3050	Juni–August	5	10 km	–	–
I-39020 Schnalstal Verkehrsverband Schnals (04 73) 8 91 48 Tx 4 01 593	Hochjochferner	2700–3200	Mai–Oktober	4	5 km	4 km	Vernagi- Stausee und Reschensee
Frankreich (Telefonvorwahl von Deutschland 00 33)							
F-38750 Alpe d'Huez Office du Tourisme (76) 80 35 41 Tx 32 08 92	Pic Blanc	2750–3350	Juni–August	4	3 km	–	Lac de Chambon
F-74400 Chamonix Office du Tourisme (50) 53 00 24 Tx 38 50 22	Les Grands Montets	2920–3320	Juni–August	2		–	Lac d'Emosson
F-73320 Tignes Office du Tourisme (79) 06 15 55 Tx 9 80 030 und F-73150 Val d'Isère Office du Tourisme (79) 06 10 83 Tx 9 80 077	Grande Motte Col de l'Iseran	2700–3500	Juni–Oktober	14	50 km	5 km	Lac de Tignes
F-38860 Les Deux Alpes Office du Tourisme B.P. 7 (76) 79 22 00 Tx 3 20 883	Mont de Lans	2700–3560	Juni–September	12	12 km		Lac de Chambon
F-73440 Val Thorens Office du Tourisme (79) 00 08 08 Tx 9 80 572	Dôme du Polset Glacier de Thorens	2700–3300	Juni–September	5	10 km		

Sicherheit im Skisport

Stiftung Sicherheit im Skisport

Im Jahre 1975 haben der Deutsche Skiverband und die Freunde des Skilaufs diese Stiftung mit der Zielsetzung ins Leben gerufen, alle Fragen der Sicherheit für den Skisport zu koordinieren und vorhandene Probleme mit gezielten Lösungsvorschlägen anzugehen.

Jahre sorgfältiger und mühevoller Arbeit waren erforderlich, um zunächst Kontakte zu knüpfen, Material zu sammeln und zu sichten, Modelle und Vorschläge zu entwickeln, zu erproben, den Einsatz zu finanzieren, Ergebnisse auszuwerten, zu Problemlösungen zu kommen.

14 Millionen Mark hat die Stiftung SIS in den bisher 10 Jahren ihres Bestehens aufgebracht und für Maßnahmen und Aktionen der Skisicherheit eingesetzt. Schwerpunkte der Arbeit sind die Unfallursachenforschung, das Einwirken auf das Verhalten der Skisportler, der Kampf gegen Ausrüstungsmängel, die Betreuung der Skifahrer im Gelände.

Unfallursachenforschung

Da nur der Vergleich zwischen den Merkmalen der Skifahrer allgemein mit den Merkmalen der verunfallten Skifahrer aus dieser Gruppe zu verläßlichen Erkenntnissen führen kann, wurde die »Auswertungsstelle für Skiunfälle« eingerichtet, für die als Vergleichsgruppe die rund 370.000 über DSV mit Versicherungsschutz versorgten Mitglieder zur Verfügung stehen. Diese schon heute wertvollen Auswertungsergebnisse sollen weiterentwickelt und mit allen Institutionen und Experten erörtert werden, die für eine Zusammenarbeit zu gewinnen sind. Damit sollen gesicherte Erkenntnisse für Unfallprophylaxe, zur Vermeidung oder zumindest Minderung der gefahrenträchtigen Verhaltensgewohnheiten und zur Ausschaltung der von Umfeld und Ausrüstung drohenden Gefahren zur Verfügung gestellt werden.

Es sollen damit aber auch viele irreführenden »Statistiken« im In- und Ausland mit wissenschaftlich eindeutigem Zahlenmaterial berichtigt und Fehlfolgerungen vermieden werden.

Einwirkung auf das Verhalten der Skifahrer

Für Filmabende örtlicher Veranstalter und für Fernsehsendungen sollen Filme mit Anleitungen zur **Skigymnastik** als körperliche Vorbereitung in Verbindung mit FIS-Verhaltensregeln zur Verfügung gestellt werden. Es ist in der Vergangenheit gelungen, den Streifen »Tele-Skigymnastik« in vielen örtlichen Veranstaltungen zu zeigen. Auch die Ausstrahlung in fast allen deutschen Regionalprogrammen im Österreichischen und Schweizer Fernsehen und im deutschsprachigen Programm der RAI ist erreicht worden.

Nach Maßgabe verfügbarer Mittel sind weitere Film- und Video-Produktionen vorgesehen.

In Zusammenarbeit mit den Skiverbänden der Alpenländer sollen nationale Ausgaben der **Broschüre »Skigast in den Alpen«** besonders den Skiurlaubern in den Alpenländern in der gewünschten Sprache Hinweise auf das Verhalten im Schnee in den Bergen als Skifahrer geben. Die Verbreitung wurde durch intensive Hinweise in der Presse gefördert. Für die Verteilung von Teilauflagen konnten zusätzlich Krankenkassen gewonnen werden. Es soll versucht werden, die Finanzierung größerer Auflagen zu ermöglichen, weil auf diesem Wege das schwierige Problem gleichartigen und vorsichtigen Verhaltens der buntgemischten Skiurlauber aus aller Welt mit zunächst oft heterogenen Vorstellungen und unterschiedlichsten, teilweise ganz fehlenden Wintererfahrungen am besten gelöst werden kann.

»Wintertips für Autofahrer und Skifahrer« sollen auch künftig zu Beginn des Winters in Zusammenarbeit mit dem Deutschen Verkehrssicherheitsrat (DVR) jährlich neu aktuell gestaltet, in möglichst hoher Auflage gedruckt und über die Mitgliedsverbände des DVR verteilt werden.

In der vom DSV herausgegebenen **Zeitschrift »Ski«**, Europas größter Skizeitung, und im Pressedienst »dsv press«, der rund 800 Redaktionen und Journalisten aktuell über Skisportprobleme und Ereignisse informiert, soll motivierend und empfehlend auf das Verhalten der Skifahrer eingewirkt und auf unfallfreies Skifahren hingewirkt werden.

Die größte Breitenwirkung wurde mit der **Broschüre »FIS-Verhaltensregeln + DSV-Tips«** erzielt, deren bisherige Auflage die 10-Millionen-Grenze überschritten hat.

Die Bedeutung dieser FIS-Regeln kann gar nicht unterschätzt werden – sie bilden die Grundlage der Rechtsprechung in praktisch allen Alpenländern, auch wenn sie nirgendwo »Gesetz« sind. Der Skifahrer findet – und das ist ziemlich einmalig – in Skirechtsfragen in allen Alpenländern dieselbe Rechtssituation vor, d.h. er braucht sich in seinem sportlichen Bereich bei Überschreiten der Grenzen nicht auf andere als die ihm vertrauten Regelungen einzustellen. **Diese** Regelungen muß er allerdings eben auch kennen und beherrschen wie das kleine Einmaleins.

Der **Juristische Beirat des DSV** hat an der Formulierung der FIS*-Verhaltensregeln entscheidend mitgewirkt und darüber hinaus die »DSV-Tips« geschaffen.

Und damit das zu Hause Gelesene am Urlaubsort nicht in Vergessenheit gerät, erinnern seit dem Winter 80/81 viele tausend großformatige Informationstafeln an Seilbahnen und Liften der deutschen Wintersportgebiete an die wichtigsten Grundregeln des Skisports. Diese Hinweisschilder werden in der gleichen Konzeption übrigens auch im Ausland verwendet. Hier erwies sich die ARAG-Versicherungsgruppe als starker Partner der Stiftung Sicherheit im Skisport. Mit ihrem Engagement ist es gelungen, diese breit angelegte Informationskampagne auch tatsächlich zu verwirklichen.

*FIS = Fédération Internationale de Ski, Internationaler Skiverband

Die erwähnten Informationsbroschüren können gegen Rückporto (DM -,80) angefordert werden bei:
Haus des Ski – SIS –,
Postfach 20 18 27,
8000 München 2

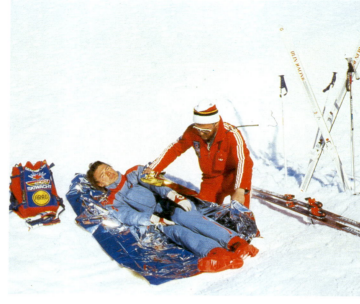

DSV MAGAZIN

Für Sicherheit beim Skifahren

DSV-Skiwacht

Schulung und Einsatz der DSV-Skiwacht in Zusammenarbeit mit der **Bergwacht** in den wichtigsten deutschen Skigebieten muß über bisher 100 fest angestellte DSV-Skiwachtmänner hinaus auf künftig 200 ausgebaut werden, weil sich dieser Einsatz hervorragend bewährt hat mit hilfsbereiter Betreuung bei vielerlei Problemen der Skifahrer, der Sorge für richtiges Verhalten der Skifahrer, der schnellen Hilfe bei Unfällen und der sachkundigen Bergung Verletzter.

Kampf gegen Ausrüstungsmängel

Die intensive Zusammenarbeit mit dem »Internationalen Arbeitskreis Sicherheit beim Skilauf« und deren finanzielle Förderung muß verstärkt, die Zusammenarbeit mit anderen Einrichtungen gleicher Zielsetzung und allen kooperationsbereiten Experten gefördert werden, um Gefahren rechtzeitig zu erkennen und an deren Ausschaltung mitzuwirken.

Die jährliche Sonderaktion »**Sicherheitsstelldichein**« soll auch künftig für alle Skifahrer im ganzen Bundesgebiet für einen geringen Kostenbeitrag in einem festgelegten Zeitraum vor Beginn der Skisaison Prüfung und richtige Einstellung der Sicherheitsbindungen erleichtern. Dazu sollen Verkäufer und Monteure des Sportfachhandels in Seminaren speziell geschult und über die Medien die Teilnahmeaufforderung an alle Skifahrer verbreitet werden.

Durch Sonderaktionen in angemessenen Zeitabständen sollen z.B. **Leihski-Ausrüstungen** geprüft und deren Instandhaltung bewirkt werden.

Betreuung der Skifahrer im Gelände

Ausstattung aller wichtigen Skigebiete mit großformatigen wetterfesten **Informationstafeln**, FIS-Verhaltensregeln, DSV-Tips usw. muß rechtzeitig erneuert und ergänzt werden.

Im Rahmen der finanziellen Möglichkeiten soll die Bereitstellung des bewährten und beliebten **Ski-Sicherheitsparcours** vervielfacht werden, weil auf diesem Wege Skifahrer ungefährdet Erfahrungen sammeln und Klarheit über richtiges Verhalten auf der Piste gewinnen können.

Die **Betreuung behinderter Skisportler**, Modellmaßnahmen für Sehbehinderte und Blinde, geistig und körperlich Behinderte sollen verstärkt und die allgemeine Hilfsbereitschaft eingeübt werden. Planung, Vorbereitung und Einsatztest eines **Funkrettungssystems** für Skiwanderer, Skilangläufer und Skitourengeher sollen so schnell wie finanziell möglich wieder aufgenommen und weitergeführt werden.

Über 100 DSV-Skiwachtmänner im Einsatz in den wichtigsten deutschen Skigebieten. Alle sind als aktive Mitglieder der Bergwacht auch im Rettungswesen speziell ausgebildet.

Die Markierung von Pisten und Loipen

Die Pisten- und Loipenmarkierung bewirkt zweierlei: Erstens dient sie der Sicherheit der Skisportler, zweitens ist sie eine Serviceleistung vor allem für ortsunkundige Skisportler.

Über die Pisten und Loipen eines Skigebietes informiert man sich zunächst am einfachsten anhand der Orts- und Skigebietsbeschreibungen in diesem DSV-Atlas. An Ort und Stelle findet man in den Talstationen der Bahnen und Lifte und am Beginn der Loipe meist ausgezeichnete Panoramaübersichten, denen man sowohl den Zusammenhang der einzelnen Pisten oder Loipen miteinander als auch deren Schwierigkeitsgrade entnehmen kann. Gerade wenn man ortsunkundig ist, tut man gut daran, sich über die jeweiligen Pisten- und Loipennetze zu informieren, damit man zumindest einen ungefähren Überblick über das gesamte Skigebiet hat. Es ist nämlich ausgesprochen mißlich, wenn man nicht genau weiß, auf welcher Piste man sich befindet und wie man rechtzeitig vor Betriebsschluß der Bahnen wieder dorthin zurückfindet, wo man das Auto geparkt hat. Auch für den Langläufer, der läuft und läuft und läuft, kann sich mangelnde Ortsinformation sehr übel auswirken, wenn er zu spät merkt, daß er in der ganz falschen Richtung seinen Parkplatz sucht. Auf die Initiative Österreichs haben sich vor einigen Jahren mehrere Länder – darunter die Bundesrepublik Deutschland – zusammengetan, um die Pisten- und Loipenmarkierung international zu vereinheitlichen. Diese Arbeit war nicht ganz leicht, weil in den verschiedenen Ländern ganz unterschiedliche allgemeine Rechtsvorschriften, Gesetze usw. für die Beschilderung von Pisten und Loipen maßgebend sind. Dennoch ist es weitgehend gelungen, sich auf eine internationale Normierung zu einigen, die zunächst im Alpenraum für Österreich, Italien, die Bundesrepublik Deutschland und Jugoslawien gilt. Die Schweiz und Frankreich haben sich an dieser internationalen Zusammenarbeit nicht beteiligt, doch stimmt die in beiden Ländern praktizierte Pistenbeschilderung praktisch mit der von den obengenannten Ländern vereinheitlichten Markierung weitgehend überein. Lediglich bei der Loipenmarkierung gibt es in der Schweiz eine grundsätzliche Abweichung.

Hauptabfahrten und Hauptloipen

In Bayern ist die Pistenmarkierung seit 1967 durch eine Verordnung geregelt, die 1981 auf den neuesten Stand gebracht wurde. Außerhalb von Bayern bestehen in Deutschland keinerlei Vorschriften, wie alpine Strecken zu beschildern sind. In der Praxis werden jedoch im In- und Ausland dieselben Schilder verwendet. Der Freistaat Bayern sieht in seinem Landesstraf- und Verordnungsgesetz vor, daß Gemeinden Pisten zu Hauptabfahrten erklären können. Gewöhnlich geschieht dies für Pisten, die stark frequentiert sind. Solche Hauptabfahrten haben einen ähnlich öffentlichen Charakter wie Verkehrsstraßen. Wenn ein Verein auf einer solchen Hauptabfahrt eine Veranstaltung durchführen will, gilt für ihn dasselbe wie für einen Motorsportclub, der ein Straßenrennen plant: Er muß die Abfahrt offiziell von der Gemeinde sperren lassen. Ist eine solche Strecke gesperrt, dann darf sie in dieser Zeit von keinem anderen Skifahrer benutzt werden, außer den Wettkämpfern und Mitarbeitern des Veranstalters. Wer dennoch unerlaubt eine so gesperrte Piste befährt, muß mit einer Geldbuße rechnen.

Wer auf einer Hauptabfahrt schuldhaft und grob rücksichtslos einen anderen Skifahrer verletzt oder gefährdet, muß nicht nur mit einer Privatklage, sondern zusätzlich mit einem Strafverfahren rechnen. Geschieht derselbe Vorfall außerhalb einer Hauptabfahrt, dann kommt es nur zu einem Zivilprozeß.

Der Deutsche Skiverband begrüßt ausdrücklich die Initiative des Landes Bayern, da sie dazu beiträgt, Rowdytum auf den Pisten bekämpfen zu können, bevor ein Schaden eintritt.
In Bayern gilt auch, daß Loipen zu »Hauptloipen« erklärt werden können und dann die analogen Bestimmungen gelten wie für Hauptskiabfahrten.

Hinweisschilder

Hinweisschilder sind derzeit noch sehr unterschiedlich. Künftig werden sie weiße Symbole auf grünem Grund tragen.

Erste Hilfe

Rettungsnotruf

Lawinenschilder

Von allen Schildern müssen von den Skifahrern die Lawinenschilder am striktesten befolgt werden, denn Lawinengefahr bedeutet stets: Lebensgefahr. Das gelbschwarze Sperrschild signalisiert

daß eine Piste oder Loipe wegen Lawinengefahr gesperrt ist und sie in gar keinem Fall befahren oder begangen werden darf.

Das Lawinenwarnschild mit der weißen Hand signalisiert dem Skifahrer, daß an dieser Stelle außerhalb der Piste oder Loipe Lawinengefahr besteht. Wenn in dieser Situation in markiertem Gelände Pisten und Loipen nicht gesperrt sind, kann man in diesem Bereich – aber nur in diesem! – gesichert Skisport treiben.

Routenschilder

Skirouten werden nur in ihrem Streckenverlauf markiert, nicht nach Schwierigkeitsgrad, da ja von den äußeren Gefahren her – Nebel, Sturm, Lawinen – auch die leichteste Skiroute größte Schwierigkeiten bieten kann.

Mehrere Skirouten können durch Ziffern voneinander unterschieden werden.

Weitere Schilder

Neben den Markierungsschildern, mit denen der Streckenverlauf der Pisten gekennzeichnet wird und die wir auf der vorhergegangenen Seite gezeigt haben, gibt es noch andere Schilder, von denen hier die wichtigsten abgebildet sind.

# MAGAZIN

Gefahrenschilder
Neben den aus dem Straßenverkehr bekannten Schildern ist das Gefahrenschild »Achtung! Pistenraupe unterwegs« von den Skifahrern besonders zu beachten.

Allgemeines Gefahrenschild

Pistenraupe unterwegs

Gebotsschilder
Gebotsschilder sind in ihrer Form noch sehr uneinheitlich. Künftig sollen weiße Symbole auf blauem Grund verwendet werden. Gebotsschilder signalisieren dem Skifahrer wichtige Verhaltensweisen.

Skispitze anheben!
Bei der Einfahrt in die Sessellift-Bergstation)

Bügel öffnen!

Verbotsschilder
Verbotsschilder sind von den Skisportlern unbedingt zu beachten, weil diese sich sonst gefährden. Die wichtigsten Beispiele:

Slalomfahren in der Lifttrasse verboten!

Schaukeln verboten!

Als erstes gilt es, sich anhand der internationalen Norm-Definitionen über die verschiedenen Arten von Abfahrtsstrecken zu informieren:

Skipisten
Das sind allgemein zugängliche, zur Abfahrt mit Ski vorgesehene und geeignete Strecken, die markiert, kontrolliert und vor atypischen Gefahren, insbesondere Lawinengefahren, gesichert sind und präpariert werden.

Skirouten
Darunter versteht man allgemein zugängliche, zur Abfahrt mit Ski vorgesehene und geeignete Strecken, die nur vor Lawinengefahren gesichert sind, aber weder präpariert noch kontrolliert werden müssen.

Wilde Abfahrten
Das sind im freien Skigelände entstandene Skistrecken, die nicht präpariert, nicht kontrolliert, nicht markiert und nicht gesichert sind. Der Deutsche Skiverband rät allen Skifahrern, die nicht über skialpinistische Erfahrungen verfügen, ganz dringend, Skirouten und wilde Abfahrten nur unter Leitung eines Skiführers oder jemand, der wirklich aufgrund praktischer Übung Bescheid weiß, zu befahren. Die Zahl der zumeist tödlich verlaufenden Lawinenunfälle, deren Opfer uninformierte Skifahrer waren, die die kontrollierten Pisten verlassen hatten, hat in den letzten Jahren beängstigend zugenommen.

Die kontrollierten und gesicherten Skipisten werden je nach Schwierigkeitsgrad eingeteilt in:

Leichte Pisten
Sie sind blau markiert. Die Neigung dieser »Blauen Pisten« darf 25 % Längs- und Quergefälle nicht übersteigen – außer kurzen Teilstücken in offenem Gelände.

Mittelschwere Pisten
Sie sind rot markiert. Die Neigung dieser »Roten Pisten« darf 40 % Längs- und Quergefälle nicht übersteigen – außer kurzen Teilstücken in offenem Gelände.

Schwierige Pisten
Sie sind schwarz markiert. Die Neigung der »Schwarzen Pisten« übersteigt die Maximalwerte der »Roten Pisten«.

Zur Markierung der Pisten werden runde Schilder in den eben genannten Farben verwendet, die Zusatzinformationen haben können. Zum Beispiel eine weiße Ziffer, die eine bestimmte Piste bezeichnet (»Abfahrt 2«). In dem unteren Kreissegment kann Werbung enthalten sein.

Das Schild kann auch eine Namensbezeichnung – schwarz in weißem Textstreifen – tragen, beispielsweise »Olympia«.

Das Schild kann sowohl eine Ziffer als auch einen Namen tragen (z.B. Piste Nr. »28/West«).

Spezielle Loipen – Markierungsschilder
Die Schwierigkeitsgrade werden mit denselben Farben bezeichnet wie bei den Pisten:
Blau = Leichte Loipe
Rot = Mittelschwere Loipe
Schwarz = Schwierige Loipe

*Diese Schilder können auch auf Loipen und Skiwanderwegen verwendet werden.

Die gebotene Laufrichtung wird durch Richtungspfeile (weiß) im oberen Feld des Schildes (Farbfeld) angegeben.
Im mittleren Feld des Schildes soll durch eine Zahl (weiß) im Farbfeld angegeben werden, wieviele Kilometer vom jeweiligen Standort bis zum Loipenende noch zu laufen sind.
Loipen können durch schwarze Kennziffern im Richtungspfeil und/oder durch Benennung im oberen Teil des mittleren Feldes des Schildes (Farbfeld) unterschieden werden, wobei auch eine Kombination von Ziffern und Text möglich ist. Wird die Bezeichnung durch eine Kennziffer gewählt, soll diese die Gesamtlänge der Loipe angeben. Gibt es mehrere Loipen gleicher Länge, müssen diese durch zusätzliche Benennung unterschieden werden.

 **MAGAZIN**

Notwendiger Versicherungsschutz

Wer ohne Versicherung Ski fährt, fährt mit drei Brettern. Zwei an den Füßen, eines vor dem Kopf. Überprüfen Sie Ihren Versicherungsschutz darauf, ob er auch im Ausland in vollem Umfang gilt, ob und welche Risiken vielleicht ausgeschlossen sind! Schließen Sie, wenn Sie Lücken entdecken, entsprechende Zusatzversicherungen (oder, noch besser, eine spezielle Skiversicherung) ab. Der Deutsche Skiverband hält ein solches Angebot bereit.

Denken Sie ganz besonders an eine Haftpflichtversicherung! Wenn durch Ihr Verschulden andere geschädigt werden, leistet die Haftpflichtversicherung für Sie Schadenersatz. Zum Beispiel für Arzt- und Krankheitskosten, Schmerzensgeld, Verdienstausfall und beschädigte Kleidung des Geschädigten. Empfehlenswert ist auch der Einschluß von Schäden an gemieteten Räumen und Gebäuden. Die Unfallversicherung zahlt nicht nur im Todes- und Invaliditätsfall, sie sollte vor allem auch Bergungskosten übernehmen (einschließlich Abtransport mit dem Hubschrauber).

Eine Krankenversicherung. Sorgen Sie dafür, daß Sie auch bei Krankheit und Skiunfällen im Ausland die Kosten stationärer und ambulanter Heilbehandlung möglichst voll erstattet bekommen! Wenn Ihre Versicherung nach den Sätzen des Heimatlandes erstattet, kann es böse Überraschungen geben.

Skifahrer haben einen Vorteil, den es auf anderen Rechtsgebieten noch nicht gibt: Die Skirechtsprechung ist trotz der unterschiedlichen Rechtssysteme in den verschiedenen Staaten praktisch in allen Alpenländern einheitlich. Als Grundlage dienen die überall anerkannten einheitlichen FIS-Verhaltensregeln.

Trotzdem ist recht haben und recht bekommen zweierlei. Deshalb raten wir zu einer Rechtsschutzversicherung. Eine Ski-Bruch- und Diebstahlversicherung ist unbedingt erforderlich, wenn Ihr Skispaß nicht vielleicht schon in den ersten Tagen des Urlaubs dahin sein soll. Die richtige Versicherung sollte nicht nur die Kosten erstatten, wenn Ihre Ski brechen, gestaucht oder sonst beschädigt werden. Sie sollte vor allem Ersatz leisten, wenn die Ski gestohlen werden. Achten Sie darauf, daß die Bindungen und eventuell auch Skibremsen mitversichert sind! Manche Skiversicherungen schließen sogar Stöcke, Skischuhe, Sturzhelme mit in den Schutz ein.

Deshalb investieren Sie weniger als die Kosten eines Skitages. Für ein Jahr sorgenfreies Skifahren!

Was Sie wissen müssen

Die Beiträge
Familienmitgliedschaft
mit DSV-Superschutz
DM 169,–

Einzelmitgliedschaft
mit DSV-Superschutz
DM 74,–

Familienmitgliedschaft
mit DSV-Standardschutz
DM 119,–

Einzelmitgliedschaft
mit DSV-Standardschutz
DM 54,–

Unser Beitragsjahr läuft vom 1. Oktober bis zum 30. September. Sie können die Mitgliedschaft einschließlich Versicherungsschutz aber **jederzeit** durch Überweisung des entsprechenden Jahresbeitrages beantragen. Wir garantieren Ihnen vollen Versicherungsschutz bereits ab dem Tage nach Ihrer Beitragszahlung; maßgebend ist der Poststempel auf der Zahlkarte. Ihre Mitgliedschaft verlängert sich ohne besonderen Antrag automatisch um jeweils ein Beitragsjahr, wenn sie nicht schriftlich bis zum 30. Juni gekündigt wird. Der Versicherungsschutz erlischt am Ende des Beitragsjahres und beginnt nach Zahlung des Jahresbeitrages erneut. Bei erstmaligem Erwerb der Mitgliedschaft zwischen dem 1. Mai und dem 30. September gelten der Jahresbeitrag und die Mitglieder-Vorteile vorzugsweise bis zum 30. September des nächsten Jahres. Die Jahresbeiträge werden durch eine eigene Beitragsabrechnungsstelle erhoben, die die Versicherungsprämien an unsere Vertragsgesellschaften und die Mitgliedsbeiträge an uns weiterleitet. Jedes Mitglied hat im Schadenfall Leistungsansprüche unmittelbar gegen unsere Vertragsgesellschaften.

Der Versicherungsschutz regelt sich ausschließlich nach den Bestimmungen, die wir mit den Vertragsgesellschaften ARAG Allgemeine, Düsseldorf, EUROPA Kranken, Köln, ARAG Rechtsschutz, Düsseldorf vereinbart haben.

Den vollen Wortlaut dieser Bestimmungen schicken wir Ihnen nach Eingang Ihrer Beitragsüberweisung automatisch zusammen mit Ihrem Mitgliedsausweis und weiteren Informationen.

Selbstverständlich schicken wir Ihnen die Versicherungsbestimmungen auch vorab. Postkarte oder Anruf genügt.

Unsere Postanschrift:
Haus des Ski, Postfach 20 18 27,
8000 München 2
Unsere Tel.-Nr.: 089/85 79 00.
Mitgliedschaft inkl. Versicherungsschutz können Sie auch in Ihrem Sportfachgeschäft abschließen.

Man vergißt sehr leicht, wieviel passieren kann!

Jeder Skitag hat sein Risiko. Durch Vorsicht und vernünftige Fahrweise kann man es reduzieren. Ein Rest-Risiko bleibt, das Ihnen nicht nur Schmerzen, sondern auch erhebliche finanziellen Kummer bereiten kann. Deshalb riskieren Sie nicht mehr als nötig – investieren Sie weniger als die Ausgaben für einen Skitag in ein Jahr sorgenfreies Skifahren.

Der Deutsche Skiverband ist ein verläßlicher Partner. Seine Sachkompetenz in allen Fragen des Skilaufs – besonders seine einzigartigen Versicherungs- und Serviceleistungen – veranlassen alljährlich mehr als 30 000 Skifans, sich als Neu-Mitglieder die zahlreichen Vorteile zu sichern.

Freunde des Skilaufs e.V. im Deutschen Skiverband

ÜBERBLICK WEITERE URLAUBSREGIONEN

Bundesrepublik Deutschland

SAUERLAND Nordrhein-Westfalen

Bestwig

Verkehrsamt, Postfach 1163, 5780 Bestwig, (0 29 04) 8 12 75.
Schwimmen in 1 Stausee, 4 Hallenbädern. **Angeln** in Flüssen und Seen. **Drachenfliegen** (Schule, Ausrüstung). **Rundflüge** mit Segel- und Motorflugzeug. Fahrradverleih. **Reiten** im Gelände, Schule. **Schießen:** Luftgewehr, Kleinkaliber. **Tennis:** 6 Plätze, 1 Halle/2 Plätze.
Unterhaltung: Heimat-, Hüttenabende, Kinderfeste, Konzerte, Dia- und Filmvorträge, Vereins- und Sportfeste. **Veranstaltungen:** Mitte Mai: Internationaler Wandertag.
Pauschalangebote: Schülerwandertage, Tages- u. Wochenendprogramme für Clubs, Gruppen, Betriebe u. Vereine, Planwagenfahrten, Wandertage u. -wochen, Seniorenwochen, Programmier-, Kochkurse.

Brilon

Verkehrsverein, Postfach 1726, 5790 Brilon, (0 29 61) 80 96.
Schwimmen in 1 Stausee, 2 Freibädern (1 beh.), 3 Hallenbädern. Segel-, Motorfliegen (Schule). **Rundflüge** mit Segel- und Motorflugzeug. 57 km Radwege, Fahrradverleih. **Reiten** im Gelände, Pferdeverleih, Halle, Schule. **Schießen:** Tontauben. **Tennis:** 6 Plätze, 1 Halle/2 Plätze, Schule. Grasski. **Gesundheit:** Trimmpfade, Kneippanlagen. **Unterhaltung:** Hüttenabende, Gartenschach, Dia-Vorträge.
Hobbykurse und Aktivangebote: Juli–Sept.: Bastelnachmittage. Bildersuchspiel für Familien.
Veranstaltungen: Juni: Schützenfest. Ende Sept.: Michaelis-Kirmes. **Pauschalangebote:** Seniorenurlaub. Schönheitskur.

Eslohe

Verkehrsamt, Schultheißstr. 2, 5779 Eslohe, (0 29 73) 8 00 30.
Schwimmen in 1 Stausee, 2 Freibädern (1 beh.), 1 Hallenbad. **Angeln** in Flüssen und Seen. **Reiten** im Gelände, Pferdeverleih, Halle, Schule. **Tennis:** 7 Plätze.
Gesundheit: Trimmpfade, Kneippanlagen, Kur- und Bäderbetrieb.
Unterhaltung: Heimat-, Hüttenabende, Kinderfeste, Gartenschach, Konzerte, Vereins- u. Sportfeste.
Veranstaltungen: Mitte Mai: Volksradfahren. Ende Mai/ Anf. Juni: Mai-Bowle-Fest; Sportfest. Anf./Mitte Juni: Volksschwimmen. Mitte Juni: Schützenfest. Mitte Juli: Lampionfest im Kurpark. Anf./Mitte Sept.: Volkswanderung. Mitte Okt.: Weinfest.

Marsberg

Fremdenverkehrsverband, Bülberg 2, 3538 Marsberg, (0 29 92) 33 88.
Schwimmen in 1 See, 1 beh. Freibad, 1 Hallenbad. **Angeln** in Flüssen, Seen und künstl. Anlagen. Segeln. Kanu-/Kajakfahren. **Ausrüstungsverleih:** Surfen, Rudern, Tretboote. Surfschule. **Drachenfliegen** (Schule). **Tennis:** 2 Plätze, 1 Halle/2 Plätze, Schule.
Unterhaltung: Heimatmuseum, Kinderfeste, Gästekindergarten, Schützenfeste.
Veranstaltungen: 2. Maiwochenende: Frühjahrskirmes. 2. Juliwochenende: Schützenfest. 3. Okt.-Wochenende: Allerheiligenmarkt.
Pauschalangebote: Wanderurlaub. Die Marsberger Wandernadel in einer Woche erwandern. Angler-Latein (2-Tage). Petri-Heil. Tennis-Woche.

Meschede

Verkehrsamt, Postfach 1309, 5778 Meschede, (02 91) 20 52 77.
Schwimmen in 1 See (Ausflugsfahrten mit Schiff), 2 beh. Freibädern, 3 Hallenbädern. **Angeln** im See. Surfen, Segeln, Rudern, Tretboote, Kanu-/Kajakfahren. Segel-, Motorfliegen (Schule). **Rundflüge** mit Motorflugzeug. **Reiten** im Gelände, Halle, Schule. **Tennis:** 7 Plätze, 1 Halle/2 Plätze.
Gesundheit: Trimmpfade, Kneippanlagen, Fitness-Zentrum.
Unterhaltung: Kinderfeste, Gartenschach, Konzerte, Vereins-, Waldfeste.
Pauschalangebote: für Angler (7 Tage).

Möhnesee

Tourist-Information, Brückenstr. 2, 4773 Möhnesee-Körbecke, (0 29 24) 4 97.
Schwimmen in 1 Stausee (Ausflugsfahrten mit Schiff), 2 Hallenbädern, 3 Strandbädern. **Angeln** im See. **Ausrüstungsverleih:** Surfen, Segeln, Rudern, Tauchen. **Unterricht:** Surfen, Segeln, Tauchen, Reiten, Tennis. 65 km Radwege, Fahrradverleih. **Reiten** im Gelände, Pferdeverleih, Halle.
Tennis: 7 Plätze. Kunsteisstadion.
Gesundheit: Trimmpfade, Kneippanlagen, Bäderbetrieb. **Unterhaltung:** Programm für große und kleine Gäste. Schützenfeste.
Veranstaltungen: ab Mai: Konzertreihe. Okt.: Wameler Grafiktage.

Olsberg

Kurverwaltung, Briggeplatz 6, 5787 Olsberg, (0 29 62) 80 22 00.
Schwimmen in 1 beh. Freibad, 1 Hallenbad. **Angeln** in künstl. Anlagen. **Drachenfliegen** (Ausrüstung, Schule). **Reiten** im Gelände, Pferdeverleih, Halle. **Tennis:** 3 Plätze, 1 Halle. Grasski. **Unterhaltung:** Grill- und Hüttenfeste, Konzerte. **Veranstaltungen:** Mai–Sept.: Schützenfeste. Juni: Gesundheitswochen. Okt.: Kulinarische Wochen. **Gesundheit:** Kur- und Bäderbetrieb. Rheumazentrum. Kneippkurort. **Indikationen:** Herz- und Gefäßerkrankungen, vegetative Funktionsstörungen, Verdauungskrankheiten, Hormonale Störungen, allgemeine Schwächezustände, rheumatische Erkrankungen.

Schmallenberg

Verkehrsamt, Weststr. 32, Postfach 1363, 5948 Schmallenberg, (0 29 72) 77 55.
Schwimmen in 2 Freibädern (1 beh.), 3 Hallenbädern, Wellenbad. Segel-, Motorfliegen (Schule).
Rundflüge mit Motorflugzeug. Fahrradverleih. **Reiten:** Pferdeverleih, Halle, Schule. **Schießen:** Luftgewehr. **Tennis:** 25 Plätze, 1 Halle/2 Plätze, Schule. Grasski. **Unterhaltung:** Heimat-, Hüttenabende, Kinderfeste, Gartenschach.
Gesundheit: Trimmpfade, Kneippanlagen, Heupackungen, Kur- und Bäderbetrieb, Kneippkurort **Fredeburg,** (0 29 74) 70 37. **Indikationen:** Herz- und Gefäßerkrankungen, vegetative Funktionsstörungen, Verdauungskrankheiten, hormonale Störungen, allgemeine Schwächezustände.

Sundern

Fremdenverkehrsamt, Rathaus, 5768 Sundern, (0 29 33) 81-2 00 + 2 51.
Schwimmen in 1 See (Ausflugsfahrten mit Schiff), 2 Freibädern (1 beh.), 4 Hallenbädern. **Angeln** im See. Tauchen. **Ausrüstungsverleih:** Surfen, Segeln, Rudern, Tretboote. **Unterricht:** Surfen, Segeln, Rudern, Segelfliegen, Reiten. **Rundflüge** mit Motorflugzeug. **Drachenfliegen** am Hohen Lenscheid. 200 km Radwege. Fahrradverleih. **Reiten** im Gelände, Pferdeverleih, Halle. **Tennis:** 4 Plätze, 1 Halle/3 Plätze. Trimmpfade.
Unterhaltung: Heimat-, Hüttenabende, Kinderfeste, Gartenschach, Konzerte, Vereinsfeste, Umzüge.
Veranstaltungen: Regatten der Yachtclubs. Ruderregatten. Weinfest. Schützenfeste. Reitturnier.

Heilbäder und Kurorte

Heilklimatischer Kurort, Kneippheilbad, Korbacher Str. 10, 3542 **Willingen,** 4 01 80.
Indikationen: Herz- und Gefäßerkrankungen, vegetative Funktionsstörungen, Verdauungskrankheiten, hormonale Störungen, allgemeine Schwächezustände, Atemwegserkrankungen.
Heilklimatischer Kurort, 5788 **Winterberg,** (0 29 81) 70 71. **Indikationen:** Atemwegserkrankungen, allgemeine Schwächezustände, Rekonvaleszenz, Herz- und Gefäßkrankheiten.

HUNSRÜCK Rheinland-Pfalz

Bad Münster am Stein-Ebernburg

Verkehrsverein »Rheingrafenstein« e. V., Postfach 1152, 6552 Bad Münster am Stein-Ebernburg, (0 67 08) 15 00 und 10 46.
Schwimmen in 1 See, 1 Stausee, 1 beh. Freibad, 2 Hallenbädern, Thermalbad. **Wildwasser:** 12 km befahrbare Strecke. **Angeln** in Flüssen und Seen. Surfen, Kanu-/Kajakfahren, Tauchen. Ruder-, Tretboote. 25 km Radwege, Fahrradverleih. **Tennis:** 10 Plätze, 1 Halle/3 Plätze, Schule. **Golf:** Platz mit 18 Loch.
Unterhaltung: Bauerntheater, Gartenschach, Konzerte, Dia-Vorträge, Künstlerbahnhof.
Gesundheit: Trimmpfade, Kneippanlagen, Fitness-Zentrum, Kur- u. Bäderbetrieb, Radon- und Thermalheilbad. **Indikationen:** Rheumatische Erkrankungen, Erkrankungen des Bewegungsapparates, Herz- und Gefäßkrankheiten, Frauenleiden, Atemwegserkrankungen, Erkrankungen im Kindesalter.
Hobbykurse und Aktivangebote: Töpfern, Malen.
Veranstaltungen: Mitte Mai: A.H. Fußballturnier um den Rheingrafenschild. Pfingstsonntag: Großes Pfingstfeuerwerk. Mitte Juni: Weinblütenfest. Anf. Juli u. Aug.: Lampionfest. Mitte Juli: Int. Amateur-Tanzturnier. Juli: Zaubernacht unter dem Rheingrafenstein. Ende Aug.: Fest »Rund um die Naheweinstraße«. Anf. Sept. u. Mitte Okt.: Kirmes. Anf. Okt.: Herbstball.
Pauschalangebote: Pfälzer-Spezialitäten-Wochenende. Schlemmer-Wochenende. Schnupper-Wochen. Weinseminare. Golfwochen. Tenniswochen. Erlebniswochenende.

Idar-Oberstein

Städt. Fremdenverkehrsamt, Postfach 01 14 80, 6580 Idar-Oberstein, (0 67 81) 2 70 25, Tx 4 26 211.
Schwimmen in 2 Stauseen, 2 Freibädern, 1 Hallenbad. **Angeln** in Flüssen u. künstl. Anlagen. Segelfliegen (Schule). Motorfliegen. **Rundflüge** mit Segel- u. Motorflugzeug. Radwege, Fahrradverleih. **Reiten** im Gelände, Pferdeverleih, Schule, Halle. **Schießen:** Luftgewehr, Tontauben, Kleinkaliber. **Tennis:** 15 Plätze, 8 Hallen.
Gesundheit: Trimmpfade, Fitness-Zentrum.
Unterhaltung: Theater, Konzerte, Dichterlesungen.
Hobbykurse und Aktivangebote: Edelsteine-Schleifen, Schmuckgestalten, Mineraliensuchexkursionen.
Veranstaltungen: Ende Juni/Anf. Juli: Spießbratenfest. Juli/Aug.: Int. Hunsrück-Rallye. Aug.: Reitturnier. Sept.: Deutscher Schmuck- u. Edelsteinpreis.
Pauschalangebote: Wochenend-Leckerbissen-Reisen (für Gruppen). Kurzreisen (3, 4 oder 7 Tage). Ferienglück im Hunsrück u. Nahebergland. Ferien beim Hunsrück-Bauern. Spezial- u. Hobby-Reisen (Reiten, Angeln). Hunsrück-Safari (Ferien mit Roß u. Wagen). Wandern (7 Tage mit Führung und Gepäcktransport). Pilzseminare. Hochkarätige Ferien im Edelsteinland.

Morbach

Verkehrsamt, Bahnhofstr. 23, 5552 Morbach, (0 65 33) 71 50.
Schwimmen in 1 beh. Freibad. Fahrradverleih. **Reiten** im Gelände, Pferdeverleih. **Tennis:** 3 Plätze.
Gesundheit: Trimmpfad, Kneippanlage. **Hobbykurse** in Handwerksbetrieben: Holzbildhauer, Schreiner, Konditor, Schweißer. **Veranstaltungen:** Ende Juni: Festwoche. Ende Juli: St. Anna-Kirmes.
Pauschalangebote: Rundwanderungen ohne Gepäck. Romantische Mühlenwanderung. Aktivurlaub – Auf Du und Du mit der Natur. Kegel- u. Schlemmerwochenende. Ende Sept.: Hirschbrunftwoche.

Simmern

Fremdenverkehrsamt, Im Rathaus, 6540 Simmern, (0 67 61) 68 80.
Schwimmen in 1 Freibad, 1 Hallenbad. **Angeln** in Bächen. **Motorfliegen, Rundflüge** mit Motorflugzeug. **Reiten** im Gelände, Pferdeverleih. **Tennis:** 4 Plätze. **Unterhaltung:** Heimatabende.
Veranstaltungen: Mitte Mai: Maimarkt. Anf. Okt.: Stadtfest. Mitte Okt.: Oktoberfest. **Pauschalangebote:** Planwagen-Treck (Tagesfahrten für Gruppen ab 8 Personen). Wandern ohne Gepäck.

Heilbäder und Kurorte

Radon-Solbad, Postfach 649, 6550 **Bad Kreuznach,** (06 71) 9 23 25, Tx 4 27 79. **Indikationen:** Rheumatische Erkrankungen, Bewegungsstörungen, degenerative Erkrankungen der Wirbelsäule, Frauenleiden, Atemwegserkrankungen, Hautkrankheiten.

TAUNUS Hessen

Hochtaunuskreis

Landratsamt, Abt. 10/3, Louisenstr. 86–90, 6380 Bad Homburg, (0 61 72) 1 83 52 (auch Geschäftsstelle des FV-Verbandes Main u. Taunus u. der Ges. Hochtaunusstraße).
Schwimmen in 1 Naturweiher, 10 Freibädern (6 beh.), 5 Hallenbädern, Kurbad, Thermalbad. **Angeln** in Flüssen u. künstl. Anlagen. **Drachenfliegen** in Schmitten-Hunoldstal und im Feldberggebiet. Segel- u. Motorfliegen (Schule, Rundflüge). 90 km Radwege, Fahrradverleih (Königstein). **Reiten** im Gelände, Pferdeverleih, Hallen, Schulen. **Tennis:** 7 Plätze, 8 Hallen, Schulen. **Golf:** 4 Plätze mit 6 bis 18 Loch.
Unterhaltung: Gartenschach, Konzerte, Wochen- und Flohmärkte, Theater, Volksfeste.
Gesundheit: Trimmpfade, Kneippanlagen, Fitness-Zentrum, Kur- u. Bäderbetrieb. Mineral- u. Moorbad. **Bad Homburg v. d. Höhe,** (0 61 72) 1 21 30, 14 Brunnen, davon 7 für Trinkkuren, Moorbäder, Inhalatorien, Elektrotherapie, Ton-Schlamm-Packungen, Thermalbad »Taunus-Therme« (32–36°), **Indikationen:** Magen-, Darm-, Galle-, Leber-, Stoffwechsel-, Herz- und Gefäßleiden, Rheumatische Erkrankungen. **Königstein/Taunus,** (0 61 74) 40 48, Heilklimatischer Kurort, Kurbad, Kneippsche Anwendungen. **Indikationen:** Herz-, Gefäß- und Kreislauferkrankungen, chron. Erkrankung der Atemwege, psychosomatische Regulationsstörungen, Rekonvaleszenz, Migräne.
Veranstaltungen: Aug.: Burgfest Königstein. Ende Aug.: Laternenfest Bad Homburg. Sept.: Laurentiusmarkt Usingen.
Pauschalangebote: Diverse Kur-, Wander-, Sport- und Entspannungsangebote – Auskunft beim Fremdenverkehrsverband.

Rheingau-Taunus

Fremdenverkehrsverband Rheingau-Taunus e. V., Rheinstr. 5, 6220 Rüdesheim, (0 67 22) 30 41.
Schwimmen in 7 beh. Freibädern, 3 Hallenbädern, Thermalbad. **Angeln** in Flüssen u. Seen. Segeln (Ausrüstungsverleih). Segelfliegen, Rundflüge, Fahrradverleih. **Reiten** im Gelände. **Schießen:** Luftgewehr. **Tennis:** 6 Plätze, 1 Halle, Schule. Fitness-Zentrum.

Heilbäder und Kurorte

Mineral- und Moorbad, 6208 **Bad Schwalbach,** (0 61 24) 50 20. **Indikationen:** Herz- und Gefäßkrankheiten, Frauenleiden, Rheumatische Erkrankungen. Kneippheilbad, 6277 **Camberg,** (0 64 34) 60 01. **Indikationen:** Herz- und Gefäßerkrankungen, vegetative Funktionsstörungen, Verdauungskrankheiten, hormonale Störungen, allgemeine Schwächezustände. Thermalbad, 6229 **Schlangenbad,** (0 61 29) 20 91. **Indikationen:** rheumatische Erkrankungen, Gelenkveränderungen, Bewegungsstörungen, Hautkrankheiten, Erkrankungen des Nervensystems.

OBERPFÄLZER WALD Bayern

Bärnau

Städt. Verkehrsamt, 8591 Bärnau, (0 96 35) 2 01 mit den Orten Altglashütte, Silberhütte, Hohenthan, Hermannsreuth, Schwarzenbach.
Schwimmen in 1 Stausee, 2 Freibädern (1 beh.), 1 Hallenbad. **Angeln** in Flüssen u. Seen. Fahrradverleih. **Tennis:** 2 Plätze.
Unterhaltung: Bauerntheater, Märkte, Knopfmuseum.
Veranstaltungen: Juli: Bergfest. Mai–Aug.: Vereins- u. Sommerfeste.

Neunburg v. W.

Städt. Verkehrsamt, 8462 Neunburg v. W., (0 96 72) 4 80.
Schwimmen in 1 Stausee, 1 beh. Freibad, 1 Hallenbad. **Angeln** in Flüssen u. Seen. Surfen, Segeln (Ausrüstungsverleih, Schule). Motorfliegen (Schule), Rundflüge. Fahrradverleih. **Reiten** im Gelände, Pferdeverleih, Halle, Schule. **Schießen:** Luftgewehr. **Tennis:** 5 Plätze, Schule. Golfplatz. Asphalt-Eisstockbahnen. **Unterhaltung:** Heimatabende, Kinderfeste, Gartenschach, Konzerte, Dia-Vorträge.
Veranstaltungen: Meisterschaftsläufe zur Nordbayer. Meisterschaft der Flying Dutchmen. Juni/Juli: Burgfestspiele. Letztes Juliwochenende: Reitturnier.
Pauschalangebote: Juni u. Juli: Familien-Pauschale. Sept. u. Okt.: Wander-Pauschale. 1. Sept.–20. Dez., 10. Jan.–30. Apr.: Sonderpauschalangebot für Senioren. Mitte Jan.–Mitte Juli, Mitte Sept.–Mitte Dez.: Wochenendangebot. Segel-, Surfpauschale, Reiterurlaub.

Oberviechtach

Fremdenverkehrsverein, 8474 Oberviechtach, (0 96 71) 14 80 u. Fremdenverkehrsamt, Rathausplatz 1, Tel. 15 07.
Schwimmen in 1 beh. Freibad. **Reiten** im Gelände, Pferdeverleih, Halle, Unterricht. **Schießen:** Bogen. **Tennis:** 3 Plätze. Sommerstockbahnen.
Unterhaltung: Heimatabende, Märkte.
Veranstaltungen: Ende Mai: Johannisbergfest. 1. Juniwoche: Volksfest. Anf. Aug.: Arnikafest auf Burg Murach. Anf. Sept.: Reit- und Springturnier.
Pauschalangebote: »Oberpfälzer Woche«. Reiterferien. Tennisferien.

Schwandorf

Landratsamt, Wackersdorfer Str. 80, 8460 Schwandorf, (0 94 31) 47-1, Tx 9 43 110.
*) Angaben für Kreis Schwandorf.
Schwimmen in 2 Seen, 2 Stauseen, 13 Freibädern (8 beh.), 7 Hallenbädern. **Angeln** in Flüssen, Seen u. künstl. Anlagen. Kanufahren. **Unterricht:** Surfen, Segeln. **Ausrüstungsverleih:** Ruder-, Tretboote. Segel-, Motorfliegen, Schule, Rundflüge. 413 km Radwege, Fahrradverleih. **Reiten** im Gelände, Pferdeverleih, Halle, Schule. **Schießen:** Luftgewehr, Tontauben, Luftpistole, Kleinkaliber, Sportpistole, Bogen. **Tennis:** 73 Plätze, 2 Hallen/4 Plätze, Schule. **Golf:** Platz mit 9 Loch. Grasski. **Gesundheit:** Trimmpfade, Fitness-Zentrum, Kur- u. Bäderbetrieb.
Unterhaltung: Heimat-, Hüttenabende, Bauerntheater, Gartenschach, Konzerte, Dia- u. Filmvorträge. **Hobbykurse und Aktivangebote:** Spitzenklöppeln, Bogenschießen, Windsurfing, Segeln.
Veranstaltungen: Siehe Veranstaltungskalender.
Pauschalangebote: Angel-, Camping-, Reiterurlaub, Urlaub auf dem Bauernhof, Wanderwochen, Senioren-, Familienpauschalen.

Tirschenreuth

Stadt Tirschenreuth, Fremdenverkehrsamt, Postfach 1220, 8593 Tirschenreuth, (0 96 31) 29 61.
Schwimmen in 1 See, 1 Stausee, 1 beh. Freibad, 1 Hallenbad. Surfen, Segeln. **Angeln** in Flüssen und Seen. Segelfliegen, Rundflüge. Fahrradverleih. **Reiten** im Gelände, 10 km Wege, 3 Hallen, Schule. **Schießen:** Luftgewehr. **Tennis:** 10 Plätze, 1 Halle. Asphalt-Eisstockbahnen. Trimmpfade.
Veranstaltungen: Mai bzw. Juni: Schützen- u. Volksfest. Anf. Juli: IVV-Wandertag. Mitte Juli: CSI-Int. Reit- u. Springturnier. Ende Juli: Plan-Weseritzer Heimattreffen.

WESTALLGÄU Bayern

Lindenberg

Städt. Verkehrsamt, 8998 Lindenberg, (0 83 81) 8 03 24.
Schwimmen in 1 See, 1 Freibad, 1 Hallenbad. **Angeln** im See. **Reiten:** 1 Halle. **Tennis:** 5 Plätze.
Gesundheit: Trimmpfad, Kneippanlage, Fitness-Zentrum, Kur- und Bäderbetrieb.
Hobbykurse und Aktivangebote: Bauernmalerei. Allgäuer Sträuße.
Veranstaltungen: letztes Maiwochenende: Int. Wandertage. 1. Juliwochenende: Sommerfest der Eisstockschützen. 2. Juliwochenende: Florian's Fest der Feuerwehr. 3. Juliwochenende: Stadtfest. Ende Okt.: Simon- u. Judamarkt.

Oberstaufen

Kurverwaltung, Schloßstr. 8, 8974 Oberstaufen, (0 83 86) 20 24, Tx 5 41 136.
Schwimmen in 2 Freibädern (1 beh.), 2 Hallenbädern; 1 Alpsee. **Wildwasser:** 5 km befahrbare Strecke. Surfen, Segeln, Tretboote, Kanu (Ausrüstungsverleih). **Drachenfliegen** auf der Thaler Höhe. Fahrradverleih. **Reiten** im Gelände, Schule, Halle.

ÜBERBLICK WEITERE URLAUBSREGIONEN

Schießen: Luftgewehr. **Tennis:** 22 Plätze, 1 Halle/4 Plätze, Schule. **Squash:** 2 Plätze.
Hobbykurse und Aktivangebote: Gästegymnastik, Gäste-Tennis-Turniere, Basteln, Malen.
Gesundheit: Fitness-Zentrum, Kur- u. Bäderbetrieb, Heilklimatischer Kurort und Schrothkurort.
Indikationen: Atemwegserkrankungen, allgemeine Schwächezustände, Rekonvaleszenz, Herz- und Gefäßkrankheiten, Stoffwechselstörungen, Übergewicht.

Weiler-Simmerberg-Ellhofen

Kur- und Verkehrsamt Weiler-Simmerberg, 8999 Weiler im Allgäu, (0 83 87) 6 51.
Schwimmen in 1 Freibad, 1 Hallenbad. Fahrradverleih. **Schießen:** Luftgewehr. **Tennis:** 4 Plätze, 1 Halle/2 Sandplätze, Squash, Schule.
Gesundheit: Trimmpfade, Kur- u. Bäderbetrieb, Kneipp- und Schrothkuren. **Indikationen:** rheumatische Erkrankungen, degenerative Erkrankungen der Gelenke und der Wirbelsäule, funktionelle Herz- und Kreislauferkrankungen, allgemeine Verbrauchserscheinungen, nervöse Erschöpfungszustände.
Hobbykurse und Aktivangebote: Töpfern, Bauernmalerei. Kinderprogramm mit Betreuung.
Veranstaltungen: Konzertreihen. Ausstellungen.
Pauschalangebote: Apr., Mai u. Sept.–Nov.: Erlebnisurlaub für die Familie. Mitte Apr.–Ende Mai, Sept. bis Ende Okt.: Senioren-Treff.

Lage und Zufahrt: Kartenteil 2 B 3.

HINDELANG

Hindelang

Kurverwaltung, Postfach 1152, 8973 Hindelang, (0 83 24) 89 20. Außenstellen: Bad Oberdorf 3 51; Oberjoch 77 09; Unterjoch 76 07; Hinterstein 81 18.
Schwimmen in 3 Freibädern (1 beh.), 4 Hallenbädern. **Angeln** in Flüssen. Radwege, Fahrradverleih.
Tennis: mehrere Plätze. **Drachenfliegen** am Imberger Horn. Segelfliegen und Segelflugschule in 10 km Entfernung. Heißluftballonflüge.
Unterhaltung: Heimatabende, Bauerntheater, Konzerte, Dia-Vorträge.
Heilklimatischer Kurort, Kneippkurort, Schwefel-Moorbad. **Indikationen:** Atemwegserkrankungen, allgemeine Schwächezustände, Rekonvaleszenz, Herz- und Gefäßkrankheiten, rheumatische Erkrankungen, Frauenleiden.
Hobbykurse: Bauernmalerei, Hinterglasmalerei etc.
Veranstaltungen: Waldfeste. Dorffeste.
Pauschalangebote: Herbst-Wanderwochen.

Lage und Zufahrt: Kartenteil Seite 2 B/C 3.

CHIEMGAU-DREIECK

Inzell

Verkehrsverein, Rathausplatz 5, 8221 Inzell, (0 86 65) 8 62, Tx 56 533.
Schwimmen in 1 See, 1 beh. Freibad, 1 Hallenbad (Badezentrum). Fahrradverleih, 45 km Radwege.
Reiten im Gelände, Pferdeverleih. **Tennis:** 5 Plätze, Schule. **Drachenfliegen,** Schule. **Schießen:** Luftgewehr, Kleinkaliber. **Kunsteisstadion,** Rollschuhbahn. **Gesundheit:** Fitness-Zentrum, Bäderbetrieb.
Unterhaltung: Heimatabende, Bauerntheater, Kinderfeste, Gästekindergarten. **Hobbykurse und Aktivangebote:** Gestecke aus Seiden- und Trockenblumen. Wander-, Spiel- und Sportprogramm.
Veranstaltungen: Juli: Festkonzert (Pfarrkirche). Ende Juli: Dorffest. Mitte Aug.: Waldfest.

Reit im Winkl

Verkehrsamt, 8216 Reit im Winkl, (0 86 40) 8 00 20-1, Tx 5 63 340.
Schwimmen in 3 Seen, 1 beh. Freibad, 1 Hallenbad. Fahrradverleih, 15 km Radwege. **Tennis:** 8 Plätze, 2 Hallen/4 Plätze, Schule. **Schießen:** Luftgewehr.
Gesundheit: Kneippanlagen.
Unterhaltung: Heimat-, Hüttenabende, Bauerntheater, Gästekindergarten, Gartenschach, Konzerte.
Veranstaltungen: Sommer-Skispringen.
Pauschalangebote: Mitte April–Anf. November.

Ruhpolding

Kurverwaltung, Hauptstr. 60, 8222 Ruhpolding, (0 86 63) 12 68 und 12 69, Tx 56 550.
Schwimmen in 3 Seen, 1 beh. Freibad, 1 Hallenbad (Wellenbad). **Angeln** in Seen und Flüssen. Fahrradverleih, 50 km Radwege. **Reiten** im Gelände, 20 km Wege, Pferdeverleih, Halle, Schule. **Tennis:** 14 Plätze, 1 Halle/4 Plätze, Schule. **Drachenfliegen** am Rauschberg und Unternberg: Ausrüstungsverleih, Schule. **Motorfliegen,** Rundflüge. **Schießen:** Luftgewehr, Kleinkaliber. Kunsteisstadion.
Gesundheit: Kneippanlage, Kur- und Bäderbetrieb.
Unterhaltung: Heimat-, Hüttenabende, Bauerntheater, Kinderfeste, Gästekindergarten, Gartenschach.
Hobbykurse und Aktivangebote: Bauern-, Hinterglasmalerei.
Veranstaltungen: Ende Juni: Sommerkonzerte. Ende Juli–Ende Aug.: Sommernachtsfeste. 1. Sept.-Sonntag: Georgiritt.
Pauschalangebote: Ruhpoldinger Schmankerl: 7 Tage Aufenthalt mit Tennisunterricht und Wandern.

Lage und Zufahrt: Kartenteil Seite 4 B 3.

Österreich

ARLBERG Vorarlberg/Tirol

St. Anton am Arlberg

Fremdenverkehrsverband, A-6580 St. Anton am Arlberg (0 54 46) 2 26 90 oder 2 46 30, Tx 58 17 525 mit St. Christoph und St. Jakob.
Schwimmen in 1 beh. Freibad, 4 Hallenbädern.
Wildwasser: 14 km befahrbare Strecke. **Angeln** in Flüssen u. künstl. Anlagen. **Tennis:** 5 Plätze, 1 Halle/3 Plätze.
Unterhaltung: Heimatabende, Bauerntheater, Ski- und Heimatmuseum, Gartenschach, Konzerte.
Veranstaltungen: Herz-Jesu-Prozessionen mit Bergfeuer und Krämermarkt. Wandertage mit Hüttenfest. Kinderfeste. Krämermarkt. Aug.: Dorffest, Musikfest.
Pauschalangebote: Mitte Juni–Ende Sept.: Wanderpauschale (7 Tage Aufenthalt, geführte Wanderungen). Tennispauschale (7 Tage Aufenthalt, 6 Stunden Tennis). Gesundheitspauschale (mit ärztlicher Betreuung). Pauschale für Unternehmungslustige (7 Tage Aufenthalt, geführte Wanderung, Bergfahrt, Angeln, Tennis, Konzert).

Lage und Zufahrt: Kartenteil Seite 14 B 2.

Lech

Verkehrsamt, A-6764 Lech, (0 55 83) 21 61-0, Tx 52 680 mit Oberlech, Zug, Stubenbach.
Schwimmen in 1 beh. Freibad, 6 Seen, 1 Stausee.
Wildwasser: 14 km befahrbare Strecke. **Angeln** in Seen, Flüssen u. künstl. Anlagen. **Drachenfliegen** (Rufikopf-Seilbahn). **Schießen:** Kleinkaliber.
Tennis: 5 Plätze, 1 Halle/4 Plätze, Schule. **Squash:** 1 Halle/2 Plätze. **Unterhaltung:** Heimatabende, Filmvorführungen, Platzkonzerte.
Hobbykurse und Aktivangebote: Kräuterwanderungen, Hobbykochen, Basteln, Werken, Malkurse, Kletterkurse, Tenniscamp, Fotowoche.
Veranstaltungen: siehe Wochenprogramm.

Zürs

Verkehrsamt, A-6763 Zürs, (0 55 83) 22 45, Tx 52 39 111.
Angeln in Seen.
Lage und Zufahrt: Kartenteil Seite 14 B 2.

OBERES LECHTAL

Elbigenalp

Verkehrsverein, A-6652 Elbigenalp, (0 56 34) 62 70.
Schwimmen in 1 beh. Freibad. **Angeln** in künstl. Anlagen. 5 km Radwege, Fahrradverleih. **Tennis:** 2 Plätze, Schule. **Schießen:** Luftgewehr.
Unterhaltung: Heimat-, Hüttenabende, Platzkonzerte, Filmabende.
Hobbykurse und Aktivangebote: Schnitzkurse.

Bach im Lechtal

Fremdenverkehrsverband, A-6653 Bach im Lechtal, (0 56 34) 67 78.
Schwimmen in 1 beh. Freibad. **Tennis:** 2 Plätze.
Schießen: Luftgewehr. **Drachenfliegen.** Trimmpfade.
Unterhaltung: Bauerntheater, Platzkonzerte, Filmabende, Tirolerabende, Kinderfeste, Radwanderungen.

Holzgau

Fremdenverkehrsverband, A-6654 Holzgau, (0 56 33) 52 83, Tx 05 565.
Schwimmen in 1 beh. Freibad. **Wildwasser:** 40 km befahrbare Strecke. Kanu/Kajak (Ausrüstung, Schule). Fahrradverleih. **Schießen:** Luftgewehr.
Unterhaltung: Heimat-, Hütten-, Tanz-, Zitherabende, Gartenschach, Gästekonzerte, Filmabende.
Veranstaltungen: 15. Aug.: Dorffest.
Pauschalangebote: 1 Woche Aufenthalt mit gef. Wanderungen, Minigolf, Sauna, Schwimmbad.

Steeg im Lechtal

Fremdenverkehrsverband Steeg/Hägerau, A-6655 Steeg, (0 56 33) 53 08.
Fremdenverkehrsverband Kaisers, A-6655 Kaisers, (0 56 33) 52 55.
Schwimmen in 1 Hallenbad. **Wildwasser:** 10 km befahrbare Strecke. Kanu/Kajak, Schlauchboote.
Schießen: Luftgewehr.
Unterhaltung: Bauerntheater, Gartenschach, Gästekonzerte, Filmabende, Zitherabende.
Veranstaltungen: Aug.: Wiesenfest.

Warth am Arlberg

Verkehrsamt, A-6767 Warth am Arlberg, (0 55 83) 35 15.
2 Seen. **Wildwasser:** 70 km befahrbare Strecke.
Angeln in Seen, Flüssen und künstl. Anlagen.

Lage und Zufahrt: Kartenteil Seite 14 B 1/2.

LANDECK, ZAMS UND IMST Tirol

Landeck

Fremdenverkehrsverband, Postfach 58, A-6500 Landeck, (0 54 42) 23 44, Tx 58 208.
Schwimmen in 1 Badeweiher, 1 beh. Freibad, 1 Hallenbad. **Wildwasser:** 8 km befahrbare Strecke.
Angeln in Flüssen und künstlichen Anlagen. Drachenfliegen. **Schießen:** Luftgewehr. **Tennis:** 10 Plätze. Trimmpfade. **Unterhaltung:** Heimatabende, Gartenschach, Konzerte, Dia- und Filmabende. **Hobbykurse und Aktivangebote:** Mal- und Schnitzkurse. **Veranstaltungen:** Mai/Juni: Orgelkonzerte. Juli/Aug.: Schloßkonzerte.

Zams

Fremdenverkehrsverband, Hauptstr. 55, A-6511 Zams, (0 54 42) 33 95.
Schwimmen in 1 Badeweiher, 1 beh. Freibad, 1 Hallenbad. **Angeln** in Flüssen und Fischteichen. Wildwasser. Drachenfliegen. 15 km Radwege. **Schießen:** Luftgewehr, -pistole, Kleinkaliber. **Tennis:** 6 Plätze.
Unterhaltung: Heimatabende, Bauerntheater, Platzkonzerte, Dia-Abende.
Veranstaltungen: Juli/Aug.: Sommernachts-, Zelt-, Dorf-, Almfeste.

Imst

Verkehrsverband, A-6460 Imst, (0 54 12) 24 19, Tx 58 187 mit Hoch-Imst, Teilwiesen, Gunglgrün, Karrösten.
Schwimmen in 2 Seen, 1 beh. Freibad, 2 Hallenbädern. **Wildwasser:** 15 km befahrbare Strecke. 15 km Radwege, Fahrradverleih. **Reiten** im Gelände, Pferdeverleih. **Tennis:** 8 Plätze, 1 Halle/3 Plätze, Schule.
Schießen: Luftgewehr. Trimmpfade.
Unterhaltung: Heimat-, Hütten-, Begrüßungsabende, Bauerntheater, Kinderfeste, Platzkonzerte.
Aktivangebote: Gebirgssafari mit Wildbeobachtung, Kräuterwanderungen. **Veranstaltungen:** Juli/Aug.: Dorf-, Zelt-, Sommernachtsfeste.
Lage und Zufahrt: Kartenteil Seite 14 B 2.

INNSBRUCK Tirol

Innsbruck, Igls und Umgebung

Fremdenverkehrsverband Innsbruck, Igls und Umgebung, Burggraben 3, A-6021 Innsbruck, (0 52 22) 2 57 15, Tx 533 423.
Fremdenverkehrsverbände: A-6080 Igls, (0 52 22) 7 71 01; A-6161 Natters, (0 52 22) 2 10 11; A-6162 Mutters, (0 52 22) 3 37 44, Tx 533 932; A-6094 Axams, (0 52 34) 81 78 und 71 58, Tx 533 240.
Schwimmen in 1 See, 2 Freibädern (1 beh.), 3 Hallenbädern. **Wildwasser:** 20 km befahrbare Strecke.
Angeln in Flüssen. Tauchschule. Fahrradverleih, 20 km Radwege. **Reiten** im Gelände, Pferdeverleih, Halle, Schule. **Tennis:** 50 Plätze, 8 Hallen/ca. 30 Plätze, Schule. **Schießen:** Luftgewehr, Tontauben. **Golf:** 2 Plätze mit 9 und 18 Loch. **Drachenfliegen** in Innsbruck. Segel-, Motorfliegen (Schule).
Rundflüge mit Motorflugzeug. Kunsteisstadion, Kunsteislaufplatz. **Gesundheit:** Trimmpfade, Kneippanlagen, Heubäder, Fitness-Zentren.
Unterhaltung: Heimat-, Hüttenabende, Bauerntheater, Gartenschach, Konzerte.
Veranstaltungen: Auskunft beim FVV.
Pauschalangebote: Bergwanderprogramm. Tennis- und Golfpauschalen. Radwanderprogramm.

Lage und Zufahrt: Kartenteil Seite 15 C/D 1/2.

ALPBACHTAL

Alpbachtal

Fremdenverkehrsverband, A-6236 Alpbach, (0 53 36) 52 11, Tx 51 380.
Fremdenverkehrsverband, Dorf Nr. 41, A-6235 Reith i. A., (0 53 37) 26 74, 33 19 und 21 73, Tx 51 176.
Fremdenverkehrsverband, Herrenhausplatz 9, A-6230 Brixlegg, (0 53 37) 25 81.
Schwimmen in 1 See, 1 beh. Freibad, 1 Hallenbad.
Angeln im See. Fahrradverleih. **Tennis:** 12 Plätze, Schule. **Schießen:** Luftgewehr.
Unterhaltung: Heimat-, Hüttenabende, Bauerntheater, Kinderfeste, Gartenschach, Dia-Vorträge, Platzkonzerte, Schießwettbewerbe, Kinderolympiade, Blumen-, Sternwanderungen, Wanderungen zum Sonnenaufgang.
Veranstaltungen: Vereins-, Dorffeste. Juli: Alpbacher Dorffest. Sept.: Reither Bauernmarkt. Alpbach für Blumenfreunde.
Pauschalangebote: Mai, Juni: Frühlingswanderwochen. Sept., Okt.: Wandern im Goldenen Herbst.
Lage und Zufahrt: Kartenteil Seite 15 D 1.

WILDSCHÖNAU

Wildschönau

Fremdenverkehrsverband Hochtal Wildschönau, A-6311 Oberau, (0 53 39) 82 55; A-6314 Niederau, (0 53 39) 82 16; A-6313 Auffach, (0 53 39) 89 80.
Schwimmen in 2 beh. Freibädern.
Angeln in Flüssen. **Reiten** im Gelände, Pferdeverleih, Schule, Halle. **Tennis:** 4 Plätze.
Unterhaltung: Heimat-, Hüttenabende, Bauerntheater, Dia-Vorträge, Platzkonzerte.
Veranstaltungen: Aug.: Wildschönauer Talfest.
Lage und Zufahrt: Kartenteil Seite 22 A 1.

KUFSTEIN UND UMGEBUNG

Kufstein

Fremdenverkehrsverband, Münchner Str. 2, A-6330 Kufstein, (0 53 72) 22 07.
Schwimmen in 5 Seen, 3 Freibädern (1 beh.).
Angeln in Flüssen und Seen. Fahrradverleih, 21 km Radwege. **Reiten** im Gelände, 20 km Wege, Pferdeverleih, Halle, Schule. **Tennis:** 8 Plätze, 1 Halle/3 Sandplätze, Schule. **Schießen:** Luftgewehr.
Segel-, Motorfliegen: Schule. **Rundflüge** mit Segel- und Motorflugzeug. Trimmpfade.
Unterhaltung: Heimat-, Hüttenabende, Bauerntheater, Kinderfeste, Gartenschach, Platzkonzerte, Filmabende, Planetarium.
Veranstaltungen: Letzter Juni-Samstag: Kufsteiner Kaiserfest.
Pauschalangebote: Juli–Sept.: Filmhobbywochen. Okt.: Wanderwochen.

Thiersee

Fremdenverkehrsverband, A-6335 Thiersee 341, (0 53 76) 52 30, Tx 51 451.
Schwimmen in 1 See. **Angeln** im See. **Reiten** im Gelände, Pferdeverleih. **Tennis:** 3 Plätze. **Schießen:** Luftgewehr, Tontauben.
Unterhaltung: Heimat-, Hüttenabende, Bauerntheater, Kinderfeste, Gartenschach, Platzkonzerte.
Veranstaltungen: Vereinsfeste. Ende Juli: Seefest.

Lage und Zufahrt: Kartenteil Seite 4 A 3.

KAISERWINKL

Kössen

Werbegemeinschaft Kaiserwinkl, A-6345 Kössen Nr. 311 b, (0 53 75) 62 87, Tx 51 328.
Schwimmen in 1 beh. Freibad, 1 Hallenbad. **Wildwasser:** 5 km befahrbare Strecke. **Angeln** in Flüssen, Seen und künstl. Anlagen. Fahrradverleih, 20 km Radwege. **Tennis:** 6 Plätze. **Schießen:** Luftgewehr.
Drachenfliegen/Paragleiten am Unterberg: Ausrüstungsverleih, Schule. Trimmpfade. **Unterhaltung:** Heimat-, Hüttenabende, Bauerntheater, Kinderfeste, Gästekindergarten, Platzkonzerte.
Veranstaltungen: 2. Juli-Wochenende: Dorffest. 2. Aug.-Samstag: Kössener Freinacht.

Schwendt

Fremdenverkehrsverband, A-6345 Schwendt, (0 53 75) 68 16.
Angeln in künstl. Anlagen.
Unterhaltung: Heimatabende, Platzkonzerte.
Veranstaltungen: Anf. Juni: Zeltfest. Ende Juli: Musikfest. Mitte Aug.: Bergmesse.

Walchsee

Fremdenverkehrsverband, A-6344 Walchsee, (0 53 74) 52 23 und 57 75, Tx 51 401.
Schwimmen in 1 See, 2 Hallenbädern. **Angeln** im See. Surfen, Rudern, Kanu/Kajak, Tauchen. **Schule** und **Ausrüstungsverleih** für Surfen und Rudern. Fahrradverleih. **Tennis:** 9 Plätze, 1 Halle/5 Plätze, Schule, Squash. **Schießen:** Luftgewehr.
Gesundheit: Trimmpfade, Kneippanlagen.
Unterhaltung: Heimat-, Hütten-, Unterhaltungsabende, Bauerntheater, Gästekindergarten, Dia-Vorträge, Platzkonzerte.
Veranstaltungen: Ende Juni: Zeltfest des Sportclubs. Mitte Juli: Sommerfest der Musikkapelle. Ende Juli: Sommerfest der Feuerwehr.
Pauschalangebote: Kulinarische Wanderung. Tennispauschalen.

Lage und Zufahrt: Kartenteil Seite 4 A/B 3.

LIENZ Osttirol

Lienz

Fremdenverkehrsverband Lienzer Dolomiten, A-9900 Lienz, (0 48 52) 47 47, Tx 46 624.
Schwimmen in 1 beh. Freibad, 1 Hallenbad; 1 Natur

see. **Wildwasser:** 50 km befahrbare Strecke. **Angeln** in Seen u. Flüssen. **Unterricht:** Reit-, Tennis-, Drachenflug-, Segelflugschule. 20 km Radwege, Fahrradverleih. **Reiten** im Gelände, 70 km Wege, Pferdeverleih. **Tennis:** 20 Plätze, 1 Halle/4 Plätze, 2 Squashplätze. Drachenfliegen (Ausrüstung). Segelfliegen, Motorfliegen (Rundflüge). Luftgewehrschießen.
Unterhaltung: Tiroler Abende, Dia-Vorträge, Bauerntheater, Platzkonzerte, Ausstellungen, Trachten-, Zeltfeste.
Veranstaltungen: Mitte Aug.: Lienzer Stadtfest.

Lage und Zufahrt: Kartenteil Seite 22 B 2.

LOFER
Salzburger Land

Lofer

Verkehrsverein, A-5090 Lofer, (0 65 88) 3 21 und 3 22, Tx 66 533.
Schwimmen in 1 beh. Freibad. **Wildwasser:** 30 km befahrbare Strecke. **Angeln** in Flüssen. Kanu-/Kajakfahren (Schule, Ausrüstung). **Drachenfliegen** am Grubhörndl. Fahrradverleih.
Tennis: 3 Plätze, Schule. **Golf:** Platz mit 18 Loch in 10 km Entfernung. **Gesundheit:** Trimmpfade, Kneippanlagen, Moorbad.
Unterhaltung: Gästekindergarten, Gartenschach.
Veranstaltungen: Juli/Aug.: Sommer-, Marktfeste.
Pauschalangebote: Tenniswochen.

St. Martin

Verkehrsverein, A-5092 St. Martin, (0 65 88) 5 20, Tx 66 566.
Schwimmen in 1 Naturbadeteich. **Wildwasser:** 12 km befahrbare Strecke. **Angeln** in Flüssen. Kanu-/Kajakfahren (Schule, Ausrüstung). **Tennis:** 4 Plätze, Schule. **Gesundheit:** Moorbad.
Unterhaltung: Konzerte.
Veranstaltungen: 2. Juli-Wochenende: Sommerfest.
Pauschalangebote: Tenniswochen.

Lage und Zufahrt: Kartenteil Seite 22 B 1.

STEIRISCHES SALZKAMMERGUT
Steiermark

Steirisches Salzkammergut

Kurverwaltung, A-8990 Bad Aussee, (0 61 52) 23 23.
Die Angaben gelten für folgende Orte:
Verkehrsbüros:
8990 Bad Aussee, (0 61 52) 23 23;
8992 Altaussee, (0 61 52) 7 16 43;
8983 Bad Mitterndorf, (0 61 53) 24 44, Tx 38 180;
8993 Grundlsee, (0 61 52) 86 66;
8984 Pichl/Kainisch, (0 61 54) 2 01;
8982 Tauplitz, (0 36 88) 24 46;
8982 Tauplitzalm, (0 36 88) 23 04.
Schwimmen in 4 Seen, 2 Freibädern, 2 Hallenbädern, 1 Stausee (Ausflugsfahrten mit dem Schiff). **Angeln** in Seen u. Flüssen. **Wildwasser:** 25 km befahrbare Strecke. Surfen, Segeln (Ausrüstung, Schule). Rudern, Tretboote, Kanu/Kajak. Drachen-, Segelfliegen. **Rundflüge** mit Segel- und Motorflugzeug. Fahrradverleih. **Reiten** im Gelände, Pferdeverleih, Schule, Halle. **Schießen:** Luftgewehr, Tontauben, Kleinkaliber, Bogen, Armbrust. **Tennis:** 24 Plätze, 2 Hallen/3 Plätze, Schule. **Golf:** Platz mit 18 Loch in Irding. **Gesundheit:** Trimmpfade, Kneippanlagen, Kur- u. Bäderbetrieb, Fitness-Zentrum.
Unterhaltung: Heimat-, Hüttenabende, Kinderfeste, Gästekindergarten, Gartenschach, folkloristische Veranstaltungen, Dia-Vorträge.
Hobbykurse und Aktivangebote: Bauern-, Hinterglasmalerei, Kerbschnitzen, Stoffdrucken, Glasritzen, Binden von Gewürz- u. Mohnkapselsträußen.
Veranstaltungen: Anf. Juni: Narzissenfest. Juli: Musikfestwoche. Mattenskispringen. Seebeleuchtung.
Pauschalangebote: Kurpauschale. Sportfischerpauschale. Frühjahrs-, Herbstwanderwochen (Grundlsee und Tauplitz). Trainingswochen für Streßgeplagte.
Lage und Zufahrt: Kartenteil Seite 23 C/D 1.

MALLNITZ
Kärnten

Mallnitz

Kurverwaltung, A-9822 Mallnitz, (0 47 84) 5 22, Tx 48 254.
Schwimmen in 1 Hallenbad mit Freibecken. **Angeln** in Flüssen. **Reiten** für Kinder. **Tennis:** 2 Plätze, Trainer.
Unterhaltung: Heimatabende, Kinderfeste, Gartenschach, Dia- und Filmvorträge, Blasmusikkonzerte, Liederabende, Handpuppenspiele für Kinder.
Aktivangebote: Töpfern, Wurzelschnitzen, Freizeit-Aktiv-Paß.
Veranstaltungen: Juni: Sonnwendfeier. Juli: Dorf-, Wiesen-, Sommernachtsfest. Aug.: Bergmessen, Pfarrfest. Sept.: Erntedankfest.
Pauschalangebote: Sept.–Anf. Okt.: Goldener Herbst (7 Tage Aufenthalt, Hallenbad, gef. Wanderung, Filmabend).
Lage und Zufahrt: Kartenteil Seite 23 C 2.

OBERDRAUTAL

Oberdrautal

Geschäftsstelle des Fremdenverkehrs-Gebietsverbandes Oberdrautal, Postfach 18, A-9773 Irschen, (0 47 10) 24 77 für Oberdrauburg, Irschen, Dellach, Berg, Greifenburg, Steinfeld und Kleblach-Lind.
Schwimmen in 1 See, 6 Freibädern (2 beh.). **Wildwasser:** 35 km befahrbare Strecke. Schlauchbootfahren (Ausrüstungsverleih). **Angeln** in Flüssen. Fahrradverleih, 20 km Radwege. **Reiten** im Gelände, 10 km Reitwege, Pferdeverleih, Schule. **Tennis:** 14 Plätze. **Drachenfliegen** in Kleblach-Lind. **Segel- u. Motorfliegen:** Schule, Rundflüge. Trimmpfade.
Unterhaltung: Heimat-, Hüttenabende, Bauerntheater, Platzkonzerte.
Hobbykurse und Aktivangebote: Bauernmalerei, Schnitzen.
Veranstaltungen: siehe Veranstaltungskalender.
Pauschalangebote: Tenniswochen. Vitalkur (Dellach). Schönheits- und Gesundheitswochen (Berg). Irschner Heuwochen. Goldener Herbst im Oberdrautal. Wanderwochen (Berg). Oberdrautaler Bogensportwoche (Berg). Mai/Juni, Sept./Okt.: Anglerwochen.

Lage und Zufahrt: Kartenteil Seite 25 C 1.

MILLSTATT

Millstatt

Kurverwaltung, Rathaus, A-9872 Millstatt, (0 47 66) 20 22, Tx 48 261.
Schwimmen in 1 Hallenbad, 3 Strandbädern. **Wildwasser:** 2 km befahrbare Strecke. **Angeln** im See. Surfen, Segeln, Rudern, Tretboote, Kanu/Kajak, Wasserski, Tauchen (Ausrüstungsverleih, Schule). **Fallschirmfliegen** im Motorboot-Schlepp. 30 km Radwege. **Reiten** im Gelände, 15 km Wege, Pferdeverleih, Schule. **Tennis:** 4 Plätze, Schule. **Gesundheit:** Trimmpfad, Kneippanlagen, Heubäder, Fitness-Zentren.
Unterhaltung: Heimat-, Hüttenabende, Bauerntheater, Kinderfeste, Gästekindergarten, Gartenschach, Stiftsmuseum, Brauchtumsfeste.
Hobbykurse und Aktivangebote: Kupfertreiben, Hinterglasmalen, Bauernmalerei, Glasritzen.
Veranstaltungen: Internat. Musikwochen. Musikalischer Frühling und Herbst. Kunstforum.
Pauschalangebote: »Millstätter Kulturtage«. Mai/Juni: Fußball-Angebot. Mai–Okt.: Schnupper-Urlaub (Sport-, Schlemmer- oder Wanderwochenende). Cluburlaub. Wassersport-, Reiter-, Fischerpauschalen. Kinder-Spezial-Familienangebot. Gesundheitspauschalen: Biotrainingsaufbauwoche, Aktiv-Fit-Kochwoche, Yoga-Woche.

Seeboden

Kurverwaltung, Hauptstr. 93, A-9871 Seeboden, (0 47 62) 8 12 10-0, Tx 48 220 mit Treffling, Tangern, Muskanitzen, Pirk, Kolm, Lieserhofen, Lurnbichl, Karlsdorf.
Schwimmen in 3 Freibädern (1 beh.). **Wildwasser:** 12 km befahrbare Strecke. **Angeln** im See u. in Flüssen. Surfen, Segeln (Ausrüstungsverleih, Schule). Rudern, Tretboote (Ausrüstungsverleih). **Reiten** im Gelände, 10 km Wege, Pferdeverleih, Schule. **Tennis:** 16 Plätze, 1 Halle/3 Plätze, Schule.
Drachenfliegen am Tschiernock. **Gesundheit:** Urlaubsdialysestation.
Unterhaltung: Heimat-, Hüttenabende, Bauerntheater, Kinderfeste, Gartenschach, Dia-Vorträge, Konzerte.
Hobbykurse und Aktivangebote: Musikagitation, Kräuterwanderungen, Bauern-, Seidenmalerei, Wurzelschnitzen, Bonsai – Pflege u. Gestaltung, Bemalen von Bachsteinen, Holzschnitzen.
Veranstaltungen: Sommer- u. Vereinsfeste.
Pauschalangebote: April u. Mai, ab Mitte Sept.: Oster- u. Wanderpauschale. Ostern–Mitte Mai u. Okt.: Fitness-Pauschale. Juni u. Sept.: Wassersport-Pauschale. Anf. Mai–Ende Juni: Frühlings-Tennispauschale. Erholungs-Tennispauschale, Kegelpauschale. Mai u. Mitte Sept.–Ende Okt.: Fischerpauschale. Anf. Okt.: Seebodener Erntewoche. Anf. Apr.–Anf. Juni: 7 Tage erholen – 6 Tage bezahlen. Anf. Mai–Ende Juni u. Mitte Sept.–Mitte Okt.: Seniorenangebot. Mai u. Juni: Senioren-Fußball-Tennis-Pauschale. Anf. Apr.–Ende Juni u. Anf. Sept.–Mitte Okt.: Speziell für Fußball Altherren.

Radenthein/Döbriach

Fremdenverkehrsamt, Hauptstr. 65, A-9545 Radenthein, (0 42 46) 22 88 24, Tx 33 422 425 für Radenthein, Döbriach, Starfach, Untertweng, St. Peter, Kaning.
Schwimmen in 6 Freibädern (3 beh.). **Angeln** im See u. in Flüssen. Surfen, Segeln, Rudern, Tretboote (Ausrüstungsverleih). Fahrradverleih, 7 km Radwege. **Reiten** im Gelände, 16 km Wege, Pferdeverleih, Halle, Schule. **Tennis:** 13 Plätze, 1 Halle/2 Plätze, Schule. **Gesundheit:** Trimmpfad, Kneippanlagen, Latschenölbäder.
Unterhaltung: Heimat-, Hüttenabende, Bauerntheater, Kinderfeste, Gästekindergarten, Gartenschach, Nachtwanderungen, Tennisturniere.
Hobbykurse und Aktivangebote: Bauernmalerei, Wachsherz u. Gewürzbouquet, Heilkräutersammeln, Gewürzbasteln, Herstellen von Rupfenpuppen, Kindersegelkurse.
Veranstaltungen: Mai–Sept. (sonntags): Wald-, Wiesen- oder Zeltfest. 15. Aug.: Mühlenfest in Kaning, Kirchtage.
Pauschalangebote: Wanderpauschalen.

Lage und Zufahrt: Kartenteil Seite 25 D 1.

BAD KLEINKIRCHHEIM

Bad Kleinkirchheim

Fremdenverkehrsverband, A-9546 Bad Kleinkirchheim, (0 42 40) 82 12, Tx 45 552 (auch für St. Oswald).
Schwimmen in 2 Thermalfreibädern, 2 Hallenbädern, 1 Thermal-Römerbad. **Angeln** in künstl. Anlagen (Tageskarte). Fahrradverleih. **Reiten** im Gelände, Schule. Rundflüge mit Motorflugzeug. **Schießen:** Luftgewehr, Bogen. **Tennis:** 25 Plätze, 1 Halle/3 Plätze, Schule. **Squash:** 2 Plätze. **Golf:** Platz mit 18 Loch.
Gesundheit: Trimmpfade, Kur- u. Bäderbetrieb.

Unterhaltung: Heimatabende, Bauerntheater, Gästekindergarten, Gartenschach, wöchentlich: Gästetennisturnier.
Veranstaltungen: Juli: Kirchtag »St. Ulrich«, Grasskimeisterschaft des Skiclubs Bad Kleinkirchheim. Juli/Aug. (14tägig): Kinderfest. Aug.: Kirchtag in St. Oswald. Sept.: Erntedankfest in St. Oswald. Okt.: Erntedankfest in Bad Kleinkirchheim.
Pauschalangebote: Mai–Okt.: Tennis-Thermen-Pauschale. Wander-Thermen-Pauschale.

Lage und Zufahrt: Kartenteil Seite 25 D 1.

Schweiz

ADELBODEN
Berner Oberland

Adelboden

Verkehrsbüro, CH-3715 Adelboden, (0 33) 73 22 52, Tx 9 22 121.
Schwimmen in 1 beh. Freibad, 1 Hallenbad. **Angeln** in Flüssen. **Deltafliegen** (Schwandfeldspitz). **Rundflüge** mit Motorflugzeug. 10 km Radwege, Fahrradverleih. **Reiten** im Gelände, 20 km Wege, Pferdeverleih. **Schießen:** Kleinkaliber. **Tennis:** 8 Plätze, Schule, Gästeturniere. Kunsteisstadion. Grasski.
Gesundheit: Vita-Parcours, Fitness-Zentrum.
Unterhaltung: Heimatabende, Konzerte, geführte Nachtwanderung mit Lagerfeuer (Grillen) und Volksmusik.
Hobbykurse und Aktivangebote: Juli u. Aug.: Gästesportprogramm mit Sportlehrer (gratis).
Veranstaltungen: Mitte Juli: Dorfchilbi. Int. Berglauf Frutigen–Adelboden. 1. Aug.: Umzug, Feuerwerk und Höhenfeuer. Anf. Okt.: Herbstmarkt.

Lage und Zufahrt: Kartenteil Seite 11 C 1.

FRUTIGEN

Frutigen

Verkehrsbüro, Postfach 59, CH-3714 Frutigen, (0 33) 71 14 21.
Schwimmen in 1 Freibad, 1 Hallenbad. **Angeln** in Flüssen. Fahrradverleih. **Reiten** im Gelände, Pferdeverleih. **Schießen:** Armbrust. **Tennis:** 2 Plätze. Vita-Parcours.
Unterhaltung: Heimatabende, Gartenschach, Platzkonzerte.
Veranstaltungen: Juni–Aug.: Sommer- und Vereinsfeste. Juli: Int. Berglauf Frutigen–Adelboden.

Reichenbach

Verkehrsbüro, CH-3713 Reichenbach, (0 33) 76 23 76.
Wildwasser: 4 km befahrbare Strecke. **Angeln** in Flüssen. **Deltafliegen** auf dem Stockhorn (Schule).
Motorfliegen: Rundflüge, Schule. Vita-Parcours.
Aktivangebote: Käsereibesichtigung.
Veranstaltungen: Juli–Aug.: Gäste-, Filmabende, Platzkonzerte. 1. Aug.: Bundesfeier.

Lage und Zufahrt: Kartenteil Seite 11 C 1.

BRAUNWALD
Ostschweiz

Braunwald

Kur- und Verkehrsverein, CH-8784 Braunwald, (0 58) 84 11 08.
Schwimmen in 1 Hallenbad. **Angeln** in Flüssen.
Tennis: 2 Plätze, Trainer.
Gesundheit: Vita-Parcours.
Unterhaltung: Bauerntheater.
Veranstaltungen: Juli: Musikwoche. Aug.: Int. Rosenseminar.

Lage und Zufahrt: Kartenteil Seite 8 B 3.

SERNFTAL

Elm

Verkehrsbüro Sernftal, CH-8767 Elm, (0 58) 86 17 27.
Schwimmen in 1 Hallenbad; Bergseen. **Angeln** in Flüssen und Seen. **Deltafliegen.**
Tennis: 2 Plätze, Kurse auf Anfrage.
Unterhaltung: Heimatabende, Bauerntheater.
Veranstaltungen: Anf. Mai: Kärpfstaffette (Geländelauf Berg u. Tal, Skiaufstieg u. -abfahrt, Velo Berg u. Tal). Mitte Mai: Heimatabend. Mitte Aug.: Elmer Chilbi (Kirchweih). Ende Sept.: Suworow-Lauf (Volkslauf Schwanden–Elm über 15 km). Herbstfest des Skiclubs.

Lage und Zufahrt: Kartenteil Seite 8 B 3.

ÜBERBLICK WEITERE URLAUBSREGIONEN

BRIGELS-WALTENSBURG
Graubünden

Brigels
Verkehrsbüro, CH-7165 Brigels, (086) 4 13 31 mit Dardin, Danis und Tavanasa.
Schwimmen in 1 Hallenbad. **Angeln** in Seen und Flüssen. 40 km Radwege. **Reiten** im Gelände, 50 km Wege. **Tennis:** 2 Plätze. Deltafliegen. Vita-Parcours.
Unterhaltung: Gästekindergarten.
Hobbykurse und Aktivangebote: Juli, Aug.: Musik- und Gesangskurse.
Veranstaltungen: 15. Juli.: Kirchweihfest. Juli/Aug.: Sommerkonzerte.
Pauschalangebote: Juli/Aug.: Wald-, Wild- und Wanderwochen. Musikkurse.

Waltensburg-Andiast
Verkehrsverein Waltensburg-Andiast, CH-7158 Waltensburg, (086) 4 10 88 oder 4 21 06.
Angeln in Flüssen. **Tennis:** 1 Platz.
Veranstaltungen: Juli: Alpfest. Anf. Aug.: Jürg-Jenatsch-Gedenklauf in Andiast (12 km). Sommerkonzert (Kirche Waltensburg).

Lage und Zufahrt: Kartenteil Seite 12 B 1.

OBERSAXEN

Obersaxen
Verkehrsverein, CH-7134 Obersaxen, (086) 3 13 56.
Angeln in Flüssen. **Kanufahren**, Ausrüstungsverleih (in Trun, 15 Autominuten). Schlauchbootfahren (Rhein). **Tennis:** 2 Plätze, Unterricht. Squashhalle. Vita-Parcours.
Unterhaltung: Heimatabende, Kinderfeste, Alpkäsereibesichtigungen, Fotosafaris Rheinschlucht, Kapellenbesichtigung, Aelpler-Zmorga.
Hobbykurse und Aktivangebote: Juli: Musik-Sommerfestival für Aktive und Zuhörer (2 Wochen). Juli, evtl. Herbst: Pflanzen-Stoffdruckkurse für Familien mit Kindern.
Veranstaltungen: Juli: Sommerkonzerte. Aug.: Bergstafette. Volksolympiade.
Pauschalangebote: Juli u. Aug.: Färb-, Stoffdruck-, Musikkurse. Sportwochen mit Tennisunterricht. Sportwochen mit Wanderungen.

Lage und Zufahrt: Kartenteil Seite 8 B 3.

FLIMS, LAAX, FALERA

Falera
Verkehrsverein, CH-7131 Falera, (086) 3 30 30.
Tennis: 4 Plätze. Vita-Parcours.
Veranstaltungen: Sommerkonzerte.

Flims
Kur- und Verkehrsverein, CH-7018 Flims-Waldhaus, (081) 39 10 22, Tx 851 919.
Schwimmen in 1 Freibad, 5 Hallenbädern; 1 See.
Angeln im See und in Flüssen. **Reiten** im Gelände, Schule, Halle. **Tennis:** 21 Plätze, 2 Hallen/5 Plätze, Schule. **Gesundheit:** Vita-Parcours, Sport-Zentrum.
Unterhaltung: Konzerte, Kinderfeste, Gartenschach.
Aktivangebote: Ende Mai–Anf. Okt.: Töpferkurse.
Veranstaltungen: Ende Juli: Caumasfeier. Kleinkaliber-Volksschießen. 1. Aug.: Bundesfeier. Mitte Aug.: Swiss Alpine Triathlon. Mitte Sept.: Int. Heißluftballonwoche.
Pauschalangebote: Juni–Okt.: Wanderpauschalen.

Laax
Verkehrsverein, Center communal, CH-7031 Laax, (086) 3 43 43.
Schwimmen in 1 Hallenbad, 1 See/Freibad. **Angeln** im See und in Flüssen. **Ausrüstungsverleih:** Ruder-, Tretboote, Kanu/Kajak, Fahrräder. **Reiten** im Gelände, Pferdeverleih, Schule. **Tennis:** 7 Plätze, 1 Halle/2 Plätze, Schule. **Squash:** 3 Plätze.
Gesundheit: Vita-Parcours, Fitness-Zentrum.
Unterhaltung: Gartenschach, Konzerte.
Aktivangebote: Juni–Okt.: Schlauchbootfahrten durch die Rheinschlucht.
Veranstaltungen: Triathlon, Radrennen, Curling. 1. Aug.: Volksfest.
Pauschalangebote: Juni–Okt.: Wanderwochen; Sommerski. Juni–Nov.: Squash; Reiten. Tennis. Schlauchboot; Kanu.

Lage und Zufahrt: Kartenteil Seite 8/9 B/C 3.

CHUR

Chur
Verkehrsverein, Ottostr. 6, CH-7000 Chur, (081) 22 18 18, Tx 8 51 112.
Schwimmen in 2 beh. Freibädern, 1 Hallenbad.
Wildwasser. Angeln in Flüssen. Fahrradverleih, 45 km Radwege. **Reiten:** 1 Halle, Schule. **Tennis:** 15 Plätze, 1 Halle/2 Plätze, Schule. Kunsteisstadion. **Gesundheit:** Vita-Parcours, Kneippanlagen, Kur- u. Bäderbetrieb.
Unterhaltung: Gartenschach.
Veranstaltungen: Mai: HIGA (Handels-, Industrie- und Gewerbeausstellung. Aug.: Freilichtaufführungen. Aug./Sept.: Sommerkonzerte.
Pauschalangebote: ganzjährig: 7-Tage-Arrangements u. Weekend-Pauschalen. Mai–Okt.: Bündner Schlüssel – 6-Tage-Arrangement mit Bündner Ferienpaß (GA für Rhätische Bahn).

Lage und Zufahrt: Kartenteil Seite 9 C 3.

AROSA

Arosa
Kurverein, CH-7050 Arosa, (081) 31 16 21, Tx 8 51 671.
Schwimmen im Untersee, in 3 Freibädern (davon 2 beheizt), 4 Hallenbädern, Solbad. **Angeln** in Seen.
Ausrüstungsverleih: Ruderboote, Fahrräder. **Reiten** im Gelände, 40 km Wege, Pferdeverleih, Schule.
Schießen: Kleinkaliber. **Tennis:** 19 Plätze, 2 Hallen mit 3 Plätzen, 2 Trainer. **Golf:** Platz mit 9 Loch. Kunsteisstadion. **Gesundheit:** Vita-Parcours, Kneippanlagen, Fitness-Zentren. **Unterhaltung:** Heimatabende, Kinderfeste, Gästekindergarten, Gartenschach, Konzerte, Theater, Dia- u. Filmvorträge.
Aktivangebote: »Wochenangebot zum Mitmachen« (Schön- und Schlechtwetterprogramm). Ende Juni–Mitte Aug.: Int. Feriensprachkurse »Ariana«. Juli: Musikkurswochen.
Veranstaltungen: Ende Juni: Int. Aroser Damen-Schachturnier. Int. Aroser Schachturnier. Anf.–Mitte Juli: Curling-Weekend mit Valsana-Sommercup. Int. Senioren-Tennisturnier. Tennis-Turnier um die Aroser Meisterschaft. Ende Juli: Aroser Eiskunstlauf-Trophy. 1. Aug.: Bundesfeier. Anf. Aug.: Kombinierte Sportstafette. Ende Aug.: Berglauf Arosa–Weißhorn. Anf. Sept.: Segelflugtage. Mitte Sept.: Nat. Rad-Bergrennen Chur–Arosa.
Pauschalangebote: Ende Mai–Anf. Sept.: Golfwochen. Ganze Saison: Tenniswochen. Spezialwochen (Fitness, Schönheitspflege, PC-Seminar, Betriebs- u. Volkswirtschaftsseminare, Wander-Reitwochen etc.).

Lage und Zufahrt: Kartenteil Seite 9 C 3.

Fürstentum Liechtenstein

MALBUN

Malbun
Verkehrsbüro Malbun, FL-9497 Triesenberg, (075) 2 65 77, Tx 7 19 007.
Schwimmen in 4 Hallenbädern, 1 Stausee. **Angeln** im See. **Tennis:** 1 Platz. **Deltafliegen** in Malbun und Vaduz, Schule in Vaduz.
Unterhaltung: Gartenschach.
Hobbykurse und Aktivangebote: Anf. Juli–Mitte Aug.: Aktiv-Freizeit-Programm (Morgengymnastik, Kegeln, Schwimmen, Jogging, Badminton, Tennis). Hobbykurs Glasritzen.
Veranstaltungen: siehe Veranstaltungskalender der Verkehrsbüros.

Lage und Zufahrt: Kartenteil Seite 9 C 2.

Italien

PASSEIERTAL
Südtirol

St. Martin i. P.
Verkehrsverein, I-39010 St. Martin i. P., (0473) 64 12 10 mit Quellenhof und Saltaus.
Schwimmen in 1 beh. Freibad. **Wildwasser:** 20 km befahrbare Strecke. **Angeln** in Flüssen und künstl. Anlagen. **Reiten** im Gelände, 30 km Reitwege, Pferdeverleih, Schule. **Tennis:** 2 Plätze, Schule.
Schießen: Luftgewehr. Drachenfliegen. **Unterhaltung:** Heimatabende, Konzerte, Dia-Vorträge.
Veranstaltungen: 14tägig: Zeltfeste.

St. Leonhard i. P.
Verkehrsverband, Stroblplatz 100, I-39015 St. Leonhard i. P., (0473) 8 61 88 mit Walten, Gomion, Prantach, Schweinsteg, Mörre.
Schwimmen in 1 beh. Freibad. **Wildwasser:** 20 km befahrbare Strecke. **Angeln** in Seen und Flüssen.
Reiten im Gelände, 15 km Reitwege, Pferdeverleih, Schule. **Tennis:** 1 Halle/2 Plätze, Schule. **Schießen:** Luftgewehr, Kleinkaliber, Pistole. **Drachenfliegen** in St. Leonhard/Gleiten. **Unterhaltung:** Heimatabende, Bauerntheater, Kinderfeste, Gartenschach, Konzerte, Dia-, Filmabende.

Moos i. P.
Verkehrsverein, I-39013 Moos i. P., (0473) 44 35 58 mit Stuls, Platt, Pfelders, Rabenstein.
Schwimmen in 1 Freibad. Bergseen. **Wildwasser:** 7 km befahrbare Strecke. **Angeln** in Seen und Flüssen.
Unterhaltung: Heimatabende, Platzkonzerte, Dia- und Filmvorträge.

Lage und Zufahrt: Kartenteil Seite 15 C 2/3.

HOCHPUSTERTAL

Sexten
Verkehrsamt, I-39030 Sexten, (0474) 7 03 10 Tx 4 00 196.
Schwimmen in 1 beh. Freibad, 1 Hallenbad. **Angeln:** im Sextner Bach. Fahrradverleih. **Reiten** im Gelände, Pferdeverleih, Schule. **Schießen:** Luftgewehr, -pistole, Kleinkaliber. **Tennis:** 2 Plätze, 1 Halle/2 Plätze, Schule. **Gesundheit:** Kur- u. Bäderbetrieb.
Pauschalangebote: »Frühling in Sexten« mit Wanderpaß und Vergünstigungen.

Innichen
Verkehrsamt, Postfach 52, I-39038 Innichen, (0474) 73 149, Tx 4 00 329.
Angeln in Flüssen. 3 km Radwege.
Tennis: 2 Plätze. Vita-Parcours.

Toblach
Verkehrsamt, I-39034 Toblach, (0474) 7 21 32, Tx 4 00 569.
Schwimmen in 2 Seen, 1 beh. Freibad, 4 Hallenbädern. **Angeln** in Seen und Flüssen. Surfen. **Reiten** im Gelände, Pferdeverleih, Schule. **Tennis:** 2 Plätze. Fitness-Zentrum. Rollschuhplatz.
Veranstaltungen: Juli: Musik-Woche in memoriam Gustav Mahler. Mitte Aug.: Nachtlauf. Kunstausstellungen.

Prags
Verkehrsverein, I-39030 Braies-Prags, (0474) 7 86 60.
Schwimmen in 1 Natursee. **Angeln** im See. Surfen, Segeln, Rudern, Tauchen. **Schießen:** Luftgewehr.
Tennis: 1 Platz.

Lage und Zufahrt: Kartenteil Seite 24 B 1.

VALRENDENA
Trentino

Pinzolo
Azienda Autonoma di Soggiorno, I-38086 Pinzolo, (0465) 5 10 07, Tx 4 01 342.
Schwimmen in 1 Hallenbad. **Angeln** in Flüssen.
Reiten: 1 Halle, Pferdeverleih, Schule. **Tennis:** 4 Plätze, Unterricht. **Drachen-/Deltafliegen** in Pinzolo. Kunsteisstadion, Kunsteislaufplatz. Trimmpfad.
Unterhaltung: Sommerkonzerte, Tanzfeste, Dia-Vorführungen.
Veranstaltungen: Wiesenfeste in Sant' Antonio di Mavignola, Pinzolo, Giustino und Carisolo.
Pauschalangebote: Mai, Juni u. Sept.: Grüne Wochen.

Lage und Zufahrt: Kartenteil Seite 27 D 2/3.

BREUIL-CERVINIA
Aosta

Breuil-Cervinia
Azienda Autonoma di Soggiorno, I-11021 Breuil-Cervinia, (01 66) 94 90 86 und 94 91 36, Tx 2 11 822.
Schwimmen in 1 Hallenbad, 3 Hotelhallenbädern. **Angeln** in Seen und Flüssen. **Tennis:** 5 Plätze. Golf
Lage und Zufahrt: Kartenteil Seite 11 C 3.

ORTSREGISTER

Hinweis:
f nach den Seitenzahlen zeigt an, daß der Ort auch auf der folgenden Seite beschrieben wird;
ff dehnt dies auf mehrere folgende Seiten aus.

A

Achenkirch	127 ff
Adelboden	343
Aeschi	226 f
Ahornach	301 ff
Ahrntal	301 ff
Alba di Canazei	326 f
Algund	290 ff
Alpbach	342
Alta Badia	320 ff
Altaussee	343
Altenau	14 ff
Altenmarkt	168 ff
Andermatt	252 f
Andiast	344
Arlberg	342
Arolla	188 f
Arosa	342 f
Arzl	112 f
Aschau im Chiemgau	64 f
Au	76 ff
Auffach	342
Aurach	146 ff
Axams	342

B

Baad	84 ff
Bach im Lechtal	342
Bad Alexanderbad	28 f
Bad Aussee	343
Bad Berneck	28
Bad Bertrich	18 f
Bad Bocklet	22 f
Bad Brückenau	22 f
Bad Ditzenbach	38 ff
Bad Grund	14 ff
Bad Harzburg	14 ff
Bad Herrenalb	34 ff
Bad Hofgastein	162 ff
Bad Homburg	341
Bad Kissingen	22 f
Bad Kleinkirchheim	343
Bad Königshofen	22 f
Bad Kreuznach	341 f
Bad Lauterberg	14 ff
Bad Liebenzell	34 ff
Bad Mitterndorf	343
Bad Münster a. St.-E.	341
Bad Münstereifel	18 f
Bad Neuenahr-Ahrweiler	18 f
Bad Neustadt	22 f
Bad Oberdorf	342
Bad Peterstal-Griesbach	34 ff
Bad Reichenhall	84 ff
Bad Rippoldsau-Schapbach	34 ff
Bad Sachsa	14 ff
Bad Schwalbach	361
Bad Scuol	262 f
Bad Tarasp	262 f
Bad Teinach-Zavelstein	34 ff
Bad Überkingen	38 ff
Bad Urach	38 ff
Bad Wiessee	57 ff
Badgastein	162 ff
Bärnau	341
Baiersbronn	34 ff
Balderschwang	44 ff
Ballenberg	232 f
Bartholomäberg	90 ff
Bayerisch Eisenstein	30 ff
Bayerischer Wald	30 ff
Bayrischzell	60 f
Beatenberg	226 f
Beerfelden	26 f
Belalp	212 ff
Berchtesgaden	66 ff
Berg	343
Bestwig	341
Betten	212 ff
Bettmeralp	212 ff
Bezau	76 ff
Biel	218
Bischofsgrün	28 f
Bischofsheim	22 f
Bischofsmais	30 ff
Bischofswiesen	66 ff
Bivio	266 f
Bizau	76 ff
Blatten	212 ff
Blitzingen	218
Blons	82 f
Bludenz	87 ff
Bodenmais	30 ff
Böningen	232 f
Bolsterlang	44 ff
Bonacker	80 f
Bozen	296 f
Brand	87 ff
Braunlage	14 ff
Braunwald	343
Bregenzer Wald	76 ff

Breil	344
Breiten	212 ff
Breitenwang	96 f
Brenner	298 ff
Breuil-Cervinia	344 f
Brienz	232 f
Brig	210 f
Brigels	344
Brilon	341 ff
Brixlegg	342 ff
Bruneck	306 ff
Brunnen	244 ff
Bühlerhöhe	34 ff
Bürs	87 ff
Bürserberg	87 ff
Burgeis	280 ff

C

Camberg	341
Campitello	326 f
Canazei	326 f
Chandolin	192 f
Chur	344
Churwalden	254 f
Clausthal-Zellerfeld	14 ff
Cogolo	324 f
Colfosco	320 ff
Compatsch	264 f
Cortina d'Ampezzo	328 f
Corvara	320 ff
Crans-Montana	190 f

D

Damüls	76 ff
Daun	18 f
Davos	258 ff
Defereggental	150 f
Dellach	343 f
Dimaro	324
Disentis	252 f
Döbriach	343
Dorf Tirol	290 ff
Dorfgastein	162 ff

E

Eben i. P.	168 ff
Ehenbichl	96 f
Eifel	18 f
Elbigenalp	342
Ellhofen	341

Ellmau	144 ff
Elm	343
Emmetten	244 ff
Engelberg	242 f
Engi	343
Eppan	294 f
Erbach	26 f
Eslohe	341
Ettal	51 ff
Evolène	188 f

F

Falera	344
Faschina	82 f
Fassatal	326 f
Feichten im Kaunertal	106 ff
Feldberg	34 ff
Fichtelberg	28 f
Fichtelgebirge	28 f
Fieberbrunn	146 ff
Fiesch	212 ff
Filzmoos	168 ff
Finkenberg	130 ff
Fischen i. A.	44 ff
Fiss	106 ff
Flachau	168 ff
Flims	344
Flumserberg	250 f
Folgarida	324 f
Fontanella-Faschina	82 f
Forstau	168 ff
Freudenstadt	34 ff
Frutigen	343
Ftan	262 f
Fulpmes	124 f
Furth im Wald	30 ff

G

Gais	301
Galtür	100 ff
Gargellen	90 ff
Garmisch-Partenkirchen	51 ff
Gaschurn	90 ff
Gasteig	298 ff
Gasteiner Tal	162 ff
Gedern	20 f
Geislingen	38 ff
Gerlos	140 f
Gersau	244 ff
Gersfeld	22 f
Geschinen	218
Glurigen	218
Gmund	57 ff
Going	142 ff

ORTSREGISTER

Goldrain	280 ff			Les Collons	188 f	Münstermaifeld	18 f
Gomagoi	284 ff	**J**		Les Haudères	188 f	Mürren	228 ff
Gortipohl	90 ff	Jaufental	298 ff	Leukerbad	194 f	Mutters	342
Gossensaß	298 ff	Jerzens	110 f	Leutasch	122 f		
Grächen	198 f	Jochberg	116 ff	Lichtenstein	38 ff		
Grän-Haldensee	98 f	Juns	136 ff	Lienz	342	**N**	
Graun	280 ff			Lindenberg	341		
Greifenburg	343			Livigno	330	Naters	212 ff
Grimentz	192 f	**K**		Lofer	343	Natters	342
Grindelwald	228 ff			Lohberg	30 ff	Nauders	110 f
Großarl	166 f	Kainisch	343	Lötschental	196 f	Nendaz	186 f
Großgemeinde Ratschings	298 ff	Kaiser	342	Luttach	301 ff	Nesselwängle	98 f
Großwalsertal	82 f	Kaiserwinkl	342	Luzern	244 ff	Neukirchen a. G.	154 ff
Gröbming	174 f	Kalch-Jaufen	298 ff			Neukirchen b. Hl. Blut	30 ff
Grödnertal	314 f	Kaltern	294 f			Neunburg v. W.	341 f
Grundlsee	343	Kandersteg	224 f	**M**		Neustift	124 ff
Gsiesertal	312 f	Kappl	100 ff			Niederau	342
Gstaad	219 ff	Kaprun	158 ff	Madseit	136 ff	Niederdorf	344 ff
Gsteig	219 ff	Karthaus	288 f	Maishofen	158 ff	Niederried	232 f
Gunten	226 f	Kasern	301 ff	Malbun	344	Niederwald	218
		Kastelruth	316 ff	Malè	324 f	Nüziders	87 f
		Katharinaberg	288 f	Mallnitz	343		
H		Kaunerberg	106 ff	Mals	280 ff		
		Kaunertal	106 ff	Manderscheid	18 f	**O**	
Häselgehr	342	Kematen	301 ff	Mareit	300 ff		
Hafling	290 ff	Kerns	240 f	Maria-Laach	18 f	Oberammergau	51 ff
Hahnenklee	14 ff	Kiefersfelden	62 f	Marilleva	324 f	Oberau	342
Harz	14 ff	Kirchberg	146 ff	Marktredwitz	28 f	Oberaudorf	62 f
Hasliberg	236 ff	Kirchdorf in Tirol	142 ff	Marktschellenberg	66 ff	Oberdrauburg	343
Haus i. E.	174 f	Kitzbühel	146 ff	Marling	290 ff	Oberdrautal	343
Haute-Nendaz	186 f	Klausen	319	Marsberg	341	Obergestln	218
Heiligenblut	176 f	Kleblach-Lind	343	Marul	82 f	Obergoms	218
Herbstein	20 f	Kleinarl	168 ff	Matsch	280 ff	Obergurgl	114 ff
Hindelang	342	Kleinwalsertal	84 ff	Matt	343	Oberhofen	226 f
Hinterglemm	152 f	Klobenstein	296 f	Mattertal	198 f	Oberiberg	248 f
Hinterstein	342	Klosters	256 f	Maurach-Eben	127 ff	Oberjoch	342
Hintertux	136 ff	Königsfeld	34 ff	Mayen	18 f	Oberlech	342
Hinterzarten	34 ff	Kössen	342	Mayens-de-Riddes	186 f	Obermaiselstein	44 ff
Hippach	130 ff	Kreuth	57	Mayrhofen	130 ff	Oberndorf	146 ff
Hirschegg	84 ff	Krimml	154 ff	Mazzin di Fassa	326 ff	Oberpfälzer Wald	341
Hoch-Ybrig	248 f	Kufstein	342	Mehlmeisel	28 f	Oberpinzgau	154 ff
Hochabteital	320 ff	Kurzras	288 ff	Meiringen	236 ff	Oberried	232 f
Hochgurgl	114 ff	Kyllburg	18 f	Melchsee-Frutt	242	Obersaxen	344
Hochpustertal	302 ff			Melchtal	240 f	Oberstaufen	341 ff
Hochsölden	114 ff			Mellau	76 ff	Oberstdorf	44 ff
Hochtaunuskreis	341	**L**		Mellrichstadt	22 f	Obertauern	168 ff
Höchenschwand	34 ff			Meran	290 ff	Oberviechtach	341
Hohegeiß	14 ff	La Villa	320 ff	Meransen	304 f	Oberwald	218
Holzgau	342	Laatsch	280 ff	Meschede	341	Obsteig	120 ff
Hopfgarten i. D.	150 f	Laax	344	Mezzana	342 f	Odenwald	26 f
Hüttschlag	166 f	Ladis	106 ff	Michelstadt	26 f	Ofterschwang	44 ff
Hunsrück	341	Lam	30 ff	Mieders	124 ff	Olang	306 ff
		Lana	290 ff	Mieming	120 ff	Olsberg	341
		Landeck	342	Millstatt	343	Ossana	324 f
I		Langtaufers	280 ff	Mittelberg	84 ff		
		Lantsch	254 f	Mittenwald	48 ff		
Idar-Oberstein	341	Lappach	301 ff	Mittersill	154 ff	**P**	
Igls	342	Laret	264 f	Möhnesee	326 f		
Imst	342	Laterns	80 f	Moena	18 f	Partenen	90 ff
Innerlaterns	80 f	Latsch	280 ff	Mörel	212 ff	Passeiertal	344
Innichen	344	Lauterbrunnen	228 ff	Monreal	18 f	Passo Tonale	324 f
Innsbruck	342	Lech	342 ff	Monschau	90 ff	Paznauntal	100 ff
Interlaken	228 ff	Lenk	222 f	Montafon	344	Pedraces	320 ff
Inzell	342	Lenz	254 f	Moos i. P.	341	Pejo	324 f
Irschen	343	Lenzerheide	254 f	Morbach	280 ff	Pellizzano	324 f
Ischgl	100 ff	Lenzkirch	232 f	Morter	38 ff	Pertisau	127 ff
Iseltwald				Münsingen	218		
				Münster	34 ff		

348

Pfalzen	306 ff	Schenna	290 ff	St. Moritz	268 ff	**V**	
Pflach	96 f	Schladming	174 f	St. Niklaus	198 f		
Pflersch	298 ff	Schlanders	280 ff	St. Oswald	343		
Pichl/Kainisch	343	Schlangenbad	341	St. Peter im Ahrntal	301 ff	Val d'Anniviers	192 f
Piesendorf	154 ff	Schleiden-Gemünd	18 f	St. Ulrich/Ortisei	314 f	Val d'Hérens	188 f
Pinswang	96 f	Schleis	280 ff	St. Valentin	280 ff	Val di Sole	324 f
Pinzolo	344	Schliersee	54 ff	St. Veit i. D.	150 f	Val Rendena	344
Pitztal	112 f	Schlinig	280 ff	St. Vigil i. E.	306 ff	Valbella	254 f
Plan	264 f	Schluchsee	34 ff	Stallehr	87 ff	Vandans	88 ff
Planeil	280 ff	Schluderns	280 ff	Stange	298 ff	Vent	112 ff
Pontresina	268 ff	Schmallenberg	341	Steeg im Lechtal	342 f	Verbier	186 f
Pozza di Fassa	326 f	Schnalstal	288 f	Steinfeld	343 f	Vermiglio	324 f
Prad	284 ff	Schömberg	34 ff	Steinhaus	301 ff	Vernagt	288 f
Prags	344	Schönau am Königsee	66 ff	Stern	320 ff	Vierwaldstätter See	240 ff
Prettau	301	Schönberg	124 ff	Sterzing	298 ff	Vigo di Fassa	326 f
Prien am Chiemsee	64 f	Schönried	219 ff	Stilfs	284 ff	Villanders	319
		Schönwald	34 ff	Stoos	244 ff	Vinschgau	280 ff
		Schoppernau	76 ff	Stubaital	124 ff	Vitznau	240 ff
R		Schotten	20 f	Stubenbach	342	Völs am Schlern	316 ff
		Schröcken	76 ff	Sulden	284 ff	Vogelsberg	20 f
Rabbi	324 f	Schruns	90 ff	Sundern	341	Vorderlanersbach	136 ff
Radenthein	343	Schwäbische Alb	38 ff	Sundlauenen	226 f	Vulpera	262 f
Radstadt	168 ff	Schwandorf	341	Super-Nendaz	186 f	Vuorz	344
Raggal-Marul	82 f	Schwarzwald	34 ff				
Ramsau/Berchtesgaden	66 ff	Schwendt	342			**W**	
Ramsau/Dachstein	174 f	Schwyz	244 ff	**T**			
Ratschingstal	298 ff	Sedrun	252 f			Wagrain	168 ff
Ravaisch	264 f	See	98 ff	Täsch	198 f	Walchsee	342
Reckingen	218	Seeboden	343 f	Taisten	306 ff	Wald i. P.	154 ff
Reichenbach	343 f	Seefeld	122 f	Tannheim	98 f	Waldmünchen	30 ff
Rein	301 ff	Seis am Schlern	316 ff	Tarasp	262 f	Waltensburg	344
Reit im Winkl	342 f	Seiser Alm	316 ff	Tarsch	280 ff	Warth a. A.	342 f
Reith im Alpbachtal	342 ff	Selkingen	218	Tartsch	280 ff	Weggis	240 ff
Reschen	280 ff	Serfaus	106 ff	Tauferertal	301 ff	Weiler-Simmerberg	342
Reuthe	76 ff	Sernftal	343	Taunus	341	Weißenbach	301 ff
Reutlingen	38 ff	Sexten	342 ff	Tauplitz	343 ff	Weißenstadt	28 f
Reutte	96 f	Sigmaringen	38 ff	Tauplitzalm	343 ff	Weissenbach	96 f
Rheingau-Taunus	341	Silbertal	90 ff	Telfes im Ridnauntal	298 ff	Wengen	228 ff
Rhön	22 f	Sils	268 ff	Telfes in Stubai	124 ff	Wenns	112 ff
Ridnauntal	298 ff	Silvaplana	268 ff	Tegernsee	57 ff	Werdenfelser Land	51 ff
Riederalp	212 ff	Simmern	341	Thiersee	342 f	Westallgäu	341
Riedlingen	38 ff	Simplon-Dorf	210 f	Thüringerberg	82 f	Wieda	14 ff
Riezlern	84 ff	Sölden	114 ff	Thun	226 f	Wildbad	34 ff
Ringgenberg	232 f	Söll	144 ff	Tirschenreuth	341	Wilderswil	228 ff
Ritzingen	218	Sörenberg	234 f	Titisee-Neustadt	34 ff	Wildschönau	342
Rohrmoos	174 f	Sonnenbühl-Erpfingen	38 ff	Toblach	344 ff	Wiler	196 f
Rottach-Egern	57 ff	Sonntag-Buchboden	82 f	Todtmoos	34 ff	Willingen	341
Rüdesheim	341 f	Sonthofen	44 ff	Todtnau	34 ff	Winterberg	341
Ruhpolding	342	Soraga di Fassa	326 f	Trafoi	284 ff	Wolkenstein	314 f
		Spitzingsee	54 ff	Tramin	294 f		
		St. Andreasberg	14 ff	Triberg	34 ff		
S		St. Anton a. A.	342	Triesenberg	343 f	**Y**	
		St. Blasien	34 ff	Tschagguns	90 ff		
Saalbach	152 f	St. Christina/Gröden	314 f	Tulfes	342 f	Ybrig	248 f
Saanen	219 ff	St. Christoph a. A.	342	Tux	136 ff		
Saanenmöser	219 ff	St. Gallenkirch	90 ff	Tuxertal	136 ff		
Saas-Almagell	206 ff	St. Gerold	82 f			**Z**	
Saas-Fee	206 ff	St. Jakob i. D.	150 f				
Saas-Grund	206 ff	St. Jakob im Ahrntal	301 ff	**U**		Zams	342
Sachrang	64 f	St. Johann im Ahrntal	301 ff			Zell am See	158 ff
Saint-Luc	192 f	St. Johann im Pongau	168 ff	Ulrichen	218	Zermatt	200 ff
Samnaun	264 f	St. Johann in Tirol	146 ff	Unser Frau	288 f	Zillertal	130 ff
San Cassiano	319 ff	St. Leonhard in Passeier	342 f	Untergurgl	114 ff	Zürs	342
Sand in Taufers	301 ff	St. Leonhard im Pitztal	112 f	Unteriberg	248 f	Zug	342
Sauerland	341	St. Lorenzen	306 ff	Unterjoch	342	Zweisimmen	219 ff
Savognin	266 f	St. Magdalena	312 f	Uttendorf	154 ff	Zwiesel	30 ff
Schattwald	98 f	St. Martin bei Lofer	343 f	Uttenheim	301 ff		
Scheffau	142 ff	St. Martin im Gsiesertal	312 f				
		St. Martin in Passeier	344 f				

Aus unserem Verlagsprogramm

Freizeittitel

Der große Wanderatlas Deutschland

440 Seiten, Format 16 x 26 cm, durchgehend in Farbe, mit Karten und Wanderskizzen.

Der große Reiseführer Deutschland

396 Seiten, Format 16 x 26 cm, durchgehend farbig, 29 Übersichtskarten mit über 1400 Freizeitzielen.

Jährlich neu:

DSV-Atlas Ski Winter

Ca. 672 Seiten, Format 22 x 29 cm, farbige Panoramakarten, Farbfotos und Autoatlas der Alpenregionen.

DSV-Urlaub in den Bergen

Ca. 400 Seiten, Format 22 x 29 cm, zahlreiche Farbfotos, Panoramakarten, Autoatlas Alpenregionen.

Bildbände

Jagd international

Edition Lufthansa
440 Seiten, 480 farbige Abbildungen
Großformat 26,5 x 29 cm

Die großen Opern- und Konzerthäuser der Welt

Edition Lufthansa
360 Seiten, 500 farbige Abbildungen
Großformat 26,5 x 29 cm

Nippon
Der neue Superstaat Japan

Edition Scripta
280 Seiten, 160 farbige Abbildungen
Großformat 26,5 x 31 cm

Das Orchester
mit den Berliner Philharmonikern

Edition Scripta
228 Seiten, davon 144 in Farbe
Format 22 x 28 cm

Fink-Kümmerly+Frey

Die Sensation

Quick Map: Ein neues Karten-Zeitalter hat begonnen

Mit einem Griff
den richtigen Ausschnitt

NEU
Die Falz-Idee mit System

Die Reisekarte der Zukunft: Einfach, handlich, praktisch und übersichtlich. Mit einem Griff haben Sie immer den richtigen Ausschnitt im Blick. Kein tischtuchgroßes Auseinanderfalten, sondern einfach nur umblättern und aufklappen. Mit einer farblich abgestimmten Gesamtübersicht und dem farbidentischen Griffregister läßt sich mühelos jede gewünschte Region bestimmen und finden.
Quick Map in der praktischen Plastikhülle.

Kümmerly+Frey

Deutschland in nur 10 Blättern im informativen Maßstab 1:250 000.

1 Schleswig-Holstein Hamburg
2 Niedersachsen West
3 Niedersachsen Ost, Berlin
4 Nordrhein-Westfalen
5 Rheinland-Pfalz
6 Baden-Württemberg Nord
7 Baden-Württemberg Süd
8 Bayern Nord
9 Bayern Mitte
10 Bayern Süd

STRASSENKARTEN ALPENREGIONEN 1:500 000

Übersichtskarte
Tableau d'assemblage
Sheet index

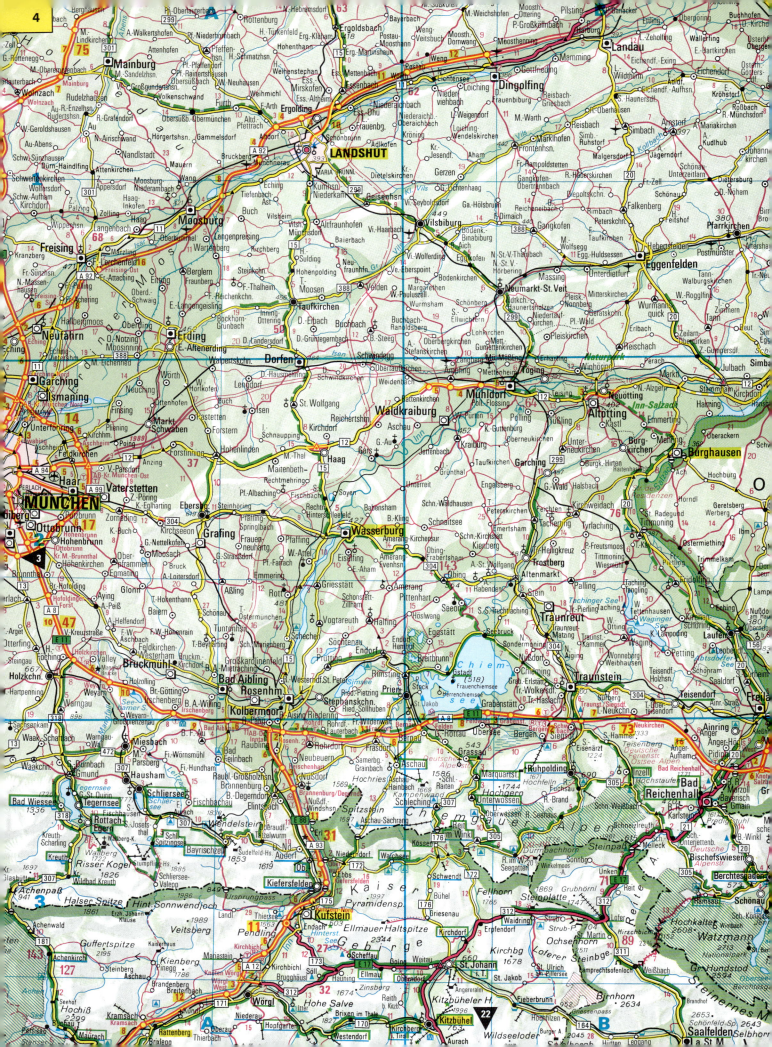

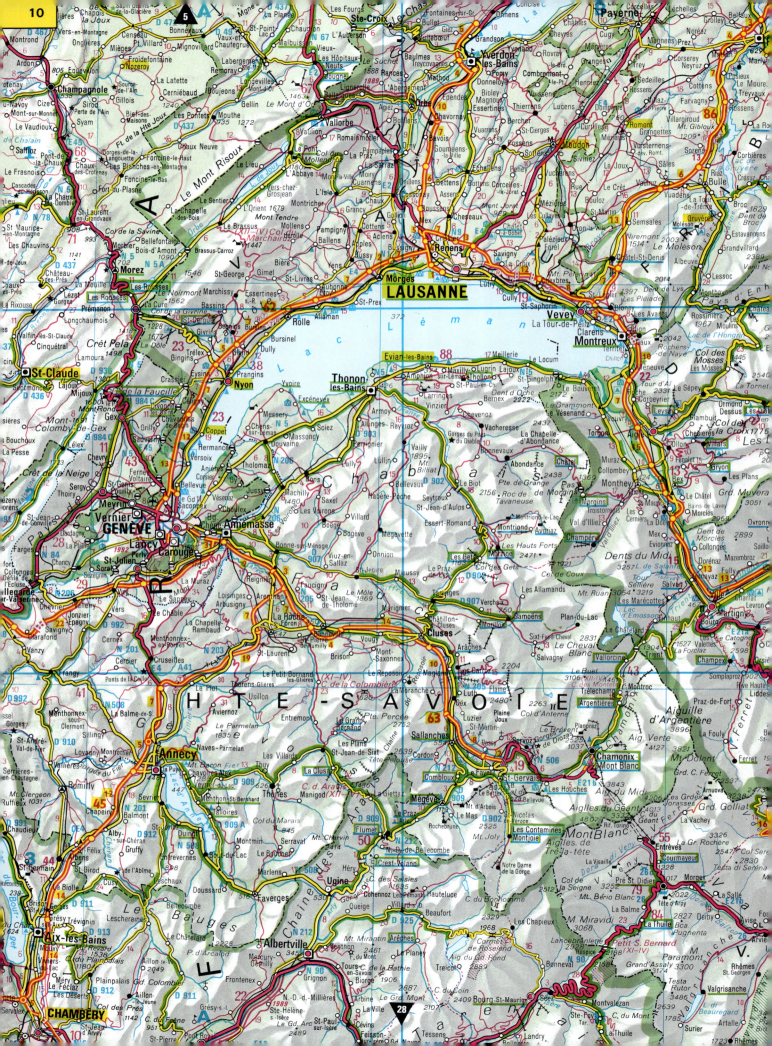

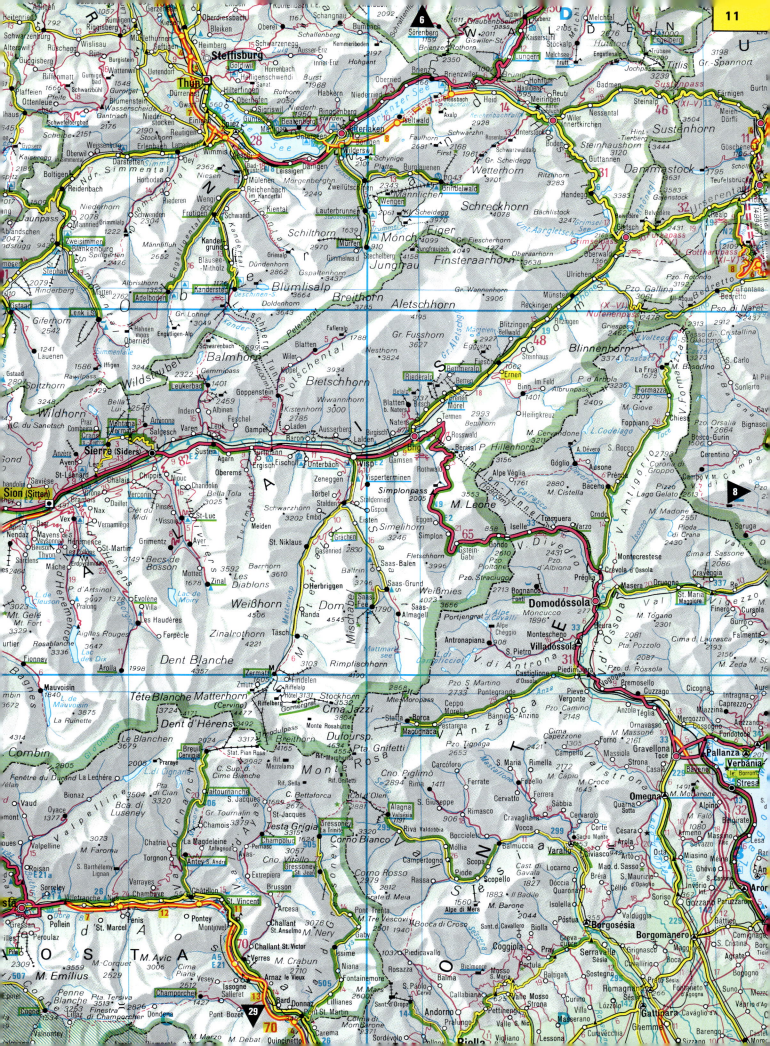

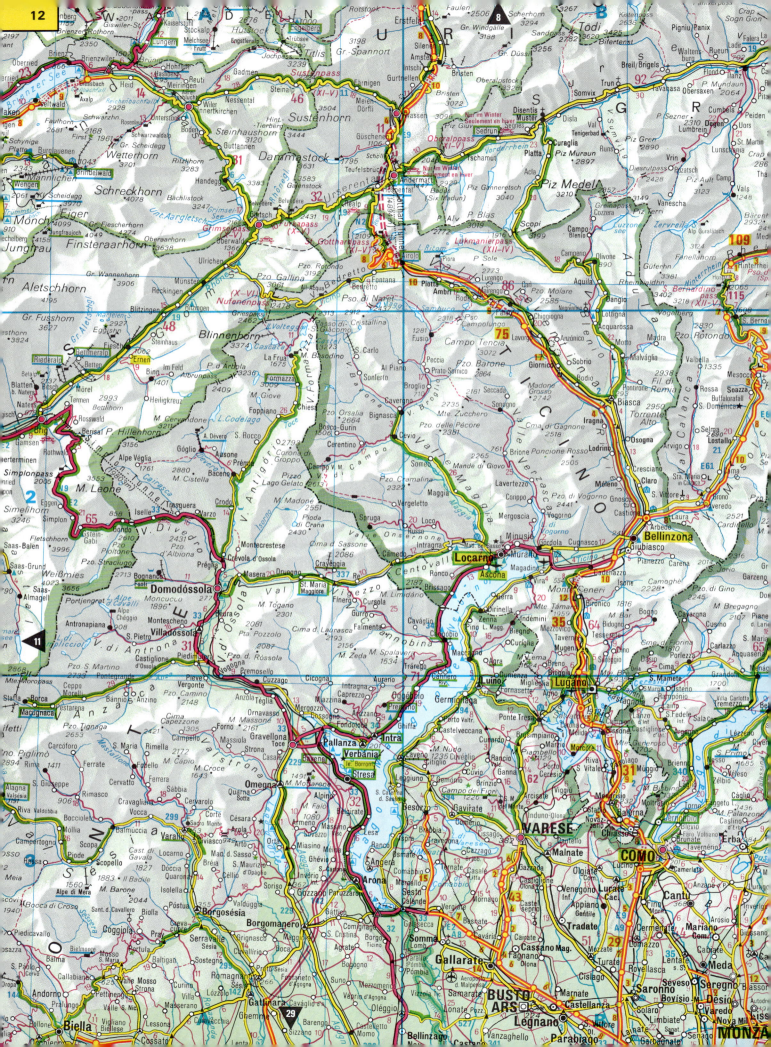

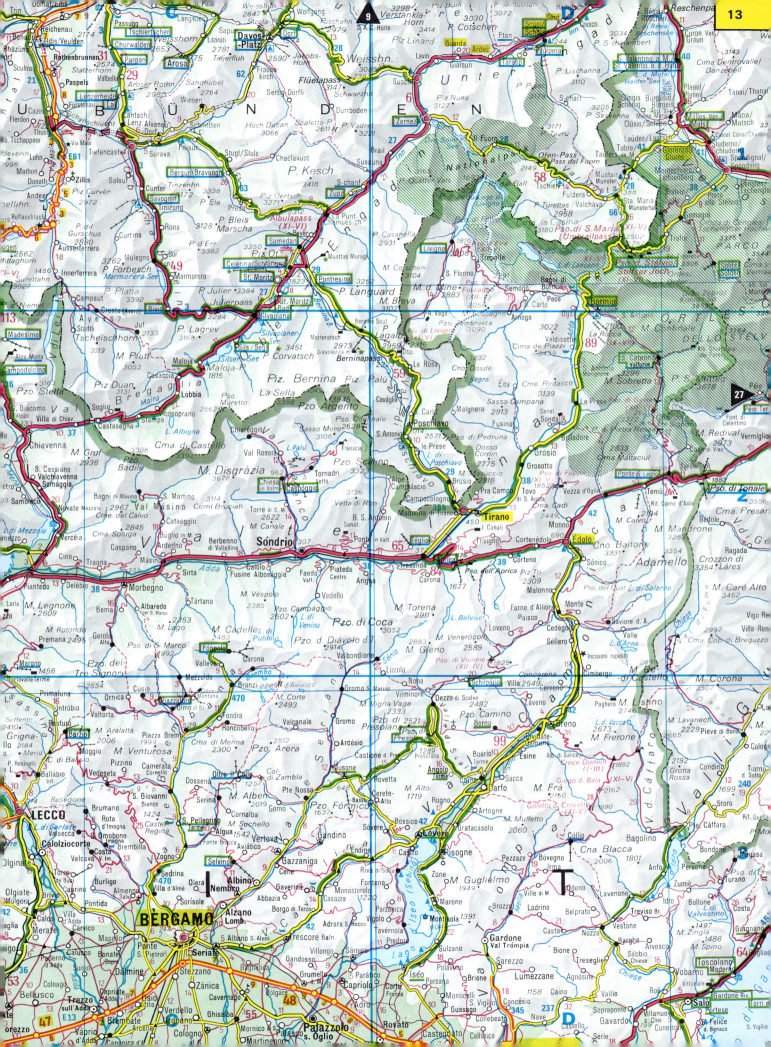

14

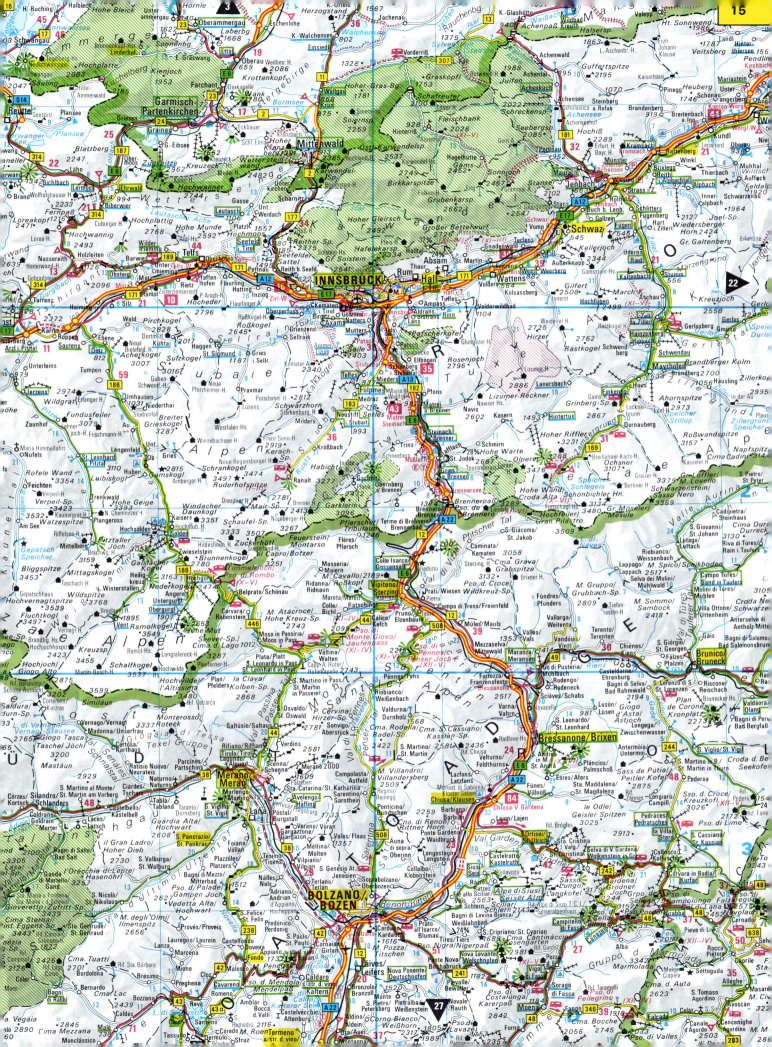

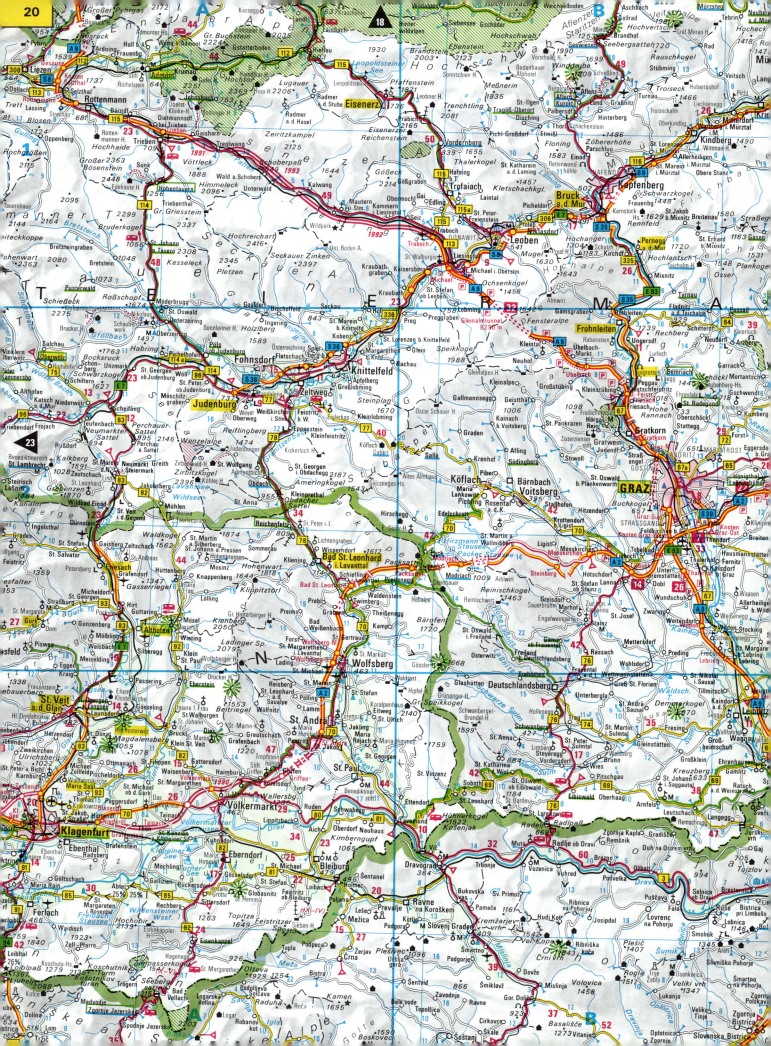

22

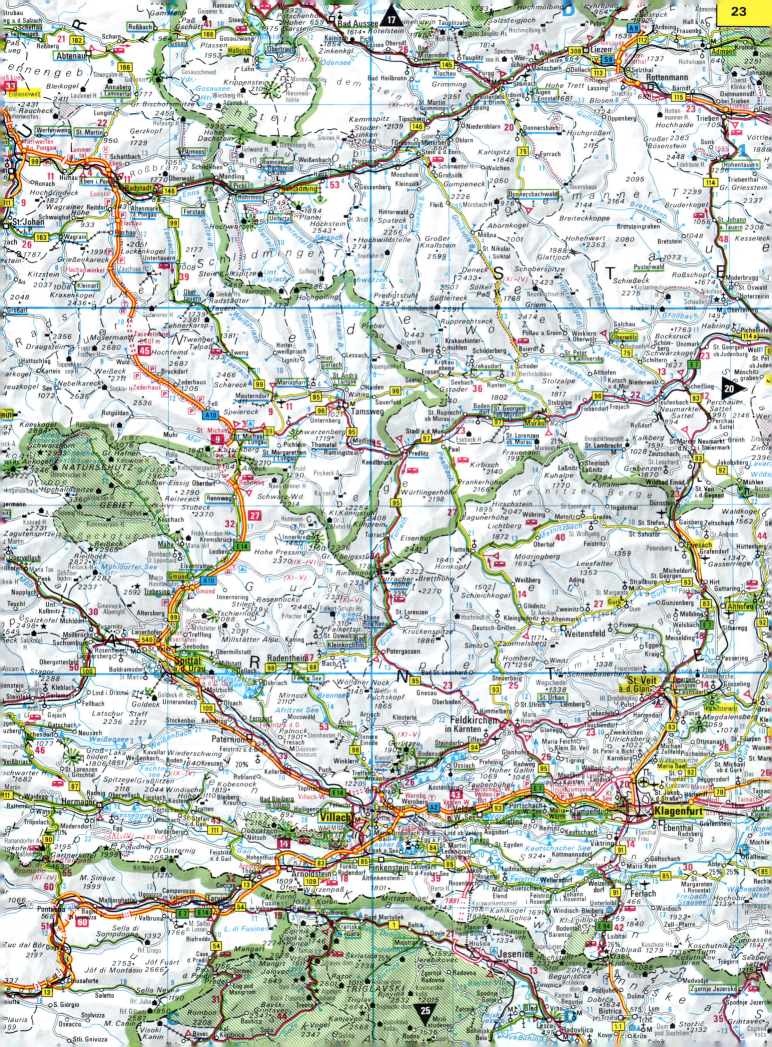

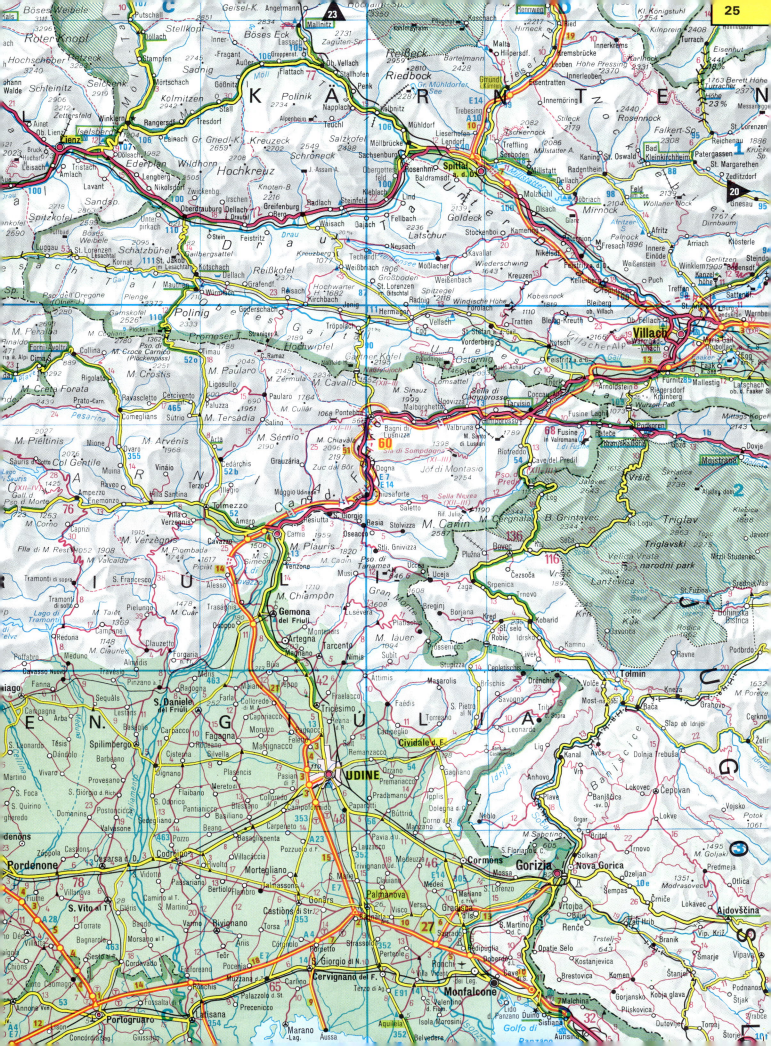

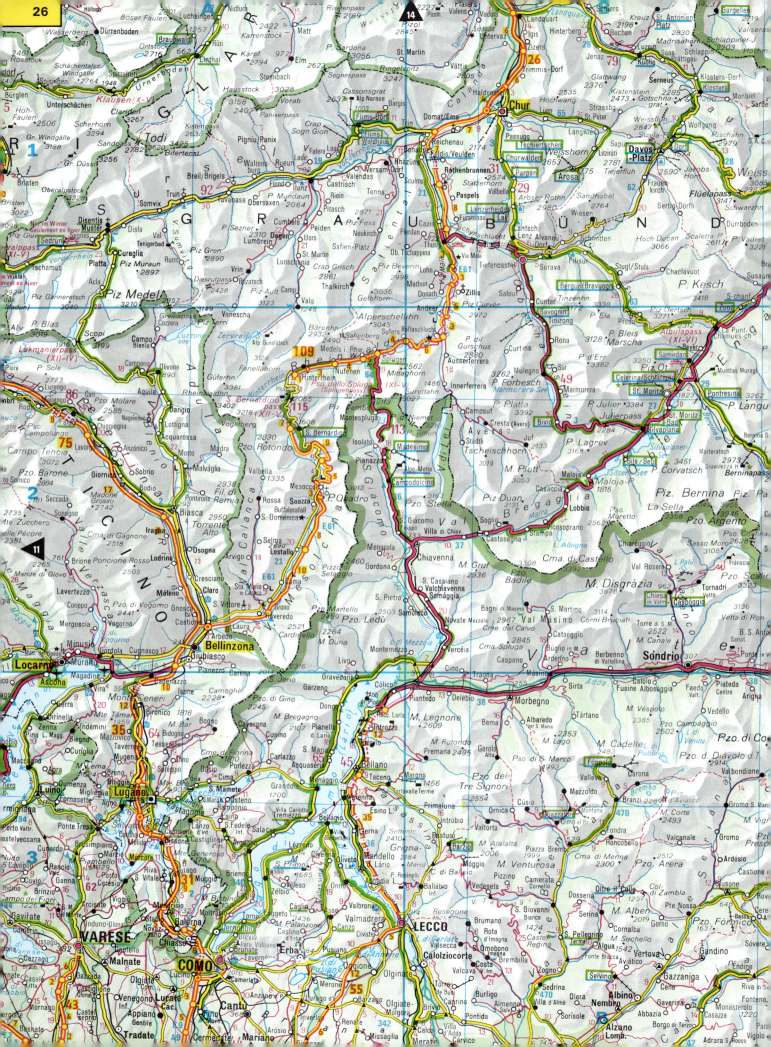

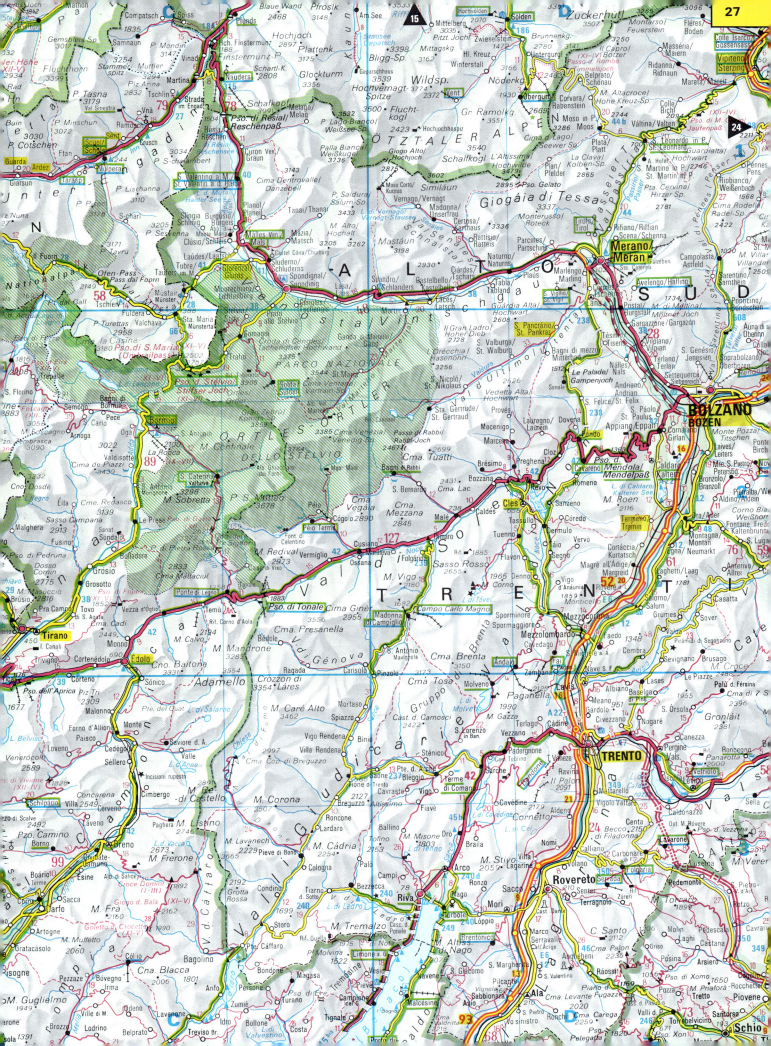

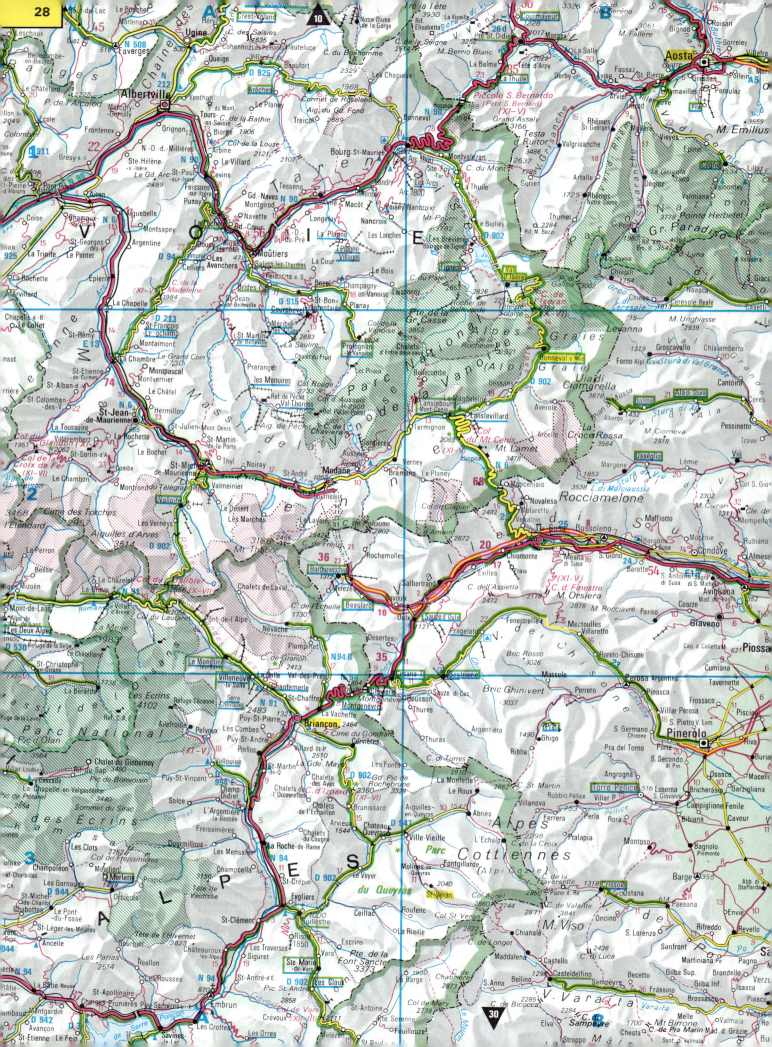

Reisen mit der Bahn

Wir fahren Sie hin.
Genießen und wandern Sie selbst.

Informationen erhalten Sie bei allen Fahrkartenausgaben, DER-Reisebüros und den anderen Verkaufsagenturen der Bahn.

Deutsche Bundesbahn